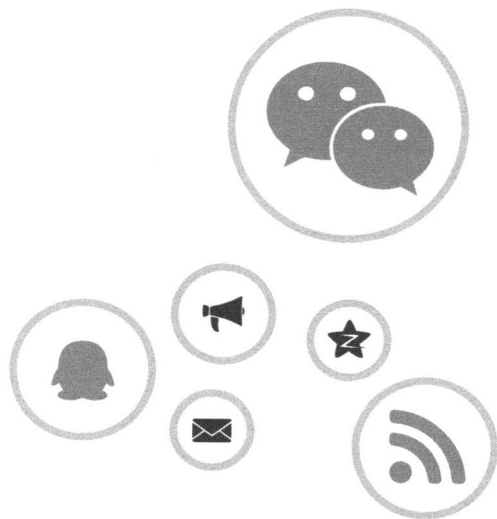

新媒体营销

网络营销新视角

戴鑫◎编著

NEW MEDIA MARKETING

THE NEW PERSPECTIVE OF NETWORK MARKETING

机械工业出版社
China Machine Press

图书在版编目（CIP）数据

新媒体营销：网络营销新视角 / 戴鑫编著 . —北京：机械工业出版社，2017.10（2023.1重印）

ISBN 978-7-111-58304-2

I. 新…　II. 戴…　III. 网络营销　IV. F713.365.2

中国版本图书馆 CIP 数据核字（2017）第 254558 号

　　本书基于新媒体快速发展的客观实际，从应用新媒体营销的典型群体学习需求出发，介绍了新媒体营销的基础理论、战略与策略、方法与技巧、绩效管理以及相关案例。本书一方面吸收了国际学术前沿领域最新理论研究成果，用较为通俗的语言和生动的案例故事介绍给读者；另一方面，深入企业调研整理了近年来新媒体营销全案。因此，本书具有理论的前沿性、可读性与方法工具的可操作性。

　　本书适用于企业管理者、个体创业者、MBA 及管理类本科生。

出版发行：机械工业出版社（北京市西城区百万庄大街 22 号　邮政编码：100037）

责任编辑：冯小妹　　　　　　　　　　责任校对：李秋荣

印　　　刷：北京建宏印刷有限公司　　版　　次：2023 年 1 月第 1 版第 9 次印刷

开　　　本：185mm×260mm　1/16　　印　　张：26

书　　　号：ISBN 978-7-111-58304-2　定　　价：55.00 元

客服电话：（010）88361066　68326294

　　戴鑫，管理学博士，华中科技大学管理学院副教授，博士生导师，院长助理，美国伊利诺伊大学香槟分校访问学者。国家自然科学基金项目通讯评审专家，全国 MBA 教学指导委员会百篇优秀管理案例函评专家，《南开管理评论》《管理学报》《营销科学学报》《管理案例研究与评论》等学术期刊审稿人。曾在企业工作多年，推崇理论与实践密切结合的科研、教学与社会服务理念。研究领域包括消费幸福、新媒体营销、危机管理、变革管理、创新创业教育等。在《管理世界》《教育研究》《新华文摘》《商业研究》(*Journal of Business Research*) 等国内外重要期刊和学术会议发表（收录）论文 40 余篇，已出版独著 2 部，合著 2 部，合编 1 部。参与《大百科全书（案例卷）》相关词条的编写工作。在《销售与市场》等营销与管理实践类杂志发表文章近 200 篇。主持国家自然科学基金青年及面上项目共 3 项，担任国家社科重大项目子课题负责人项目 1 项，主持省级教学研究项目 1 项，其他省部级科研项目 8 项，主持或参与政府、媒体及企业咨询项目 18 项。入选全国 MBA 教学指导委员会百篇优秀管理案例 3 次，获省级科技进步三等奖 1 次，省级优秀调研成果二等奖 1 次，省级优秀教学成果三等奖 1 次，获华中科技大学青年教师教学竞赛一等奖 1 次，校教学质量一等奖 1 次。

前　言

"互联网会像阳光、空气和水渗透到各个行业。"（苏宁云商集团董事长张近东语）互联网及周边技术的发展如火如荼，令人目不暇接。传统企业、传统营销、传统的营销管理者，甚至是互联网营销的从业者，都面临着互联网风口的挑战与机遇。因此，迫切需要一本适应新媒体发展环境的营销教材。

该营销教材至少应满足三类对象的上、中、下三个层次需求。①第一类对象是高校工商管理专业研究生、高年级本科生，他们未来会从事互联网营销相关工作，或者从互联网营销切入创新创业。②第二类对象是传统企业的中高层营销管理者，他们既需要了解互联网营销领域的国际、国内学术前沿，做到思想不落伍，又需要知道如何推动企业适应新媒体时代的营销创新与战略转型路径，做到胸中有丘壑。③第三类对象是已经从事互联网营销工作的实践者，他们虽然有一定的操作经验，但往往缺乏系统的逻辑归纳与理论提升。不仅如此，他们在与传统企业合作时，也经常因为双方话语体系和思维模式不一致带来沟通障碍，因此需要用传统企业理解得了的营销逻辑来推动合作。④上、中、下三个层次的需求，"上"是互联网营销国际、国内学术研究前沿思想与成果；"中"是企业互联网营销模式创新、策略规划、组织支撑体系设计，以及利用互联网营销切入创新创业的模式路径等；"下"是互联网营销操作的方法、工具与技巧。

围绕上述三类对象的三个层次需求，本书在章节分布和每章内容编排方面做了如下设计。

首先，全书分为8个板块，分别是：①互联网营销基础，包括绪论（第1章）、互联网营销的技术基础（第2章）、互联网营销的社会基础（第3章）、互联网营销的规制环境（第4章）。②互联网用户洞察，包括互联网营销研究（第5章）、互联网用户心理（第6章）、互联网用户行为（第7章）、互联网用户购买模式（第8章）。③互联网营销战略与策略规划，包括互联网营销策略组合（第9章）、互联网营销创新模式：6S模型（第10章）、互联网营销创新路径：6S模型应用（第11章）。④互联网整合营销策略与应用，包括互联网广告策略（第12章）、互联网内容策略（第13章）、互联网营销渠道策略（第14章）、互联网危机管理策略（第15章）。⑤互联网营销方法与技巧，包括信息发布类互联网营销方法与技巧（第16章）、社交沟通类互联网营销方法与技巧（第17章）、在线娱乐类互联网营销方法与技巧（第18章）、互联网店铺运营方法与技巧（第19章）。⑥互联网营销绩效管理，包括互联网营销绩效测量与评价（第20章）。⑦适应互联网生态演进的企业营销战略转型与变革，包括企业互联网营销转型升级平台：红圈营销案例（第21章）、工业企业与车联网融合：康明斯天远案例（第22章）、农产品借助互联网营销模式转型：果果绿案例（第23章）、食品企业的互联网促销：良品铺子案例（第24章）、食品企业利用互联网危机管理：周黑鸭案例（第25章）。⑧利用互联网生态进行创业营销，包括个人创业营销平台模式：万色城案例（第26章）。另外还有6个案例因为篇幅原因放入本书配套的网上学习材料中，包括工业品互联网营销平台（找钢网案例）、服装企业基于大数据的智能制造与营销（红领集团案例）、在线服装品牌的打造与运营（韩都衣舍案例）、传统家具企业借助互联网营销转型（酷漫居案例）、为个人品牌打造搭建的平台模式（映客案例）和个人自媒体创业模式（罗振宇案例）等。

其次，第1～20章主要为理论知识与方法技巧，每章分为9个模块，分别是：①互联网营销大咖名言。摘选与互联网发展相关的知名企业家名言，体现互联网营销实践者的前沿思想。②学习目标。一般从知识、能力、解决问题3个层次提出学习目标，即掌握该章基本理论知识，掌握知识应用能力，能够分析解决相关营销实践问题。③案例导入。选择一则与本章主题相关的热点案例，启发读者思考，带入本章学习，并在本章学习结束时再回头分析解决开篇案例。④理论知识正文。介绍本章主要知识框架及关键知识点，帮助读者搭建互联网营销的知识图谱。⑤案例分享。摘录互联网营销学术前沿成果，帮助读者了解最新的互联网营销理论与学术观点。⑥本章小结。对本章内容再次进行归纳总结。⑦关键术语。整理本章中出现的重要术语及英文对照，便于读者进一步阅读国外相关文献。⑧参考文献。即与本章知识点直接相关的文献清单。⑨拓展阅读。为学有余力的读者提供与本章内容相关的其他文献，扩大读者视野。

再次，第21～26章及网上阅读材料共给出了12家已经或正在进行互联网营销探索的平台、企业或个人全案，为读者展示了不同企业或个人、不同起点、不同环境下的互联网营销模式或战略转型路径，使读者们对前面20章理论知识、方法工具的应用有了更直观、更深刻的理解。

最后，本书附录给出了我国电子商务相关的法律法规清单，便于读者在从事互联网营销实际工作时查阅参考。

本书成稿历经3年时间，其间中国市场互联网营销潮起潮落，今天还万人追捧的互联网概念公司，明天就可能销声匿迹或轰然倒下。对比本书初稿和最后提交稿，面目全非。这一方面说明互联网生态体系自我迭代的快速性、复杂性，另一方面也证明互联网营销研究和教学的重要性、迫切性。我们期待本书能够为"大风起兮云飞扬"中的读者们带来一点启发和帮助。恳请读者们提出宝贵意见与建议，让这本教材与时代一同进步。我们将会在后续修订版的致谢中添加提出重要意见的读者名单。

作者邮箱：daixin.vip@qq.com。

戴　鑫

2017年8月1日于喻家山下

致　谢

本书自 2014 年立项以来，经过近 3 年的酝酿、编撰和反复修改才得以成书。其间，先后得到学术界、实务界和学生们的帮助与支持。

作者要感谢为本书各章内容提供学术支持和帮助的学者们，他们是（按照在本书章节中出现的先后顺序，下同）庄贵军教授（西安交通大学管理学院）、王永贵教授（对外经济贸易大学国际商学院）、俪瞻副教授（杭州师范大学阿里巴巴商学院）、谢康教授（中山大学管理学院）、肖静华教授（中山大学管理学院）、鲁耀斌教授（华中科技大学管理学院）、茆意宏教授（南京农业大学信息科学技术学院）、程光教授（东南大学网络空间安全学院）、牛温佳副研究员（中国科学院信息工程研究所）、谷斌教授（华南理工大学经济与贸易学院）、易成副教授（清华大学经济管理学院）、汪涛教授（武汉大学经济与管理学院）、黄敏学教授（武汉大学经济与管理学院）、徐岚教授（武汉大学经济与管理学院）、寿志钢教授（武汉大学经济与管理学院）、崔楠教授（武汉大学经济与管理学院）、王林博士（东北大学工商管理学院）、周南教授（香港城市大学商学院、武汉大学经济与管理学院）、郭国庆教授（中国人民大学商学院）、贾建民教授（香港中文大学工商管理学院、西南交通大学经济管理学院）、赵占波教授（北京大学软件与微电子学院）、王成慧教授（北京第二外国语学院国际商学院）、魏炜副教授（北京大学汇丰商学院）、朱武祥教授（清华大学经济与管理学院）、王峰副教授（湖南大学工商管理学院）、周玲副教授（湖南大学工商管理学院）、杨彦武教授（华中科技大学管理学院）、龚艳萍教授（中南大学商学院）、傅慧芬副教授（对外经济贸易大学国际商学院）、左美云教授（中国人民大学信息学院）、田志龙教授（华中科技大学管理学院）、邓新明教授（武汉大学经济与管理学院）、陈先红教授（华中科技大学新闻与信息传播学院）、景奉杰教授（华东理工大学商学院）、熊素红副教授（重庆工商大学商务策划学院）、王殿文博士（中国矿业大学管理学院）、张宁教授（中山大学传播与设计学院）、王承璐教授（纽黑文大学商学院）、武瑞娟副教授（天津理工大学管理学院）、常亚平教授（华中科技大学管理学院）、阎俊副教授（华中科技大学管理学院），以及为本书作者案例研究提供学术指导、教学建议与课程传播的万后芬教授（中南财经政法大学工商管理学院）、钟育赣教授（广东外语外贸大学国际工商管理学院）、符国群教授（北京大学光华管理学院）、蒋青云教授（复旦大学管理学院）、许晖教授（南开大学商学院）、杨志林教授（香港城市大学商学院）、张金隆教授（华中科技大学管理学院）、潘善琳教授（澳大利亚新南威尔士大学商学院）、崔丽丽副教授（上海财经大学信息管理与工程学院）、Goh Tiong-Tye 博士（新西兰惠灵顿维多利亚大学商学院）、张红红博士（中国矿业大学管理学院）、杜鹏副教授（中南财经政法大学工商管理学院）、涂铭博士（华中农业大学经济管理学院）等。也要感谢管理世界、南开管理评论、管理学报、管理评论、中国管理科学、中国科技论坛、心理学报、预测、经济经纬、现代传播，以及中国案例共享中心等杂志和机构支持。由于本书引用文献较多，难免挂一漏万，对其他引用的参考文献作者和所在出版社或期刊一并表示感谢。

作者也要感谢先后为本书提供案例素材、调研支持或以各种方式参与课程研讨的企业和管理实践者。他们是赵刚先生（湖北良品铺子食品有限公司副总裁）、陈华先生（劲牌有限公司互联网事业部总经理）、刘涛先生（湖北周黑鸭食品有限公司市场总监）、张珺先生（尚格会展股份有限公司董事长）、田涛先生（央视 CTR 副总裁）、刘鹏先生（360 公司首席架构师）、陈雷先生（新浪湖北公司总经理）、刘豪中先生（和创北京科技股份有限公司副总经理兼 CMO）、张静女士（和创北京科技股份有限公司公关总监）、付文华先生（北京果果绿电子商务有限公司总经理）、蒋文龙先生（广州酷漫居动漫科技有限公司副总裁）、居平先生（杭州万色城电子商务有限公司副总裁）、盛振中先生（阿里新乡村研究中心副主任兼秘书长）、刘谋清先生（湖南搜农电子商务有限公司总经理）、姚少腾先生（武汉英威尔特科技有限公司总经理）、方小玲女士（东风康明斯发动机有限公司海外事业部经理）、李鑫灵女士（东风本田汽车有限公司市场广告科产品策略系系长）、桑子雪女士（青岛海信聚好看科技股份有限公司市场部）、宁汉江先生（深圳广田集团股份有限公司人力资源中心）、王卫先生（四川巴中市中级人民法院法官助理），以及书中涉及的其他相关企业。

作者还要感谢如下同学的参与和付出。他们是，先后参与书稿大纲研讨和文献查阅的华中科技大学管理学院研究生文豹堂、周文容、熊英、卢虹、谢卓亭、周颖、董媛媛、严晨峰等同学；参与本书前期调研、访谈录音整理、案例素材收集的华中科技大学管理学院本科生袁宇政、龚婧媛、黄秋月、郭堡仪、刘小稷、胡尹仪、杨柳、孙道弥、邓微微、陈志、付思雨、王晓烨、冯嘉俊、黄俊辉等同学；书稿部分内容先后在华中科技大学管理学院 MBA 2013、2014、2015、2016 级，本科市场营销 1401、1501 班以及多个企业高级经理人培训班中应用，得到学生们的中肯建议。董媛媛和严晨峰等同学协助本书作者做了最后的校对工作，在此一并表示感谢。

本书部分研究内容得到国家自然科学基金面上项目"社会所为引导型广告对受众的作用机制：基于目标启动和社会临场感的实证研究"（项目批准号：71272126）支持，本书编写过程中也得到华中科技大学教材建设项目基金资助。在此表示感谢。

最后，作者要感谢 3 年来一直支持协助本书出版的机械工业出版社和相关编辑，没有出版社和编辑们的耐心、细心工作，就没有本书的正式出版。

目　录

第四部分　互联网整合营销策略与应用

第五部分　互联网营销方法与技巧

第一部分

互联网营销基础

第 1 章

绪　　论

互联网会像阳光、空气和水渗透到各个行业。

——摘自苏宁云商集团董事长张近东 2015 年 8 月 10 日在首届"互联网＋零售"紫金峰会上的演讲

▶ 学习目标

1. 掌握互联网营销的基本概念以及与市场营销概念的联系和区别。
2. 了解互联网营销的发展阶段及主要任务。
3. 了解常见的企业互联网营销组织，并能根据企业互联网营销发展的不同阶段设计不同的组织形式。

案例导入

无人超市走进大众

2016 年 8 月，全球第一款可规模化复制的 24 小时全自助智能便利店"缤果盒子"落户广东中山；2017 年 5 月，可自主购物新型便利店"便利蜂"在北京中关村开业；同年 6 月，深兰科技联合支付宝、芝麻信用等，发布三款 TakeGo 无人智能零售店；同月，北京居然之家开出无人便利店 EATBOX；7 月，阿里打造的内测无人值守店铺"淘咖啡"对外亮相；9 月，全球首家无人咖啡店"友饮吧"亮相对外经贸大学，西南首家无人超市在成都大悦城亮相……这一系列事件显示，无人超市或零售店开始走近大众。

无人超市离不开多种黑科技支撑。例如，TakeGo 采用了生物识别和卷积神经网络等技术。生物识别可以根据每位顾客手掌毛细血管结构生成"终生 ID"；基于深度学习 Deep learning 的卷积神经网络，可以对消费者购买物品做出监测、识别与跟踪；通过定向声源原理和算法，TakeGo 还能向顾客进行个性化的语音产品推荐。又如，EAT BOX 安装人脸识别系统，精准抓取客群数据，经过后台系统处理实时监控商品动销情况，提升供应链效率。

无人超市虽然风头很劲，但还存在不少问题。例如，技术方面，其识别精度有待提升，计费准确度要改善；服务方面，用户体验还不足；成本方面，效率较低，运营成本较高，等等。无人超市要真正进入大众生活，前面的路还很长。

资料来源：作者综合整理。

如本章开篇苏宁云商集团董事长张近东所言，互联网正在像阳光、空气和水一样渗透到各个行业，影响着顾客信息搜索、社交、娱乐、购物等行为，逼迫传统企业必须做出营销转型与变革，也为更多初创企业提供新的机会与资源。

在个体层面，根据中国互联网络信息中心（CNNIC）第 39 次全国互联网发展统计报告，截至 2016 年 12 月，中国网民规模达 7.31 亿，互联网普及率为 53.2%，中国网民人均周上网时长为 26.4 小时；网民中即时通信用户规模达到 6.66 亿，占网民总体的 91.1%；搜索引擎用户规模达 6.02 亿，使用率为 82.4%；网络新闻用户规模为 6.14 亿，使用比例达到 84.0%；典型互联网社交 APP 的应用率最高达到 85.8%（微信朋友圈）；网络购物用户规模达到 4.67 亿，占网民比例为 63.8%；网络游戏用户规模达到 4.17 亿，占整体网民的 57.0%；网上支付用户规模达到 4.75 亿，占整体网民的 64.9%；值得注意的是，手机网民规模达 6.95 亿，占网民总体的 95.1%，利用手机来浏览新闻、社会交往、网络购物等人群比例不断增加。

在企业层面，根据中国互联网络信息中心（CNNIC）第 39 次全国互联网发展统计报告，截至 2016 年 12 月，中国企业的计算机使用率达 99.0%，互联网使用率达 95.6%，已基本实现全面普及；分别有 77.0%、73.3% 和 63.6% 的上网企业通过互联网了解商品或服务信息、发布信息或接收信息、从政府机构获取信息；60.0% 的上网企业部署了信息化系统；分别有 50.4%、28.2% 和 25.9% 的企业建有办公自动化（OA）系统、企业资源计划（ERP）系统和客户关系管理（CRM）系统；开展在线销售的企业比例为 45.3%（见图 1-1）；开展在线采购的企业比例为 45.6%（见图 1-2）；利用互联网开展营销推广活动的企业比例为 38.7%（见图 1-3～图 1-5）。

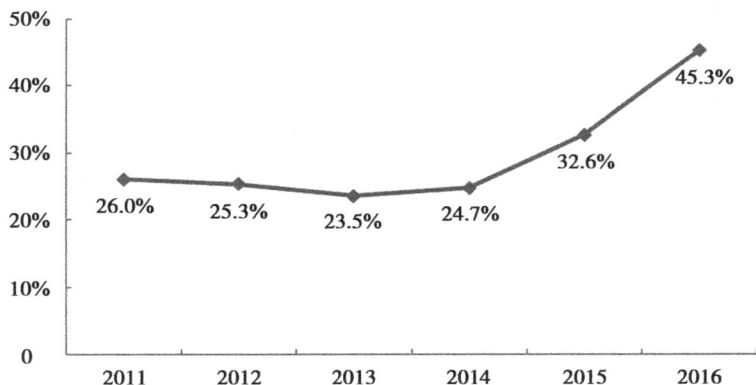

图 1-1　2011～2016 年企业在线销售开展比例

资料来源：CNNIC 中国互联网络发展状况统计调查 [EB/OL]. http://www.cnnic.net.cn/hlwfzyj/hlwxzbg/hlwtjbg/201701/ t20170122_66437.htm, 2017-01-22.

在社会层面，根据笔者团队对 2012～2015 年期间"福布斯中国 30 位 30 岁以下创业者"所做的统计分析，发现 4 年间上榜的 120 家创业企业中，有 85 家与互联网直接或间接相关。包括直接属于互联网与移动互联网行业的 17 家，零售与电商行业 15 家，企业科技行业 14 家，游戏行业 13 家，媒体与营销行业 12 家。例如，季逸超（北京极兴莱博信息科技有限公司）发现手机网上浏览器烦琐而复杂，因而对原有技术进行改良，开发出简单快捷的猛犸浏览器，获得市场和投资人的广泛认可；杨明平（杭州秀铂网络科技有限公司）将互联网技术应用于教育行业，为中小学生提供影像大片式网络互动学习课程，线上线下相结合；陈欧（聚美优品）对电子商务行业进行细分，创立专注于线上化妆品领域的"聚美优品"；张良伦（杭州互秀电子商务有限公司）经过切身感受后发现现有返利网存在省钱少、提钱难等用户体验问题，于是在米折网初期，将商家返给网站的钱尽数返还给用户，并且以垫付的方式，实时地给用户返现，迅速建立了口碑，创立新的商业模式（戴鑫等，2016）。

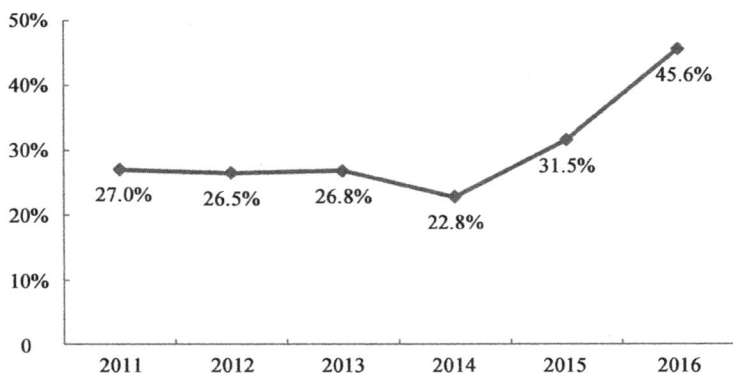

图 1-2　2011~2016 年企业在线采购开展比例

资料来源：CNNIC 中国互联网络发展状况统计调查 [EB/OL]. http://www.cnnic.net.cn/hlwfzyj/hlwxzbg/hlwtjbg/201701/t20170122_66437.htm, 2017-01-22.

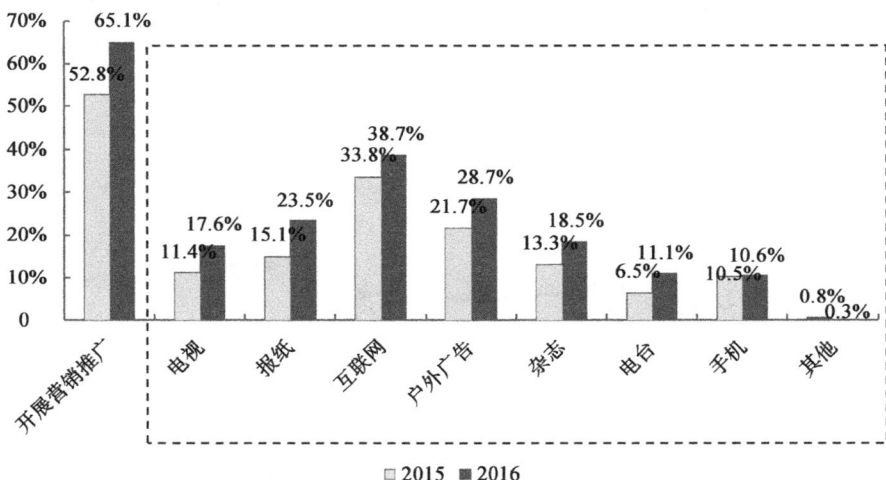

图 1-3　2015 年和 2016 年企业营销推广渠道使用情况

资料来源：CNNIC 中国互联网络发展状况统计调查 [EB/OL]. http://www.cnnic.net.cn/hlwfzyj/hlwxzbg/hlwtjbg/201701/t20170122_66437.htm, 2017-01-22.

由上可见，互联网对于企业的营销与发展具有重要意义。为此，本书致力于帮助读者实现如下目标：①了解互联网营销的技术、社会文化、制度环境；②掌握基于互联网的市场研究与顾客洞察方法、工具；③把握互联网用户的一般心理特征与行为模式；④熟悉互联网环境下的营销创新模式、创新路径及策略组合；⑤掌握基于互联网的整合营销策略方法与技巧，如广告策略、内容策略、线上线下整合策略、危机管理策略等；⑥掌握针对四类典型用户网络行为的营销方法与技巧，如信息发布、社交沟通、网上娱乐、在线购物等；⑦熟悉互联网营销绩效评价方法与工具；⑧了解工业品、消费品、服务产品等领域中，基于互联网、大数据的公共营销平台搭建、企业营销战略转型、商业模式重塑、营销策略创新、个人营销创业案例。

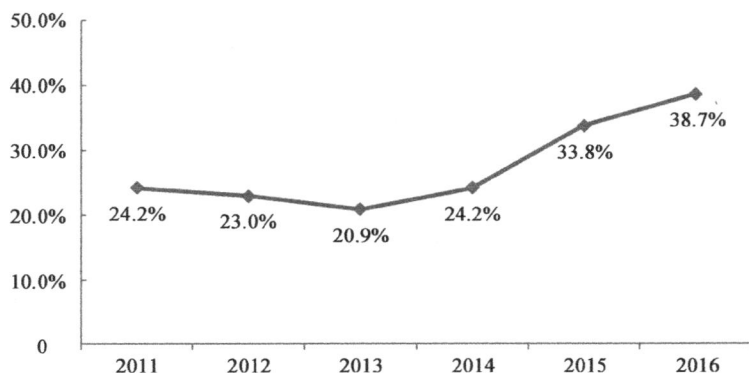

图 1-4　2011～2016 年企业互联网营销开展比例

资料来源：CNNIC 中国互联网络发展状况统计调查 [EB/OL]. http://www.cnnic.net.cn/hlwfzyj/hlwxzbg/hlwtjbg/201701/t20170122_66437.htm, 2017-01-22.

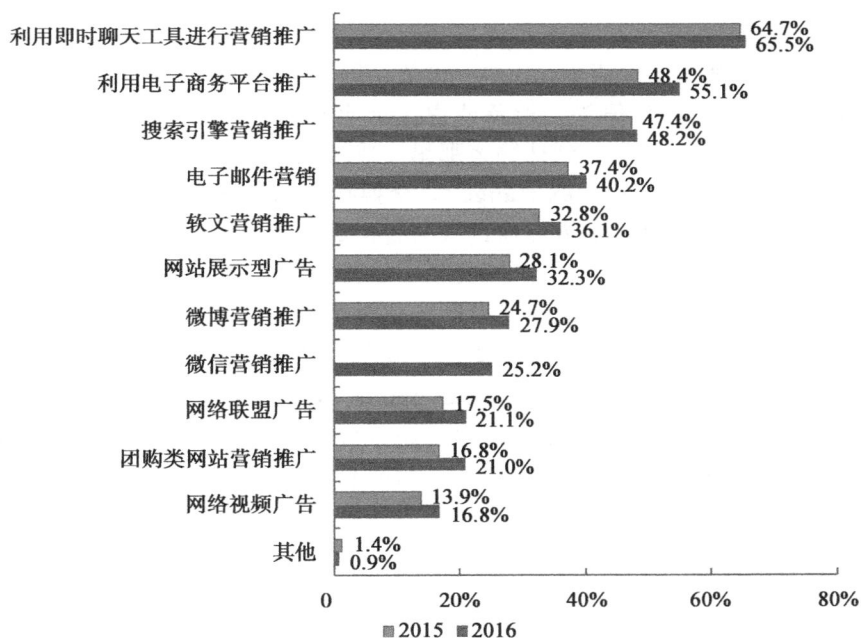

图 1-5　2015 年和 2016 年企业各互联网营销渠道使用比例

资料来源：CNNIC 中国互联网络发展状况统计调查 [EB/OL]. http://www.cnnic.net.cn/hlwfzyj/hlwxzbg/hlwtjbg/201701/t20170122_66437.htm, 2017-01-22.

1.1　互联网营销相关定义

1. 市场营销定义

中外机构或学者从不同视角对市场营销做出定义。其中美国市场营销学会将其界定为：

创造、传播、交付和交换那些对顾客、客户、合作伙伴和社会有价值的市场供应物的活动、制度和过程（AMA，2007）。阿姆斯特朗等人（Armstrong，Kotler，Wang，2017）从客户关系的角度，将市场营销定义为：企业为顾客创造价值并且建立牢固的顾客关系，进而从顾客那里获得价值作为回报的过程。中国学者庄贵军（2015）则从市场交换和顾客价值角度，将其定义为：企业根据不可控因素的变化，通过目标市场的选择和对企业可控因素的动态组合，以高效率为目标市场创造价值的方式实现与顾客的交换，达到企业的营销目标。

本书作者基于新媒体环境特征和价值营销趋势，将市场营销界定为：**市场双方或多方在一定环境下为满足各自需要，主动参与对方（或其他方）价值发现、创造、传播、传递、交换、增值和维护的一系列动态过程。**该定义包括 7 个关键要素：①市场双方或多方（market stakeholders）。随着营销理念的不断发展，营销已经不是你卖我买的双边关系，而是涉及多个利益相关者的利益（Kotler，Keller，2014）。例如，"劲酒虽好，不能贪杯"就反映出这种趋势。②需要（needs）。需要是各方期望通过营销活动获得的物质或精神要求（Armstrong，Kotler，Wang，2017）。欲望（want）是在一定文化和个性环境下"需要"的具体呈现形式。需求（demand）是具有购买力的欲望。在营销过程中，不是简单地满足顾客一方的需求，而是要尽可能满足涉及的各方的需求。③参与（participate）。营销要利益各方共同卷入，而不是一方主动，一方被动，营销是一个合作共创的过程。④价值（value）。价值，即卖方为顾客带来的效用，包括功能、情感、社会、认知、条件价值等。形象地说，企业提供的产品，放在自己仓库里是产品，进入市场流通交易是商品，到达顾客那里变成解决方案，帮助顾客的顾客满足需求就是为顾客创造价值。⑤交换（exchange）。交换指营销各方在货币控制权、产品控制权、信息控制权、资源控制权等方面通过权力置换满足各自的需要。根据交换各方的权力地位，又可以分为对等交换与不对等交换（如营销实务界常说的乞求营销、崇拜营销等）。⑥环境（environment）。环境指影响营销的"硬环境"（如地理、物理、技术环境）和"软环境"（如法律、制度、文化、规范、认知环境等）。新媒体环境，既属于硬环境，又属于软环境。⑦动态过程（dynamic process）。营销各方在交换过程中，不断通过学习来调整需求，改变交换地位，获得价值。例如，消费者在网店上购买过一次假货以后，可能对实体店或网络品牌商的产品更加青睐，需求内容和交换对象发生改变。

2. 互联网营销定义

互联网发展已经历了 Web1.0、Web2.0、Web3.0 三个阶段，Web1.0 本质是阅读，Web2.0 本质是互动，Web3.0 本质是价值实现（俪瞻，2014）。在新的阶段，互联网技术特别是移动互联网、大数据、虚拟现实等技术对于上述市场营销 7 个关键要素都产生了影响。例如：①催生了更多的市场交易方。直播网红的营销便体现了这一特点。②导致顾客需求更加多元化、长尾化、个性化。③提供了更加便利的参与条件。例如，良品铺子星空棒棒糖开发就是网上粉丝集体创意的成果。④导致顾客价值体验的快餐化、时尚化。一个网络热词往往会带来一种消费时尚。⑤改变了交换各方的权力地位和交换方式。互联网很大程度降低了买卖双方之间的信息不对称性，为顾客数字化赋能（digital enablement），让顾客在交换中有更大的博弈资本。电商平台上的一个顾客差评，就可以让某个店铺关门大吉。

⑥互联网不仅提供了物理意义上的交换空间与交易平台，还创造了社会交往的虚拟社区，形成了人际交往的新生态。如果与线下结合，则为企业带来更为复杂的营销环境。⑦互联网技术本质上是一种快速迭代的过程，因此会促进营销各方的市场进化。顾客会变得更加聪明，对产品和服务的要求更加苛刻，市场对手的竞争也会更加激化，逼迫企业不断追随顾客需求甚至引导顾客需求。

从上面的冲击和变化来看，互联网营销既不是简单的利用互联网工具营销，也不是单纯的互联网环境下的营销。当前及未来一段时间，互联网逐渐与新的硬件、新的媒体相联结，线上与线下不断融合，最终演变为一种新的生态。例如，马云在互联网界就多次提到要打造阿里生态圈（孙雨，2014）。因此，对互联网营销的定义需要在前人基础上进行拓展。本书对其界定为：**市场各方为满足各自需要，或参与创建新的互联网生态，或适应已有互联网生态，进而实现价值发现、创造、传播、传递、交换、增值和维护的一系列动态过程**。本书提出的定义与其他代表性定义比较如表 1-1 所示。

表 1-1　代表性互联网营销定义比较

定义来源	定义内容	定义要素				
		营销主体与客体	营销内容物	营销媒介工具	营销环境	其他
Chaffey,etc., 2006	通过数字技术的运用来实现营销目的	默认传统营销主体	默认传统营销内容	数字技术	传统环境	辅助传统营销活动
俪瞻，2014	基于互联网平台，利用信息技术与工具，满足公司与客户之间交换概念、产品、服务的过程，通过在线活动创造、宣传、传递客户价值，并且对客户关系进行管理，以达到一定营销目的的新型营销活动	公司与客户	概念、产品、服务	互联网平台、信息技术与工具、在线活动	传统环境	独立于传统营销活动
本书	市场各方为满足各自需要，或参与创建新的互联网生态，或适应已有互联网生态，进而实现价值发现、创造、传播、传递、交换、增值和维护的一系列动态过程	市场各方	价值	传统或互联网媒介工具	互联网生态环境	与传统营销融合

资料来源：本书作者根据相关文献收集整理。

3. 互联网营销与新媒体营销概念辨析

新媒体（new media）是相对传统媒体（traditional media）的一个概念。根据 Dijk（2005）的描述，新媒体具有如下三个典型特征：①集成性（integration）。是电信传播、数据传播和大众传播在一个介质中的集成和融合，即多媒体性（multimedia）。②互动性（interaction）。包括传播中双方或者多种角度空间共存（多维性，multi-dimensions），共时性（synchronicity），交互双方具备一定控制力，以及所有参与者在传播内容和相互理解上可以互动。③数字性（digital）。0 和 1 的数字信号取代了模拟信号，带来标准化内容和海量传播数据。新媒体的三大特征，也导致传播模式从传统媒体的"训示"（interogate）向"协商"（negotiate）、"注册"（register）和"交谈"（chat）模式转变，也就是即时性

（instantaneity）与共享性（sharing）。

依本书作者来看，在满足上述三个基本特征的基础上，新媒体实际是个相对的概念。回顾互联网发展历史，20世纪90年代中期，互联网被称为是相对传统平面媒体、电波媒体的新媒体。20多年过去，早期的互联网已经成为"传统"媒体。取而代之的是"新新媒体"（new new media），这些"新新媒体"包括Facebook、Twitter、博客、微博、微信等（Levinson，2010）。时至今日，互联网已过Web3.0阶段。以人工智能、大数据、云端、虚拟现实等为内核的"新新新媒体"又涌现出来。所以，随着互联网及周边技术的发展，不断会有更新的媒体形态出现。新媒体营销也与之相适应，会有不断迭代更新的内涵。

本书界定的互联网营销，涵盖了上述新媒体营销形式和内容，是一个更广泛、更严谨的术语。本书认为，无论新媒体如何进化，都属于互联网生态的范畴。新媒体营销，只不过是互联网营销在新的历史发展阶段的特征反映。这就像中国的长江在某些地段有其他别名一样。例如，宜宾至宜昌一段的长江称为川江，江苏扬州以下称为扬子江。所以本书的书名定为《新媒体营销：互联网营销新视角》。

1.2 互联网营销任务

1. 互联网营销主要任务

从互联网营销定义中可看出，其主要承担如下任务：①互联网营销环境审视。跟踪互联网及周边技术发展前沿，了解基于互联网的社会文化和规制环境。②互联网用户洞察。借助互联网多种技术手段，调研洞察互联网用户的心理特征、行为模式，进行顾客画像。③互联网营销战略与策略规划。选择与互联网生态匹配的营销战略，参与市场竞争；创新营销策略，规划策略组合。④互联网整合营销策略制定与实施。针对互联网社群和用户心理，开发并执行匹配的互联网广告策略、内容营销策略、网络危机管理策略、线上线下整合策略等。⑤互联网用户精准营销。针对典型用户网络行为需求展开营销，如信息搜索、社交沟通、网上娱乐、在线购物等行为需求。⑥评价与改进互联网营销绩效。⑦适应互联网生态演进的企业营销战略转型与变革。⑧利用互联网生态中的商机进行创业营销。

2. 本书内容对于互联网营销任务的支撑

根据上述互联网营销任务，本书分为8个板块，分别是：①互联网营销基础。包括绪论（第1章）、互联网营销的技术基础（第2章）、互联网营销的社会基础（第3章）、互联网营销的规制环境（第4章）。②互联网用户洞察。包括互联网营销研究（第5章）、互联网用户心理（第6章）、互联网用户行为（第7章）、互联网用户购买模式（第8章）。③互联网营销战略与策略规划。包括互联网营销策略组合（第9章）、互联网营销创新模式：6S模型（第10章）、互联网营销创新路径：6S模型应用（第11章）。④互联网整合营销策略与应用。包括互联网广告策略（第12章）、互联网内容策略（第13章）、互联网营销渠道策略（第14章）、互联网危机管理策略（第15章）。⑤互联网营销方法与技巧。包括信息发布类互联网营销方法与技巧（第16章）、社交沟通类互联网营销方法与技巧（第17章）、在线娱乐类互联网营销方法与技巧（第18章）、互联网店铺运营方法与技巧（第19章）。⑥互联网营销绩效管理。如互联网营销绩效测量与评价（第 20 章）。⑦适应互联网生态演进的企业营销战略转型与变革。包括企业互联网营销转型升级平台：红圈营销案例（第 21 章）、工业企业与车联网融合：康明斯天远案例（第 22 章）、农产品借助互联网营销模式转型：果果绿案例（第 23 章）、食品企业的互联网促销：良品铺子案例（第 24 章）、食品企业利用互联网危机管理：周黑鸭案例（第 25 章）。⑧利用互联网生态进行创业营销。如个人创业营销平台模式：万色城案例（第 26 章）。另外还有 6 个案例因为篇幅原因放入本书配套的网上学习材料中。包括工业品互联网营销平台（找钢网案例）、服装企业基于大数据的智能制造与营销（红领集团案例）、在线服装品牌的打造与运营（韩都衣舍案例）、传统家具企业借助互联网营销转型（酷漫居案例）、为个人品牌打造搭建的平台模式（映客案例）、个人自媒体创业模式（罗振宇案例）等。

1.3　互联网营销发展阶段

根据互联网技术特征、该阶段互联网营销特征及与传统营销的关系模式，本书将互联网营销的发展分为四个阶段，见表 1-2。

1. 互联网营销 1.0 阶段

此阶段发源于 20 世纪 90 年代，以 Web1.0 网络为基础。典型的互联网业态有新浪、搜狐等综合性门户网站，谷歌、百度等搜索引擎。此阶段，用户以阅读浏览信息为主要目的，网络话语权较小，基本是被动的信息接收者。企业在此阶段的互联网营销以广告发布为主，具体形式有网络广告、搜索引擎营销、电邮营销、BBS 营销等，这些手段本质上属于传统营销中的广告传播工具。

2. 互联网营销 2.0 阶段

此阶段大约出现在 2000 年前后，以 Web2.0 网络为基础。典型的互联网业态有 Facebook、Twitter、人人网、新浪博客、腾讯博客等互动平台，也有淘宝、天猫、京东、当当等商城出现。此阶段用户以交流互动为主要目的，开始初步尝试网上购买。用户网络权力增强，去中心化、草根性、真实性、自组织协同性、主体参与性明显增强。企业在此阶段的互联网营销以品牌传播为主，通过网络渠道销售为辅（甚至很多企业并没有重视网络渠道）。具体形式有博客营销、播客营销、RSS 营销、SNS 营销、联属网络营销、借助第三方电商平台销售等。这些手段本质上属于传统营销中的一些公共关系工具和辅助销售渠道，因此，本阶段的互联网营销仍然依附于传统营销。

3. 互联网营销 3.0 阶段

此阶段大约从 2010 年前后开始，以 Web3.0 网络为基础。典型的互联网业态有新浪微博、腾讯微博、微信等，美团网、蘑菇街、微信商城、苏宁易购，以及米粉（小米）、花粉（华为）在线社区等。此阶段，用户以购物、娱乐、分享为主要目的，网络权力较强，逐步形成消费者互联网社区与生态。企业在此阶段的互联网营销以互联网品牌创立、顾客引流，及在线价值变现为主。具体形式有微商营销、朋友圈营销、品牌社区营销、直播营销、网红营销、自媒体营销等。此阶段互联网营销已经冲击或颠覆传统营销模式，初步创立新的行业标准与营销规则。

表1-2 互联网营销发展阶段一览表

互联网营销发展阶段	起始时间	物理基础	典型互联网业态	网络用户特征	互联网营销任务	典型营销形式	与传统营销的关系
互联网营销1.0	20世纪90年代	Web1.0	新浪、搜狐等综合性门户网站，谷歌、百度等搜索引擎	用户以阅读浏览信息为主要目的；网络话语权较小，仍然是被动的信息接收者	广告发布为主	网络广告、以及搜索营销、电邮营销、BBS营销等	本质上属于传统营销的一种广告传播工具，处于绝对从属地位
互联网营销2.0	2000年前后	Web2.0	Faccbook、Twitter、人人网、新浪博客、腾讯博客等，淘宝、天猫、京东、当当网商城	用户以交流互动为主要目的；网络权力增强，去中心化、草根性、自组织协同性，主体参与性明显增强；初步尝试网上购买	品牌传播为主，网络销售为辅	博客营销、播客营销、RSS营销、SNS营销、信息联盟网络营销，借助第三方电商平台销售等	本质上属于一种公共关系营销的工具和辅助销售手段，处于相对从属地位
互联网营销3.0	2010年前后	Web3.0	新浪微博、腾讯微博、微信等，美团网、蘑菇街、微信商城、苏宁易购，花粉在线社区等	用户以购物、娱乐为主要目的；网络权力较强，分享途径多，逐步形成消费者互联网社区与生态	互联网品牌创立；顾客引流，及在线价值变现	微商营销、朋友圈营销、品牌社区营销，直播营销、网红营销、网络媒体营销等	冲击或颠覆传统营销模式，初步创立新的行业标准与营销规则
互联网营销4.0	2016年前后	物联网、人工智能、虚拟现实、区块链、网络支付等技术融合	京东众筹、共享单车、无人超市、无人驾驶汽车、车联网等	用户以多资源、多价值观、多媒体途径参与新创业；用户既是消费者（使用者），又是生产者，还是资源提供者	线上线下融合，互联网与智能终端融合，企业与顾客共价值共创，建立共生关系	智联网营销、区块链营销等	与传统营销深度融合，基于互联网新的生态，重塑市场、品牌，建立一致的营销新模式

资料来源：作者在前瞻（2014）等基础上进一步研究整理提出。

4. 互联网营销 4.0 阶段

此阶段从 2016 年前后开始，以人工智能、移动智能终端、虚拟现实、区块链、互联网支付创新等为代表的新技术融合为物理基础。典型的业态有京东众筹、共享单车、无人超市、无人驾驶汽车、车联网等。该阶段用户以多资源、多价值观、多媒体途径参与互联网及智能终端的创新创业，用户既是消费者（使用者），又是生产者，还是资源提供者。企业在此阶段的任务是，通过重塑模式与资源整合，促进线上线下融合、互联网与智能终端融合，以及企业与顾客价值共创，建立共生关系。具体形式有智联网营销、区块链营销等。本书开篇案例即是初步反映。此阶段的互联网营销已经与传统营销深度融合，基于互联网新的生态，重塑市场、品牌，建立一致的营销新模式。

1.4　互联网营销组织

企业互联网营销发展的不同阶段，需要相应的组织支撑。以下分别是四类典型的互联网营销组织形式。

1. 市场部内设的互联网营销组织

如图 1-6 所示，某消费电子企业市场部内设新媒体组、用户运营组、营销策划组和终端推广组。其中，用户运营组负责产品俱乐部（官方论坛）运营，包括内容发布、用户活动、产品测评等。营销策划组负责策划业务营销活动，例如节日促销、热点主题折扣等。终端推广组负责智能电视业务终端推广，对接各地分公司，提供相关培训材料、智能外设支持，跟踪市场问题与解决。新媒体组工作职能包括：①新媒体账号运营。如服务号、订阅号、微博、门户自媒体，负责日常文章撰写推送、粉丝互动、数据分析。②公司业务推广。包括每周例会、日常沟通，针对业务亮点、重点内容（需求）进行提前策划，制定排期及推广主题，结合热点实时推进；对于重点事件，制订整体传播计划。③参与公司大事件。如对于发布会、年度白皮书等公司大事件，提供文案及设计支持，并在新媒体、新闻渠道同步宣传。④对接合作方。如与爱奇艺、腾讯等合作方保持联动，资源互换、共同策划，形成大剧传播声量。

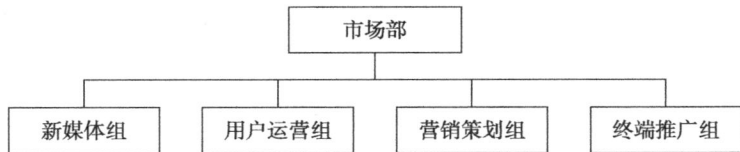

图 1-6　市场部内设的互联网营销组织

资料来源：本书作者收集整理。

2. 多部门协作的互联网营销组织

如图 1-7 所示，某国际企业整合营销传播部下分设品牌管理科、产品策略科、市场推广科、广告管理科、公共关系科、数字营销科。①品牌管理科负责企业品牌调研、规划及广宣策略制定、活动执行等；②产品策略科负责新产品上市前后的广宣调研、统一广宣策略制定、销售促进会议推进，以及对实体门店的共享、沟通和协调；③市场推广科负责全年地面推广计划和商务政策的制定实施，国内各个城市巡展活动策划实施、运营管理等；

④广告管理科负责广告创意管理、传统媒体及新媒体广告投放策略制定、户外广告政策制定及督导、广告投放管理、广告效果分析、广告费用核销等；⑤公共关系科负责新品新型号的公共关系策略、媒体关系维护、舆论引导、危机预警及控制、客户杂志规划及推进，以及各类公关活动策划执行；⑥数字营销科负责数字营销规划与实施、数字广告策划与投放、数字营销活动策划与执行督导、数字营销平台搭建与资源整合、各类门店的数字营销管理支持，以及数字营销创新研究探索。上述六个部门中，后面三个部门不同程度涉及互联网营销，彼此分工合作。

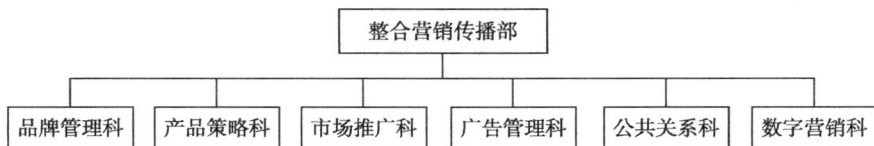

图 1-7 多部门协作的互联网营销组织

资料来源：本书作者收集整理。

3. 事业部形式的互联网营销组织

如图 1-8 所示，某快速消费品企业以用户为中心，按照交互 + 交易 + 交付的体系搭建互联网事业部。事业部下设互联网交互部、互联网销售部、互联网支持部。①互联网交互部是公司互联网自有商城的综合运营部门。其运营组负责本公司商城的建设、策划、运营及业绩达成；传播组负责线上产品，品牌传播策划，本公司商城、微博、微信等互联网新媒体内容策划运营；技术组负责本公司商城和互联网平台的系统构建和迭代优化及内外部技术资源整合；综合组负责互联网线上业务财务核算和账务、投入管理及法务问题审核处理等。②互联网销售部是公司内所有产品的互联网销售部门。其直营负责天猫、京东、苏宁等第三方电商直营店铺的运营推广策划和销售业绩达成；采销组负责京东自营、天猫超市及其他平台授权业务合作、客户招商和市场秩序管理；客服组负责天猫、京东等第三方电商平台直营店铺用户体验服务和公司 400 语音电话服务。③互联网支持部是公司互联网业务产品策划、订单执行、物流配送等服务的统筹管理部门。其产品组负责公司互联网业务独立产品、常规产品及微创新产品开发及生产供应；物流组负责互联网业务直销和采销订单的审核发运、全国互联网分仓建设管理及总部快递商管理；仓储组负责公司总部互联网智能仓储中心的建设运营管理及总仓订单处理发货。

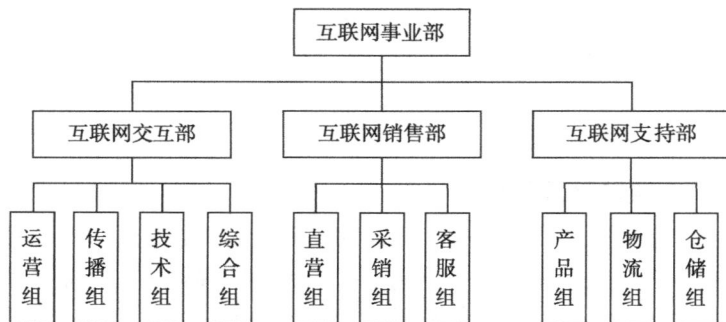

图 1-8 事业部形式的互联网营销组织

资料来源：本书作者收集整理。

4. 线上线下协同的互联网营销组织

如图 1-9 所示，某大型快消品企业下设三类一级机构，分别是本部、中心和分公司。本部类机构和业务运营间接相关，负责为前端经营单位的职能管理提供通用支持；中心类机构和业务运营直接相关，负责为前端经营单位提供资源供给和能力建设；分公司类机构直接负责一线业务市场经营，直接产生利润。

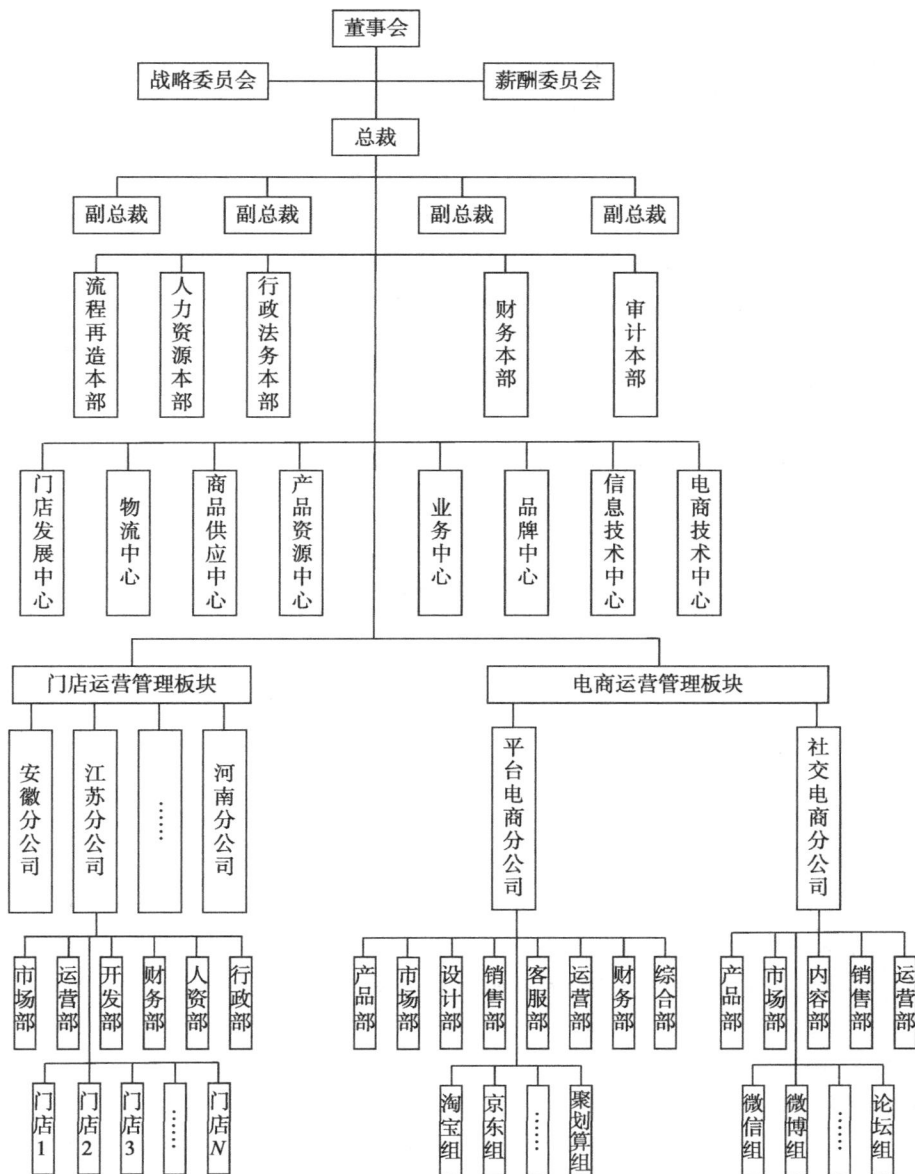

图 1-9　线上线下协同的互联网营销组织

资料来源：本书作者收集整理。

分公司类机构分为两大板块，第一板块为线下实体门店的运营管理，以区域为单位设立省级分公司，每个分公司负责若干门店的管理。第二板块为线上电商运营管理，分为平台电商和社交电商两个分公司。①平台电商指淘宝、天猫、京东、聚划算等平台上的门店营销运营。该分公司协同品牌中心、商品中心、物流公司、各电商平台，整合供应链产品资源、品牌宣传资源、平台通路资源、订单服务资源，通过各电商平台商品和品牌的展示资源，在各大公司平台发展品牌会员，以数字化的沟通方式、电子商务的交易方式，进行客户触点体验管理，为顾客提供优质产品和服务，实现快速扩大销售规模，积累品牌会员数量，提升品牌的全国性影响力。②社交电商指利用微信、微博、各类论坛展开的营销运营。该分公司协同内外部媒体渠道，完成基于品牌和内容原创的线上营销策略。通过新媒体有效实现粉丝服务和内容运营传播，同时立足移动互联网创新和社会化平台，实现粉丝产品与服务交易的电商业务模式。

线上线下协调方面，不同的部门承担着不同的任务。①公司业务中心，承担着协同各资源管理部门的责任，通过制订、监控、检核业务行动计划和策略，整合公司线上线下、内外部资源，孵化管控 B2B、O2O 业务，统筹会员政策、权益、会员营销工作的运营和协调监督工作，实现业务健康稳步发展和增长。②电商技术中心，负责协同外部供应商和内部业务单位，统筹公司电商信息产品的开发、测试、产品管理和集团数据管理工作。通过电商技术开发和数据管理，推动业务创新和变革。③流程再造本部，负责协调内部机构部门，重新梳理整合公司内部的流程体系资源，解决流程运行中的效率、成本、风险等问题，实现公司从职能化组织向流程化组织的转变。还有其他部门也对线上线下业务支撑与整合承担责任。

｜案｜例｜分｜享｜

从价值提供到价值共创的营销转型

中山大学管理学院谢康、肖静华老师等组成的研究团队一直致力于企业信息化与电子商务研究。他们在最近发表在《管理世界》上的一篇研究中，选取广州汇美时尚集团（简称汇美）和广州酷漫居动漫科技有限公司（简称酷漫居）作为案例研究对象，基于服务主导逻辑（the service-dominant logic）和动态能力理论（dynamic capability theory），探讨从企业与消费者交易产生的价值提供转变为企业与消费者合作产生的价值共创（value co-creation）的营销转型过程及机制（吴瑶，肖静华，谢康，廖雪华，2017）。案例对象及研究结果摘录如下。

1. 两家案例企业简介

（1）汇美。成立于 2008 年，是成长快速的互联网原创时尚品牌集团。公司主要产品为时尚女装，目前旗下拥有茵曼、初语、Samyama、秋壳、生活在左等 14 个原创品牌。汇美旗下品牌茵曼 2011 至 2013 年连续三年位居天猫女装品牌 TOP5 和淘宝女装品牌 TOP3，2013 年"双十一"女装品牌全网销量第一。汇美于 2014 年开始逐渐强化与消费者的有效互动，瞄准粉丝经济，通过与服装达人、网络红人及部分影视文化 IP 的合作，从粉丝的热爱和需求出发，打造红人时尚原创品牌。期间专门创建了网红事业部，以寻找、识别和服务合作红人，目前已成功孵化 16 个原创达人品牌，月均销量 500 多万元，被广东省移动经济协会评为"最具商业价值红人经济平台"。通过与特殊消费者的深度合作，汇美实现了从以产品为核心到以消费者为核心的营销转型，逐步完善"互联网时尚品牌生态圈"的搭建。

（2）酷漫居。成立于 2008 年，是国内动漫家居细分市场的首创者，先后获得迪士尼、Hello Kitty、阿狸等全球 9 大顶级动漫品牌在中国家具业的独家授权，分别于 2012 年和 2013 年"双十一"创造了 1 000 万元和 2 800 万元的单日销售纪录，成为互联网儿童家具行业的领军者。酷漫居自 2013 年起开始营销转型，实施"关注消费者"计划，不仅基于大数据应用实现对消费者需求的深入分析，还通过挖掘"妈妈型"消费者的情感特征，与关键消费者合作，开展以微信、微博和专业社交网站为主的线上推广，及以居民社区为主的线下推广。2015 年，启动"酷妈计划"，打造酷妈营销团队。酷漫居是行业内最早开发移动端酷妈管理系统的企业，率先实现对合作消费者的体系化管理，并在企业内部的人力资源职能中加入了对合作消费者的管理培训。酷漫居借助酷妈与普通消费者的互动来强化企业与普通消费者的联系，不仅快速吸引众多新顾客，而且利用消费者之间的联系提升顾客忠诚度，被评为"2015 中国孕婴童产业奖之最受消费者喜爱品牌入围奖"，同时，还被人民网评为"2015 年度最具品牌价值企业"。

2. 研究发现：两家案例企业从价值提供到价值共创的营销转型过程存在差异

　　比较分析发现，尽管汇美和酷漫居都开展了营销转型，但二者选择的转型路径有明显差异：汇美主要通过与意见领袖协同演化，进而形成支持营销转型的协同演化动态能力；酷漫居主要通过与平民化中心协同演化，进而形成支持营销转型的协同演化动态能力。

　　（1）汇美的转型路径：企业与意见领袖协同演化。 汇美通过与意见领袖双向的资源交互，逐步形成适应双方合作、应对外部环境变化的协同演化动态能力。从能力演化特征来看，主要分为三个阶段。**①识别资源阶段。** 社交网络平台上部分消费者会因高质量的经验分享、知识贡献或表现出的独特魅力被其他普通消费者认同和关注，逐渐演变为

意见领袖（消费者角色分化）。基于对粉丝数量、互动话题热度、评论质量等信息的分析，汇美逐渐识别出在线社区中有较高影响力的意见领袖，邀请他们在社群网络中对企业产品和品牌进行推荐。通过对异质资源的识别和分析，企业形成识别资源的能力。**②共享资源阶段。** 在技术资源上，汇美在移动社区向达人和网红开放更多权限，支持他们自主创建粉丝活动，并通过后台数据统计互动热度，据此给予其相应奖励；在产品资源上，汇美为服装达人和电商红人提供服饰，意见领袖自由选择适合自己的服装进行搭配，拍照并分享；在供应链资源上，汇美为意见领袖创造的交易提供后端支持，普通消费者只要点击链接便直接跳转到企业交易平台进行购买，规避了意见领袖的仓储和物流成本。共享资源过程中，意见领袖也会将普通消费者的个性化需求及时反馈给企业，便于产品/服务改善、更新及新产品研发。这样企业通过与意见领袖共享异质资源形成了共享资源能力。**③对接资源阶段。** 尽管服装达人可以帮助企业推荐产品和营销引流，但基于个人的营销影响力会逐渐减弱。因此在这一阶段，部分服装达人会逐渐将个人形象品牌化，不仅基于企业共享的产品资源推出风格一致的服装，更借助企业共享的技术平台和供应链服务给予消费者更完善、一致的消费体验，进而演化为品牌化交易媒介。汇美则成立网红事业部，在网站设计、品牌打造、产品研发和供应链生产等方面全面对接，围绕达人和红人的独特风格，打造新生代小众时尚品牌，并提供宣传、消费者维系和交易服务。在这一阶段，通过资源对接，企业与意见领袖实现了价值共创。综上，意见领袖发生了从角色分化、个人化交易媒介到品牌化交易媒介的转变；通过与意见领袖的协同演化，企业逐渐形成了识别资源、共享资源和对接资源的能力。企业与意见领袖通过协同演化形成营销转型的过程如图 1-10 所示。

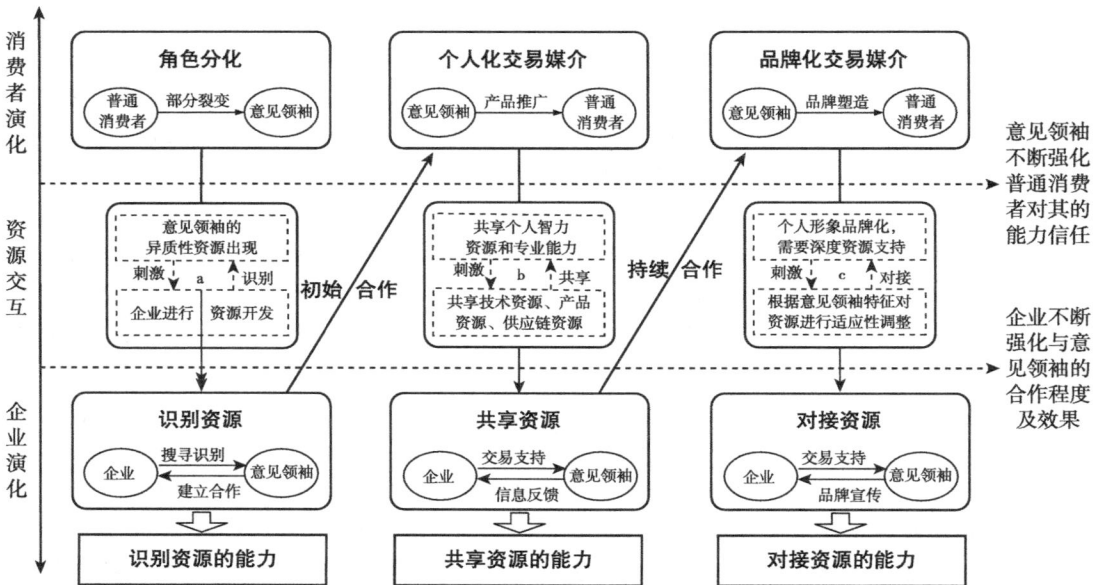

图 1-10 汇美企业与意见领袖通过协同演化形成营销转型的过程

资料来源：吴瑶，肖静华，谢康，廖雪华．从价值提供到价值共创的营销转型：企业与消费者协同演化视角的双案例研究 [J]. 管理世界，2017(6):138-157.

（2）酷漫居的转型路径：企业与平民化中心协同演化。与汇美不同，平民化中心是与酷漫居进行协同演化的主要特殊消费者类型，并且在消费者演化特征上也与汇美存在明显区别。但双向资源交互仍然是酷漫居与平民化中心协同演化及企业动态能力形成的重要机制。其中，企业与特殊消费者各自拥有的互补性异质资源是促使双方开展合作的重要基础。因此，从能力演化特征来看，依然主要形成识别资源、共享资源和对接资源三个阶段。**①识别资源阶段**。部分消费者在购买酷漫居儿童家具产品后，会基于个人的人脉关系进行产品使用分享，这些消费者的分享行为会对周边接收到该信息的人群产生营销影响力，成为平民化中心。在这一阶段，通过对异质资源的识别和分析，企业主要形成了识别资源的能力。**②共享资源阶段**。在企业识别出这些平民化中心、与之建立合作后，平民化中心就成为连接企业和普通消费者的个人化交易媒介。酷漫居将其形象地称为"酷妈"，为其开放更多权限。酷妈既可以通过在产品宣传中加入产品链接、引导普通消费者点击链接进入酷漫居官网购买产品，也可以带朋友去实体店体验产品、促成购买。该阶段，资源交互方式从以企业为核心的资源整合向企业与平民化中心的资源共享转变，企业和平民化中心便捷使用彼此的异质性资源，企业通过协同演化形成了共享资源的能力。**③对接资源阶段**。酷漫居在与平民化中心合作一段时间后发现，最初与平民化中心合作的目的是希望借助平民化中心的社会资源更好地吸引普通消费者关注企业品牌和产品，利用平民化中心的身份认同优势构建信任，巩固忠诚度。但在企业共享大量组织资源，尤其是支持产品交易的资源后，平民化中心就会逐渐在与普通消费者的交流中体现出很强的营销目的，如频繁推荐产品、推荐高价产品、不关心朋友的真实需求等，严重破坏了消费者之间原有的情感信任，出现了粉丝流失。为解决上述问题，企业和平民化中心均做出了适应性调整。该阶段，企业与平民化中心在原有资源共享基础上进一步对接资源，主要形成了对接资源的能力。

综上，平民化中心发生了从角色分化、个人化交易媒介到个人化交流媒介的转变，通过与平民化中心的协同演化，企业逐渐形成了识别资源、共享资源和对接资源的能力。企业与平民化中心通过协同演化形成营销转型的过程如图 1-11 所示。

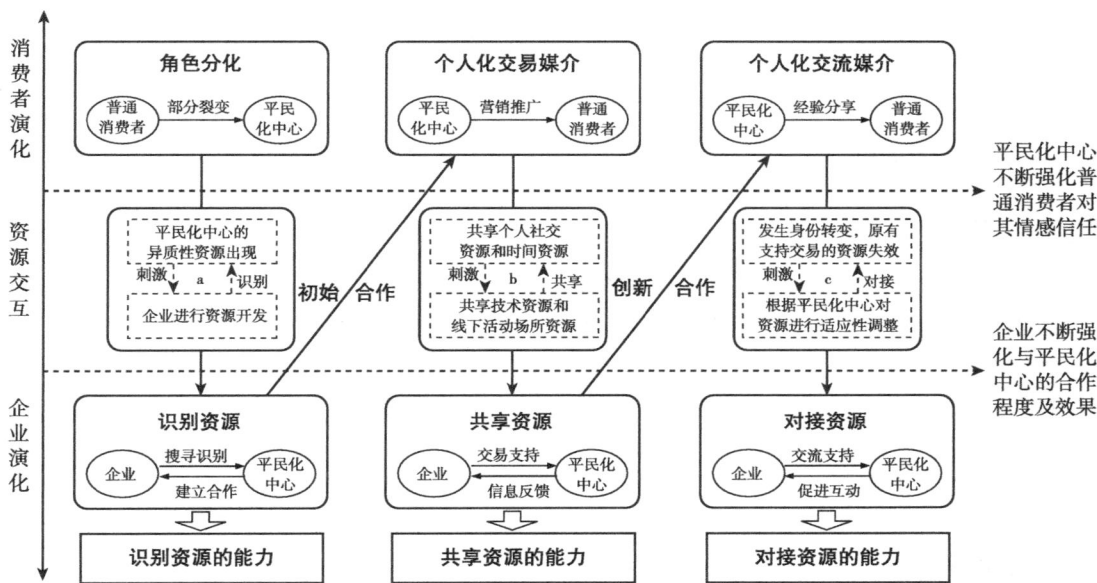

图 1-11　酷漫居企业与平民化中心通过协同演化形成营销转型的过程

资料来源：吴瑶，肖静华，谢康，廖雪华. 从价值提供到价值共创的营销转型：企业与消费者协同演化视角的双案例研究 [J]. 管理世界，2017(6):138-157.

▶本章小结

本章主要做了四个方面的工作。第一，在回顾市场营销基本定义的基础上，提出了互联网营销在新媒体时代的新表述，即互联网营销是市场各方为满足各自需要，或参与创建新的互联网生态，或适应已有互联网生态，进而实现价值发现、创造、传播、传递、交换、增值和维护的一系列动态过程。本章也将该概念与新媒体营销进行了辨析。第二，提出了互联网营销的八项重要任务，并与本书内容进行了联结。第三，指出了互联网营销发展的四个阶段，以及每个阶段的营销特点。第四，给出了四种典型的互联网营销组织特点，包括市场部内设的互联网营销组织、多部门协作的互联网营销组织、事业部形式的互联网营销组织和线上线下协同的互联网营销组织。

▶关键术语

市场相关者（market stakeholder）
需要（need）
欲望（want）
需求（demand）
参与（participate）
价值（value）

交换（exchange）
环境（environment）
动态过程（dynamic process）
数字化赋能（digital enablement）
新媒体（new media）
传统媒体（traditional media）

集成性（integration） 注册（register）
多媒体性（multimedia） 交谈（chat）
互动性（interaction） 即时性（instantaneity）
多维性（multi-dimensions） 共享性（sharing）
共时性（synchronicity） 新新媒体（new new media）
数字性（digital） 服务主导逻辑（the service-dominant logic）
训示（interogate） 动态能力理论（dynamic capability theory）
协商（negotiate） 价值共创（value co-creation）

▶课后习题

1. 在阿里推出了无人超市以后，有人列举了与之相关的"黑科技"，如人脸识别技术、骨骼分析技术、眼动追踪技术、深度决策算法、多模态识别技术、语音技术、物联网支付技术等。你认为它们与 Web3.0 的区别和联系有哪些，它们是如何影响企业营销活动的？

2. 市场营销的关键要素有哪些？未来一个时期的互联网营销与传统营销有哪些不同？你如何看待互联网营销发展的四个阶段？

3. 本章列举的四种互联网营销组织形式有什么异同？这些组织结构图反映出企业的互联网营销处于什么阶段？为什么？

▶参考文献

[1] American Marketing Association(AMA). Definition of Marketing[EB/OL].www.marketingpower.com/AboutAMA/Pages/DefinitionofMarketing.aspx, 2007:lisa Keefe Marketing News, 2008-01-15.

[2] Chaffey D, Ellis-Chadwick F, Mayer R, Johnston K.Internet Marketing: Strategy, Implementation and Practice[M].London: Pearson Education Limited, 2006.

[3] Dijk J V. The Network Society: Social Aspects of New Media[M].Thousand Oaks: SAGE Publications,2005.

[4] Levinson P. New New Media[M].Allyn: Pearson Education, Inc., 2010.

[5] Tuten T L, Solomon M R. Social Media Marketing [M]. Prentice Hall: Pearson Education, 2013.

[6] CNNIC 中国互联网络发展状况统计调查 [EB/OL]. http://www.cnnic.net.cn/hlwfzyj/hlwxzbg/hlwtjbg/201701/t20170122_66437.htm, 2017-01-22.

[7] 阿姆斯特朗，科特勒 . 市场营销学 [M]. 北京：中国人民大学出版社，2017.

[8] 科特勒，凯勒 . 营销管理 [M]. 上海：格致出版社，2014.

[9] 戴鑫，覃巧用，杨雪，刘莉，仝凤鸣 . 创新创业初期成功者的胜任力特征及影响因素：基于 2015 年"福布斯中国 30 位 30 岁以下创业者"的分析 [J]. 教育研究，2016(12):89-96.

[10] 俪瞻 . 网络营销 [M]. 北京：清华大学出版社，2014.

[11] 孙雨 . 马云 24 次提及"生态系统"[EB/OL]. http://money.163.com/14/0909/00/A5LMJJS200253B0H.html,2014-09-09.

[12] 吴瑶，肖静华，谢康，廖雪华 . 从价值提供到价值共创的营销转型：企业与消费者协同演化视角的双案例研究 [J]. 管理世界，2017(6):138-157.

[13] 庄贵军 . 营销管理：营销机会的识别、界定与利用 [M]. 北京：中国人民大学出版社，2017.

▶拓展阅读

[1] 官建文. 中国移动互联网发展报告（2015）[M]. 北京：社会科学文献出版社，2015.

[2]《中国互联网＋发展研究报告》研究组. 中国互联网＋发展研究报告（2015）. 北京：科学出版社，2016.

[3] 唐旭军. 中国新媒体发展报告（2015）[M]. 北京：社会科学文献出版社，2015.

[4] 谢耘耕. 中国社会舆情与危机管理报告（2015）[M]. 北京：社会科学文献出版社，2015.

[5] 国家工商行政管理总局市场规范管理司等. 中德网络商品交易监管比较研究 [M]. 北京：中国工商出版社，2011.

[6] 刘少杰，王建民. 中国网络社会研究报告（2011—2012）[M]. 北京：中国人民大学出版社，2013.

[7] 刘少杰. 后现代西方社会学理论 [M]. 北京：北京大学出版社，2014.

[8] 邓肯 J 瓦茨. 一个相互连接时代的科学：六度分割 [M]. 北京：中国人民大学出版社，2011.

[9] 尼古拉斯·克里斯塔基斯，詹姆斯·富勒. 大连接：社会网络是如何形成的以及对人类现实行为的影响 [M]. 北京：中国人民大学出版社，2014.

[10] 大卫·伊斯利，乔恩·克莱因伯格. 网络、群体与市场：揭示高度互联世界的行为原理与效应机制 [M]. 北京：清华大学出版社，2014.

[11] 帕特里夏·华莱士. 工作场所中的互联网：新技术如何改变工作 [M]. 北京：商务印书馆，2010.

[12] 詹姆斯·柯兰，娜塔莉. 芬顿，等. 互联网的误读 [M]. 北京：中国人民大学出版社，2014.

[13] 尼克·库尔德利. 媒介、社会与世界：适合理论与数字媒介的实践 [M]. 上海：复旦大学出版社，2014.

[14] 彼得 R 芒戈，诺什 S 康特拉克特. 传播网络理论 [M]. 北京：中国人民大学出版社，2009.

[15] 黄少华. 网络社会学的基本议题 [M]. 杭州：浙江大学出版社，2013.

[16] 郭玉锦，王欢. 网络社会学 [M]. 北京：中国人民大学出版社，2010.

[17] 简·梵·迪克. 网络社会：新媒体的社会层面 [M]. 北京：清华大学出版社，2014.

[18] 翟学伟，薛天山. 社会信任：理论及其应用 [M]. 北京：中国人民大学出版社，2014.

[19] 邓建国. 强大的弱链接：中国 Web2.0 网络使用行为与网民社会资本关系研究 [M]. 上海：复旦大学出版社，2011.

[20] 孙卫华. 网络与网络公民文化：基于批判与建构的视角 [M]. 北京：中国社会科学出版社，2013.

[21] 曾静平，等. 网络文化概论 [M]. 西安：陕西师范大学出版社，2013.

[22] 金民卿，王佳菲，梁孝. 矛盾与出路：网络时代的文化价值观 [M]. 北京：经济科学出版社，2013.

[23] 亚当·乔伊森. 网络行为心理学：虚拟世界与现实生活 [M]. 北京：商务印书馆，2014.

[24] 佐斌，等. 网络文化与青少年发展研究 [M]. 北京：世界图书出版社，2013.

[25] 范丽恒. 青少年网络生活的心理学研究 [M]. 北京：中国社会科学出版社，2013.

[26] 黄少华. 网络空间的社会行为：青少年网络行为研究 [M]. 北京：人民出版社，2008.

[27] 黄敏学，王峰. 网络口碑的形成、传播与影响机制研究 [M]. 武汉：武汉大学出版社，2011.

[28] 斯坦利·沃瑟曼，凯瑟琳·福斯特. 社会网络分析：方法与应用 [M]. 北京：中国人民大学出版社，2014.

[29] 匡文波 . 网络传播理论与技术 [M].北京：中国人民大学出版社，2011.

[30] 程光，吴桦 . 网络行为的全息测量方法 [M].南京：东南大学出版社，2013.

[31] 戴夫·查菲，菲奥娜.埃利斯－查德威克，理查德.迈耶，等 . 网络营销战略、实施与实践 [M].北京：机械工业出版社，2011.

[32] 郭国庆 . 营销理论发展史 [M]. 北京：中国人民大学出版社，2009.

[33] 王成慧 . 市场营销理论的演进逻辑与创新研究 [M]. 北京：中国财政经济出版社，2003.

[34] 唐 E 舒尔茨，等 . 重塑消费者—品牌关系 [M]. 北京：机械工业出版社，2015.

第2章
互联网营销的技术基础

未来的互联网是用人工智能在云端处理大数据。

——摘自腾讯公司董事会主席兼首席执行官马化腾 2016 年 7 月 12 日在腾讯"云＋未来"峰会上的演讲

▶ 学习目标

1. 了解互联网在其三个主要发展阶段的特征，学习互联网基本结构和运作原理。
2. 掌握网站技术、接入技术、无线智能终端技术、即时通信技术、虚拟现实技术、物联网技术以及区块链技术等互联网营销技术基本知识。
3. 具备在营销活动中有意识地使用相关互联网技术的能力。

案例导入
北汽新能源汽车公司的大数据应用

北汽新能源汽车股份有限公司成立于 2009 年，是北京汽车股份有限公司出资组建的国有全资子公司，主要从事纯电动汽车研发制造。2010 年，公司首批轿车下架，并在 2012 年开始运营国内首批新能源出租车。截至 2017 年 5 月，公司纯电动车累计销量突破 10 万台，单年销量连续三年蝉联全国第一。

该公司近年来以大数据应用为核心，结合其远程监控数据积累和运营经验，开展了包括车况诊断、行为识别以及评价体系等一系列的数据分析业务。①通过创新研究方法和数据分析模型，检测出了磷酸铁锂电池

两年的容量变化情况，突破了国内难以评价电池衰减情况的瓶颈。②通过分析通州出租车、厦门出租车电池相同时间的温度变化，检测出出租车电池的极低温度和电芯极高温度，为国内热管理系统的选型提供重要依据。③通过对用户汽车压差进行一致性分析（指单体自放电、容量衰减、内阻增加等）直接定位 BMU 问题，并将分析结果反馈给用户，提醒用户是否需要维修汽车。④通过对用户汽车历史故障大数据进行学习以及嵌入故障诊断逻辑，实现了汽车故障预警机制。

公司通过收集、整理和分析汽车相关设

备的运营和设备检测数据，不断挖掘数据的潜在价值，在纵向上细化业务领域，在横向上拓展业务研究范围，提升了其公司核心竞争力。

资料来源：作者综合整理。

2.1 互联网发展历程

综合帕特里夏·华莱士等人（2010）和俪瞻等人（2014）的研究，互联网大体经历了三个发展阶段。

1. Web1.0（1991~1999年）

万维网（world wide web，WWW）是能够让人们通过因特网共享各种信息资源的一个网络应用，最初由蒂姆·伯纳斯·李（Tim Berners Lee）于1989~1991年创建。其设计具备两个基本特征：①提供一种通过因特网方便使用的文档格式（网页），网络中共享的资源都可以网页的形式创建并存储在计算机中。②提供一种能够方便访问这样的网页的方式（浏览器），连接在因特网的计算机使用浏览器能获取并浏览储存在网络中的网页。在此阶段，万维网的特点包含两个方面：①大多数网页处于相对静止状态，大部分链接主要提供导航任务——按照超文本的链接关系从一个网页转到另一个。②提供网页的计算机扮演着相对被动的角色，其主要工作只是提供被请求的网页。同时，在此阶段万维网中的链接可以分为两类。①导航性：提供传统的超文本服务功能；②事务性：实现某些事务性操作。

2. Web2.0（2000~2010年）

Web 2.0由Tim O'Reilly领导的技术团队率先提出。其基本原则是使在线网站和服务能够吸引更多的用户，让其参与到网站内容的产生，用户越多越有利于网站和服务商（伊斯利，2011）。其核心特点如下。①社会化：内容因为每位用户的参与而产生并且不断传递。②个性化：参与所产生的内容为个性化内容。在此期间，一些突出的新兴网站发生了爆炸性的成长。如维基百科在这期间迅速发展，因为人们热衷于在网络上共同创建一个开放的百科全书；谷歌邮箱及其他在线电子邮件服务鼓励个体将邮件文档交由谷歌这样的公司保存并管理；我的空间和脸谱网能够建立在线社交网络，因此而得到广泛运用。

3. Web3.0（2010年以后）

Web3.0是在Web2.0基础上发展起来的，且能够更好地体现网民劳动价值与实现价值有效配置与均衡分配的一种互联网方式。其核心概念是互联网价值的重新分配。此阶段，互联网具备四大特征。①整合性：运用互联网技术对用户生成的内容信息进行整合，使得内容信息特征更明显，更精确，便于互联网用户的搜索与使用；②普适性，Web3.0的网络模式将实现不同终端的兼容，从PC互联网逐渐扩大到其他人们使用的终端；③运用数字新技术，实现数字通信与信息处理、网络与计算、媒体内容与业务智能、传播与管理等有序有效结合和融会贯通；④个性化、互动化和深入的应用服务，更加彻底地站在用户角度（华莱士，2010）。

2.2　互联网沙漏结构

　　沙漏体系结构是互联网最重要的设计特色（如图 2-1 所示）。其基本内涵是网络仅仅提供基本的服务，即按照标准化协议以比特为单位进行数据传输，而真正的网络"智能"处于沙漏的两端：①上端代表服务提供者与使用者；②下端代表传输媒介与路由配置。在沙漏体系结构的边缘位置，很多事情都能在不干扰互联网正常运行的情况下运行，包括使用各种不同方式将一些新型设备接入网络。这种分层策略将传输与应用程序分离，大大激发了创造力，同时减轻了网络管理员的压力。因此，沙漏体系结构在为激发众多革新技术创建平台中起到了相当重要的作用（华莱士，2010）。

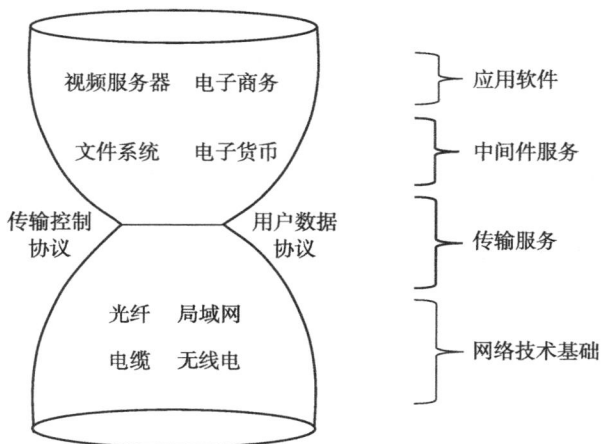

图 2-1　互联网沙漏结构

资料来源：帕特里夏·华莱士.工作场所中的互联网：新技术如何改变工作 [M].北京：商务印书馆，2010:58-96.

2.3　网站技术

　　营销型企业网站是企业基于网站的网络营销的基础，是企业开展网络营销的重要组成部分，是网络营销的重要信息来源，与其他网络营销工具和方法相互依存、相互促进。网站的功能主要表现在八个方面：品牌形象、产品/服务展示、信息发布、顾客服务、顾客关系、网上调查、网上联盟、网上销售（劳帼龄，2012）。

1. 分类

　　互联网营销网站可以基本分为三类。①信息发布型网站：企业网站的初级形式，是企业基本信息的载体，发布公司新闻、产品信息、采购信息、招聘信息、销售商和供应商所关心的内容，多用于产品和品牌推广以及与用户之间沟通，网站本身不具备完善的网上订单跟踪处理功能。②网上直销型网站：在发布企业产品信息的基础上，增加在线交易、支付、订单管理、用户管理、商品配送等功能。该网站的价值在于企业基于网站直接面向用户提供产品销售服务，改变传统的分销渠道，减少中间流通环节，从而降低成本，增强竞争力。③综合性企业电子化营销和经营网站：除了具备一般信息发布型网站的基本内容之外，在顾客服务、顾客关系方面都精心设计，并且建立一套完整的网上零售体系，可以快速满足用户的个性化需求。该网站把企业营销体系贯穿于网站建设，整个网站体现企业的经营思想、经营方针、目标市场以及 4P 等方面（劳帼龄，2012）。

2.开发方式

互联网营销网站开发主要有四种方式。①购买：程序源代码归企业所有，开发时间短，需要专业人员少，适用于小型企业；②租借：企业只拥有使用权（通常是一年），在需要经常维护或者购买成本很高的情况下，该方式比购买方式更有优势，适用于无力大量投资于电子商务的中小型企业；③外包：将开发商的技术优势与企业电子商务的需求相结合；④自建：更好地满足自身的具体要求，适用于有资源、时间及技术实力的企业。

3.开发工具

目前，网站开发工具主要有五种。① Microsoft FrontPage：是一款轻量级静态网页制作软件，特别适合新手开发静态网站的需要，但目前该应用很少用于制作网页；② Dreamweaver：该软件已成为专业级网页制作程序，支持 HTML、CSS、PHP、JSP 以及 ASP 等众多脚本语言的语法着色显示，同时提供了模板套用功能，支持一键式生成网页框架功能，是初学者或专业级网站开发人员必备之选择工具；③ CSS Design：一款适合对 CSS 进行调试的专业级应用，能够对 CSS 语法进行着色，同时支持即时查看样式功能，特别方便程序的调试以及效果的比对；④ Flash 动画制作软件：动画或动态图片是网页的重要组成部分，充分合理地使用 Flash 程序来设计网页元素，往往可达到意想不到的效果；⑤ PS（Photoshop）：用于对网页图片进行润色或特殊效果处理，是一款网页制作必备之软件（黄建莲，2012）。

2.4 接入技术

互联网接入是指通过国际国内互联网宽带线路与节点、社区网、城域网、骨干网以及服务器等相关软硬件设施为各类用户提供接入互联网的服务。互联网主要有两种接入方式。①有线接入：包括窄带接入（电话拨号接入）和宽带接入（DSL、ADSL、以太网和光纤等）；②无线接入：包括固定无线接入和移动无线接入。具体参见表 2-1。互联网业务主要包括基础性业务（接入网部署、宽带租用等）和增值业务（接入网络应用平台集成与开发、应用服务业务等)(北京市互联网信息办公室，2014）。

表 2-1　互联网有线接入方式

分　类	接入方式	具体说明
窄带接入	电话拨号接入	通过已有的电话路线，使用安装在计算机上的调制解调器拨号连接到互联网接入服务提供商，从而享受互联网服务的一种上网接入方式，该接入使用模拟信号进行通信
宽带接入	DSL 接入	通过 DSL 调制解调器，使用铜线或者本地电话网提供网络接入
	ADSL 接入	异步 DSL 接入技术，其采用频分复用技术将现有电话线信道分为电话、上行、下行三个相对独立的信道，以避免相互之间的干扰
	VDSL 接入	非对称 DSL 技术，其网络接入速度曾是最快的，故又称超高速数字用户线路

（续）

分　类	接入方式	具体说明
宽带接入	以太网接入	采用基带传输，通过双绞线和传输设备，实现 10M/100M/1Gbps 的网络传输，技术成熟，是目前应用最为广泛的局域网络传输方式
	有线电视网接入	基于有线电视网络铜线资源接入互联网，具有专门上网的连接特点，允许用户通过有线电视网实现高速接入互联网
	光纤宽带接入	通过光纤接入到小区节点或楼道，再由铜线连接到各上网设备（一般不超过 100 米），能够提供一定区域的高速互联接入，特点是速率高、抗干扰能力强
	电力网接入	电力线通信利用现有电力线路进行数据传输

资料来源：北京市互联网信息办公室．互联网接入服务现状及管理对策研究 [M]．北京：中国社会科学出版社，2014.

2.5　无线智能终端技术

无线智能终端技术是指安装有开放式操作系统（如图 2-2 所示），可装载相应的程序来实现相应功能的设备，如智能手机、平板电脑、电子阅读器等。其特点可概括为：①使用开放性的 OS 平台；②具备 PDA 的功能；③采用无线接入方式连接互联网；④扩展性强且功能强大。其逻辑结构可以分为应用、操作系统、硬件的上、中、下三个层次。其中，居于上层的应用包括 E-mail、Office、GPS、SNS 等；居于中层的操作系统可分为开放智能操作系统（Windows Mobile、iOS、Android、Black Berry 等）和操作平台两个方面；居于下层的硬件主要包括处理器（CPU）、储存器（Flash）、屏（LED）和摄像头（Camera）等（王瑞，2011）。

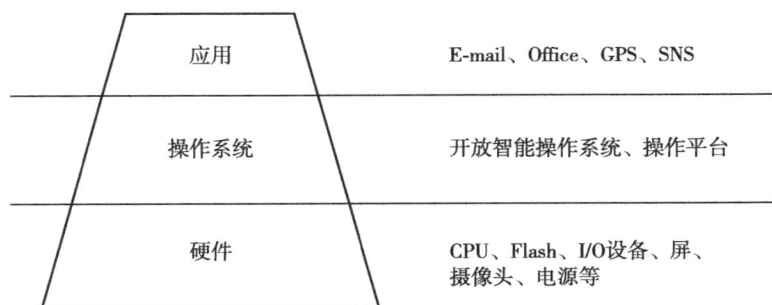

图 2-2　移动智能终端逻辑结构

资料来源：王瑞．创新管理实践论丛 [M]．北京：中国农业科学技术出版社，2011.

目前，无线智能终端技术的设备主要有三种类型。①智能手机：是指像个人电脑一样，具有独立的操作系统、独立的运行空间，可以由用户自行安装软件、游戏、导航等第三方服务商提供的程序，并可以通过移动通信网络来实现无线网络接入的这样一类手机的总称；②平板电脑：指小型的、方便携带的个人电脑，允许用户通过触控笔或数字笔来进行作业而不是传统的键盘和鼠标；③智能手表：是将手表内置智能化系统、搭载智能手机系统而连接于网络而实现多功能的这样一类手表的总称，能同步手机中的电话、短信、邮件、照片、音乐等（王瑞，2011）。

2.6　即时通信技术

即时通信是一种基于 Internet 的通信技术。无论即时通信系统功能如何复杂，它们大都基于相同的技术原理（如图 2-3 所示），主要包括客户、服务器通信模式（C/S）和对等通信模式（P2P）。即时通信起源于 1996 年由 4 名以色列青年发明的 ICQ（英文 I seek you 的谐音，意思是我找你）。2000 年前后，全球范围内的 IM 普及已经展开，比如 AOL 的 AIM，微软的 MSN，雅虎建立雅虎通等。我国于 1999 年也有了自己的即时通信工具 OICQ，即现在的 QQ，随后微软携 MSN、雅虎公司的雅虎通进军中国市场，2002 年朗玛 UC 及网易泡泡也陆续登场。

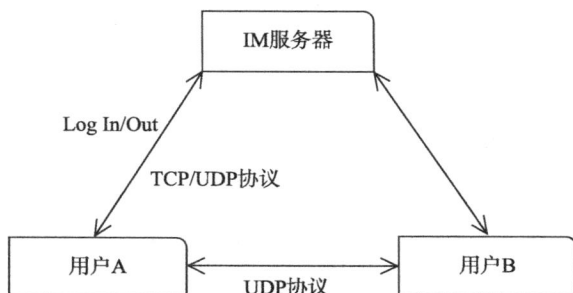

图 2-3　即时通信技术的基本原理

资料来源：黄建莲.网络营销 [M].北京：机械工业出版社，2012:34-99.

2.7　虚拟现实技术

虚拟现实技术（又称 VR）是一项综合集成技术，涉及计算机图形学、人机交互技术、传感技术、人工智能、计算机仿真、立体显示、计算机网络、并行处理与高性能计算等技术和领域。其原理是利用计算机生成逼真的三维视觉、听觉、触觉等感觉，使人作为参与者通过适当的装置，自然地对虚拟世界进行体验和交互作用。虚拟现实技术具备三个特征（黄海，2014）。①沉浸性：指用户感到作为主角存在于模拟环境中的真实程度；②交互性：指用户对模拟环境内物体的可操作程度和从环境得到反馈的自然程度、虚拟场景中对象依据物理学定律运动的程度等，是人机和谐的关键性因素；③构想性：指强调虚拟现实技术应具有广阔的可想象空间，可拓展人类认知范围，不仅可再现真实存在的环境，也可以随意构想客观不存在的甚至是不可能发生的环境。虚拟现实所采用的外部设备包括数据手套、眼动仪、三维鼠标、跟踪球、游戏操纵杆、力矩球等。目前，虚拟现实技术的利用越来越广泛。

2.8　物联网技术

物联网技术是通过射频识别（RFID）、红外感应器、全球定位系统、激光扫描器等信息传感设备，按约定协议，将任何物品与互联网相连接，进行信息交换和通信，以实现智能化识别、定位、追踪、监控和管理的一种网络技术。物联网被称为继计算机、互联网之后世界信息产业发展的第三次浪潮。从物联网的功能来看，其基本特征包括三个方面。①全面感知：指物联网能够随时随地采集和获取物体信息，这主要利用了射频识别、产品电子码、传感器、二维码识别等感知和测量的技术手段；②可靠传送：指物体信息能够通过物联网可靠地交换与共享，这是通过将需要感知的物体接入网络，随着各种通信网络与互联网的融合以实现信息的传递；③智能处理：指物联网能够即时即地对多样的海量数据和信息进行分析和处理，以实现智能化决策与控制，主要利用了云计算、模糊识别等各种计算技术（邵威，李莉，2009）。

物联网的基本结构包含感知、网络和应用三个层次（如图2-4所示）。其产业链可以细分为标识、感知、处理和信息传送四个环节，关键技术包括传感网、射频识别、电子产品编码、地理信息系统及智能技术等。

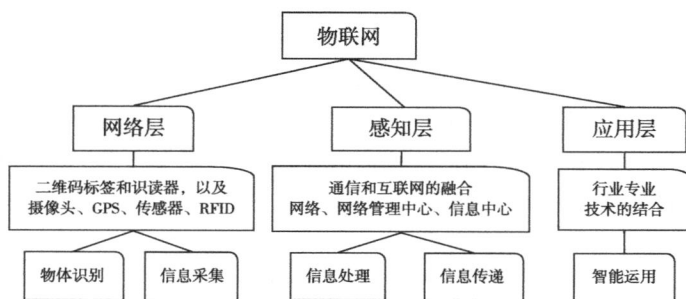

图 2-4　物联网的主要结构

资料来源：邵威，李莉. 感知中国：我国物联网发展路径研究 [J]. 中国科技信息，2009(24):330-331.

2.9　区块链技术

区块链是指人们把一段时间内的信息（包括数据和代码）打包成一个区块，盖上时间戳，与上一个区块衔接在一起，每下一个区块的页首都包含了上一个区块的索引，然后在页中写入新的信息，从而形成新的区块，首尾相连而形成的链接。其本质上就是交易各方信任机制建设的一个完美的数学解决方案（斯万，2016）。其基本特征包含两个层面。①价值交换：区块链在已有的互联网多个基础协议上运行一个全新的应用层，它使得互联网能够进行即时支付（通过一种公认的数字算法货币）或者执行更加复杂的远期金融合约，任何货币、金融合约、数字化或者物理资产都能通过类区块链系统进行价值交换；②数据库：区块链不仅能用于交易，还能作为一种用于记录、追踪、监控、转移所有资产的数据库和库存清单。一个区块链就像一种登记了所有资产的巨型电子表格，一种记录了任何形式的资产归属以及在全球范围内交易信息的会计系统。因而，区块链可以用作任何形式资产登记、库存盘点和交易信息的记录，这涉及金融、经济和金钱，有形资产和无形资产等各个领域（斯万，2016）。

2.10　其他相关技术

1. 二维码技术

二维码（又称 QR code）技术是用某种特定的几何图形按一定规律在平面分布的黑

白相间的图形记录数据符号信息的编码方式，多用于移动设备上，是移动终端技术的代表。二维码对O2O模式的发展做出了巨大贡献，简单的"扫一扫"功能让很多的线下商店转化为线上，而线上也可以顺利转化为线下。可以说二维码是一把数据钥匙，人们通过二维码能够快速地获取大量的数据信息。作为一种伴随着移动互联网兴起而火热起来的信息传递，二维码通过简单的二维码图片，满足人们很大的信息需求量。这就给O2O的实践者提供了更好的服务中间工具，使其创造出大量的二维码来帮助用户完成O2O的闭环业务。对于商家而言，小方格子的二维码面积小、集成信息量大，同时还易于传播，能够帮助媒体和企业用户更快、更有效地提升活动覆盖面甚至品牌影响力（陈光锋，2015）。

2. 云计算技术

云计算（cloud computing）是基于互联网的相关服务的增加、使用和交付模式。其部署模式主要分为四种：①公有云（public cloud）；②私有云（private cloud）；③社区云（community cloud）；④混合云（hybrid cloud）。其五大核心特征主要表现为：①按需获取自助式服务（on demand self-service）；②无处不在的网络服务接入（ubiquitous network access）；③快速的弹性计算服务（rapid elasticity）；④独立的资源池（independent resource pool）；⑤可度量的服务（measured service）。

在服务模式上，云计算以基础设施即服务（IaaS）作为基础，以平台即服务（PaaS）作为开发工具，以软件即服务（SaaS）作为顶层应用，来取代以往的内部部署应用服务。遵守的是use-on-demand和pay-for-use规则的IT服务业务发展模式，其部署方式具体包含三个部分：① IaaS（infrastructure-as-a-service，基础设施即服务）指消费者通过Internet可以从完善的计算机基础设施获得服务，如虚拟机计算服务。② PaaS（platform-as-a-service，平台即服务）是把服务器平台作为一种服务提供的商业模式。通过互联网就可以获得有计算能力的服务器，不需要实际的服务器资源。③ SaaS（software-as-a-service，软件即服务）指云计算提供的是软件服务，例如Office365等，通过互联网就直接能使用，不需要本地安装。

3. 大数据技术

大数据（big data）指无法在可承受的时间范围内用常规软件工具进行捕捉、管理和处理的数据集合，是需要新处理模式才能具有更强的决策力、洞察发现力和流程优化能力的海量、高增长率和多样化的信息资产。大数据作为一个专有名词成为热点，主要应归功于近年来云计算、移动网络和物联网的迅猛发展。IBM提出了大数据的5V特点：volume（大量）、velocity（高速）、variety（多样）、value（价值）和veracity（真实性）。大数据技术根据分析流程体现为以下几个内容：①通过ETL进行数据采集；②运用关系数据库、SQL进行数据存取；③云存储、分布式文件存储作为基础架构；④运用NLP进行数据处理；⑤假设检验、显著性检验、方差分析进行统计分析；⑥对数据进行分类、估计、预测、聚类等方式数据挖掘；⑦运用预测模型、机器学习进行模型预测并呈现出云计算、标签云、关系图等结果。大数据为企业获得更为深刻、全面的洞察能力提供了前所未有的空间与潜力（马化腾等，2015）。

|案|例|分|享|

从面向合作伙伴到面向消费者的供应链转型

2015 年，中山大学管理学院谢康、肖静华老师等组成的研究团队在《管理世界》上发表了一个研究，选取广州酷漫居动漫科技有限公司（简称酷漫居）与东莞童盟家具有限公司（简称童盟）组成的供应链、广州摩拉网络科技有限公司（简称梦芭莎）与广州莎燕服装有限公司（简称莎燕）组成的供应链作为案例研究对象，探讨企业从面向合作伙伴到面向消费者的供应链转型问题（肖静华，谢康，吴瑶，廖雪华，2015）。案例简介及研究发现摘录如下。

1. 案例简介

酷漫居成立于 2008 年 12 月，是国内儿童动漫家居品类细分市场的首创者，先后获得迪士尼、哈利·波特等全球 9 大顶级动漫品牌的中国大陆家具业独家授权，2010 年进军电商市场。在转向电商之前，主要从事办公家具制造，在珠江三角洲市场处于行业龙头地位。在转向电商的过程中，公司卖掉原有的工厂，成为致力于整合全网资源的轻资产公司。酷漫居核心供应商童盟成立于 2012 年，两位创始人原本从事家具油漆销售，与酷漫居创始人是多年商业伙伴，基于对酷漫居创始人的信任和对电商市场的前景预测，投资建立童盟家具有限公司，专为酷漫居生产"魔方"系列的儿童家具。在酷漫居的培育下，童盟逐步增强电商思维。为满足消费者的定制化需求，酷漫居与童盟携手进行新技术引进和制造工艺改进，并借助 IT 加强供应链协同，为消费者提供优质产品与服务。

梦芭莎成立于 2006 年 12 月，是中国领先的自主品牌服饰类 B2C 电商公司之一，初期凭借女性塑身内衣进入电商市场，随后几年先后进行多次产品线延伸，覆盖女装、童装、男装、家纺、饰品和化妆品等多个时尚品类。梦芭莎供应链的特点是为消费者快速供应多品种、小批量的时尚产品。在与供应商合作方面，梦芭莎主抓产品设计和营销，将生产和加工外包给 1 000 多家中小服装厂，并按"1+X"模式对供应商结构进行动态调整。莎燕是梦芭莎的核心供应商之一，成立于 2010 年年初，在成为梦芭莎供应商之前，专为服装企业做代工，2010 年年底开始与梦芭莎合作。为满足梦芭莎多品种、小批量的快时尚运作方式，该厂在生产线安排上结合人工整件操作与流水线生产，实现对消费者个性化需求的动态匹配。

2. 研究发现

（1）电商供应链转型存在重构式和渐进式两种战略更新模式。重构式转型主要通过资源获取形成能力重构，再通过能力重构实现供应链战略更新；渐进式转型主要通过资源整合实现能力拓展，再通过能力拓展实现供应链战略更新。具体而言，酷漫居供应链选择了重构式战略更新的转型路径，主要原因有二：一是资源基础。酷漫居及其供应商原有的资源和流程只适合传统市场而无法适应电商市场，必须进行根本性变革，才能使供应链适应电商市场的特征。二是组织惯性。酷漫居及其供应商在传统市场形成了强大的组织惯性，如果不进行本质调整，就无法在电商市场立足。梦芭莎供应链选择了渐进式战略更新的转型路径，主要原因在于，梦芭莎本身是电商企业，具有电商的基因，其资源和流程都适应电商市场，核心问题是其供应商存在组织惯性，因此，梦芭莎通过利用自身的资源和优势，推动供应商克服组织惯性，实现从面向合作伙伴到面向消费者的供应链转型（见图 2-5）。

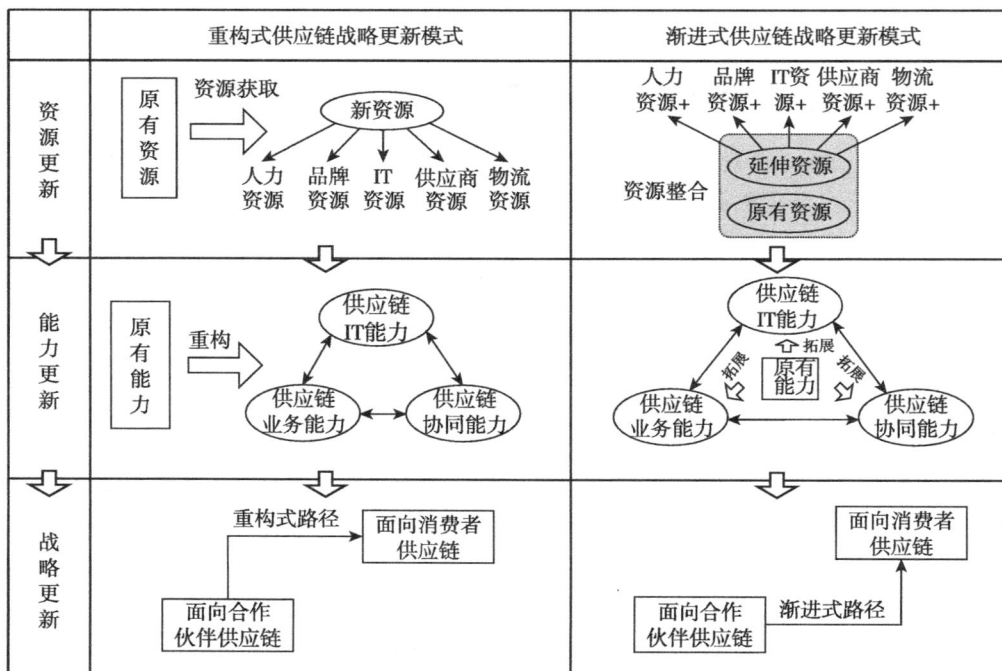

图 2-5　面向合作伙伴的供应链向面向消费者的供应链转型路径

资料来源：肖静华，谢康，吴瑶，廖雪华. 从面向合作伙伴到面向消费者的供应链转型：电商企业供应链双案例研究 [J]. 管理世界，2015(4):137-154, 188.

（2）无论是面向合作伙伴还是面向消费者的供应链，两者的根本目标和基础运作结构是相似的，但在核心价值、成本结构、协同主体和 IT 应用等方面则存在显著差异。①核心价值：面向消费者的供应链的核心价值是通过为消费者创新产品和服务来创造价值，面向合作伙伴的供应链核心价值主要在于通过降低协同成本、提高效率而带来价值；②成本结构：面向合作伙伴的供应链中，市场和消费者信息获取成本和渠道建设成本高昂，而面向消费者的供应链中，供应链各节点的企业均能获得大量的市场和消费者信息，渠道商的权力被弱化，消费者的权力得到不断加强；③协同主体：面向合作伙伴的供应链的协同主体是企业，而面向消费者的供应链的协同主体是企业与消费者；④IT 应用：供应链合作伙伴之间的信息交互较少，而面向消费者的供应链需求 IT 应用进行全方位的信息共享，并为精准决策提供支持（见表 2-2）。

表 2-2　面向合作伙伴与面向消费者供应链的差异比较

维　　度	面向合作伙伴的供应链	面向消费者的供应链
核心价值	"顾客需要什么，我就提供什么" ——通过供应链协同来降低供应链成本，提高供应链效率，从而带来价值	"与顾客共创价值" ——通过企业与消费者的协同为消费者创新产品和服务，以此创造价值
成本结构	信息成本和渠道成本较高，物流成本和协同成本较低	信息成本和渠道成本较低，物流成本和协同成本较高
协同主体	上下游企业之间的协同	上下游企业及其与消费者之间的协同
IT 应用	侧重合作伙伴之间的基本信息共享，IT 应用主要作为业务支撑	侧重供应链全方位的信息共享和决策支持，IT 应用成为业务运作的基础

资料来源：肖静华，谢康，吴瑶，廖雪华. 从面向合作伙伴到面向消费者的供应链转型：电商企业供应链双案例研究 [J]. 管理世界，2015(04):137-154, 188.

▶本章小结

伴随着互联网技术的不断发展，新兴的互联网技术不断改变着人们的思维方式和行为习惯，人类社会发生了翻天覆地的变化。如何利用互联网思维武装头脑，掌握互联网技术相关知识，对营销从业人员进行有效营销有着重要的指导意义。本章阐述了互联网在其三个主要发展阶段的特征，并分析了互联网的结构和运作原理，列举了网站技术、接入技术、无线智能终端技术、即时通信技术、虚拟现实技术、物联网技术以及区块链技术等互联网营销技术。在此基础上，本章又介绍了二维码技术、云计算技术和大数据技术三个关键互联网技术。

▶关键术语

万维网——环球信息网（world wide web）

虚拟货币（virtual currency）

终端设备（terminal equipment）

信息发布网站（information release website）

网站技术（web technology）

超文本（hypertext）

虚拟现实（virtual reality）

云计算（cloud computing）

物联网（internet of things）

区块链（block chain）

节点（node）

处理器（CPU）

储存器（flash）

屏（LED）

摄像头（camera）

射频识别（RFID）

二维码（QR code）

云计算（cloud computing）

公有云（public cloud）

私有云（private cloud）

社区云（community cloud）

混合云（hybrid cloud）

按需获取自助式服务（on demand self-service）

无处不在的网络服务接入（ubiquitous network access）

快速的弹性计算服务（rapid elasticity）

独立的资源池（independent resource pool）

可度量的服务（measured service）

基础设施即服务（infrastructure-as-a-service, IaaS）

平台即服务（platform-as-a-service, PaaS）

软件即服务（software-as-a-service, SaaS）

大数据（big data）

大量（volume）

高速（velocity）

多样（variety）

价值（value）

真实性（veracity）

▶课后习题

1. 简单回顾互联网的发展历程，简述互联网不同阶段之间的异同点。

2. 大数据技术越来越成为企业发展必不可少的技能，但如何从数据中得到有用的信息也是企业必须面临的问题，如何正确运用大数据成为一种挑战。请结合上述论述，简述你的认识。

3. 试列举你感兴趣的互联网技术在生活中一些领域的应用，并简要分析。

▶参考文献

[1] 北京市互联网信息办公室 . 互联网接入服务现状及管理对策研究 [M]. 北京：中国社会科学出版社，2014.

[2] 陈光锋 . 互联网思维：商业颠覆与重构 [M]. 北京：机械工业出版社，2015.

[3] 大卫·伊斯利 . 网络、群体与市场 [M]. 北京：清华大学出版社，2011.

[4] 黄建莲 . 网络营销 [M]. 北京：机械工业出版社，2012.

[5] 黄海 . 新编高等院校计算机科学与技术规划教材 [M]. 北京：北京邮电大学出版社，2014.

[6] 劳帼龄 . 网络营销 [M]. 北京：化学工业出版社，2012.

[7] 马化腾，等 . 互联网 +[M]. 北京：电信出版社，2015.

[8] 帕特里夏·华莱士 . 工作场所中的互联网：新技术如何改变工作 [M]. 北京：商务印书馆，2010.

[9] 斯万 . 区块链：新经济蓝图及导读 [M]. 北京：新星出版社，2016.

[10] 邵威，李莉 . 感知中国：我国物联网发展路径研究 [J]. 中国科技信息，2009(24): 330-331.

[11] 王瑞 . 创新管理实践论丛 [M]. 北京：中国农业科学技术出版社，2011.

[12] 肖静华，谢康，吴瑶，廖雪华 . 从面向合作伙伴到面向消费者的供应链转型：电商企业供应链双案例研究 [J]. 管理世界，2015(4):137-154, 188.

[13] 晏宗新 . 无人售货：营销新景观 [J]. 经贸导刊，1997(5):23.

[14] 张匙钺，杜小军 . 世界零售业态发展新趋势：无人商店 [J]. 中国商贸，2001(7): 62-63.

▶拓展阅读

[1] Atzori L, Iera A, G Morabito.The Internet of Things: A Survey[J]. Computer Networks, 2010, 54(15):2787-2805.

[2] Naimi A I, D J Westreich. Big Data: A Revolution That Will Transform How We Live, Work, and Think [J]. American Journal of Epidemiology, 2014, 17(17): 181-183 .

[3] Rubin D B. Estimating Causal Effects from Large Data Sets Using Propensity Scores[J]. Annals of Internal Medicine, 1997, 127(8):757.

[4] 曹煊 . 虚拟现实的技术瓶颈 [J]. 科技导报，2016, 34(15):94-103.

[5] 李长云 . 移动互联网技术 [M]. 西安：西北工业大学出版社，2016.

[6] 钱志鸿，王义君 . 物联网技术与应用研究 [J]. 电子学报，2012, 40(5): 1023-1029.

第 3 章

互联网营销的社会基础

不论你是不是网民，无论你远离互联网，还是沉浸其中，你的身影，都在这场伟大的迁徙洪流中。超越人类经验的大迁徙，温暖而无情地，开始了。

——摘自央视纪录片《互联网时代》

▶ 学习目标

1. 了解并掌握互联网营销社会基础的相关概念和知识，包括互联网的社会意义、社会构成、社会特征、社会信任、信息压力等。
2. 掌握分析互联网社会现象的能力。
3. 学会应用互联网社会基础方面的知识和能力来处理相关社会现象和商业事件，促进互联网营销的开展。

案例导入

变质的海外代购

随着电子商务产业不断发展，海外代购作为一种特殊的销售模式日渐被消费者所青睐。然而，调查显示越来越多的海外代购已然变质（如假代购），消费者利益受到了严重侵害。

假代购指利用电商平台运营代购店铺，将国内厂商生产的高仿外国商品冒充为正版外国商品进行销售，并从中赚取巨大利润差的代购行为。目前在全球范围内，假代购已建立起一条包括生产厂家、发票伪造商、代购店铺等在内的隐秘产业链。其产生原因主要有：①从需求方来说，消费者对高仿外国

商品的辨别能力较差，代购店铺的虚假信息进一步误导了消费者；加上国际品牌奢侈品缺乏统一专业认证体系，导致消费者很难购后维权。②从供给方来说，国外奢侈品厂商对经销商和购买者的数量有严格控制，导致正版商品供货渠道闭塞；同时，假代购各环节利润巨大，导致假代购产业链参与者铤而走险。③从政府及社会方来说，我国电子交易法律体制不完善、行政部门对商业平台的监管经验不足等因素，也导致了该现象的蔓延。

规范海外代购对维护消费者利益有着重要意义。政府应进一步健全我国电商监管体

系，完善电子商务法律法规。电商平台应进
一步规范代购资质认证。消费者应进一步理
正消费观念。
资料来源：作者综合整理。

随着互联网的日益普及与广泛运用，当今社会正经历着一场深刻的革命。这场革命，从技术层面来说，主要是一场数字化信息革命，以网络技术为基石的数字化虚拟空间正在逐渐形成和完善，而且已经开始超越单纯的信息技术层面，广泛影响人们的社会生活和社会交往。今天，由于网络生存的高度"数字化"及"虚拟化"特性，人们把在网络空间中展开的社会生活称之为"数字化时代"或"虚拟生存时代"。后现代性的理论家如鲍德里亚（Jean Baudrillard）、利奥塔（Jean-Francois Lyotard）、哈维（Harvey）等声称，诸如计算机和媒体技术，新的知识形式以及社会经济制度的变化等，正在产生一种后现代社会形式。在这一新社会形式中，人们以一种多元化、去中心化、平面化的方式生存和互动。而人们在这一虚拟网络空间中的生存和互动，已充分体现出一系列后现代的生存特征，如平面化、无中心、碎片化、审美化、狂放化、开放性和匿名性等（黄少华，2013）。

3.1 互联网社会构成

网络社会是由人类若干个体经由电脑联机关系所建立起的一个共同体，是每一个上网者能够与不同时空的其他人彼此互动的场域。总的来说，网络社会可以划分为五大要素，即网民、网络群体、网络组织、网络社区和网络公共领域（郭玉锦，王欢，2009）。

1. 网民

网民指互联网上网者形成的一个新的人类社群。一个上网者只要被参与的网络社区接受并通过正常渠道取得有效合法的账户名或电子邮件地址，即可称为网民。网民因为可以从不同角度划分，所以有若干种分类方式。网民按上网时间可划分为：轻度上网者、中度上网者、重度上网者、职业上网者和上网成瘾者。按上网目的来分，可分为信息类网民、娱乐休闲类网民、学习类网民、交友聊天类网民、工作类网民。随着网络逐步渗透进人们生活的方方面面，各类网民的边界也逐渐模糊。

2. 网络群体

网络群体指上网者经常与网上的他人互动交往，并自然形成网络社会群体。网络社会群体中的交流主要有两种目的：一是把线上交流当成工具，二是把线上沟通本身当成目的。网络群体的分类一般有五种方法：①线上统计群体与线上实际群体；②线上正式群体和线上非正式群体；③线上大群体和线上小群体；④线上初级群体和线上次级群体；⑤线上地缘群体、业缘群体和趣缘群体。

3. 网络组织

网络组织是指为实现特定目标，媒介网络所建立的分工明确的共同活动的人类群体。网络组织的特点包括：①特定的组织目标；②一定数量的固定成员；③制度化的组织结构；④通则化的行动规范；⑤开放性；⑥流动性，包括组织的流动性和信息的流动性；⑦成员不必面对面工作。一般来说，网络组织有下列两种划分方法。

（1）网络营利组织和网络非营利组织。①网络营利组织，又可以分为商业网站、企业网站和 IP 网站组织。还有一种特殊的网上组织，即所谓虚拟企业（virtual organization），是一种利用网络经济、电子商务等手段，对市场环境变化做出快速反应的企业动态联盟，所以又称动态联盟。②网络非营利组织，其中有政府网站、学术网站、公共组织网站和教育科研机构的网站等。

（2）单纯型网络组织和混合型网络组织。这种划分法是把那些只在线上运作的组织称作单纯型网络组织，比如商业网站；把那些既在线上又在线下结合运作的组织称作混合型网络组织，比如企业网站、政府网站或高校网站等。

4. 网络社区

网络社区指在网上相邻或相互关联的若干社会群体和社会组织构成的网上网民共同体。其构成要素包括：①为上网者提供活动场所的网站平台；②平台可供社区中的上网者同步互动和异步互动，那些不能互动的网站够不上社区；③社区中往往有若干网络群体，较大的网络社区往往有若干小的分类社区；④社区管理员和社区规章；⑤进入社区活动通常需要注册为社区会员；⑥社区成员的社会联系强度不均；⑦"常驻"该社区者有社区情感（近似归属感）。网络社区的特点表现为：①必须以互联网网络作为传播媒介；②成员通过网络社区能共享信息与沟通；③成员能通过网络社区来满足社会生活的需要；④成员对社区具有一定归属感。

5. 网络公共领域

网络公共领域是指由互联网所构成的社会网络部分空间提供的一个全新的人类互动的场域。人们开始在社会中关注公众利益、公民社会与公共事务，而且参与的人越来越多，随之形成网络公共舆论规模，对社会的建构和进程产生广泛影响。其特点是：①提供了身体不在场和可匿名的互动；②有限沟通理性；③多元论述的共识，即任何一个公共事务议题都是一个多元论述的过程；④自由和开放；⑤可以不同步交流；⑥自组织，人人都是话题发起者。

3.2　互联网社会特征

网络社会与大众社会之间存在明显的差异。大众社会的基础成分是家庭，以规模扩展为标志，内部联系是中心化的，并且其中每一个单元（社区、家庭）只能接触到一种或者很少的大众媒体；而在个人主义的当代进程中，网络社会的基本单位已经变成了与网络相连的个人。网络社会呈碎片化分布，社会范围变得全球化和本地化（迪克，2014）。

大众社会和网络社会的特征比较见表 3-1。

表 3-1　大众社会和网络社会的特征比较

特　征	大　众　社　会	网　络　社　会
主要成员	集体（群体、组织、社区）	个人（与网络连接）
成员本质	相似的	相异的
程度	扩大的	扩大的和缩小的
范围	本地的	Global（全球的和本地的）

（续）

特　征	大　众　社　会	网　络　社　会
联结性和连通性	成员内部连通性高	成员之间连通性高
密度	高	低
中心化	高（少中心）	低（多中心）
包含性	高	低
社区种类	真实的和统一的	虚拟的和多元的
组织种类	官僚主义的融合	受信息支配、不同平面
家庭种类	大家庭	多种关系的小家庭
主要交流方式	面对面	逐渐间接交流
媒介种类	大众传播媒体	窄播互动媒体
媒介数量	少	多

资料来源：简·梵·迪克.网络社会：新媒体的社会层面 [M].北京：清华大学出版社，2014.

3.3　互联网社会关系

在网络社会中，个人、群体和组织之间所有抽象的关系和具体联系都发生了改变。它们的改变是由技术和社会原因引起的，并由媒体网络和社会网络支持。互联网社会关系包括如下几方面。①铰链式的联系：是指在社会子系统中浮于表面的关系，它们由社会和媒体网络的组合而形成；②实质性联系：是指网络社会关系与内部单元和环境的联系；③直接联系：在网络社会，个人、集体和组织越来越多地直接联系起来，甚至跨越很远的距离联系在一起；④线上和线下联系：网络社会被认为是社会和媒介网络的结合、线下和线上的结合；⑤自我参考的媒体关系：指社会和媒介网络意识到的和支持的传播关系影响它们偏向代表它们（大众媒体）或者和它们相联系的（互动媒体）利益和观点的过程；⑥互动联系：由于多向传播带来的社会和媒体网络的结合，社会关系变得更为互动和分散；⑦高度组织化的联系：网络作为一个组织上和媒体形式的应用能够降低复杂程度，实现中心化和去中心化的结合；⑧代码关系：作为复杂性、不确定性和风险提高的结果，社会和媒体网络拥有越来越多的程序控制和通行代码，网络社会里的所有关系会越来越程序化和代码化（迪克，2014）。

3.4　互联网社会信任

网络信任的界定建立在施信者（trustor）与受信者（trustee）的对偶关系基础上。信任产生的过程始于受信者拥有一种客观的、内在的可信性（trustworthiness），即在交换中自己将在多大程度上可以完成交易义务。从施信者角度而言，可信性是一种信任的归因，而信任可被定义为对交易的一方在一个充满风险和不确定性的情境中履行交易义务程度的感知（Baily，Laura，Gurak，Konstan，2002）。网络信任的关键条件包括五个方面：风险（risk）、弱点（vulnerability）、期望（expectation）、信心（confidence）和利用（exploitation）（Corritore，Kracher，Wiedenbeck，2003）。

信任产生的过程模式见图 3-1。

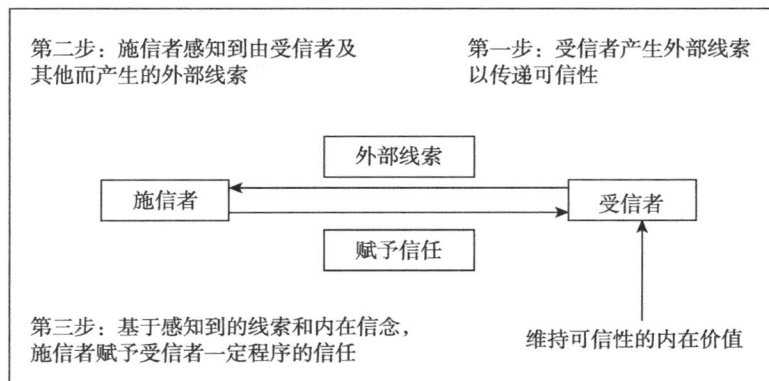

图 3-1　信任产生的过程模式

资料来源：瞿学伟，薛天山. 社会信任：理论及其应用 [M]. 北京：中国人民大学出版社，2014.

在电子商务环境下，信任信念（trusting belief）是指消费者相信网站供应商至少有一种特征是对自己有利的，这种特征包括网站供应商的能力、善意、诚实和可预见性；信任意图是指，即使消费者无法控制网站供应商，仍然愿意或倾向于依赖他们（McKnight，Chervany，2002）。

信任概念的跨学科模型见图 3-2。

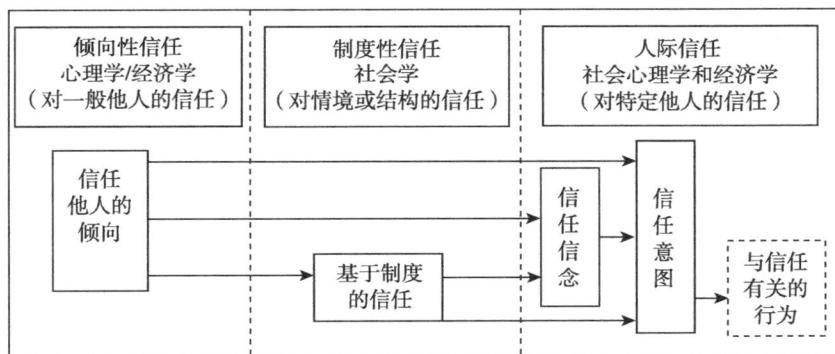

图 3-2　信任概念的跨学科模型

资料来源：瞿学伟，薛天山. 社会信任：理论及其应用 [M]. 北京：中国人民大学出版社，2014.

网络信任的模型分为如下几个方面：初始信任（initial trust）模型、基于制度信任（institution-based trust）模型、虚拟社区信任（virtual community trust）模型、B2B 网站信任（B2B website trust）模型、网上商店信任（eStore trust）模型等（鲁耀斌，周涛，2005）。其基本框架用于分析其产生原因、表现因子以及结果之间的相互关系（见表 3-2）。

表 3-2　网络信任模型的构成

模型组成部分	包含的因素
网络信任的原因	消费者：信任倾向、熟悉等

（续）

模型组成部分	包含的因素
网络信任的原因	商家：声誉、品牌、规模等
	网站：有用性、易用性、安全、个性化等
	第三方：信用卡保证、Escrow 服务、反馈机制等
网络信任	对商家能力、仁爱心、正直、可预测性的信任
网络信任的结果	购买、提供个人信息、听从建议、推荐网站给他人等

资料来源：翟学伟，薛天山.社会信任：理论及其应用 [M].北京：中国人民大学出版社，2014.

五种类型的网络信任模型具有很多共性，譬如在消费者的信任和信任的原因上，几种类型十分相似，但又存在着一些差别，譬如在不同的信任模型中，消费者往往提出了不同的具体要求。具体五种网络信任研究模型的异同可总结如下，见表 3-3。

表 3-3　不同信任模型的比较

信任模型	信任的原因		信　　任		信任的结果	
	相　同	不　同	相　同	不　同	相　同	不　同
初始信任	消费者信任倾向、以往经历，商家声誉、规模，网站质量、安全、有用性、隐私保护、第三方认证	提供定制服务、网站相似性	对商家（社区成员）能力、仁爱心、正直、可预测性的信任	无	购买动机、再次访问、正面评价、推荐给他人、共享信息	无
基于制度信任		中介、监视、合作规范		对卖方社区的信任		满意、连续性
虚拟社区信任		社区来源、社区责任系统		无		成员感、影响力
B2B 网站信任		与交易相关的交互、信息性		网站有效性		无
网上商店信任		社会参与、熟悉		无		无

资料来源：翟学伟，薛天山.社会信任：理论及其应用 [M].北京：中国人民大学出版社，2014.

建立起消费者的网络信任是互联网营销成功的关键。通过以上对包括初始信任、基于制度信任、虚拟社区信任、B2B 网站信任、网上商店信任模型在内的五种信任模型的比较分析，我们能够发现这五类信任的决定因素、表现以及信任的结果，从而将网络信任的建立机制进一步完善，并应用于实践当中。

3.5　互联网数字鸿沟

数字鸿沟（又称信息鸿沟）是指信息富有者和信息贫困者之间的巨大差距现象，反映信息通信技术接触不平等。数字鸿沟的产生源于社会中对数字科技的不平等接触，而不平等接触的直接原因是很多资源的分配。这些不只是物质资源，例如收入和占有设备，也包括时间资源（有时间使用新媒介）、心理资源（足够的技术知识）、社会资源（网络和帮助获得接入的联系）和文化资源（地位和其他激励人们去获得接触的文化奖赏）。这些资源在人群里的分配方式可以被社会里许多的个人和地位的不平等来解释。所有这些不平等，似乎都与不同的人所拥有的接触新媒介的机会数量有紧密的联系（迪克，2005）。

新媒体接触步骤主要有四步（具体如图 3-3 所示）。①动机接触：触发动机的直接原因可能是不充足的时间、心理、物质、社会和文化资源；②物质接触：实现物质接触的最重要的资源是物质资源（家庭收入）、时间资源（有充足的时间从事计算机工作）和社会资源（激励和帮助人们获取接触的一个社会网络）；③技术接触：为此至少需要三种数字技能，即操作技能、信息技能和策略技能；④使用接触：使用任何新科技的最终目的，比起物质和心理资源，时间、社会和文化资源对使用接触而言变得更重要，而年龄、性别、种族、智力和健康或残疾的个人类别决定了人们在新媒介应用中的兴趣所在，使用新媒介所投入的资源主要由劳动力、教育、家庭和居民地位类别进行解释（迪克，2005）。

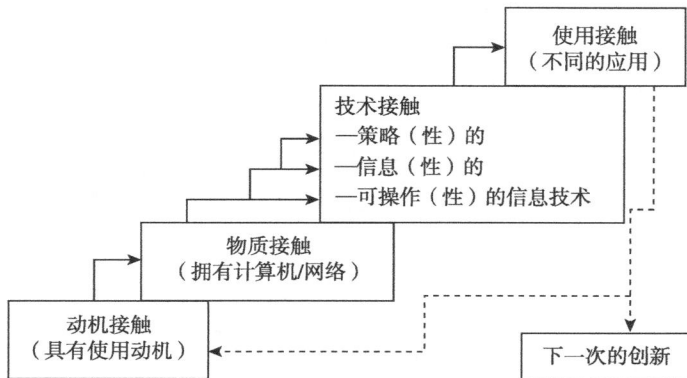

图 3-3　新媒体接触的四个步骤

资料来源：简·梵·迪克. 网络社会：新媒体的社会层面 [M]. 北京：清华大学出版社，2014.

关于使用接触不平等上一个最明显的事实是，不同地位和个人类别的人们使用计算机和网络的多样性，即产生了使用差距。使用差距是关于不平等实践和应用的，即在特定环境下的行动和行为，包括了知识和信息。社会和媒介网络同时也具有集中信息、知识和力量的固有特性，会把资源移动到已经更强大的参与者那里。重要的是，随着计算机和网络的普及，使用差距可能会增加而非减小。这个差距意味着结构性不平等，一些人将比其他人拥有更少的动机、物质、技能和使用接触，产生相对排除甚至完全被排除在网络社会和新媒介使用之外的例子。不得不承认，数字鸿沟恶化了结构性不平等原本就已经一直在增长的这样一个情况，反映出来的就是一个三层的网络社会（见图 3-4）。

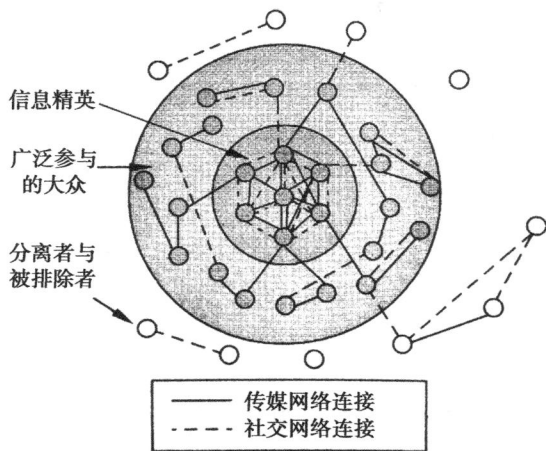

图 3-4　网络社会中的三方参与

资料来源：简·梵·迪克. 网络社会：新媒体的社会层面 [M]. 北京：清华大学出版社，2014.

3.6　互联网社会问题

1. 信息压力

信息压力是指人们在接受信息的过程中，由于信息量过大或者信息质性程度过强超出了个人的接收和处理能力，主要表现在生理上和心理上超过阈限从而产生的焦虑与不适。具体体征包括：①出汗、头胀、疲惫、失眠等；②浮躁、坐立不安、精力难集中；③回避信息刺激源，比如自己独处感觉会好些。信息压力的过程表现在三个方面。①接收信息数量方面：无用信息的接触和排除以及信息总量的超负荷接收；②接收信息质性强度方面：在单位时间内单位信息激活相关信息量的多少和持续时间上，比如，个别信息让你印象深刻，具有较强的心理冲击力，几乎无法抹去，会让你时时想起并伴有情绪变化，于是形成压力；③对接收信息的应对及通过身体行为处理方面：信息之间经常会出现冲突的状况，比如，有多条信息告知你需要在同一时间内完成不同事情，在这种情形下，重要信息间的冲突让你几乎无法分身，于是形成压力。

信息压力成因主要有以下一些因素：①互联网形成巨大的社会张力，这种张力使社会互动频率增加；②认知者的识别和筛选因素，个人信息搜索和处理的水平将直接影响信息获取的相关性和信息处理的速度；③人类认知的生理极限和心理极限，人类感官在单位时间内接收和处理信息的量是有限的，人在单位时间内所能获得的信息越多，越会引起身心整体不适，导致心烦、情绪不稳定等；④互联网的便捷性和自组织性，通常电脑架构的互联网是不知疲倦的，可以连续运作，网络的自组织性，是说网络的"意志"就是链接更多的节点，可能无止境地牵动着当事人的行为眼力或动机（郭玉锦，王欢，2009）。

2. 互联网成瘾

网络成瘾指对网络过度使用以致沉迷于网络所造成的心理困扰，是一种强迫症状。成瘾者并不是计划要过度上网，而往往是不由自主地滞留在网上，不能控制自己。结果往往是过分依赖网络或网上生活方式，而忽略了现实生活内容，生命时间多被网络占用，对现实生活不感兴趣。网络成瘾具有下列判断标准（见表3-4）：①强迫性地非本质使用；②对活动或人际往来失去兴趣；③被线上即时活动占据；④无法控制。当然，这并不意味着只要是长时间驻留在电脑前就是网络成瘾者。如果网络生活能够与面对面的现实生活整合，并不妨碍现实生活的运作，则网络使用仍是相当健康的。但是，如果面对面的生活因为网络生活而被搅乱，甚至构成困扰时，网络成瘾就构成问题了（郭玉锦，王欢，2009）。根据不同的网上活动及其需求的满足，网络成瘾分为五种类型：①网络性成瘾，指沉于成人网站里的成人话题聊天和网络色情品；②网络关系成瘾，指沉于在线聊天或通过网站结识网友；③网络强迫行为，指以难以抗拒的冲动在网上交易、网上购物、网上在线赌博；④信息收集成瘾或网络信息超载，指强迫无目的地浏览网页以搜索和查找数据或资料；⑤计算机成瘾，指过分强迫地迷恋于电脑游戏或编写程序。网络成瘾形成的因素有：①生理因素。网络成瘾者青少年为众数，显然这是年龄特征的标志。青少年生理刚刚成熟或者已经成熟，对新鲜的东西带有尝试的行为倾向。他们的生理水平处于功能旺盛时期，但又缺少宣泄输出的恰当渠道，一经有条件宣泄输出，他们就会觉得生理上平衡、舒适。②心理因素。青少年较强的心理需求在互联网上容易得到满足，集中表现在自我认同、自己做主做任何事情的感受和体验、亲密关系、内在性驱力、成就等。③社会因素。社会环境尤其是教育环境，包括家庭、学校和社会场合，如果不能满足青少年的需要或能力的培养，青少年就会寻找其他替代方式，比如网络。

表 3-4　网络正常使用、过度使用、成瘾的区别

使 用 情 况	上 网 原 因	上网时间及频率	网络与现实生活的关系	社会功能（学习、工作及社交）
正常	好奇、愉快、缓解紧张与疲劳	适当	平衡	未受影响
过度	沉迷	过长 / 过频	失衡：上网占据大部分业余时间	受损
成瘾	避免戒断反应的出现，强烈的上网渴求，上网行为不可遏制	反复、长时间	严重失衡（上网占据生活中的主导位置）	明显受损

资料来源：郭玉锦，王欢．网络社会学 [M]．北京：中国人民大学出版社，2009．

3. 互联网犯罪

现行的网络犯罪主要包含以下四种类型：①网络盗窃，由于行为环境不同，网络盗窃主要表现为数据信息盗用和网络服务盗窃；②网络诈骗，是一种通过网络技术在网络上编制程序、发布虚假信息、篡改数据资料等，从而使某人或某台电脑相信并允许诈骗者非法获取信息、实物或金钱的高技术网上犯罪行为；③数字故意破坏，包括入侵电子信箱、擅自穿越防火墙以及私自解密；④网络洗钱，一种非法资金周转行为。首先，犯罪分子可以利用计算机网络来记录、建立甚至控制复杂的资金周转网；其次，网络上资金周转的实行，使得犯罪分子可以通过雇用专业黑客或绑架、贿赂、逼迫银行内部的工作人员以及计算机系统管理人员的方法来获取系统的读取权；最后，由于互联网为以电子方式购买商品和服务提供了各种各样的机会，从而为更隐蔽的洗钱活动创造了条件。

| 案 | 例 | 分 | 享 |

网络犯罪中若干构成要件要素的定性困境

巴中市中级人民法院王卫在 2016 年发表了《类型化与解释：网络犯罪中若干构成要件要素的定性困境及其应对：以裁判文书网 100 个案例为分析样本》，探讨了以网络为犯罪空间的犯罪行为的若干构成。分析样本及研究发现摘录如下。

1. 分析样本

在中国裁判文书网中采用高级检索，关键词中输入"网络"并在文书类型中选择刑事判决书，可以检索到 8 322 份刑事判决书。王卫对这 8 322 份刑事判决书进行筛选，并随机抽出 100 份。按照以网络为犯罪对象、以网络为犯罪工具和以网络为犯罪空间分类，发现以网络为犯罪工具的占比最大，达到 75%（见图 3-5）。

2. 研究发现

（1）网络犯罪随网络发展历程而演变。网络技术从最初的萌芽状态，发展到现在的大数据网络时代，网络犯罪也在同步发展，由最初的直接攻击网络本身发展到以网络为工具进行犯罪，进而发展到在"网络空间"中犯罪。简言之，即"犯罪对象""犯罪工具""犯罪空间"。其中，三种犯罪类型含义如下：①网络作为犯罪对象，指网络本身或者网络包含的元素成为犯罪行为所作用的客观存在的具体物，诸如黑客攻击计算机信息系统、窃取计算机上的数据和公民个人信息等；②网络作为犯罪工具，指以网络作为犯罪手段或者工具去实施传统犯罪行为，并且网络因素的介入并不改变传统犯罪

的性质；③网络作为犯罪空间，指因网络生产力不断发展而产生的空间（见图3-6）。

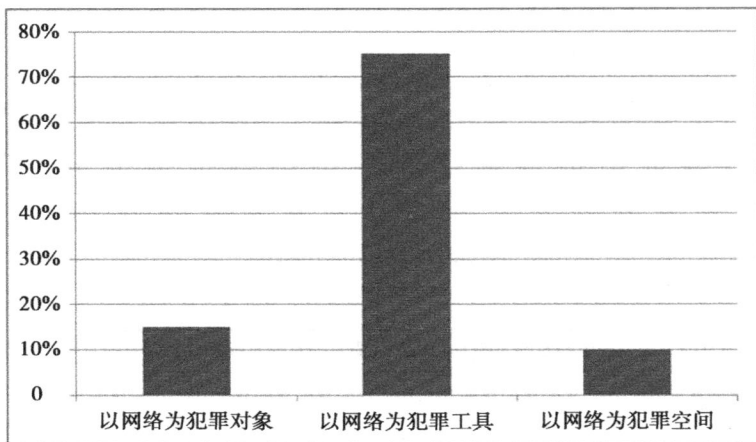

图 3-5　网络犯罪类型统计图

资料来源：王卫. 类型化与解释：网络犯罪中若干构成要件要素的定性困境及其应对：以裁判文书网 100 个案例为分析样本 [J]. 四川警察学院学报，2016,28(6):16-23.

图 3-6　网络犯罪演变图

资料来源：王卫. 类型化与解释：网络犯罪中若干构成要件要素的定性困境及其应对：以裁判文书网 100 个案例为分析样本 [J]. 四川警察学院学报，2016,28(6):16-23.

（2）解决网络犯罪定性困难问题，不需要重新立法而是扩张解释。作者研究发现，网络犯罪中若干构成要件要素在网络环境下并没有产生新的法益。同时，作者经过对 100 个案例的分析后，以网络为犯罪对象、网络为犯罪工具、网络为犯罪空间这三大类型为逻辑起点，构建了一个实现基本路径的实践纲要。

▶ 本章小结

本章主要介绍互联网营销社会基础方面的相关知识，阐释了互联网的社会意义、社会构成、社会特征、社会关系等基础概念，并深入探讨了网络社会信任、数字鸿沟、信息压力、网络成瘾、网络犯罪等热门话题，对其后的机理进行了剖析。学习本章能让读者对互联网营销背后的运作机理有更深入、系统的认识和把握，对企业和个体如何构建网络社会关系、网络信任，警惕网络犯罪，以及消费者如何克服信息压力、网络成瘾都有一定的借鉴和启迪作用。

▶关键术语

网络社会（network society）

网民（netizen）

网络群体（network group）

网络组织（network organization）

网络公共领域（network public domain）

施信者（trustor）

受信者（trustee）

可信性（trustworthiness）

数字鸿沟（digital gap）

信息压力（information pressure）

网络成瘾（internet addiction）

网络犯罪（cyber crimes）

网络盗窃（internet theft）

网络诈骗（internet fraud）

数字故意破坏（digital vandalism）

网络洗钱（network laundering）

虚拟组织（virtual organization）

风险（risk）

弱点（vulnerability）

期望（expectation）

信心（confidence）

利用（exploitation）

初始信任（initial trust）

基于制度信任（institution-based trust）

虚拟社区信任（virtual community trust）

B2B 网站信任（B2B website trust）

网上商店信任（eStore trust）

▶课后习题

1. 请列举互联网社会构成的基本元素并分别概括其特点。

2. 结合 2016 年发生的"魏则西"事件，思考百度如何修复网络信任。

3. 请结合本章内容分析开篇案例。

▶参考文献

[1] Bailey B P, Gurak L J, J A Konstan. An Examination of Trust Production in Computer-mediated Exchange[C]. In Proceedings of the 7th Conference on Human Factors and the Web, 2001.

[2] Corritore C L, Kracher B, S Wiedenbeck. On-line Trust: Concepts, Evolving Themes, a Model[J]. International Journal of Human-Computer Studies, 2003, 58 (6) :737-758.

[3] Dijk J. The Deepening Divide: Inequality in the Information Society[M]. Sage Publications, 2005.

[4] Jarvenpaa S L, Tractinsky N, M Vitale. Consumer Trust in an Internet Store [J]. Information Technology & Management, 1999, 5 (2):45-71.

[5] Mcknight D, N Chervany. What Trust Means in e-commerce Customer Relationships: An Interdisciplinary Conceptual of Electronic Commerce[J]. International Journal of Electronic Commerce, 2002, 6 (2) :35-59.

[6] Meyrowitz J. No Sense of Place: The Impact of Electronic Media on Social Behavior [M]. Oxford University Press, 1985.

[7] Milgram S. The Small-world Problem [J]. Psychology Today, 1967, 2(1):185-195.

[8] Tang F F, et al. Using Insurance to Create Trust on the Internet[J]. Communications of the ACM, 2003, 46 (12) :337-344.

[9] Young K S. Caught In the Net: How to Recognize The Signs of Internet Addiction, and A Winning Strategy for Recovery [M]. John Wiley & Sons, 1998.

[10] 郭玉锦，王欢．网络社会学 [M]．北京：中国人民大学出版社，2009.

[11] 黄少华，网络社会学的基本议题 [M]. 杭州：浙江大学出版社 ,2013.

[12] 简·梵·迪克 . 网络社会：新媒体的社会层面 [M]. 北京：清华大学出版社，2014.

[13] 王卫 . 类型化与解释：网络犯罪中若干构成要件要素的定性困境及其应对：以裁判文书网 100 个案例为分析样本 [J]. 四川警察学院学报，2016,28(6):16-23.

[14] 翟学伟，薛天山 . 社会信任：理论及其应用 [M]. 北京：中国人民大学出版社，2014.

[15] 章蔚玮，魏思静 . 起底海外"假代购" [N]. IT 时报，2014-04-08.

▶拓展阅读

[1] Calderaro A. New Political Struggles in the Network Society: The Case of Free and Open Source Software (FOSS) Movement[J]. Social Science Electronic Publishing, 2017, 26(2):162-174.

[2] Dobrinskaya D, Kurbanov A, I Vershinina. Education in the Network Society: Challenges and Prospects[C]. 2nd International Conference on Contemporary Education, Social Sciences and Humanities, 2017.

[3] Eriksson M .Trust in Public Safety Answering Points: A Swedish National Survey in the Late Modern Network Society[J]. Journal of Homeland Security & Emergency Management , 2011 , 8(1):1262-1268.

[4] Hajer M A. Deliberative Policy Analysis: Understanding Governance in the Network Society[M]. Cambridge University Press, 2003.

[5] Keown C L, et al. Network Organization is Globally Atypical in Autism: A Graph Theory Study of Intrinsic Functional Connectivity[J]. Biological Psychiatry: Cognitive Neuroscience and Neuroimaging, 2017, 2(1):66-75.

[6] Kostakis V, M Bauwens. Network Society and Future Scenarios for a Collaborative Economy[M]. Palgrave Macmillan, 2014.

[7] Kuss D J, et al. Internet Addiction in Students: Prevalence and Risk Factors[J]. Computers in Human Behavior, 2013, 29(3):959-966.

[8] Kuss J, et al. Internet Addiction: A Systematic Review of Epidemiological Research for the Last Decade[J]. Current Pharmaceutical Design, 2014, 20(25):4026-4052.

[9] Scott J. Social Network Analysis[M]. Sage Publications, 2017.

[10] 蒋广学，周航 . 网络社会的本质内涵及其视域下的青年社会化 [J]. 中国青年研究，2013(2):102-107.

[11] 秦英 . 网络社会网中关系强度分析 [D]. 北京：北京邮电大学，2009.

[12] 童星，罗军 . 网络社会及其对经典社会学理论的挑战 [J]. 南京大学学报（哲学 . 人文科学 . 社会科学），2001,38(5):96-102.

[13] 王南湜，刘悦笛 . 交往方式的革命：互联网的社会后果 [J]. 学术研究，2003(5):27-30.

[14] 谢俊贵 . 凝视网络社会：卡斯特尔信息社会理论述评 [J]. 湖南师范大学社会科学学报，2001, 30(3):41-47.

第 4 章

互联网营销的规制环境

早期互联网放任自流的自由时代已经结束了。

——摘自 2017 年 6 月 10 日英国《经济学人》周刊文章

▶ 学习目标

1. 了解并掌握互联网营销规制环境方面的相关概念和知识，包括电子商务的监管体制、法律体系等。
2. 掌握对规制环境的敏感性和把控力，互联网营销活动的合法性辨别能力，以及对待违法犯罪行为的应对、处理能力。
3. 学会应用互联网营销规制环境方面的知识和能力来规范自身营销行为，积极应对和处理行业中的违法犯罪行为，维护互联网商业秩序健康稳定。

案例导入

搜索引擎广告竞价排名隐患重重

2014 年，西安电子科技大学计算机系学生魏则西被查出"滑膜肉瘤"晚期，其父母通过百度搜索得知武警北京总队第二医院后将魏送往接受治疗。治疗期间，因该医院使用在美国已经被淘汰的技术而致病情耽误，魏则西于 2016 年 4 月去世。同年 5 月，国家网信办会同国家工商总局、国家卫生计生委成立联合调查组进驻百度公司。同期，百度在其官方微博账号上回应称该三甲医院资质齐全，并愿意接受监督。"魏则西事件"引起社会广泛关注，搜索引擎竞价排名广告的问题也遭遇一片声讨之声。

长期以来，搜索引擎竞价排名广告（即付费广告）一直是部分搜索引擎商的主要盈利来源。在美国、韩国等绝大部分国家，搜索引擎大部分存在以付费金额决定广告排位顺序的现象。在搜索引擎广告兴起之初，绝大部分搜索引擎在政府和社会的共同压力下开始将付费广告和自然搜索广告区分显示。但近年来，越来越多的搜索引擎开始想方设法地模糊两种广告之间的差异。以国内主要搜索引擎为例，百度在搜索结果下方以小号灰色字体标示"推广"二字，并在魏则西事件后撤下"推广"的字样。

上述搜索引擎"广告与搜索不分"的现象为普通公众的利益、公平诚信的商业环境以及搜索市场的健康发展埋下了隐患。如何

出台更具约束力的规范，来约束搜索引擎履行应有的社会责任成为各国亟待解决的问题。

资料来源：作者综合整理。

本章主要介绍互联网营销的规制环境。首先分两个部分介绍电子商务的监管体制，分别是电子商务监管的概况，以及监管系统与机制；接下来就电子商务法律体系按四方面展开论述，即产品与经营方面、传播与促销方面、网络安全方面和消费者权益保护方面；最后，通过一系列的电子商务违法犯罪相关案例对电子商务法律应用进行了补充论述（具体法律目录详见附录）。⊖

4.1 我国电子商务监管现状

我国电子商务监管体制有以下几个方面的重点内容（见图 4-1）。

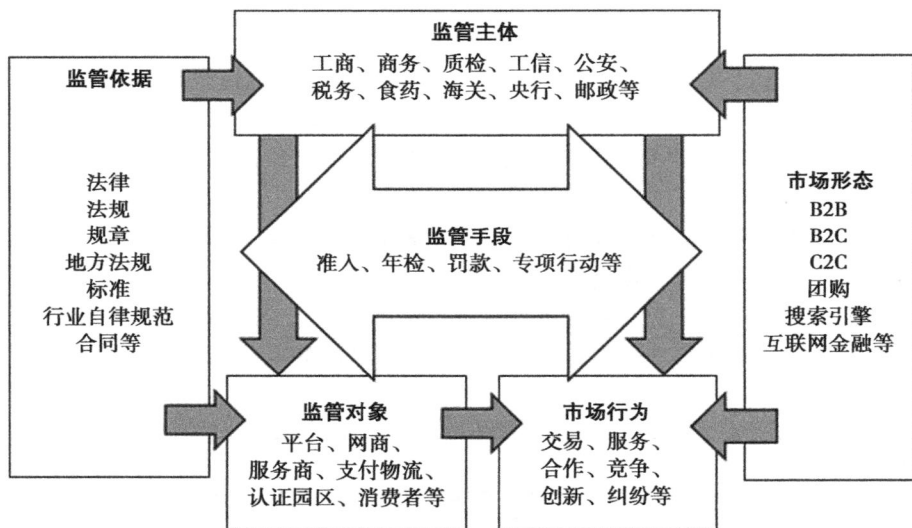

图 4-1 我国电子商务监管体制

资料来源：全国人大财政经济委员会电子商务法起草组.中国电子商务立法研究报告 [M]. 北京：中国财政经济出版社，2016.

1. 监管原则

我国电子商务监管主要遵循分属性监管原则。电子商务有四大基本属性，即媒体属性、产业属性、基础设施属性和公共服务属性。需要针对不同属性，明确政府、交易平台、服务商和企业、用户等各自的权利、义务与责任。分属性监管如表 4-1 所示。

表 4-1 我国电子商务监管四大基本属性

项　　目	媒体属性	产业属性	基础设施	公共服务
主要义务	信息安全合法	发展创新、两化融合	提供服务安全保障	信息安全

⊖ 本章内容根据章末参考文献整理。

（续）

项　目	媒 体 属 性	产 业 属 性	基 础 设 施	公 共 服 务
线下对比	传媒渠道	零售贸易服务业	电信服务	供电供水
监管要点	新闻联播、社会责任	发展和规范	服务的普遍可持续	服务的普遍可持续

资料来源：全国人大财政经济委员会电子商务法起草组 . 中国电子商务立法研究报告 [M]. 北京：中国财政经济出版社，2016.

2. 主要内容

我国电子商务监管包括主体监管、客体监管和行为监管。其具体内容如表 4-2 所示。

表 4-2　我国电子商务监管的主要内容

内　容	具 体 要 素
主体监管	卖家、买家、交易平台、支撑服务商、衍生服务商、代购网站、海外买家和卖家、独立网站、产品生产者、服务提供商等电子商务主体
客体监管	交易产品和服务
行为监管	第三方平台服务、支撑服务、代购服务、网络服务等

资料来源：全国人大财政经济委员会电子商务法起草组 . 中国电子商务立法研究报告 [M]. 北京：中国财政经济出版社，2016.

3. 监管范畴

政府对电子商务的监管范畴是指对于电子商务监管，政府应当管什么，不该管什么，政府监管应监管到什么程度。同时，政府如何约束好自己，如何承担监管中的责任，实施政府信息共享。政府与市场的分工如表 4-3 所示。

表 4-3　政府与市场对电子商务监管的分工

政 府 为 主	政 府 + 市 场	市 场 为 主
宽带基础设施	知识产权保护	产业发展和生态体系建构
物流基础设施	商业数据和个人数据保护	第三方服务机构等的边界和责任
财政和税收基础设施	市场垄断与竞争政策	信息资源开发利用
电子商务行业统计	诚信问题等	供应链、产品与服务的营销推广

资料来源：全国人大财政经济委员会电子商务法起草组 . 中国电子商务立法研究报告 [M]. 北京：中国财政经济出版社，2016.

4. 面临的挑战

总体而言，随着电子商务的创新发展，电子商务主体、客体、交易过程等也在发生变化，为电子商务监管带来新的挑战，主要包括五方面的挑战：一是互联网的复杂性和电子商务治理的六个难点，即虚拟环境、海量交易、动态变化、个性形态、跨界融合、复杂关系；二是从监管对象看，出现了新型主体、客体和行为，很多的监管无法找到线下的对应物和可以直接适用的方法；三是电子商务的复杂性，主要反映在服务关系的复杂性和多样性上；四是对电子商务监管尚处于不断的探索实践阶段，缺乏可借鉴的经验；五是治理难题和中国特色问题纠缠在一起，增加了解决难度。

4.2 电子商务监管系统

网络商品交易监管系统包含监管主体、监管客体、监管机制等。

1. 监管主体

我国网络监管的主体主要包括政府部门、行业协会、公众媒体三个部分。

（1）政府部门：中国负责网络商品交易监管的政府机构从中央到地方形成了完整的体系。相关的中央政府主要部门有 13 个，地方政府基本上建立了上下相应的机构。这些政府部门主要依据国务院赋予的相关职能采取法律、经济、行政手段为网络商品交易及有关服务行为提供公平、公正、规范、有序的市场环境。具体如表 4-4 所示。

表 4-4 电子商务监管的政府部门及涉及电子商务的职责

政府部门	隶属	涉及电子商务的职责
国家工商行政管理总局	国务院直属机构	监督管理网络商品交易及有关服务行为：a. 促进发展；b. 规范行为；c. 保护权益；d. 查处违法行为，维护市场秩序
商务部	国务院组成部门	推动包括电子商务在内的各种现代流通方式的发展
工业和信息化部	国务院组成部门	依法监督管理电信与信息服务市场，指导监督政府部门、重点行业的重要信息系统与基础信息网络安全保障工作等
公安部	国务院组成部门	根据电子商务发展的相关规律，有规律地侦查打击违法犯罪活动，维护人民群众的利益及为电子商务监管创造良好的环境
文化部	国务院组成部门	负责文艺类产品网上传播的前置审批工作，及对网吧等上网服务营业场所实行经营许可证管理，对网络游戏服务进行监管（不含网络游戏的网上出版前置审批）
财政部	国务院组成部门	制定彩票管理政策和有关办法，管理彩票市场，按规定管理彩票资金等
中国人民银行	国务院组成部门	完善有关金融机构运行规则以及会同有关部门制定支付结算规则，维护支付、清算系统的正常运行等
海关总署	国务院直属机构	出入境监管、征税、打私、统计，对外承担税收征管、通关监管、保税监管、进出口统计、海关稽查、知识产权海关保护、打击走私等主要职责
国家税务总局	国务院直属机构	确立完整的纳税人权力体系，建立电子商务的税收征管法律框架，健全法律责任制度，完善征管程序制度设计等
国家邮政局	国家交通运输部	依法监管邮政市场，保障公平竞争，负责邮政市场准入，以及制定邮政服务标准，监督邮政服务质量
国家新闻出版总署	国务院直属机构	负责对互联网出版活动进行审批和监管，其设有科技与数字出版司，负责对互联网出版、数字出版活动的监管活动实施准入退出机制以及组织查处互联网出版的违法违规行为等
国家食品药品监督管理局	国家卫生部	负责食品、保健品、化妆品安全管理和主管药品的综合监管、组织协调，并依法组织开展对重大事故查处，负责保健品的审批
中国证券监督管理委员会	国务院直属事业单位	统一监督管理全国证券期货市场，维护证券期货市场秩序，保障其合法运行

资料来源：国家工商行政管理总局市场规范管理司，中国工商行政管理学会，德国国际合作机构，等. 中德网络商品交易监管 [M]. 北京：中国工商出版社，2011.

（2）行业协会：我国履行监管职能的行业协会主要包括中国互联网协会、中国电子商务协会、中国消费者协会以及大量地方性行业协会等。行业协会主要可以分为两类——一类是电子商务企业参加的行业协会，比如中国互联网协会，主要监管作用在于促进行业自律；另一类是消费者组织，比如中国消费者协会，其主要作用是保护消费者权益。具体如表 4-5 所示。

表 4-5　我国行业协会及其性质、业务和职能

行 业 协 会	性　　质	业务与职能
中国电子商务协会	非营利性、全国性社会团体，工业和信息化部主管	协助政府部门推动电子商务的发展，进行与电子商务相关业务的调查和研究，开展电子商务国际交流与合作，开发信息资源，为会员提供相关法律和法规指导，开展信息化人才及电子商务培训，组织相关领域的专家咨询服务，完成业务主管单位和政府部门授权委托及会员单位委托的工作事项
中国互联网协会	非营利性、全国性社团，工业和信息化部主管	协助政府部门推动电子商务的发展，进行与电子商务相关业务的调查和研究，开展电子商务国际交流与合作，开发信息资源，为会员提供相关法律和法规指导，开展信息化人才及电子商务培训，组织相关领域的专家咨询服务，完成业务主管单位和政府部门授权委托及会员单位委托的工作事项
中国消费者协会	非营利性、全国性社会团体	对商品和服务进行社会监督，保护消费者合法权益

资料来源：国家工商行政管理总局市场规范管理司，中国工商行政管理学会，德国国际合作机构，等.中德网络商品交易监管 [M].北京：中国工商出版社，2011.

（3）公众媒体：社会公众舆论、新闻媒体报道等在中国的影响力越来越大，中国电子商务发展过程中的很多问题都是通过公众舆论和新闻媒体报道才引起重视并得到解决的。公众舆论和媒体监督成本低、覆盖面广、社会影响快而深远，是对电子商务进行全方位监管的重要主体。

2. 监管客体

网络商品交易监管客体包括网络商品经营者、网络服务经营者。网络商品经营者是指通过网络销售商品的法人、其他经济组织或者自然人，以及提供网络交易平台服务的网站经营者。

（1）中国网络商品交易监管的内容主要包括经营主体、经营客体、经营行为、电子合同、知识产权保护、消费者权益保护几个方面。①对网络商品交易经营主体资格的监管：根据国务院第 292 号令《互联网信息服务管理方法》的规定，国家对经营性互联网信息服务实行许可制度，对非经营性互联网信息服务实行备案制度。凡是从事互联网信息服务的，应当向信息主管部门申请办理互联网信息服务增值电信业务经营许可证。在中国从事网络商品交易的经营主体必须办理登记手续，领取营业执照。②对网络商品交易的客体的监管：一方面是对特许经营商品与服务准入的监管——网络商品交易所涉及的经营范围非常广泛，取得营业执照的经营者必须在核定的经营范围内依法从事经营；另一方面是对网络商品质量的监管——工商行政管理机关承担流通领域商品质量监督管理职能。③对网络商品交易行为和竞争行为的监管：中国网络商品交易中存在比较严重的不正当竞争和其他违法行为。监管的主要内容包括网站名称或主页域名的侵权行为；网络商品（服务）经营者无照经营；未经许可经营特许商品和服务；违法广告经营；擅自使用他人网页的服务内容；利用网络开展传销，扰乱经济秩序；销售假冒伪劣商品和走私货品；网络商品交易物流配送过程中快递公司在送完货后携款潜逃，导致货主蒙受损失；网络商品交易售后服务过程中违反市场竞争秩序。④对电子合同的监管：《中华人民共和国合同法》对电子合同的主体、形式、形成条件、管辖权、电子签名的法律地位等都做出了极为明确的规定。中国网络商品交易中的电子合同存在的主要问题是合同欺诈及合同条款履行不完整或不履行等，对电子合同的监管主要由工商行政管理部门负责。⑤对知识产权的保护：中国网络商品交易中涉及一些侵权行为，主要是专利权、著作权、版权，以及涉及企业名称、字号专用权和商标专用权等方面的侵权行为，主要表现——专利权、著作权和版权的侵权，对于网站名称造成的侵权，对于中文域名造成的侵权。⑥对消费者权益保护的监管：在网络消费者个人信息保护方面，网络商品经营者和网络服务经营者对收集的消费者信息负有安全保管、合理使用、限期持有和妥善销毁义务，不得收集与提供商品和服务无关的信息，不得不正当使用，不得公开、出租、出售。但是法律、法规另有规定的除外。

（2）监管客体主要包括两个维度。①网络商品经营者和网络服务经营者的义务，包括：通过网络从事商品交易和服务行为的自然人应当向平台服务经营者提出申请并提交真实身份信息，具备登记注册条件的还应依法向工商部门办理登记注册；经营者向消费者提供商品或服务以及电子格式合同条款应当遵守法律、法规、规章的规定；在交易前向消费者说明商品或者服务，向消费者出具购货凭证或者服务单据；对收集的消费者信息，负有安全保管、合理使用、限期持有和妥善销毁义务，不得出租、出售，不得损害消费者的合法权益。②网络交易平台服务经营者的义务，包括：交易主体经营资格审查、登记、公示；合同约则；制定实施管理制度；交易商品或服务、交易信息价差监控；注册商标专用权、企业名称权等权利的保护；经营者商业秘密和消费者个人信息保护；消费者权益保护；制止违法行为，报告、协助、配合查处违法行为；交易信息保存；统计报送。

3. 监管机制

网络商品交易监管机制是在一定的经济社会发展条件下，政府通过综合利用法律、经济和行政手段对网络交易各方及其交易行为和过程进行监督和管理，以建立和维护网络商品交易市场的正常运行秩序的机制。中国目前已初步形成了以法律规范为基础，政府行政监管下市场机制调节和商业自律相结合的监管格局。

（1）我国监管机制主要包括三个方面。①法律监管。市场经济是法治经济，法律监管手段是国家通过制定和运用法规来调节经济活动的手段。从20世纪90年代互联网得到发展以来，在几十年的时间内，中国共出台了30余部法律法规用于规范互联网的大环境。②行政监管。在中国，行政监管是网络商品交易监管的最主要形式之一，贯穿于网络商品交易的整个过程之中。交易前的行政监管内容包括：对交易主体市场准入、商品质量、网络广告的监管以及对知识产权的保护等；交易中的行政监管主要涉及电子合同监管，对消费者权益进行保护；交易后的行政监管内容主要体现在两个方面——一是网络对网络商品交易过程中所承诺的售后服务项目的执行监管，二是对物流过程的监管。国家工商行政管理总局强调了从信用监管、网络信息化监管和全国一体化监管这三个方面对网络商品交易提出新的监管措施，要求建立信用档案，实施"以网管网"，并力争建立起全国统一、统分结合、功能齐全、上下联动的网络监管信息平台。③市场监管。网络商品交易市场本身的发育和成熟，离不开网络商品交易市场机制所发挥的调节作用。在中国，市场对网络商品交易的监管主要体现在网络商品交易市场的供方之间、需求方之间以及供需双方之间。其中，供方之间、需求方之间为了维护自身利益，同时为了在竞争中求得发展，会对彼此的交易行为进行监督。

（2）我国监管机制还有部分其他监管手段：行业协会具有自我监督、自我管理、自我服务、自我教育、自我保护的职能，也是网络商品交易监管的手段之一。除此之外，新闻媒体也对网络商品交易有监督作用。通过对网络商品交易中不良行为的曝光，可以利用社会公众的舆论压力来对网络商品交易行为监管和规范，也可以对法律监管、行政监管、行业协会监管的效率和效益进行监管。

4.3　电子商务法律体系

从 20 世纪 90 年代互联网得到发展以来，我国共出台了 30 余部法律法规用于规范互联网的大环境，涉及工商、信息、支付、安全、物流、消费者权益保护等方面。其中，与电子商务直接相关的法律法规和部分条文包含四个层面。

1. 产品与企业经营层面

我国现有的法律法规体系在对电子商务整体进行规范的同时，也对一些重点行业的电商发展做出了规范，其中就包括对产品和服务范围的规定、经营资格和职责的规定。

（1）就电子商务整体而言，《网络交易管理办法》《商务部关于促进网络购物健康发展的指导意见》《商务部关于促进电子商务规范发展的意见》《关于网上交易的指导意见》《网络商品交易有关服务行为管理暂行方法》《国务院办公厅关于加快电子商务发展的若干意见》等法律法规提出了网络交易管理的官方意见，强调运用有效、高效的综合监管助力网络交易整体发展；《互联网著作权行政保护办法》强调对网络著作权的保护，企业的产品和经营过程不得侵犯他人网络著作权。

（2）就重点行业和经营主体而言，《互联网文化管理暂行规定》对互联网文化单位的经营资质和文化产品内容进行了规范；《网络零售第三方平台交易规则制定程序规定》，以及《中华人民共和国电影产业促进法》第二条、第二十条、第二十七条、第五十四条等对在互联网平台上播映的电影的资格做了规定，强调互联网不能成为不合规电影的非法传播之地；《中华人民共和国旅游法》第四十八条强调旅行社经营网络业务要获得相应资格并明示，产品信息要真实准确；《中华人民共和国食品安全法》第三十一条、第六十二条、第一百三十一条，以及《网络食品安全违法行为查处办法》对网络食品交易平台的经营职责进行了规定，强调网络食品交易安全的企业监管与政府监管的到位；《网络游戏管理暂行办法》《关于网络游戏发展和管理的若干意见》《互联网上网服务营业场所管理条例》《互联网信息服务管理办法》《互联网电子邮件服务管理办法》《互联网信息搜索服务管理规定》《网络借贷信息中介机构业务活动管理暂行办法》《网络预约出租车经营管理暂行办法》《网络出版服务管理规定》《互联网药品交易服务审批暂行规定》《互联网视听节目服务管理规定》《互联网直播服务管理规定》《互联网新闻信息服务管理规定》《互联网保险业务监管暂行办法》《商务部关于加快流通领域电子商务发展的意见》《证券投资基金销售机构通过第三方电子商务平台开展业务管理暂行规定》《中华人民共和国海关加工贸易企业联网监管办法》《非银行支付机构网络支付业务管理办法》《非金融机构支付服务管理办法》等法律法规则对网络游戏、上网服务、网络信息服务、网约车、网络出版、互联网医药、网络视听、网络直播等行业和保险公司、物流公司、证券公司、加工贸易企业、非银行支付机构等经营主体的网络经营范围和职责进行了规定，强调经营要取得相应资格，产品和服务要符合规范，经营过程中要履行相应职责和义务。

2. 传播与促销层面

除了对产品和企业经营方面的规范以外，现有法律体系还着重对网络传播与促销活动的进行做了规范。

《信息网络传播权保护条例》明确了网络传播权的界定、典型的侵权行为和具体的保护办法及措施；《中华人民共和国广告法》第十九条、第四十条、第四十四条、第四十五条、第五十七条、第六十三条和第六十四条对网络广告的题材、内容、形式进行了规范，并明确提出了相应管制措施；《禁止传销条例》第九条和第二十六条规定严禁利用互联网散布传销信息，组织违法活动；《互联网危险物品信息发布管理规定》严禁任何单位和个人在网络平台散布危险物品制造方法信息；《网络商品和服务集中促销活动管理暂行规定》则就电子商务中的集中促销行为的管理提出了官方意见，强调通过合理有效的综合管理维持电子商务促销活动的正常秩序。

3. 网络安全层面

网络安全问题始终是互联网时代的一大难题，我国现有法律体系也就网络安全层面进行了相关立法工作，明确了企业在维护网络安全方面的职责和规范。

《中华人民共和国网络安全法》《全国人民代表大会常务委员会关于维护互联网安全的决定》从总体上对网络运营者的网络安全保护义务做了界定，强调有关单位要担起维护网络安全的职责，积极落实相关措施；《互联网安全保护技术措施规定》《信息安全等级保护管理办法》对维护网络安全的相关技术和执行规范进行了明确；《通信网络安全防护管理办法》《证券期货业信息安全保障管理办法》等则针对重点行业的网络安全提出了管理要求。

4. 消费者权益保护层面

电子商务的监管少不了对消费者权益的保护，我国现有法律体系之中也专门辟出一块，颁布并完善了相关法律法规，来保障网络交易过程中消费者的正当权益。

《中华人民共和国消费者权益保护法》第二十五条、第二十八条、第二十九条与第四十四条界定了消费者在网络交易中的合法权益，并明确了企业的有关责任，强调电子商务企业在经营过程中不得侵犯消费者的正当、合法权益；《电信用户申诉处理办法》《电信和互联网用户个人信息保护规定》等则就网络交易中的申诉权、隐私权等消费者具体权益的保护做出了规定。

4.4 电子商务违法案例

对于企业和社会个体而言，既要了解当前信息网络违法犯罪的特点和规律，正确理解和准确使用相关法律和司法解释的规定，依法打击信息网络违法犯罪行为，确保各类权益免受侵犯，同时又必须坚持在符合相关法律法规的基础上从事自身互联网营销活动，保持经营的正当性、合法性，避免越过法律红线。

4.4.1　假网购违法案例

1. 案例描述

小夫妻小芬和阿飞看别人在网上卖假冒名牌服装生意不错，于是在深圳开了两家网店跟着别人干，搬家到上海后，"生意"越做越红火，夫妻俩也在"掘金"的路上越走越远，最终落入法网。

日前，浦东新区法院一审以销售假冒注册商标的商品罪判处小芬有期徒刑 3 年，缓刑 4 年，罚金 15 万元；判处阿飞有期徒刑 2 年，缓刑 2 年，罚金 10 万元；违法所得、查获的假冒注册商标的商品予以没收。

开网店，专卖假名牌服装

2012 年 7 月 9 日，上海警方发现，一家淘宝店铺对外大肆销售假冒的拉夫·劳伦、博柏利等知名品牌的服装。警方于当天采取行动，在浦东康桥秀浦路一居民小区内，将正在经营淘宝网店的小芬抓获，现场查获 360 件假冒拉夫·劳伦、博柏利品牌的服装。随后，小芬的丈夫阿飞也投案自首。

据交代，小芬和阿飞都是湖北咸宁人，大专毕业后到深圳打工。2009 年年底，看到别人在淘宝网上卖假冒服装的生意很好，两人也注册了两家网店。"起初是帮别人的店代发货，后来逐渐开始自己进货发货。"

避检查，商品描述有"讲究"

由于小芬没有固定工作，淘宝店铺的客服、改价、发货、售后等工作主要由她完成，阿飞在工作之余负责店铺的维护。

警方发现，小芬网店里的宝贝标题描述颇有"讲究"。假冒拉夫·劳伦的衣服，以"大马标""小马标""PO*LO"标注，假冒博柏利的衣服关键字则为"英伦 B 家""B 家"。之所以这样做，据小芬说，是为了规避这些品牌的全称，以防止淘宝网的侵权检查。

庭审中小芬供述，从开网店到被抓，从中获利 12 万元左右。

假交易，总共卖了 46 万多元

小芬和阿飞的网店从 2009 年就开张了，要弄清楚他们的销售额，并不容易。据两人供述，为了提升网店信誉，曾通过自己及朋友注册的淘宝小号进行虚假交易。小芬自己辨认下来，大概有 930 余条记录是虚假交易。

经核实，小芬夫妻俩淘宝店铺对外销售涉嫌假冒品牌服装的数量合计为 2 296 件，金额为 46.07 万余元。案发时从现场查扣的 360 件服装，最终价值认定为 1.39 万元（文中当事人为化名）。

2. 法理评析

销售假冒注册商标的商品罪（刑法第 214 条），是指违反商标管理法规，销售明知是假冒注册商标的商品，销售金额数额较大的行为。本罪侵犯的客体为国家对商标的管理制度和他人注册商标的专用权。所谓假冒注册商标的商品，即必须是未经注册商标所有人许可，在同一种商品上使用与其注册商标相同的商标的商品。现实中，较多的是销售明知是假冒商标的商品，这些都无一例外地侵害了注册商标的专用权，而且销售明知是假冒商标的商品，在客观上使得大量的伪、劣、次产品投入市场，对名优产品及其他同类产品造成冲击，

⊖　王治国，宋宁华. "夫妻档"淘宝走上歪路 [N]. 新民晚报，2013-03-22.

造成消费者难辨真伪、上当受骗，严重的还会给消费者的身体健康、生命安全造成威胁，严重地损害了消费者的合法利益。

4.4.2 近十年来互联网营销过程中的不正当竞争纠纷案[一]

1. 案例描述

以下十个案例均为近十几年来国内互联网营销领域发生的不正当竞争纠纷案，具体案件当事人和案情描述见表4-6。

表4-6 国内互联网营销领域不正当竞争纠纷案汇总表

原 告	被 告	时 间	案 情 描 述
杜邦公司	北京国网信息有限责任公司	2000年	杜邦公司诉北京国网信息有限责任公司侵犯商标权及不正当竞争纠纷案。本案是我国首例认定未经许可恶意将他人驰名商标注册为域名构成不正当竞争的生效判决
百度在线网络技术（北京）有限公司	北京三七二一科技有限公司	2005年	百度在线网络技术（北京）有限公司等诉北京三七二一科技有限公司不正当竞争纠纷案。法院认为在同类产品上设置不恰当的软件冲突提示和警告构成不正当竞争
北京百度网讯科技有限公司	北京珠穆朗玛网络技术有限公司	2005年	北京百度网讯科技有限公司诉北京珠穆朗玛网络技术有限公司等不正当竞争纠纷案。法院认为未经许可强行修改他人网页页面并给他人造成损害的，构成不正当竞争
北京枫叶之都旅游文化交流有限公司	百度在线网络技术（北京）有限公司、北京百度网讯科技有限公司	2006年	北京枫叶之都旅游文化交流有限公司诉百度在线网络技术（北京）有限公司、北京百度网讯科技有限公司不正当竞争纠纷案。本案是北京市首例搜索引擎排名案，法院认定网站自行设定的自然排名算法规则不具有违法性。本案为后续竞价排名案件中网络服务商的责任认定提供了借鉴
腾讯科技（深圳）有限公司	北京搜狗科技发展有限公司	2010年	腾讯科技（深圳）有限公司诉北京搜狗科技发展有限公司等不正当竞争纠纷案。法院认为通过诱导阻碍用户使用他人同类产品构成不正当竞争
海汉涛信息咨询有限公司	爱帮聚信（北京）科技有限公司	2011年	海汉涛信息咨询有限公司诉爱帮聚信（北京）科技有限公司等不正当竞争纠纷案。法院认为，垂直搜索技术的使用应控制在合理的范围之内，超出合理范围则构成不正当竞争
北京金山安全软件有限公司	北京奇虎科技有限公司	2013年	北京金山安全软件有限公司诉北京奇虎科技有限公司不正当竞争纠纷案。法院认为，发布具有基本事实依据的消息并不构成商业诋毁的不正当竞争行为
北京奇虎科技有限公司	北京金山安全软件有限公司、贝壳网际（北京）安全技术有限公司	2013年	北京奇虎科技有限公司诉北京金山安全软件有限公司、贝壳网际（北京）安全技术有限公司等不正当竞争纠纷案。法院认为，散布未经证实的消息、影响同业经营者竞争利益的，构成商业诋毁不正当竞争行为
北京奇虎科技有限公司	北京百度网讯科技有限公司	2014年	北京奇虎科技有限公司诉北京百度网讯科技有限公司不正当竞争纠纷两案。该两案是在2013年实施的现行《民事诉讼法》增设了行为保全制度后，北京一中院首次在案件审理过程中采取行为保全措施

资料来源：作者根据相关文献综合整理。

2. 法理评析

以上几个案例均为近十几年来国内互联网营销领域发生的不正当竞争纠纷案。在互联

一 姜颖. 涉互联网不正当竞争纠纷典型案例 [J]. 法庭内外，2014.

网上发布广告，进行商业活动与传统商业模式存在较大差异，通过先进的计算机网络技术手段，可以实现传统商业模式下无法达到的商业效果。但是，从事互联网相关业务的经营者仍应当通过诚信经营、公平竞争来获得相应利润或竞争优势，不能未经他人许可，利用他人服务行为或者市场份额来进行商业运作并从中获利。

|案|例|分|享|

基于大数据的电子商务行业监管体系

华南理工大学谷斌教授团队 2016 年发表了题为《基于大数据的电子商务行业监管体系》的文章，总结了电子商务行业存在的问题，结合大数据的内涵提出了基于大数据的电子商务行业监管体系，阐述了该体系的各个组成部分、特征以及作用机制（黄家良，谷斌，2016）。其研究问题和研究发现摘录如下。

1. 研究问题

作者研究分析了国家近年来出台的针对电子商务行业的相关法律法规，例如《网络交易管理办法》《网络零售第三方平台交易规则制定程序规定（试行）》等，同时分析了我国电子商务行业的监管现状，总结了我国电子商务行业存在的问题（见表 4-7）。

表 4-7 我国电子商务行业存在的问题

问 题	描 述
不正当竞争	商家通过虚构商品原价、虚假广告、倾销、销售假冒伪劣产品等不正当竞争行为达到欺骗消费者的目的，破坏了公平竞争以及市场秩序
税收问题	电子商务的虚拟性、跨地区性等特征使得原有的税收制度暴露出漏洞与盲点，商家借此进行偷税漏税等行为
产品质量问题	由于电子商务的非面对面交易方式，加大了消费者对产品质量的判断难度，难以保证电子商务产品及相关服务的质量
信息泄漏问题	在电子商务交易过程中，消费者需要提供一定的个人隐私信息，这些个人隐私会被部分不良企业出售或被其他第三方盗取
消费者不诚信	为了保护消费者，电子商务平台会给予消费者一定的权益，使得商家在某些交易流程中处于弱势地位，不诚信的消费者会利用这种优势要挟商家
商家无证经营	淘宝等电商平台中，有大量的商家未按照《网络交易管理办法》等规范办理营业执照的网店，甚至发生冒充他人营业执照信息等不良行为
非法交易行为	部分不良商家或个人利用电子商务平台逃避传统的市场监管进行非法商品的交易、洗钱等行为
消费维权难	电子商务交易较容易产生消费纠纷，但由于权责不清晰、实物取证难、跨地区交易等原因，使得消费者或者商家难以维护自身的合法权益

资料来源：黄家良，谷斌.基于大数据的电子商务行业监管体系 [J]. 中国科技论坛，2016(05):46-51.

2. 研究发现

作者通过构建电子商务行业大数据监管云平台，集成每个电子商务主体的各种行为信息数据，通过大数据分析把各个电子商务主体的交易行为、物流行为、税务行为等一切行为都纳入监管范围中，及时主动地掌握各个市场主体行为模式，智能地实现信用评价、行为监管、主体监管以及客体监管等职能。基于大数据的电子商务行业监管体系总体上由数据层、技术层以及应用层组成（见图 4-2）。

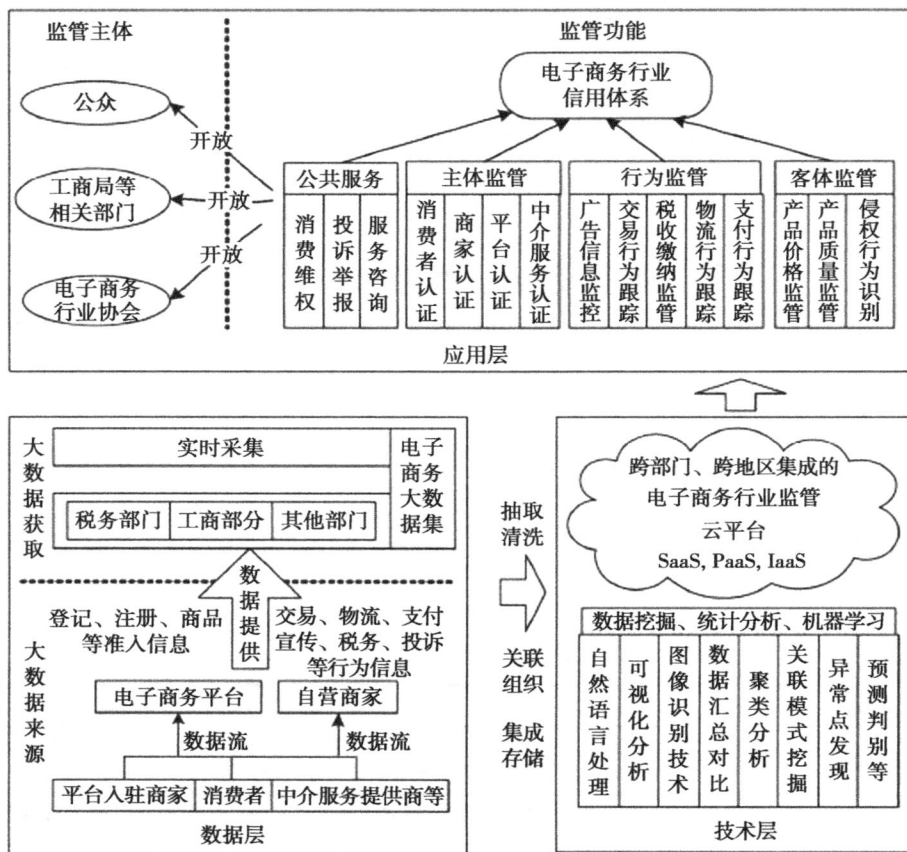

图 4-2　基于大数据的电子商务行业监管体系

资料来源：黄家良，谷斌.基于大数据的电子商务行业监管体系 [J].中国科技论坛，2016(5):46-51.

▶本章小结

本章主要介绍了互联网营销规制环境方面的知识和概念，包括电子商务的监管特征、监管系统、监管机制、相关法律体系等，并对整个规制体系进行了系统的梳理，同时辅以多个典型电子商务违法犯罪案例来帮助读者理解前文论述的知识体系，掌握基本的合法性判别能力。学习本章能让读者对互联网营销所身处的规制环境有更深入、更系统的了解，继而掌握对规制环境的敏感性和把控力，互联网营销活动的合法性辨别能力，以及对待违法犯罪行为的应对、处理能力。这将为读者规范自身企业或个体影响活动，应对和处理行业违法犯罪行为，维护互联网商业秩序健康稳定提供借鉴。

▶关键术语

电子商务监管（e-commerce supervision）

主体监管（subject supervision）

客体监管（object supervision）

行为监管（behavioral supervision）

法律监管（legal supervision）

行政监管（administrative supervision）

市场监管（market supervision）

行业协会（industry association）

▶课后习题

1. 电子商务监管中，政府和市场如何分工？
2. 假设 A 公司的竞争对手 B 公司存在贩卖假货给消费者的状况，你分别作为 A 公司管理人员和消费者，应该如何应对此种状况？说明该向谁投诉或发起诉讼，寻求帮助的对象以及可能诉诸的法律法规。

▶参考文献

[1] 北京邮电大学互联网治理与法律研究中心 . 中国网络信息法律汇编 [M]. 北京：中国法制出版社，2017.

[2] 国家工商行政管理总局市场规范管理司，中国工商行政管理学会，德国国际合作机构，等 . 中德网络商品交易监管 [M]. 北京：中国工商出版社，2011.

[3] 洪雪 . 微商"云在指尖"传销第一大案告破，260 万人入会涉案 6 亿 [EB/OL]. http://cnews.chinadaily.com.cn/2017-02/20/content_28270164.htm,2017-02-20.

[4] 黄家良，谷斌 . 基于大数据的电子商务行业监管体系 [J]. 中国科技论坛，2016(5):46-51.

[5] 姜颖 . 涉互联网不正当竞争纠纷典型案例 [J]. 法庭内外，2014 (9):5-6.

[6] 罗盛华 . 网络法案例评析 [M]. 北京：对外经济贸易大学出版社，2012.

[7] 全国人大财政经济委员会电子商务法起草组 . 中国电子商务立法研究报告 [M]. 北京：中国财政经济出版社，2016.

▶拓展阅读

[1] Amable B, Ledezma I, S Robin. Product Market Regulation, Innovation, and Productivity[J]. Research Policy, 2016,45(10):2087-2104.

[2] Cambini C, et al. Innovation and Market Regulation: Evidence from the European Electricity Industry[J]. Industry and Innovation, 2016, 23(8):734-752.

[3] Marano P, Rokas I, Kochenburger P. The "Dematerialized" Insurance: Distance Selling and Cyber Risks from an International Perspective[M]. Springer International Publishing, 2016.

[4] Trotter, et al. High-frequency Trading and Internet Crime: One Cannot "Trust the Screen"[J]. Journal of Financial Service Professionals, 2016, 70(5):81-88.

[5] 陈天华，欧阳建文 . 食品网络营销安全监管探讨 [J]. 北京工商大学学报：自然科学版，2012, 30(3):76-80.

[6] 张卓，王瀚东 . 中国网络监管到网络治理的转变：从"网络暴力"谈起 [J]. 湘潭大学学报：哲学社会科学版，2010, 34(1):88-91.

[7] 郑文阳 . 全景与律法的权衡：中日网络监管制度比较研究 [D]. 上海：复旦大学，2012.

[8] 邱海杰 . 宪政视角下的网络监管研究 [D]. 重庆：重庆大学，2012.

[9] 陈德权，王爱茹，黄萌萌，等 . 我国政府网络监管的现实困境与新路径诠释 [J]. 东北大学学报：社会科学版，2014 , 16(2):176-181.

第二部分

互联网用户洞察

第5章

互联网营销研究

如果一个企业不能通过"互联网+"实现与个体用户的"细胞级连接",那就如同一个生命体的神经末端麻木,肢体脱节,必将面临生存挑战。

——摘自腾讯 CEO 马化腾在《互联网+:国家战略行动路线图》中的论述

▶ 学习目标

1. 了解研究互联网营销有哪几种方法和工具。
2. 具备利用这些方法和工具分析研究互联网营销的能力。
3. 能够运用这些方法和工具,为企业的网络营销提供可靠的建议。

案例导入

移动阅读与微信读书

近年来,移动阅读发展迅速,用户对于碎片化的时间、内容以及地点的任意化的需求为具备现有品牌优势和强大用户基础的互联网公司带来了巨大商机。例如,当当网推出"当当读书",豆瓣网推出"豆瓣阅读"和"豆瓣读书"等。腾讯公司也在2015年8月推出"微信读书"App,该App是一款基于微信关系链的阅读应用,致力于为用户提供个性化、社交化的阅读体验。

微信读书主要特点有:①拥有丰富的图书资源。腾讯在2015年收购了盛大文学并组成阅文集团,收购后市场份额达到六成以上。②开发出图书检索工具。微信读书围绕社交平台做出各类榜单及推荐,分为小说、经管、

投资等51个大类,并结合大数据推出"猜你喜欢"板块。③建立"免费+付费"的商业模式。既推出一些免费阅读的书籍或章节,又通过日常活动激励读者使用App内部"读书币"(1读书币等同于1元人民币)购买书籍。④营造安静单纯的阅读氛围。微信读书中不设商业广告,阅读氛围安静单纯。

虽然微信读书目前在移动阅读市场上占据一定优势,但仍面临一些挑战。例如,受用户碎片化需求、消费惰性以及竞争心理等因素影响,App用户流失现象严重;又如,其商业模式盈利性较差,App官方和好友之间相互赠送的读书币抑制了用户消费。

资料来源:作者综合整理。

本章探讨互联网用户的行为和心理，从远程用户研究的方法和视角出发，基于移动互联网用户的行为进行研究，建立用户互联网行为画像，并探讨其他第三方市场研究工具。

5.1 远程用户研究

1. 定义

远程用户研究是一种运用互联网工具和服务与身处异地的参与者进行用户研究的方法，主要是运用电话和因特网远程进行，而不是亲临现场。远程用户研究是用户体验研究而非市场研究，这两者截然不同。市场研究更为普遍，与用户体验研究的关系见表 5-1。

表 5-1　市场研究与用户体验研究的关系

比 较 方 面	市 场 研 究	用户体验研究
研究重点	广告 / 品牌意识 概念测试 构思过程	行为 人种学 出生思考
研究方法	看法 焦点小组 问卷调查 偏好访谈	概念性的（如卡片分类） 具体性的（如实时网站可用性） 任务诱导

资料来源：奈特·博尔特，托尼·图拉斯穆特 . 远程用户研究：实践者指南 [M]. 北京：清华大学出版社，2013.

2. 分类

远程用户研究有两大分支：调控式（moderated）研究和自动式（automated）研究。在调控式研究中，研究员可以在参与者使用被测界面时直接与他们交谈，这有利于获得丰富的定性反馈。在自动式研究中，可以使用在线工具和服务自动收集行为或书面反馈及信息，不需要参与者的直接参与（博尔特，图拉斯穆特，2013）。调控式研究与自动式研究对比见表 5-2。

表 5-2　调控式研究与自动式研究对比

类　　别	调　控　式	自　动　式
时间安排	同步——主持人在参与者使用网站的同时进行交谈	非同步——参与者执行任务，研究人员事后分析结果
样本规模	小——大约 5～30 个，取决于用户细分段与研究目标	大——通常 50 个或以上
奖励	通常每名参与者 75 美元，但会因为参与者的身份而变化	可以为 1/10 的参与者提供正常的奖励（75 美元）或者为所有的参与者提供较少的奖励（5 美元）
研究目标的类型	发现错误与可用性问题，形成性研究、实时研究、真实生活情境研究	评估用户执行确切限定任务的绩效
研究类型	定性的和行为的，但是也可以询问观点和收集丰富的情景信息	定量的、行为的和基于看法的，但也可以询问简单的、开放性的问题——不太依赖于情境

资料来源：奈特·博尔特，托尼·图拉斯穆特 . 远程用户研究：实践者指南 [M]. 北京：清华大学出版社，2013.

3. 用户招募

远程用户研究方法可以在用户同意参与的任何时间开始研究，并且通过使用表单或弹窗拦截网站的访客，可以在他们提交表单后的几分钟内立即筛选并呼叫他们，以上方法也叫作实时招募。实时招募和代理机构招募比较见表5-3。

表5-3　实时招募和代理机构招募比较

比 较 方 面	实 时 招 募	代理机构招募	邮件/个人联系人
成本	开发筛选器或实用网页服务的成本，通常比较便宜	一般来说，150美元到600美元不等，取决于所需时间和标准严格度	免费，但是很耗时
效度	取决于研究员的筛选能力	取决于招募机构的筛选能力，与研究员合作	低
可信度	取决于网站流量，每小时有1 000个以上的独立访问，可信度较高	高，但需要后备人选以防有人不到场	低，取决于联系人列表规模；后面的研究会越来越难
时间	每小时1 000个以上的独特访问就很快，日访问量低于500个则不可行	1~4周	取决于现有联系人的规模
精力	中等，研究员承担合理筛选，参与者数据管理的责任	少，研究员草拟需求文档	中等，研究员承担合理筛选的责任
要求	健康稳定的网站流量，网站管理员/编辑的访问权限	足够的资金，一家覆盖本地参与者的招募机构	允许你联系的现有联系人列表

资料来源：奈特·博尔特，托尼·图拉斯穆特.远程用户研究：实践者指南[M].北京：清华大学出版社，2013.

在各种形式的研究中，获得参与者的同意是研究者必须面对的法律责任，必须重点关注。对于远程用户研究，需要为联系应答者、用户参与以及测试录制获得各种各样的知情同意书。对国际用户和未成年人，还有重要的、额外的要求。除此之外，网站还需要有隐私保护政策，要保证收集的数据远离公共网络，并且确保所有消费者信息的安全和密码是受保护的（博尔特，图拉斯穆特，2013）。

4.过程简介

大多数研究表明，人们在自己的计算机和物质环境下通过电话进行交谈才是最舒适的。由于远程用户研究方法最主要的好处之一是使实时研究成为可能，因此要与用户建立友好关系和进行动机推断。典型项目介绍流程见表5-4。

表5-4　典型项目介绍流程

主 持 人	参 与 者	提 示
张先生，您好，我是Nate，我打电话的目的是……（几秒钟前你在ACME.com填写的调查）（我们在ACME.com上约定好今天进行访谈）	哦，是的（约好的参与者）	如果你在他们填表之后立即呼叫，大约99%的调查对象会接听电话。你等待呼叫的时间越长，他们接电话的可能性就越小
您今天怎样？现在适合进行30分钟的电话访谈吗	"我很好，谢谢""嗯，当然，是的"（70%）"抱歉，现在不合适"（30%）	这里有70%的成功率，意味着30%的人会说"不"，如果他们没有时间或者无法参与，就谢谢他们并结束通话
太棒了，您需要在电话交流的同时上网。您现在可以吗	"是的"（80%）"不行"（20%）	这里有80%的成功率，你会很惊讶，竟然有这么多的人正在工作或计划休息什么的

（续）

主　持　人	参　与　者	提　示
太好了，我们还需要您安装一个小型浏览器插件，以便我们能在屏幕上看到您在做什么，仅限于这次通话时间，在通话结束时，它将被完全移除，安装也不要求任何管理员权限，您看可以吗	"当然，好吧"（70%） "嗯，我不太确定，您可以再解释一下吗"（10%） "听起来很复杂，实际上我认为我根本没有时间做这些"（10%） "不，我拒绝"（10%）	这时候要顺着用户的想法——不要试图劝服或让用户信服他们应该使用屏幕共享
现在，如果您手边有网页浏览器，我就念一个网址给您，您可以在那儿提交参与今天研究的书面知情同意书，在您读完之后把它填好，它会自动把我们带到设置好屏幕共享应用的网页。如果您准备好了，网址是……	"好的，弄好了"（80%） "您能再给我读一遍吗"（18%） "我在哪儿输入网址"（2%）	在电话里总是很难听清楚网页地址，一些用户还缺乏电脑使用经验，所以需要研究者耐心点

资料来源：奈特·博尔特，托尼·图拉斯穆特.远程用户研究：实践者指南 [M].北京：清华大学出版社，2013.

5.工具盘点

基于网络的软件比普通软件替换更快，而且随着时代更新换代，现在所用的98%的工具在5年时间内将变得面目全非或者消失。例如，屏幕共享工具包括Adobe Connect、UserVue、GoToMeeting等，录制工具包括Camtasia Studio、iShowU HD等，任务诱导与网页分析工具包括Click Density、ClickHeat、ClickTale、Clixpy等，问卷调查工具包括HaveASee、PollDaddy、RelevantView、SurveyMonkey等，卡片分类工具包括OptimalSort、RelevantView、WebSort等（博尔特，图拉斯穆特，2013）。

5.2　移动互联网用户阅读行为研究

移动互联网掀起了互联网发展的新一波浪潮，未来移动互联网将会进一步发展，终端会更加多元，移动通信网络向4G、5G升级，越来越宽带化，系统与应用软件将更加智能。作为移动互联网的重要应用之一，移动阅读将不断普及，用户规模不断扩大，吸引更多的机构参与移动阅读读物，传统与新兴信息服务机构跨界融合发展，适合移动终端的阅读内容越来越丰富，移动阅读服务更加个性化、社会化、智能化，商业模式逐渐走向成熟（茆意宏，侯雪，胡振宁，2014）。

1.定义

随着移动互联网的迅猛发展，越来越多的互联网服务正在向移动互联网迁移。移动阅读是移动互联网最主要的应用之一，是用户以手机、平板电脑等移动设备为终端，通过移动或者无线通信网络访问、接受、下载所需信息，在移动端上浏览、收看（听）并且进行交流互动的阅读活动。移动互联网用户的阅读需求除了阅读内容需求之外，还包括用户对相应服务系统与服务方式的需求（茆意宏，侯雪，胡振宁，2014）。移动阅读需求的框架见表5-5。

表 5-5　移动阅读需求的框架

移动阅读需求类型		移动阅读需求的表现
移动阅读内容需求	内容属性	时间相关性需求：实时新闻资讯、即时休闲娱乐内容、实时生活资讯、临时学习性内容、实时专业工作或研究动态、实时社交信息等 空间相关性需求：地理知识、交通信息、与地理位置相关的其他知识
	内容形式	不同加工层次的移动阅读内容（目录、摘要、综述等） 不同载体形式的移动阅读内容（文本、图片、音频、视频、动画等） 不同出版形式的移动阅读内容（图书、报纸、杂志、网页、音乐、电影或电视等，文字排版与翻页） 不同篇幅的移动阅读内容中的广告
移动阅读服务需求	服务技术与系统需求	对无线/移动通信网络的需求，对手机、电子阅读器、平板电脑等移动终端的需求，对短信息、多媒体信息（彩信）、WAP 或者客户端等软件的需求
	服务方式需求	内容导航、智能检索、个性化推送、社区服务、收费与否、协同服务等

资料来源：茆意宏，侯雪，胡振宁.移动互联网用户阅读寻求行为研究 [J].图书情报工作，2014(17):15-22.

2. 移动阅读的寻求行为

　　移动阅读寻求行为是移动互联网用户在移动阅读需求的驱动下，通过查询、检索和浏览等手段寻求、选择、获取所需读物的活动（茆意宏，侯雪，胡振宁，2014）。研究方法以问卷调查法为主，辅以观察、访谈方法。通过实地发放调查问卷和在线发放调查问卷相结合的方式，征集样本数据。移动阅读寻求行为的基本框架见表 5-6。

表 5-6　移动阅读寻求行为的基本框架

类　　型	移动阅读寻求行为的表现
技术寻求	用户使用的移动终端（普通手机、智能手机、平板电脑、电子阅读器及使用时间、地点） 用户使用的技术获取手段（软件），比如通过电脑下载到移动终端上、短信、多媒体信息（彩信）、移动终端上网（浏览器、客户端软件等） 用户使用的无线或移动通信网络（移动通信上网、Wi-Fi 等无线上网等） 阅读内容查询（随意浏览寻找/偶遇、利用内容集合平台/网站导航、检索、朋友推荐、社区推荐、广告推荐/对广告的态度） 阅读内容选择（选择方式、存储方式、选择的主要服务平台或机构）
商业寻求	免费获取、付费购买（态度、购买内容、价格、支付方式等）

资料来源：茆意宏，侯雪，胡振宁.移动互联网用户阅读寻求行为研究 [J].图书情报工作，2014(17):15-22.

3. 移动阅读的利用行为

　　获取移动读物后，用户要对读物中的内容加以吸收和利用，用于解决工作和生活中的问题，这是一个连续动态的过程。阅读利用是用户对由视觉或听觉输入的文字、符号、图形、音视频等信息进行解读，从中获取作者想表达的信息的过程（茆意宏，侯雪，胡振宁，2014）。研究方法以问卷调查法为主，辅以观察、访谈方法。通过实地发放调查问卷和在线发放相结合的方式，征集样本数据。移动阅读利用行为的理论框架见表 5-7。

表 5-7　移动阅读利用行为的理论框架

移动阅读利用行为	阅读利用行为的表现
阅读方法	看：快速浏览，随意看，仔细阅读（反复阅读、做笔记、做标注或注释、做标签、思考等）

（续）

移动阅读利用行为	阅读利用行为的表现
阅读内容	听：不同属性的内容（时间相关性内容，如新闻资讯、生活资讯、学习性内容、休闲娱乐内容、专业工作或研究信息、社交信息等；与地理位置相关的信息内容等） 不同加工层次的内容（目录、摘要、综述等） 不同载体形式的内容（纯文本、纯图、文本＋图、漫画、音频、视频、动画） 不同出版形式的内容（网页、图书、报纸、杂志、电台／音乐歌曲、电影、电视、文本内容的自定义排版与翻页） 不同篇幅的内容（长篇、短篇） 是否反对阅读作品中的广告
阅读时间	阅读时长与阅读时间（地点），比如交通途中（上下班途中、出差或旅游途中）、排队时，等候（人、车、电梯）时，上厕所，家中或办公室无聊时，等等

资料来源：茆意宏，侯雪，胡振宁.移动互联网用户阅读寻求行为研究 [J].图书情报工作，2014(17):15-22.

4. 移动阅读的交流行为

移动阅读的交流行为是指移动互联网用户之间通过移动互联网平台相互交流阅读内容与心得的行为，包括一对一、一对多或多对多的即时、异时交互行为（茆意宏，侯雪，胡振宁，2014）。研究方法以问卷调查法为主，辅以观察、访谈方法。通过实地发放调查问卷和在线发放调查问卷相结合的方式，征集样本数据。移动阅读交流行为的理论框架见表 5-8。

表 5-8　移动阅读交流行为的理论框架

移动阅读交流行为	移动阅读交流行为的表现
交流平台	公共社区（即时通信工具、微博、微信、SNS 社交网站、论坛社区、问答网站等）、专门阅读社区
交流对象	作者、出版社、好友、其他读者等
交流内容	与作者、出版社交流（评论、提建议等） 与好友、其他读者交流（摘要标注、评论批注等）
交流方法	聊天讨论、关注或收看收听、上传、发表日志心情、发表摘录等
交流后延伸行为	查询了解相关知识、访问相关链接网站、根据相关内容订阅相关阅读服务、购买纸质版出版物、通过广告购物、在线下继续与人交流等

资料来源：茆意宏，侯雪，胡振宁.移动互联网用户阅读寻求行为研究 [J].图书情报工作，2014(17):15-22.

5.3　用户互联网行为画像

随着科技的进步、智能电子终端的普及，以及互联网技术的迅猛发展，网络用户规模迅速扩大，同时，网络数据和信息呈现出爆发式增长。大数据时代的来临，给互联网公司及技术发展带来了更大的挑战，但也蕴含着更大的发展机遇。对于商家而言，为了提高商业收益，如何从海量数据里快速而准确地回馈给网络用户所感兴趣的检索信息，如何利用已有的网络信息对目标客户进行有针对性且准确的服务和推荐，成为提升商业收益的重要竞争手段（牛温佳等，2016）。

1. 定义

用户画像（buyer persona）是用来勾画用户（用户背景、特征、性格标签、行为场景等）

和联系用户需求与产品设计的，旨在通过海量用户行为数据炼银挖金，尽可能全面细致地抽出一个用户的信息全貌，从而帮助解决如何把数据转化为商业价值的问题。

用户画像具有动态性和时空局部性。动态性是指数据的来源具有很强的动态性，是实时变化的，这就要求我们设计合理有效的动态更新机制，从而精准地刻画用户。时空局部性是由动态性决定的，在时间和空间上都不可能一成不变，适用于所有的领域。

用户画像的应用领域包括以下三个方面：①搜索引擎。通过采集用户注册信息、访问日志及查询信息，我们可以构建用户画像。②推荐系统。以亚马逊为例，通过用户画像的数据来源，可以根据其不同的特点和类别对用户推送推荐，包括当日推荐、新品推荐、关联推荐、他人购买或浏览商品。③其他业务定制与优化。例如，目前比较火的个性化阅读，允许根据用户的实际行为来进行反馈调整，从而根据用户兴趣变化动态更新内容（牛温佳等，2016）。

2. 用户画像建模

用户画像建模往往就是用户信息的标签化，以便为后面的推荐算法提供更加精准的语意信息，需要将定性用户与定量用户结合起来（牛温佳等，2016）。标签是用户定性画像的基础，对用户的标识主要是使用互联网常用标识方法（见表 5-9）。

表 5-9　互联网常用用户标识方法

用户标识的方式	特　　点	局　限　性
Cookie	能够标识匿名、未注册用户	通常有一定有效期，不一定跨浏览器、设备
注册 ID	网站的用户标识	用户注册意愿低，需要投入大量推广运营成本
E-mail	互联网早期常用的用户标识方法	一个用户可能有很多 E-mail，此标识会损失准确性
微信、微博、QQ	互联网公示的第三方登录 ID，提供 OAuth 授权机制	标识具有准确性和持久性
手机号	移动端最精准的标识	较难获取到，视产品激励用户意愿
身份证	最官方的标识	难获取到，视产品激励用户意愿

资料来源：牛温佳，等.用户网络行为画像：大数据中的用户网络行为画像分析与内容推荐应用 [M]. 北京：电子工业出版社，2016.

用户画像通过将用户标签化，可以实现对用户的精练概括，但在设计推荐系统时，不可能针对所有的用户画像来进行设计，所以大量的用户画像需要实施有效的用户画像管理。群体用户画像分析的流程主要包括：①用户画像获取。相比于传统线下分析，大数据使得能够通过互联网方便地获取更为广泛的用户画像数据，可以来源于用户访谈和问卷调研，也可以通过推荐系统的数据统计模块获得。②用户画像的相似度计算。根据不同用户画像计算相互间的相似程度，是区分用户群体的重要指标，是开展用户画像聚类的前提条件。包括定量相似度的计算，计算公式为：

$$\text{sim}(u_i, u_j) = \sum_k w_k \, \text{sim}\,(\text{profile}_k(u_i), \text{profile}_k(u_j)) \tag{5-1}$$

以及定性相似度的计算，定性相似度的计算方法包括定性标签映射为定量标签和基于概念的相似度计算方法。③用户画像聚类。根据用户画像间的相似程度，将相似的用户画像聚为一类。④用户画像生成。针对不同类别的用户分别建立有代表性的典型用户画像（牛温佳等，2016）。聚类算法的分类见图 5-1。

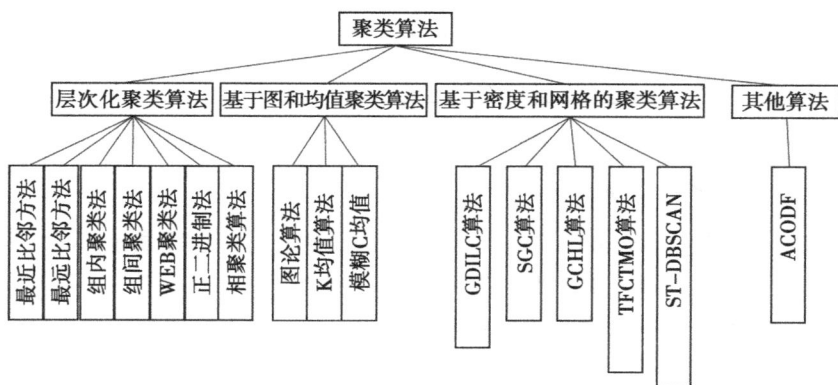

图 5-1 聚类算法的分类

资料来源：牛温佳，等 . 用户网络行为画像：大数据中的用户网络行为画像分析与内容推荐应用 [M]. 北京：电子工业出版社，2016.

3. 用户画像推荐

由于智能的视频推荐算法和系统具有广泛需求和代表性，本书以视频推荐系统作为推荐系统的一个重要分支应用进行举例。视频推荐系统根据用户历史行为数据和视频的内容特征数据进行挖掘与分析，构建出用户画像和视频的物品画像，同时利用各种信息，做出对用户未来选择行为的预测，完成对特定用户 TopN 推荐列表。其包括协同（collaborative filtering，CF）、基于内容（content-based，CB）的推荐方法、基于知识的推荐方法以及混合推荐方法。

协同过滤（collaborative filtering，CF）推荐方法在 20 世纪 90 年代初期被提出，主要是依据用户与物品之间的相似性来推荐（牛温佳等，2016）。比如，和你兴趣合得来的朋友喜欢的，你也很有可能喜欢；喜欢一件东西 X，而另一件东西 Y 与之十分相似，就很有可能喜欢 Y。协同过滤推荐方法见表 5-10。

表 5-10 协同过滤推荐方法

基于记忆的协同过滤（memory-based CF）	基于用户（user-based） 基于物品（iterm-based）
基于模型的协同过滤（model-based CF）	以隐因子模型、朴素贝叶斯分类为代表

资料来源：牛温佳，等 . 用户网络行为画像：大数据中的用户网络行为画像分析与内容推荐应用 [M]. 北京：电子工业出版社，2016.

基于内容的推荐方法基本上是与协同过滤方法在同一时期被提出来的，目前该方法已发展得非常成熟，它以物品的内容描述信息为依据来做出推荐，本质上是基于物品和用户自身的特征或属性的直接分析与计算。

CB 和 CF 推荐方法的优劣比较见表 5-11。

表 5-11　CB 和 CF 推荐方法的优劣比较

	基 于 内 容	协 同 过 滤
用户间独立性	强	弱
推荐结果的可解释性	强	弱
新物品的冷启动问题	容易解决	难以解决
物品的特征提取	需要考虑且提取困难	无须过多考虑
用户潜在兴趣的挖掘	难以实现	容易实现
新用户的冷启动问题	难以解决	难以解决

资料来源：牛温佳，等．用户网络行为画像：大数据中的用户网络行为画像分析与内容推荐应用 [M]. 北京：电子工业出版社，2016.

基于知识（knowledge-based，KB）的推荐方法需要利用特定领域相关的或者尝试相关的额外的因果知识生成推荐或辅助推荐决策。主要有以下两种：一种是约束知识，主要面向人工知识库，构建 if-then 的推荐规则；另一种是关联知识，利用数据挖掘理论构建基于数据规律的自动学习的推荐规则（牛温佳等，2016）。

混合推荐方法是以上的推荐方法进行不同程度混合，充分利用用户画像、物品画像、群体数据、知识模型四类信息源，使融合后的算法既能吸取各自算法的长处，又能弥补各自算法的缺陷。常见的混合推荐方法及其概述见表 5-12。

表 5-12　常见的混合推荐方法及其概述

	混 合 方 法	方 法 描 述
并行式混合 (parallelized hybridization)	加权式 (weighted)	推荐系统对多种推荐算法结果进行加权平均处理，产生出单一的推荐结果
	切换式 (switching)	推荐系统在不同的推荐算法中进行切换以适应当前的推荐情境
整体式混合 (monolithic hybridization)	混杂式 (mixed)	推荐系统同时呈现出多种推荐算法的推荐结果
	特征组合 (feature combination)	推荐系统从多种推荐数据源中获取特征，将这些特征组合起来放入单一的推荐算法当中
	特征补充 (feature augmentation)	推荐系统将一种推荐算法输出特征信息作为另一种推荐算法的输入特征信息
流水线式混合 (pipelined hybridization)	层叠式 (cascade)	推荐系统将一种推荐算法输出的特征信息作为推荐算法的推荐结果进行提炼
	级联式 (meta-level)	推荐系统将一种推荐算法学习到的模型作为另一种推荐算法的输入

资料来源：牛温佳，等．用户网络行为画像：大数据中的用户网络行为画像分析与内容推荐应用 [M]. 北京：电子工业出版社，2016.

4. 视频推荐评测

一般说来，推荐系统评测主要考虑试验方法和评测指标两个方面。试验方法是指用哪些数据去对一个待评测的推荐算法进行评价；测量指标是指用待评测算法的指标进行比较，从而衡量哪个算法的性能更加优异。推荐系统评测的试验方法可以分为用户调查、在线评测和离线评测三种方式（牛温佳等，2016）。

三种推荐测评试验方法的优缺点见表 5-13。

表 5-13　三种推荐评测试验方法的优缺点

评测方法	优　点	缺　点
用户调查	可直观得到用户满意度	没有准确度等指标，不宜大规模开展
在线评测	数据真实、评测指标直观	成本高，试验结果不可解释性，周期长，需要大量用户
离线评测	低成本、指标可解释	数据稀疏性，指标不直观

资料来源：牛温佳，等 . 用户网络行为画像：大数据中的用户网络行为画像分析与内容推荐应用 [M]. 北京：电子工业出版社，2016.

5. 系统层面的快速推荐构建

对于用户而言，如何从海量的信息中迅速有效地找到自己感兴趣的信息变得异常困难；对于信息生产者而言，如何让自己的信息有效传递到目标用户人群且找到目标用户人群也变得困难重重。面对这两方面的问题，推荐系统应运而生。推荐系统是一种重要的信息过滤机制，它可以有效地关联用户和信息，帮助用户发掘自己感兴趣的信息，协助信息生产者传播信息，从而实现信息消费和信息生产的有效对应（牛温佳等，2016）。

但是面对大数据时代的海量信息，如何提供快速及时的响应是一个亟待解决的问题，面对这个需求，基于 Hadoop 和 Mahout 的快速推荐系统架构应运而生。

Hadoop 由 Apache 基金会（apache software foundation，ASF）开发，依据 Google 分布式基础设施系统架构的开元实现，其重要功能是提供分布式计算（MapReduce）和分布式文件存储（Hadoop Distributed File Syste）。

Mahout 提供 4 种使用场景的算法：推荐引擎算法、聚类算法、分类算法和相关物品分析算法。Mahout 算法所处理的场景，经常伴随着海量的信息数据情况。通过 Mahout 算法构建于 MapReduce 框架之上，将算法的输入、输出和中间结果构建于 HDFS 分布式文件系统之上，使得 Mahout 具有高吞吐、高并发、高可靠性的特点（牛温佳等，2016）。

5.4　互联网社区民族志研究

线上社区以及其他互联网或信息和通信技术文化是当前社会不断发展的重要部分，采用网络民族志的方法会使研究者受益，能够适用于研究多种多样的计算机中介的社会互动特有事实（库兹奈特，2016）。

1. 研究背景

社区和文化可以存在于因特网的许多众人熟知的论坛和地点（place），一般学者们认为，线上聚集是一种社区形式。早在 20 世纪 80 年代，已经有学者开始研究并定义这些现象，直到 Rheingold（1993）对虚拟社区定义为：从网络兴起的社会集合体，足够多的人进行足够长时间的公共讨论，伴有充分的人类情感，在赛博空间（cyberspace）形成个人关系的网络。

以下是对网络民族志的更深刻的洞察。①社区集合体：网络民族志研究人的群体、聚集或集合，它的分析层次是社会学家称为"中观"的层次；②讨论和沟通：沟通的元素对网络民族志来说十分重要，沟通是有意义的符号交换，人类符号系统的所有方式都被数字化，且经由信息网络分享，这些数据都包含了对网络民族志有用的数据；③形成个人关系的网络：这个特征表明，群体中的个体成员之间有社会交往，正如集合起这些关系以创造群体的感觉，且常常可以将线上语境扩展到人们社会生活的其他方面。

网络民族志研究者 Valck（2005）仔细研究一个荷兰线上社区 SmulWeb，指出线上社区成员有许多类型。新手是第一类，与群体缺乏紧密的社会联系，对消费行动本身只具备肤浅或短暂的兴趣，只有相对较弱的能力和技能。混合是第二种类型，他们是社区的友善者，他们是交际花，与该社区的许多成员保持强关系，但是他们对核心消费行为只有表面的兴趣，投入也不多。信徒恰好与混合者相反，他们与社区成员只有浅层联系，但是对社区的消费行为全心投入且保持热情，并更新相关技能和知识。最后，行家是与线上社区有强关系的人，其具有能力，且能深度理解核心消费行为的用户。

对角线的维度指多种关系，左下角的潜水者通过观看和阅读了解网站，随着时间的推移，潜水者可能成为一个新手；制造者是线上社区及相关社会空间的积极构建者；结网者是那些从其他社区延伸而来的互动者，结网者的关键在于与不同的社区建立联系（库兹奈特，2016）。线上社区参与者类别见图 5-2。

社区成员和参与的类型也可以帮助我们理解线上社区不同形式，漫游社区的特征是弱关系、消费行为的低中心性，如虚拟世界、聊天室和某种游戏空间都属于漫游的类别；联结社区是指成员之间创造了强关系之后的长期关系，如虚拟世界中的社交论坛；线上集群社区会分享特性行为的信息、新闻、故事和技术，可能是消费或者产销合一；建构社区会提供较强的社区感觉，也提供某种核心的特定的兴趣和行为的详细信息和情报（库兹奈特，2016）。线上社区互动种类见图 5-3。

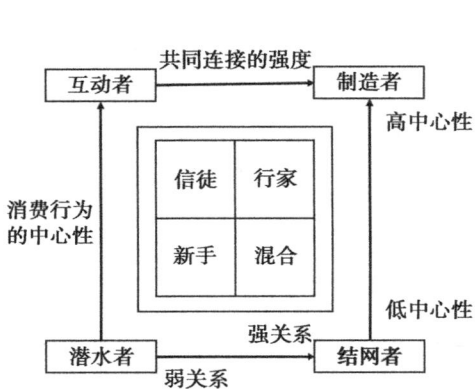

图 5-2　线上社区参与者类别

资料来源：Kozinets R V. E-tribalized Marketing?The Strategic Implications of Virtual Communities of Consumption[J]. European Management Journal, 1999, 17(3):252-264.

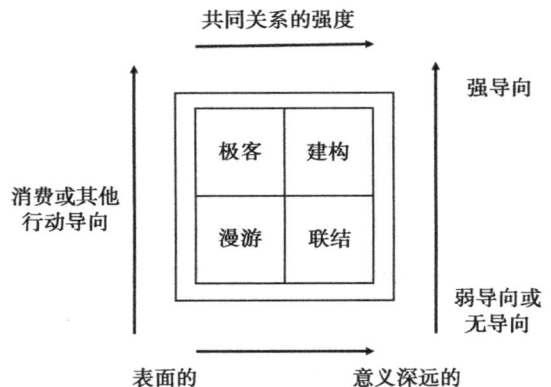

图 5-3　线上社区互动种类

资料来源：Kozinets R V. E-tribalized Marketing?The Strategic Implications of Virtual Communities of Consu-mption[J]. European Management Journal, 1999, 17(3):252-264.

2. 网络民族志方法

网络民族志采用常见的参与观察民族志的方法，研究计算机中介的社会互动的特有可能性：变化、可及性、匿名性和储存。这些程序包括计划、进入、搜集资料、解释和遵守伦理标准。参与和观察的方法组合是民族志行动的核心。做民族志研究意味着与成员一起浸入式、长期地参与到文化或社区中，之后通过对社会世界的深度的、细节的、微妙的、历史的和文化的深描和解释，尝试理解和传递他们的现实。这个世界对参与者来说耳熟能详，但是对外来者来说却很陌生。网络民族志也是如此，也要遵从民族志的研究步骤，具体如表 5-14 所示。

表 5-14　网络民族志简要流程

步骤 1	定义研究问题、社交网站或调查主题
步骤 2	识别和选择社区
步骤 3	社区参与观察（参与、浸入）和搜集资料（确认伦理手续）
步骤 4	资料分析和重复的解释发现
步骤 5	撰写、展示和报告研究发现、理论或政策建议

资料来源：罗伯特·库兹奈特.如何研究网络人群和社区：网络民族志方法实践指导 [M]. 重庆：重庆大学出版社，2016.

3. 研究的计划和进入

网络民族志者在初次接触一个线上社区之前，需要做出一些重要的决定，包括确定研究的问题和主题，使用搜索引擎和其他方式调查适合的社会互动和社区形式。研究的主题主要分为以下两类：①"线上社区"。即针对一些与线上社区和线上文化本身直接相关的现象，包括对它们的整体呈现，或者关于它们的某个元素，如研究某个特定的新闻组、某个特定的虚拟世界、社交网站中的某种行为、微博中的某种语言风格等。②"社区在线"。这类研究已经不仅限于互联网和线上互动，而是将社会和社区现象作为其核心领域开始扩展，从更广义的社区或文化推论到整体。在确定研究对象之后，需要了解网路民族志的评估标准来指导研究。如果定性研究和民族志的评估标准不清楚，会导致一定程度的混乱。了解网络民族志展示或发表研究发现时面临的典型问题，可以按以下 10 条民族志质量的评估标准进行考察（库兹奈特，2016），如表 5-15 所示。

表 5-15　网络民族志的标准

序　　号	标准名称	定　　义
1	一致性	各个不同的解释内部没有矛盾，且呈现出统一的模式
2	严密性	文本确认并坚持网络民族志研究的程序性标准
3	文献性	文本确认并了解相关的文献和研究方向
4	扎根性	理论表达被资料支持，资料和理论之间的联系清楚且令人信服
5	创新性	构造、观念、框架和陈述形式给理解系统、结构、体验或行动提供了新的创造性的方式
6	共鸣性	得到对文化现象个人化的和感性的联系
7	逼真性	获得一种对文化和公共接触的可信和生动的感觉
8	反思性	承认研究者的角色，同时向其他的解释开放
9	实践性	给社会行动以启发和赋权
10	混合性	社会互动的各种相互连接的形式包括线上和线下，体现在文化成员的日常生活体验中，也体现在自己的陈述中

资料来源：罗伯特·库兹奈特.如何研究网络人群和社区：网络民族志方法实践指导 [M]. 重庆：重庆大学出版社，2016.

随着我们对网络民族志理论和事件路径的学习，三个广阔的理论领域和主题可能变得越发重要：①企业与线上社区之间的关系；②线上社区的社会含义，以及它们的表现、制度化和所有权；③线上互动的不同媒介及不同的社会使用。探索特定网站的线上文化和社区需要采用特定的网络民族志，还可以选择许多其他线上社区网站和研究模式，为该方法的发展提出更激动人心的机会。

5.5 互联网社交网络图分析

图的作用是表示两种事物之间的连接，揭示数据中关系的结构和本质。关系是理解事物"为什么"以及"如何做到"的基础，这也是图分析和可视化具有巨大价值潜力的原因之一。图的应用是一种独特而宝贵的资源，可以将商业中的数据串成线，形成深刻的认识来指导行动（布莱斯，琼克，2016）。

1. 社区网络案例分析

图的可视化与分析是最有价值的应用之一，是探索大数据集中的社区结构，通过把单独的节点组织成社区，可以从高层面上看出什么是相关的。目前对社区结构进行可视化和分析的关键技术有 NodeXL 和 Gephi 两种分析方法（布莱斯，琼克，2016）。

NodeXL 插件扩展了 Microsoft Excel 的功能，使其能够获取并准备图数据以进行显示。使用 NodeXL 的 Social Network Importer 扩展，可以轻松地从 Twitter 和 Facebook 提取数据以进一步处理，并把数据导出为常用的图格式，以便导入到图可视化工具中（注意：如果还没有安装 NodeXL 和 Social Network Importer，可从 http://nodexl.codeplex.com 和 Http://socialnetimpoter.codeplex.com 下载）。

2. 猛龙队的调查

1995 年 11 月 3 日，多伦多猛龙队打了他们在 NBA 历史上的第一场篮球比赛，是第一批越过美国边界进入加拿大的球队。直到 2013～2014 赛季，猛龙队将希望寄托于正在成熟的年轻球员和刚从其他球队签下的得分高手 Rudy Gay，但经历一个缓慢的开局后，球队经理毫不犹豫地把 Rudy Gay 换掉了，这一举动被很多人认为球队是要放弃该赛季。但是从此之后，猛龙队开始赢球了，在运动天赋和重新焕发对职业道德与团队篮球的热情的共同作用下，球队从排名末尾升到了东部第三名。球队社区开始变得兴奋，管理层很可能想要弄明白球迷们在谈论什么，都有哪些人在谈论球队，哪些人员的变动和营销举措最受支持。下面我们用 NodeXL 和 Gephi 来分析一下（布莱斯，琼克，2016）。

首先从 Windows 的开始菜单中，找到 NodeXL 程序文件夹，打开 NodeXL Excel Template。选择 NodeXL 功能区，然后在 Data 功能区中单击 Import ｜ from fan page network。

在尝试配置前，单击底部的 login 按钮，输入 Facebook 的凭据，在 Fanpage 输入框中，输入 Toronto Raptors，然后选择匹配的结果。

选中"Based on co-comments"选项，并将样本限制为一个月的时间范围，从 2013 年 12 月 15 日到 2014 年 1 月 15 日，以及每个帖子 15 个评论或者"赞"，单击 Download 开始获得数据。

完成后，将得到两个工作表，其中填充了在相同帖子中评论的人，Vertices 工作表中将填充在猛龙队粉丝页面中评论的人，Edges 工作表中则将填充一个列表，列出评论同一个帖子的两个人。对于每个球迷，这张工作表中将包含其姓名、照片和人口统计特征等信息。在 Tweet 列中，还将包含每个球迷所做出的评论连接在一起后构成的集合，从而可以让观察者更好地了解样本的大小，以及深入认识社区的结构。

在 NodeXL 功能区中，单击 Export ｜ GraphML File…，可以将文件保存为一种常用的图文件形式，打开已经保存的文件后，会提供用于解释数据的各种选项。

在 Overview 任务模式下的 Layout 窗格中选择 OpenOrd（OpenOrd 布局是一个 Gephi 插件，但是在软件下载后不自带该插件，需要选择打开 Tools 菜单，选中 Plug-ins，然后在 Available Plug-ins 中寻找 OpenOrd 布局），单击 Run，观察 OpenOrd 在几个布局阶段中变化，直至完成。从结果图我们可以观察到，布局已经形成了一些可以辨别的社区簇，中间簇代表这类人群在社区中常常发帖，最大的节点代表参与最多帖子的人们，是最值得留意的球迷。

以上举例只是使用分析、可视化和交互来识别多伦多猛龙队社交媒体数据的一个相对小的样本。

社交媒体话题和情感的图可视化及交互式的探索能够让人更好地把握客户社区脉搏，识别围绕产品和商业行动中值得注意的讨论，还有许多后续的操作，读者可以根据 NodeXL 和 Gephi 不同的功能来尝试不同的布局和算法。一旦发现可能有价值的现象并且知道要寻找什么，就可以设计有针对性的分析和可视化，以确认这些观察结论在所有数据中都成立。

2017 年 5 月 28 日 5 点 32 分用 NodeXL 截取的在 Twitter 上提到 BORAhansgrohe 品牌的用户（示例）见图 5-4。

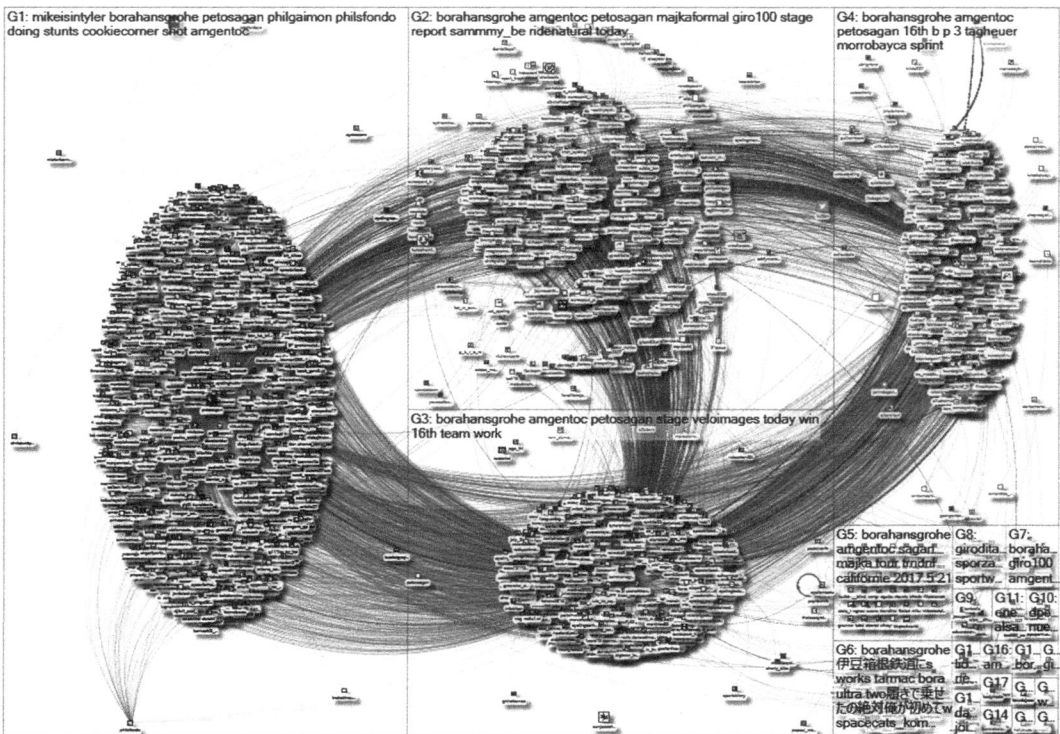

图 5-4　2017 年 5 月 28 日 5 点 32 分用 NodeXL 截取的在 Twitter 上提到 BORAhansgrohe 品牌的用户

资料来源：本书作者根据布莱斯和琼克（2016）的方法测试输出。

2017 年 5 月 28 日 5 点 32 分用 NodeXL 截取的在 Twitter 上提到 BORAhansgrohe 品牌的用户，采用 NodeXL 进行节点分析之后的簇（示例）见图 5-5。

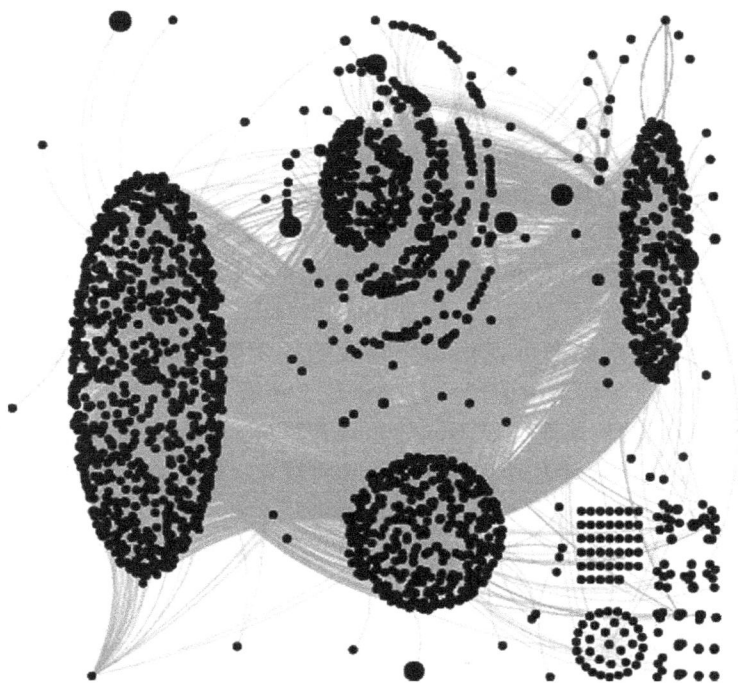

图 5-5　2017 年 5 月 28 日 5 点 32 分用 NodeXL 截取的在 Twitter 上提到 BORAhansgrohe
　　　　品牌的用户，采用 NodeXL 进行节点分析之后的簇

资料来源：本书作者根据布莱斯和琼克（2016）的方法测试输出。

5.6　用户体验的眼动追踪方法

近年来，随着眼动追踪设备硬件和软件的普及，眼动追踪技术被广泛应用到网站可用性研究、网页设计研究等方面，越来越多的用户体验专家在用户体验活动中使用眼动追踪技术（伯格斯托姆，沙尔，2015）。

1. 定义

眼动追踪是一种旨在帮助研究人员理解视觉注意的技术，可以监测到用户在某个时间内注视着哪里，注视多久以及眼球运动的轨迹，有助于研究人员在用户体验的研究中理解整个用户体验，甚至包括用户无法描述的体验（伯格斯托姆，沙尔，2015）。

眼动仪是眼动追踪的强有力工具，能使我们高精准地看到并理解眼球运动，主要基于位置、持续时间和运动这三个属性。①用户眼睛在某一时刻注视的位置（比如一次注视）是理解视觉注意的最基本的分析单位，有助于准确定位用户在一个给定的显示页面上所看到的位置；②用户注视某一区域持续的时间有助于理解其是否特别注意某个特定的视觉元素；③用户的眼球运动以一个注视点到另一个注视点的沿条为基础，形成眼睛注视模式，从而反映用户如何理解特别的视觉刺激。

用户体验专家使用的眼动仪有软件套件，可以自动产生可视化的眼动追踪数据并自动处理大量任务，软件包输出的数据有助于突出用户注视的位置、注视的时间长度以及眼睛注视模式。一些最常用的可视化视图包括热力图和注视轨迹。注视轨迹有助于非研究人员迅速理解界面的视觉层次，然后为如何优化屏幕元素的布局做出明智的决定。

2. 特定应用程序中的应用

眼动追踪尽管还处在发展初期，但近几年已经渐渐地应用到用户调查的研究中。如今眼动追踪在特定应用程序中的应用主要体现在以下几个方面（伯格斯托姆，沙尔，2015）。

（1）表单和调查。眼动追踪技术有助于揭示用户如何与简易表单进行互动，特别是表现为：在多大程度上依靠指示；在哪里寻找按钮；问题很多时，回答问题的顺序。对于简单的表单和调查，眼动追踪技术可以指导设计决策；对于更复杂的例子，只有从其他易用性发现和认知访谈中得来的数据才考虑眼动追踪。

（2）信息架构与网站导航。了解用户在何时、何处注视了页面中的哪些内容以及注视了多长时间，能帮助研究者更深入地了解信息框架的有效性，为设计者提供优化菜单布局和编配方式的机会，以便用户能快速找到所需的信息。

（3）电子商务网站。在电子商务网站和移动设备的用户界面上，所有这些角色都汇集到一起，由于这个界面上的主要互动途径是视觉元素，所以基于用户在界面上的视觉行为特征的研究变成了强有力的工具，可以帮助了解和优化用户体验。眼动追踪能够帮助揭示在线购买和销售过程，对电子商务而言是独特且强大的研究工具。

（4）社交媒体。过去的研究结果表明，眼动追踪可以用来了解用户同社交媒体进行互动的方式，并为网页设计的改善提供独特视角，这些原则都可以用于设计媒体平台，帮助创建完善网页设计，保持用户的关注，稳定用户的回访率。

例如，LinkedIn的页面和其他社交网站相似，但是它也添加了几个可以吸引用户注意的独有特征。页面的主要区域是几个图片链接，每个图片都带有标题。此外，右侧边框内还有一系列和用户相关的链接。由于这些要素位置编排合理且内容相关度高，所以受到的关注比较多。在这里，相关性至关重要。如果用户不感兴趣或者认为内容和自己无关，就会直接忽视这些资料。个人主页页面结构非常简单，左侧较大的区域呈现个人信息以突出信息的重要性。而像链接、论坛和广告等相关信息则放在页面右侧，用户紧接着会关注这块信息。

（5）移动设备。和在电脑上对页面设计进行的测试一样，通过在移动设备上对某一程序进行测试，我们就可以找出困扰用户的按钮设计、不合理的位置设置、不被关注的页面信息和不恰当的字体尺寸等。

例如，很多移动设备用户需要通过触摸来进行操作。尽管所有屏幕的像素设计都是一样的，但是用户触摸的感觉不尽相同。根据用户、设备和手持姿势的不同，智能手机屏幕上可以接触的区域也不一样，用户手持手机的姿势也是移动设备设计者应该考虑的一个重要因素。不管用户手持手机的习惯姿势如何，设计者都应该把经常使用到的滚动条设置在易触摸的屏幕区域上（伯格斯托姆，沙尔，2015）。

用户使用手机时的触摸区域如图5-6所示。

图 5-6　用户使用手机时的触摸区域

资料来源：作者根据伯格斯托姆和沙尔（2015）的文献整理。

5.7　互联网设计的可用性测试

环顾我们身边丰富多彩的各种产品，从小小的收音机到汽车、飞机，给我们的生活带来了诸多方便，丰富了我们的生活，改变着我们的生活。这些绝大多数，在使用过程中都和人发生着各种关系，在给用户带来方便的同时，也可能给用户带来不便、麻烦，甚至是损失。由此，对产品的可用性考虑渐被重视，使其成为产品设计成败的一大因素（樽本徹也，2015）。

1. 定义

20 世纪 80 年代中期，在计算机界面设计领域出现了"对用户友好"的口号。随着研究的深入，又有了计算机—人交互（computer-human interface），有的倾向于"把人放在首位"、象征以用户为中心的设计（user-center design，UCD）、人—机界面（human-machine interface）、用户界面设计（user interface design）、人类因素学（human factor）等。美国可用性工程专家尼尔森（Jakob Nielsen）博士采用了"可用性"一词，来阐述相关问题。可用性工程在计算机的各种软件系统设计开发中广泛应用。其在产品设计领域的应用，也是我们需要重点考虑的因素之一。诸多产品都涉及人机交互问题，尤其是信息终端产品，操作界面是设计过程中的重点。

用户体验在软件行业被称为 UX（user experience），主要是指能够直接与用户交互的用户界面，用户界面能够表达出的要求应该包含产品的所有要素（用户需求、商业目标以及技术需求等）。所有的用户界面改进都需要用户的参与和不断地螺旋式上升改进。

国际标准 ISO 9241 把产品可用性定义为"特定用户在特定的使用情境下，为了达到特定的目标而使用某产品时，感受到的有用性、效率及满意度"。可用性不是用户界面的一个单维属性。可用性具有多种成分，传统上与以下可用性属性密切相关（樽本徹也，2015）。

（1）可学习性：产品的使用应当容易学习，从而用户可以在短时间内使用其完成某些任务。从某种意义上说，可学习性是最根本的可用性属性，因为大多数产品的使用操作都应该做到易学习，尤其是针对大众的产品，这样才能使绝大多数的消费者乐意接受这个产品。

（2）效率：在我们使用产品的过程中，其完成特定任务应当是高效的。效率是针对熟练用户而言的，在用户熟悉要完成某个任务的具体操作流程之后，其能更高效地完成任务。

（3）可记忆性：产品的整个操作流程应当容易记忆，从而使那些非频繁使用产品的用户，在中间有一段时间没有使用之后还能轻松地使用产品，而不需要从头学起。在用户使用产品的过程中，应当具有低的出错率，从而使用户能够尽可能少出错，在出错之后能够迅速恢复。必须能够防止灾难性错误的发生，避免给用户带来不必要的损失。

（4）满意度：产品应当使用起来令人愉快，从而让用户在使用时主观上感到满意，提高产品的竞争力。

2. 原型

原型（prototype）是为了"让用户试着用一下"才被制作出来的。根据对实物界面忠实程度（保真度）的不同，原型可以划分为高保真（high-fidelity）和低保真（low-fidelity）两类，几乎完全按照实物来制作就是高保真，反之，粗枝大叶地制作就是低保真。原型制作的工具有很多（樽本徹也，2015），如：

Axure——老牌原型工具，能够实现复杂的交互。

Mockplus——新兴的原型设计工具，Mockplus 封装了常用的交互组件，实现了交互的可视化。无论是页面交互还是组件的交互，都可以通过拖拽的方式完成。

UXPin——一款在线原型设计工具，可用于制作网页和手机原型。自带了组件库，拖出来就可以进行基本的编辑，可实现简单的交互效果。

Proto.io——一款在线原型设计工具，支持组件的交互。

Framer——一款基于代码的原型设计工具。如果你懂编程，那么 Framer 可以帮你实现复杂的动画和交互。

HotGloo——在线原型设计工具，能够实现常用的交互设计。

Origami——Facebook 旗下的一款原型设计工具，可以实现复杂的交互和动画。

Principle——一款只能用于 Mac 上的交互设计软件。

Justinmind——可以自制高保真手机原型，支持复杂的交互、动画和手势。

3. 产品可用性评价方法

可用性检验（usability inspection）是指专家根据自己的知识见解，参照用户界面设计的指导手册进行界面评价的分析方法的总称。可用性测试的方法主要有以下几种（樽本徹也，2015）。

（1）效绩度量法。对于用户效绩水平的度量通常是通过让一组测试用户完成预先规定的任务，收集所用时间和出错率等这样的数据来进行测试。通常可以量化的可用性度量指标有：用户完成规定任务的时间；在限定时间内完成的任务数；出错率；从出错中恢复所需的时间；第一个错误之后导致的出错数；用户用到的命令或功能的数量；在测试后交流中，用户能记住的功能数量；使用手册或帮助的频率、时间及有多少次解决了问题；用户在测试期间对产品肯定和批评的比率；用户注意力从真实任务转移的次数。当然，在特定的度量研究中，不一定用到所有的度量标准。

（2）边说边做法。边说边做法是心理学研究采用的传统方法，这种方法很少能够得到量化的数据。在用户使用的过程中，实验人员应该不断提示用户，让用户有话可说。

（3）观察法。无论是为了获取任务分析的数据，还是了解产品在真实使用环境中的可用性情况，访问、观察用户怎样操作都是极其重要的可用性方法。

（4）问卷调查与访谈法。对产品可用性的研究，最简单的方法就是直接询问用户。

（5）焦点小组。焦点小组是一种非正式的方法，用来在用户界面设计之前和经过一段使用之后评估用户的需要和感受。

（6）用户反馈。对于已投入使用的产品来说，用户的反馈信息就是可用性信息的重要来源。

（7）产品的预设用途。"预设用途"最初是一个心理学术语，它用来定义人或动物同外部世界之间可能的动作。

5.8　网络流量的全息测量

随着网络底层环境和上层应用的发展，以下问题变得越来越突出：一是测量的可行性问题，如何设计算法处理数据庞大且不断增长的网络流量是测量算法需要面对的首要问题；二是分类的有效性问题，如何正确识别一些复杂的协议是流量分类算法必须解决的问题（程光，吴桦，2013）。

1. 定义

网络行为的全息测量是指围绕用户跨域访问的自治网络管理和安全问题的科学问题，重点解决"如何在竞争中形成有序的平衡转台，最大限度地利用资源，同时保障每个实现公平使用资源的权利"这一关键问题。

抽样与数据流方法是高速网络流量测量技术的重要组成部分，被广泛应用于跨网络管理、网络安全等领域。在流量测量中，常用的随机抽样方法分为简单随机抽样（simple random sampling）和随机增量抽样（random additive sampling）。流抽样（flow sampling）是指在测量时间内对网络流进行抽样，构成网络流量的分组并不是孤立的，是为了完成具体的应用而产生的，它们之间存在一定的联系（程光，吴桦，2013）。

2. 网络测量方法

首先，高速网络测量技术主要从以下几个方面进行评估（程光，吴桦，2013）。①实时性：反映网络测量技术在线快速处理网络数据流的能力；②准确性：反映网络测量技术估计网络数据流的能力；③可扩展性：反映网络测量技术处理大量的网络数据流的能力；④存储复杂性：反映网络测量技术准确估计网络数据流所需存储空间；⑤计算复杂性：反映网络测量技术准确估计网络数据流所需处理开销，如内存访问、CPU。

目前，对这些评估指标进行量化还存在一定的困难。为了能够有效验证现有的网络测量方法，本书主要介绍误报率、漏报率和检测率、无偏估计和相对误差、平均相对差和加权相对差以及熵和标准熵评价指标（程光，吴桦，2013）。

（1）检测率、误报率和漏报率。误报（false positive）是指正常事件被检测为异常事件。真阴性（true negative）是指异常事件被检测为正常事件。令 FP 为误报数，TN 为真阴性数，则误报率（false positive rate）为：

$$R_{f+}=\frac{FP}{FP+TN} \tag{5-2}$$

漏报（false negative）是指异常事件被检测为正常事件。真阳性（true positive）是指正常事件被检测为异常事件。令 FN 为漏报数，TP 为真阳性数，则漏报率（false negative rate）为：

$$R_{f-}=\frac{FN}{FN+TP} \tag{5-3}$$

检测率（detection rate）是指被检测为异常事件的异常事件数与实际异常事件总数的比率，则检测率为：

$$R_d=\frac{TP}{FN+TP} \tag{5-4}$$

由于 $R_d+R_{f-}=1$，因此实际应用中仅需考虑误报率与检测率。

（2）无偏估计和相对误差。网络测量中常用流长估计的无偏性评价估计精度。如果 $E[\hat{n}]=n$，则 $\hat{n}$ 是 n，的无偏估计（unbiased estimation）。

相对误差（relative error）表示为 $|\hat{n}-n|/n$。而实际应用中，常用离差系数表示相对误差，离差系数定义为流长估计的标准差与真实流长之比，即 $\sqrt{\mathrm{var}(\hat{n})}/n$

（3）平均相对差和加权平均相对差。网络测量中常用流长分布估计的平均相对差和加权平均相对差评价估计精度。令 n_i 为大小为 i 的流数，$\hat{n}_i$ 为 n_i 的估计，则相对差（relative difference）表示为：

$$相对差=\frac{|n_i-\hat{n}_i|}{\left(\dfrac{n_i+\hat{n}_i}{2}\right)} \tag{5-5}$$

从而，平均相对差（mean relative difference）表示为：

$$平均相对差=\frac{1}{z}\sum_{i=1}^{z}\frac{|n_i+\hat{n}_i|}{\dfrac{n_i+\hat{n}_i}{2}} \tag{5-6}$$

平均相对差不适用于评价具有重尾特性的流长分布。给每个流长估计的相对差分配一个权重 $\dfrac{n_i+\hat{n}_i}{2}$，则加权平均相对差（weighted mean relative difference）为：

$$加权平均相对差=\frac{\displaystyle\sum_{i=1}^{z}\frac{|n_i-\hat{n}_i|}{\dfrac{n_i+\hat{n}_i}{2}}\cdot\frac{n_i+\hat{n}_i}{2}}{\displaystyle\sum_{i=1}^{z}\frac{n_i+\hat{n}_i}{2}}=\frac{\displaystyle\sum_{i=1}^{z}|n_i-\hat{n}_i|}{\displaystyle\sum_{i=1}^{z}\frac{n_i+\hat{n}_i}{2}} \tag{5-7}$$

加权平均相对差适用于评价网络流长分布估计。

（4）熵和标准熵。在信息论中，熵是不确定性的度量。令数据集 $X=\{x_1, x_2, \cdots, x_N\}$，它的熵表示为：

$$H(X) = -\sum_{i=1}^{N} p_i \log_2(p_i) \qquad (5\text{-}8)$$

其中，N 表示数据集 X 中元素的个数，p_i 表示第 i 个元素发生的概率。网络测量中，常用熵表示数据流中分组的随机性或差异性。若数据流中分组是相同的，则数据流获得最小熵 0；若数据流中所有分组是不同的，则数据流获得最大熵 $\log_2 N$。为了比较熵估计，定义标准熵为：

$$H_n(X) = -\frac{\sum_{i=1}^{N} p_i \log_2(p_i)}{\log_2 N} \qquad (5\text{-}9)$$

标准熵的取值范围为 0 到 1。

3. 抽样方法

抽样技术是指从原始流量数据中选择有代表性的分组子集，通过该分组子集推断原始流量数据的特征（程光，吴桦，2013）。随着链路速率的提高和应用的多样化，巨大的网络流量给流量采集、传输、存储、分析都带来了巨大的压力。为了解决高速网络被动测量问题，将抽样技术应用于高速网络流量测量，可在满足问题统计精度的条件下，减少用于测量、存储和处理的数据量。

在高速网络流量测量中，抽样方法实现受到技术和资源的限制，往往需要在抽样率和估计精度之间加以折中。抽样采集使得系统的处理负荷大为减轻，具备较好的可扩展性，而且能从样本特征参数反映出原始流量特征参数，具有一定的测量精度。抽样数据除了可以对流量特征进行分析外，还在流量计费、性能特征测量、异常检测等领域广泛应用。对于互联网中的流量，从分组和流的层次，抽样方法主要分为分组抽样和流抽样。本节主要介绍这两类抽样方法（程光，吴桦，2013）。

（1）分组抽样（packet sampling）。分组抽样是指对构成网络流量的分组进行抽样，每个分组都是独立的，不考虑分组之间的相关性。常用的分组抽样方法包括系统抽样、简单随机抽样和分层随机抽样。①系统抽样（systematic sampling）是指以固定的间隔抽取对象，在选择抽取第 1 个对象后，每隔 N 个对象选择下一个对象。系统抽样方法是一种广泛应用的抽样方法，但是系统抽样存在一定的周期性。②简单随机抽样（simple random sampling）是指以一定的概率抽样对象。每个对象被抽样的概率可以是相同的，也可以是不同的，这种概率一般会遵循某种概率分布函数。在流量测量中，常用的随机抽样方法分为简单随机抽样和随机增量抽样。这两种随机增量抽样方法可以避免系统抽样的同步问题。③分层随机抽样（stratified random sampling）是指首先把总体分成若干层次或类型组，然后从各个层次中按一定的比例随机抽样。这种分层可以是按照元素的排列顺序进行划分，也可以按照元素的某个特征，如分组长度、协议类型等进行分层，然后分别进行抽样。在流量测量中，常用的分层抽样为均匀分层随机抽样（uniform stratified random sampling）。该方法可以保证抽样相对于元素的属性是无偏的，减少分组统计的误差，使得估计结果更接近于原始数据。

（2）流抽样（flow sampling）。流抽样是指在测量时间内对网络流进行抽样，构成网络流量的分组并不是孤立的，它们是为了完成具体的应用而产生的，它们之间存在着一定的关联，流是体现这种关联的一种方式。流抽样主要有两种抽样方式：先对分组进行抽样，再对分组进行流归并；先对分组进行流归并，再对流进行抽样。

流、分组的统计特性存在着完全不同的特点，流抽样和分组抽样的需求也不一样。由于分组的大小是受传输技术限制的，其最大长度不会超过网络能够支持的最大值，但是流的大小却是不受影响的。对于流量测量，采用哪种测量和抽样方法是由网络测量的目的决定的。对于流量计费，关注流量的长度、大小，大流丢失会导致大量信息损失，因此需要保证大流被抽样；如果对所有的流按照相同的概率进行抽样，少量的大流信息很容易被漏掉。然而对于异常监测，需要保留尽量多的流信息，如 SYN Flooding，DoS 攻击等通常由大量的小流构成。

4. 数据流方法

高速链路上网络流具有实时性、连续性、无界性等特点，从而决定了处理网络流的算法只对网络流执行一趟计算，而且只需要使用有限的计算和内存资源。对这种网络流进行计算的算法必须满足以下条件（程光，吴桦，2013）：算法需要使用的空间必须足够小；处理和更新必须迅速、简单；对于查询必须有一定的准确度保证。抽样技术在网络流量测量与分析中得到广泛应用。尽管抽样方法产生了一个原始数据的代表子集，但是从抽样数据推断得到的网络流量统计信息存在一定的误差，不能确切地反映原始流量的特征。数据流方法具有单遍扫描、有限的计算和内存资源等特点，是高速网络流量测量的重要方法。随着计算机网络和通信技术的迅猛发展，数据流方法广泛应用于网络流量监控、商业交易和分析、传感器网络等领域。

数据流方法应用于近似测量高速链路上网络流量统计信息，如活跃流的总数、大流识别、流长分布、节点连接度和熵估计等。本节从熵估计、流量和流矩阵估计、连接度估计测度方面介绍了数据流方法（程光，吴桦，2013）。

（1）熵估计。熵是网络测量中一个重要的测度。网络流量的熵有助于许多网络监测应用，如异常检测在高速链路上流量的熵的测量需要低 CPU 和存储要求的准确算法。在数据流算法中，流量的熵定义为：

$$H=-\sum_{i=1}^{n}\frac{m_i}{m}\log_2\left(\frac{m_i}{m}\right)=-\frac{1}{m}\left[\sum_{i=1}^{n}m_i\log_2 m_i-\sum_{i=1}^{n}m_i\log_2 m\right]=\log_2 m-\frac{1}{m}\sum_{i=1}^{n}m_i\log_2 m_i \quad (5\text{-}10)$$

其中，m_i 表示流中第 i 项的频数，m 表示流的总项数，$m=\sum_{i=1}^{n}m_i$。

令：

$$S=\sum_{i=1}^{n}m_i\log_2 m_i$$

熵估计与频数矩估计具有相似的结构，基于此，Lall 等人提出 S 的一个（ε，δ）近似算法，表示至少以 $1-\delta$ 概率获得相对误差至多为 ε 的估计，即：

$$\Pr(|X-\hat{X}| \leqslant X\varepsilon) \geqslant 1-\delta \quad (5\text{-}11)$$

其中，$\hat{X}$ 是 X 的估计。

OD（origin-destination）流的熵也是网络测量中一个重要的测度，该熵有助于掌握 ISP 网络内流量动力学，对估计网络内所有流的熵是非常有帮助的。网络性能下降和服务中断，可能是由多种事件引起的，包括网络异常，如 DDoS 攻击、网络故障、flash crowds 以及计划的网络维护任务，如路由器 IOS 更新、客户迁移，这些事件以分布式方式发生。检测这些事件和评价它们对网络服务的影响，需要从不同的位置来监控网络流量。

（2）流量与流矩阵估计。流量矩阵表示测量区间内网络中每个 OD 对之间的分组数或字节数，流量矩阵的估计困难已经受到相当多的关注。流量矩阵的准确估计有助于网络管理，如容量规划与预测、网络故障与可靠性诊断以及路由配置。有时，流量矩阵对于一些流级应用仍是不足够的，如推断 ISP 的使用模式、检测路由摆动、链路故障、DDoS 攻击以及 Internet worms。流矩阵表示网络中每个 OD 流之间的流量大小，与流量矩阵相比，流矩阵是更细粒度的，且更有助于流级应用。流矩阵估计是另一个重要的难题，基于统计推断或分组抽样的流量矩阵估计算法不能获得高精度的估计。这两种数据流算法能够处理高速链路（如 40Gbps）上的网络流，产生比网络流小多个数量级的流量概要。

（3）连接度估计。主机连接度是与某台主机相连的其他主机的数量，它是网络流量测量与监控的一个重要测度。超连接度主机是指在短时间内主机与其他主机之间存在大量不同的连接。对快速网络安全监控而言，检测超连接度主机是最重要的任务之一。例如，识别超连接度主机有助于检测端口扫描、蠕虫传播以及 DDoS 攻击，因为端口扫描和蠕虫传播是由在短时间内主机与不同目的主机建立大量的连接引起的，而 DDoS 攻击是大量的主机泛洪到一个目的主机所引起的。在两个相连的区间内主机连接度的显著变化，也是监控网络流量的一个重要测度。

由于在高速网络环境下大量的网络流量数据和有限的处理能力，很难准确、实时地测量和监控高速链路上的网络流量。高速链路上准确、实时地检测超连接度主机，是网络测量与网络安全中一个重要的难题，已经得到广泛的研究。维护每个流状态的简单方法，不适用于高速链路上检测超连接度主机。

5.9 互联网常见分析工具

1. 百度分析工具

百度公司推出多种不同的营销调研工具。大部分工具分为免费版和付费版，为个人和有专业需求的公司提供了平台，可在网页上即搜即用。具体参见表 5-16。

表 5-16　百度营销调研工具

营 销 步 骤	所 用 工 具
市场环境信息调研	百度舆情、百度搜索、百度指数
制定策略	百度司南专业版、大众版、百度代言人
广告投放	百度司南户外版
广告评估	百度精算

资料来源：作者综合整理。

下面以百度司南和百度指数进行举例分析。

（1）百度司南。百度司南是百度首款大数据商业决策工具。通过将传统市场调研领域沉淀下来的方法论与大数据海量、真实、迅速、低成本的优势相结合，帮助企业以最高的效率获取关于消费者与市场洞察有价值的信息，让商业决策更高效、更简单。主要功能包括：分析检索行为、分析浏览行为、分析地域分布。可以为众多客户在消费者研究、企业推广、产品研发、门店选址、物流货运、网络营销、舆情监控、媒体投放、效果监测等多应用场景下提供支持。百度司南的分类及主要内容见表 5-17。

表 5-17　百度司南的分类及主要内容

百度司南分类	主　要　内　容
专业版	品牌大客户的专业分析工具
大众版	中小型企业数据分析入门产品
户外版	广告投放数据
百度舆情	用户版：免费试用——手机、汽车、化妆品、相机、笔记本、家电 6 个行业
	专业版：专业的企业舆情监控工具
百度代言人	推荐影响力与撬动力兼具的明星
百度精算	基于大数据，对广告效果精准衡量工具

资料来源：作者综合整理。

（2）百度指数。百度指数是以百度海量网民行为数据为基础的数据分享平台，可以研究关键词搜索趋势、洞察网民需求变化、监测媒体舆情趋势、定位数字消费者特征，还可以从行业的角度分析市场特点。

登录百度指数首页。在搜索框内输入一个关键词，按一下"查看指数"按钮，即可搜索出对应的指数数据。包含以下一些技巧。①关键词比较检索：在多个关键词当中，用逗号将不同的关键词隔开，可以实现关键词数据的比较查询，并且曲线图上会用不同颜色的曲线加以区分。例如，检索"计算机，互联网，百度，百度指数，百度新闻"。目前，百度指数最多支持 5 个关键词的比较检索。②关键词数据累加检索：在多个关键词当中，利用加号将不同的关键词相连接，可以实现不同关键词数据相加。相加后的汇总数据作为一个组合关键词展现出来。例如，检索"百度 + 百度搜索 +Baidu"。利用这个功能，可以将若干同义词的数据相加。目前，百度指数最多支持 3 个关键词的累加检索。③组合检索：将"比较检索"和"累加检索"组合使用。例如，可以检索"计算机 + 电脑，互联网 + 网络"。④特定地区和时间段检索：选定一个关键词，查看该关键词在特定地区、特定时间内的搜索指数。例如，选择"股票 北京 最近 30 天"。⑤地区比较检索：选择"按地域"按钮，单击"+"添加多个地区。目前，百度指数最多支持 5 个地区对比检索，例如，选择"网上银行北京，上海，广东"。利用这个功能，同时查看不同地区的数据曲线分布，进行对比分析。

2. 新浪大数据

到目前为止，新浪微博有 6 亿多的注册用户，1 亿多的 OA，每天有 30TB 的日志量，90% 都是非结构化的数据。数据的关联上面有庞大的粉丝，社交网络的关系。新浪微博数据的分析主要集中在 5 个方面：微博内容的挖掘、舆情分析、话题识别、用户偏好、社交圈。

从新浪微博的数据引申出了很多数据产品，包括微报告、微定制、微舆情，等等。例如，新浪微舆情以中文互联网大数据及新浪微博的官方数据为基础，专注于互联网舆情、商情监测及社会化大数据场景化应用，具有优势的数据来源。追溯新浪微舆情的发展历程，其在 2013 年就开始与多个政府机构展开合作。新浪微舆情作为新浪微博旗下的社会化大数据应用平台，是新浪微博在政务舆情监测领域的独家合作方，在为党政军机关、人民团体、公共事业、国有媒体、国有企业提供政务舆情监测与分析服务上具有先天优势。

3.腾讯大数据

（1）微信公众号平台。腾讯公众平台后台图文分析对于运营微信自媒体是很有益处的。运营微信公众号，可以从微信公众平台后台提供的数据显示以及统计功能入手，分析后台数据，了解公众号对哪类人群最有吸引力，图文如何传播，这样对于内容制作、渠道投放、推送时间都会有所帮助。主要包括以下内容。①昨日关键指标模块：针对昨天的图文阅读、转发、分享次数变化，以及与前天、7天前、30天前进行对比，体现为日、周、月的百分比变化。②关键指标详解趋势图：可选择7、14、30天或某个时间段的阅读人数、次数变化，也可以选择按时间对比，可查看图文页阅读人数、图文页阅读次数，原文页阅读人数、原文页阅读次数，分享转发人数、分享转发次数。③关键指标更新时间：每日数据统计截至晚上24点，会在第二天中午12点前显示昨天的最新数据。

（2）朋友圈广告数据。2015年1月26日9时许，腾讯发出了微信朋友圈第一批feed流广告。微信朋友圈feed流广告，正是基于性别、年龄、爱好、地理位置等一些用户标签进行精准匹配的一种广告类型。从2017年第一季度腾讯公布的财报来看，广告业务增长强劲，微信平台是社交及其他广告业务同比增长的主要贡献因素。腾讯升级微信朋友圈的LBS本地推广广告功能，使广告主能够更精准定位附近客户，受到了广告主的欢迎。

腾讯目前在移动端无与伦比的流量优势和领先的大数据分析能力，直观地展现出腾讯生态体系的全场景覆盖能力；朋友圈广告作为腾讯社交广告中的重要分支，最早出现在人们的视野中是从宝马、可口可乐的品牌广告开始，高起点、大投入、上档次的广告产品定位一直是中小广告主难以触摸的天花板；而随着朋友圈本地推广广告的出现，小成本、大覆盖、超精准的产品特点似乎专为本地商户而生。

|案|例|分|享|

用户控制权对视频广告效果的影响

清华大学经济管理学院的易成、周密（2017）为了改善用户在在线视频网站上的体验，以及弥补学术界在广告与用户交互领域研究的不足，研究了用户对视频广告的跳过控制权对用户对视频广告的注意力、印象和品牌态度的影响，并探讨了这种影响对于进行不同信息获取行为的用户（即进行信息搜索或者信息浏览的用户）会有何种不同。研究方法及研究结论摘录如下。

1.研究方法

近年来，随着在线视频行业的飞速发展，观看网络视频已经成为互联网用户一种很普遍的爱好。视频广告作为当下主流的互联网广告模式之一，已经成为视频网站的主要收入来源。然而，现阶段视频广告的实际效果却还不尽如人意。有效的广告首先需要吸引用户的注意力，而传统的广告研究已经发现，用户通常会把有限的注意力都集中在核心信息上，甚至直接忽略广告。视频广告更是显著地干扰了用户正常的信息浏览，增加了用户的负面情绪。在以消费者需求为中心的时代，这种传统的单向传播的广告观念已很难适应时代的发展。在新时代电子商务环境下，了解消费者的需求和行为特征对企业的成功十分必要，而对于广告商来说，如何根据网络视频用户的行为特征来有针对性地提高视频用户体验和视频广告效果是当前十分重要的问题。学术界也有必要加强相关的理论研究来探索如何降低用户对视频广告的排斥及逃避心理，为商家的科学化投放提供指导意见。

研究采用实验室实验的研究方法，使用问卷和眼动仪等多种方法采集实验数据来验证假设，研究模型如图5-7所示。

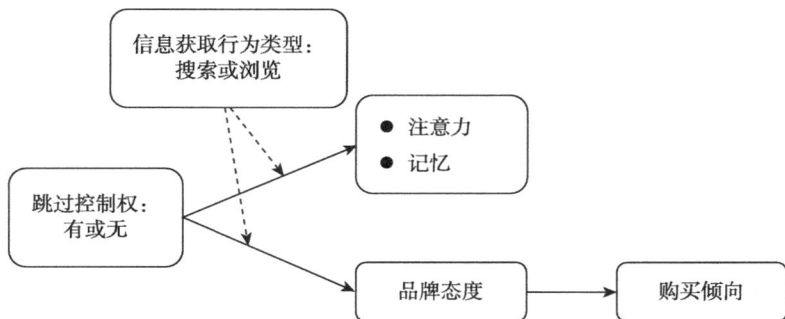

图 5-7　研究模型：广告控制权与用户信息获取行为类型对广告效果的影响

资料来源：易成，周密 . 用户控制权对视频广告效果的影响 [J]. 中国管理科学，2017(2):139-146.

实验开始时，被试者首先阅读一段关于"假期旅行计划"的文字介绍，明确实验步骤及信息获取任务。之后，被试者浏览关于旅行地点的简短文字及图片介绍，然后访问实验视频网站观看相关视频。完整观看两个视频之后，被试者填写一份调查问卷。整个实验流程大约持续 30 分钟，实验结束后被试者得到 30 元人民币的报酬。

为了更好地测量被试者在实验过程中对视频广告的注意力，对于部分被试者，本实验使用 SMIRED 250 眼动仪来捕获他们对广告的关注时长。在眼动仪实验开始前，实验人员先为每位被试者进行设备校准（用时约一分钟）。设备准备就绪后，实验人员告知被试者仔细阅读实验指导，根据指示按步骤完成实验。由于实验设备和条件所限，进行眼动仪实验所需人力和时间成本较高，因此仅有部分被试者在眼动仪实验室内进行实验，其他被试者均在普通实验室进行。所有被试者的实验流程均相同，并都在实验后回答了调查问卷。

2. 研究结论

经过实验数据分析，得到了以下结论：①注意力。眼动仪实验一共有 51 名被试者参与（每组 12 至 14 人）。为测量被试者对视频广告的注意力，研究人员捕获了被试者对视频广告的总体注视时间（即被试者视线投放在广告上的时间总和，以秒为单位）。由于被试者对视频广告的总体注视时间方差较大，研究人员在分析之前对此变量进行了对数变换。针对眼动

仪被试者在广告视频上的总体注视时间的两因素方差分析（Two-way ANOVA）显示，随意浏览类型的被试者相比搜索类型的被试者会把更多注意力投放在广告上，而有跳过控制总的来说降低了被试者对广告的注意力。对于浏览类型的被试者，有无跳过控制对广告注意力并没有显著影响。而对于搜索类型的被试者，无跳过控制比有跳过控制更能提高他们对视频广告的注意力。②品牌记忆。针对全部被试者的品牌记忆进行逻辑回归的分析结果显示，对于浏览类型的被试者，有跳过控制比无跳过控制更能提高他们对品牌名称的记忆；而对于搜索类型的被试者，无跳过控制比有跳过控制更能提高他们对品牌名称的记忆。③品牌态度。针对全部被试者对广告品牌态度的两因素方差分析显示，对于浏览类型的被试者，有跳过控制比无跳过控制更能提高他们对广告品牌的态度；而对于搜索类型的被试者，无跳过控制比有跳过控制更有效。④购买倾向。回归分析结果显示，被试者的品牌态度显著影响他们购买产品的倾向。

这项研究发现了在搜索和浏览这两种不同的信息获取行为中，广告的跳过控制对用户对广告的注意力、记忆和品牌态度的影响。结果显示，对于随意浏览的用户，有无跳过控制对用户对视频广告的注意力并没有显著影响，但赋予用户跳过控制权会让他们对广告品牌印象更深刻并更有好感。对于该结果的可能解释是有跳过控制权使一部分选择跳过的用户对广

告的关注时间大大缩短，导致其平均注意力相较于完全不能跳过广告的用户未见明显提高。但即使是没有完全看完广告就选择跳过的用户也可能在有限的时间里对广告内容进行了认真处理，因此他们对品牌的记忆相较于不能跳过广告但没有认真处理广告信息的用户更好。而

对于搜索信息的用户，强制他们观看广告更能保证他们对广告的注意力和品牌印象，因为搜索任务明确的用户通常会急于跳过广告以获取所需信息。

资料来源：易成，周密．用户控制权对视频广告效果的影响 [J]. 中国管理科学，2017(2):139-146.

▶本章小结

　　本章详细阐述了几种常见的分析工具，包括互联网社区民族志研究、互联网社交网络图分析、用户体验的眼动追踪方法、用户体验设计的可用性测试、网络流量的全息测量等，以及互联网常见分析工具的介绍。这些工具为读者提供了不同的研究用途。

▶关键术语

移动阅读（mobile reading）
用户画像（buyer persona）
协同过滤（collaborative filtering，CF）
基于内容（content-based，CB）
基于知识（knowledge-based，KB）
社区（community）
文化（culture）
民族志（ethnography）
可用性检验（usability inspection）

远程用户研究（remote user research）
网络民族志（netnography）
眼动追踪（eye-movement recording）
人机交互（computer-human interface）
原型（prototype）
简单随机抽样（simple random sampling）
随机增量抽样（random additive sampling）
流抽样（flow sampling）

▶课后习题

1. 阅读行为在经历了"全民阅读"的推动，移动互联网场景化拓展进一步助力，泛娱乐生态搭建对其地位的提升后，如今已成为大众最广泛接受的一种偏娱乐化行为。而随着内容原创的发力，对于版权运营重视程度的日益深化，移动阅读早已成为一种社会现象。基于以上材料，谈谈你对移动阅读以及传统纸质阅读未来发展趋势的看法。

2. 相比传统的线下会员管理、问卷调查分析，大数据第一次使得企业能够通过互联网便利地获取用户更为广泛的反馈信息，为进一步精准、快速地分析用户行为习惯、消费习惯等重要商业信息，提供了足够的数据基础。伴随着对人的了解逐步深入，一个概念悄然而生：用户画像，完美地抽象出一个用户的信息全貌，可以看作企业应用大数据的根基。根据本章介绍，基于自己的认识，谈一谈你对用户画像发展前景的认识。

3. 随着科技的发展，目前许多品牌的眼动仪和相应的软件配置系统，都可以精准地跟踪到被测试者的眼动数据，然后使用注视时间、注视顺序和回视次数等眼动指标来分析问题，最后还能使用直观的图形（如注视密度图）或者视频（如回放注视轨迹）等方式来展示结果。相比较调查法等传统方法，谈一谈你对眼动研究未来发展趋势的看法。

▶参考文献

[1] Kozinets R V. E-tribalized Marketing? The Strategic Implications of Virtual Communities of Consumption[J]. European Management Journal, 1999, 17(3) :252-264.

[2] Rheingold H. A Slice of Life in My Virtual Community[M]. MIT Press, 1993:57-80.

[3] Valck K D. Virtual Communities of Consumption Networks of Consumer Knowledge Companionship[D].Doctor of Philosophy Dissertation, Erasmus Research Institute of Manage-ment, 2005.

[4] 理查德·布莱斯，大卫·琼克.图分析与可视化 [M]. 北京：机械工业出版社，2016.

[5] 程光，吴桦.网络行为的全息测量方法 [M]. 南京：东南大学出版社，2013.

[6] 茆意宏，侯雪，胡振宁.移动互联网用户阅读寻求行为研究 [J]. 图书情报工作，2014(17):15-22.

[7] 罗伯特·库兹奈特.如何研究网络人群和社区：网络民族志方法实践指导 [M]. 重庆：重庆大学出版社，2016.

[8] 奈特·博尔特，托尼·图拉斯穆特.远程用户研究：实践者指南 [M]. 北京：清华大学出版社，2013.

[9] 牛温佳，等.用户网络行为画像：大数据中的用户网络行为画像分析与内容推荐应用 [M]. 北京：电子工业出版社，2016.

[10] 易成，周密.用户控制权对视频广告效果的影响 [J]. 中国管理科学，2017(2):139-146.

[11] 月朦.读心不再是纸上谈兵 [EB/OL]. http://36kr.com/p/5073860.html, 2017-05-08.

[12] 珍妮弗·罗马诺·伯格斯托姆，安德鲁·乔纳森·沙尔.眼动追踪：用户体验设计利器 [M]. 北京：电子工业出版社，2015.

[13] 樽本徹也.用户体验与可用性测试 [M]. 北京：人民邮电出版社，2015.

▶拓展阅读

[1] Adapting Your Usability Testing Practice for Mobile[EB/OL]. http://www.userfocus.co.uk/articles/testing-for-mobile.html, 2013- 03-04.

[2] Ajoudani A, Tsagarakis N, A Bicchi. Tele-impedance: Teleoperation with Impedance Regulation Using a Body-machine Interface[M]. Springer International Publishing, 2016:1642-1656.

[3] Bartl M, N Tusche. Netnography: The Mint Journey[M]. Springer Berlin Heidelberg, 2016.

[4] Cova B, S Pace. Brand Community of Convenience Products: New Forms of Customer Empowerment: The Case "My Nutella The Community" [J]. European Journal of Marketing, 2006, 40(9/10):1087-1105.

[5] Gurkok H, Nijholt A, M Poel. Brain-computer Interface Games: Towards a Framework [M]. Springer Singapore, 2017.

[6] Lee J, J H Ahn. Attention to Banner Ads and Their Effectiveness: An Eye-tracking Approach [M]. M E Sharpe, Inc., 2012.

[7] Lei T C, Wu S C, Chao C W, et al. Evaluating Differences in Spatial Visual Attention in Wayfinding Strategy When Using 2D and 3D Electronic Maps[J]. GeoJournal, 2016, 81(2):153-167.

[8] Li X, Niu J, Khan M K, et al. Robust Three-factor Remote User Authentication Scheme with Key Agreement for Multimedia Systems[J]. Security & Communication Networks, 2016, 9(13):1916-1927.

[9] Planninga Usability Test Usability[EB/OL]. http://www.usability.gov/how-to-and tools/methods/planning-usability-testing.html.

[10] Two Kinds of Usability Test?[EB/OL]. http://www.userfocus.co.uk/articles/2-kinds-of-usability-test.html, 2012-10-01.

[11] Usability Testing for Mobile is Easy [EB/OL].http://www.nngroup.com/articles/mobile-usability-testing/, 2014-02-09.

[12] Yagüe-Martínez N, Prats-Iraola P, González F R, et al. Interferometric Processing of Sentinel-1 TOPS Data[J]. IEEE Transactions on Geoscience & Remote Sensing, 2016, 54(4):2220-2234.

第 6 章

互联网用户心理

我们做产品要找到用户心理诉求的本质。

——摘自 2012 年张小龙在腾讯内部的《通过微信谈产品》讲座

▶ 学习目标

1. 了解互联网用户的七种心理需求。
2. 掌握分析互联网用户技术接触、网络搜索、网络社交、网络游戏和网络消费心理的能力。
3. 能够通过对互联网用户心理的分析为企业制定营销策略提供建议。

案例导入
微信朋友圈分享的是与非

企鹅智酷发布的 2016 版《微信数据化报告》指出，朋友圈已成为 6.5 亿微信用户手机社交的主阵地，61.4% 的用户几乎每次使用微信都会同步刷朋友圈，从来不看朋友圈的用户仅占比 1.3%。刷新朋友圈、点赞好友状态、围观好友生活俨然已成为我们的习惯。

人们喜欢在朋友圈分享状态是因为通过微信朋友圈能够满足以下需求：①与他人共鸣。两人或多人同时产生相同的意念或想法，达成了一种心灵相通的状态。②获得他人认同。人都渴望获得他人的认同，让自己

重新收获信心，对社会抱有乐观态度。③帮助他人。爱心驱使人们在朋友圈分享一些实用性的内容，传播些正能量的故事，希望自己的好友都能从中受益。

微信朋友圈分享行为也受到质疑。例如，好意联系朋友圈中的"求助"人，可能陷入"吸费号码"的骗局；帮助好友集赞，可能被套取个人信息；本想转发正能量信息，却进一步扩散了"朋友圈谣言"……一时的热心满足了自己心理需求的同时也可能带来糟糕的后果。

资料来源：作者综合整理。

本章首先介绍了互联网用户的七种心理诉求，分别是经济需求、族属需求、政治需

求、被承认的需求、信仰需求、社会需求和休闲需求，这些需求使得用户频繁使用互联网媒介。接下来分别从技术接触心理、网络搜索心理、网络社交心理、网络游戏心理和网络促销心理出发，深入剖析背后的理论基础与心理机制。

6.1 互联网用户的心理需求

人的需求没有界定性的清单，我们从物质需求转向文化需求和社会需求时，尤其没有这样铁定的清单。媒介文化能满足的需求包括经济需求、族属需求、政治需求、被承认的需求、信仰需求、社会需求和休闲需求（库尔德里，2013）。

1. 经济需求

经济需求（economic need）是指就业和其他经济机会，因为这些需求产生信息和传播的特色需求。在经济利益分配很不平等的地方，比如在远距离迁徙才能挣钱果腹的地方，和经济生存相关的需求就可能压倒其他的需求，比如社交和休闲的需求。根据一项最新的民调，人们评估贫困是最紧迫的全球问题。经济需求的冲击可能更微妙；在有些地方，不平等现象迫使人们大多数时候甚至一直背井离乡去找工作，这就形成了对信息和传播需求的特殊需求（库尔德里，2013）。

2. 族属需求

族属需求（ethnic need）是针对有些迁徙者，尤其那些移居他乡已经成为少数文化族群的人，传递的是维持与家乡人的联系、肯定自己的族属和文化共同性的需求。大量的研究集中在移民对故土新闻和娱乐的需求上，身处异乡、语言不通、媒介难觅加重了这样的需求。最近对移民的研究发现，和远方家人、朋友及远方文化相关媒介的多样性，影响着他们的媒介使用如何平衡：在哪里使用媒介和如何使用媒介成了"地位构建"（place-making）的手段。过去，家庭是族属需求形塑媒介文化的主要场所。如今，那个场所有可能是网吧，或任何能用手机或笔记本上网打电话的地方。社交网成为离散者保持联系的手段（库尔德里，2013）。

3. 政治需求

政治需求（political need）的产生是由于大型的政治结构在若干方面没有解决大的政治战略，或没有满足人们对政治承认的需求，这就给媒介消费和媒介生产的特色形式留下了余地。在21世纪初的西方国家，政府被迫向国际媒介市场开放，这种集中化的战略更容易被接纳；不过，在特殊情况下，这也可能产生颇具特色的媒介文化，比如和民族主义兼容的媒介文化（库尔德里，2013）。

4. 被承认的需求

被承认的需求（recognized need）有别于政治需求。这两种需求常常交叉，但在大型社会里，被承认的需求是被社会认可和道德认可的大范围需求。因为在这样的社会里，角色和地位常常是不确定或矛盾的。被承认的需求与媒介的生产和消费都有关系。大多数媒介文化产生"生活表现和生活经验的沟壑"，一位主持人与听众交流时，发现了这样的沟壑。如果一些群体觉得，他们没有被自己消费的媒体认可或再现，他们被广泛承认的需求就会越积越多。广泛的"自我表现的渴望"就会加强一些媒介形式，比如，如果把阿拉伯社会的真人秀置于阿拉伯世界和美国冲突的背景中去考察，就可以看出这种媒介形式为何得到强化（库尔德里，2013）。

5. 信仰需求

信仰需求（faith demand）指出，如果把有关信仰和仪式习惯的交流当作基本需求，那么不同信仰的社群（未必总是受领土局限的）可能就和各具特色的媒介文化有关系。实际上，如果我们把宗教当作基本的"实践"（建构世界的活动），那么，宗教媒介文化从一开始就是宗教的核心要素（库尔德里，2013）。

6. 社会需求

社会需求（social need），包括人们的一般社会接触需求，或与同侪（工作同事或同龄人）交往的特殊需求，都形塑着特色形式的媒介生产或消费。媒介文化常常大到足以促成和鼓励不同人群之间的交流，有时却又造成激烈的代际冲突，因为不同年龄段的群体可能需要特殊的交流地盘。一个重要的视角是社会需求对媒介文化的贡献。高桥利惠对日本媒介受众的研究就是一例。他探索日本人对反差很大的概念在数字媒介时代里是如何体现的。高桥的研究显示，在日本社会交往独特形式的情境下，媒介文化能采取非常特殊的形式。韩国非常活跃的"网吧"文化也产生了类似的洞见，这里所谓"网吧"不像其他国家那样的物质实体的"网吧"，而是指因网上共同的活动所结成的群体。实际上，互联网显然有形成社交网络的潜力，且正在形成以社交为基础的媒介文化，即使在高度个人化的国家比如英国，这样的媒介文化也正在以网络连接、视频、音乐等为基础形成（库尔德里，2013）。

7. 休闲需求

休闲需求（leisure need）指出，实际使用媒介的口味是无穷无尽的（从动作片到历史频道，从自然纪录片到滚动更新的新闻，从音乐电视到名人杂志），但口味的多样性未必意味着媒介消费组织的多样性，未必意味着媒介生产组织的千变万化。然而，有些闲暇需求和欲望有足够的力量和特色，它们需要用不同的方式组织各种事情：专业的体育社群、狩猎文化、粉丝网络。无疑，互联网使这种媒介文化的规模为之一变：使粉丝可以跨越国境交换知识、激情和技能；互联网提供平台，让数以万计的、年龄不确定、国籍不明的人在一起以"实况直播"的方式玩游戏（库尔德里，2013）。

6.2　技术接触心理

技术接触心理指的是在计算机和互联网迅速发展的背景下，人们是否接受、使用某种信息技术或媒介的心理。本节主要为大家介绍两种技术接触心理，一个是 TAM 技术接受模型（technology acceptance model），另一个是技术决定论（technological determinism）模型。

1. 技术接受模型

技术接受模型是美国学者戴维斯（Davis，1986）运用理性行为理论研究用户对信息系统接受时所提出的一个模型，提出技术接受模型的最初目的是对计算机广泛接受的决定性因素做一个解释说明。TAM 理论模型提出了 5 个主要概念，分别是感知易用性（perceived easy of use)、感知有用性（perceived usefulness）、使用态度（use attitude）、使用意图（use intention）和使用行为（use behavior）（如图 6-1 所示）。其中，感知易用性是指用户在使用某一信息系统时，主观上认为其所付出的努力程度。而感知有用性是指用户在使用某一信息系统时，主观上认为其所带来的任务绩效的提升程度。技术接受模型认为系统使用行为是由使用意图决定的，而使用意图由使用态度和感知有用性共同决定，使用态度由感知有用性和易用性共同决定，感知有用性由感知易用性和外部变量共同决定。外部变量包括系统设计特征、用户特征、任务特征、开发或执行过程的本质、政策影响、组织结构等。用户的感知易用性和感知有用性越高，其使用态度越积极。此外，用户的感知易用性越高，其感知有用性也越高。技术接受模型见图 6-1。

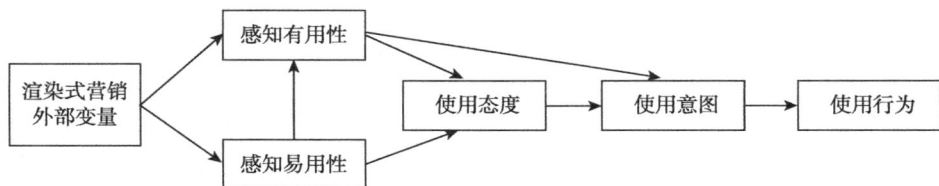

图 6-1　技术接受模型

资料来源：Davis F D. A Technology Acceptance Model for Empirically Testing New End-user Information Systems: Theory and Results[D]. Massachusetts Institute of Technology, 1986.

近年来，随着互联网的发展和计算机的普及，TAM 理论已经被越来越多的专家学者所接受，并逐渐成为研究电子商务领域问题的主流理论之一（Mathieson，1991；Legris et al.，2003；Venkatesh，2000）。互联网营销工具的选择要充分利用技术接受模型，网站建设、消费者互动方式、营销推广手段、消费者注册和购买流程等的设计都要考虑到消费者有用性和易用性的感知。比如，图书网络营销的方式包括网上书店营销、出版社网站营销、电子邮件营销、手机营销、博客营销、微信公众号营销等，每一种营销方式有不同的特点，手机的即时性更强，网上书店的广泛性更好，微信公众号针对粉丝的信息会更精准有效，不同方式会让目标消费者对推送信息产生不同的态度，进而影响其购买行为。

2. 技术决定论模型

技术接触心理的第二种模型是"技术决定论"模型，有学者认为新媒介实际上是指技术媒介，每种新的传播技术及方式对时空维度都进行了改变，从而影响社会组织形式，这种改变主要源于技术媒介本身的特点而非使用者自己的意愿。本书中"技术决定论"指的是交流媒介的不同特征（如视觉匿名性）会导致不同的心理或行为（Markus，1994）。技术决定论可以产生两种效果，一种是线索过滤，另一种是增加新性能。

"线索过滤"（cues filtered out，CFO）关注的首要问题是当交流以技术为媒介的时候，交流者将失去什么，指的是在媒介交流中缺乏社会线索会导致缺乏规范的、去个性化和去个体化的交流。线索过滤取向包括社会临场感和社会线索缩减。①社会临场感通常用来解释不同媒介交流的差异。肖特等人（Short et al.，1978）认为交流对象在互动中的突显性以及随后人际关系中的突显性是交流媒介的一种客观性质，他们把这种性质称为"社会临场感"。他们认为，观察方向、姿势、服饰和非语言线索信息的能力都有助于提高交流媒介的社会临场感。与低社会临场感相比，高社会临场感交流媒介往往被评价为更加热情的、个人化的和增进友谊的。研究发现，非视觉交流（如电话交流）的社会临场感评价较低，面对面的社会临场感评价最高，通过视频链接进行的交流社会临场感低于面对面交流的社会临场感，而商业信函的社会临场感水平比电话交流更低。②社会线索缩减指的是所有的交流媒介至少在某种程度上减少了面对面交流时可利用的社会背景线索，其中社会背景线索包括地理的、组织的和情境的（Sproull，1986）。社会线索的减少或缺失会降低人们根据对情境的解释来调整交流的目标、语调和言辞内容的能力。如果社会线索是微弱的，容易出现更多的自由的行为，好的方面是表现出自己更加真实的看法，不好的方面是可能会出现网络论战和交流偏差等行为。

技术决定论的第二点是增加新性能。比如电子邮件和面对面会议相比会有不同特点，如非同步进行、社会信息加工、电脑记忆存储等，这些特点会产生很多正面的效果，比如减少社会地理的距离感，帮助地理位置上分散的社区或者集体进行交流，更好地维护人际关系；还可以通过应用新媒体技术手段使团体内的信息交流更加通畅；可以通过共同的兴趣点和关注点满足其他人，促进团体内的互动交流（Markus，1994）。

技术决定论对新媒体营销工具的选择意义重大。不同媒介有不同特征和效果——高社会临场感、低社会临场感；匿名性、非视觉交流、语音交流、异步性、即时性；减少距离感、畅通信息渠道……用户可以根据自己的实际需求，增加或减少线索过滤、新效能，选择合适的媒介技术手段和工具。

6.3　网络搜索心理

网络检索行为实现的过程中，作为行为主体的网民，从需求动机的产生，到抽象出关键词对搜索引擎发出命令，最后接受信息反馈，其个人心理因素对检索效率起着重要作用。这就要求我们更好地理解作为主体的人在这个行为过程中的心理因素，从而有助于更好地基于心理学改进，提供人性化的检索服务。影响网络搜索行为的主要有以下几种心理（甘泉，2011）。

1. 质疑倾向

网络检索过程中的质疑倾向主要表现在两个方面——对于网络信息的不信任，对于网络安全的防御心理。产生这种心理的原因：①网络媒体的公信力不足。以网络新闻为例，"每一个网络媒体的消费者，既是内容的生产者，也是内容的消费者。新闻学的核心是新闻的公信度和新闻的核实。但是，在网络里，人们生活在一个使用假名、匿名的舆论环境中。由于无信源文章、匿名文章大量占据网络空间，网络新闻和言论的准确性、诚实性和真实性让人怀疑（周丹丹，2008）。②不安全因素防御心理。防御心理是当某种带有或可能带有伤害性或于己不利的刺激出现时，用户会本能地采取防御姿态，拒绝信息输入的一种心理（张燕，2004）。这种情况下可能导致网民采取主动防御措施或者回避选择相关信息，乃至改变或中止网络检索行为。

2. 便捷倾向

就网络检索而言，网民倾向于使用易于操作的检索策略，选择易于获得的检索结果。施拉姆（Schramm，1964）曾提出一个公式：

$$选择的或然率＝报偿的保证 / 费力的程度 \tag{6-1}$$

即预期报偿（满足需求）的可能性越大，而费力程度越低，信息被选择的或然率往往越高。相反，预期的报偿的可能性越小，而费力程度越高，信息被选择的或然率就越低。选择所遵循的"省力原则"反映的是网络检索过程中的易用心理（俊娜，贺娜，2008），大量的研究都发现网民倾向于费力程度更小的"省力原则"，如使用简单的检索策略、粗略浏览检索结果等。对于检索结果并非追求一个最佳状态，而是一旦达到一个满意的阈值，就停止检索，实际上这种选择符合边际效应原理。

3. 定势思维倾向

定势心理是用户习惯选择和使用自己肯定了的、已经习惯的、非常熟悉的某种有形或无形服务的心理（邵培仁，2004）。比如一位网民介绍自己的检索策略说，"对于比较难找的信息，一般自己先使用普通的搜索引擎，如果结果不好的话，再进入相关专业的网上数据库或网站找信息。"这种检索策略是一种定势思维的表现。此外，网络检索的定势思维还有很多表现：习惯经常使用的浏览器、惯于用极少数搜索引擎、习惯选择自己熟悉的数据库、习惯于选择搜索引擎提供的检索结果的第一页等。

4. "新快奇"倾向

不同于传统的大众信息传播，网络检索中的网民是天生的信息追逐者。成本低廉且更有效率的网络检索让信息获取变得空前容易。一旦满足了最基本的信息需求，"信息追逐者"便开始对网络检索提出更高的需求——更新、更快。而猎奇心理是人的共性，网络检索则成全了这种心理。具体表现有：检索最新信息——用户在检索信息时，无疑会有意识地选择时间较近的信息；使用响应速度快的检索系统——事实上，如果搜索引擎工具反应迟钝，网民很快会产生不耐烦、不满的心理，检索时间作为网民评价和选择搜索引擎的一个重要指标，当前用户常用的搜索引擎如 Google、百度等除了在检全率和检准率上下工夫，同时都努力地提高响应速度来满足用户的求快心理；选择更具刺激性的信息等——网络上盛行的"标题党"现象很大程度上是利用了受众这种猎奇心理（甘泉，2011）。

6.4　网络社交心理

1. 自我表露

自我表露（self-disclosure）也称为自我揭露、自我暴露，最早由朱拉德（Jourard，1964）提出。朱拉德将自我表露界定为表露关于自己的信息，真诚地与他人分享自己个人的、秘密的想法和感觉的过程。自我表露是向他人交流关于自身的任何信息（Cozby，1973；Wheeless & Grotz，1976）。自我表露的定义有广义和狭义之分。广义的自我表露是向他人透露有关自己的信息，包括想法、感受和经历等，使他人能够了解自己、认识自己的沟通行为（Derlega，1975）。狭义的自我表露专指对他人透露内在的、私人的、亲密的信息，这些信息多为个人有意隐藏、不愿为众人所知的，或者对自身有重要影响的。网络社交中自我表露主要有以下几个方面。

（1）网络中的自我表露与匿名性。匿名性是解释网络中亲社会和反社会行为以及自我表露的核心（Walther，1996）。沃德（walther）认为信息传送者能借着非语言线索缺失和非同步沟通的潜力，详细规划自我呈现的形象，信息接收者容易过度归因对方的正面特征，想成理想化的认知。匿名性使网络用户能够建立积极的形象，导致交流对象的理想化感知。

（2）媒体感知、隐私与自我表露。这主要关注对媒体的感知会怎样影响到个人的自我表露。马和伦恩（Ma & Leung，2006）通过考察 ICQ（I seek you）使用模式和 ICQ 交谈中的自我表露行为，探讨了网络感知和自我表露之间的关系。结果表明，当感到网络是社交的媒介时，ICQ 的表露者倾向于开放、个性、亲密和诚实，并集中于更深度的负面感受和观点。对隐私的关注也影响到个体的自我表露，在网络环境中，隐私和自我表露既相互冲突又相容并存。网络的匿名和物理距离也许提高一定背景下自我表露的水平，但在商业网站中被问及个人信息时，因为关系到个人的隐私，人们缺乏对网络媒体和商家的信任，顾虑个人信息被怎样使用，自我表露的程度就不高。

（3）自我表露与自我意识。社会认同理论模型（Reicher et al.，1995）预测网络的匿名性和缺乏身份认定引起自我意识的不同变化趋势。当自己的身份比较重要时，别人的匿名性导致自我意识提高，因此更遵守群体规范。而匿名性使个人倾向表达更多真实的感受、真实的自我，不受拘束地自我表现，这可能会导致遵从群体规范的降低。学者在被试用电脑或者面对面讨论后，用问卷比较了被试的自我意识水平，发现网络交流用户比面对面交流用户报告了更高的个人自我意识和稍低的公众自我意识（Matheson & Zanna，1988）。

（4）网络自我表露与社会卷入。克劳特（Kraut，2002）认为个体通过网络扩大现有社会网络规模和加强现有人际关系，从而获得更高的社会卷入和心理健康水平。针对不同的人群，存在两个截然相反的模型。"富者更富"模型（a rich get richer model）：性格外向和拥有较多社会支持的个体能够从互联网使用中获得更多益处。可以通过互联网认识人，展开人际沟通和交流，加强已有的支持系统之间的联系，有更高的社会卷入和心理健康水平。"社会补偿"模型（social compensation model）：性格内向和社会支持有限的个体也可以从互联网中获利，运用在线交流机会创建新的人际关系，获得支持力量和有用的信息。

以上理论和观点从不同角度揭示了越来越多的人愿意参与网络社交的心理因素。

2. 印象管理

印象管理（impression management）的研究最早认为，在任何场合展示自我都是一种表演，"个人表演的目的是要强调他自身的某些方面而隐藏其他方面"。每个人都会在表达自己的过程中采取他们认为的与环境相应的策略，目的是给人留下一种特别的印象。网络人际交往和信息传播中，交往主体都会尽量把自己优秀的一面示人，而把自己不擅长的一面隐匿起来，设法给他人留下一个好的印象。互联网也是一个社会空间，这一原理同样适合于网络信息传播。覃征等（2007）对印象管理的动机进行了较为系统的梳理，现摘录整理如下。

（1）基于自尊的社会比较。社会比较，是个体对于自我进行判断和评价，在网络的信息环境中，以信息为载体，社会比较的维度被大大拓宽。通过信息互动，六度间隔理论下，个体间存在着信息的节点，传受双方依托信息即时地进行着自我的社会比较。面对源源不断的网络信息，传播者可以通过传递的信息表达自己的观点、看法，自主获取社会的认同感来提升自我存在自信感和安全感，促进传播者的自尊感和自我同一性的稳定。自尊心也在一定程度上决定着用户对于网络信息的传播行为。社会心理学认定自尊是个体的自我评价和价值认同。个体在自尊的形成过程中，对自我进行觉察，将自身的主体和客体地位互动，将自己变为被自己和他人关注的对象。高自尊者的自我实现能力较强，个体行为表现得较为积极、主动，且不易被说服。而对于低自尊者则相对消极。网络平台方便了个体对比较对象进行社会角色的模仿，又能避免个体的自尊压力。这也从一个角度解释了"名人"的自媒体平台有着较高的被关注度和认同度。

（2）促进社会交往。社会心理学认为个体的社会化过程是个体对于亲和行为、经验的一种学习，而保持对环境和他人的亲和是个体基于生存需要的一种满足。有着媒体使用习惯的个体，通过对信息发布后他人的评论、互动反馈、态度的知觉来对自我行为进行主观判断，对自己的行为做出调整和管理，使自己更好地融入特定的圈子和团体。个体通过在网络平台的这种印象管理过程，达到互动获取亲和感，促进社会交往的目的。正如陈力丹（1990）曾论述的，"人类的交往包括能量交往、物质交往、精神交往，其中的精神交往就是信息交往。"新媒体的发展，让人们由大众传播的习惯发展到关注"小众"趋势。小众是有着相同爱好和兴趣的个体组成小团体。这种个体间通过信息的传播表达自己的价值观、兴趣和爱好，因为共同点建立起来的小团体有着较好的黏合度，人们在线上集群、沟通，线下组织活动。例如，基于对小众信息分享、互动交友所建立的媒体平台"豆瓣网"，基于电影爱好的"时光网"，在微博平台中的"话题"，微信的公共平台关注都是媒体传播中个体亲和的群集特征，这些群体常常表现出亲社会行为，是社会正能量的一种传递渠道和方式。

（3）获取物质或社会奖励。人们印象管理的背后，也有获得物质和社会奖赏或逃避惩罚的需求。施伦克尔（Schlenker，2004）提出了预期—价值理论来解释印象管理。该理论认为一个人可能展现的每一种形象都能使他获得一定的利益，同时背负一定的责任；而这些利益和责任会因为它们自身的价值和人们的预期而不同。因此，根据施伦克尔的理论，人们都倾向于展现能够使他们获得最大利益，同时背负最小责任的形象。展示被社会认可的自我形象能够让人获得期望的回报，这种回报可以是人与人之间的社会关系，比如称赞、友谊、帮助等；还有可能是物质回报，比如薪水的增加和工作环境的改善。人们先天就有想把自己积极品质带给别人的一面。信息传播者试图塑造自己在他人心目中美好形象的一个原因是为自己构建一个特定身份，在这个身份下，人们可以通过经济活动获得物质奖励；可以通过表达高尚的理想、品质获得社会赞许；可以通过话题转换、慈善捐助等行为分散他人注意，逃避做错事的惩罚。通过印象管理可以将自己塑造成不同的多种社会角色，引导别人按照特定的方式看待自己。

6.5 网络游戏心理

汪涛等人从个体特征、网络游戏特征、社交特征、知觉和体验特征等方面对网络游戏消费的影响因素进行了较为系统的归纳总结（汪涛，魏华，周宗奎，崔楠，徐岚，何灿，2015），现摘录整理如下。

1. 个体特征

（1）年龄。在大众的刻板印象中，网络游戏主要是年轻人的娱乐活动。但现在越来越多的成年人也开始玩网络游戏。尽管如此，年青的玩家还是比成年人玩家的游戏意愿更强，游戏行为更多（Chen，2010）。虽然年轻人会在网络游戏中投入更多的时间、精力，但是他们在游戏中花费的金钱相对较少（邱均铮，2010）。

（2）性别。一般而言，男性更加偏爱网络游戏，他们在网络游戏中会投入更多的时间、精力和金钱。这种性别差异可能与当前主流网络游戏的内容和形式有关，很多网络游戏包含了高刺激强度和高暴力程度的内容，竞争性也很强，而男性的感觉寻求、竞争性动机得分均高于女性（陈丽娜，张明，金志成，赵闪，梅松丽，2006；景怀斌，1995），因此这样的游戏可能更加吻合男性的需要，对他们吸引力更大。此外，大型多人在线角色扮演类网络游戏、第一视角射击游戏和竞速游戏占据了网络游戏很大的比例，而这些类型的网络游戏对于空间能力要求较高，而男性的空间能力在整体上要优于女性，因此他们在网络游戏中可能会获得更多的愉悦感和成就感，用户忠诚度也会更高。

（3）人格。诸如开放性、外向性、责任心和多样性寻求等人格特征也会影响网络游戏消费。Teng（2008）发现玩家在开放性、外向性和责任心三个维度上的得分都要高于非玩家，在宜人性和情绪稳定性上没有差异。

其他一些个体特征，如玩家游戏等级和先前游戏经验等也会影响网络游戏消费（魏松科，2006）。

2. 网络游戏特征

（1）游戏品质。优秀的游戏品质是玩家获得良好游戏体验的前提，网络游戏的品质越高，玩家的忠诚度也会越高。研究者所关注的游戏品质包括画面、声音、故事和操作方式等多个方面。骆少康等人（2005）的研究也表明画面是影响玩家首次游戏行为的关键因素，但是玩家对于同一类型游戏画面品质的评价存在较大差异。有的玩家偏好古装设计的游戏画面，有的玩家则认为科幻背景的画面设计才是最佳选择；有的玩家偏好 3D 画面，但有的玩家则认为 3D 画面会让人头晕。

（2）服务质量。要想留住网络游戏玩家，除了高品质的游戏内容，还需要高质量的服务。虽然研究者选择服务质量的维度存在差异，但他们均发现网络游戏服务质量越好，玩家的忠诚度越高。

（3）定制（customization）。定制是指个体可以依据个人偏好来创建、选择和改变技术、商品和服务的程度（Teng，2010）。网络游戏定制程度越高，角色就能够包含越多的自我相关信息，游戏玩家对角色的喜好程度也会越高，游戏忠诚度也能因此而得到提升。

（4）创新。由于顾客需求的多样化和变异性，企业必须通过不断地创新才能留住顾客。网络游戏中的创新包括功能创新、内容创新和营销创新三个方面。功能创新是指游戏画面、音乐和故事等方面的创新，内容创新是指聊天系统、操作系统和组队系统等方面的创新，营销创新则是指新的广告和代言人。

3. 社交特征

社会交往是网络游戏的重要组成部分，玩家可以通过文本、图像和语音等多种方式与其他人进行互动（Przybylski et al.，2010）。在传统消费中，顾客之间虽然也存在一定程度的社会交往，但是其广度和深度都无法和网络游戏中的社会交往相比。大量实证研究表明，网络游戏之中的社交特征（包括社交活动、社会资本和社会规范）是影响顾客消费的一个重要影响因素。

（1）社交活动。在网络游戏中，许多任务是单人无法完成的，所以需要玩家组成团队来进行游戏活动，这种团队活动会正向影响忠诚度，而且需要满足和遵从团队规范是两者关系中的中介变量（Hsiao & Chiou，2012；Teng & Chen，2014）。

（2）社交资本。网络游戏是一种典型的虚拟社区，玩家在里面可以建构不同于现实社会的社会资本，玩家在网络游戏中的社会资本越多，他们的忠诚度也就越高（Hsiao & Chiou，2012）。

（3）社会规范。社会规范反映了群体成员所必须遵循的规则，在网络游戏中也存在这样的规则。玩家对网络游戏中社会规范的遵从度越高，其忠诚度越高（Hsiao & Chiou，2012；Teng & Chen，2014）。网络游戏社会规范之所以会影响忠诚度，可能有两个方面的原因。第一，社会规范有助于群体成员朝着明确和具体的方向努力，可以增强群体效能，而群体效能的增加会给群体成员带来更多的奖励和成就，从而增加用户忠诚度。第二，遵从社会规范的成员会获得社交奖励，避免群体惩罚，因此他们会更加愿意停留在游戏之中。

4. 知觉

（1）价值知觉。根据消费价值理论（theory of consumption values），消费者之所以会购买某种产品或服务，是期望获得某种价值。网络游戏价值能正向影响网络游戏消费意愿和行为，如购买意愿、额外付费意愿和口碑等（Park & Lee，2011；Rezaei & Ghodsi，2014）。

（2）风险知觉。风险知觉是指个体对于消费行为不确定性和损失的主观感受。网络游戏时间风险知觉、经济风险知觉和心理风险知觉越高，玩家的游戏意愿越低（Chen，2010）。

（3）控制知觉。根据理性行为理论（theory of reasoned sction）和计划行为理论（theory of planned behavior），控制知觉是影响个体活动意愿和行为实施的关键因素。研究者考察了控制知觉对于网络游戏消费的影响，但结果不完全一致，因为对于控制知觉的测量并不完全一致。所以，未来的研究需要在控制知觉的种类上进行进一步的界定和分类，以深入探讨它们对网络游戏消费的影响。

5. 体验特征

（1）乐趣。追求快乐是很多玩家进行网络游戏的重要动机。但乐趣并不是对所有的游戏玩家具有同样的作用，Koo（2009）的研究发现控制点在乐趣与游戏意愿之间起到调节作用，乐趣可以正向预测外控个体的游戏意愿，但对内控个体的游戏意愿没有预测作用。

（2）心流（flow）。心流是指个体完全投入某种活动而无视其他事物存在的状态（Csikszentmihalyi，1997）。心流对于人类来说有巨大的吸引力，一些青少年甚至会通过越轨行为（如偷车和破坏公物等）来获得这种体验。许多研究证实网络游戏玩家的沉浸体验会正向影响忠诚度。

6.6 网络促销心理

1. 网络消费店铺浏览 AIDMA 法则

网络消费者在浏览网页时，会产生 A（attention）引起注意，I（interest）产生兴趣，D

（desire）培养欲望，M（memory）形成记忆，A（action）促成行动的思维决策过程。与传统消费者不同的是，当网络消费者产生兴趣（interest），更愿意进行搜索（search）比较，关注评价，然后形成记忆（memory），促成决策。交易结束后，网络消费行为并未真正结束，他们还会在网络上分享（share）感受（郑宁，2013）。

（1）引起注意：引起网络消费者的注意可以分为两个阶段，一是公开搜索阶段，二是站内搜索阶段。涉及网站页面设计的是第二阶段，即消费者已进入网站首屏，如何让他留住，并进入第 2、3 屏是首屏设计的关键。

（2）产生兴趣：第 2、3 屏内容是首屏的延续，通过信息向广度和深度延伸，提升消费者的兴趣。他们的关注点会向一些具体信息转移，如新品展示、人气商品推荐、服饰搭配推荐、促销信息等内容能够满足他们的需求。这是 2、3 屏设计的关键。

（3）搜索比较：网络消费者对产品产生兴趣后，会通过搜索引擎寻找同质产品，进行比较分析，同时他们会关注其他购买者的评价。相对传统消费者，他们更加理性，在与营销者互动之前，他们掌握了产品的基本信息。

（4）培养欲望：横向搜索比较，导致网络消费者在浏览网页时，一个非常显著的特点是无耐心跳失和金字塔现象（指的是随着页面浏览内容的延伸，停留在该页面的人数呈现金字塔的形状）。为了留住消费者，在网页设计时需着重营造营销气氛。

（5）形成记忆：网络信息量的巨大，导致引导网络消费者信息存储的困难。要使消费者继续停留在店铺，必须增加比前 3 屏更感兴趣的内容，使他们的注意力随着吸收的信息深化，更倾向具体的商品信息，商品分类展示模块的设置顺应这种心理变化的需要。同时，要使用网络技术的辅助手段，增强他们的记忆效果，如店铺收藏、产品标记、购物车等。

（6）促成行动：消费活动实施的关键阶段，保证网络消费者交易的顺畅，减少未知或风险因素，为消费者提供明晰、安全的交易通道。第 4、5 交易屏的设计应遵循如下原则：引导语言准确，页面设计清洁，交易流程规范，且有相应的信用标识。

（7）分享交流：这是网络消费者独特的消费习惯，他们将会在网上表达，与其他消费者分享对产品使用的感受。不能忽视网络消费者的新需求，交流分享应在页面中留有足够的空间，并保证其时效性。

郑宁（2013）根据以上对网络消费者的信息搜索和决策思维的分析，对于网络店铺的布局提出以下建议：①店铺首页空间合理布局；②了解消费者类型，引导顾客进入第 2 屏；③功能区规划层次清晰；④首页设计的产品布局规则；⑤文字表达和图片展示交替出现；⑥根据网站后台数据调整空间布局。

2. 价格促销原理

网络商店显示的产品价格通常是决定消费者是否停留或购买的第一个影响要素。有研究认为在互联网上总是能找到最低价的信念会进一步加强消费者把价格作为网络购物决策的首因。价格促销（price promotion）显著影响消费者的价格感知（Folkes & Wheat，1995）。无论线下还是线上，价格都是影响消费者购买决策的重要因素，因此有必要先了解价格是如何通过影响价格感知最后作用于消费者购买选择和购买行为整个过程的。价格感知理论可分为价格感知角色理论和参考价格理论进行解释（朱春蕾，2015）。

价格感知角色理论认为，价格在消费者的价格感知和购买行为决策中扮演了两种角色。第一种角色是资源分配。此时，价格是消费者购买商品时付出的成本。这代表着一种牺牲，并且牺牲感随着价格的升高而增强，相应商品的吸引力也随之衰减。传递信息是价格的第二种角色。源于信息不对称，亨利·阿塞尔（2000）发现消费者只能根据已有的价格信息来判断产品（或服务）的质量。加伯、格兰杰从消费者感知的角度将价格的上述两种角色统一起来，他们认为顾客在购买决策过程中通常会比较购买这种产品的感知利益（质量信息）和感知成本（牺牲）。若感知利益超过感知成本，代表消费者对该商品感知到的价值为正。而且感知价值越大，表明消费者感觉此产品的价格越有吸引力，会有越高的购买意愿；反之亦然。

消费者关于商品价格其实是有内部标准的。内部参考价格是一组存在于消费者记忆中，并与实际售价相比较的基础价格或价格范围（Grewal，Monroe & Krishnam，1998）。而且，这个内部参考价格与实际价格的差额会左右消费者对商品购买价值的评价和购买意愿。与参考价格理论相关的理论包括：适应性水平理论（adaptation level theory）、类比—对比理论（assimilation-contrast theory）、交易效用理论（transaction utility theory）和展望理论（prospect theory）。适应性水平理论（Helson，1964）认为，一个人对某个刺激的判断与他习惯的水平有关。因此一个人在判断某一销售价格的高低时，会用他过去由于接受各种价格信息刺激而形成的适应性水平价格进行判断，这种适应性水平价格从严格意义上来说，可定义为过去所遇到过的价格的算术平均数。而它和外部刺激价格差异，我们可用基于期望理论产生的交易效用理论（Thaler，1985）来理解。交易效用是销售价格和内部参考价值的函数，是从产品的实际销售价格与期望价格的比较中得出的。这种动态的比较过程可以用同化—对比理论来理解。企业或商家提供的价格如果太低，对消费者毫无作用；如果企业或商家提供的价格略高或低于消费者认知的一般市场价格，消费者原先的内部价格标准可能会向新的参考价格移动，即同化作用，有可能增进消费者的交易效用；如果企业或商家提供的参考价格太高且不合理，消费者就会怀疑信息的可信度而产生对比作用（Fraccastoro et al.，1993）。

根据适应水平理论及同化—对比理论，当消费者发现销售价格略低于他内心的参考价格时，他会适度地调低自己的内部参考价格，使之更接近销售价格。在打折促销中，由于消费者能直接获取降低的销售价格，所以较低的销售价格很可能会显著降低消费者的内部参考价格以及消费者对产品将来价格的预期。消费者在不断对比—同化的过程中，产生新的适应水平的内部参考价格。当销售价格上升时，同化—对比的作用启动，消费者内部参考价格也会上升。因此，由于消费者对不同交易的编码（encode）过程不同，不同形式的价格促销策略会产生不同适应水平的参考价格，进而产生不同的感知价值（朱春蕾，2015）。

3. 非价格促销原理

有学者认为采取非货币促销较货币促销（non-price promotion）更有利于消费者产生购买意愿，货币促销并不比非货币促销更能增加消费者的购买意愿。而B2C平台中最常见的两种非价格促销或者说广告方式就是关键词竞价排名和横幅广告（朱春蕾，2015）。

在当前电商激烈的竞争大环境中，关键词广告一直是厂商广为接受的一种锁定和获取在线消费者的方式。主要存在以下几种原因：①关键词搜索是和消费者意愿紧密联系的，当他们搜索某款产品时所使用的关键词实际上是他们购买倾向和意愿最直接的反映。所以广告主很乐意通过竞价购买关键词的方式，让自己广告页面的链接能够在搜索引擎广告提供平台上得以展示，以便消费者选择点击并最终完成购买行为。②与传统广告相比，消费者点击数据容易获取，且真实度也更方便被证明。这意味着可以更好地衡量广告效果（效果分为短期和长期两种类型）。短期效果包括展示量、点击量、点击率、转化率和销售数据。而长期的效益包括商户知名度、ROI、品牌忠诚、消费者认知度和生命周期（朱春蕾，2015）。

学者们也通过各种理论模型和实证结果证明了搜索引擎广告的短期效果指标的实现，能够为厂商带来利益。冯等人（Feng et al.，2007）建立了一个经济学模型，证明了消费者点击在彼此独立条件下，竞价排名的优势；卡托纳和萨瓦里（Katona & Sarvary，2008）以及鲁兹和托拉斯（Rutz & Trusov，2011）聚焦于竞价排名和自然排名比较的问题，前者发现竞价排名链接的点击率与转换率均明显高于自然排名，后者在此基础上用二进制 Logit 模型，证明竞价排名链接的潜在点击率比自然排名链接高出 10 倍以上。有关搜索引擎广告长期效果的研究证明了竞价排名对客户终身价值以及长期回报率的影响。德瑞泽和哈希尔（Dreze & Hussher，2003）对比了品牌关键词和一般关键词的效果，发现前者的转换率明显更高，从而得出应该将品牌意识和品牌回忆纳入搜索引擎广告长期效果的评估指标中。最后，有学者在一项研究中，横向比较了 6 个国家 15 个行业的关键词广告效果，结果发现44% 的广告投入带来了更多的点击率。

横幅广告是一种限定尺寸在网页的某个位置展示的广告形式，通常是图片、文字、动画的结合，并且包含广告主网页地址的链接（Sherman & Deighton，2001）。横幅广告的主要目的是传递商品或服务的信息给消费者，使他们产生购买广告所展示的产品或服务的意愿。由于富媒体的发展，现在还可以用编程语言或者插件工具视频、游戏的方式增强广告的互动性和表现力（朱春蕾，2015）。

在计价方式上，目前流行的是两种方法，一种是基于广告显示次数的 Cost Per Mill（千人印象成本），另一种是基于广告所产生效果的 Cost Per Click（每次点击成本）或 Cost Per Action（每次行动成本）。在效果方面，横幅广告有助于增强广告意识、品牌意识、购买意愿和网站浏览（Dreze & Hussherr，2003；Ilfeld & Winer，2002）。关于横幅广告的直接效果，最广泛的衡量指标是点击率（Chatterjee，Hoffinan & Novak，2002）。然而，学界一直质疑把点击率当作有效衡量指标的有效性（Briggs，2001；Dreze & Hussherr，2003；Song，2001）。这主要是因为横幅广告的点击率通常都非常低，平均只有 0.5%（Dahlen，2001；Sherman & Deighton，2001；Warren，2001）。直到有学者通过对 170 家网站的长期追踪，对比试验组（看到广告）和控制组（没看到广告）的点击、浏览、购买等行为，证明了即便点击率非常低，横幅广告也能带来到店浏览、商标搜寻数量的显著提升。也有实证研究证明了横幅广告曝光数量、广告投放的网站数量及同一个域名下广告网页数量都对消费者购买可能性有正向影响。而活动期间包含不同创意元素的广告数量过多，反而因分散消费者注意力减弱了其购买可能性（朱春蕾，2015）。

4. 网络广告接受心理

网络广告是一种以消费者为导向、个性化的广告形式。消费者拥有更大的自由，他们可以根据自己的个性特点及喜好，选择是否接收，接收哪些广告信息，一旦消费者做出选择点击广告条，其心理上已经认同，在随后的广告双向交流中，广告信息可以毫无阻碍地进入消费者的心里，实现对消费者的劝导。

受众在接受广告的过程中有着不同的接受阶段，不同阶段中又有着不同的心理表现。网络广告设计的受众心理特征一般分为以下几个阶段：感知、接收、记忆、态度、行为（王博，2015）。

（1）感知。感知是受众接受网络广告存在的最初环节。只有使受众注意到广告的存在，才能更有效地传达广告中所加载的信息。感知是受众接受网络广告最初的环节，也是最难的环节。因为网络受众群体在大多数情况下并不喜欢网络广告，在某些特定的情况下，甚至排斥网络广告、厌恶网络广告，这种现象的出现也与网络广告所具有的强制性有着很大的关联。在网络中，为了能使受众感知并最终接受广告信息，很多商家与网站结合，采用弹出式广告强制受众接受广告，此类广告形式会引起人们的强烈反感。还有很多网络广告负载信息量已经远远超出受众接受能力限度，对于这种广告信息，受众基本都会选择"视而不见"，广告效果可想而知（王博，2015）。

（2）接收。接收是网络广告引导消费者的过程，也是人们接受广告内容信息与了解产品的重要过程。传统的广告形式，其感知和接受是同时发生的。现代广告讲究与受众之间产生情感的交流，比如电视上出现的故事性、情感性的广告，其会抓住受众的接受心理，以故事情节为主线，以主人公为载体，传达某种信息，从而引导受众产生情感上的共鸣，这种广告形式更容易被受众所接受。而上述优点，亦是网络广告目前所欠缺的。目前网络广告存在着一些明显的问题，接受方式往往需要附加动作，需不断地打开网页、点击链接。在这个过程中一部分广告内容能引起受众的好奇心，但却忽视了广告受众重复操作的急躁心理。虽然广告创意者极力要"诱敌深入"，但受众的耐心未必那么持久（王博，2015）。

（3）记忆。网络广告信息被受众接收后会产生相关产品记忆，而记忆是使消费者产生购买行为的基本条件。一般情况下，网络受众在接收广告信息后，会产生两种情形。一是，受众对广告中的信息产生了深刻记忆，当受众出现购买需求时，会搜索记忆中的产品信息，把其外观、功能等与自身需求进行比对，从而产生消费行为。二是，受众对广告中的信息并无深刻记忆，受众很快就会把广告遗忘。那么，网络广告承载的信息就会被遗漏，广告效果也会大打折扣。因此，受众者的记忆心理应作为信息传递的重要诉求目标。这就要求设计师在网络广告设计过程中，探索受众心理，强化受众者对网络广告的记忆（王博，2015）。

（4）态度。受众对网络广告的态度是形成购买行为的重要参考标准。这种态度，分为两个方面。一方面是受众对网络广告所持有的态度。创意十足、制作精美的网络广告有时可以称为艺术品，甚至会产生百看不厌的效果。对广告的态度是一种审美，而对产品的态度则是一种功利。但是，很多研究表明，受众如果对一则广告拥有正面态度，比起拥有负面态度的那些人，有更佳的广告回忆。受众的这两种态度有时并不一定统一。有些消费者喜欢一则广告，但只是单纯地喜欢这种艺术表现形式。喜欢广告，并不一定就会喜欢广告中的产品，反之亦然。因为，对广告的态度是一种审美，而对产品的态度则是一种需求。网络广告最重要的是更多地引起人们的兴趣，而这正是网络广告的优势（王博，2015）。

（5）行为。引导受众者产生消费行为，是衡量一个广告成功与否的基础条件，也是商家斥资制作广告的最终目的。网络广告具有高效、便捷的宣传效果，亦拥有不同的售货渠道。目前，多数网络广告附加了链接设置，点击后可显示产品信息与购买渠道，如果受众产生消费意愿，决定购买产品，只需要简单操作就可以完成购买行为，并能享受登门送货的优质服务。但是，由于网络销售具有虚拟性，消费者存在着很多顾忌，即便许多广告受众通过观看网络广告有了感知、接受、记忆、态度的过程，但是对于网络广告产品传达信息的准确性仍持有怀疑的态度。因此，商家可以通过货到付款、打折优惠、拍卖竞价等形式来刺激消费（王博，2015）。

5. 网络口碑

网络口碑有着不同的称谓，例如，网络口碑（internet word-of-mouth）、在线口碑（online word-of-mouth）、鼠碑（word-of-mouse）、电子口碑（electronic word-of-mouth）、虚拟口碑（virtual word-of-mouth）等（黄敏学，王峰，2011）。查特吉（Chatterjee，2001）将网络口碑定义为通过公告栏等互动平台或私人的聊天等形式完成的消费者之间的信息交流。海宁·图劳（Hennig-Thurau，2004）将网络口碑定义为：实际、潜在或曾经的客户通过网络发布，展示给其他消费者和企业的关于产品或商家的正面或负面评论。

消费者的口碑推荐显著影响消费者对企业产品和服务的感知。在社交网络平台，消费者有着深厚的信任关系，他们之间的口碑推荐对消费者购买心理和行为有着关键影响。无论是网络购物，还是传统商店购物，消费者所接收到的网络口碑推荐，尤其是产品报告和别人的评价，影响着消费者的购买行为（Muniz et al.，2001）。

在网络口碑推荐行为中，调节定向理论（regulatory focus theory）认为，不同的网络渠道匹配不同的定向消费者。促进定向消费者与广播网络渠道匹配。促进定向消费者把口碑推荐看成是呈现自我价值的一种途径，会向更广泛的消费者推荐更多正面的、有趣的口碑信息。因为有趣的口碑信息内容生动、吸引注意力并发人深思，会在互联网上传播得更快，更能吸引公众的注意力（Berger & Milkman，2012），会促进口碑推荐者在网络社区中形象和地位的自我提升。预防定向消费者把口碑推荐看成是责任和义务，是为使其他消费者获利的一种行为，他们竭力避免网络口碑推荐给其他消费者带来损失。处于一对一的窄播沟通环境时，口碑推荐者关注的焦点是对方的信息需求，他们会在对方进行信息搜寻时推荐有用的信息，为其他消费者节约时间成本和规避不正确的购物决策带来的损失。因此，预防定向消费者与窄播渠道匹配。当预防定向消费者处于一对一的窄播网络沟通环境时，他们的口碑推荐意愿会显著提升。

奖励激励是消费者参与网络口碑推荐行为的一个重要外在激励因素。提供奖励是提高消费者口碑推荐意愿的最有效手段，消费者在面对各种诱因时最注重的还是实际的经济利益（郭国庆，汪晓凡，曾艳，2010）。给予消费者奖励激励能够提升消费者口碑推荐意愿，促进口碑推荐行为，获得新顾客（Biyalogorsky et al.，2001；Gangseog & Feick，2007）。

手机公益广告对受众道德身份和亲社会行为的影响

戴鑫等人（2017）调查发现，在拥有超过12亿手机终端用户的中国，手机公益广告正被广泛使用，但它们能否真正提升受众的"道德感"？不同的广告表现形式会产生怎样的效果差异，什么因素导致这种差异？此外，"道德感"的提升是否与公民实际亲社会行为有直接关联？针对上述问题的回答，现有文献中鲜见有直接相关研究，因此该研究团队试图进行探讨。研究方法和研究结论摘录如下。

1. 研究方法

该论文从三个方面进行探讨。一是针对现有"文本优先论"与"图片优先论"争议，"剥去"传统广告类研究中文本与图片表现形式的"外衣"，引入远程通信领域的"临场感"理论，通过观测和操纵广告的不同临场感水平，考察其对受众的影响机制，揭开背后黑箱。二是针对广告的"公益效果"，摒弃传统商业广告效果评价中常用的受众偏好、态度及行为意向等变量，从道德心理学领域引入"道德身份"作为效果变量，比较不同广告形式的"道德效果"。三是针对道德身份与亲社会行为关系研究的外部效度不足问题，采用实地追踪调查法收集纵向数据，验证前人实验室研究结论并拓展其外部效度。根据上述思路，后续部分通过三个研究逐层推进（见图6-2）。

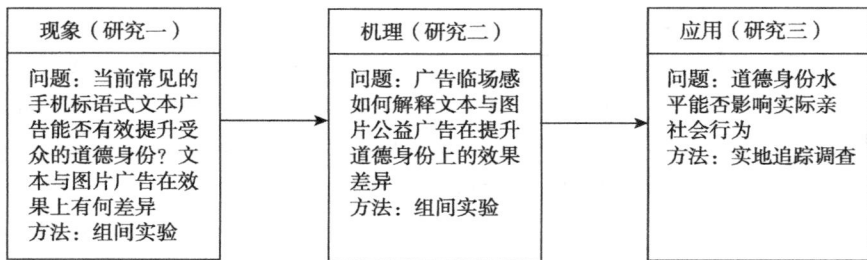

图 6-2　研究逻辑图

（1）研究一。不同表现形式的公益广告对受众道德身份提升效果比较。研究采取单因素（公益广告表现形式：文本、图片）组间实验设计，对实验组及控制组被试展开连续刺激，检验对道德身份的提升效果。实验材料设计源于 Aquino 和 Reed（2002）提出的9个道德特征（即勤奋、诚实等）。为增强刺激效果，每个道德特征分别设计两个主题，最终形成文本组、图片组及控制组各18份实验材料；在实验前招募被试72人，测量其道德身份，根据结果均匀分至三组。正式实验中，将实验材料编辑并发送至被试手机，连续刺激6天。在第7天，以手机短信方式向被试发放道德身份测量问卷，测量实验前后的道德身份水平。

（2）研究二。临场感对公益广告的道德身份提升效果影响机制。在前测基础上进行临场感水平操纵，设计出与图片组具有同等临场感水平的高临场文本组材料，比较高临场图片组、高临场文本组、低临场文本组等三组被试在实验刺激后的道德身份提升效果差异。实验首先对研究一中图片及文本广告材料的临场感水平进行测量（Kim & Biocca，1997），发现图片广告的临场感显著高于文本广告（$t=2.605$，$p<0.05$）。将所有图片材料均转换为生动的文字描述，转换后的文字材料与图片材料在临场感水平上无显著差异（$t=0.584$，$p>0.05$），故将转化后的一组文字材料设置为高临场文本组。在实验前招募100名被试（男性42人，女性58人），测试被试道德水平并均匀分至4组。正式实验中，具体操作与研究一相同。

（3）研究三。道德身份对亲社会行为影响实地研究。研究结合问卷调查及追踪调查方式对在校大学生群体展开，比较一段时期内高低道德身份群体在亲社会行为上的差异，检验道德身份与实际亲社会行为之间的关系。第一阶段，以方便抽样方式对某重点高校在校学生展开问卷调查测量道德身份水平，回收有效问卷 372 份。第二阶段，在学期末对第一阶段中的被试展开追踪调查，获取所有被试在该学年参与的义工数据，剔除无效义工样本 74 人，最终确定 298 名（男性 100 人，女性 198 人）有效被试。道德身份测量同于前两个研究，在亲社会行为测量过程中将义工行为视为亲社会行为，将义工工时数作为测量对象。

2. 研究结论

（1）图片广告较标语式文本广告对公众道德身份提升效果显著。研究表明，目前广泛使用的手机标语式文本公益广告，其道德身份提升效果并不显著，而手机图片广告能够显著提升受众道德身份。可见，当前手机公益广告中的标语式文本广告尚未达到预期效果，相关机构和部门可以考虑做出适当调整，适度减少单一文本类手机公益广告的创作与发布，增加图片信息的嵌入。

（2）广告临场感的差异导致了文本广告与图片广告的效果差异。研究发现高临场图片广告好于低临场文本广告，高临场文本广告好于低临场文本广告，高临场图片广告与高临场文本广告效果相同。相关部门不仅要重视广告外在表现形式，更要重视内在的临场感实质，提升广告信息的生动性与互动性，创作出具有高临场感的广告材料，充分发挥广告说服效果。

（3）道德身份的提升能够促进实际亲社会行为的发生。追踪调查表明，道德身份高的人会表现出更多的亲社会行为，这说明相关部门试图通过提升民众道德身份从而促进亲社会行为的出发点是正确而合理的，也从侧面印证了提升公益广告效果的必要性。

资料来源：戴鑫，卢虹，文豹堂，杨雪，倪立坤. 手机公益广告对受众道德身份和亲社会行为的影响研究 [J]. 管理世界，2017(7):178-179.

▶本章小结

本章介绍了互联网用户在频繁使用互联网媒介的过程中产生的七种心理需求，分别是经济需求、族属需求、政治需求、被承认的需求、信仰需求、社会需求和休闲需求。技术接触心理包括两种，一种是技术接受模型，另一种是技术决定论模型。最后分别从网络搜索心理、网络社交心理、网络游戏心理和网络消费心理出发，深入剖析背后的理论基础，探索这种心理产生的原因。其中，网络搜索行为主要受质疑倾向、便捷倾向、定势思维倾向、"新快奇"倾向等四种心理的影响。网络社交心理则可以按照自我表露理论和印象管理理论得到解释。网络游戏心理背后包含的理论基础是马斯洛需求层次理论和自我决定理论。至于网络消费心理，本章则从网络店铺陈列法则、网络促销理论、网络广告接受心理和网络口碑等方面进行介绍。

▶关键术语

经济需求（economic need）

族属需求（ethnic need）

政治需求（political need）

被承认的需求（recognized need）

信仰需求（faith demand）

社会需求（social need）

休闲需求（leisure need）

技术接受模型（technology acceptance model）

技术决定论模型（technological determinism model）

感知易用性（perceived easy of use）

感知有用性（perceived usefulness）

线索过滤（cues filtered out）

社会临场感（social presence）

网络搜索（network search）

自我表露理论（self-disclosure theory）

富者更富模型（a rich get richer model）

社会补偿模型（social compensation model）

印象管理理论（impression management theory）

马斯洛需求层次理论（Maslow's hierarchy of needs）

自我决定理论（self-determination theory）

受控制的动机（controlled motivation）

自主动机（autonomous motivation）

自主的需要（the needs for autonomy）

能力的需要（the needs for competence）

归属的需要（the needs for relatedness）

价格促销（price promotion）

非价格促销（non-price promotion）

适应性水平理论（adaptation level theory）

类比—对比理论（assimilation-contrast theory）

交易效用理论（transaction utility theory）

展望理论（prospect theory）

网络口碑（internet word-of-mouth）

在线口碑（online word-of-mouth）

电子口碑（electronic word-of-mouth）

虚拟口碑（virtual word-of-mouth）

调节定向理论（regulatory focus theory）

▶ 课后习题

1. 朋友圈完美地复制和放大了现实中的熟人社区。然而，年轻的互联网使用者越来越厌恶熟人关系的 24 小时绑架。2016 年，腾讯的一项调查指出，95 后最常用的社交工具是 QQ，而微信的用户大多是成年人。一时之间，"95 后都用 QQ，老年人才玩微信"的段子传遍了互联网。一些 95 后认为，微信就像是"一个气氛尴尬的家庭派对"，但是"又不能真的走开"。《"95 后"新生代社交网络喜好报告》显示，高达 48.2% 的 95 后会屏蔽自己的父母。现在，他们已经采取多方作战的策略。不同的需求，用不同的 APP，在不同的社区进行不同的社交行为。追星用微博、贴吧和 QQ 群，发心情用微博小号和 QQ 空间，和熟人聊天才用微信。针对以上问题，请从网络社交心理出发，分析产生这种现象的原因。

2. 2017 年，京东、天猫等电商平台纷纷开启 618 年中大促，6 月 18 日零点过后仅 10 分钟，天猫 618 服饰总体成交额突破 10 亿元，开场仅 7 分钟天猫国际成交破亿，快消行业开场后半小时内同比增长 378%，天猫超市同比增长高达 13 倍，10 小时 4 500 万片面膜被抢光……请从网络促销的角度分析产生这种现象的原因。

3. 结合本章相关知识分析开篇案例。

▶ 参考文献

[1] Avent T, E T Higgins. How Regulatory Fit Affects Value in Consumer Choices and Opinions [J]. Journal of Marketing Research, 2006, 43(2).

[2] Berger J, K L Milkman. What Makes Online Content Go Vira? [J]. Journal of Marketing Research, 2012, 49(2):192-205.

[3] Biyalogorsky E, Gerstner E, B Libai. Customer Referral Management: Optimal Reward Program [J]. Marketing Science, 2001, 20(4):82-95.

[4] Brasch A, J Berger. Broadcasting and Narrowcasting: How Audience Size Affects What People Share [J]. Journal of Marketing Research, 2014, 51(3):286-299.

[5] Briggs R. Abolish Click through Now! [EB/OL]. http://www.intelliquest.com/resources/whitepa-pers/abolishclick.pdf, 2001.

[6] Chatterjee P, Hoffman D L, T P Novak. Modeling the Clickstream: Implications for Web-based Advertising Efforts [J]. Marketing Science, 2002, 22(4):520-541.

[7] Chatterjee P. Online Review: Do Consumers Use Them [J]. Advances in Consumer Research, 2001, 28(1):133-139.

[8] Chen L S. The Impact of Perceived Risk, Intangibility and Consumer Characteristics on Online Game Playing [J]. Computers in Human Behavior, 2010, 26(6):1607-1613.

[9] Cozby P C. Self-disclosure: A Literature Review[J]. Psychological Bulletin, 1973,79(2):73-91.

[10] Csikszentmihalyi M. Finding Flow: The Psychology of Engagement With Everyday Life [M]. New York: Harper Collins, 1997.

[11] Dahlen M. Banner Advertisements through a New Lens [J]. Journal of Advertising Research, 2001, 41(4):23-30.

[12] Davis F D. A Technology Acceptance Model for Empirically Testing New End-user Information Systems: Theory and results[D]. Massachusetts Institute of Technology, 1986.

[13] Derlega V J, Chaikin A L, J Herndon. Demand Characteristics and Disclosure Reciprocity [J]. The Journal of social psychology, 1975, 97(2):301-302.

[14] Dreze X, F Hussherr. Internet Advertising: Is Anybody Watching? [J]. Journal of Interactive Marketing, 2003,17(4):8-23.

[15] Feng J, Bhargave H K, D Pennock. Implementing Paid Placement in Search Engines: Computational Evaluation of Alternative Mechanisms [J]. INFORMS Journal of Computing, 2007, 19(1):137-148.

[16] Flock A, M Scarabis. How Advertising Claims Affect Brand Preferences and Category-brand Associations: The Role of Regulatory Fit [J]. Psychology and Marketing, 2006,23(9):741-755.

[17] Folkes V, R D Wheat. Consumers' Price Perceptions of Promoted Products [J].Journal of Retailing, 1995,71(3):317-328.

[18] Fraccastero K, Burton S, A Biswas. Effective Use of Advertisements Promoting Sale Prices [J]. Journal of Consumer Marketing, 1993, 10(1):61-70.

[19] Gangseog R, L Feick. A Penny for Your Thoughts: Referral Reward Programs and Referral Likelihood [J]. Journal of Marketing, 2007, 71(3):84-94.

[20] Grewal D, Monroe K B, R Krishnan. The Effect of Store Name, Brand Name and Price Discounts on Consumers' Evaluations and Purchase Intentions [J]. Journal of Retailing, 1988, 74(3):331-352.

[21] Helson H. Adaptation Level Theory [M]. New York: Harper & Row, 1964.

[22] Hennig-Thurau T, et al. Electronic Word-of-mouth via Consumer-opinion Platforms: What Motivates Consumers to Articulate Themselves on the Internet? [J]. Journal of Interactive Marketing, 2004,18(1):38-52.

[23] Higgins E T. Beyond Pleasure and Pain [J]. American Psychologist, 1997, 52(12):1280-1300.

[24] Higgins E T. Making a Good Decision: Value from Fit [J]. American Psychologist, 2000, 55(11):1217-1230.

[25] Higgins E T. Value from Regulatory Fit [J]. Current Directions in Psychological Science, 2005,14(4):209-213.

[26] Hsiao C C, J S Chiou. The Effect of Social Capital on Community Loyalty in a Virtual Community: Test of a Tripartite-process Model [J]. Decision Support Systems, 2012, 54(1):750-757.

[27] Hsiao C C, J S Chiou. The Effects of a Player's Network Centrality on Resource Accessibility, Game Enjoyment, and Continuance Intention: A Study on Online Gaming Communities [J]. Electronic Commerce Research and Applica-

tions, 2012, 11(1):75-84.

[28] Hsiao C C, J S Chiou. The Impact of Online Community Position on Online Game Continuance Intention: Do Game Knowledge and Community Size Matter?[J]. Information and Management, 2012, 49(6):292-300.

[29] Ilfeld J S, R S Winer. Generating Website Traffic. Journal of Advertising Research, 2002, 42 (5):49-61.

[30] Jourard S M. The Transparent Self [M]. New York: D Van Norstand, 1964.

[31] Kankanhalli A, Bernard C Y, K K Wei. Contributing Knowledge to Electronic Knowledge Repositories: An Empirical Investigation [J]. MIS Quarterly, 2005, 29(1):113-143.

[32] Katona Z, M Sarvary. The Race for Sponsored Links: Bidding Patterns for Search Advertising [W]. SSRN E-library. University of California, Berkeley, 2008.

[33] Kim Y. The Role of Regulatory Focus in Message Framing in Antismoking Advertisements for Adolescents [J]. Journal of Advertising, 2006, 35(2):143-151.

[34] Koo D M. The Moderating Role of Locus of Control on the Links between Experiential Motives and Intention to Play Online Games [J]. Computers in Human Behavior, 2009, 25(2):466-474.

[35] Kraut R, et al. Internet Paradox Revisited [J]. Journal of Social Issue, 2002, 58(1):49-74.

[36] Legris P, Ingham J, Collerette P. Why Do People Use Information Technology? A Critical Review of the Technology Acceptance Model [J]. Information & Management, 2003, 40(3):191-204.

[37] Ma L Y, L Leung. Unwillingness-to-communicate, Perceptions of the Internet and Self-disclosure in ICQ [J]. Telematics & Informatics, 2006 , 23(1):22-37.

[38] Markus M L. Finding a Happy Medium: Explaining the Negative Effects of Electronic Communication on Social Life at Work [J]. ACM Transactions on Information Systems (TOIS), 1994, 12(2):119-149.

[39] Matheson K, M Zanna. The Impact of Computer-mediated Communication on Self-awareness [J]. Computer in Human Behavior, 1988, 4(3):221-233.

[40] Mathieson K. Predicting User Intentions: Comparing the Technology Acceptance Model with the Theory of Planned Behavior [J]. Information Systems Research, 1991, 2(3):173-191.

[41] Muniz J, Albert M, C Thomas. Brand Community [J]. Journal of Consumer Research, 2001, 27(4):412-432.

[42] Park B W, K C Lee. Exploring the Value of Purchasing Online Game Jtems [J]. Computers in Human Behavior, 2011, 27(6):2178-2185.

[43] Przybylski A K, Rigby C S, R M Ryan. A Motivational Model of Video Game Engagement [J]. Review of General Psychology, 2010, 14(2):154-166.

[44] Reicher S D, Spears R, T Postmes. A Social Identity Model of Deindividuation Phenomena [J]. European Review of Social Psychology, 1995, 6 (1):161-198.

[45] Rezaei S, S S Ghodsi. Does Value Matters in Playing Online Game? An Empirical Study among Massively Multiplayer Online Roleplaying Games [J]. Computers in Human Behavior, 2014(35):252-266.

[46] Rutz O J, M Trusov. Zooming in on Paid Search Ads: A Consumer-level Model Calibrated on Aggregated Data [J]. Marketing Science, 2011, 30(5):789-800.

[47] Schramm W. Mass Media and National Development [M]. Stanford: Stanford University Press, 1964.

[48] Sherman L, J Deighton. Banner Advertising: Measuring Effectiveness and Optimizing Placement [J]. Journal of Interactive Marketing, 2001, 15(2): 60-64.

[49] Short J, Williams E, B Christie. The Social Psychology of Tele-communications [J]. Contemporary Sociology, 1978,7(1):32.

[50] Song Y. Proof That On-line Advertising Works [EB/OL]. http://www. atlasdmt.com/insights/dm.asp, 2001.

[51] Sproull L, S Kiesler. Reducing Social Context Cues: Electronic Mail in Organizational Communication[J]. Management Science, 1986, 32(11):1492-1512.

[52] Sundaram D S, Mitra K, C Webster. Word-of-mouth Communications: A Motivational Analysis [J]. Advancing Consumer Research, 1998, 25(1):527-531.

[53] Teng C I. Personality Differences between Online Game Players and Nonplayers in a Student Sample [J]. Cyber Psychology and Behavior, 2008, 11(2):232-234.

[54] Teng C I. Customization, Immersion Satisfaction, and Online Gamer Loyalty[J]. Computers in Human Behavior, 2010, 26(6):1547-1554.

[55] Teng C I, W W Chen. Team Participation and Online Gamer Loyalty [J]. Electronic Commerce Research and Applications, 2014, 13(1):24-31.

[56] Thaler R. Mental Accounting and Consumer Choice [J].Marketing Science,1985,4(3): 199-214.

[57] Thurau H. Electronic Word-of-mouth via Consumer-opinion Platforms: What Motivates Consumers to Articulate Themselves on the Internet [J]. Journal of Interactive Marketing, 2004, 18(1):38-52.

[58] Venkatesh V. Determinants of Perceived Ease of Use: Integrating Control, Intrinsic Motivation, and Emotion into the Technology Acceptance Model [J]. Information Systems Research, 2000, 11(4): 342-365.

[59] Walther J B. Computer-mediated Communication: Impersonal, Interpersonal, and Hyper Personal Interaction [J]. Communication Research, 1996, 23(1): 3-43.

[60] Wang J, A Lee. The Role of Regulatory Focus in Preference Construction [J]. Journal of Marketing Research, 2006, 43(2): 28-38.

[61] Warren S. Winners and Losers [N]. Wall Street Journal, 2001-4-23.

[62] Wheeless L R, J Grotz. Conceptualization and Measurement of Reported Self-disclosure [J]. Human Communication Research, 1976, 2 (4):338-346.

[63] 陈力丹. 马克思、恩格斯论"需要的体系"和精神交往 [J]. 新闻与传播研究, 1990(4):1-15.

[64] 陈丽娜, 张明, 金志成, 赵闪, 梅松丽. 中小学生感觉寻求量表的编制与应用 [J]. 心理发展与教育, 2006,22(4):103-108.

[65] 陈明亮, 章晶晶. 网络口碑再传播意愿影响因素的实证研究 [J]. 浙江大学学报: 人文社会科学版, 2008,38(5):127-135.

[66] 戴鑫, 卢虹, 文豹堂, 杨雪, 倪立坤. 手机公益广告对受众道德身份和亲社会行为的影响研究 [J]. 管理世界, 2017(7):178-179.

[67] 董颖, 许正良, 徐东溟. 消费者网络口碑推荐意愿提升策略研究: 基于心理调节定向视角 [J]. 情报科学, 2016,34(6):151-154.

[68] 菲利普·科特勒, 加里·阿姆斯特朗. 市场营销原理 [M]. 上海: 上海人民出版社, 2009.

[69] 甘泉. 网络检索过程及其心理 [D]. 武汉: 华中科技大学, 2011.

[70] 郭国庆, 汪晓凡, 曾艳, 外部诱因对消费者正面网络口碑传播意愿的影响研究 [J]. 财贸经济, 2010(12):127-132.

[71] 亨利·阿塞尔. 消费者行为和营销策略 [M]. 北京: 机械工业出版社, 2000.

[72] 景怀斌. 中国人成就动机性别差异研究 [J]. 心理科学, 1995,18(3):180-182.

[73] 俊娜·贺娜. 用户信息需求的网络激发与检索行为引导 [J]. 情报杂志, 2008,27(10):

104-106.

[74] 刘丽虹，张积家．动机的自我决定理论及其应用 [J]．华南师范大学学报：社会科学版，2010(4):53-59.

[75] 骆少康，汪志坚，方文昌．以访谈法探索线上游戏消费者购买决策程序与转换因素 [J]．电子商务研究，2005,3(3):289-308.

[76] 尼克·库尔德利．媒介、社会与世界：社会理论与数字媒介实践 [M]．上海：复旦大学出版社，2013.

[77] 覃征，等．网络应用心理学 [M]，北京：科学出版社，2007.

[78] 邱均铮．探讨免费线上游戏使用者之使用动机及消费行为 [D]．高雄：义守大学，2010.

[79] 邵培仁．传播学 [M]．北京：高等教育出版社，2004.

[80] 王博．网络广告设计的受众心理探究 [J]．大众文艺，2015(5):126-126.

[81] 汪涛，魏华，周宗奎，崔楠，徐岚，何灿．网络游戏消费的影响因素 [J]．心理科学，2015(6):1482-1488.

[82] 王晓玉．推荐奖励计划对消费者推荐意愿的影响 [J]．当代经济管理，2010, 32(3): 32-37.

[83] 张燕．网络信息服务中用户的心理分析 [J]．图书情报工作，2004,48(3):36-38.

[84] 郑宁．网络店铺陈列的理论研究和实践探索 [J]．浙江纺织服装职业技术学院学报，2013(2):49-54.

[85] 周丹丹．网络受众心理行为研究 [J]．南都学坛：人文社会科学学报，2008，28(2):86-87.

[86] 朱春蕾．不同网络促销方式对 B2C 平台卖家销售绩效的影响 [D]．南京：南京大学，2015.

▶拓展阅读

[1] Kashian N, Jang J, Shin S Y, Dai Y, B Joseph Walther. Self-disclosure and Liking in Computer-mediated Communication[J]. Computers in Human Behavior，2017.

[2] Weinstein N, Rodriguez L M, Knee C R, M Kumashiro. Self-determined Self-other Overlap: Interacting Effects on Partners' Perceptions of Support and Well-being in Close Relationships[J]. Journal of Research in Personality，2016.

[3] 陈旭辉．网络促销方式、网络购物决策风格与大学生冲动性购买行为的关系 [D]．长沙：湖南师范大学，2016.

[4] 房玲．印象管理综述 [J]．社会心理科学，2005(3):114-117.

[5] 龚诗阳，刘霞，刘洋，赵平．网络口碑决定产品命运吗：对线上图书评论的实证分析 [J]．南开管理评论，2012(4):118-128.

[6] 郭东飞．网络口碑研究综述 [J]．经营与管理，2017(3):140-144.

[7] 胡翼青．为媒介技术决定论正名：兼论传播思想史的新视角 [J]．现代传播（中国传媒大学学报），2017(1):51-56.

[8] 柯黎．基于印象管理理论分析大学生在 SNS 社交网站中的形象呈现 [D]．武汉：华中科技大学，2013.

[9] 匡文波，邱水梅．基于技术接受模型的传统媒体客户端用户使用行为研究 [J]．现代传播（中国传媒大学学报），2017(1):128-131.

[10] 马椿荣．自我决定理论研究综述 [J]．现代商业，2014(27):280-282.

[11] 明均仁，郭财强，张俊．我国基于技术接受模型的移动图书馆用户感知行为研究综述 [J]．图书馆论坛，2017:1-8.

[12] 曲晓敏．社会语言学视角下的中国体育品牌广告语研究 [D]．西安：西安外国语大学，2013.

[13] 孙传英．自我表露的影响因素及测量方法研究综述 [J]．科教导刊（中旬刊），2012(1):236-237.

[14] 王伶俐，闫强，陈文晶．大型网络促

销活动中非计划性消费影响因素分析：以淘宝"双 11"促销活动为研究情境 [J]. 北京邮电大学学报：社会科学版，2015(6):19-25.

[15] 谢黎蓉 . 技术接受模型演变综述 [J]. 华中师范大学研究生学报，2014(1):155-161.

[16] 杨梦园 . 信息技术与组织结构关系研究的文献综述 [J]. 经济论坛，2015(1):131-133.

[17] 杨婷 . 从马斯洛需求层次理论的自我实现角度窥探青年自我实现的困境 [J]. 科教导刊（上旬刊），2016(9):169-170.

第 7 章

互联网用户行为

在今天的互联网竞争里面，我觉得最重要的还是用户满意度。

——摘自《互联网那些事儿》雷军语录

▶ 学习目标

1. 了解互联网用户的四类基本行为以及六类受众划分。
2. 具备识别目标受众的能力。
3. 通过对中国网民行为的数据分析为企业营销提供支持。

案例导入

阿迪达斯不再使用电视广告

2017 年 3 月 15 日，阿迪达斯 CEO 卡斯珀·罗思德（Kasper Rorsted）在接受 CNBC 采访时宣布，公司将放弃使用电视广告进行宣传，并寻求到 2020 年时将电子商务营收提高三倍。原因是年轻消费者主要是通过移动设备来跟商家进行互动，数字化业务对企业来说至关重要，所以企业准备放弃电视广告。

调研数据显示，2016 年，阿迪从设计和营销上，紧紧抓住了年轻人。他们发现，年轻人不是不看广告了，而是不太会去打开电视了。从 Instagram、微博上明星红人的照片，到阿迪官网的预售码，再到门外围着彻夜排队的年轻人的实体店货架上，阿迪用"年轻偶像 + 饥饿营销"组合打造的这些爆款一轮一轮地轰炸着我们的视听，电视广告在这其中确实没帮上什么忙。

尽管如此，在线广告还有很多问题需要解决。比如大多数的网络视频广告是无效的，有 81% 的用户会对视频静音，62% 的用户对强制播放的广告感到恼火，93% 的人考虑使用广告拦截应用。广告主在衡量投放策略的时候，往往会孤立地去看每个媒体渠道的回报率，忽略了各媒体渠道的互相作用，他们很难看清或意识到网络媒体广告的效果是如何被电视平台所影响的。广告主将电视广告资源转而投入网络广告只能在短期内造成销量增长，而在长期回报率上反而会降低。因此，广告主不应当再孤立地看广告投放渠道，而应在选择广告投放策略时，更多地参考长期回报率。

资料来源：作者综合整理。

本章以介绍互联网用户的四类基本行为开篇，描述当下网民在不同互联网平台上的行为。接下来根据互联网用户行为，将社会化媒体的目标受众分为六类，并进行详细描述。最后对我国网民互联网行为最新数据进行分析。通过这一章，为社会化媒体营销人员制定营销策略提供支撑。

7.1 互联网用户基本行为

社会化媒体的复杂性源于媒介和渠道的庞大数量以及新媒介的不断涌现。如果我们能把相似的渠道聚在一起，这些选择就很容易比较。通过这种方式，我们能够方便地将社会化媒体组织成四个区域。塔腾（Tuten）和所罗门（Solomon）在他们的专著《社会化媒体营销》中将社会化媒体区域分为了四个部分，见图 7-1，参考他们的划分方法，本书将互联网用户行为划分为四类：社交行为、搜索行为、娱乐行为和购物行为。本节部分观点引自该书。

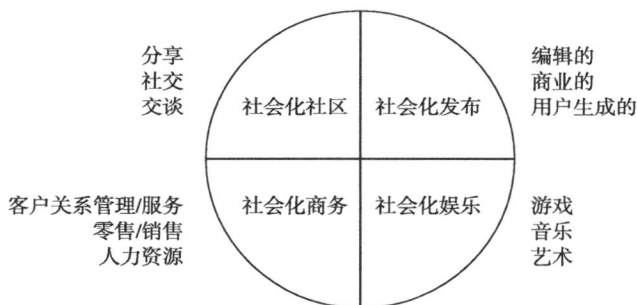

图 7-1　社会化媒体区域

资料来源：特蕾西·塔腾，迈克尔·所罗门. 社会化媒体营销 [M]. 李季，宋尚哲，译. 北京：中国人民大学出版社，2014.

1. 互联网社交行为

互联网社交行为的发生地点称为社会化社区，而社会化社区是指那些聚焦于关系以及具有相同兴趣或者身份的人共同参与活动的社会化媒体渠道。因此，社会化社区具备双向和多向沟通、交流、合作以及经验资源分享的特点。所有的社会化媒体渠道都是围绕着社会关系建立的，但是对于社会化社区来说，为了建立和维持关系而进行互动和合作是人们参与这些活动的主要原因。在这一区域中的人们一直在进行着社交行为。

处于社会化社区区域的渠道包括社交网站、留言板、论坛和维基百科等（见图 7-1）。这些渠道都强调在社区背景下的个体贡献、沟通、交流和合作。社会化社区区域注重关系。通过在这些渠道中成为一个积极的参与者，品牌可以充分利用社交网络达到若干营销目标，包括促销和品牌推广、客户服务、客户关系管理和营销调研。

社会化媒体营销人员可以在付费媒体（Gibs & Bruich，2010）和免费媒体上拉近营销和社交网络的距离。在社交网络中，品牌可以购买付费空间来做广告，并使用分享技术（例如 Share This）来进一步获取广告印象的价值。相反地，免费媒体对公司不产生直接成本的信息传播，传播方式不受品牌控制。品牌通过参与社交网络来产生品牌知晓和认知，以及正面的口碑交流。这也能带来额外的好处，比如通过社会化媒体分享的指向品牌内容的链接会影响品牌在搜索引擎（如谷歌和雅虎）中的排名。所以，消费者不仅会被品牌互动和所处社交网络上的品牌推荐所影响，而且会通过搜索看到品牌相关内容。

2. 互联网搜索行为

互联网搜索行为的基础是社会化发布。社会化发布网站旨在将内容向受众传播。社会化发布区域包括下列允许个人和组织发布内容的渠道：博客、媒体分享网站、微博以及信息和新闻网站（见图 7-1）。通过在这些媒体分享网站上发布内容，促进互联网用户的搜索行为。

对于营销人员来说，社会化发布具有双重目标：①增加品牌信息的曝光量；②使用内容为品牌的自有媒体带来访问量。社会化发布过程类似于传统广告活动中的媒体计划过程。在传统广告活动中，媒体计划决定了活动中的创意内容将如何使用特定的媒体工具（如广播和广告牌）传播给目标受众。媒体计划人员在目标受众到达、信息曝光量和预期结果方面为广告投放设定需要完成的具体目标。社会化发布几乎也是这样一个过程，不同的是，营销人员使用的创意内容不一定是广告（以传统静态或者富媒体的形式），而且内容传播使用的是能够指向内容的导入链接或者链接链条。它们主要来自搜索引擎结果、其他网站和社会化媒体社区。换句话说，传统媒体计划使用付费媒体来达到营销目标，社会化发布基于线上的自有媒体或者免费媒体来达到这些目标。

3. 互联网娱乐行为

互联网娱乐行为处于社会化娱乐区域中，它包含社会化游戏、启用了社会化功能的视频游戏、替代现实游戏和娱乐性社会化网络（见图 7-1）。另外，还有一些关注娱乐的包含社会化元素的应用和一些包含社会化元素的既可以在线玩又可以在移动设备上玩的社会化软件服务。社会化娱乐（特别是社会化游戏渠道）是社会化媒体中发展最快的领域之一。

品牌可以采用很多方式来利用社会化游戏进行营销活动。游戏提供了一种受众明确、到达范围广、参与度高且干扰少的促销方法以及与品牌粉丝互动的方法。组织还可以选择在一个现有的游戏中推广它的信息。在这些情况下，品牌可以通过显示广告、产品植入（Russel，1998；Petterle，2010）、游戏赞助以及将品牌植入游戏（Glass，2007）等方式在游戏里和游戏周边做广告。另外，一个品牌还可以更进一步开发自己的广告游戏，即一个传递品牌信息的游戏。此外，一些视频网站、音频网站、图片分享网站等也能带来娱乐效果，部分还有社会化发布的功能。

4. 互联网购物行为

互联网购物行为处于社会化商务区域中，指的是使用社会化媒体来辅助在线购买和销售产品与服务（见图 7-1）。当购买者在购物过程中进行互动和协作时，社会化商务对社会购物行为起到杠杆作用。社会化商务渠道包括评论网站或品牌电子商务网站的评论和评分、折扣网站和折扣聚合器（将折扣信息聚合为个性化的折扣推送）、社会化购物市场（拥有消费者推荐商品、评论和在购物时与朋友沟通等功能的在线商城）和社会化商店（在 Facebook 这样具备社会化功能的社交网站上经营的零售商店）。除此之外，企业可以通过使用微信、微博链接和分享（使用户分享他们正在读的书或做的事的工具）来使其传统的电子商务网站社会化。

7.2　社会化媒体目标受众

细分社会化媒体的使用者，营销人员可以更好地掌握他们的受众可能在哪些平台上活动，以及在什么地方进行对话。伊文思（Evans）在《社会化媒体营销技巧与策略》中对六类目标受众进行了简要介绍。

1. 创造者（creator）

创造者是在社交方面活跃的人，他们创造博客、视频、维基、论坛等。这些人对他们喜爱的东西十分热情，对厌恶的东西持尖锐的批评态度，或者喜欢某一种产品、某个品牌或某项服务——他们创作一些专门用来与别人对话和分享体验的东西，从而把这种热情带到更高的境界。

2. 评论者 (reviewer)

评论者在博客帖子上发表评论、对产品或服务进行评价，并且对论坛上的帖子进行回应，他们在社会化媒体上表现活跃。评论者还喜欢对产品和服务进行评级。评论者通常在微博上直言他们的意见，并且希望那些意见被别人看到。

尽管"评论者"这一名词可能带点负面的含义，但并不意味着这类人是难缠的人。特别是当你的公司组建了优秀的客服部门、有一个受人喜欢的品牌或者推出了你的客户觉得非常有价值的产品或服务时，那么，评论者也许会成为你更好的同盟者。即使他的意见是负面的，你也有可能把这些提出尖锐批评的人转变成公司、产品、服务、品牌最好的宣传员。

3. 收集者 (collector)

收集者喜欢寻找和分享互联网上的东西。他们收集书签，并且将它们提供给社会新闻网站。这类社会化媒体使用者往往专注于 Delicious 之类的书签网站，或者经常为 Digg 或 Stumbleupon 提供一些故事。

有时候，收集者也称为高级用户[⊖]。他们对提交到网站上的东西能够多么快地变得受欢迎、能够多么快地推动到社区网站的显著位置会产生很大的影响。根据网站的不同，收集者可能会在较短的时间里产生大量的网络流量，特别是当他决定为你的内容标记书签或提交你的内容，以及在一个受欢迎的网站上与好友或整个社区分享的时候。

4. 参与者 (participator)

参与者在诸如 Facebook、MySpace、LinkedIn 等社交网站上互动，或者在论坛或留言板中互动。这些是形成真正社区和社群的地方，也是他们进行对话并分享他们对某些主题的体验的地方。论坛和留言板是"社会化媒体的开山鼻祖"，互联网问世之初就一直在做这些。

参与者希望有一种归属感。加入一些社交圈子和社区论坛，使他们觉得与千里之外的人产生了联系，同时，他们喜欢就某个共同关心的主题来分享他们的经验。这些社交圈子都

⊖　高级用户拥有大部分管理权限，但也有限制。因此，高级用户可以运行经过验证的应用程序，也可以运行旧版应用程序。

使人们能够相互联系，而且这种联系是他们脱离互联网之后无法做到的。对于参与者而言，正是因为能够与远在千里之外的人们进行联系，社会化媒体对他们才有着巨大的吸引力。

5. 观看者 (spectator)

观看者喜欢坐在那里静静地看着。他们非常喜欢看博客，很可能装有专门的阅读软件。他们在微博上把 CNN 或 ESPN 的网站列入收藏夹，以便能够在关注其他的微博好友时，也收到最新的新闻资讯。

观看者还会查看评论，而且可以根据那些评论得出结论，无论公司是不是积极参与到那样的对话之中。基本上，受众群体中，总是以某种形式存在一些观看者。

6. 不活跃分子 (not active person)

这一类别的人，人如其名，这些人基本上经常上网，但不会参与社会化媒体的活动。在通常情况下，这些人往往是年纪较大的人，但也不会完全如此。

7.3　中国网民特征

根据第 39 次《中国互联网络发展状况统计报告》，中国网民特征如下。

1. 网民规模

截至 2016 年 12 月，我国网民规模达 7.31 亿，全年共计新增网民 4 299 万人（见图 7-2）。

移动互联网发展是带动网民增长的首要因素。2016 年，我国新增网民中使用手机上网的群体占比达到 80.7%，较 2015 年增长 9.2 个百分点，使用台式电脑的网民占比下降 16.5 个百分点（见图 7-3）。同时，新增网民年龄呈现两极化趋势，19 岁以下、40 岁以上人群占比分别为 45.8% 和 40.5%，互联网向低龄、高龄人群渗透明显。截至 2016 年 12 月，我国手机网民规模达 6.95 亿，较 2015 年年底增加 7 550 万人。网民中使用手机上网的人群的占比由 2015 年的 90.1% 提升至 95.1%，提升 5 个百分点，网民手机上网比例在高基数基础上进一步攀升（见图 7-3）。

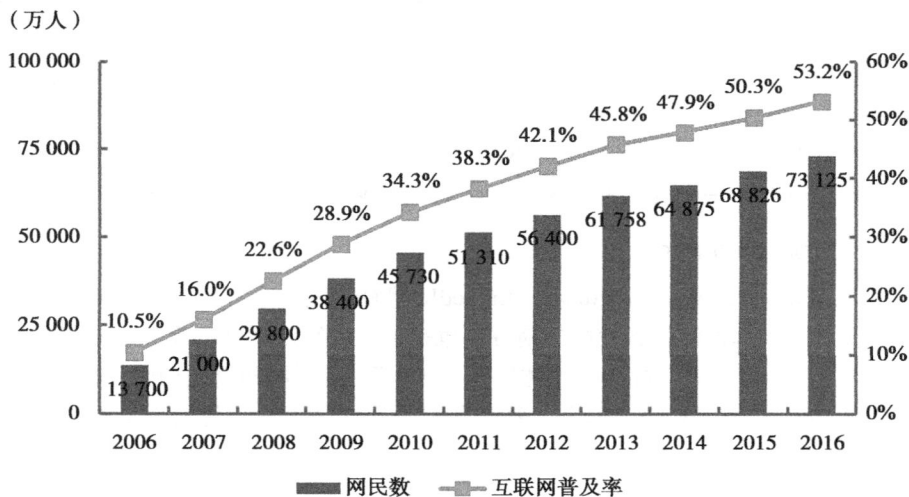

图 7-2　中国网民规模和互联网普及率

资料来源：CNNIC 中国互联网络发展状况统计调查 [EB/OL]. http://www.cnnic.net.cn/hlwfzyj/hlwxzbg/hlwtjbg/201701/t20170122_66437.htm, 2017-01-22.

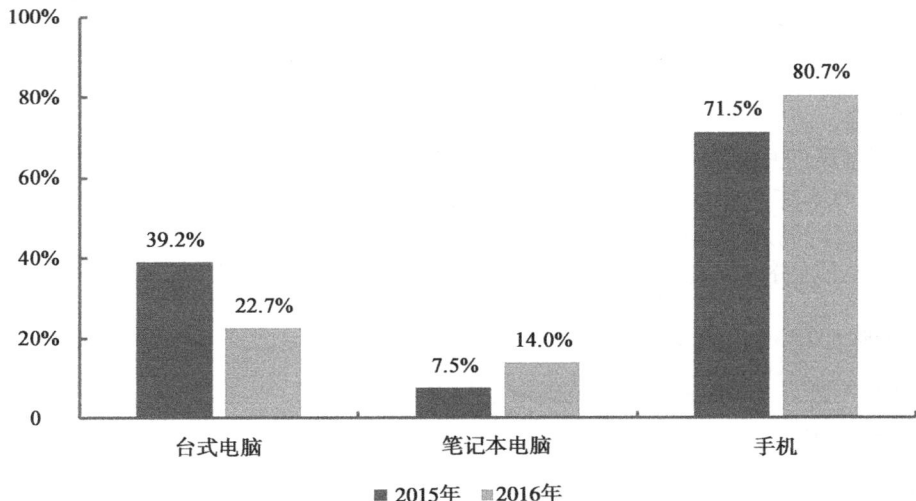

图 7-3　新网民互联网接入设备使用情况

资料来源：CNNIC 中国互联网络发展状况统计调查 [EB/OL]. http://www.cnnic.net.cn/hlwfzyj/hlwxzbg/hlwtjbg/ 201701/t20170122_66437.htm, 2017-01-22.

2. 网民结构

截至 2016 年 12 月，中国网民男女比例为 52.4:47.6。2015 年同期，中国人口男女比例为 51.2:48.8。这说明网民性别结构进一步与人口性别比例逐步接近。我国网民以 10～39 岁群体为主。截至 2016 年 12 月，10～39 岁群体占整体网民的 73.7%。其中 20～29 岁年龄段的网民占比最高，达 30.3%；10～19 岁、30～39 岁群体占比分别为 20.2%、23.2%，较 2015 年年底略有下降。与 2015 年年底相比，10 岁以下低龄群体和 40 岁以上中高龄群体的占比均有所提升，互联网继续向这两部分人群渗透（见图 7-4）。

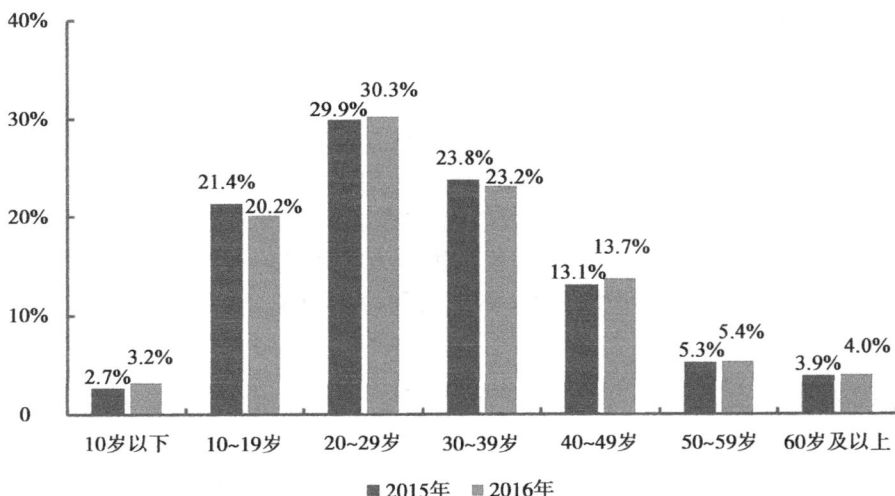

图 7-4　中国网民年龄结构

资料来源：CNNIC 中国互联网络发展状况统计调查 [EB/OL]. http://www.cnnic.net.cn/hlwfzyj/hlwxzbg/hlwtjbg/ 201701/t20170122_66437.htm, 2017-01-22.

关于网民的职业结构统计结果显示，网民中学生群体规模最大。截至 2016 年 12 月，学生群体占比为 25.0%；其次为个体户 / 自由职业者，比例为 22.7%，较 2015 年年底增长 0.6 个百分点；企业 / 公司的管理人员和一般职员占比合计达到 14.7%，这三类人群的占比保持相对稳定。

而对于网民的月收入①调查发现，月收入在中等水平的网民群体占比最高。截至 2016 年 12 月，月收入在 2 001～3 000 元、3 001～5 000 元的群体占比分别为 17.7% 和 23.2%。2016 年，我国网民规模向低收入群体扩散，月收入在 1 000 元以下的群体占比较 2015 年年底增长 1.2 个百分点。具体见图 7-5。

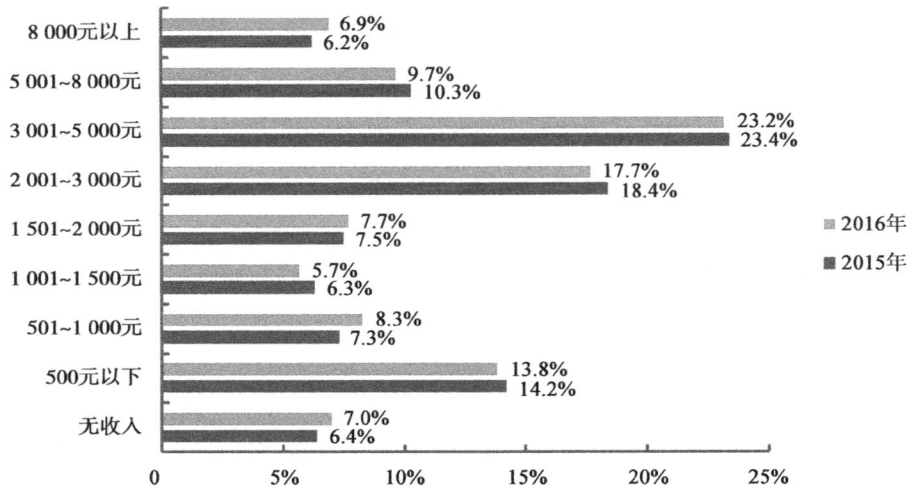

图 7-5　中国网民个人月收入结构

资料来源：CNNIC 中国互联网络发展状况统计调查 [EB/OL]. http://www.cnnic.net.cn/hlwfzyj/hlwxzbg/hlwtjbg/201701/t20170122_66437.htm, 2017-01-22.

7.4　中国网民互联网接入环境

1. 上网设备

使用手机、电视上网网民规模保持快速增长，台式电脑、笔记本的上网比例则继续呈下降态势。截至 2016 年 12 月，我国网民使用手机上网的比例为 95.1%，较 2015 年年底提升了 5.0 个百分点；使用台式电脑、笔记本电脑上网的比例分别为 60.1%、36.8%，较 2015 年年底均有所下降。智能电视作为家庭娱乐上网设备，上网比例持续攀升，截至 2016 年年底，网民使用电视上网的比例为 25.0%，较 2015 年年底提升了 7.1 个百分点。具体见图 7-6。

2. 使用场所

截至 2016 年 12 月，我国网民在家里通过电脑接入互联网的比例为 87.7%，与 2015 年

---

① 其中学生收入包括家庭提供的生活费、勤工俭学工资、奖学金及其他收入，农民收入包括子女提供的生活费、农业生产收入、政府补贴等收入，无业、下岗、失业群体收入包括子女给的生活费、政府救济、补贴、抚恤金、低保等，退休人员收入包括子女提供的生活费、退休金等。

年底相比降低了 2.7 个百分点，在单位、学校通过电脑接入互联网的比例均有小幅上升，在网吧、公共场所上网的比例略有下降。具体见图 7-7。

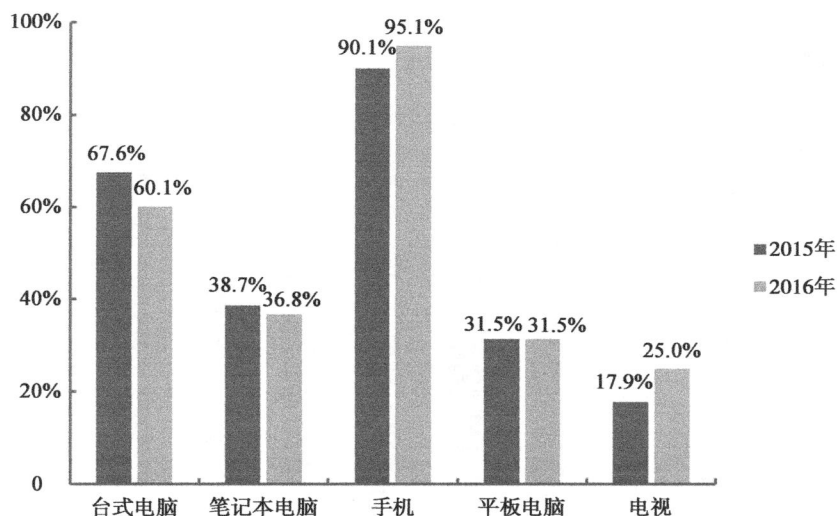

图 7-6　互联网接入设备使用情况

资料来源：CNNIC 中国互联网络发展状况统计调查 [EB/OL]. http://www.cnnic.net.cn/hlwfzyj/hlwxzbg/hlwtjbg/201701/t20170122_66437.htm, 2017-01-22.

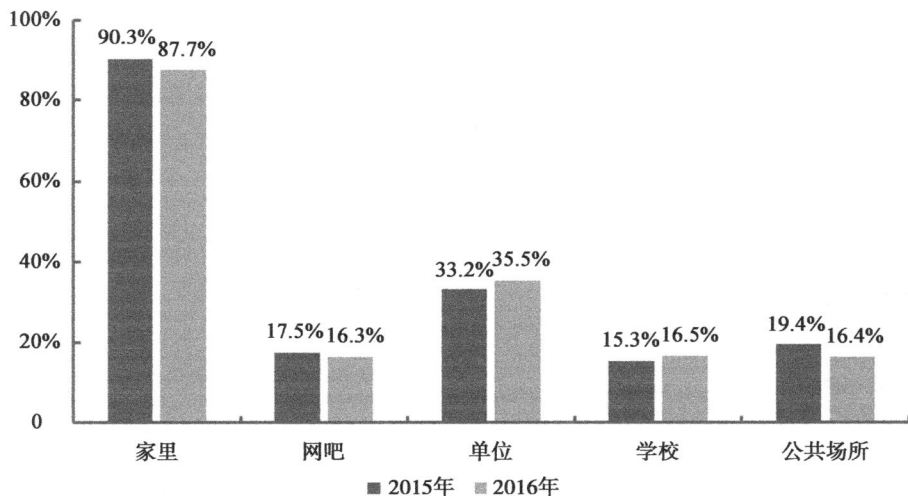

图 7-7　网民使用电脑接入互联网的场所

资料来源：CNNIC 中国互联网络发展状况统计调查 [EB/OL]. http://www.cnnic.net.cn/hlwfzyj/hlwxzbg/hlwtjbg/201701/t20170122_66437.htm, 2017-01-22.

3. 上网时间

2016 年，中国网民的人均周上网时长为 26.4 小时，与 2015 年基本持平。具体见图 7-8。2016 年，移动网民经常使用的五类 App 中，即时通信类 App 用户使用时间分布较为均衡，与网民作息时间关联度较高；网络直播类 App 在 17 点、19 点、22 点和 0 点出现四次使用小高峰；微博社交类 App 用户在 10 点之后使用时间分布较为均衡，在 22 点出现较小使用峰值；综合电商类 App 用户偏好在中午 12 点和晚 8 点购物；综合资讯类 App 用户阅读新闻资讯的时间分布较为规律，早 6 点至早 10 点使用时长呈上升趋势。具体见图 7-9。

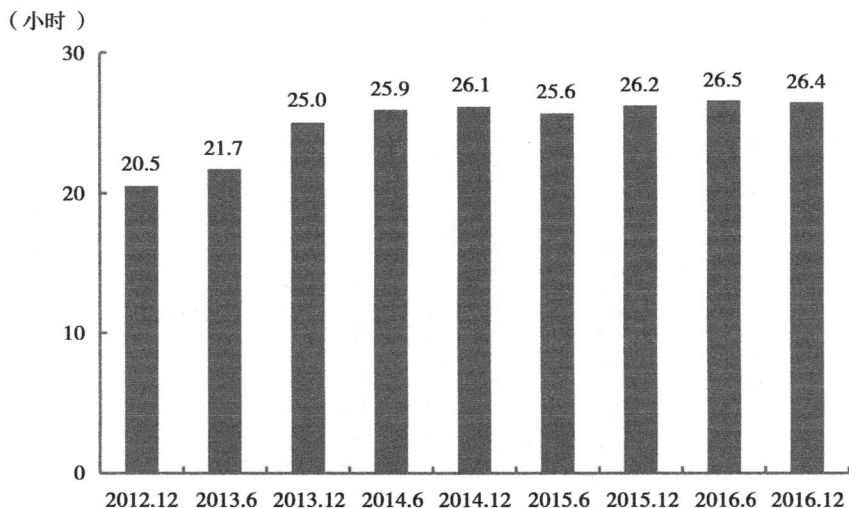

图 7-8　网民平均每周上网时长

资料来源：CNNIC 中国互联网络发展状况统计调查 [EB/OL]. http://www.cnnic.net.cn/hlwfzyj/hlwxzbg/hlwtjbg/201701/t20170122_66437.htm, 2017-01-22.

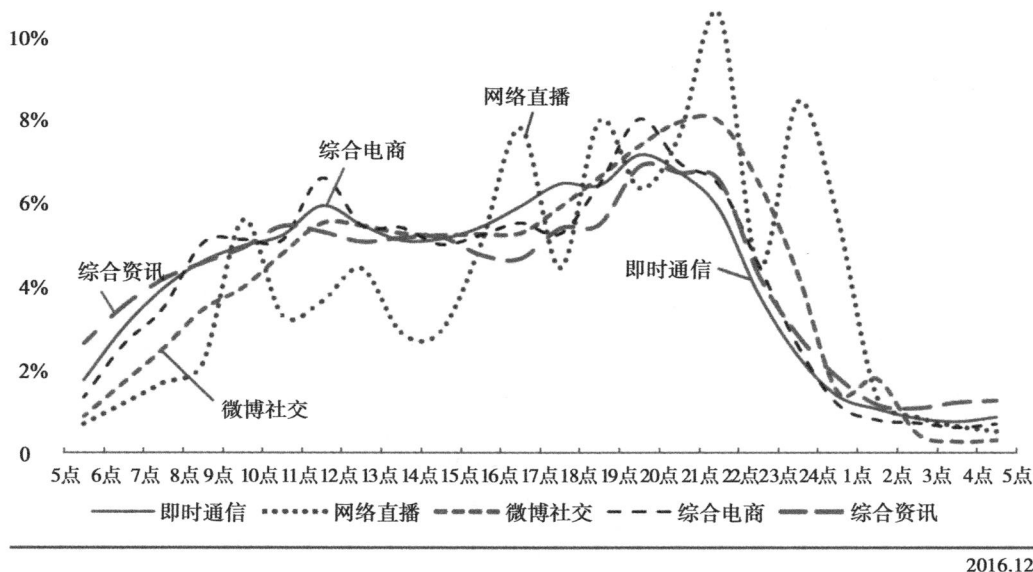

图 7-9　五类 App 用户使用时段分布[一]

资料来源：CNNIC 中国互联网络发展状况统计调查 [EB/OL]. http://www.cnnic.net.cn/hlwfzyj/hlwxzbg/hlwtjbg/201701/t20170122_66437.htm, 2017-01-22.

[一] 各领域 App 使用时长的时间段分布。例如，用户在 6:00～7:00 使用即时通信类应用的时长为 15 分钟，全天使用即时通信类应用的时长为 4 小时，计算方法即为 0.25/4。

7.5 中国个人互联网应用发展状况

2016 年，我国个人互联网应用保持快速发展，除电子邮件外，其他应用用户规模均呈上升趋势，其中网上外卖、互联网医疗用户规模增长最快，年增长率分别达到 83.7% 和 28.0%；手机应用方面，手机外卖、手机在线教育课程规模增长明显，年增长率分别达到 86.2% 和 84.8%。

1. 互联网社交行为

2016 年，各类社交应用持续稳定发展，互联网平台实现泛社交化。一方面，综合性社交应用引入直播等服务带来用户和流量的增长；另一方面，针对不同场景、不同垂直人群以及不同信息承载方式的细分社交平台进一步丰富，向创新、小众化方向发展。

排名前三的典型社交应用均属于综合类社交应用。微信朋友圈、QQ 空间作为即时通信工具所衍生出的社交服务，用户使用率分别为 85.8%、67.8%；微博作为社交媒体，得益于名人明星、网红及媒体内容生态的建立与不断强化，以及在短视频和移动直播上的深入布局，用户使用率持续回升，达 37.1%，比 2016 年 6 月上升了 3.1 个百分点。垂直类社交应用中，豆瓣作为兴趣社交应用的代表，用户使用率为 8.1%。

微信朋友圈、QQ 空间、微博虽然同属于综合类社交应用，但在社交关系的紧密度、用户属性及地域特征上存在较大差异。从交流属性来看，微信朋友圈是相对封闭的个人社区，分享的信息偏向朋友间的交互；微博是基于社交关系来进行信息传播的公开平台，用户关注的内容越来越倾向于基于兴趣的垂直细分领域；QQ 空间则介于两者之间。从用户特征来看，微信朋友圈用户渗透率高，除低龄（6~9 岁）、低学历人群（小学及以下学历）外，各群体网民对微信朋友圈的使用率无显著差异；五线城市网民、10~19 岁网民对 QQ 空间的使用率明显较高，产品用户下沉效果明显，更受年轻用户青睐；微博用户特征更为明显，一线城市网民、女性网民、20~29 岁网民、本科及以上学历网民、城镇网民对微博的使用率明显高于其他群体。具体见图 7-10。

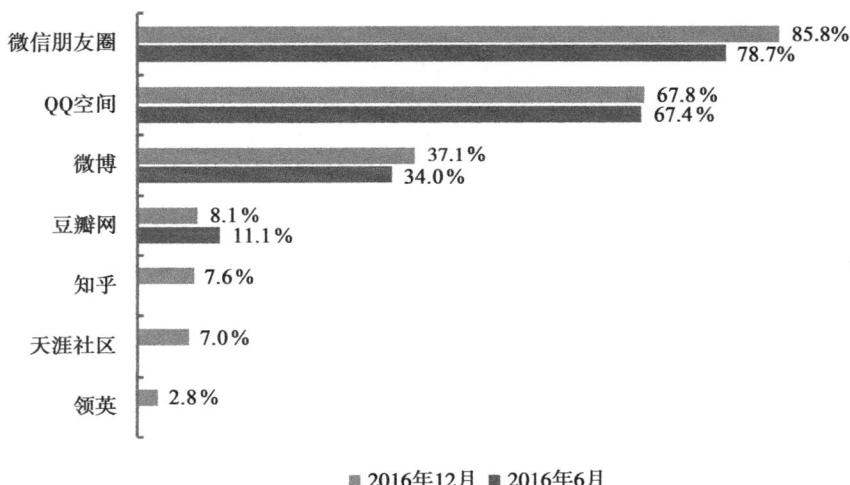

图 7-10 2016 年 6 月和 2016 年 12 月典型社交应用使用率

资料来源：CNNIC 中国互联网络发展状况统计调查 [EB/OL]. http://www.cnnic.net.cn/hlwfzyj/hlwxzbg/hlwtjbg/201701/t20170122_66437.htm, 2017-01-22.

2. 互联网搜索行为

截至 2016 年 12 月，我国搜索引擎用户规模达 6.02 亿，使用率为 82.4%，用户规模较 2015 年年底增加 3 615 万，增长率为 6.4%；手机搜索用户数达 5.75 亿，使用率为 82.7%，用户规模较 2015 年年底增加 9 727 万，增长率为 20.4%。具体见图 7-11。

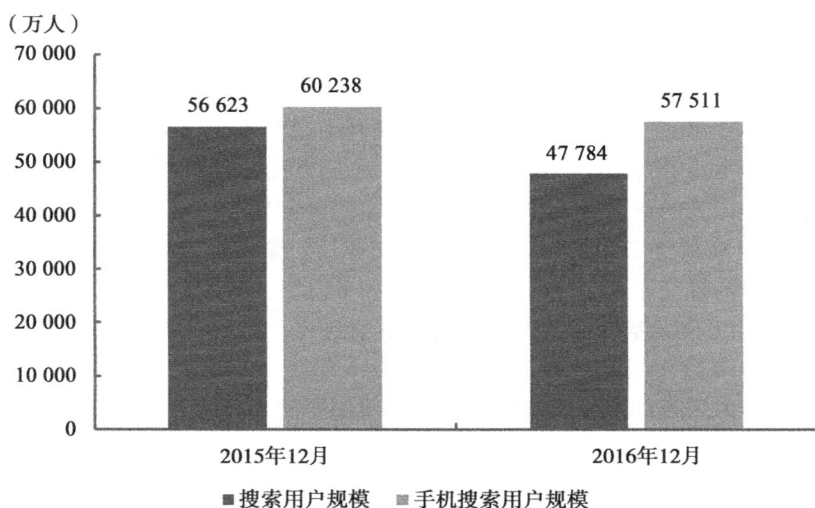

图 7-11　2015 年 12 月和 2016 年 12 月搜索 / 手机搜索用户规模

资料来源：CNNIC 中国互联网络发展状况统计调查 [EB/OL]. http://www.cnnic.net.cn/hlwfzyj/hlwxzbg/hlwtjbg/201701/t20170122_66437.htm, 2017-01-22.

在技术创新方面，搜索产品与多种前沿技术协同发展深入融合的趋势日益突出。用户对本地化、个性化搜索的需求日益旺盛，推动搜索引擎企业不断加大在前沿技术领域的投入。服务商通过将语音和图像识别、基于大数据的信息推荐、人机交互等技术与搜索产品深度融合，向用户提供更加个性化、场景化的精准信息搜索服务，使搜索产品功能持续丰富、信息覆盖范围得到拓展。

在服务延伸方面，以搜索产品为流量入口、多种互联网服务互联互通的生态系统已经形成。搜索应用与信息类、娱乐类、商务消费类互联网应用不断融合，如即时通信、社交、新闻、网络零售、O2O 服务、互联网金融信用等，特别是快速发展的 O2O 消费，正在成为搜索引擎市场的创新价值挖掘点。

在搜索服务规范方面，受上半年搜索引擎营销市场不良事件影响，国家互联网信息办公室、国家工商行政管理总局先后发布《互联网信息搜索服务管理规定》《互联网广告管理暂行办法》，不良商业推广信息大幅减少，网上信息搜索环境得到一定改善。随着政策深入贯彻落实、搜索引擎企业积极作为，以及网民安全上网意识逐步提高，互联网环境正在日益清朗，用户权益也将获得更大保障。

3. 互联网娱乐行为

截至 2016 年的 2 月，我国网络游戏用户规模达到 4.17 亿，占整体网民的 57.0%，较 2015 年年底增长 2 556 万人。网络文学用户规模达到 3.33 亿，占整体网民的 45.6%，较 2015 年年底增长 3 645 万人。网络视频用户规模达到 5.45 亿，占整体网民的 74.5%，较 2015 年年底增长 4 064 万人。网络音乐用户规模达到 5.03 亿，占整体网民的 68.8%，较

2015 年年底增长 176 万人。具体见图 7-12。

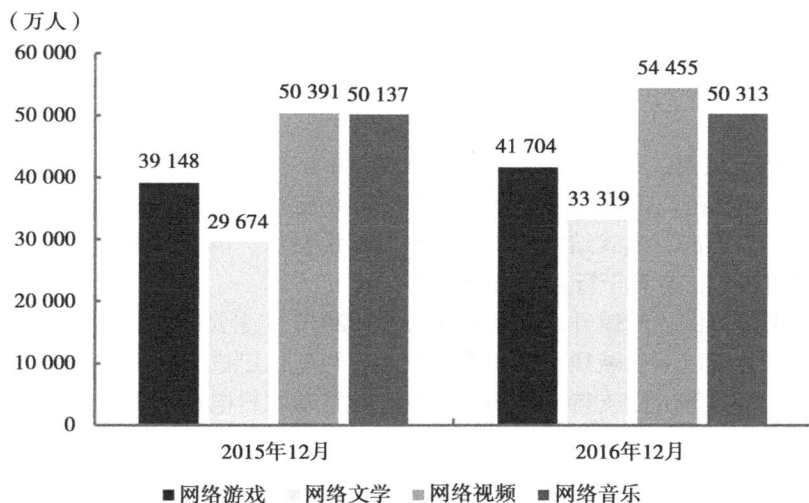

图 7-12　2015 年 12 月～ 2016 年 12 月网络娱乐用户规模

资料来源：CNNIC 中国互联网络发展状况统计调查 [EB/OL]. http://www.cnnic.net.cn/hlwfzyj/hlwxzbg/hlwtjbg/201701/t20170122_66437.htm, 2017-01-22.

4. 互联网购物行为

截至 2016 年 12 月，我国网络购物用户规模达到 4.67 亿，占网民比例 63.8%，较 2015 年年底增长 12.9%。其中，手机网络购物用户规模达到 4.41 亿，占手机网民的 63.4%，年增长率为 29.8%。具体见图 7-13。

2016 年，网络购物市场已进入成熟期。B2C 交易规模占比持续提升，线上线下融合进一步加深，行业整合、并购更加频繁，在一些领域也呈现出新的特征。

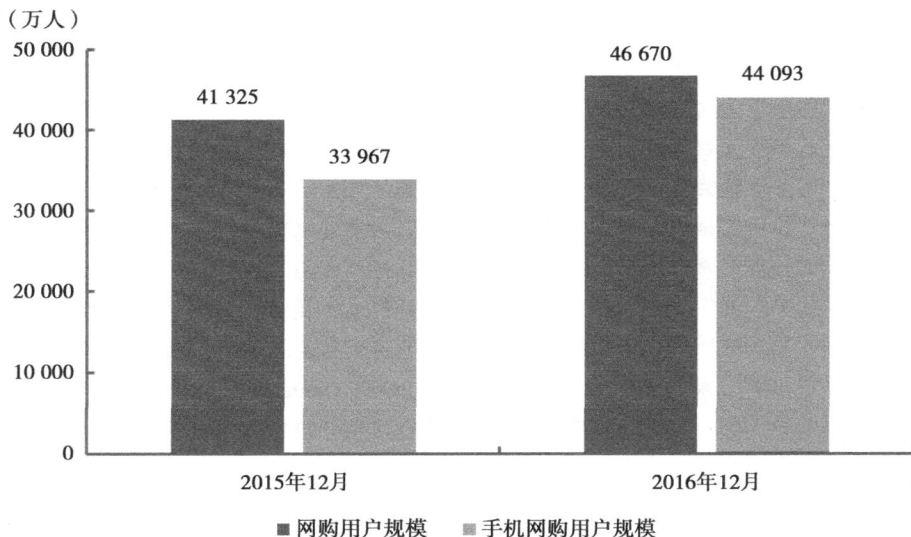

图 7-13　2015 年 12 月～2016 年 12 月网购 / 手机网购用户规模

资料来源：CNNIC 中国互联网络发展状况统计调查 [EB/OL]. http://www.cnnic.net.cn/hlwfzyj/hlwxzbg/hlwtjbg/201701/t20170122_66437.htm, 2017-01-22.

新技术、模式应用驱动电商业态多元化。在直播全民化、自媒体专业化快速发展的背景下，网红、直播等形式带动网络购物向娱乐化、体验化、内容化的方向发展。电商平台加大内容领域投入，新的流量聚集也有效促进了特定品类的交易转化。与此同时，VR、AR等技术在电商领域的应用也带来了新的购物体验，未来技术将推动更多零售业态的变革。

跨境电商新政过渡，行业逐步走向规范。在2016年跨境新政影响下，整体市场在调整中不断探索走向规范。市场结构上，缺乏资质和供应链管理能力的中小企业逐渐被挤出，市场集中度进一步提高；模式结构上，呈现出由保税发货、单一爆品向直邮、多品类长尾模式探索发展的趋势，有利于行业的长期有序发展。

农村电商渠道下沉，产销升级带动农村扶贫。2016年主要电商平台渠道下沉战略加快实施，京东推出县级以下区域线下加盟合作模式，阿里巴巴进入"农村淘宝3.0"阶段等，在物流、金融、服务等方面支持农村网购市场，在推动农村电商发展的同时促进地方扶贫脱贫。

|案|例|分|享|

网购情景线索类型及其作用机制

王林等人（2015）发现，网购者下单前通常阅读大量网购评论信息并加以对比分析，然后根据这些情景线索进一步判断哪些商品或商家会成为优选目标。然而，网购者很难从海量网购信息中准确匹配情景线索和驱动购买决策的目标信息，因为这些海量网购评论信息呈现非结构化的无序状态，这通常加大了网购者对网购情景线索的加工难度，造成行为目标导向反应的失调，从而延迟或改变其网购行为。另外，电商虽然有海量网购评论信息，但缺乏对网购者情景线索与行为目标导向反应理论的应用开发，使得很多营销策略没有真正被网购者所认可。因此，如何把握网购者的情景线索类型及其作用机制将影响到对网购行为的分类预测，这是行为科学及营销科学领域所关注的热点问题之一。针对这种问题，他们的研究团队基于行为执行意向理论探索网购情景线索的类型、特征及其作用机制，为进一步探索网购行为目标导向反应与网购情景线索匹配效应奠定基础。研究方法及研究结论摘录如下。

1. 研究方法

执行意向主要包含选择特定的情景线索、选择合适的目标导向反应，即通过"如果"和"那么"假设形式而建立起认知成分联结。根据执行意向的概念可知，情景线索是行为目标导向反应的催化剂，不同的情景线索会导致不同的网购行为。因此，网购情景线索的分类及特征的研究将有助于揭开网购行为的诸多规律。

在此研究中，获取网购者对网购商品或服务感知的真实数据十分关键，这有助于挖掘网购情景线索的类型及作用机制。在这样的情况下，采集这种海量、客观的网购评论才能科学准确地揭示网购情景线索及其作用机制的规律。另外，研究人员运用扎根理论研究方法，对网购者在电商平台上的网购评价信息进行深入分析和挖掘，探索影响网购情景线索类型的相关因素，提炼出网购情景线索类型及作用机制等研究结论。最后，利用沈阳教授设计编码的ROST Content Mining System内容挖掘软件进行网购评论的内容挖掘分析和词频共现矩阵分析。

研究人员为使研究更具规范性、科学性和全面性，在数据采集和资料整理的两个关键过程采取以下标准严格控制样本的数量和质量，以获取有效的大量网购评论信息。①以淘宝为信息采集的主要来源，以京东商城、唯品会、凡客诚品等网站的网购评论信息作为补充，以确保尽量包含绝大多数网购评论信息。②根据淘宝指数、百度搜索指数确定网购交易量最多的服装类商品，然后采集对应分类下销量靠前的网购商品评论信息，确保信息采集的全面性、侧重点。③对每类商品评论信息采集时保证随机性抽取，以充分体现商品所属类别的特征，体现选择样本的代表性。④在搜集过程中不得掺杂个人主观因素和修改原始评论信息，保证信息搜集的有效性。通过以上采集标准共获取 5 000 多条网购评论信息。在资料整理阶段，设立如下标准：①删除重复评论。②删除评论不足两个汉字的语句。③删除没有明确意义的评论。通过以上筛选标准，最后得到 2 000 条有效评论语句。

2. 研究结论

随后经过开放式编码、主轴编码和选择性编码，确定了"网购情景线索的作用路径"这一核心范畴。以此为基础，研究人员建构和发展出一个全新的网购情景线索作用模型的理论构架（见图 7-14）。从该理论构架可以得出，价值感知线索和信息驱动线索是影响在线客户对商品或服务认同与依赖的前因变量，知觉情感和质量安全线索是影响认同与依赖的中介变量。通过对研究资料的内容分析也发现，在现实的网购过程中人们比较关注价格和商品细节，一旦这些情景线索激发了顾客的欣喜情感体验，就会促进网购者赋予产品某种情感氛围，产生首因效应和享乐型消费动力，进而会出现对产品质量较高的评价，这种情景线索效应会正向影响到网购者的认同感和依赖感。

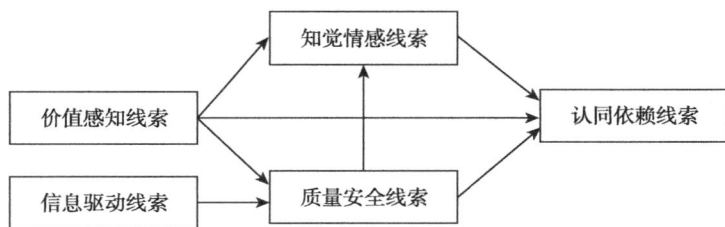

图 7-14　网购情景线索的作用机制

然后利用 ROST 文本数据挖掘软件设置分析文档只取 300 个高频词，构建网络和共词矩阵时均只取 200 个高频词，在此基础上构建了关键词共现矩阵，初步探索表明研究构建的网购情景线索类型及其作用模型符合网购实际情境，具有较好的解释力。

最后采用原始资料检验法、专家评价法和信度评估法，均表明研究结果具有较好的一致性，说明研究是有效、可信和可靠的。

资料来源：王林，曲如杰，赵杨 . 基于评论信息的网购情景线索类型及其作用机制研究 [J]. 管理评论，2015(4):156-166.

▶本章小结

塔腾和所罗门在他们的专著《社会化媒体营销》中，将社会化媒体区域分为了四个部分，分别是社会化社区、社会化发布、社会化商务和社会化娱乐，分别对应着互联网用户的社交行为、搜索行为、购物行为和娱乐行为。营销人员可根据用户的互联网行为制定相应的营销策略，以期达到营销目的。另外，伊文思在《社会化媒体营销技巧与策略》中将社会化媒体的目标受众分为六种，分别是创造者、评论者、收集者、参与者、观看者和不活跃分子，并对这六个群体进行了简要介绍。营销人员可以根据不同人群的互联网使用习惯，找到自己的目标受众，制定合适的营销策略。最后，本章对中国网民规模、结构、上网设备、使用场所、上网时间及常用 APP 进行简单的介绍，并根据互联网用户的四类基本行为，分别介绍了互联网社交、搜索、娱乐、购物应用的发展状况，为营销人员制定相应的营销策略提供帮助。

▶关键术语

社会化社区（social community）

社交网站（social networking site）

维基百科（wiki）

社会身份（social identity）

社会存在（social presence）

社会化媒体营销（social media marketing）

免费媒体（earned media）

付费媒体（paid media）

社会化发布（social publishing）

自有媒体（owned media）

社会化娱乐（social entertainment）

社会化游戏（social game）

社会化软件（social software）

社会化商务（social commerce）

折扣网站（deal site）

折扣聚合器（deal aggregator）

社会化购物市场（social shopping market）

社会化商店（social storefront）

Facebook 关联（Facebook connect）

创造者（creator）

评论者（reviewer）

收集者（collector）

参与者（participator）

观看者（spectator）

不活跃分子（not active person）

关键用户（power user）

中国互联网络信息中心（China Internet Network Information Center，CNNIC）

价值感知线索（value perception cue）

信息驱动线索（information driven cue）

知觉情感线索（perceptual emotion cue）

质量安全线索（quality safety cue）

认同依赖线索（identity dependence cue）

▶课后习题

1. 结合本章知识，分析开篇案例，指出该企业做出营销调整的原因。

2. 有人说，由 95 后主导的泛娱乐化时代，正在面临新旧思潮的全面融合，社交关系全面重塑，如今互联网娱乐产业的发展关键是把握 95 后用户的需求。针对这个情况，你认为互联网娱乐行业的下一步应该怎么做？

3. 数据显示，社交和购物行为随年龄下降，随学历和消费能力增长而增多。微信的月均打开次数随着年龄的递减呈递增趋势，90 后的月均打开次数是 60 后的近 2 倍，中年和青年群体热衷于移动购物，70 后、80 后、90 后群体淘宝使用频繁。根据以上数据，你认为如今的社交应用和购物软件开发企业应该怎么做？

▶参考文献

[1] Gibs J, S Bruich. Advertising Effectiveness: Understanding the Value of a Social Media Impression [EB/OL]. http://uk.nielsen.com/site/documents/SocialMediaWhitePapercomp.pdf, 2010-04.

[2] Glass Z. The Effectiveness of Product Placement in Video Games[J]. Journal of Interactive Advertising, 2007, 8 (1): 23-32.

[3] Petterle A. Reaching Latinos Through Virtual Goods. Media Post [EB/OL]. www.mediapost.com/publications/?fa=Articles.showArticle&art_aid=129857, 2010-10.

[4] Russell C A. Toward a Framework of Product Placement: Theoretical Proposition [J]. Advances in Consumer Research, 1998(25):357-362.

[5] 莉娅娜·李·伊文思. 社会化媒体营销技巧与策略 [M]. 王正林，王权，肖静，等译. 北京：电子工业出版社，2012.

[6] 特蕾西·塔腾，迈克尔·所罗门. 社会化媒体营销 [M]. 李季，宋尚哲，译. 北京：中国人民大学出版社，2014.

[7] 王林，曲如杰，赵杨. 基于评论信息的网购情景线索类型及其作用机制研究 [J]. 管理评论，2015(4):156-166.

▶拓展阅读

[1] Dinesh D. Why Micro-influencers Are a Social Media Marketing Imperative for 2017 [J]. Econtent, 2017, 40(3): 14-15.

[2] Eggers F, Hatak I, Kraus S, T Niemand. Technologies That Support Marketing and Market Development in SMEs-evidence from Social Networks [J]. Journal of Small Business Management, 2017, 55(2): 270-302.

[3] Gould D J, Grant Stevens W, S Nazarian. A Primer on Social Media for Plastic Surgeons: What Do I Need to Know about Social Media and How Can It Help My Practice? [J]. Aesthetic Surgery Journal, 2017, 37(5):614-619.

[4] Hajikhani A, Porras J, H Melkas. Brand Analysis in Social Network Services: Results from Content Analysis in Twitter Regarding the US Smartphone Market [J]. International Journal of Innovation and Technology Management, 2017, 14(2).

[5] Hoffman E W, Austin E W, Pinkleton B E, B W Austin. An Exploration of The Associations of Alcohol-related Social Media Use and Message Interpretation Outcomes to Problem Drinking among College Students [J]. Health Communication, 2017, 32(7):864-871.

[6] Kuoppamaki S M, Taipale S, T A Wilska. The Use of Mobile Technology for Online Shopping and Entertainment among Older Adults in Finland [J]. Telematics and Informatics, 2017, 34(4):110-117.

[7] Lin Y H, Hsu C L, Chen M F, C H Fang. New Gratifications for Social Word-of-mouth Spread via Mobile SNSs: Uses and Gratifications Approach with a Perspective of Media Technology [J]. Telematics and Informatics, 2017, 34(4):382-397.

[8] Manika D, Papagiannidis S, M Bourlakis. Understanding the Effects of a Social Media Service Failure Apology: A Comparative Study of Customers vs. Potential Customers [J]. International Journal of Information Management, 2017, 37(3):214-228.

[9] Sheu J J, K T Chu. Mining Association Rules between Positive Word-of-mouth on Social Network Sites and Consumer Acceptance: A Study for Derivative Product of Animations, Comics, and Games [J]. Telematics and Informatics, 2017, 34(4):22-33.

[10] Swani K, Milne G R, Brown B P, Assaf A G, N Donthu. What Messages to Post? Evaluating the Popularity of Social Media Communications in Business Versus Consumer Markets [J]. Industrial Marketing Management, 2017(62):77-87.

第8章

互联网用户购买模式

一切以用户为中心，其他一切都纷至沓来。
——摘自小米科技 CEO 雷军 2017 年在武汉"小米的互联网＋方法论"专题报告会的发言

▶ 学习目标

1. 了解传统的 AIDA 购买模型和互联网环境下的 AISAS 购买模型。
2. 理解社会化互联网环境下的 AISASCC 购买模型和消费者角色转换。
3. 掌握 AISASCC 模式下的企业品牌社区演进和互联网营销活动。

案例导入

惠普畅游人 pavilion 笔记本电脑线上品牌社区构建

2016 年 4 月 29 日，pavilion 笔记本正式以惠普畅游人笔记本的品牌身份进入惠普电脑官方微博，发出了第一篇品牌相关文案，并以此为契机开辟百万粉级别的线上品牌社区。

惠普畅游人 pavilion 笔记本十分重视线上销售渠道。线上渠道包括淘宝的惠普中国官方旗舰店以及其他惠普淘宝专卖店、京东惠普官方旗舰店、惠普官网官方商城。畅游人笔记本运营团队也为自己的目标用户提供了多渠道差异化功能的互联网社区支持，但该品牌没有自己独立的产品线上社区。包括官方微博、官方论坛、贴吧在内的所有社区都是与其他惠普电脑产品共同使用着。当然，其社区品牌构建的主要责任同样由其所使用的微博号"惠普电脑"官方微博所肩负着。

实际操作中，微博运营团队会定期推出畅游人笔记本的营销广告文案，希望通过"广告词＋产品＋代言人＋购买链接"的微博图文形式来拉动社区成员或其他浏览者购买。同时，后台运营团队会不定期地抛出话题场景，期望引发社区成员的讨论参与，但不会限制成员的讨论方向以及所表达的内容。

根据本书作者统计，截至 2017 年 4 月 15 日，"惠普电脑"官方微博累计关注人数共 258 万＋，历史总共推送出 7 649 条微博，其中涉及畅游人 pavilion 笔记本（pavilion 14、pavilion 15、pavilion x360）的相关的微博有 89 条，包括定期的产品营销广告文案推送，

不定期的与产品、代言明星或节日相关的话
题活动的发起。发布与畅游人 pavilion 笔记
本相关的微博的频率约为 3 天一次。最新 30
条与畅游人 pavilion 笔记本相关的微博中平
均转发量为 700+，平均评论量为 160+，平
均点赞量为 510+。这些互动也带动了产品的
线上销售。

资料来源：作者综合整理。

企业传播经历了传统大众媒体（如电视、电台、报纸、杂志等）、传统互联网媒体和社
会化媒体三个阶段。每个阶段媒体特性和公众媒体关注习惯存在差异，导致不同的消费者
传播反应模式。

8.1　大众媒体环境下的 AIDMA 购买模型

1. AIDA 模型

1898 年，路易斯提出消费者购买 AIDA 模型（科特勒，凯勒，2014）（见图 8-1）：①引
起注意（attention），即通过广告、促销、人员推广等活动刺激顾客，打断其注意力，让其
将精力、关注对象力转移到本公司广告、产品或服务上。②产生兴趣（interest），即在吸引
顾客注意的基础上，让其对本公司的广告、产品或服务等产生兴趣。③激发欲望（desire），
即调动顾客兴趣后，激发其积极情绪，产生强烈的拥有欲望。④实现购买（action），即将
顾客欲望转化为购买行动，促成交易。

```
┌──────────┐   ┌──────────┐   ┌──────────┐   ┌──────────┐
│ 引起注意  │→ │ 产生兴趣  │→ │ 激发欲望  │→ │ 实现购买  │
│ attention │   │ interest  │   │ desire    │   │ action    │
└──────────┘   └──────────┘   └──────────┘   └──────────┘
```

图 8-1　消费者购买 AIDA 模型

资料来源：菲利普·科特勒，凯文·莱恩·凯勒.营销管理 [M].王永贵，等译.上海：上海人民出版社，2012.

2. AIDMA 模型

在路易斯的 AIDA 模型基础上，1925 年爱德华·斯特朗考虑到广告的滞后效应和消费
者决策的心理行为过程，增加了一个"形成记忆"（memory）阶段，提出五阶段 AIDMA 模
型（陈思，2013），见图 8-2。该模型意在描述受众从接收信息到产生行动之间的动态过程，
用以指导企业营销传播实践。

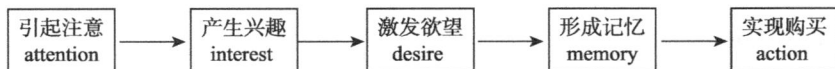

```
┌──────────┐   ┌──────────┐   ┌──────────┐   ┌──────────┐   ┌──────────┐
│ 引起注意  │→ │ 产生兴趣  │→ │ 激发欲望  │→ │ 形成记忆  │→ │ 实现购买  │
│ attention │   │ interest  │   │ desire    │   │ memory    │   │ action    │
└──────────┘   └──────────┘   └──────────┘   └──────────┘   └──────────┘
```

图 8-2　消费者购买 AIDMA 模型

资料来源：陈思.试论传播效果评估工具与方法的演进：从 AIDMA 到 SIPS 的效果评估发展阶段 [J].中国报
业，2013(6): 44-45.

8.2　互联网环境下的 AISAS 购买模型

1. AISAS 模型

在大众媒体时代，AIDMA 能够较好地解释消费者从信息接收到行为实现的过程。但

在互联网环境下，受众作为信息的接收者和发布者承担着双重角色，其购买模式也随之发生变化。为此，2005 年日本电通广告集团提出了 AISAS 模型（如图 8-3 所示），用以描述互联网环境下的消费者购买行为决策过程（北京电通网络互动中心，2007）。即①引起注意（attention），②产生兴趣（interest），③展开搜索（search），④购买行动（action），⑤购后分享（share）。该模型在 AIDMA 的基础上增加了消费者由于网络运用带来的消费行为变化 Search 和 Share。受众在对广告或促销信息产生兴趣后，会主动利用各种搜索引擎，检索了解公司、产品及服务等各方面信息。搜索的信息结果对其购买行为产生重要影响。在 AIDMA 模型中，行动（action）是购买模式的终结。但互联网环境下，这环节之后，消费者会根据自己的体验，对产品做出评价，形成二次传播，引起其他人注意，在下一个消费者身上形成新的销售过程。

图 8-3　AISAS 模型与 AIDMA 模型比较

资料来源：北京电通网络互动中心.AISAS，重构网络时代的消费者行为模式 [J]. 现代广告，2007(2):7-8.

2. AISAS 模型在社会化媒体环境下的拓展：SIPS 模型

2011 年，日本电通考虑到互联网社会化属性不断增强的客观背景，在 AISAS 模型之后又发布了 SIPS 模型（陈思，2013），如图 8-4 所示，即①共鸣（sympathize），②认同（identify），③参与（participate），④分享与扩散（share & spread）。该模型突出了受众获得信息后在社交媒体上的亲社会行为与结果。

图 8-4　消费者在社会化媒体上的 SIPS 行为模型

8.3　社会化媒体环境下的 AISASCC 购买模型

1. AISASCC 模型的提出

日本电通提出的 AISAS 和 SIPS 模型都有其适用范围，虽然能够解释消费者网络行为，指导企业互联网传播实践，但还有需要进一步澄清和拓展的空间。例如，消费者从注意力到购买行为再到分享行为之后，如何与社会化媒体上的其他顾客建立关系？如何与企业发生进一步的关系？等等。为此，本书作者在上述两个模型的基础上，结合在线社群发展新特点，提出 AISASCC 模型。由图 8-5 可以看出，在消费者完成购买和分享之后（AISAS）还会进一步：①人群聚类（cluster），即与在线社区内其他持有相似评价或价值观的顾客产生相似性效应（Gilovich，Keltner，Nisbett，2006），物以类聚，人以群分，最终聚合成为兴趣相同或价值观相似的亚社群。这个阶段相当于 SIPS 模型中的共鸣（sympathize）和认同（identify）两个环节。当一位顾客的分享得到社区其他顾客共鸣和认同时，他们的关系会更加亲近，形成相对紧密的亚社群。②建立承诺（commitment），顾客因购买企业产品而认识其他顾客，形成在线社区共同体，企业就是这个共同体的纽带。换句话说，顾客社群会与企业建立一种类似组织承诺的关系（Meyer, Allen, 1991），包括感情承诺（affective commitment），对企业的感情依赖、认同、忠诚、参与投入；持续承诺（continuance commitment），为了不失去在企业已有投入所换来的待遇（会员等级、会员专享特权等）而继续留在该企业社区；规范承诺（normative commitment），由于社会影响形成的社会责任而留在企业社区。对于顾客来说，上述承诺的具体表现就是参与（participate）企业活动，主动对企业的产品和服务做出分享与扩散（share & spread）。

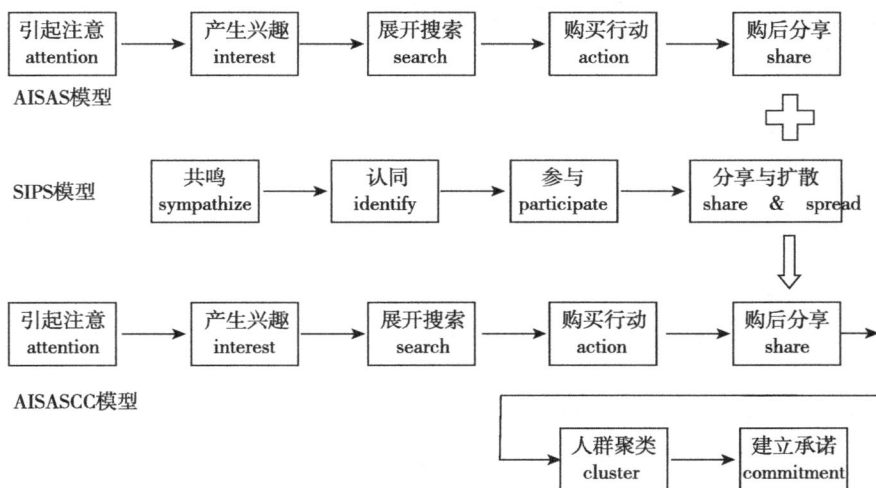

图 8-5　AISASCC 模型与 AISAS、SIPS 模型关系逻辑图

资料来源：作者整理提出。

2. AISASCC 模型中消费者相对企业的角色变化

根据 AISASCC 模型可知，消费者相对企业的角色在不断发展进化，如图 8-6 所示。①关注者（follower）。新媒体时代，消费者可以通过多渠道接触、了解企业、产品、服务或品牌。除了传统的电视传媒、纸媒广告以外，移动互联网的快速发展也为其提供了网页、微信、微博等新的渠道或方式。一旦消费者对某个企业、产品、服务或品牌产生注意，他就会主动利用搜索工具去进一步了解相关信息，成为企业的关注者。②购买者（purchaser）。消费者在进行多渠道信息收集、分析、比较后，会对产品产生选择并实现购买行为。该购买行为不限于传统的到店购买，新媒体催生电商平台（包括第三方平台、企业自有商城等）的发展，给消费者的购买提供了更大的便捷和更多的选择。③认同者（identifier）。消费者购买完毕，会在企业论坛、网络社区等互联网平台上分享购买经验、产品体验等。分享过程中，如果发现社群中有相似观点的其他消费者，则会产生共鸣，进而形成小群体——亚社区。或者，消费者在经过一次或多次消费后，会对购后满意、契合消费者自我个性的产品逐渐培养认同感，有些还会选择加入品牌社区，进行更多信息的搜索，适当地在品牌社区表达自己的观点，逐渐培养、完善对品牌的认识。该社区对企业、产品或品牌均持有相似认同感。④共生者（symbiont）。由于消费者对企业存在强烈认同，因此，当企业的产品、服务、品牌等需

要提升和完善的时候，该消费者会主动参与企业在线亚社区相关活动，也就是共同促进迭代升级。新媒体时代下的 UGC（用户原创内容）就是用户成为共生者的体现。UGC 是一种用户使用互联网的新方式，该模式下，用户将自己原创的内容通过互联网平台进行展示或者提供给其他用户，由原来的以下载为主变成下载和上传并重。在罗辑思维开展的商业项目中，粉丝可以为产品生产提供资金、资源，或是自荐成为商业合伙人，主动转化为共生者。

8.4 基于 AISASCC 购买模型的企业互联网营销活动

1. 基于 AISASCC 模型的企业品牌社区演化 CGMI 过程

由 8.3 节可知，在 AISASSCC 描述的消费者购买行为过程，单个消费者从关注者、购买者到群体的认同者、共生者逐渐转变，推动着企业品牌社群从无到有，从混沌到成熟进化（如图 8-7 所示），大体经历了四个时期。①混沌期（chaos period）。在此阶段，消费者只是关注者，彼此之间尚未建立联系，与企业之间也没有建立实质性关系。②成长期（growth period）。在此阶段，有一批消费者已经变成购买者，对企业、产品、服务及品牌建立交换关系，这批消费者构成了企业品牌社区的雏形，并吸引更多的关注者和购买者加入。③成熟期（mature period）。在此阶段，消费者因为不同的产品、服务偏好以及价值观，找到认同者，自发形成不同的在线亚社区，构成品牌在线生态社群。④迭代期（iteration period）。此阶段，消费者不满足于购买产品、分享体验等行为，愿意以共生者角色，进一步帮助或参与企业产品研发、品牌发展等。

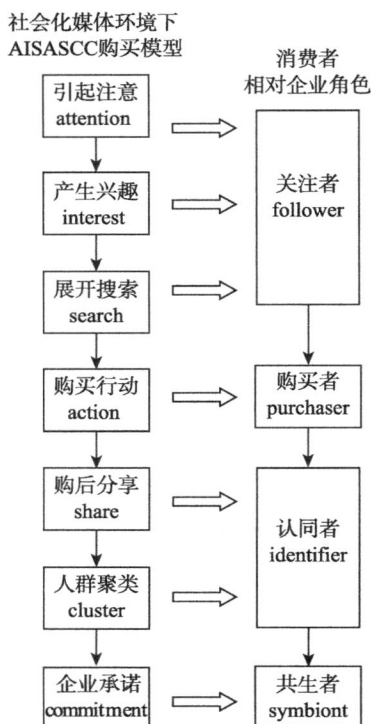

图 8-6 AISASCC 模式下消费者相对企业角色的变化
资料来源：作者整理提出。

2. 推动品牌社区演化的企业互联网营销 DCCS 活动

了解到企业品牌社区进化的四个阶段后，企业可以主动通过互联网营销互动，促进消费者购物与分享行为，进而影响其与企业的关系，最终构建良性互动的企业品牌社区，实现消费者与企业的共生。图 8-7 显示了从企业互联网营销活动，到消费者购物行为、消费者角色、企业品牌社区之间的关系逻辑图，反映出了企业营销活动与品牌社区构建内在的关系。与消费者角色转化相匹配，企业的互联网营销互动可以分为：①引流（drainage）。即通过广告、新媒体推广等各种形式，吸引消费者关注，促使其产生兴趣、展开搜索，变成企业的产品、服务或品牌的关注者，推动企业品牌社区的创建。②转化（conversion）。通过网络折扣、积分、奖励等促销活动促成交易，将消费者从关注者变为购买者，促进企业品牌社区成长。③圈化（circlization）。通过客户追踪、互联网大数据分析等方法，对在线消费者进行画像聚类，重点引导企业品牌的认同者，共同建立社区生态圈。有态度的内容、互动参与、共享互利等是这种社区生态圈得以维持的重要支撑。企业可以通过营销活动，提出共同价值观，提升成员认同感；建立社群组织机构，实现成员自治；设计社群活动，注重成员参与感。④糯化（sticking）。通过社区互动，邀请其参与创意策划、品牌传播、产品研发、渠道推广、资源共享等，将认同者转化为共生者，促进品牌社区迭代升级。例如，互联网餐饮企业伏牛堂在运营自己社群——霸蛮社的过程中，通过线上以及线下的活动让社群中的成员参与其中，连伏牛堂的服务员（内部称为御林军）都是在霸蛮社社群中自发产生的。另外，也可以打造成员人人可参与的众筹商业模式。因为在社群中会出现很多成员自己发起的项目，通过社群成员的众筹不仅能够解决项目的资金问题，更重要的是能够通过项目实现成员之间的资源互换、资源共享，让成员通过社群的力量实现自己的追求。罗辑思维在其微信公众平台专门设置了社群众筹项目，社群成员自己有优秀的项目就可以通过微信公众平台进行众筹。

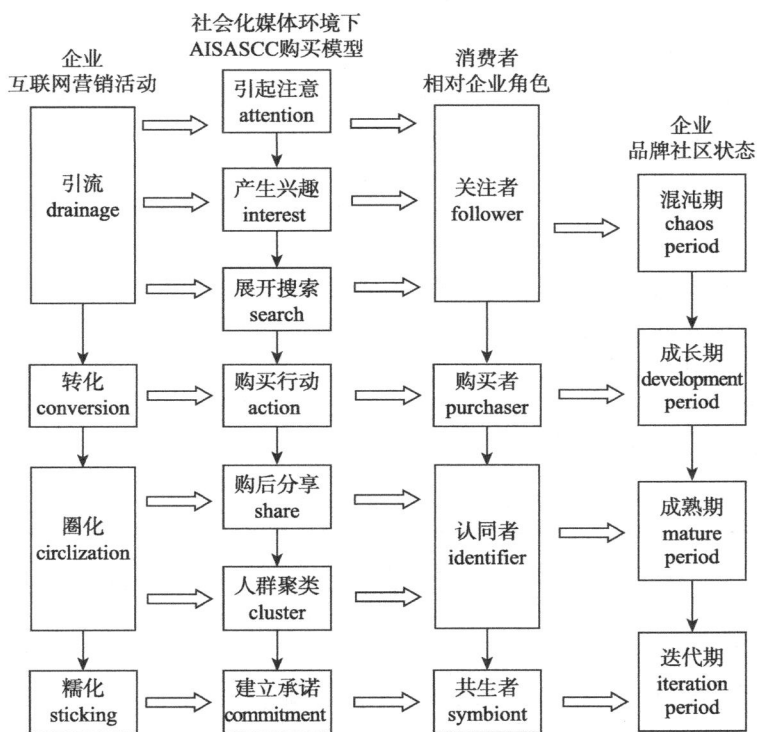

图 8-7　AISASCC 模式下企业互联网营销活动及品牌社区进化

资料来源：作者整理提出。

8.5　企业互联网营销活动应用：小米案例分析

小米成立于 2010 年，是一家专注于智能硬件和电子产品研发的移动互联网公司。公司在短时间内形成初具规模的用户平台，成为增长最快的公司，创造了两个奇迹：用户奇迹——粉丝规模大且活跃度高；业绩奇迹——从 2011 到 2016 年创造的营收相当于传统企业十几年的财富积累。其成功的背后，小米社区运营功不可没。以下结合本章 DCCS 互联网营销活动进行分析（根据奥维咨询《小米论坛粉丝运营分析》资料整理）。

1. 小米粉丝概况

在小米的粉丝群中，"85后""90后"占比为73.6%。他们渴望被认同，喜欢"淘""秀""晒"的深度自我化，与低经济自由度之间的矛盾促使他们通过"圈子"来自由发表观点，重建联系。粉丝中本科生和大专生占比为79%。他们有一定的学历，但多为学生或职场"菜鸟"；他们渴望成功，渴望被认可，同时他们又不得不直面生活中的"柴米油盐"。面对理想与现实的落差，他们希望通过小米社区表达观点，获取认同感，微光前行。男性占比为91.8%。他们普遍痴迷于计算机、技术升级、刷机，喜欢玩手机且花较多时间在手机上，是典型的"手机控"。68.6%的米粉集中在珠三角、长三角和环北京经济圈。在一线城市，米粉在年轻人中的渗透率最高，其次是二线城市，三四线城市最低。意见领袖量不足1%，但发回帖频次较高，对整个论坛活跃度贡献较高。意见领袖数量虽少，但对小米的作用大。米粉追求高性价比，具有高价格敏感度。

2. 小米论坛运营DCCS策略

论坛运营包括：①引流。通过线上线下平台相互引流，扩大用户规模，并通过扩散型平台引流至小米论坛进行用户沉淀，打造发烧友集散地，为小米企业服务。②转化。通过多种社交媒体引流粉丝至小米官网，最终实现产品销售。③圈化。论坛板块在满足粉丝"淘""秀""晒"的基本需求的同时，还根据不同粉丝团的兴趣爱好设置专属板块，提供给粉丝展现自我价值的平台。各个板块满足了米粉不同层次的内心需求，保障了论坛的活跃运营。④糯化。根据米粉在论坛上的表现，设置从纵深化会员到小米头衔会员的管理体系，给予会员从享受基本权限到获取权利与福利的管理权限，吸引粉丝快速升级并精心经营论坛身份，给予米粉在升级与论资排辈中更多的认同与满足感，增加粉丝黏性。尊重粉丝建议与体验，打造"无薪员工"参与系统更新，并通过高额奖励众筹精英参与设计，实现粉丝自我价值。其特色主要集中在圈化和糯化两个环节。具体见表8-1。

表8-1 小米论坛主要活动形式

	线上活动		线下活动
活动分析	针对小米产品的整个生命周期开展活动，活动主题与产品生命阶段相结合，注重活动的节奏，通过用户参与，实现产品从开发到退市再到迭代的良性循环过程 开展话题活动与粉丝互动，打造其他厂商活动平台，尝试平台化 充分利用论坛，除具有社交功能外，通过活动持续激发粉丝的活跃性，不断扩大其功能外延，如调研、营销、销售、服务等，最终打造成开放性平台		同城会变革——组织线下活动，提升群组成员活跃度与拉新
活动组合	简单的低投入活动组合快速吸引新老粉丝围观，增加论坛人气，同时也为产品销售达到了造势的目的，线上活动平台拉新，线下活动平台进行抢购、玩机、刷机等心得交流，建立联系，发挥意见领袖的作用，扩大粉丝规模及增强粉丝黏性，同时扩大品牌区域影响力		

资料来源：奥维咨询（AVC）《小米论坛粉丝运营分析》。

| 案 | 例 | 分 | 享 |

虚拟品牌社区体验对社区认同和品牌忠诚的影响

武汉大学经济与管理学院黄敏学教授团队长期从事电子商务与消费者行为研究，他们2015年与香港城市大学商学院周南教授合作发表在《南开管理评论》上的一篇论文，基于消费者体验视角，研究了消费者参与社区活动所产生的不同社区体验成分，即信息体验、娱乐体验和互动体验对品牌忠诚的影响作用及机制。现将主要研究内容摘录如下。

1. 研究背景

Muniz Jr. 和 O'guinn 于 2001 年提出品牌社区（brand community）的概念之后，品牌社区相关的研究得到学术界的广泛关注。这一时期学者们大多关注的是基于现实社会交往而存在的品牌社区，将品牌社区视作一个具有共同意识、仪式和道德责任感的群体。但是随着互联网的发展，消费者交往的范围从现实转向网络，基于社交平台和虚拟网络的虚拟品牌社区由此产生。一般认为，虚拟品牌社区是指"基于某个品牌的消费者之间的社会关系和社会关联的、不受到地理范围限制的网上社区"。传统的品牌社区主要是消费者自发形成的，然而随着社会化媒体的发展，企业逐渐注意到虚拟品牌社区是增强品牌与消费者之间联系的重要工具，越来越多的企业主动建立了虚拟品牌社区。企业建立虚拟品牌社区的重要目标是通过为消费者一系列活动搭建平台，借此加强品牌与消费者之间的联系，创造消费者的品牌忠诚。但是相比消费者自发建立的虚拟品牌社区，品牌方主动建立的虚拟品牌社区中消费者的主动性和参与性更差，由此企业在建立乃至管理虚拟品牌社区时面临一个问题：如何管理和维护品牌社区，并真正使得虚拟品牌社区能服务企业的品牌绩效？

回顾虚拟品牌社区方面的研究，虽然学术界对于虚拟品牌社区的积极作用已经取得较多共识，但它们大多都将消费者对于社区的认同（或承诺）当作影响消费者品牌认同、承诺乃至依恋的前置因素，可是消费者对社区的认同（或承诺）并非天然的，而是在社区参与的过程中形成的。这就提示研究者应从消费者社区参与的角度出发，研究消费者的社区活动对社区乃至品牌的影响。基于此，本文从消费者的社区参与活动所产生的社区体验（community experience）出发，研究消费者在社区的体验如何影响其对社区的认同（brand community identity）乃至品牌忠诚（brand loyalty），试图为企业管理品牌社区提供比较新的视角和洞见。

2. 研究模型

本文从消费者体验视角出发，区分了社区体验中的不同成分，即信息体验、娱乐体验和互动体验，检验了三者对品牌忠诚的影响及社区认同在其中的中介传导作用。具体而言，本文以"小米社区"这一企业建立的虚拟品牌社区为研究背景，以其 281 位社区会员为研究样本，将虚拟品牌社区体验置为初始影响因素，实证研究虚拟品牌社区体验中信息体验、娱乐体验和互动体验对于社区认同及品牌忠诚的作用机制。本文的模型框架如图 8-8 所示。

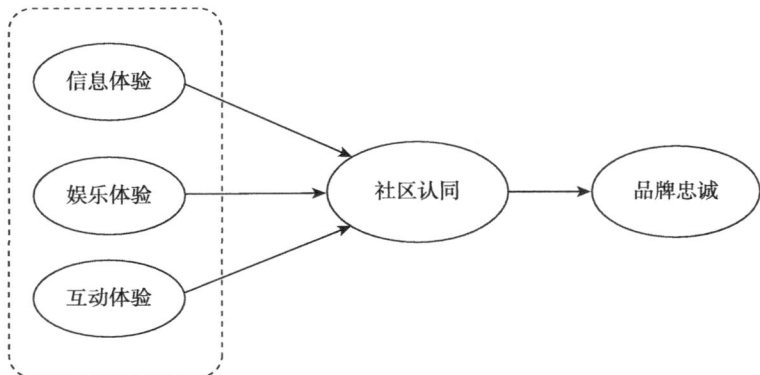

图 8-8　虚拟品牌社区体验对社区认同和品牌忠诚的影响研究理论模型

3. 研究结果

本文研究发现，信息体验、娱乐体验和互动体验对于品牌忠诚的影响存在显著差异，并且社区认同在其中扮演不同的中介传导作用。首先，互动体验对于品牌忠诚的影响并不显著，但是其对于社区认同的影响是显著的。这可能说明有些消费者加入社区可能是寻找其他消费者的意见，与其他消费者建立社会联系的动机，并且在与消费者的互动中形成对社区的认同，但是它并不一定促成消费者对品牌的忠诚。其次，消费者在社区中的信息体验显著影响品牌忠诚，并且社区认同在其中扮演部分中介的作用。以往的研究指出，信息价值是影响消费者参与社区的重要动机。结合本文的研究结论，我们推测：当消费者产生对品牌某种程度上的知晓和好感，并在这种初始态度的驱动下参与虚拟品牌社区中寻找产品信息，而当消费者如愿在社区中获得良好的信息体验，那么一方面能增强消费者对产品的知识，另一方面使得消费者社区成员是可靠的，能在未来解决他们购买产品中面临的问题时，形成对社区的认同，进而使得他们在未来忠诚于这一品牌。最后，消费者在品牌社区中的娱乐体验能显著影响消费者品牌忠诚，并且其作用受到品牌社区认同的完全中介作用。事实上，娱乐是消费者参与社会化媒体乃至社区的重要动机，有学者认为，参与社会化媒体的企业可以运用娱乐性内容增强消费者对品牌的好感。本文以实证研究的方式检验了这一观点，发现消费者的娱乐体验确实能影响消费者品牌忠诚，并且通过消费者对社区认同的中介机制而发生作用。另外，本文针对虚拟社区中不同群体成员做了比较分析，结果发现男性社区成员更容易沉浸于社区体验之中，形成品牌忠诚；不同参与时间长度的社区成员表现出很大的差异。参与时间较短的消费者更在意信息体验和互动体验，并由此推动品牌忠诚；但是对于参与时间较长的成员，他们更在意社区的娱乐体验。

本文对企业参与及管理虚拟品牌社区具有重要的启示。本文的研究表明，信息体验仍然是影响消费者品牌忠诚的最重要的因素。因此，企业在社会化媒体时代，及时地沟通产品或品牌的相关信息，促进消费者互相之间的知识分享至关重要。从产品信息的需求方面看，由于产品日趋复杂，消费者对产品知识的需求大大增强，而且消费者普遍更加信任其他消费者发布的信息，而非企业发布的信息。因此从知识的供给方来看，企业满足消费者对产品信息和知识的需求不仅仅依赖企业发起的产品信息传播，也要促进消费者以虚拟品牌社区为单位的知识共创和共享，这样才能提升消费者信息体验，促进消费者形成对本品牌的忠诚。同时，娱乐成为社会化媒体时代消费者最普遍的要求，企业更应该跟随消费者的需求，适时改变自己正式、官方的信息传播方式，以更加亲民的方式与消费者沟通，产生具有娱乐性的内容吸引消费者，这样才能使消费者更加产生对社区的认同，更愿意购买本企业产品。最后，虽然互动同样是消费者参与社区的动机，良好的互动体验能促使消费者产生对社区的认同，但是值得注意的是，互动本身并非目的，而有可能是消费者获取信息或者进行娱乐的手段。因此企业在促进消费者之间的互动时，不能将互动本身作为目的。另外，本文的研究证实了以往的研究结论，即参与到虚拟社区中的消费者呈现出不同的行为特征。例如，本文研究表明社区中的不同性别乃至不同参与时间长度成员对于品牌社区的需求是不一样的，社区管理者注意到这种差别才能更好地管理成员。总之，本文的研究认为，为了提升消费者对品牌的忠诚，企业作为社区管理者应区别对待消费者在社区中的不同体验，判别不同消费者群体对社区的需求和行为特征，着重培养消费者对社区的认同感这一由社区体验到品牌忠诚的重要中介传导机制。

资料来源：黄敏学，廖俊云，周南. 社区体验能提升消费者的品牌忠诚吗：不同体验成分的作用与影响机制研究 [J]. 南开管理评论，2015(3):151-160.

▶本章小结

　　大众媒体时代，消费者的购买行为可以用 AIDA 或 AIDMA 模型进行描述。在互联网环境下，日本电通公司先后提出 AISAS 和 SIPS 模型。在这两个模型基础上，结合新媒体环境下的新特点，本章提出了社会化媒体环境下 AISASCC 购买模式，即引起注意（attention）、产生兴趣（interest）、进行搜索（search）、购买行动（action）、购后分享（share）、人群聚类（cluster）、建立承诺（commitment）。根据 ASASCC 模型，归纳出消费者相对企业的四种角色演变，即关注者（follower）、购买者（purchaser）、认同者（identifier）、共生者（symbiont）。根据这 4 种角色变化，推导出企业品牌社区的 4 种形态，即混沌期（chaos period）、成长期（growth period）、成熟期（mature period）、迭代期（iteration period）。为了促进企业品牌社区的良性发展，企业需要做好 4 类互联网营销活动，如引流（drainage）、转化（conversion）、圈化（circlization）、糯化（sticking）等。

▶关键术语

社群经济（community economy）
关系承诺（commitment）
虚拟社群（virtual community）
引起注意（attention）
产生兴趣（interest）
进行搜索（search）
购买行动（action）
购后分享（share）
人群聚类（cluster）
建立承诺（commitment）
关注者（follower）

购买者（purchaser）
认同者（identifier）
共生者（symbiont）
混沌期（chaos period）
成长期（growth period）
成熟期（mature period）
迭代期（iteration period）
引流（drainage）
转化（conversion）
圈化（circlization）
糯化（sticking）

▶课后习题

1. AISASCC 模式下，消费者角色如何转化，企业品牌社区如何演进？企业应该采取哪些互联网营销活动？
2. 请结合本章知识分析开篇案例。
3. 同道文化是同道大叔创建的以星座文化为主的兴趣社群，社群以同道大叔自身对于星座的解读文字、漫画、视频等为主要表现形式。请分析同道文化社群发展模式。

▶参考文献

　　[1] Gilovich T, Keltner K, R E Nisbett. Social Psychology[M].New York:W W Norton & Company,Inc.,2006.

　　[2] 艾瑞克·奎尔曼.社群新经济时代：生活与商业行销模式大进化 [M]，洪慧芳，译.北京：财信出版社，2010.

　　[3] 北京电通网络互动中心.AISAS，重构网络时代的消费者行为模式 [J]. 现代广告，2007(2).

　　[4] 蔡骐.社会化网络时代的粉丝经济模式 [J]. 中国青年研究，2015(11):5-11.

　　[5] 陈思.试论传播效果评估工具与方法的演进：从 AIDMA 到 SIPS 的效果评估发展阶段

[J]. 中国报业，2013(6):44-45.

[6] 菲利普·科特勒，凯文·莱恩·凯勒. 营销管理 [M]. 王永贵，等译. 上海：上海人民出版社，2014.

[7] 海因兹·姆·戈德曼. 推销技巧：怎样赢得顾客 [M]. 谢毅斌，译. 北京：中国农业机械出版社，1984.

[8] 何方. 社群经济与企业转型发展 [J]. 浙江社会科学，2016(2):65-67.

[9] 黄静，王利军. 构建品牌社区 [J]. 商业经济研究，2004(18):50-51.

[10] 黄敏学，廖俊云，周南. 社区体验能提升消费者的品牌忠诚吗：不同体验成分的作用与影响机制研究 [J]. 南开管理译论，2015(3):151-160.

[11] 康彬. 受众身份的转变与角色的突围：浅析新媒体时代的积极受众 [J]. 新闻知识，2013(1):9-11.

[12] 李震. 基于 AISAS 模式的社会化媒体营销研究 [J]. 技术与创新管理，2012(4): 393-395.

[13] 卢晶. 推销理论与技巧 [M]. 北京：清华大学出版社，2015.

[14] 吴超，饶佳艺，乔晗. 基于社群经济的自媒体商业模式创新："罗辑思维" 案例 [J]. 管理评论，2017(4):255-263.

[15] 杨慧. 社群经济及社群运营策略探析 [J]. 商，2015(24):88.

[16] 杨伟文，刘新. 虚拟品牌社群价值对品牌忠诚的影响实证研究 [J]. 系统工程，2010(3): 53-58.

[17] 张初兵，侯如靖. 自我概念一致性对网商品牌忠诚影响的实证研究：品牌认同及承诺的中介作用 [J]. 软科学，2013(4):136-140.

[18] 张艳. 论互联网传播对消费行为模式的影响 [J]. 当代传播，2009(5):65-66.

▶拓展阅读

[1] Witkowska J. Integration Processes in the Global Economy: Current State and Prospects: The cases of the European Union, ASEAN Economic Community, and NAFTA[J]. Comparative Economic Research,2016,19(4).

[2] Gordon R. Radical Openings: Hegemony and the Everyday Politics of Community Economies[J]. Rethinking Marxism,2016,28(1).

[3] Foley P, C Mather. Making Space for Community Use Rights: Insights from " Community Economies " in Newfoundland and Labrador[J]. Society & Natural Resources, 2016, 29(8):1-16.

[4] Cieslik K. Moral Economy Meets Social Enterprise Community-based Green Energy Project in Rural Burundi[J]. World Development, 2016(83):12-26.

[5] Kelley B. Chocolate Frogs for My Betas: Practicing Literacy at one Online FanFiction Website [J]. Computers and Composition, 2016 (40):48-59.

[6] Kumsap K, R Indanon. Integration of Community Forest Management and Development Activities: Lessons Learned from Ubon Ratchathani Province[J]. Kasetsart Journal of Social Sciences, 2016.

第三部分

互联网营销战略与策略规划

第9章

互联网营销策略组合

大家还没搞清 PC 时代的时候，移动互联网已经来了；大家还没搞清移动互联网的时候，大数据时代已经来了。

——摘自阿里巴巴 CEO 卸任时的发言

▶ 学习目标

1. 了解传统 xPs 营销策略组合的发展脉络及时代背景。
2. 掌握新媒体环境下典型的互联网营销策略组合模式及内涵。
3. 能够选择应用互联网营销相关策略组合模式分析实际案例。

✓ 案例导入

联想小新的线上品牌社区构建

联想小新诞生于 2014 年，是联想在互联网方向上的一种新挑战。它有着"多彩靓丽""性能强劲""情报便携"的特征，被视为为年轻人打造的专属产品。小新电脑的家族成员"主要包括小新 air、小新 air pro、小新出色版 510s、小新电竞版 700、小新经典版 310，并且在以后的日子里将会研发出更多具有差异特征的不同型号的机器以满足不同需求。同时，作为互联网时代的新生儿，小新电脑一直都是主推线上销售路线，具体的线上渠道主要包括淘宝联想旗舰店、京东联想电脑旗舰店、苏宁联想官方旗舰店以及官方商城小新铺子，目前，联想小新的线上销售贡献主要集中在京东与淘宝的旗舰店上。

联想基于现实考虑，选择鹿晗作为小新的代言人。原因是，当下年轻人尤其 90后并不啃老，而是有志气且有希望的，所以联想也期望帮他们在人生发展中获得更好的自我体验，希望向他们提供最好的产品。这种品牌定义与作为小新代言人的鹿晗的状态惊人地相类似。对于今天这些年轻人，大多情况下人们只看到他们的光鲜，却总是没看到他们在一路上的拼搏与成长。鹿晗的明星打拼之路正好诠释了联想的小新精神，一路摸打滚爬，到今天的亚洲当红人气明星，鹿晗总是在不断自我突破，不断挑战权威，然后不断打造自己的新领域。

为了给互联网时代新生儿联想小新的粉丝用户们全方位的线上社区支持，小新幕后运营团队分别针对用户的不同需求（品牌归属感、使用交流、问题咨询）搭建起功能差异化的社区（小新专属微博、小新官方论坛、小新电脑贴吧），而其中联想小新笔记本官方微博号主要承担起小新笔记本的线上社区品牌构建工作。该微博为小新系列产品的专属微博号，其日常的运营内容为定期高频的话题活动、不定期高频的代言明星（鹿晗）动态关注、不定期的品牌 / 产品介绍文案或视频。2016 年 2 月以来的 15 个月中（其实际运营时间），一共发出微博 950+ 条，累计关注人数为 40 万 +，最新 50 条微博中平均点赞量 1 200+、平均评论量 500+、平均点赞量 1 800+。

资料来源：作者综合整理。

本章梳理了传统营销组合的发展脉络及演化特点，整理了七类典型的互联网营销组合策略，并给出了各类策略组合的前提与适用条件。

9.1　传统营销组合 xPs

由于时代背景变迁和营销实践需要，市场营销学诞生于 20 世纪初的美国（郭国庆，贾淼磊，2012）。早期的营销主要关注工业品分销和农产品贸易，也就是营销渠道策略。到了 20 世纪二三十年代，随着美国城市化程度提高，以百货商店、连锁商店业态为代表的商业零售行业崛起，市场营销开始关注广告、零售、支付信用等问题，即增加了对促销策略的重视。20 世纪五六十年代，美国经济进入黄金时代，婴儿潮等群体拉动市场消费，经济从卖方市场转向买方市场，推动企业探索各类营销策略，于是营销组合（marketing mix）概念在 1953 年被美国市场营销协会（American Marketing Association，AMA）主席尼尔·博登（Neil Borden）在就职演说中正式提出（王成慧，2003）。后由麦卡锡（McCarthy）等学者进行细化完善，形成了从 4Ps 到 11Ps 的框架体系（郭国庆，2009）。

1. 4Ps 营销组合

4Ps 营销组合，由麦卡锡在博登营销组合思想的基础上进一步凝练提出，首先出版在其 1960 年的《基础营销》（Basic Marketing）一书中，随后菲利普·科特勒（Philip Kotler）在 1967 年首版的《营销管理：分析、规划与控制》中予以再次确认。4Ps 的核心思想是：综合运用企业可以控制的营销手段（策略），实现最优化组合（吴健安，1994）。这些可控的营销手段很多，可以概括为 4 大基本类型：产品（product）、价格（price）、渠道（place）、促销（promotion），即著名的 4Ps。①产品是指企业提供给目标市场的商品和劳务的集合体，包括产品的效用、质量、外观、式样、品牌、包装、规格、服务和保证等。②价格是指企业出售商品和劳务的经济回报，包括价目表所列价格（list price）、折扣（discount）、折让（allowance）、支付方式、支付期限和信用条件等。③分销是指企业使其产品可进入和达到目标市场所进行的各种活动，包括商品流通的途径、环节、场所、仓储和运输等。④促销指企业利用各种信息载体与目标市场进行沟通的多元活动，包括广告、人员推销、营业推广、公共关系等（吴健安，1994）。

该营销组合提出的假设前提和内涵是：①从企业立场出发考虑营销活动。②提高营销活动效果，就要考察哪些因素是企业可控的，哪些是不可控的。企业应该通过作用可控的因素来提升营销效果。③环境因素是企业营销活动中不可控的，如政治、政府、经济、法律、社会、文化、技术、地理等。所以，企业的营销活动要适应这类不可控环境因素。④内部因素是企业营销活动中可控的，如产品、价格、渠道、促销等。企业要通过设计精巧的产品、价格、渠道或促销策略来促进营销活动效果。⑤为了获得理想的营销效果，企业可以通过计划设计可控的 4Ps 策略，来适应外部不可控的环境因素。⑥ 4Ps 策略对于企业营销活动来说，是一个整体策略，企业要根据营销目标协调四类策略，防止单个策略之间的作用相互抵消或干扰。

2. 6Ps 营销组合

随着时代环境的变迁，早期被认为是企业不可控制的外部因素（如政府、公众等）在营销实践中也出现能够被影响的趋势。换句话说，企业要提升营销效果，既要考虑内部 4Ps 策略的作用，又要考虑对外部的政府和公众施加影响。于是，1986 年菲利普·科特勒在传统 4Ps 基础上又加上了两个 P：政治权力（public power）和公共关系（public relation）。他将加入此两个要素的营销称为"大营销"（megamarketing），意思是说营销是在市场特征之上的，即不仅仅要考虑市场环境因素，还要考虑政治和社会因素。大营销要求企业进行经济、心理、政治和公共关系技能的战略调整，以获得有关各方的支持配合，从而进入该特定市场并开展经营活动（王成慧，2003）。

该营销组合提出的假设前提和内涵是：①继续从企业立场考虑营销活动。②企业营销活动不仅有直接顾客（直接使用者或消费者），还有间接顾客（如政府、工会和任何可以阻碍企业进入某一市场以获利的利益相关者）。③要提升营销效果，不仅要重视针对直接顾客的策略（4Ps），还要关注针对间接顾客的策略（政治权力和公共关系）。④政治权力策略，是指运用审慎的院外活动（即影响议会议员）和谈判技巧，向行业协会、立法人员和政府官僚们提出自己的主张，获得其他利益相关者（stakeholder）的反应和关注，为企业进入和在目标市场上经营创造有利条件。⑤公共关系策略，则是指运用大众沟通技术，如议题设定（agenda setting）、议题管理（issue management），影响公众对企业、品牌、产品或服务的看法，在公众心目中树立良好形象，最终促进营销效果提升。⑥ 6Ps 策略同样需要组合使用，协调一致，综合发挥作用。

3. 11Ps 营销组合

虽然 6Ps 已经关注到外部环境中的利益相关者对营销活动效果的影响，但整体仍然是战术层面的考虑，属于营销职能部门的工作。所以，还需要从公司战略层面考虑营销活动在时间（中长期）、空间（更大地理区域）及人（外部顾客和内部员工）等方面的因素管理。为此，1991 年，科特勒又在原来的 6Ps 营销组合基础上，增加了战略层面的新 4Ps 和人（people）的考虑（科特勒，1991）。新的 5Ps 包括：①探查（probing），即市场营销调研（marketing research），用科学的方法系统收集、记录、整理与分析有关市场、顾客、对手等方面的情报信息，提出解决建议，确保营销开展。②划分（partitioning），即市场细分（market segmentation），根据顾客需求差异，运用系统的方法，把整体市场划分为若干个群体，群内相似，群外异质。③优先（Prioritizing），即选择目标市场。在市场细分的基础上，企业根据资源约束情况，选择优先进入的市场，或优先满足的顾客群。④定位（positioning），即市场定位。根据自身的市场竞争地位，结合消费者需求特点，确定本企业和产品在市场独特的位置。⑤重视人的作用（people）。人包括外部的顾客和内部的员工。

外部营销（external marketing）的责任是满足顾客需求，让其在购买和消费中感到满意；内部营销（internal marketing）的责任是满足员工需求，让其在工作中感到满意。

该营销组合提出的假设前提和内涵是：①继续站在企业立场考察营销问题，但开始关注顾客需求与市场竞争。② 企业不仅要考虑战术层面的营销活动，还要关注战略层面的营销规划与管理。③企业不仅有外部顾客，还有内部顾客。营销活动要兼顾两类顾客的满意度，才能提升营销效果。④ 11Ps 策略要组合使用，协调一致，综合提高营销效果。为此，营销人员首先要做好调研（probing）、市场细分（partitioning）、选择目标市场（prioritizing）和定位（positioning）四种营销战略工具，然后使用产品（product）、定价（price）、分销（place）和促销（promotion）四种营销战术工具，同时还应该具备灵活运用公共关系（public relation）和政治权力（public power）两种环境影响技能。

4. 服务营销 7Ps 组合

除了上述营销组合以外，20 世纪 80 年代初，服务营销领域的学者借鉴了 4Ps 营销组合思想，结合服务行业特点，提出了服务营销的 7Ps 组合（Booms，Bitner，1981）。也就是在原有 4Ps 基础上增加了三个 P：①人（people，或 participant），指参与服务的员工和顾客。②有形展示（physical evidence），指服务环境，以及服务生产和与顾客沟通过程中的有形物质、展示环境等。③过程（process），指活动流程、服务程序，以及与顾客互动沟通机制等。

该组合的前提和内涵是：①继续站在服务企业的立场看待营销活动。② 正视服务与实体产品的差异，相比实体产品，服务具有无形性、易逝性、不可分离性、依附性等特征，所以营销效果与顾客满意直接相关。③服务质量（service quality）是衡量营销效果的重要指标。④服务质量的测量需要从可靠性、可感知性、应对性、保证性和移情性五个方面考虑（Lovelock，Wirtz，2011）。⑤上述五个方面，均离不开 7Ps 因素的影响。因此，服务营销组合 7Ps 同样需要协同发挥作用。

9.2　传统营销组合的进一步演进

由上可知，传统营销的 xPs 基本还是站在企业自身立场考察营销互动和绩效提升。随着时代发展和营销实践活动的深入，需要从顾客或者企业与顾客互动的视角审视营销。因此，传统 4Ps 开始向 4Cs 和 4Rs 营销组合演进。

1. 4Cs 营销组合

4Cs 营销组合由劳特朋（Lauterborn）在 1990 年提出。他认为传统营销组合 4Ps（产品、价格、分销、促销）只是从企业角度出发来制定营销决策，忽视了顾客真正的价值需求。从顾客价值出发，①产品（product）就是顾客的问题（customer problem），所以企业首先要研究分析顾客需求，而不是自己能生产什么产品。② 价格（price）就是顾客的成本（cost）。这种成本既包括顾客的经济承受能力，又包括在购物上付出的时间、精力、体力及风险承担。所以企业要先了解顾客预期的成本再来倒逼生产控制成本，提供顾客可以承受的产品。③渠道（place）就是顾客的便利（convenience）。这种便利包括产品销售前顾客了解产品功能、质量、使用方法及效果的准确信息，产品销售时给顾客最大的体验、观察、支付便利，以及产品销售后的服务反馈、产品维修或退还的便利等。④促销（promotion）就是与顾客的沟通（communication），即企业不是单向地向顾客传递产品或服务信息，而要重视双向交流，以积极的方式适应顾客情感，建立稳定的客户关系（王成慧，2003）。

该组合的前提和内涵是：①站在顾客的立场看待营销活动。②企业在营销中更多处于被动地位，旨在迎合顾客需求，要想办法了解顾客需求。③从顾客需求出发的营销活动才能让顾客满意，进而带来好的营销效果。④企业的任务是从顾客的角度重新设计营销策略及组合。⑤4Cs 的各个方面，同样需要协同发挥作用。

2. 4Rs 营销组合

4Rs 组合是由舒尔茨（DonE.Schultz）于 1999 年提出的。他建议要从企业和顾客互动的角度设计营销活动（实质是一种供应链管理的思维视角）。包括：①关联（relevancy），即建立、保持并发展企业与顾客之间的互助、互求、互需关联，培养顾客忠诚，构建命运和利益的关联共同体。②关系（relation），即建立企业与顾客之间的长期关系，从一次交易向多次交易转变，从短期利益导向向长期利益导向转变，从顾客被动接受产品向顾客主动参与生产转变，从利益冲突的甲乙方向合作方转变，从交易管理向关系管理转变。③反应（response），即企业建立快速反应机制，站在顾客角度及时倾听顾客的需要，并及时答复和迅速做出反应，降低顾客抱怨，减少顾客流失。④回报（return），即双方在营销活动中要合作共赢，优质的营销活动自然会有来自顾客的货币、信任、支持、赞誉、忠诚等物质和精神的回报。

该组合的前提和内涵是：①站在企业与顾客互动的立场看待营销活动。②企业与顾客在营销中处于平等地位，双方能够对等或基本对等地交流。③对顾客的需求及时做出响应是互动质量的保证。④双方在营销活动中必须注意两个准则，第一是从长期关系保持出发进行互动交流和交易，第二是保持互惠互利。⑤4Rs 的各个方面，处于营销活动的不同维度，彼此之间相互影响，共同支持企业短期营销效果和长期生存发展。

综上所述，营销组合 xPs 和 4Cs、4Rs 的发展演进逻辑如图 9-1 所示。

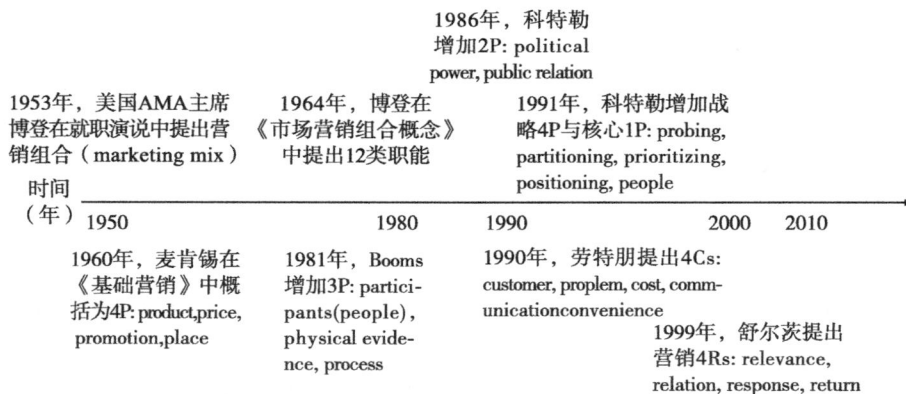

图 9-1　传统营销组合 xPs 和 4Cs、4Rs 的发展演进逻辑图

资料来源：作者综合整理。

9.3　互联网环境下的典型营销组合

上述营销组合无论是 XPs，还是 4Cs、4Rs，都是在传统实体营销环境下提出的。面对

新的互联网环境，部分学者开始尝试提出新的组合模式。以下分别进行介绍。

1. 塔腾等提出的社会化媒体营销 5Ps 组合

塔腾和所罗门（Tuten，Solomon，2013）根据互联网社会化媒体的特点，在传统营销 4Ps 基础上，提出了第 5 个 P，即用户参与（participation）。他们认为，互联网营销，实质是社会化媒体营销（social media marketing），是通过社会化媒体技术、渠道和软件来创造、沟通、传递和交换为组织的利益相关者带来价值的产品和服务的活动。这种社会化媒体营销，与传统营销组合、传统数字营销组合（即 Web1.0 时代的营销组合）存在的主要差异就是企业与顾客的相对地位与沟通方式。①在传统营销和传统数字营销中，企业处于强势地位，营销是从企业立场出发来决策实施。即使是 Web1.0 阶段的网络营销（见本书第 1 章相关描述），也是利用屏幕弹出广告、电子邮件广告等干扰顾客注意力的"中断—打扰型"营销，本质上属于传统 4Ps 营销。这种营销模式中，企业对顾客的信息传递基本是单向的，顾客处于被动接收状态，所以对于营销活动的参与程度并不高。②社会化媒体环境下，由于网络社区的信息开放性，导致用户专业知识增加，用户之间的在线讨论、合作、分享更加便利，用户与品牌进行互动和沟通的能力也大大增强，顾客对于企业的产品和服务拥有了更大的建议权和提前介入能力，同时顾客作为意见领袖或中心人对周围人的影响也在扩大（可参考第 1 章案例分享部分内容）。如果说传统营销组合下，"商业的目的就是创造顾客"（彼得·德鲁克语），那么社会化媒体营销组合下，"商业的目的就是创造能够创造其他顾客的顾客"（Tuten，Solomon，2013）。

由上看出，塔腾和所罗门提出的互联网营销 5Ps 模型，大约处于互联网营销 2.0 到 3.0 的阶段（具体划分方法见本书第 1 章），考虑到了互联网作为社会化媒体分享、参与的本质特征，突出了用户在新媒体环境下的更高地位，但尚未从互联网发展的新阶段来系统思考新的营销组合。

2. 赵占波提出的移动互联营销 4Ds 组合

赵占波（2015）根据移动互联时代消费者主权回归趋势，在 4Ps、4Cs 推演的基础上，提出了 4Ds，见图 9-2。具体为：①需求（demand），从产品本位策略（product）向消费者本位策略（consumer problem），再到聚焦用户需求策略（demand）转变。以"我了解消费者"为核心竞争力，要求企业关注营销各环节需求，优化营销价值链；利用互联网工具掌握和预测用户需求；利用社交媒体平台获取和创造用户需求。②动态（dynamic），从企业单向传播推动（promotion），向以消费者为中心的沟通（communication），再到基于互联网的动态多点沟通（dynamic）转变。具体表现为线上线下闭环、多渠道整合传播、病毒式口碑传播等。③传递（deliver），从建立多级渠道"推"给顾客的分销（place），向考虑顾客方便的便利（convenience），再向客户积极传达产品信息的价值传递（deliver）转变。例如，O2O 的线上营销与线下消费结合，实现客流、商品流、信息流、资金流、物流的便利对接。企业要在营销活动中，优先考虑将产品的各项价值更加便利地传递给客户，而非只考虑自身生产、销售的方便。④数据（data），从关注产品价格（price），向考虑顾客成本（cost），再向顾客交易信息大数据（data）聚焦转变。企业可以通过互联网技术搜集顾客大数据，追踪为其画像，分析消费痕迹，为营销提供科学决策支持。

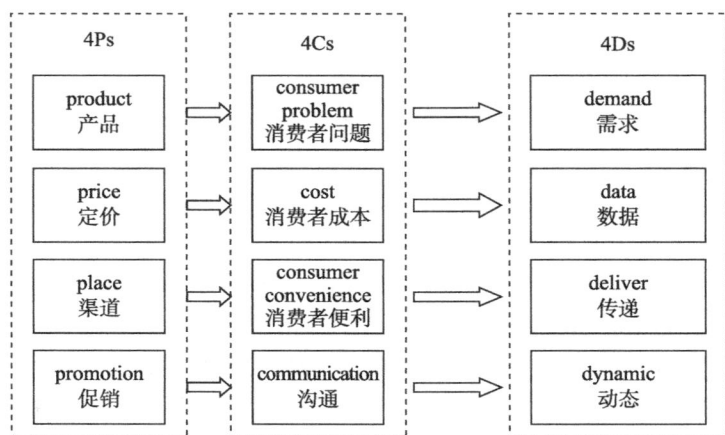

图 9-2　4Ps、4Cs、4Ds 营销组合演化

资料来源：作者根据赵占波文献（2015）整理修改。

由上看出，4Ds 组合充分考虑到了互联网的互动性和大数据特征，以及消费者中心主义的发展趋势，对于指导传统企业的互联网营销转型具有一定指导意义。未来还可以从互联网生态特征出发来进一步完善模型。

3. 唐兴通提出的移动互联营销新 4Cs 组合

唐兴通（2015）提出了互联网社群时代的新 4Cs 组合，如图 9-3 所示。包括：①场景（context）。捕捉或创造合适的场景，此类场景能够高度吸引公众的注意力。②社群（community）。针对互联网社区特定的群体，此类群体是企业潜在或实际的顾客群。③内容（content）。制造有传播力的内容或话题，例如，从分享、协同、给予客户答案的角度来向消费者传递信息，力争将浏览者转变成购买者，让购买者成为回头客或狂热的追随者及倡导者。④连接（connection）。结合社群的网络结构进行人与人的连接（connection）以快速实现信息的扩散与传播，最终获得有效的商业传播及价值。从新 4Cs 出发，移动互联营销需要做好：创造或选择充满魅力的场景，从个体思维转向社群思维，设计有传播力的内容，实现人与人之间的连接。人与人连接在实际的应用中，要注意找到目标客户群的中心节点，利用圈子和圈子之间的连接，抓住连接者，引爆流行；做好微观层面的连接、口碑传播的机制和动力设计。具体见表 9-1。

图 9-3　移动互联网背景下的新 4Cs 营销组合

资料来源：唐兴通. 引爆社群：移动互联网时代的新 4C 法则 [M]. 北京：机械工业出版社，2015.

表 9-1　新 4Cs 应用一览表

	规　划	努 力 方 向
场景	选择合适的场景（需求场景、消费场景、使用场景）	从社群与产品相关联下手，寻找时间、地点、情绪，界定清晰的场景，在社群需求最为集中的场景，迅速形成最有效的场景

（续）

	规　划	努力方向
社群	画出作战地图：社群在互联网上居住的地方、熟悉社群结构	掌握社群在互联网上集中的 BBS、微信、微博、视频网站、博客、维基百科等据点，熟悉社群的行为分类，掌握社群的结构，构建企业消费社群（互联网上的家）
内容	内容体系、内容表达风格、内容呈现形式	规划传播的内容；尝试内容表达形式（文字、音频、视频、漫画、新闻、白皮书等）；结合平台特性，做满足微信、微博等平台的内容体系
人与人连接	促成人与人之间的传播，熟悉人与人之间的传播规律	绘制社会网络结构，找出社群结构中的关键节点，熟悉人与人连接的传播机制，助力病毒扩散的动力

资料来源：唐兴通.引爆社群：移动互联网时代的新4C法则[M].北京：机械工业出版社，2015.

由上看出，新 4Cs 侧重于从互联网社群的发现、识别和场景利用来进行内容设计与传播，更多利用了互联网作为新媒体社区的特征和优势。未来还可以进一步拓展到战略层面。

4. 张志千等提出的网络整合营销 4Is 原则

张志千等（2016）提出网络整合营销的 4Is 原则，包括：①趣味（interesting）原则。互联网媒体具有部分娱乐属性，通过它们进行传播，营销也必须是娱乐化、趣味性的。制造一些趣味、娱乐的信息，将营销传播巧妙包裹在趣味的情节当中，是吸引用户的有效方式。②利益（interests）原则。为目标客户提供有效信息，让其获益，同时企业自身也就能获取利益。③互动（interaction）原则。告别传统的单向灌输式营销，充分挖掘网络的交互性，充分地利用网络的特性与消费者交流，让网络营销的功能发挥到极致。④个性（individuality）原则。个性有两种，一是企业要想能够脱颖而出，就要有足够特色；二是做到个性化营销，让消费者心里产生"焦点关注"的满足感。

由上看出，4Is 原则主要从互联网传播及效果角度展开思考，抓住了娱乐、互动、个性的属性特征以及利益的营销初衷。未来还可以考虑跟销售有更紧密的结合。

5. 杜尔等提出的移动互联营销 SoLoMo 模式

杜尔于 2011 年提出移动互联营销 SoLoMo 模式（高志成，2015），即：①社交（social），广义的社交属性不仅指用户间进行语言或者是情感的交流过程，还包括各种相关的，比如分享资料、赠送礼品、游戏娱乐等互动形式，用户在这种社交过程中实现个性的彰显和自我实现，从而形成了一种很强的平台依赖，正是这种归属和依赖的存在，使得社交平台有了很大的进化和发展空间。②本地化或精准化（local），移动互联网与传统互联网生态最大的不同是每个个体节点不再是固定在各自的物理空间，而是变成了移动的动态节点，这种从静到动的本质性变化，使得移动互联网用户产生了新的、更加广泛的应用需求。虚网和实网融合是科技进步与人类社会进化的必然趋势；大数据技术、社交媒体平台等应用使得网络中的个体更加透明，而物联网、云计算等技术连接起来的人类社会也变得更加数字化。因此，从这种融合的趋势出发，LBS 正是连接虚拟社会与现实社会两个神经元的桥梁和纽带。③移动（mobile）。移动化网络和技术意味着可以为用户提供前所未有的服务支持和体验，移动互联网不同于桌面互联网，更不是桌面互联网的替代，它是一种新的"生命体"的存在形式。从该模式出发，需要建立企业与用户的交互思维，加强核心业务、建立生态圈、布局未来，推动企业全面的流程再造。

由上看出，SoLoMo 模式实际是从宏观层面考虑移动互联网关键三个特征设计的营销模式，具有较强的方向性，但需要与战术层面的营销策略相结合。

6. 贾建民提出的大数据"时空关"营销模型

贾建民于 2014 年在由全国工商管理专业学位研究生教育指导委员会主办、IBM 公司和香港中文大学商学院协办、西南交通大学承办的"2014 年智慧营销师资研讨会"上，首次提出大数据"时空关"(time-space-connections)营销模型，如图 9-4 所示。他认为，随着社会和商业运作逐渐网络化，企业也必须采用更加智慧的营销方法和策略来应对这些新挑战，特别是要善于利用大数据来洞察顾客行为，进行精准营销，提升营销效率。具体包括：①时间（time），利用来自移动终端和 GPS 等的随时间变化的动态数据。②空间（space），利用来自互联网、物联网等与地域分布相关的空间数据。③关联（connections），利用社会网络、社交媒体中的关系数据。"时空关"相结合的大数据，能够反映人类行为，包括地域文化特征、动态演变规律及社会网络特征，企业可以通过"时空关"洞察商业机会，包括天时（发现和创造营销时机）、地利（基于位置的服务与营销）、人和（顾客关系与商业联

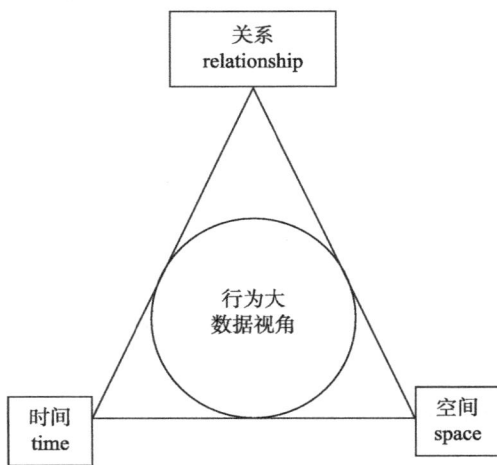

图 9-4　大数据"时空关"营销模型

资料来源：贾建民. 智慧营销：大数据、社会化、移动化的挑战 [C]. 成都：2014 年智慧营销师资研讨会，2014-08-27.

盟）。营销，就是在合适的时间、合适的地点，找到与产品 / 服务关联的合适顾客。大数据营销，即通过大数据、社交媒体以及移动网络等新兴渠道获取顾客信息，从"时空关"整合的角度来分析顾客行为、洞察顾客需求、掌控渠道发展、寻找社会联系、强化顾客关系，从而提升企业的管理绩效和市场竞争力。

7. IBM 公司提出的 SMART 营销组合

IBM 公司于 2012 年基于互联网、大数据等新媒体环境，分别提出了战略层面和战术层面的 SMART 营销（贾建民，2014），分别见图 9-5 和图 9-6。具体为：①战略层面上的 SMART 包括社会（sociality）、移动（mobility）、分析（analytics）、关系（relationship）和技术（technology），即在国家、城市、社会等层面，利用宏观的社会化、移动化大数据及分析方法，来挖掘数据背后的关系网络与社群特点，据此利用相关精准营销技术实现营销目标。②战术层面上的 SMART 包括系统（systematic）、可测（measurable）、可达（accessible）、互惠（reciprocal）和准时（timing）。即在企业层面，为了迎接已经到来的 SoLoMo 时代，需要搭建与移动互联和大数据相匹配的系统，以便支撑与用户便利接触、互利互惠、准时交付、及时响应的互动机制，最终得到可以测量的营销绩效。例如，通过社交媒体和移动网络两大新渠道收集顾客信息，利用数据挖掘技术和社会网络技术分析顾客行为、洞察顾客需求、寻找社会联系、强化顾客关系，从而实现有目标的、个性化的精准营销和实时营销，提升市场推广的准确率和成功率。这就是所谓的"智慧营销"。

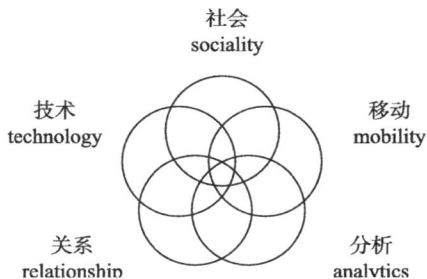

图 9-5　战略层面的 SMART 模型

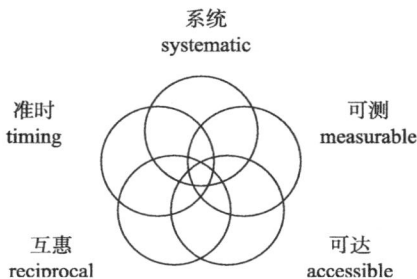

图 9-6　战术层面的 SMART 模型

资料来源：贾建民 . 智慧营销：大数据、社会化、移动化的挑战 [C]. 成都：2014 年智慧营销师资研讨会，2014-08-27.

|案|例|分|享|

在线品牌社区中技术信任对电子商务初始信任的作用机制

中山大学管理学院谢康、肖静华教授团队 2016 年在《预测》上发表一篇有关在线品牌社区的论文，该论文基于信任转移理论，探索在线品牌社区中技术信任对电子商务初始信任的作用机制模型（谢康，杨文君，肖静华，2016）。现将主要研究内容摘录如下。

1. 研究背景

电子商务信任分为制度信任、技术信任和商家信任，是影响消费者网上购物决策的关键因素。现有研究主要探讨了制度信任对商家信任的影响作用，缺乏技术信任对商家信任的影响作用的研究。近年来，技术信任的概念受到了西方学者的广泛关注，并逐渐成为电子商务研究的热点，但国内学者对相关概念的研究成果还较为缺乏，尤其缺乏技术自身特性对商家信任的影响作用研究。中国当前社会背景下的制度信任较为薄弱，同时构建和完善制度信任是一个长期复杂的过程，现有制度无法适应电子商务快速发展的现实要求。因此，中国情境下如何通过技术信任构建电商信任成为学术界和电商企业广泛关注的研究课题。此外，McKnight 等认为信任转移是构建电子商务初始信任的重要机制。大量现有研究发现了信任源与信任目标间的信任转移现象。虽然研究结果丰富，但很少有学者对两者间信任转移的促进机制进行研究，无法解释对信任源的信任如何产生。Lu 等从制度信任的视角对该问题进行了分析，但从技术信任视角对这一问题的研究甚少，尤其是从技术自身特性的角度。鉴于此，该论文在 Stewart 的信任转移理论的基础上，从技术自身特性出发，研究技术信任对商家初始信任的影响机制。

2. 研究过程及结果

论文首先根据前人研究提出了技术信任（功能性、可靠性、有用性）、人机互动（信息共享、知识学习）、网络人际信任（认知信任、情感信任）及对商家信任之间的理论模型。在此基础上，以小米俱乐部内部邮件名义将问卷发送给社区成员，进行问卷调查和数据统计分析。结果如图 9-7 所示。

研究发现：①在线品牌社区中技术信任通过提高社区成员间的信息共享和知识学习进而影响成员间的认知信任和情感信任。这意味着虚拟社区新成员对交流技术的有用性、可靠性和功能性信任会促使人们更愿意进一步纳和使用该技术与其他成员进行互动，进而促进成员间网络人际信任的形成。技术有用性对信息共享和知识学习影响最大，同时信息共享和知识学习影响社区成员间网络人际信任的形成，这意味着人际信任不仅可以促进信息共享，信息共享也可以影响人际信任。以往研究关注个体或组织间信任对信息共享的影响，但研究信息共享对信任的影响却非常稀少。其中信息共享对认知信任的影响最大，知识学习对情感信任的影响最大。②网络人际信任中认知信任正向影响情感信任，而对社区成员的认知信任和情感信任显著影响商家信任。认知信任与情感信任存在显著正向相关关系，该结果对以后的相关研究提供了一定的实证依据。另外，情感信任对商家信任影响最为显著。这意味着对虚拟社区成员的信任可以转移至对社区服务提供商或商家的信任。

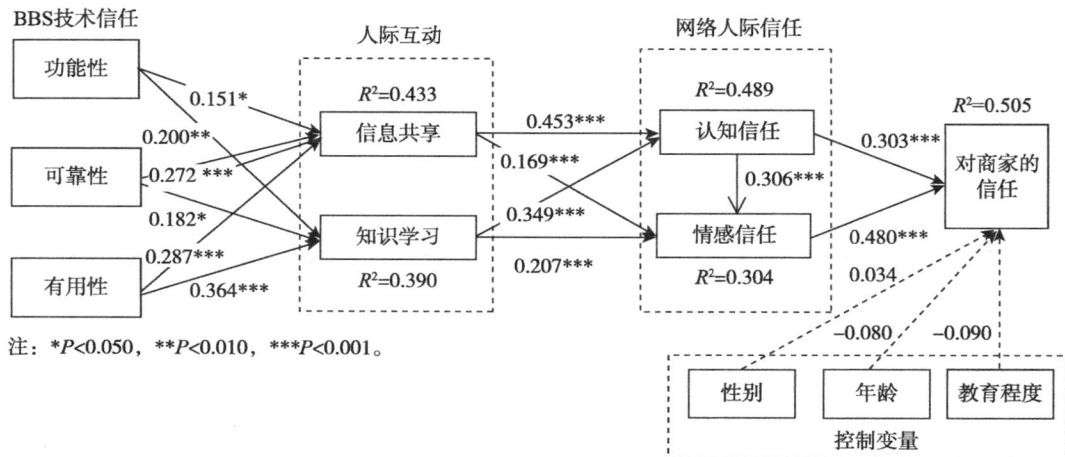

图 9-7　路径分析结果

资料来源：谢康，杨文君，肖静华. 在线品牌社区中技术信任促进电子商务初始信任的转移机制 [J]. 预测，2016, 35(2):69-74.

3. 营销启示

该研究为构建消费者对电商的信任也提供了一些启示：①随着消费者技术信任的建立，电子商务企业必须注重为消费者建立良好的沟通环境，以促使消费者之间的信息共享和知识学习。通过技术信任为消费者之间的人际互动创造宽松的网络技术环境，消除消费者之间的空间和距离障碍，促进消费者之间信任的建立。②信任转移是电子商务企业获取消费者信任的重要渠道。企业可以通过建立在线品牌社区，加强消费者之间的人际信任，进而通过信任转移实现对商家的信任。

资料来源：谢康，杨文君，肖静华. 在线品牌社区中技术信任促进电子商务初始信任的转移机制 [J]. 预测，2016, 35(2):69-74.

▶本章小结

市场营销从 20 世纪 20 年代创立至今，已经形成了以 xPs 为代表的传统营销组合模式，后期又从顾客和互动视角发展出 4Cs、4Rs 组合。在移动互联网情境下，这些组合面临着新的挑战，例如媒体的多元化、信息的碎片化、活动的社群化、行为的网络化、人群的社交化等。这些新的特征，催生了新的营销策略组合。本章在梳理传统营销组合发展脉络的基础上，介绍了最近几年国内外学者提出的新的 5Ps、4Ds、4Is、4Cs、SoloMo、大数据"时空关"和 SMART 营销组合。这些基于互联网背景的营销策略组合，为互联网企业提供了产品形态的参考。

▶关键术语

市场营销组合（marketing mix）　　　　　　　　产品（product）

价格（price）

渠道（place）

促销（promotion）

政治权力（public power）

公共关系（public relation）

大营销（mega marketing）

探查（probing）

市场营销调研（marketing research）

划分（partitioning）

市场细分（market segmentation）

优先（prioritizing）

定位（positioning）

外部营销（external marketing）

内部营销（internal marketing）

参与者（participant）

物质环境（physical evidence）

过程（process）

顾客问题（customer problem）

成本（cost）

便利（convenience）

沟通（communication）

关联（relevancy）

关系（relation）

反应（response）

回报（return）

参与（participation）

社会化媒体营销（social media marketing）

推送信息（push messaging）

跨界者（boundary spanner）

电子商务（e-commerce）

微市场（micromarket）

利基产品（niche products）

传统数字营销（tradigital marketing）

显示广告（display ad）

搜索广告（search advertising）

需求（demand）

动态（dynamic）

传递（deliver）

数据（data）

网络整合营销（network integrated marketing）

趣味（interesting）

利益（interest）

互动（interaction）

个性（individuality）

场景（context）

社群（community）

内容（content）

连接（connection）

社交（social）

本地（local）

移动（mobile）

基于位置服务（LBS）

时空关（time-space-connections）

社会（sociality）

移动（mobility）

分析（analytics）

关系（relationship）

技术（technology）

系统（systematic）

可测（measurable）

可达（accessible）

互惠（reciprocal）

准时（timing）

品牌社区（brand community）

社区体验（community experience）

社区认同（brand community identity）

品牌忠诚（brand loyalty）

▶课后习题

1. 比较传统营销组合与移动互联网背景下的营销组合之间的联系与区别。其背后的发展逻辑是什么？

2. 应用本章相关理论知识分析本章开篇案例。

3. 应用 SMART 营销组合，分析如何改进传统企业的新媒体营销。

▶参考文献

[1] Donnelly J H, W R George. Marketing of Services[M]. Chicago: American Marketing Association proceedings, 1981.

[2] Lovelock C, J Wirtz. Services Marketing: People, Technology, Strategy[M]. New York: Pearson Educantion, Inc., 2011.

[3] Kotler P. Megamarketing[J]. Havard Business Review, 1986, 64 (2):117-124.

[4] Tuten T L, M R Solomon. Social Media Marketing[M]. Prentic Hall, 2013.

[5] 贝克. 营销：是哲学还是职能 [M]. 沈阳：辽宁教育出版社，1998.

[6] 高志成. SoLoMo 的进化 [J]. 企业管理，2015(1):99-101.

[7] 郭国庆. 营销理论发展史 [M]. 北京：中国人民大学出版社，2009.

[8] 郭国庆，贾淼磊. 营销思想史 [M]. 北京：中国人民大学出版社，2012.

[9] 贾建民. 智慧营销：大数据、社会化、移动化的挑战 [C]. 成都：2014 年智慧营销师资研讨会，2014-08-27.

[10] 科特勒. 营销管理 [M]. 北京：科学技术文献出版社，1991.

[11] 科特勒. 营销管理 [M]. 北京：中国人民大学出版社，2001.

[12] 塔腾，所罗门，社会化媒体营销 [M]. 北京：中国人民大学出版，2014.

[13] 唐兴通. 引爆社群：移动互联网时代的新 4C 法则 [M]. 北京：机械工业出版社，2015.

[14] 王成慧. 市场营销理论的演进逻辑与创新研究 [M]. 北京：中国财政经济出版社，2003。

[15] 吴健安. 市场营销学 [M]. 合肥：安徽人民出版社，1994.

[16] 谢康，杨文君，肖静华. 在线品牌社区中技术信任促进电子商务初始信任的转移机制 [J]. 预测，2016, 35(2):69-74.

[17] 张志千，肖杰，高昊，宋瑞芳. 互联网营销 [M]. 北京：知识产权出版社，2016.

[18] 赵占波. 移动互联营销：从 4P 时代到 4D 时代 [M]. 北京：机械工业出版社，2015.

▶拓展阅读

[1] Waterschoot W V, C V D Bulte. The 4P Classification of the Marketing Mix Revisited[J]. Journal of Marketing, 1992, 56(4): 83-93.

[2] Morgan R M, S D Hunt. The Commitment-trust Theory of Relationship Marketing[J]. Journal of Marketing, 1994, 58(3): 20-38.

[3] Smith T M, Gopalakrishna S, R Chatterjee. A Three-stage Model of Integrated Marketing Communications at the Marketing-sales Interface[J]. Journal of Marketing Research, 2006, 43(4): 564-579.

[4] Vries L D, Gensler S, P S H Leeflang. Popularity of Brand Posts on Brand Fan Pages: An Investigation of the Effects of Social Media Marketing[J]. Journal of Interactive Marketing, 2012, 26(2): 83-91.

[5] 刘大为，方彬繁. SoLoMo: 企业进入网络营销新时代之门 [J]. 企业研究，2012(1): 74-75.

[6] 悉星. SoLoMo：改变电子商务 [J]. 市场观察，2011(10): 41-43.

第 10 章

互联网营销创新模式：6S 模型

传统企业跟传统媒体一样，要改造成一个适应互联网的机制非常困难。互联网的冲击不只是电商、互联网营销等。我觉得冲击到最后，整个社会都会变成自组织。

——摘自张瑞敏 2017 年 3 月接受记者采访时的谈话

▶ 学习目标

1. 了解经典的 3 类商业创新模型及应用范围。
2. 理解互联网营销创新 6S 模型的基本要素及内涵。
3. 学会利用 6S 模型为企业互联网营销创新提供策略建议。

案例导入

粉丝共同打造良品铺子"来往饼"

2015 年 3 月 19 日，国内知名休闲食品企业良品铺子在微信、微博上发起投票，邀请粉丝选出一款自己想要的社交零食。他们在社群上请粉丝们放开思维，就产品类型、设计、价格、赠品、使用场景等提出各种荒诞不经的想法。结果一款用于社交的"来往饼"在两百万粉丝的创意激荡和投票中诞生。

这款饼干原料是大众熟悉的煎饼，8 片饼干分别放入 8 个小信封内，小信封一面是透明的，可以看清楚内容，另一面是能写上字的牛皮纸。购买饼干的用户可以用厂家赠送的羽毛笔在牛皮纸上写下自己想给对方说的心里话。这 8 片信封形状的来往饼插在红色的、具有英伦风格的邮筒包装盒中（因为邮筒最早起源于英国伦敦）。送出这样一份礼物，就是送出一箱情书。如果用户不知道如何跟对方交往，如何写心里话，不用着急，因为邮筒内还有情书指南之类的贴心小卡片。

同年 6 月，由良品铺子独家冠名的华中科技大学十大歌手大赛在该校韵苑体育馆内举行。上千名学生将毕业情感写在"来往饼"上，当场进行传递和表达，场景十分感人。事实证明，这款经过粉丝共同努力所开发出来的食物情感介质，能够帮助用户们以饼为媒，将日常不敢表达的情感大胆说出来。所以，产品一投放市场，立刻受到了追捧。

正所谓：来往饼，来自粉丝，又回到粉丝。

资料来源：作者综合整理。

上一章梳理了传统营销组合的发展脉络及演化特点，整理了七类典型的互联网营销组合策略，也指出了各类互联网营销组合的假设前提与适用条件。综合来看，还需要在战略层面开发指导企业互联网营销创新的模型工具。因此，本章在对传统营销组合进行批判反思的基础上，结合国内外商业模式创新模型，从系统论出发，提出了互联网营销创新的 6S 模型。下一章将应用 6S 模型提出企业在新媒体时代的营销创新路径。

10.1 传统营销在新媒体环境下面临的挑战

以 xPs 营销组合为代表的传统营销发轫于大众媒体环境。随着新媒体时代的到来，企业需要面对来自技术（如本书第 2 章所谈及的各类技术）、顾客、资本、规制等因素以及它们相互叠加的影响，导致了如下情况发生。

1. 产品或服务的短生命周期

移动互联网环境下，技术迭代不断加速，顾客注意力不断分散，对产品或服务的兴趣不断转移，导致高科技产品以及依附于高科技产品的服务生命周期不断缩短。例如，英特尔公司 2010 年 1 月份推出 App Up Center（应用商店），是为了配合当时畅销的上网本。但因为技术发展迅猛，上网本很快就死在了 PC、电视，以及平板和智能机等后辈的沙滩上。2014 年年初，公司宣布将关闭该商城（张越，2014）。艾媒咨询发布的《2015 年中国手机 App 市场研究报告》也指出，移动应用的生命周期平均只有 10 个月时间，85% 的用户会在 1 个月内将其下载的应用程序从手机删掉。曾经强势出场的脸萌、围住神经猫、疯狂猜图等手机 App 目前已不再更新（张富鼎，2015）。类似的短生命周期产品，还有雀巢冰爽茶、手机外设支付卡、笔记本外设上网卡等。

2. 品牌的短生命周期

新媒体环境下，市场信息更加透明，制造分工更加细化高效，导致企业间模仿竞争加剧、品牌生命周期缩短。例如，早年由张裕公司创立的解百纳中高端品牌沦落为互联网上竞争对手 10.00 元 / 瓶的解百纳葡萄酒。国家工商总局公布数据显示，截至 2016 年年底中国注册农产品商标数约 240 万件，这其中很多来自农产品电商。但互联网上能够活过 5 年的农产品品牌少之又少。

3. 顾客的短生命周期

顾客生命周期变短主要体现在三个方面：①注意力分散。随着各类移动智能终端的出现，多屏时代已经到来。社交媒体正在改变受众的注意力模式。这些人群往往会在电视、电脑、PAD、Mobile 手机屏幕前切换，导致注意力严重分散。来自央视索福瑞的调查显示，消费者对手机的依赖程度不断加深，人均每天刷屏 100 次以上，平均每小时 6 次以上，每天会无意识摸手机 250 多次（根据央视 CTR 副总裁田涛的会议报告数据整理）。尼尔森公司调查发现，消费者认为边看电视边玩手机能增加幸福感（晨曦，2014）。②关注内容不断变化。传统媒体节目的收视率不断下降，而互联网上的自媒体、网红、视频、直播、网游等更加受到推崇。③越来越不容易被广告说服。研究显示，在消费者群体中，有三分之二是特立独行的消费者，三分之一是服从者；其中，特立独行者中有 77% 的人只有三个以上触点才能被说服；常见的广告说服 30 秒法则已经失效，取而代之的是 9 秒法则（摘自贾建民教授 2014 年报告讲义）。

4. 员工的短生命周期

90 后、95 后是互联网社会的原住民，智商高，有创意，随身携带以自我为中心、多元化的新的价值观和思维方式。他们兴趣所致，可以来一段"说走就走的旅行"，也可以"什么也不想做，就是想发个广告玩玩"。所以传统的营销团队管理模式往往不起作用。一旦管理不当，员工就会离职。在互联网行业，员工的企业转换率会更高。

5. 企业的短生命周期

由于上面几种因素叠加，加上投机资本和治理环境的变化，导致企业生命周期不断变短。有研究显示，根据全国工商联 2015 年《中国民营企业发展报告》所公布的调研数据，国内中小企业的平均寿命只有 2.9 年。而利用互联网创业的企业生命周期可能更短，创业者在种子轮到 A 轮生存率较高，其后每一轮融资发展都面临"进化"考验。悟空共享单车、家事易生鲜等的受挫转型等也反映了短生命周期性。

10.2　三种典型的商业模式创新模型

企业如果要适应新媒体时代的到来，就需要在互联网营销模式上予以创新突破。在此方面，经典的商业模式创新模型具有一定启发作用。

1. Morris 等归纳的三层面商业模式

Morris 等（2005）认为商业模式包括经济、运营和战略三个层面的解读。①在最基础的经济层面，根据企业经济收益模型对商业模式进行定义，重点关注企业制造利润的逻辑，即公司如何赚钱并保持利润流的模式（Stewart，Zhao，2000）。决策要素包括收益来源、定价方法、成本结构、边际效益、期望产能等。②在运营层面，根据企业的运营结构对商业模式进行定义，重点关注企业创造价值过程中内部流程和基本构造的设计。决策要素包括产品或服务的交付、管理流程、资源流、知识管理、物流等。例如，设计企业在创造并维持竞争力过程中的关键业务系统（Mayo，1999），或者设计企业与顾客及其他商业伙伴之间价值流、收益流和物流的组合（Mahadevan，2000）。③在战略层面，根据企业的整体战略方向对商业模式进行定义，重点关注企业的市场定位、组织互动、成长机会等。决策要素包括利益相关者识别、价值创造、差异化、愿景、价值、联盟等。例如，为公司选择顾客，定义或差异化其产品，资源配置，开拓市场，获取利润等，进行总体设计（Slywotsky，1996）。值得关注的是，现阶段越来越多的学者考虑战略层面的商业模式，并倾向于将经济、运营及战略层面进行结合，打造复杂商业环境下的商业模式。

2. Osterwalder 提出的九要素商业模型

Osterwalderf（2010）认为，公司的商业模式应该包含四大支柱——产品或服务、资产管理、客户、财务。这些支柱下共包含九个构成要素：①价值主张。即公司通过其产品或服务能向消费者提供何种价值。价值主张体现了公司相对于消费者的实际应用价值，表现为标准化 / 个性化的产品 / 服务 / 解决方案、宽 / 窄的产品范围。②客户细分。即公司经过市场划分后所瞄准的消费者群体。这些群体具有某些共性，从而使公司能够创造相应的价值，表现为本地区／全国／国际、政府／企业／个体消费者、一般大众／多部门／细分市场。③分销渠道。描述公司用来接触、将价值传递给目标客户的各种途径。分销渠道涉及公司如何拓展市场和实施营销策略等诸多问题，表现为直接／间接、单一／多渠道。④客户关系。阐明公司与其客户之间所建立的联系，主要是信息沟通反馈，表现为交易型／关系型、直接关系／间接关系。⑤核心资源及能力。概述公司实施其商业模式所需要的资源和能力，表现为技术／专利、品牌／成本／质量优势。⑥关键业务（或企业内部价值链）。描述业务流程的安排和资源的配置，表现为标准化／柔性生产系统、强／弱的研发部门、高／低效供应链管理。⑦重要伙伴。即公司同其他公司为有效提供价值而形成的合作关系网络，表现为上下游伙伴、竞争／互补关系、联盟／非联盟。⑧盈利模式。描述公司通过各种收入流来创造财务的途径，表现为固定／灵活的价格、高／中／低利润率、高／中／低销售量、单一／多个／灵活渠道。⑨成本结构。即运用某一商业模式的货币描述，表现为固定／流动成本比例、高／低经营杠杆。

根据九要素间的逻辑关系，企业商业模式的设计可以分四步进行：①价值创造收入——提出价值主张，寻找客户细分，打通渠道通路，建立客户关系。②价值创造需要基础设施——衡量核心资源及能力，设计关键业务，寻找重要伙伴。③基础设施引发成本——确定成本结构。④差额即利润——根据成本结构，调整收益方式。

3. 魏炜和朱武祥提出的"魏朱六要素"商业模型

魏炜和朱武祥（2012）认为商业模式本质上就是利益相关者的交易结构，是企业内外部利益相关者提供一个将各方交易活动相互联结的纽带。他们将商业模式体系分为定位、业务系统、关键资源能力、盈利模式、自由现金流结构和企业价值六个方面。①定位。定位是商业模式的起点。要回答企业应该做什么，哪些机会应该抓住，哪些应该放弃，帮助企业界定出自己的客户和竞争者、合作伙伴、拥有的资源和能力；明确企业必须服务于哪个地理区域和客户细分；应该提供什么特征的产品和服务来实现客户的价值。②业务系统。业务系统是商业模式的起点，是商业模式的核心。从行业价值链和企业内部价值链以及合作伙伴的角色两个层面来理解业务系统的构造。业务系统的构建首先需要确定的就是企业与其利益相关者各自分别应该占据、从事价值网中的哪些业务活动。业务系统的建立关键在于对行业周边环境和相互作用的经济主体的通盘分析，从全局的角度来设计布置自己与利益相关者的关系。③关键资源能力。即企业所需掌握和使用的一整套复杂的有形或无形资产、技术和能力，是能够让业务系统运转所需的重要资源和能力。资源包括金融资源、实物资源、人力资源、信息、无形资源、客户关系、公司关系网络、战略不动产等；能力包括组织能力、物资能力、交易能力、知识能力等。④盈利模式。盈利模式指企业如何获得收入、分配成本、赚取利润，在给定业务系统中各价值链所有权和价值链结构已确定的前提下，企业利益相关者之间利益分配格局中企业利益的表现。设定成本支付和收入来源两个维度，成本支付可分为企业、企业和第三方伙伴、第三方伙伴、零可变成本，收入来源可分为直接顾客和第三方顾客。⑤自由现金流结构。自由现金流结构是企业经营过程中产生的现金收入扣除现金投资后的状况，其贴现值反映了采用该商业模式企业的投资价值。⑥企业价值。企业价值指企业的投资价值，是企业预期未来可以产生的自由现金流的贴现值，是商业模式的归宿，是评判商业模式优劣的标准。

　　上述三种商业模式的模型从不同侧面为互联网营销创新提供借鉴，但与传统的营销组合之间缺乏直接的逻辑继承性。为此，本章提出基于营销系统思考的互联网营销创新 6S 模型。

10.3　新媒体环境下互联网营销创新 6S 模型

　　第 9 章梳理了从 20 世纪初到 21 世纪初的营销组合发展过程。可以发现它们有一些考虑问题的共同出发点，例如，①侧重于从部门和职能视角来考虑问题，对新媒体环境下进行全局和更高层面的系统思考不足；②将顾客和企业当作两个独立的主体来看待，而新媒体环境下企业往往和顾客不可分离；③将企业当作产品的研发生产销售者，将顾客当作产品的消费使用者，局限了两者在营销活动中所扮演的角色；④将企业与顾客之间的联系看作有先后顺序的"被动反应"（无论谁先谁后），忽视了企业和顾客之间在新时代的即时沟通交流；⑤强调为顾客创造价值，忽视了营销双方或多方在新时代的地位平等性等。

1. 6S 模型构成要素

　　本章提出的 6S 模型包括：①产品服务子系统（product & service subsystem）；②沟通交换子系统（communication & exchange subsystem）；③消费使用子系统（consumption & use subsystem）；④成本收益子系统（cost & benefit subsystem）；⑤效率支持子系统（efficiency support subsystem）；⑥环境制度子系统（environment & institution subsystem）。各系统之间的关系如图 10-1 所示。上述 6 个子系统相互作用，构成了企业营销活动的主要内容。图中左边 4 个子系统（实际是左边 2 个加中间 2 个）属于战术层面的营销，决定了企业中短期市场绩效，解决了企业市场生存（market legitimacy）问题。而右边 4 个子系统（实际是右边 2 个加中间 2 个）属于战略层面的营销，涉及影响企业中长期发展的重要利益相关者群体，它们决定了企业社会生存（social legitimacy）。对于数字化媒体时代的企业来讲，不仅要关注眼前的市场生存，还要着眼未来的社会生存。

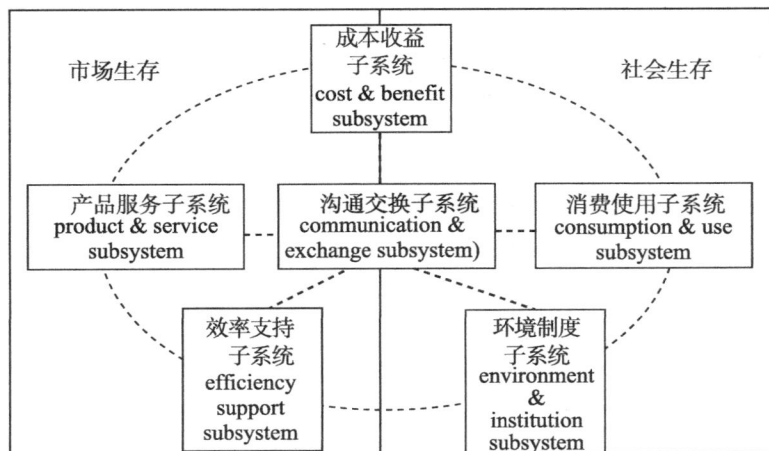

图 10-1　互联网营销创新 6S 模型

资料来源：戴鑫. 数字化媒体时代的企业营销创新 6S 模型 [J]. 机器人产业，2016(2):101-106.

2. 产品服务子系统（product & service subsystem）

该子系统要回答"生产什么"（what），"谁来生产"（who），"何时生产"（when），"何处生产"（where），"为何生产"（why）五个问题。对于每个问题的思考突破会带来此方面营销创新（见表 10-1）。①在生产什么方面，传统营销认为企业生产的是具有某种功能或是包含某一使用价值的产品或服务，而在新媒体环境下企业创造出的是价值观。如家庭机器人制造厂家为顾客提供的不是简单生活帮助，而是为顾客提供全新生活态度和方式。②在谁来生产方面，传统营销中产品服务理所当然由企业来生产提供，体现的是企业主导逻辑（corporate-dominant logic）。而新环境下这些可以由消费者与企业合作甚至消费者自己来完成，体现的是企业与顾客的价值共创（value co-production）。如餐厅服务机器人在研发制造之前需要厂家和餐厅深度合作，根据餐厅的品牌定位、服务理念、菜品特色、餐厅布局等设计制造出有趣、有爱、有才、受食客欢迎的机器人。③在何时生产方面，传统营销一般认为产品服务是在有市场需求时才产生的。而新时代则可以借助大数据创造需求、引导需求，在顾客没有需求之前就为其提供意想不到的"尖叫产品"。例如，乔布斯开创的苹果手机。④在何处生产方面，传统营销中产品服务的生产一般在特定场所进行，如工厂车间、美容美发店等；而新时代产品可以是在顾客端生产，服务可以在线上完成，不再受物理位置的局限。如工业生产线上的机器人可以深入客户方进行研发生产，大城市现在流行的上门美发服务则将服务场所转移到顾客端。⑤在为何生产方面，传统营销中产品服务最直接的目的就是买卖获益。而新时代，产品服务可以是零收益的赠品或灯塔产品，也可以是仅供娱乐的粉丝互动工具。如机器人厂家为行业重要展会开发的服务机器人，不是为了盈利，而是为了品牌推广；国内零食著名品牌良品铺子与粉丝在网上互动，共同开发了一款好玩的"星空棒棒糖"，一方买糖后通过扫码登录云空间，录入祝福音频，然后将此糖送给朋友或恋人，对方再次扫码听到祝福，欣喜若狂！

表 10-1 基于产品服务子系统的互联网营销创新

要　素	传　统　营　销	新媒体营销
生产什么	功能及价值	价值观
谁来生产	企业（企业价值主导）	企业和顾客（价值共创）
何时生产	市场需求时	引导需求时
何处生产	工厂，服务提供场所	线上线下，整个价值链
为什么生产	直接收益	战略性考虑

资料来源：戴鑫.数字化媒体时代的企业营销创新 6S 模型 [J]. 机器人产业，2016(2):101-106.

3. 沟通交换子系统（communication & exchange subsystem）

该子系统要回答"对谁沟通""沟通什么""何时沟通""为什么沟通"等问题。对于问题的突破思考会带来创新（见表 10-2）。①在对谁沟通方面，传统营销中企业往往针对某一区域市场甚至是全国市场受众展开"广"告，以此提升目标受众到达率；而新媒体环境下，企业可借助数字媒体更为精准地与直接客户进行"窄"告，甚至是点对点交流。②在沟通什么方面，传统营销中，企业宣传无非是品质、价格、价值等方面内容。而新媒体环境下企业沟通的内容可以是与产品毫无关系的爱情故事，也可以是用户体验交流。如小米手机成功的一个重要原因就是其网上粉丝社区的成功搭建与互动。③在何时沟通方面，传统营销中沟通需要在特定时间依托某一传统媒体进行，自由性受到限制。而新媒体环境下，沟通交换在时间上自由无限，甚至可以达成 7×24 小时的沟通机制，为顾客带来更好的体验。④在为什么沟通方面，传统营销宣传与销售分裂，宣传之后有可能带来销售，因为广告有滞后效应。而新媒体环境下呈现两种趋势，一是宣传即销售，例如 1 号店最近几年开展的冲击吉尼斯世界纪录活动，既是宣传又是销售；二是宣传沟通为了构建潜在客户（粉丝）社区，通过社区互动开发产品并实现圈内交易分享。例如，灵思云途通过自身大数据平台，洞察到奥迪 TT 粉丝对于亚文化、动漫、机械等流行元素的热烈追捧，于是借势《复仇者联盟 2》热映，推出了复联定制版 TT 车型。各个版本在天猫一经上线即被抢购一空，其中的钢铁侠版甚至以高出市场价 20 万元的价位成交。该活动成功地吸引了近 14 亿人次对全新奥迪 TT 的关注，各大媒体的宣传曝光量达到 55 亿次，实现传播与销售一体。该案例也为此获得"奥迪全球年度最佳营销案例"的殊荣（灵思云途，2016）。

表 10-2 基于沟通交换子系统的互联网营销创新

要 素	传 统 营 销	新媒体营销
对谁沟通	目标市场	精准顾客
沟通什么	品质或价值	任何事物
何时沟通	传统媒体有限时间内	7×24 小时的沟通机制
为什么沟通	直接促进销售	宣传即销售

资料来源：戴鑫 . 数字化媒体时代的企业营销创新 6S 模型 [J]. 机器人产业，2016(2):101-106.

4. 消费使用子系统（consumption & utilization subsystem）

该子系统要回答"谁在消费使用""为什么消费使用""如何促进消费使用"等。对于问题的批判思考会引发营销突破（如表 10-3 所示）。①对于谁在消费使用问题，传统营销中顾客被认为是一群具有同样需求、相似特征，彼此相互独立的个体客户，所以需要市场细分。新媒体环境下顾客之间很多时候不是相互独立，而是紧密关联，组成一个消费生态社区，所以企业需要面对生态社区营销。②对于为什么消费使用问题，传统营销认为顾客会在自身需求基础上，受到企业宣传或周围人推荐影响来购买使用。而新媒体环境下顾客决策更多受到生态社区影响。如千里之外素不相识的顾客在网络论坛分享几张图片就会激发社区内其他顾客的购买使用。这种生态社区不同于传统营销中意见领袖和意见群众的关系，而是平等的相互作用关系，所以信任感和影响力会更大。③对于如何促进消费使用问题，传统营销中企业只要把握住顾客共性，促进典型顾客购买就能带动整体消费使用。而新媒体环境下，企业需要经营整个顾客生态社区，关注里面每一种角色（如舆论引导者、追随者、批判者、抵制者等），更加精准展开营销。

表 10-3 基于消费使用子系统的互联网营销创新模式

要 素	传 统 营 销	新媒体营销
谁在消费	相似个体组成的群体	具有不同角色的生态
为什么消费	自身、企业、熟人	自身、圈子、企业
如何促进消费	市场细分	经营圈子

资料来源：戴鑫 . 数字化媒体时代的企业营销创新 6S 模型 [J]. 机器人产业，2016(2):101-106.

5. 成本收益子系统（cost & benefit subsystem）

该子系统要回答"谁来买单""为谁买单""如何买单""何时买单"的问题（见表 10-

4）。①对于谁来买单问题，在传统商业链条中理所当然由直接顾客买单。而新媒体环境下，产品买单可以是顾客、厂家、第三方中的任一方，或者是某两方共同承担。例如，道路施工设备厂家免费将设备和操作人员提供给工程公司；工程公司参与道路项目投标，一旦中标后，厂家和工程公司一起为业主提供服务；工程公司从业主处取得分期工程款项，然后按进度和比例转付给厂家，直至工程全部结束，尾款全部回收，厂家将设备和人员撤回。此例中直接顾客工程公司并不是买单者。又如，软件企业开发生产针对个人用户的手机支付系统，开发者和最终用户都不买单，而是由第三方通信运营商来买单。因为运营商希望借此机会将某团体客户如高校校内的客户全部占领。②对于为谁买单问题，传统营销中是顾客为厂家产品服务买单。而新媒体环境下，厂家不一定要卖设备给顾客，可以采取大型设备租赁、设备服务外包方式等来完成。因而大大降低顾客设备采购成本，提高顾客资金效率。③对于如何买单问题，传统营销中交易达成往往基于现金收付、银行卡刷取、汇票等；而新媒体环境下，交易的达成可以是多种方式，如支付宝支付、微信支付等，还可以是分享式支付等。例如，停车场收费系统生产厂家不直接将系统卖给停车场，而是卖给地税局；地税局虽然购买该套软件系统，但不支付款项，而是免费给所属地区的所有停车场安装该系统；各个停车场也不直接付费，而是与地税局收税系统联网；每辆车收费时，税务系统会直接从停车费中提取一定比例税金，冲抵系统安装费用。④对于何时买单问题，传统营销中多在交易现场实时完成。而在新媒体环境下，支付在达成交易之前（甚至在产品研发、生产之前）、之中、之后均可。例如，巨刚众筹酒就是先有创意和众筹（付款），才有研发和生产；又如，互联网品牌男人袜像订杂志一样为顾客提供包年服务，一次支付 139.00 元订购全年袜子，卖家分季度邮寄袜子给顾客。

表 10-4　基于成本收益子系统的互联网营销创新模式

要　　素	传 统 营 销	新 媒 体 营 销
谁买单	消费者	消费者、企业、第三方或相互组合
为谁买单	顾客为厂家产品、服务买单	租赁、外包等方式
如何买单	现金、银行卡	传统支付、支付宝、微信支付等
何时买单	交易现场	交易前、交易中、交易后

资料来源：戴鑫.数字化媒体时代的企业营销创新 6S 模型 [J].机器人产业，2016(2):101-106.

6. 效率支持子系统（efficiency support subsystem）

该子系统主要是为其他几个子系统提供支持。提升效率，在速度上超越对手也是一种创新。①针对产品服务子系统，提供大数据收集处理技术支持。通过对消费大数据收集处理，挖掘消费规律，指导产品生产，从满足市场需求向引导市场需求转变；另外，通过大数据形成顾客画像和消费者价值观提炼，为企业输出价值观提供精准支持。②针对沟通交换子系统，提供数字化沟通交换平台。与顾客精准沟通需要企业掌握平台运营的技能，如微博、微信、网络社区的运营管理；此外，宣传销售一体化也需要企业在资源配置、物流配送等软件平台方面改进提升。③针对消费使用子系统，提供顾客生态社区的搭建、运营维护技术。顾客生态社区营销需要企业掌握一系列加粉、引流、销售转化方面的技术和技能。④针对成本收益子系统，提供收益管理（revenue management）支持平台。新媒体环境下的收益管理不仅融合预测技术、优化技术和计算机技术，还要突出收益主体结构与利益分配模式的创新。⑤针对其他子系统，提供组织架构、团队、内部制度规范、设备条件等支持。

7. 环境制度子系统（environment & institution subsystem）

该子系统旨在为上述五个子系统创造良好的"硬环境"和"软环境"，是企业"生存营销"。①硬环境是企业赖以生存发展的物理环境。如企业生产经营的周边地理环境、市场环境等。传统营销中通常按照自然地理位置对市场和客户进行划分，企业营销活动分不同地理区域展开，企业按边界划分来管理各个区域市场。而在新媒体环境下，由于数字化媒体技术的成熟，传统自然环境对营销活动的影响越来越小，各区域市场之间趋于无边界，线上线下结合的方式更加普遍。②软环境是与企业长期生存相关的经济、社会、文化、法律、制度环境等。传统制度环境下政府有绝对的管制权力，企业被动接受相关产业政策、市场规则。而在新媒体环境下，企业可以借助数字化媒体和自身资源技术优势，采取非市场策略（non-market strategy），推动政府制定有利于本行业和企业发展的规则，影响政府对行业的监管导向，从而为企业创造良好的外部规制环境。新能源汽车的发展就体现了上述特点。例如，"双十一"网购狂欢节就是在企业影响下建立的促销节庆活动。该节日源于淘宝商城（天猫）2009 年 11 月 11 日举办的促销活动，当时参与的商家数量和促销力度均有限，但营业额远超预想的效果，于是 11 月 11 日成为天猫举办大规模促销活动的固定日期，延续至今。

|案|例|分|享|

达芙妮讲故事树品牌

武汉大学经济与管理学院汪涛教授团队长期从事品牌与消费者行为研究，他们 2011 年发表在《管理世界》上的一篇论文，以叙事理论（narrative theory）为基础，以中国女鞋品牌达芙妮作为案例对象，运用规范的案例研究方法得出了建构和传播故事的品牌叙事理论框架（汪涛，周玲，彭传新，朱晓梅，2011）。现将主要研究内容摘录如下。

1. 案例简介

该文章选择鞋类品牌"达芙妮"作为研究企业如何通过叙事塑造品牌的对象。达芙妮从 2003 年诞生开始，一直都有意地在运用讲故事的方式塑造品牌，并取得了显著成果。目前达芙妮已经有"中国第一女鞋"之美誉，成为最受女性喜爱的女鞋品牌，连续 12 年蝉联同类产品市场销量第一。

2. 研究过程及发现

作者选择了一手资料和二手资料相结合的数据来源。一手资料包括：①我们根据 15 个具体问题拟定提纲，去到武汉、长沙两地的达芙妮专卖店或专柜进行实地调查，与管理层（包括店长）和店员进行了座谈，并在店面中对消费者进行了现场访谈，对所有谈话进行了记录；②为深化并拓展上一步中获得的结论，我们与达芙妮的顾客进行了座谈，座谈的主题为"达芙妮的故事是如何打动你的"，并进行了记录。二手资料包括：①达芙妮品牌从诞生到 2010 年 5 月为止，在各种媒体上发表过的有关达芙妮品牌故事的文章或报道；②从达芙妮官方网站和公司内部获得的材料（包括文字文档和影音文件）；③网络中各论坛或博客中有关达芙妮品牌的消费者评论或感想。

该文章主要借鉴 Craig J.Thompson（1997）提出的"消费者故事的解释学模型"来解析达芙妮顾客的本意。这些陈述与她们对达芙妮产品和品牌形象、购物经历和体验相关。

这种解析方法主要运用于两个层面的消费者意义解析：①辨明该顾客在其消费文本中所表达的关键意思；②识别不同顾客在其陈述中所表达的关键词和意义。

通过对达芙妮品牌叙事的案例分析，得到了部分关于达芙妮如何进行品牌叙事的结论（见表10-5），也得出了"品牌叙事理论框架"，它包括2大层面、6个维度的19项内容（见图10-2）。

该研究结论对于营销实践的启示在于：第一，根据目标消费者的价值主张和品牌的核心利益，选择一个好的故事主题，具体表现为朗朗上口、激奋人心的品牌宣言、主张或口号；第二，通过使用真人真事或采用可信度高的代言人等方式创造一个真实可信的故事，其中必须蕴涵能激发消费者情感的因子（比如幽默），而且故事所讲的事实或道理应该是消费者普遍认同的；第三，品牌故事中最好包括一种承诺，可以通过神话、偶像事迹等形式让消费者相信，在购买或使用故事中的品牌后能够实现某种生活理想；第四，广告并不是品牌叙事的唯一方式，企业可以整合广告、大型活动、互动网站、品牌歌曲、终端软文等多种途径来进行品牌故事的深入和广泛传播，但是这些差异化的讲故事手段都必须遵循"一个核心"原则，即围绕核心的故事主题展开；第五，品牌故事要讲好，最好使用让消费者可以理解和接受的语言，并给消费者留下想象和回味的空间。

表 10-5 达芙妮"讲故事塑品牌"的分析结果

2大层面	6个维度	15个具体问题
造故事	1. 故事主题	（1）故事主题反映了品牌"为消费者造梦"的核心主张，体现了品牌的宣言和信念
		（2）故事主题体现了勇敢、独立和追求梦想的女性精神，符合目标消费者追求的生活理想和认同的价值观
		（3）故事主题体现了积极向上的女性精神，能引导消费者发展积极的品牌态度
造故事	2. 故事内容	（4）故事内容包含真实性因素，采用可信的主角、亲切的语言来讲述真人真事，让消费者感知可信并接受
		（5）故事中用童趣来激发消费者情感反应，触动消费者的内心情结
		（6）故事内容是目标消费群体曾有的共同经验或现有的共同愿望，是消费者普遍接受的共识
		（7）故事包含让消费者获得改变的承诺，让消费者感觉通过品牌可以实现自己的愿望
讲故事	3. 结构化	（8）故事的讲述按照童年、少年和成人的时序展开，包括开场、过程和结局三大要素
		（9）讲故事时突出了想要高跟鞋却没有的冲突，这是源自消费者生活中愿望和现实之间的矛盾，且最终随着品牌的出现而得以解决
	4. 系统性	（10）所有故事版本都围绕着月桂女神这一核心故事展开，均体现出梦想和勇敢的精神
	5. 差异性	（11）根据目标受众（消费群体）的特征和偏好讲不同版本的故事，并相应地采用适当的故事角色和语言风格
		（12）讲故事的方式、时间、场合均有别于其他竞争品牌
		（13）整合采用广告、歌曲、主题活动等多途径和方式来传播品牌故事
	6. 简洁性	（14）采用消费者可以理解和接受的语言和形式讲故事
		（15）故事讲完后给消费者留下想象和回味的空间，引导消费者产生与品牌相关的联想

资料来源：汪涛，周玲，彭传新，朱晓梅.讲故事，塑品牌：建构和传播故事的品牌叙事理论：基于达芙妮品牌的案例研究 [J]. 管理世界，2011(3):112-123.

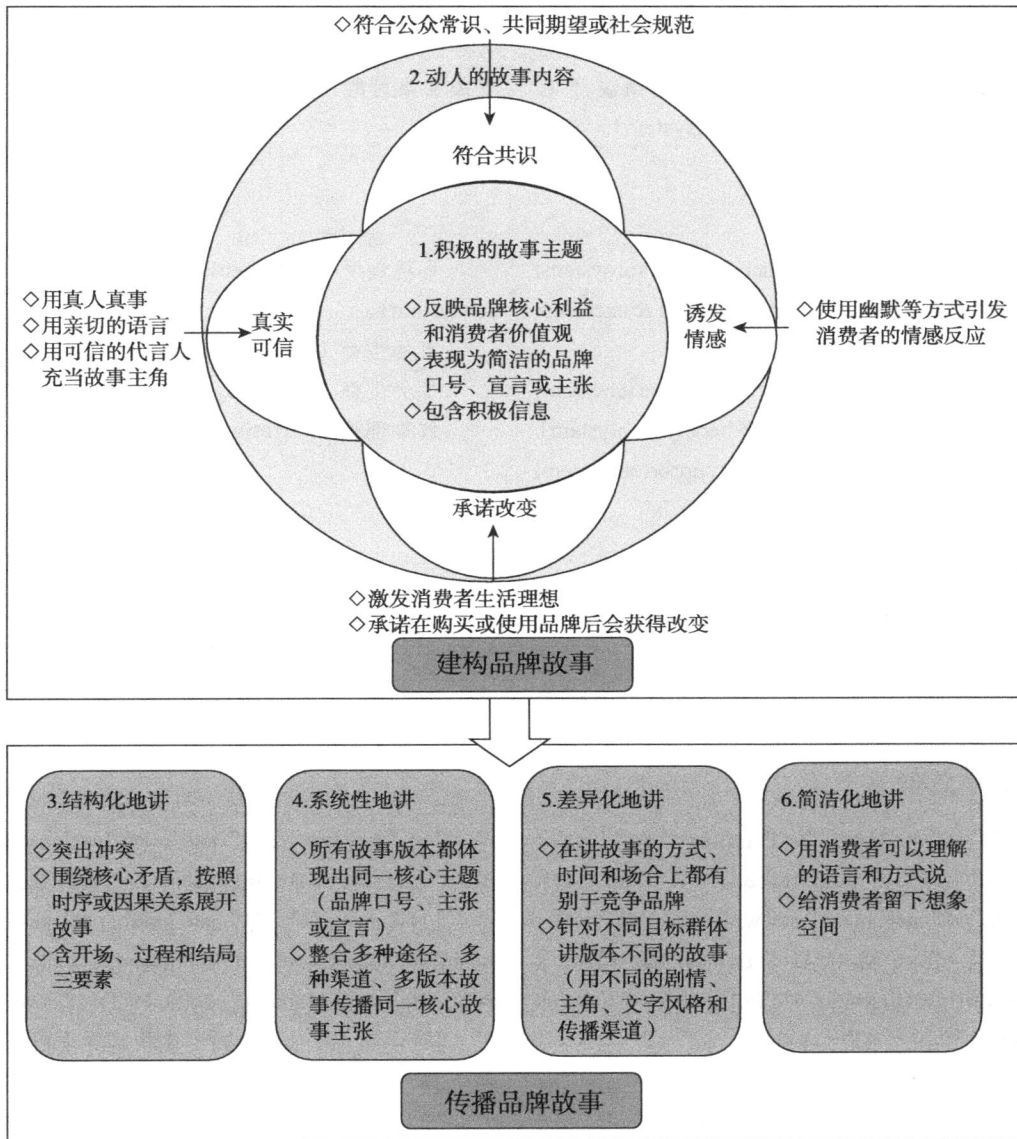

图 10-2　品牌叙事理论框架

资料来源：汪涛，周玲，彭传新，朱晓梅. 讲故事，塑品牌：建构和传播故事的品牌叙事理论：基于达芙妮品牌的案例研究 [J]. 管理世界，2011(3):112-123.

▶本章小结

　　本章首先指出了传统营销在新媒体环境下面临的挑战，如产品或服务的短生命周期、品牌的短生命周期、顾客的短生命周期、员工的短生命周期、企业的短生命周期等。其次，回顾了三种典型的商业模式创新模式，如 Moris 归纳的三层面商业模式、Osterwalder 提出的九要素商业模型、魏炜和朱武祥提出的"魏朱六要素"商业模型等。最后，从营销组合的逻辑出发，提出互联网营销创新 6S 模型，具体包括：产品服务子系统（product & service subsystem）、沟通交换子系统（communication & exchange subsystem）、消费使用子系统

（consumption & use subsystem）、成本收益子系统（cost & benefit subsystem）、效率支持子系统（efficiency support subsystem）、环境制度子系统（environment & institution subsystem）。各系统之间相互作用，构成了企业营销活动的主要内容。对于数字化媒体时代的企业来讲，不仅要关注眼前的市场生存，还要着眼未来的社会生存。

▶关键术语

产品服务子系统（product & service subsystem）
沟通交换子系统（communication & exchange subsystem）
消费使用子系统（consumption & use subsystem）
成本收益子系统（cost & benefit subsystem）
效率支持子系统（efficiency support subsystem）

环境制度子系统（environment & institution subsystem）。
市场生存（market legitimacy）
社会生存（social legitimacy）
叙事理论（narrative theory）

▶课后习题

1. 比较分析本章提出的 6S 模型与第 9 章中列出的各类营销组合的异同点。
2. 比较分析本章提出的 6S 模型与三类典型的商业模式创新模型的异同点。
3. 应用 6S 模型分析本章开篇案例。

▶参考文献

[1] Mahadevan B. Business Models for Internet-based E-commerce: An Anatomy [J]. California Management Review, 2000, 42(4): 55-69.

[2] Mayo M C, G S Brown. Building a Competitive Business Model[J]. Ivey Business Journal, 1999, 63(3): 18-23.

[3] Morris M, Schindehutte M, J Allen. The Entrepreneur's Business Model: Toward a Unified Perspective.[J] Journal of Business Research, 2005, 58(1): 726-735.

[4] Osterwalder A, Y Pigneur. Business Model Generation: A Handbook for Visionaries, Game Changers, and Challengers[M]. NJ: John Wiley & Sons, 2010.

[5] Osterwalder A, Pigneur Y, C L Tucci. Clarifying Business Models: Origins, Present, and Future of the Concept[J]. Communications of the Association for Information Systems, 2005(16): 1-25.

[6] Slywotzky A J. Value Migration [M]. Boston: Harvard Business Review Press, 1996.

[7] Stewart D W, Q Zhao. Internet Marke-ting, Business Models, and Public Policy [J]. Journal of Public Policy & Marketing, 2000, 19(3): 287-2961.

[8] 晨曦. 尼尔森：边看电视边玩手机能增加幸福感 [EB/OL]. http://tech.qq.com/a/20140805/078439.html, 2014-08-05.

[9] 戴鑫. 数字化媒体时代的企业营销创新 6S 模型 [J]. 机器人产业，2016(2):101-106.

[10] 灵思云途. 宣销合一大数据助力汽车营销可见可及 [EB/OL]. http://auto.sohu.com/20160102/n433287803.shtml, 2016-01-02.

[11] 汪涛，周玲，彭传新，朱晓梅. 讲故事，塑品牌：建构和传播故事的品牌叙事理论：基于达芙妮品牌的案例研究 [J]. 管理世界，2011(3): 112-123.

[12] 魏炜，朱武祥，林桂平. 基于利益相关者交易结构的商业模式理论 [J]. 管理世界，

2012(12):125-131.

[13] 魏炜，朱武祥. 发现商业模式 [M]. 北京：机械工业出版社，2009.

[14] 友道设计. 创造与优化：广告创意的表现形式 [EB/OL].http://www.youdaocn.com/2277. html,2010.

[15] 张富鼎. 平均寿命 10 个月，85% 满月即被卸载，手机 APP 缘何"短命" [EB/OL]. http:// scitech.people.com.cn/n/2015/1203/c1007-27883730.html, 2015-12-03.

[16] 张越. 短命的 AppUp：英特尔将关闭上网本时代的应用商店 [EB/OL]. http://www. cnbeta.com/articles/tech/270702.html, 2014-01-14.

▶拓展阅读

[1] Guan W. Research on Marketing Management Innovation of Electric Power Enterprise Based on the Background of Large Data[J]. Electronic Test, 2016.

[2] Ismail S, Rahman A A A, Ismail A R, Daud K A M, N Z Khidzir. Internet Marketing Strategy for Furniture Industry: A Research Based Ergonomics Sofa[J].Springer International Publishing, 2017.

[3] Zhen L I. Under the Background of Innovation Behavior of E-commerce Enterprise Marketing Mode[J].Information Recording Materials, 2016.

[4] 蒂姆·哈福德. 适应性创新：伟大企业持续创新的竞争法则 [M]. 杭州：浙江人民出版社，2014.

[5] 拉里·基利，瑞安·派克尔，等. 创新十型 [M]. 北京：机械工业出版社，2015.

[6] 亚历山大·奥斯特瓦德，伊夫·皮尼厄. 商业模式新生代 [M]. 北京：机械工业出版社，2015.

[7] 陈光锋. 互联网思维：商业颠覆与重构 [M]. 北京：机械工业出版社，2015.

[8] 维克托·迈尔 – 舍恩伯格，肯尼斯·库克耶. 大数据时代：生活、工作与思维的变革 [M]. 杭州：浙江人民出版社，2014.

[9] 查克·布莱恩. 互联网营销的本质：点亮社群 [M]. 北京：东方出版社，2010.

[10] 唐兴通. 引爆社群：移动互联网时代的新 4C 法则 [M]. 北京：机械工业出版社，2015.

[11] 帕姆·耿勒. 首席内容官 [M]. 北京：中国人民大学出版社，2016.

[12] 赵占波. 移动互联网营销：从 4P 时代到 4D 时代 [M]. 北京：机械工业出版社，2015.

[13] 阿里研究院. 互联网 +：从 IT 到 DT[M]. 北京：机械工业出版社，2015.

[14] 马化腾，等. 互联网 + 国家战略行动路线图 [M]. 北京：中信出版集团，2015.

第 11 章

互联网营销创新路径：6S 模型应用

公司运转依靠两个轮子，一个轮子是商业模式，另一个轮子是技术创新。

——摘自华为创始人任正非在与华为 2012 实验室科学家座谈中的谈话

▶ 学习目标

1. 了解 13 类营销创新的路径与 6S 模型之间的逻辑关系。
2. 把握 13 类营销创新路径与对应的案例操作要点。
2. 能够举一反三，利用 6S 模型提出传统企业在新媒体环境下的营销创新路径。

◤ 案例导入

海尔推出 codo 手持洗衣机的台前幕后

海尔公司于 2015 年推出了全球最小的 codo 手持洗衣机，这款洗衣机采用 3 节 7 号电池驱动，能够产生每分钟 700 次频率的拍打，用"挤压洗"的洗涤方式去污，可以在 30 秒内洗净普通污渍，120 秒内清除顽固污渍。

这款产品由海尔日本研发团队研发，在位于中国国内的德国工厂制造，通过海尔新媒体与用户深度交互完善而成。codo 灵感最早来源于清洗用户吃火锅时滴在衣服上的局部污渍。为此，研发团队在互联网上就产品的名称、外观颜色、周边产品、包装样式等问题进行了征集。公司会在 48 小时内根据粉丝意见定稿。同时还在新浪微博上推出各种话题活动，一周之内收获粉丝各类意见超过 3 000 条。征集过程，也是一个线上线下交互的过程，覆盖了 100 万 + 的阅读人群。这群人很多转化为购买者、体验者、分享者，甚至还变成开发者，为下一代产品提出了外观设计的想法。

Codo 洗衣机在网上发售后，部分消费者使用中提出了若干质疑，例如，这款看似"高大上"的产品拆开以后，其结构原理与淘宝上已有的同类产品并无太多差异，"科技含量似乎没有期待中的那么高"；又如，实际去除污渍的效果没有预期的那么好；再如，价格不够亲民等。

资料来源：作者综合整理。

本章在第 10 章提出的 6S 模型的基础上，进一步应用该模型提出企业互联网营销创新的 13 条路径，并辅之以案例解释。

11.1 基于 6S 模型的互联网营销创新备选路径

根据第 9 章对 6S 模型构成要素及内涵的分析，本章提出如表 11-1 的营销突破路径总体情况，包括但不限于 13 个方面，如：①在市场生存与社会生存方面，从市场定位向战略定位突破，等等。②产品服务子系统方面，营销创新备选路径从价值生产向价值观生产突破，从产品线向瘦产品突破，从服务提供向价值共创突破。③沟通交换子系统方面，可从整合传播向整合宣销突破，从市场交换向身份交换突破，从经销渠道向流通市场突破。④消费使用子系统方面，可从市场细分向市场扬弃突破，从顾客服务向顾客社区服务突破。⑤成本收益子系统方面，可从撇脂定价向黏性定价突破，从双方议价向多方定价突破。⑥效率支持子系统方面，可从营销团队绩效管理向情绪管理突破。⑦环境制度子系统方面，可从适应规则向制定规则突破。

表 11-1　基于 6S 模型的互联网营销创新路径一览表

模型子系统	包含要素	营销创新备选路径	举例
市场生存与社会生存	短期业绩与长期发展平衡	从市场定位向战略定位突破	摒弃传统顾客定位、产品定位思维，把企业定位在更宽泛的行业内，有利于战略拓展
产品服务子系统	生产什么 谁来生产 何时生产 何处生产 为什么生产	从价值生产向价值观生产突破	为家庭提供的不是机器人，而是新的生活价值观
		从产品线向瘦产品突破	压缩企业生产线数量，聚焦企业核心优势产品和服务项目
		从服务提供向服务共创突破	产品是顾客自己生产出来的，厂家只是帮助顾客设计生产出了顾客满意的产品
沟通交换子系统	对谁沟通 沟通什么 何处生产 为什么沟通	从整合传播向整合宣销突破	制造与产品相关的热点，然后趁机销售或相反
		从市场交换向身份交换突破	厂家研发人员要把自己当作企业的顾客体会最终顾客的真实需求
		从经销渠道向流通市场突破	与顾客建立多渠道的沟通方式
消费使用子系统	谁在消费 为什么消费 如何促进消费	从市场细分向市场扬弃突破	放弃部分鸡肋市场（客户），聚焦重点市场做精做细
		从顾客服务向顾客社区服务突破	构建顾客网络生态社区，围绕社区全方位、即时服务沟通
成本收益子系统	谁来买单 为谁买单 如何买单 何时买单	从撇脂定价向黏性定价突破	低价为顾客提供硬件，然后提供后续的软件服务，持续收费
		从双方议价向多方定价突破	建立众筹定价或第三方买单模式
效率支持子系统	平台、技术、团队、内部制度、考核激励政策等	从营销团队绩效管理向情绪管理突破	针对 90 后、95 后新员工（价值观多元化），不能靠刚性的 KPI 考核，而是要应用情绪管理模式来激发其主动性
环境制度子系统	物理环境改善、经济、政治、文化、社会、法律、制度环境调适与改善等	从适应规则向制定规则突破	企业争取在某个细分领域成为行业标准的制定者

资料来源：戴鑫．数字化媒体时代的企业营销创新 6S 模型 [J]．机器人产业，2016(2):101-106.

11.2 市场生存与社会生存方面的营销创新路径

1. 从市场定位到战略定位的营销突破

经典的营销理论认为市场定位要回答三个问题：①我们现在的顾客是谁？②我们准备服务的顾客是谁？③我们准备如何为目标顾客服务（科特勒，凯勒，2014）。究其本质，是典型的顾客定位。里斯和特劳特等（2011）提出的定位理论核心思想是：①企业营销要以消费者为导向；②消费者大脑记忆是有限的、有序的，在其大脑中存在一级级小台阶，他们将产品或多方面的要求在这些小台阶上排队，定位就是要找到这些小台阶，并将产品与某一阶梯相联系；③要是买点定位，不是卖点定位。其本质是对产品的定位。这两种定位在新媒体环境下面临着巨大的挑战：例如，顾客兴趣的易变性、客户关系生命周期的缩短，导致顾客定位不灵；代工企业高度精细化分工带来的产品迅速同质化、竞争对手推出同类产品或服务的周期缩短，导致产品定位无法区隔。因此，企业的互联网营销需要跳出行业看行业，跳出顾客和产品定位看发展，从市场定位向战略定位转变，从战略的层面回答：①我们现在哪里？②我们准备去哪里？③我们如何到那里？

2. 案例应用

2013 年 12 月 12 日在第十四届中国经济年度人物评选颁奖现场，小米董事长雷军与格力集团董事长董明珠打赌，称五年之后小米的营业额将超过格力集团，而输的一方将给对方 10 亿元（媒体称为世纪之赌）。董明珠认为五年之后小米不可能超过格力。因为当时从营业额来看，小米公司年营业额约 300 亿元，格力电器则超 1 000 亿元。但雷军信心满满，他给出了三个理由：第一，小米没有工厂，但是可以用世界上最好的工厂。第二，小米没有渠道和零售店，可以采用电商直销，成本优势明显。第三，小米可以把注意力放在产品研发和提升用户体验上，不断提升产品质量，提升市场空间（启言，2013）。实际上，格力基本定位还是产品定位（空调等耐用家电，行业消费更新周期较长），小米对自己的定位是"高端智能手机、互联网电视以及智能家居生态链建设的创新型科技企业，"（见公司官网），并不是简单的小米手机产品（产品定位），也不是纯粹的草根青年群体（顾客定位）。雷军定下 2017 年小米 5 大核心战略：黑科技、新零售、国际化、人工智能和互联网金融（乐天，2017），也证明了这一点。所以两家公司是没有可比性的。另有公开报道数据显示，2016 年格力电器实现营收 1 083.03 亿元，小米则在 700~800 亿元，反映出小米已通过新的定位模式来获得战略营销突破。

从市场定位到战略定位的营销创新案例在其他行业也得到体现。例如，香港地铁公司不仅是公共交通运输部门，还是本地最大的地产公司，因为地铁沿线的地产开发都归属该公司。又如，米其林兄弟不仅开拓了轮胎市场，还经营着米其林美食评选及衍生市场，均获得了成功。金蝶公司早已不是财务软件公司，而是定位于"企业管理专家"，因为其不仅提出专业的管理软件，而且输出创新的管理思想和管理模式，以至于认同其定位理念的董明珠女士愿意免费为金蝶公司代言（见金蝶公司内部展厅介绍）。

11.3 消费使用子系统的营销创新路径

1. 从市场细分向市场扬弃突破

传统营销理论认为，市场细分就是要：①寻找细分标准（人口特征、心理特征）；②划分不同需求群体；③针对不同需求群体进行差异化营销组合（科特勒,凯勒,2014）。例如，针对婚庆市场不同的顾客需求制定相应的产品和服务策略。但在新媒体环境下，上述细分模式会面临严峻的挑战。例如，媒体碎片化带来的消费者碎片化，如何去实现有规模的销售和盈利可能？基于互联网的长尾理论解决的是线上营销问题，但线下营销如何办？顾客分散、渠道分散、资源分散的情况下，如何在顾客有限的需求周期内实现营销效率最大化？面对这些困难，企业在营销上需要放弃鸡肋市场，强化战略市场。鸡肋市场就是那些可为企业带来销售规模，但实际不赚钱甚至亏损的市场，它们还可能为企业带来营销上的潜在风险。战略市场就是能够发挥企业优势，为企业创造超出行业平均利润，或对企业未来发展具有重要支撑作用的市场。

最近几年，部分企业已经尝试从市场细分向市场扬弃突破的营销创新模式。例如，2014 年前后在美国最受欢迎的少女服饰品牌 Brandy Melville（来源于意大利），就是采取了市场扬弃的策略。它号称"只为身材纤细的长发白人女孩而生"，专门贩售 S 号尺寸的衣服，从高腰短裤、迷你裙到短款 Top，都只有这一个尺寸。而有近乎一半的美国女孩根本无法驾驭这样尺寸的衣服。事实上可能连一个身材正常的女孩，也穿不下 Brandy Melville 的衣服。该品牌大量雇用身材纤细甚至接近纸片人的模特儿拍摄 Lookbook。如今粉丝已经超过 200 万，而且绝大多数是年轻女孩。受到广告影响，她们将广告上的模特儿视为心目中的完美典范，必须拥有四大样：长发、纤腰、细腿、大眼。结果是，虽然这家公司的 18 家分店主要坐落于纽约和洛杉矶地区，但便利的网店使得销售额居高不下（南方网，2014）。又如，广东顺德商人苏显忠，从制造业转型到红酒行业，于 2007 年创立品酒客，进口红酒开拓国内市场。早期采用 B2C 的网络营销模式，受到电子商务恶性低价竞争，一度受挫。2009 年后开始回归实体店销售，缩小市场圈，专门"为 1 亿中产阶级提供品位"，在重点城市发展经销商，从内地向沿海市场拓展，与经销商举办有特色的品酒会活动，开拓了 200 多家旗舰店。同时，品酒客采取了一系列营销举措，比如参展世博会、赞助世界女子九球赛、组建 CFGP 中国方程式车队、聘用形象代言人等，在业界树立起时尚、健康、高雅的品牌形象。2012 年 5 月 28 日，苏显忠因在中国红酒行业取得了突出的业绩，圣爱美隆骑士协会向他颁发"法国骑士勋章"（叶小果，2014）。

2. 从顾客服务向顾客社区服务突破

根据 AISASCC 模型，消费者针对企业的角色从关注者向购买者、认同者和共生者转变，带来企业品牌社区从混沌到成长、成熟和迭代发展，形成顾客生态系统。因此企业的服务也要从单个的顾客服务，向构建顾客网络生态社区转变，要围绕社区全方位地即时服务沟通。

联想小新是联想在互联网方向上从顾客服务向顾客社区服务的一种新挑战。该产品定位于年轻人的专属产品，有"多彩靓丽""性能强劲""轻薄便携"的特征。小新电脑的家族成员主要包括小新 air、小新 air pro、小新出色版 510s、小新电竞版 700、小新经典版 310 等。同时，作为互联网时代的新生儿，小新电脑一直都是主推线上销售路线，具体的线上渠道主要包括淘宝联想旗舰店、京东联想电脑旗舰店、苏宁联想官方旗舰店以及官方商城小新铺子。目前，联想小新的线上销售贡献主要集中在京东与淘宝的旗舰店上。

为了给互联网时代新生儿联想小新的粉丝用户们全方位的线上社区支持，小新幕后运营团队分别针对用户的不同需求（品牌归属感、使用交流、问题咨询）搭建起功能差异化的社区（小新专属微博、小新官方论坛、小新电脑贴吧），而其中联想小新笔记本官方微博号主要承担起小新笔记本的线上社区品牌构建工作（李诺，2017）。该微博为小新系列产品的专属微博号，其日常的运营内容为定期高频的话题活动、不定期高频的代言明星（鹿晗）动态关注、不定期的品牌/产品介绍文案或视频。2016年2月22日之后的15个月中一共发出微博950+条，累计关注人数为40万+，最新50条微博中平均点赞量1 200+，平均评论量500+，平均点赞量1 800+（数据为本书作者跟踪整理）。联想小新笔记本在线上品牌构建过程中选用了品牌独立构建模式。其专门建立起其产品粉丝专属的联想小新笔记本官方微博，将联想小新系列产品独立于联想大品牌外的品牌建构；在策略层方面，联想小新产品运营团队选择了外部多品牌联合宣传的品牌传播策略，在通过社区进行品牌宣传时适当结合与自身品牌有共性的海贼王、肯德基、可口可乐、奔跑吧等品牌进行联合宣传，同时选择专属式生活化内容输出的运营风格策略，即旨在输出贴近社区成员生活的日常文案，使用社区成员可触及的生活话题引导社区成员参与，成为生活伙伴式的品牌化身；在具体的执行内容上，联想小新选择在内容管理上偏向日常文案生活化，在活动管理上对话题进行情景煽情化设定，同时配合对社区成员在参与讨论时情景故事式内容创造的引导，在互动管理上选择伙伴式口吻的互动内容输出及对社区成员参与创造的深刻内容进行完全公开化展示。

作者通过对所发微博的观察，发现小新微博的日常文案皆以日常生活内容为题材，如"哈哈，今天星期五，抓住秋天的尾巴来贴个秋膘。天气越来越冷了，大家要注意保暖！破洞裤子啥的，还是收起来不穿了吧！"又或者"周末嗨忘形的结果，就是周一忙成狗。在这夜深人静加班时，还好有键盘自带背光的 Air 13 Pro 陪我一起搞事情，让我不会孤单地想要剁手。"

对于发布话题活动，小新微博一般会选择这样做，"今天是鹿哥首次个人巡演首场北京站开唱一周年的日子，小新翻出了压箱底的存货，来和大家分享我的演唱会故事噢！快戳图。另外，大家都有什么关于鹿哥 Reloaded 演唱会的回忆呢？关注我并转发此博说出你的故事，小新会选17个特别的故事分享给大家，并送出'一鹿随行'杯噢。"

对于粉丝互动，小新微博大多以伙伴式口吻进行回复，其互动的方式多样，且常以转发＋评论的形式进行互动，对于有趣的成员微博也会进行点赞分享，甚至也会结合话题活动的输出进行归纳及再次发布。因而归纳为伙伴式口吻互动内容输出、深刻内容完全公开化展示。

在策略层面，该微博所发布的消息多以本品牌及与小新品牌元素相似的其他外部著名品牌为宣传素材，比如海贼王、可口可乐、KFC、GALA 乐队、小黄人等，同时，其所采用的运营风格皆为生活风或是社区成员专属内容，因而作者将其总结为外部多品牌联合宣传策略、专属式生活化运营风格策略。

联想小新在品牌构建过程中不占用现有的联想大品牌线上资源，在其独享的品牌构建载体"联想小新笔记本电脑"官方微博，类似品牌独立构建战略，如图 11-1 所示。

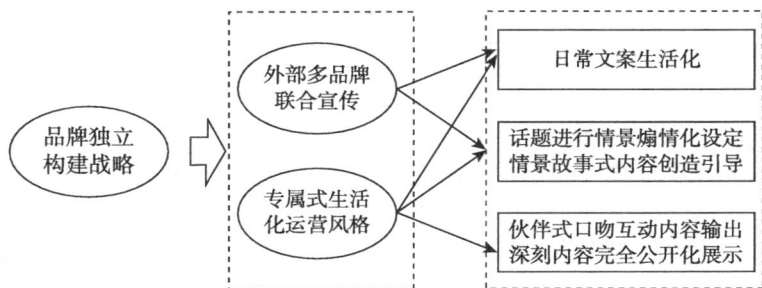

图 11-1　联想小新基于顾客服务的在线社区品牌构建战略模式

资料来源：作者综合整理。

11.4　产品服务子系统的营销创新路径

1. 从价值生产向价值观生产突破

经典营销理论认为，企业要为顾客提供价值。这种价值生产要解决的问题是：①物有所值、性价比高；②兼顾实用主义和享乐主义价值；③要给顾客带来利益；④为了让顾客满意，往往企业提供的价值要超出顾客预期（科特勒，凯勒，2014）。例如，联邦快递在传统营销推广中给顾客传递的是安全守信的价值理念，奔驰车给顾客传达的是忠诚信赖的价值形象。这些由企业生产的价值并不一定适合顾客，或者顾客自己也不知道自己需要什么（特别是在快速迭代更新的移动互联网时代）。本书提出，营销中整体产品模型中最重要的是核心利益，这种核心利益应不拘泥于已有的顾客价值，企业应顺应新媒体时代制造新的价值观，引领新的价值观。

联想手机在 2013 年利用微博制造的"大 V 翻包记"就是价值观生产的一种尝试。从当年 5 月 15 日开始，微博上的大 V 们纷纷翻开自己的包，以图片的形式晒出自己的各色随身物品，并附上了一个文艺范儿很浓的标签：#打开私囊，惊艳全场 #。在三天的时间里，一共有 50 位大 V 参与其中，他们来自各个领域：演艺界、时尚界、艺术界、文学界、体育界，等等，而且大部分人的名字耳熟能详。每位大 V 的私囊中，你都可以发现一部联想 K900 手机。而 5 月 16 日刚好是 K900 发布会，发布会的主题也是"惊艳全场"。根据大 V 们所发布的内容来看，这些布局工整、格式相近的图片显然不是由他们自己拍摄的。在这一环节上，有专门摄影师来进行统一拍摄，至于每条微博的文字内容则由大 V 们自由发挥——按照策划人员的想法，这样个性化的活动还是需要更加个性的内容。至于 K900 所扮演的角色，恐怕所有人都不会相信高端大气国际范儿的大 V 们会真的全在使用同一款手机。因此在设计构图时，策划人员特别要求将 K900 放在不是太显眼的位置，一方面是希望更加突出每位大 V 的个性，另一方面则是希望别把广告做得太硬了（Tsai，2013）。上述翻包实际展示的是联想 K900 手机的目标消费群所代表的生活方式和价值观，旨在通过新媒体培养和引导潜在消费群。

其他案例，如 2005 年肯德基换标、雕爷牛腩、三只松鼠等也体现出价值观的引导与转型。

2. 从产品线向瘦产品突破

经典营销理论认为，产品线要解决的问题是：①如何拓展和管理产品线的宽度、深度、长度；②通过产品线拓展，满足多群体需求或多选择需求（科特勒，凯勒，2014）。但这种模式在新媒体环境下，面临着诸多问题，如产品线扩张带来产能过剩、效率低下、危机点增多、管理成本上升等问题。为此，需要对产品线或产品组合进行瘦身。

一些企业已经开始尝试瘦产品策略。例如，2014年8月，宝洁全球总部宣布："公司计划出售、终止或淘汰至多100个宝洁品牌，以削减成本并专注于最重要的产品系列。"而当时宝洁全球"品牌库"中约有200个品牌，相当于剥离了将近一半的品牌。其背后的原因是去弱存强，聚焦核心业务。剥离后留下的品牌每一个都将是战略品牌，具有增长潜力，将会是各自所在产业、品类和领域的领导品牌，受消费者喜爱、客户支持的品牌（陈时俊，2014）。又如，专注、简单、极致、快的互联网思维也体现在做瘦产品模式上。杭州甘其食包子铺已经开店160多家（截至2016年年底，下同），销售2亿元，员工近1000人，但始终只围绕6+1（6种包子 + 高庄馒头）产品，做精原料，做精过程。在甘其食，一个包子的诞生伴随着一整套标准化流程：60克面皮，40克馅料，一分钟摘面团（行话叫作下剂子）不低于22个，每个剂子误差不超过正负2克，擀皮22个，包制2个，每个包子褶子数16~22个，还要看封口、外观是否合格。所以，得到了消费者和投资人的青睐（思路网，2016）。

3. 从服务提供向价值共创突破

经典的服务营销理论认为，①顾客有接受服务的需要；②企业尽可能优化服务满足需要，因为顾客是上帝；③顾客根据自己的喜好对服务批判性接受（Lovelock, Wirtz, 2011）。这是一种典型的产品主导逻辑（good-dominant logic）（Vargo & Lusch, 2004）。这种逻辑下，生产者是价值的唯一创造者，整合各自资源决定价值创造，并通过产品、渠道、促销、价格等营销策略销售产品。顾客或消费者只代表市场需求，只是价值的被动接受者。这种方式是一种价值创造，而非价值共创。当前90后、95后消费群体的个性与价值取向，使其主导或参与企业生产成为可能。于是，服务主导逻辑（service-dominant logic）应运而生。该逻辑下，生产者和消费者在产品设计、生产和消费过程中互动合作，提供并整合各自拥有的资源，共同创造价值（Sheth et al, 2000）。消费者作为一种重要的操纵性资源（operant resource）与生产者成为价值的共同创造者，企业和消费者不再彼此独立（Vargo & Lusch, 2004；Prahalad & Ramaswamy, 2004）。此外，消费者也可以在企业帮助下成为生产的主导。该种价值创造方式主要基于Heinonen等（2010）提出的顾客主导逻辑（customer-dominant logic）。顾客主导逻辑认为，价值创造产生于顾客的日常生活实践，即顾客通过企业提供的产品或服务结合自身可利用的其他资源和技能，通过日常生活实践为自己创造价值（李朝辉，金永生，2013）。消费者（顾客）对生产者提供的商品注入自己的价值主张，进行价值再创造。与服务主导逻辑下生产者和消费者互动创造价值不同，顾客主导逻辑下的消费者单独创造价值，生产者和消费者（顾客）之间不存在互动，消费者利用生产者提供的商品单独创造价值（武文珍，陈启杰，2012）。从上述两个理论出发，企业营销可从价值独创向价值共创转型。即产品或服务在没有出厂之前就有顾客参与；产品或服务不是企业生产出来的，而是顾客和企业一起研发生产出来的；顾客在企业的帮助下制造了自己喜欢的产品或服务。

价值共创的案例近年来不断出现。例如，可口可乐公司在2013年发起的共拍一部电影活动。他们选出全世界600位热情粉丝，邀请大家来共同拍摄一部电影，并且要把这部电影"穿在身上"（wearable movie）。电影讲述的是一对伙伴想尽办法要让"一张嘴"开怀大笑的故事。电影当然不是真的穿在身上，而是由 600 个影格所组成，每个影格都被印在 T-Shirt 上分送给参与的粉丝，并且附上一张专门定制的感谢函。可口可乐请这群人穿上 T-Shirt，在活动网站上她个人所属影格的位置留下美丽的倩影与微笑，之后再将这些影格串联起来，这样就做成了一部 600 人穿在身上共同参与的电影。然后将这一电影在社交网络上进行传播。对这 600 名参与活动的粉丝来说，wearable movie 事件，让他们玩得很开心，他们对品牌好感度与忠诚度的加深自然不必说。这 600 位参与活动的粉丝，每个人肯定都有一群受其影响的朋友，而这群人是最直接感受到"嘿，我的朋友出现在可口可乐电影中"的喜悦的人，于是，当影片发布时，他们成为以最直接的方式影响到的一群人。这还不包括纯粹因为这影片带来的欢愉感而感动的广大网友（米卡，2013）。又如，韩国电视剧之所以能够紧抓观众的心，除了帅哥美女、专业的班底，还有一个重要的原因，就是边拍边播的模式。一般会预先拍好 5 集，一边播出一边关注观众反馈，以便适时调整剧情。在韩国，热门剧集都少不了自己的官方网站，在播放前期，编剧会把写好的部分剧本放在网上观看网友留言并参与互动探讨剧情，一开始就紧抓观众的心；播放中期，观众们对剧情发展的期待以及剧中人物命运的关注也会影响编剧；至于万众期待的大结局，"民心所向"也往往会成为参考的因素之一。《爱上女主播》的编剧朴志贤女士曾经透露："《爱上女主播》最后两集我总共写了三个版本，18 集播完之后，我把最后两集剧本对观众公布，通过他们的投票来挑选究竟拍摄哪个结局。"（腾讯网，2014）

11.5 沟通交换子系统的营销创新路径

1. 从整合传播向宣销融合突破

整合营销传播的逻辑是：①传播始于消费者；②传播通过各种形式与消费者接触；③传播通过各种要素向消费者传达同一种声音；④传播旨在和消费者建立关系；⑤传播最终目的在于影响消费者行为（舒尔茨，2005）。但新媒体环境带来的媒体碎片化、舆论噪音化、竞争无序化（临门一脚被抢单比比皆是）导致上述"计划性"先传播再销售的模式受到挑战。在新形势下，应向宣销融合转变，包括：①传播（宣传）即销售，每一分推广费都能看到效果；②销售融入传播，企业不能成为市场教育的先烈；③传播手段和销售方式要多元化。

近年来，企业从整合传播向宣销融合转型的探索既有成功的经验又有失利的教训。例如，从 2014 年开始，1 号店尝试在特定日期带领用户冲击吉尼斯世界纪录活动。2014 年 3 月 18 日上午 10 点，随着一声锣响，1 号店正式向吉尼斯世界纪录发起挑战（挑战牛奶出售最快吉尼斯案例），这次的纪录目标是在 24 小时内完成 30 个集装箱，总计 60 万盒、600 吨进口牛奶的销售。参与此次活动的来自新西兰、澳大利亚、德国等 8 个国家 15 种优质进口牛奶全部 5 折销售，每位参与活动的消费者还会得到个性化定制的吉尼斯证书。10 点刚过，在 1 号店监控中心的 LED 大屏上，实时销量不断刷新，订单走势瞬间攀高。短短 15 分钟就卖出了将近 18 个集装箱，52 分钟时 30 集装箱的进口牛奶全部售罄（站长之家，2014），掀起了较强的新闻效应。随后的 2014 年 11 月、2015 年 7 月等时间，1 号店又发起了纯净水、洗护用品、消费电子等冲击吉尼斯世界纪录活动。这种模式就是典型的整合宣销。又如，2014 年 5 月 19 日，荆楚网首发"武汉女大学生出租大腿当广告位，男生弯腰扫码"的新闻，在随后的 36 小时内，整条新闻的网络阅读和评论数突破百万，还不含微博里近 12 万人次阅览，以及一些传统媒体的跟进。这显然是某企业的女性产品新媒体推广活动。遗憾的是，在新闻的旁边并没有清晰地将商家在天猫旗舰店的链接二维码标注出来，影响了店铺销售的直接转化（荆楚网，2014）。

2. 从市场交换向身份交换突破

经典营销理论认为，市场营销是营销各方为满足各自需要相互交换的过程（科特勒，凯勒，2014）。其本质是市场交换，解决货币与需求问题。但如何在新媒体环境下，真正从消费者出发实现双方都满意的交换？这是企业迫切需要解决的问题。从市场导向出发的身份交换是解决该问题的一种尝试。①市场导向（market orientation）是一种组织文化，企业收集市场的信息以满足顾客需求，创造卓越的顾客价值和维持竞争优势，包括顾客导向、竞争者导向和内部职能间的协调（Wong & Tong,2013）。市易导向也是一种市场活动，涉及市场情报的产生、传播和响应（Han, Kim, Srivastava, 1998; Shin,Park, Ingram,2012）。②它包括反应式市场导向和前瞻式市场导向两类。前者是企业尽可能寻找、了解和发现，并集中满足顾客表现出来的需求（显性需求），以此提出针对性的解决方案（Alpkan, Sanat, Ayden, 2012）。这种市场导向使企业能有效整合现有的经验能力、开发新产品，同时满足当前的顾客需求（Lamore, Berkowitz, Farrington, 2013）。后者是企业尽可能寻找、了解和发现，以集中满足顾客没有表现出来的需求（隐性需求）。隐性需求及其解决方案就是顾客不知道、没想到、没料到并很难或者没有表现出来的需求和据此提出的针对性解决方案（Alpkan,Sanat, Ayden, 2012）。身份交换实际是对上述两种导向的本质进行了结合。

关于身份交换的案例有很多。例如，一个未经证实的故事是，第二次世界大战期间巴顿将军通过一份前线战事报告了解到，牺牲的盟军战士竟有一半是在跳伞时摔死的。他十分恼火，立即赶到兵工厂。当时负责生产降落伞的是商人考文垂，见到兴师问罪的巴顿赶忙汇报说："这些年我一直在狠抓产品质量，降落伞的合格率已经达到 99.9%，已经创造了世界最高水平。"巴顿怒斥道："每个降落伞都关系到一个士兵的生命，你就不能做到百分之百吗！"考文垂苦笑："我已经尽力了，99.9% 已经是极限，没有提升空间了。"巴顿怒不可遏，走进车间随手抓起一个降落伞包，命令考文垂："这是你制造的产品，我现在命令你上飞机。"考文垂吓得要命，这个伞包刚下线，还未经过任何检验，万一是次品就完了，但没办法，对方是将军，只能胆战心惊地拿着伞包上了飞机……万幸，考文垂有惊无险地回到地面，但已经吓得面无人色。此时巴顿说："从今天起，我将不定期来这里，命令你背着新做好的降落伞从飞机上跳下去。"从那以后，巴顿再没去过兵工厂，而盟军也再没发生跳伞伤亡事故。另一家企业广州千千氏工艺品有限公司便是采用了这种身份交换营销。该公司是一家集饰品、彩妆、护肤品等时尚潮流研究，自主品牌产品研发、生产、销售功能于一体的连锁零售企业。针对的是 30～45 岁已婚女性，使命是"做女人的闺蜜"，品牌理念是"三分钟，展新女人"。通过体验式营销的模式，"一次消费，长期免费化妆盘发"的服务，销售给顾客产品、美丽、快乐。其 2011 年成功入围"黑马中国"全国总决赛，2013年 8 月获得"中国产品创新 10 强奖"等各种大小荣誉和奖项。2013 年与央视、商界集团共同举办的"全球快造型峰会"成为央视《奋斗》栏目组录制现场。该公司在社区开店时，往往会 5～10 家店同时开张，为女性顾客带来了 PMPM 的服务；也给加盟商带来交钥匙工程，每开一个门店，就会派督导和带动师帮助门店积攒人气，待培养好店长和营业员后再撤离（详见公司网站及相关新闻报道）。

3. 从经销渠道向流通市场突破

传统经销渠道的逻辑是：①企业到顾客之间有纵向的通道；②产品需要通过经销商搭建的渠道逐级配送到顾客；③抢占顾客最关键环节是终端临门一脚，所以决战终端、终端动销力是法宝；④经销商依靠级差获得渠道收益。但这种模式在新媒体环境下面临了挑战：①媒体多元化导致信息透明化，顾客从多个方面获得对称信息；②社交网络化导致渠道多元化，顾客可以从多个平台获得产品或服务；③经销商不规范化、老化、强势化、固执化、与目标对象的不匹配化等，给企业的渠道管理带来了麻烦。例如，经常发生在市场上经销商窜货、唯利是图妨碍公司利益的事件。为此本书提出流通市场的逻辑，即：①企业到顾客之间是网络不是渠道；②顾客选择产品途径遵循信息最真、路径最短、时间最少、上下级差最大等原则；③流通市场是平台，但不是平地，有高有低，有沟有坎，谁的平台好，谁就可以多收入，所以企业要为顾客创造的是流通市场，而不是渠道。

事实上，一些企业已经开始尝试 O2O 等线上线下渠道结合的方式做营销。例如，梅西百货引入全渠道销售模式，较好地提高了利润水平。这家拥有 840 家百货店及 13 家奥莱商场的美国百货零售巨头，在对顾客的购买行为进行分析后发现，大部分顾客并不是只在网上或者只在实体店购物，他们会根据自己的需要选择购买渠道。因此，重要的是让顾客知道，梅西百货能够满足他们的购物需要，无论是在梅西实体店里、在梅西网站、在梅西移动应用上，还是在其他梅西品牌的渠道，关键是让消费者选择梅西品牌。梅西百货的多渠道策略有个非常明确的主题——"让购物体验简单而周到"。这些改变能够为顾客提供更快速、更高效和更轻松的购物体验，考虑到顾客在网购时的习惯（购买前喜欢在网上了解商品，并到实体店内感受商品），梅西百货还增加了许多新的设施，尽力让顾客的购物体验完美而周到。这种双管齐下的策略，让顾客获得所有必要的产品信息的同时，不会牺牲便利性。在电子商务的初创期，各企业都努力在网上营造出实体店的顾客体验。当网上商城红火了以后，各大零售商们从网上购物的体验中吸取精华后移植到实体店里。而梅西百货的做法是将这两种理念结合，互取所长，为顾客打造出贯穿多种购物渠道的、始终如一的和无缝的购物体验，从而留住顾客，赢得竞争。梅西百货将其称之为"泛渠道（omni-channel）策略"，具体有 12 项 O2O 策略：Apple Pay 苹果支付、线上购买线下取货（BOPS）、加快交易的新一代加强版的手持终端和平板电脑、梅西图像搜索等（雨果网，2014）。又如，国内的酷漫居等企业也在探索 O2O 方面获得了较好的经验（详见本书所附电子版案例）。

11.6　成本收益子系统的营销创新路径

1. 从撇脂定价向黏性定价突破

撇脂定价的逻辑一般是：①产品生命周期较短；②企业通过高定价快速攫取利润；③通过快速推出下一代产品，继续撇脂。周而复始。例如，苹果公司的产品采取的就是该定价策略。但该定价模式有其存在的前提和条件，如：顾客偏好本公司的产品，愿意为这种偏好付出更高的成本。但问题是不是每一种手机都叫苹果，不是每一个顾客都这么痴情，不是每一个对手都坐等某家企业赚取高额利润。所以，企业需要在新媒体环境下，探索更隐蔽持久的定价模式——黏性定价：①黏性顾客（不一定是忠诚顾客）的多次消费对企业更有价值；②分部定价更加隐蔽，更加满足移动互联网时代消费者的"实惠"心理；③隐性价格比显性价格带来的回报更高、更持久。

黏性定价有多种表现形式。例如，西班牙巴塞罗那一家戏院 Teatreneu 最近推出了富有创意的收费方式：观众可以免费进场，但是看戏过程中每笑一次都要收费 0.3 欧元。戏院每个座位背面都安装了"笑容识别收费系统"（PayPerLaugh），会自动识别观众的笑容并计算收费。公平起见，戏院为观众缴费设置了上限，最多不超过 24 欧元（约合 186.6 元人民币）。几个月下来，戏院不仅没有出现亏损，收入反而节节上升，因为不仅戏院客源大幅提高了 35%，而且平均每名观众支付的票价增加了 6 欧元。据报道，这一创新收费计划推出的背景是西班牙政府大幅调高了门票税，从 8% 调升至 21%，导致戏院客源减少。因此，Teatreneu 戏院为了重新吸引逐渐流失的客源，而设计了这套新颖的收费系统。结果，戏院不仅没有亏本，反而获得了不错的收益。除了增加收入外，"笑容识别收费系统"还有效地观察和记录观众对戏剧的反应，对戏剧特别是喜剧创作者如何提高戏剧质量大有裨益。戏院还鼓励观众离开后在社交媒体分享他们的"缴费成果"，这也成为一种绝佳的宣传方式（熙怡，2014）。

2. 从双方议价向多方定价突破

传统营销定价模式一般有三类，成本导向、顾客导向和竞争导向（科特勒，凯勒，2014）。关注的更多是价格水平（what），默认最后的成交价格是买卖双方之间的议价或博弈（招投标）结果，但忽视了定价的主体和支付的主体（who）。在新媒体环境下，营销活动往往涉及的不是两方，而是多方，定价的主体经常会以多方出现，且价格的直接承担和间接承担者也与传统营销存在不同。当下流行的众筹模式或"羊毛出在牛身上，猪来买单"模式，都是多方定价模式的探索。

共享单车目前的盈利模式，也体现了多方定价演进思路。该模式有四种收入方式：①物理产品盈利模式。就是卖家投入物理硬件，收取买家的租赁费。在这种模式下，一辆单车成本是 1 500 元，自然折旧周期 4 年，每年的折旧成本不到 400 元，每天大约 1 元。如果再算上投放、维护、损坏、偷盗等运营成本，一辆单车每天的运营成本为 2～3 元。如果每次骑行的费用是 1 元，每天每辆单车被骑 3 次，则可以维持盈亏平衡。这种方式的弊端是很容易陷入价格战，同时市场空间有限，收入增长有天花板。②互联产品盈利模式。几乎所有共享单车平台都开启了使用先交押金模式，押金从每人 99 元到 299 元不等。这种方式的弊端是，用户规模决定了押金规模，市场规模有限，存在天花板。另外，由于共享单车企业需要不断扩大市场规模，进行维修折旧，依靠押金可以完成市场的迅速扩张，但是无法实现较为稳定且可观的盈利。这种方式在本质上和物理产品盈利模式是一样的，只是利用了移动互联网快捷支付的特征，并不属于物联网盈利范畴。③智能互联产品盈利模式。在智能互联产品中，单车与手机及控制平台组成一个产品体系，商家可以实现远程监测、控制、优化。同时，单车也将借助物联网，产生更多的位置信息、用户使用数据、自身优化数据、用户接触界面等。通过长期积累，共享单车拥有用户行为习惯及位置信息，通过交叉比较，可以对用户进行标签化管理。同时，共享单车 App 还具有高打开频率的用户交互界面，这就成了精准营销的基础，无论是投放广告，还是进行产品推广或沿途商家推荐等，成功率都会非常高。同时，对于用户使用习惯的监测及高热点地区、高热点时间段的数据挖掘，对于降低单车运营成本也有重要意义。这种盈利方式的关键点是对于数据的收集、挖掘与计算，能够运用好数据的公司，将会实现稳定且可持续的盈利。④万物互联产品体系盈利模式。共享单车首先应该实现与整个交通系统的交互，不仅仅是单车形成一个产品组，而是单车与行人、智能汽车、道路共同形成交互系统，不断拓展行业边界，实现更大范围的数据分析与商业合作。此外，共享单车作为智能互联产品，应该与整个社会进行交互，围绕城市管理体系，与保险、金融、城市安全甚至气象信息等构成一个大的生态体系。不同的产品系统和外部信息组合到一起，相互协调，实现整体优化。未来，智能建筑、智能家居、智能城市，都将由不同的智能互联产品组成，从而重新定义行业的特征，提升行业整体效益（中金在线，2017）。

Airbnb 公司又提供了另一种定价和收益模式。公司的运营模式主要是基于床铺共享。如果家里有闲置的卧室甚至是客厅沙发想要出租，就可以把信息发布到 Airbnb 网站上面，旅客或出差的商务人士可以根据自己的喜好选择想要入住的人家，通过线上支付的方式完成交易。公司和出租方按照一定比例分成。

11.7 环境制度子系统的营销创新路径

1. 从适应规则向制定规则突破

传统营销一般基于企业适应或响应外部环境来做决策。但由于移动互联网、新媒体技术等的快速发展，政府管理部门还来不及出台相应的政策法规、行业标准。例如，战略新兴产业、互联网金融行业等。这对于企业的营销带来新的机遇。即企业可以通过实践积累的经验，为政府拟定相应的行业标准提供支持，也为自身的发展开辟更大的空间。与企业市场行为相对应，我们将其称为非市场策略（non-market strategy）（田志龙，邓习明等，2007）。

2. 案例应用

白酒行业产品标准的变迁，是企业参与制定行业标准的一个案例。早期的白酒产品香型标准，只有浓香型、酱香型、清香型等类型。后又推出多种香型标准，每种标准背后都有代表性企业。例如，GB/T 26760-2011 酱香型白酒背后代表厂家是茅台，GB/T 10781.1-2006 浓香型白酒背后代表厂家是五粮液，GB/T 20823-2007 特香型白酒背后是四特酒，GB/T 14867-2007 凤香型白酒背后是西凤酒，GB/T 20825-2007 老白干香型白酒背后是衡水老白干，GB/T 20824-2007 芝麻香型白酒背后是景芝酒等。

另外，中国的新能源汽车及充电桩标准等，都有国内企业参与制定。作为全球光纤光缆行业前三甲的长飞光纤光缆有限公司是当今中国产品规格最齐备、生产技术最先进、生产规模最大的光纤光缆产品以及制造装备的研发和生产企业，该公司也参与多项国家技术标准制定。这些为企业后续抢占市场先机提供了基础。

11.8 效率支持子系统的营销创新路径

效率支持系统包括企业 IT 技术、团队管理等方面。本章只从营销团队管理方面予以举例。

1. 从营销团队绩效管理向情绪管理突破

传统的营销团队绩效管理认为：①人是有惰性的（X理论），必须通过强制驱动来激发狼性；②绩效管理实际突出的还是结果管理；③KPI指标和严格的考核机制是激发狼性的法宝，所以对营销人员要严格考核。这种管理理念逐渐受到90后、95后员工的价值观冲击。这批员工年龄较小，价值多元化，家庭背景富裕化，自媒体意识增强。他们追求的不是单纯的金钱和物质激励，一般不担心短时间的失业，也不惧怕考勤扣奖金之类的惩罚手段。他们看重企业对人的尊重与理解。所以，有必要引入人力资源管理领域的"情绪劳动"（emotion labor）（Hochchild，1983）。它要求员工在工作时展现某种特定情绪以达到其所在职位工作目标的劳动形式。这些特定情绪针对的目标人群有：客户、顾客、下属，或者同事。情绪管理的内容包括情绪表现频率、专注性（持久性、强度）、多样性和失调等。该理论认为，服务业员工的劳动一般都是情绪劳动，企业高管的劳动一般都是情绪劳动，领导的情绪、组织氛围、工作环境等决定了员工的情绪，员工的情绪决定了顾客的心情，顾客的心情决定了生意的好坏（Totterdell，Holman,2003）。因此，针对营销团队的管理要从绩效管理向情绪管理转变。

2. 应用案例

美国迪士尼乐园之所以让很多游客体验快乐，在于每位员工都是发自内心快乐，并将这种快乐传递给游客。多次观察会发现，同一场表演，日复一日，月复一月，年复一年，参与表演的演员们从来没有表现出厌倦情绪。这就属于成功的情绪管理。江苏某地方媒体的"熊猫小姐爱美食"创业也体现了员工情绪管理带来的价值。该媒体单位有一位女员工，在当地微博、微信上开辟有"熊猫小姐爱美食"栏目，喜欢传播吃喝玩乐体验，吸引当地大量粉丝。该媒体利用其影响力，与江苏银行、光大银行联合制作"熊猫卡"，发放对象限于其粉丝。熊猫卡持有者可以在签约的100多家商家（美食、汽车、房产等）中获得较大的消费优惠。熊猫小姐的主要任务就是周末带领她的粉丝到处去体验，发朋友圈、粉丝圈。几年下来，熊猫卡累计发行2万多张，每月带动消费300～600万元。

|案|例|分|享|

中国家电企业的市场行为与非市场行为

华中科技大学管理学院田志龙教授团队长期从事企业非市场行为的研究，他们2007年发表在《管理世界》上的一篇论文采用结构内容分析法，以中国家电行业企业为例，讨论了这些企业的竞争行为，尤其是市场行为与非市场行为之间的互动特征及其规律，将现有的以市场为核心的竞争互动研究有效地拓展到非市场领域（田志龙，邓新明等，2007）。现将主要研究摘录如下。

1. 研究背景

竞争互动（competitive action-reaction）的研究是动态竞争（competitive dynamics）领域的重要分支之一。不过迄今为止，这一研究的线索主要集中于市场行为，在相当大的程度上忽视了政治行动与其他非市场行为的重要性与价值。很明显，在企业的竞争行为中，我们不能忽视企业运用法律、管制、行政补贴等手段来减少进入威胁与保持潜在利润的非市场行为。事实上，将"非市场"概念运用到企业层次的战略与行为是战略管理研究领域出现的一种新趋势。近些年来，很多学者因为非市场行为对企业绩效的显著性影响已经开始强调非市场活动的作用。他们认为市场与非市场行为都是从企业的核心竞争力中获取价值，不管是低成本生产，还是有效的公关或游说行为。本文的研究不仅是对企业为什么应该关注非市场行为的作用进行规范性的讨论，而且试图在前人研究基础上，尝试从企业市场行为、非市场行为以及整合行为的角度来全面探讨企业之间的竞争互动问题。

2. 研究过程

该文作者团队选择了中国的家电行业，因为该行业的市场化程度较高，更适合我们研究企业间的双边竞争行为特征及其规律，这是动态竞争的关键问题。最后选择 TCL、海信、长虹、康佳、海尔及创维等企业作为案例对象。中国家电业充斥媒体、业界很久的价格战、概念战及各种各样的"秀"，受到政府与公众的广泛关注，它们的竞争行为天天见诸报端，其行为比较容易从杂志、报纸以及行业网站中进行采集与加工。选择这些企业作为研究对象具有较大的可行性与科学性，在收集基础信息的基础上进行编码分析。

3. 研究结果

研究发现，2002～2007 年，案例企业所实施的市场行为被实施的总数量为 571 次，比重为 58.7%，而非市场行为的数量为 313 次，所占比例为 32.2%。这一结果说明中国企业在竞争互动中，已开始关注非市场行为的重要性与价值。各竞争行为按照数量递减趋势分别为"推出新产品""公关行为""联盟购并""公益行为""降低价格""整合行为""进入新市场/行业""重要促销"以及"参与行为"。虽然中国家电业充斥媒体、业界很久的价格战、概念战受到广泛关注，但结果却表明价格战并不如人们所想象的激烈，说明家电业的竞争越来越趋理性。同时发现，价格竞争并不是企业间市场竞争的主要方面。事

实上，"推出新产品"与"联盟并购"等行为数量所占比例均高于价格竞争。在产业链条的建构上，中国企业基本上固守在末端，很少涉足上游面板和核心模块领域。因此，家电企业非常注重通过合作联盟与兼并收购等方式来提高自己的核心竞争力。比如，2005 年 5 月，TCL 集团召集国内九大彩电巨头结成战略性联盟，拟在技术标准、知识产权等 4 个领域进行实质性的合作。在企业所实施的非市场行为中，"公关行为"与"公益行为"是使用比较频繁的（比例分别为 16.98% 与 11.42%）。这一点足以说明中国家电企业已充分认识到非市场因素对竞争行为的重要影响。比如海尔经常采用的一种公关行为就是频繁地邀请外部利益相关者（包括中国官员、外国官员、合作伙伴、行业组织、媒体、大学学者等）参观企业（包括生产车间、样品陈列室、荣誉室等）。在参观的过程中，向他们展示内部管理、企业文化等，以提高品牌影响力。

主要结论如下：第一，市场行为虽然是企业间竞争互动的主要方面，但要真正从全局上把握企业竞争互动的全貌，非市场行为以及整合行为的重要性与价值也不容忽视。第二，不同市场占有率企业所实施的各类市场行为在数量上不存在明显差异，但非市场行为在数量上却存在显著性差异，而且相对市场份额较小的企业倾向于实施非市场行为。第三，企业的进攻与回应行为之间在总体上存在显著的相关性，进一步，市场进攻与市场回应、非市场回应之间存在显著的相关性；非市场进攻与非市场回应存在显著的相关性，而与市场回应之间的相关关系并不显著。第四，企业所实施的市场行为中大多数是短期目标驱动，缺乏长远考虑与规划的战术性行为，而所实施的非市场行为中更多的是以长期利益为导向的战略性行为。第五，企业的市场与非市场进攻或回应行为与单独或集体行为之间均存在显著的相关性，进一步，企业更倾向于以单独行动的方式参与市场行为，更倾向于采取"非市场联盟"

的集体行动方式参与非市场活动。第六，我国企业间竞争的动态化程度非常高，每两个行为之间的时间间隔很短，其中企业对竞争对手的市场进攻或回应行为更为敏感。第七，我国企业不同时期的市场行为与非市场行为之间存在显著的关联性，表明企业之间的互动是一个动态竞争的过程。

本文的研究结论为中国企业的管理者们在进行战略管理实践时提供了重要的启示：第一，企业的竞争行为选择范围不应仅局限于市场行为，更不能仅局限于价格竞争，而应将策略与行为选择的范围拓展到非市场领域，关注非市场行为对企业竞争优势的重要性与价值；

第二，企业要根据竞争行为的关键性特征（比如规模、进攻或回应、合作性等）对竞争对手的回应行为进行有效的预测与评估，从而在对手做出真正回应之前获取到足够的客观回报；第三，企业要重视市场行为与非市场行为的整合实施，实现企业商业利益与社会利益的真正统一；第四，企业要重视联盟在竞争中的作用，尤其是利用各种非市场联盟的形式（比如行业协会）来削弱其他企业在非市场活动参与过程中的"搭便车"问题。

资料来源：田志龙，邓新明，Hafsi. 企业市场行为、非市场行为与竞争互动：基于中国家电行业的案例研究. 管理世界，2007(8):116-128.

▶本章小结

本章在上一章提出的 6S 模型基础上，给出了 7 大类 13 条典型的营销创新路径，并结合案例进行分析作证。如：在市场生存与社会生存方面，从市场定位向战略定位突破。在消费使用子系统方面，可从市场细分向市场扬弃突破，从顾客服务向顾客社区服务突破。在沟通交换子系统方面，可从整合传播向整合宣销突破，从市场交换向身份交换突破，从经销渠道向流通市场突破。在产品服务子系统方面，营销创新备选路径从价值生产向价值观生产突破，从产品线向瘦产品突破，从服务提供向价值共创突破。在成本收益子系统方面，可从撇脂定价向黏性定价突破，从双方议价向多方定价突破。在效率支持子系统方面，可从营销团队绩效管理向情绪管理突破。在环境制度子系统方面，可从适应规则向制定规则突破。

▶关键术语

产品主导逻辑（good-dominant logic）
服务主导逻辑（service-dominant logic）
操纵性资源（operant resource）
顾客主导逻辑（customer-dominant logic）

市场导向（market orientation）
泛渠道（omni-channel）
非市场策略（non-market strategy）
情绪劳动（emotion labor）

▶课后习题

1. 思考本章列举的 13 种营销创新路径与 6S 模型之间的逻辑关系。是否还有更多的路径可供选择？请说明。

2. 请用本章相关知识，分析开篇案例体现了哪些营销创新。

3. 请用本章知识分析第 21 章以后的相关案例，看这些案例分别采用了哪些营销创新路径。

▶参考文献

[1] Alpkan L, M Sanal, Y Ayden. Market Orientation, Ambidexterity and Performance

Outcomes[J]. Procedia-Social and Behavioral Sciences, 2012, 41(41): 461-468.

[2] Grönroos C. Service Logic Revisited: Who Creates Value? And Who Co-creates?[J]. European Business Review, 2008, 20(4): 298-314.

[3] Han J K, Kim N, R K Srivastava. Market Orientation and Organizational Perfor-mance: Is Innovation a Missing Link?[J]. Journal of Marketing, 1998, 62(4): 30-45.

[4] Heinonen K. A Customer-dominant Logic of Service[J]. Journal of Service Manage-ment, 2010, 21(4): 531-548.

[5] Hochchild A R.The Managed Heart. Commercialization of Human Feeling[M]. Berkeley：University of California Press, 1983.

[6] Lamore P R, Berkowitz D, P A Farrington. Proactive/Responsive Market Orientation and Marketing—Research and Development Integration[J]. Journal of Product Innovation Management, 2013, 30(4): 695–711.

[7] Lovelock C, J Wirtz. Services Marketing: People,Technology,Strategy [M].New York: Pearson Educantion, Inc., 2011.

[8] Prahalad C K, V Ramaswamy. Co-creation Experiences: The Next Practice in Value Creation[J]. Journal of Interactive Marketing, 2004, 18(18): 5-14.

[9] Payne A F, Storbacka K, P Frow. Managing the Co-creation of Value[J]. Journal of the Academy of Marketing Science, 2007, 36(1): 83-96.

[10] Ramirez R. Value Co-production: Intellectual Origins and Implications for Practice and Research[J]. Strategic Management Journal, 1999, 20(1): 49-65.

[11] Sheth J N, Sisodia R S, A Sharma. The Antecedents and Consequences of Customer-centric Marketing[J]. Journal of the Academy of Marketing Science, 2000, 28(1): 55-66.

[12] Shin J K, Park M S, R Ingram. Market Orientation and Communication Methods in International Strategic Alliances [J]. Journal of Business Research, 2012, 65(11): 1606-1611.

[13] Totterdell P, D Holman. Emotion Regulation in Customer Service Roles: Testing a Model of Emotional Labor [J].Journal of Occupational Health Psychology, 2003, 8(1): 55.

[14] Tsai. 大 V 翻包记 [EB/OL]. http://www. adquan.com/post-8-26285.html, 2013-05-26.

[15] Vargo S L, Maglio P P, M A Akaka. On Value and Value C-creation: A Service Systems and Service Logic Perspective[J]. European Manage-ment Journal, 2008, 26(3): 145-152.

[16] Vargo S L, R F Lusch. Evolving to a New Dominant Logic for Marketing[J]. Journal of Marketing, 2004, 68(1): 1-17.

[17] Wong S K S, C Tong. The Influence of Market Orientation on New product Success[J]. European Journal of Innovation Management, 2013, 15(1): 99-121.

[18] 陈时俊 . 宝洁"瘦身"：砍掉近 100 个品牌能否突围？ [EB/OL].http://news.138job. com/info/203/92314.shtml, 2014-08-05

[19] 科特勒，凯勒 . 营销管理 [M]. 上海：上海人民出版社，2014.

[20] 乐天 . 雷军 2017 年"小目标"：小米营收要破千亿元 [EB/OL]. http://mt.sohu.com/it/ d20170112/124113684_430392.shtml，2017-01-12.

[21] 李诺 . 年轻资本：30 岁的联想如何孕育三岁小新 [EB/OL]. http://nb.zol.com.cn/639/6392623. html, 2017-05-16.

[22] 李朝辉，金永生 . 价值共创研究综述与展望 [J]. 北京邮电大学学报：社会科学版，2013, 15(1):91-96.

[23] 里斯，特劳特 . 定位：有史以来对美国营销影响最大的观念 [M]. 北京：机械工业出版社，2011.

[24] 荆楚网 . 武汉女大学生"出租大腿"当广告位，男生弯腰扫码 [EB/OL]. http://news.cnhubei. com/xw/sh/201405/t2930482.shtml, 2014-05-19.

[25] 米卡 . 可口可乐如何讨好粉丝 [J]. 成功营销，2013(7): 82-82.

[26] 南方网. 纸片身材款潮装潮靡，瘦才是美你真信奉吗 [EB/OL]. http://lady.southcn.com/6/2014-10/21/content_110539611.html, 2014-10-21.

[27] 启言. 董明珠雷军打赌：五年后比营业额，输方赔 10 亿 [EB/OL]. http://tech.qq.com/a/20131212/015519.html, 2013-12-12.

[28] 舒尔茨. 整合营销传播 [M]. 北京：中国财政经济出版社，2005.

[29] 思路网. 甘其食：一只包子里非凡的商业潜质 [EB/OL]. http://www.siilu.com/20160614/179497.shtml, 2016-06-14.

[30] 田志龙，邓新明，Hafsi. 企业市场行为、非市场行为与竞争互动：基于中国家电行业的案例研究 [J]. 管理世界，2007(8):116-128.

[31] 腾讯网. 一部韩剧是怎么炼成的 [EB/OL]. http://ent.qq.com/zt2014/hwd/hanjuzhizuo.html, 2014-08-09.

[32] 武文珍，陈启杰. 价值共创理论形成路径探析与未来研究展望 [J]. 外国经济与管理，2012(6): 66-73.

[33] 熙怡. 西班牙有个"不准笑"戏院 [EB/OL]. http://intl.ce.cn/qqss/201410/15/t20141015_3702054.shtml, 2014-10-15.

[34] 叶小果. 红酒"骑士"苏显忠 [J]. 新营销，2014(10): 52-55.

[35] 雨果网. 梅西百货：让购物体验简单而周到 [EB/OL]. http://b2b.toocle.com/detail--6219012.html, 2014-12-19.

[36] 中金在线. 从共享单车看物联网背后的盈利模式 [EB/OL]. http://news.cnfol.com/guandianpinglun/20170814/25157442.shtml, 2017-08-14.

[37] 站长之家. 1号店"挑战"牛奶"出售最快吉尼斯案例 [EB/OL]. http://www.chinaz.com/manage/2014/0320/344283.shtml, 2014-03-20.

▶拓展阅读

[1] Gronroos C. Value Co-creation in Service Logic: A Critical Analysis[J]. Marketing Theory, 2011, 11(3): 279-301.

[2] Yi Y, T Gong. Customer Value Co-creation Behavior: Scale Development and Validation [J]. Journal of Business Research, 2013, 66(9): 1279-1284.

[3] Zhang X, R Chen. Examining the Mechanism of the Value Co-creation with Customers[J]. International Journal of Production Economics, 2008, 116(2): 242-250.

[4] Hutt M D, Mokwa M P, S J Shapiro. The Politics of Marketing: Analyzing the Parallel Political Marketplace[J]. Journal of Marketing, 1986, 50(1): 40.

[5] 朱翊敏，于洪彦. 顾客融入行为与共创价值研究述评 [J]. 管理评论，2014(5): 111-119.

[6] 万文海，王新新. 共创价值的两种范式及消费领域共创价值研究前沿述评 [J]. 经济管理，2013(1): 186-199.

[7] 张祥，陈荣秋. 竞争优势的新来源：与顾客共创价值 [J]. 管理工程学报，2009(4): 14-19.

[8] 王新新，万文海. 消费领域共创价值的机理及对品牌忠诚的作用研究 [J]. 管理科学，2012(5): 52-65.

[9] 黄卫伟，等. 以客户为中心：华为公司业务管理纲要 [M]. 北京：中信出版社，2016.

[10] 李鸿谷. 联想涅槃：中国企业全球化教科书 [M]. 北京：中信出版社，2015.

[11] 胡海卿. 激活品牌：我们可以超越褚橙 [M]. 北京：机械工业出版社，2016.

[12] 伟雅俱乐部. 韩都衣舍：一个网商的成长回顾及未来展望 [M]. 北京：机械工业出版社，2014.

[13] 鼠念念. 松鼠老爹与三只松鼠：互联网品牌 IP 化、人格化运营之路 [M]. 北京：电子工业出版社，2016.

[14] 陈润 . 雷军传：站在风口上 [M]. 武汉：华中科技大学出版社，2014.

[15] 金错刀 . 爆品手记 [M]. 北京：中国友谊出版社，2016.

[16] 李光斗 . 超级网红：如何打造个人 IP[M]. 北京：机械工业出版社，2016.

[17] 李亚，武洁，黄积武，黄硕 . 直播：平台商业化风口 [M]. 北京：机械工业出版社，2016.

[18] 波特·埃里斯曼 . 阿里传：这是阿里巴巴的世界 [M]. 北京：中信出版社，2015.

[19] 李兆荣 . 跨界生长·车联网在进化 [M]. 北京：电子工业出版社，2016.

[20] 曹磊，柴燕菲，沈云云，曹鼎喆 .Uber: 开启"共享经济"时代 [M]. 北京：机械工业出版社，2015.

[21] 罗宾·蔡斯 . 共享经济：重构未来商业新模式 [M]. 杭州：浙江人民出版社，2015.

第四部分

互联网整合营销策略与应用

第 12 章
互联网广告策略

互联网广告是一个千亿级的市场，如果把互联网比作一辆车的话，互联网广告就是汽油，因为大多数网站都是靠广告盈利。

——艾德思奇创始人、CEO 唐朝晖对《计算广告：互联网商业变现的市场与技术》的点评

▶ 学习目标

1. 了解合约广告、搜索与竞价广告、程序化交易广告和原生广告的基本内容和特点。
2. 了解互联网不同的发展阶段与广告的发展关系，掌握不同广告方式与市场发展需求的联系。
3. 根据不同种类互联网广告的特点，能够面对不同的广告需求制定互联网广告策略。

案例导入
从凤凰网《中国，才是美》看原生广告

2012 年 6 月，凤凰网在福建柒牌集团非物质文化遗产研究和保护基金的赞助下推出《中国，才是美》原生纪录片（广告），旨在通过非物质文化遗产纪录片的拍摄，宣传企业的社会责任心及推广企业品牌。数据显示，该纪录片单集点播量超过 24 万次，总评论数超过 13 万条，微博粉丝量增长一倍以上，获得广泛关注。凤凰网也因此获得了 2013 年金鼠标年度最佳品牌活动网站。

《中国，才是美》共分为 5 集，每集 8 分钟。该纪录片由专业技术团队拍摄，内容包括：①通过真实历史资料和现实文化载体相结合的方式，展现我国传统文化、传统手工技艺之美，探讨对我国非物质文化遗产的思考。②通过对柒牌公司部分负责人、设计专家的专访，传递企业的社会责任心及推广企业品牌，扩大社会对非遗问题的重视。③通过展示该纪录片的拍摄花絮，让品牌更加真实，更加贴近消费者。④通过展现柒牌产品，进一步突出柒牌时尚与古典相结合的设计理念，彰显我国非物质文化遗产的魅力。

在互联网快速发展的时代，原生纪录片日益受到关注。首先，原生纪录片可在互联网进行推广，例如本案例中《中国，才是美》由凤凰集团"三名"资源支持，在推广

中具备更为丰富的资源。其次，原生纪录片兼备真实性和观赏性，同时可以满足客户商业化宣传目标。最后，原生纪录片在其他品牌公关等活动可沿用。这种原生纪录片，实质就是原生广告。

资料来源：作者综合整理。

随着互联网时代的不断发展，传统的广告策略已经不能满足日益复杂的市场环境。目前，互联网广告主要包括合约广告、搜索与竞价广告、程序化交易广告和原生广告四种类型，了解四种类型广告的内容、特点和策略，对开展新媒体营销有着重要意义。

12.1　合约广告

合约广告的重点是按 CPM（覆盖）计费的展示量合约广告，以合同的方式确定一次广告活动的投放总量和展示单价，售卖的对象由 CPT 的"广告位"进化到"广告位 + 人群"。这可以说是在线广告发展史上的一个重要里程碑，而数据也被直接运用在广告的商业活动中。从供给方产品和技术的复杂程度来看，CPM 合约甚至比以后的竞价系统更加复杂，其复杂性主要来源于多个合约对投放系统提出的量的约束，而需求方的产品技术并没有太大发展，这是因为所有广告投放的执行要求都以合约的形式交给供给方来完成，需求方并没有技术上的优化空间（刘鹏，王超，2015）。

1. 广告位合约广告

广告位合约指媒体广告主约定在某一时间段内，在某些位上固定投放该广告主的广告，是最早产生的在线广告售卖方式。这是一种典型的线下媒体广告投放模式，这种广告模式的缺点非常明显，即无法做到按受众类型投放广告，因而也无法进行深入的效果优化。不过，这种方式在一些特定的场景下也有一定的好处：①在一些强曝光属性的广告位上采用这种独占式的广告投放，往往可以有效地给用户带来品牌冲击；②在其他一些横幅位置长期独占式购买有利于形成"橱窗效应"，塑造不断攀升的品牌价值和转化效果；③这种销售模式由于可以向广告主提供一些额外的附加服务，比如同一个页面的竞品互斥，使得高溢价的流量变现成为可能。随着受众定向技术的发展，广告位独占式售卖的执行方式也发生了很大的变化。即使某个广告位全部投放一个广告主的创意，也并不意味着一定要投放同样一款创意，而受众定向在其中也可以起到很重要的作用。例如，某汽车生产商广告主旗下可能有多个系列的产品，如小型车、紧凑型车、豪华车、SUV 等，而这些车型的潜在购买人群其实也有很大的区别，如果能够对这些系列的受众分别投送相应的创意，就可以取得更好的效果。另外，即使在受众无法区分的情形下，也可以利用频次控制的方式向同一用户递进式地展开一系列创意，以达到更好的效果（刘鹏，王超，2015）。

2. 展示量合约广告

展示量合约指的是约定某种受众条件下的展示量，然后按照事先约定好的单位价格来结算。其原理是以人群为显示标的进行售卖。其基本特征主要包含两个方面：①从交易模式上来看，展示量合约仍然是比较传统的交易模式；②从技术层面上看，这种模式的出现已经反映了互联网广告计算驱动的本质：分析得到用户和上下文的属性，并由服务端根据这些属性及广告库情况动态决定广告候选。实践中的展示量合约往往是以一些曝光量很大的广告位为基础，再切分人群售卖。其技术手段主要包括受众定向和流量预测两种方式（刘鹏，王超，2015）。

（1）受众定向。主要有两个方面的性能需要关注：一是定向的效果，即符合该定向方式的流量上高出平均 eCPM 的水平；二是定向的规模，即这部分流量占整体广告流量的比例。当然，效果好、覆盖率又高的定向方法是我们追求的目标，不过往往难以两全，因此，广告系统有必要提供多种定向方法的支持，以达到整体流量上质的最优化。广告定向方法及其含义见表 12-1。

表 12-1　广告定向方法

方　法	含　义
地域定向	根据广告主的业务区域性进行地域定向
人口属性定向	根据受众年龄、性别、受教育程度、收入水平进行定向
频道定向	按照供应方的内容分类体系将库存按照频道划分
上下文定向	根据网页具体内容来匹配相关的广告，上下文定位的粒度可以是关键词、主题，也可以是根据广告主需求确定的分类
行为定向	根据用户的历史访问行为了解用户兴趣定向
精准位置定向	运用移动设备上精确的地理位置进行定向
重定向	一种定制化标签，对某个广告主过去一段时间的访客进行定向
新客推荐定向	根据广告主提供的种子访客信息，结合广告平台更丰富的数据，为广告主找到行为上相似的潜在客户
团购	针对区域性，利用价格优势，变相的广告形式

资料来源：刘鹏，王超.计算广告：互联网商业变现的市场与技术 [M].北京：人民邮电出版社，2015:41-268.

（2）流量预测。展示量合约售卖的是某特定人群上的广告曝光次数，而人群不同于确定的广告位，因此必须在合约中约定投放的量。于是，在产品策略上就产生了流量预测这一问题。流量预测在广告产品中包括以下三个主要用途。①售前指导：在展示合约广告中，由于要约定曝光总数，事先尽可能准确地预测人群标签的流量显得尤为重要；②在线流量分配：由于合约之间在人群选择上会有很多交集，当一次曝光同时满足两个以上合约的要求时，对如何将它合理分配到合约中显得尤为重要；③出价指导：根据预测确定自己的价格，为广告主建立一个合约预期（刘鹏，王超，2015）。

12.2　搜索与竞价广告

搜索广告是以上下文查询词为粒度进行受众定向，并按照竞价方式售卖和 CPC 结算的广告产品。通常，搜索广告展示在搜索结果页，展示区域一般来说分为北、东、南三个部分。北区和东区的所在位置构成同一次关键词拍卖的位置集合，基本上根据各个位置点击率的高低排列。南区的广告，不同的搜索引擎有不同的产品处理方法，有的直接照搬北区广告，有的则直接照搬东区的前几条。搜索与竞价广告的特点主要有四个方面：①搜索广告的变现能力（eCPM）远远高于一般的展示广告，其市场重要程度也就得以彰显。因此，与搜索广告有关的一些独特问题和算法的研究，受到了高度的重视。而搜索广告高变现能力最关键的产品原因就是用户主动输入的查询直接反映了用户的意图。②搜索广告的受众定向标签，即上下文的搜索查询。由于搜索词非常强地表征着用户的用途，搜索广告可以进行非常精确的定向。③搜索广告的展示形式与自然结果的展示形式非常接近，往往只在底色和文字链接中有不太引人注目的提示。这样的产品设计使得它有原生广告的意味，提高了广告效果，另一方面广告结果相关性的要求远远超过了展示广告，因此在根据查询匹配广告时需要非常精细的策略和技术。④从搜索广告发展起来的竞价交易模式已经逐渐发展成为互联网广告最主流的交易模式（刘鹏，王超，2015）。

1. 查询拓展策略

查询拓展是搜索广告的一项关键策略。对广告主来说，从浩若烟海的关键词中找到符合自己需求的组合绝非易事。因此，搜索引擎会提供一些广告中的关键词，将其匹配到更多的相关查询服务，常见的几种见表 12-2。

表 12-2　查询拓展匹配方式

方　　式	含　　义
精确匹配	不对广告主提供的关键词做任何形式的拓展，忠实按照广告主的意图精准执行
短语匹配	当用户的查询完全包含广告主关键词及关键词的插入或颠倒形态时，就认为匹配成功，可以触发相应的候选
广泛匹配	当用户的查询词与广告主的关键词高度相关时，即使广告主并未提交这些查询词，也可能被匹配
否定匹配	广告主明确提出哪些词是不能被匹配的，灵活地关停一些低效的流量

资料来源：刘鹏，王超. 计算广告：互联网商业变现的市场与技术 [M]. 北京：人民邮电出版社，2015.

2. 广告放置策略

当广告候选完成排序以后，需要分别确定北区和东区的广告条数，这个环节称为广告放置，由于这两个区域构成一个统一的竞价队列，实际上是要分别设定进入北区和进入东区的条件，其中最关键的是进入北区的条件。北区是黄金的广告展示位置，对于搜索广告的收入至关重要，搜索引擎的广告收入中绝大部分都来自于北区，因此北区广告的平均条数与收入直接相关。但同时由于北区广告直接压低了自然结果的位置，必然会对用户体验产生一定的影响。因此要达到商业利益与用户体验较好的平衡，我们关注收入指标时也要特别关注北区广告的数量和质量。确定一条广告能否进入北区要考虑两个关键因素：①该广告相关性是否足够；②该广告的 RPM 是否足够。其中，前者确保用户体验，后者是为了高效地利用展示位置（刘鹏，王超，2015）。

3. 关键词优化策略

在广告预算资源有限的情况下，广告主不可能将资源平均分配在每个关键词上。广告主需要选择相关程度高，同时具有高效益的关键词。一方面，广告主希望自己选择的关键词尽可能多地覆盖到各类潜在的目标消费者；另一方面，广告主需要考虑关键词的表现来提高广告效果。按照形式不同，搜索关键词一般可以分为两类。①流行关键词：指搜索量大的关键词；②长尾关键词：属于非目标关键词，包含更精确、目标性更强的字词，能通过网站内容页面带来目标客户，具有搜索量较小且非显而易见的特征，带来的客户转化为网站产品客户的概率比目标关键词高很多，又比流行关键词便宜。按照用户心理不同，关键词又分为信息型、导航型和交易型三种类型。用户搜索的关键词类型不同，相应的行为也存在差异。这一发现有助于广告主更好地进行关键词优化。用户利用搜索引擎进行搜索的过程主要涉及三种行为：①键入查询关键词；②浏览结果页面；③点击感兴趣的链接。搜索广告关键词优化的主要任务是为广告主推荐大量合适的关键词。其过程可以分为两个阶段：①第一阶段，候选关键词生成阶段，利用共现和语义关系生成相关性较强的关键词，采用向量空间对关键词进行建模并求相关性。通过对关键词进行分析，引入共现关系和语义关系建立共现关系图和语义关系图，并采用向量空间对关键词进行建模从而求得关键词之间的相关性。②第二阶段，关键词选择阶段。利用关键词本身的商业价值来进行选择，能保证优化结果为广告主带来更大的经济效益。关键词本身商业价值的衡量——当关键词能给客户的网站带来点击的时候，或者说当用户输入该关键词带来某种商业需求时，可认为该关键词具有商业价值（皮梦珊，2017）。

4. 其他策略

（1）丰富文字链接创意的展示形式让其更富表现力以提高点击率。一方面，在通用广告链接上增加更多有表现力的信息点，比如除了标题、摘要这些文字链广告创意的标准内容外，还可以增加广告主的 Logo、主要内容链接、联系电话等内容；另一方面，直接展示结构化的广告内容摘要，甚至提供一些可直接访问的功能。

（2）利用东区对相关性要求稍低的特点设计一些拓展广告产品。首先，右区是以广告主对应的一组导航类搜索关键词，在用户搜索这些词时展示该广告主的品牌宣传性创意，这样的产品可以提升广告主用户对品牌的认知程度和后续黏性。其次，右区有一些是搜索引擎提供的同类推荐功能，通过该位置投放广告，可以帮助广告主寻找一些潜在用户。

（3）优化广告与自然结果的关系在保证相关性和广告效果的前提下提高收入。从用户的主动意图出发，搜索广告与内容相结合，以越来越"原生"的方式投放广告，也是产品的重要方向。另一个原生的趋势，在有些直接面向商品的信息类搜索中，在提供结构化内容结果时，在其中混入商业化结果，并进行统一排序，也称为"商品直达式广告"。

12.3 程序化交易广告

程序化交易广告是指通过既定程序或特定软件，自动生成或执行交易指令的交易行为，以实时竞价（RTB）为核心。目前，实时竞价使得广告市场向着透明的比价平台的方向发展，这样的平台就是广告交易平台（ADX），其主要特征是用实时竞价的方式实时得到广告候选，并按照其出价简单完成投放决策。与广告交易平台对应的采买方，我们称为需求方平台（DSP）。在这样的交易市场，需求方对于流量的选择和控制能力达到了极致，因此其技术和算法的挑战也相当大，而供给方则变成了简单的比较平台（李斌，2017）。

1. 特点

程序化交易广告具有覆盖平台广、目标精确、挖掘人群属性和与用户建立互动的特点，具体内容包括：①覆盖平台广。程序化购买能够覆盖传统的互联网网站、各种移动 App 以及商业 Wi-Fi 网络、微信、微博等平台，跨平台整合各种资源。②目标精确。程序化购买以人作为目标对象，通过数据管理平台 PMP 进行数据分析，能够精确地识别用户，并将其标签化、数据化，将广告投放给潜在的用户，以实现精准营销。③挖掘人群属性。随着移动互联网时代的到来，企业可以通过大数据获取更多的用户信息，从而根据用户属性投放广告，提高投放成功率。④与用户建立互动。广告行业掀起了程序化购买的热潮，为广告主与消费者提供了平台，广告主可以通过 PMP 自动生成创意，并投放给消费者，既激发了广告的创意，又满足了消费者的需求，实现良好互动。

目前，跨屏和大数据则是程序化购买的两大关键词。一方面，企业可以通过程序化购买提供的跨屏技术，实现精准投放，催生出新的数据，为广告主提供更丰富的资源；另一方面，大数据平台制定一个长期的战略决策，如建立数据库、收集数据和分析数据，充分利用有用的数据，最终为用户创造价值，提升广告创意（李斌，2017）。

2. 工具

程序化购买相比传统的人力购买节省了人力，广告主可以通过互联网平台，按照广告媒体的购买流程自动操作，尤其是 Ad Exchange 的出现使程序化购买代替了传统的广告位购买。Ad Exchange 是一种为广告主提供交易的平台，通过其交流沟通的是广告的买方与卖方，类似于股票平台，通过竞价选出价格最优的合作者。为了给广告交易的买方和卖方提供更优质的服务，Ad Exchange 不断地创新，相继推出了六种平台。①供应方平台（SSP）：主要面向广告的卖方，他们可以自行管理媒体广告位，并与需求方平台相对应。SSP 平台主要面向用户优化广告位、展示有效性、展示竞价等。②数据管理平台（DMP）：一个双向服务的数据管理平台，广告交易中的买卖双方都可以通过 DMP 平台获得有效数据，从而进行分析、利用，以便在交易过程中，实现自身利益最大化。③需求方平台（DSP）：与 SSP 平台类似，都是一个单向服务平台，只面向广告交易中的买方。广告的卖方可在 DSP 平台上设定广告的价位，以供买方竞价，最终选择价格最高的买方。④数字化广告投放工具（trading desk）：在广告中充当桥梁的作用，将多个 DSP 平台对接起来，方便广告交易中的买方和卖方，除此之外，Trading Desk 还能够将多个媒体对接起来，如 Ad Network 和 PMP。⑤实时竞价（RBT）：利用第三方技术获取用户的消费记录，从而储存、分析、利用。RTM 可有效避免用户无效的竞价，进而减少工作量，提高效率。⑥私有交易市场（PMP）：一种新型的互联网广告交易方式，它将传统的私有交易方式与移动营销相结合。广告交易的卖方和买方不再建立合作关系，而是广告主优先抢占优质的媒体广告位，再设计程序自动地管理这些广告的投放，有针对性地向受众投放广告（李斌，2017）。

3. 趋势

随着程序化购买进程的加快，交易平台壁垒也被打破，越来越多优质资源可以自由出入。流量较大的网站如新浪、腾讯、爱奇艺等将自己的资源放到交易平台上出售，RTB 广告主可以通过竞价获取资源。除此之外，程序化交易广告的发展趋势主要包含如下几个方面。①品牌广告程序化：程序化购买的本质为利用大数据技术，实现每一个广告受众所接受广告的个性化以及定制化，广告被赋予了消费者所需求的价值。对于品牌来说，它既不愿意直接购买电视广告，也不愿意投入大量的精力去做程序化购买，最理想的方案是将广告技术与数据应用有机融合起来，共同为自身的营销提供服务。因此，品牌为了拥有对产品营销的控制权，也开始从事程序化购买，通过创新研发出新技术，通过与程序化平台建立契约伙伴关系，以拥有更多的掌控权。②交易市场私有化：程序化购买的市场规模逐步增大，竞争也日趋白热化。一线媒体开始尝试将自身的优质广告资源拿到程序化购买市场进行交易，但是这些资源需要市场上已经存在的长尾流量。这对于一线媒体来说是难以接受的，所以他们的资源通常会在私有交易市场完成交易，这样可以获得较高的利润。③线下线上评估合二为一：进行数字营销最理想的状态就是线上和线下有机融合在一起，共同促进数字营销的发展。实体公司可以通过与数据分析公司合作，将消费者购买商品的消费记录以及客户信息提供给他们，从而实现数字化营销。④跨设备营销成为趋势：随着移动互联网的发展，传统的互联网正在被取代，同时消失的还有以统计和概率预测为基础的跨设备定位。越来越多的广告主和 DSP 都开始构建自己的跨设备广告堆栈，可以自己追踪用户，而无须依托 cookie，这种广告模式吸引了更多的品牌加入。⑤程序化购买的媒体类型更加多样化：程序化购买市场的媒体类型在不断地增加，未来将会有更多的非互联网媒体加入程序化购买的产业之中。凡是受众可以被追踪、测量的媒体，都可以实现程序化购买，比如互联网电视。程序化购买将会带来互联网广告的全新变革，传统的互联网广告产业布局将会发生新一轮洗牌，在这之中会迸发大量的新的机遇。⑥移动程序化购买：根据 IAB 数据，2014 年，30% 的程序化购买广告支出用于移动互联网客户端，并且大部分的支出都是由应用程序下载业务推动的。

12.4 原生广告

原生广告是广告营销方式的一种，它把商品信息植入到页面设计中，作为其内容组成的一部分，借助某个平台实现自己的目标，就像用户使用该平台那样；将与呈现给观众的内容具有关联性的信息植入其中，是一种能够增加用户体验效果的广告模式。原生广告具备平台、内容和社交三个方面的属性。①平台属性：原生广告的本质是内容，那么当内容以平台的版本为外衣推出的时候，这就是该平台的原生广告。例如在 Twitter 里面，这是一条 twitter，实质是广告，只是冠以了不同平台的表现形式。原生广告与平台之间实际上是相互依存的关系。②内容属性：内容是原生广告的本质，也是原生广告在营销过程中需要特别注意的难点。是否能够为平台的用户量身定做具有创新意义的优质内容是其营销成败的关键之一，它要通过内容来传递品牌信息，表达品牌情感，以期待能与用户产生共鸣。③社交属性：因为原生广告具有平台属性和内容属性，所以才具备了社交属性。用户群体可以在平台中与内容产生各种形式的互动，在互动中完成信息的传播。

1. 特点

原生广告的特点主要有三个方面。

（1）原生广告推动媒体的商业化发展。原生广告将推广信息植入内容中，与受众具有相关性，致力于在满足营销主体需求的同时能够为用户提供全面的体验，并推动媒体的商业化发展。原生态能够增强与用户的交流，发挥营销的作用，使得广告公司的创新性得到发挥，并且取得大数据分析技术，依靠内容而不是流量达到营销效果。社交网络或媒体在长期的发展过程中积累了很多的支持用户和数据基础，但事实情况是它们的资源没有被充分应用到营销，而原生广告能够增强用户的体验，而且可以提高数据基础的利用率，以此来吸引用户的注意，最终达到营销目的，使媒体向商业化发展并充分发挥公司的创新能力。

（2）原生广告能够使移动互联网的营销效果大幅提高。互联网广告以电脑终端为应用主体，不受屏幕大小和展示空间的限制，而手机终端的屏幕较小，空间也有限，同时多数用户会忽略掉手机的广告，所以在手机终端投放广告并不能达到营销目的。如果换成原生广告，因为原生广告的创新性和内容关联性，或许能够从一定程度上推动移动互联网的发展。

（3）原生广告能够适应跨终端、多系统、碎片化的媒介环境。多数媒体同时在智能手机、iPad、电脑终端上发布信息，不同终端的操作系统也不尽相同，而不同终端、不同系统在屏幕大小、内容组织结构上都有自己的特点，传统广告需要根据投放平台的特征来设计广告内容和形式，这样会使成本居高不下，最终减少收益。从营销主体的角度来看，媒介环境碎片化会消耗大量的投入，很可能达不到预期营销目标。从用户角度看，不同平台上的广告形式杂乱无章，会降低用户的体验效果。而原生广告能够适应这样的媒介环境。

2. 策略

原生广告的形式主要有冠名、植入、定制三种类型。①冠名指的是企业以自己的商标或品牌为节目、活动、会议等形式命名的一种宣传方式。将品牌或商标与投放的媒体环境融为一体，出现的方式不再显得突兀而是顺理成章，受众也可以通过对感兴趣内容的浏览来增加对品牌的认知，进而形成共鸣，如《奔跑吧》中的安慕希。②植入是一种软广告，就是将商家的产品或服务融入影视、游戏等各种类型的作品中，潜移默化地加深受众的印象。③定制指广告主整合自己的资源，注重内容，力求以更具趣味性的内容进行价值服务，使之与产品信息相融合，并与影视制作等公司合作生产出相关产品，然后携手媒体共同进行传播。在采用原生广告时，企业应融入媒体环境、转换角色、调整思路，不能再以广告主的身份与受众对话，而是要借助媒体的角色去与受众进行沟通交流。更何况，如今移动终端的普及使得人人都可以是媒体，每个人都可以进行传播。企业可以将产品或服务与受众当下的关注点融为一体，使之能够在不知不觉中将信息传播出去。同时，相较于受众对传统广告的被动接受，原生广告则强调受众的主动选择，只有将内容与形式、线上与线下结合在一起，才能取得良好的品牌营销效果。最后，在使用原生广告时，应考虑到受众需要的不是简单的信息，而是对自己有帮助、有价值的内容，能够满足自己生活形态和生活方式的内容（李斌，2017）。

|案|例|分|享|

新产品预告的时间距离、消费者在线评论对其购买的影响

中南大学商学院龚艳萍教授团队，以建构水平理论（construal level theory）为基础，从消费者视角探讨新产品预告与产品上市之间的时间间隔长短对消费者产品评价的影响，以及产品上市后预告所引发的产品评论对不同目标的消费者产品购买意愿的影响，得到了若干有价值的结论（龚艳萍，黄凯，张琴，谷红平，2015）。现将相关研究成果摘录如下。

1. 研究背景

新产品预先发布（new product preannoun-cements，NPPA）指的是企业在正式推出新产品之前，通过一系列媒介渠道向目标受众传递新产品相关信息的一种营销策略。新产品预告发布时间的早晚选择对企业来说是一把双刃剑。预告越早发布，企业就越容易试探到投资者、供应商、分销商、消费者等各个相关利益者对新产品的态度，而在正式上市前进行一系列调整，供应商、其他相关厂商能做好充分准备，为新产品提供充足的原料来源及相关配套，消费者就有可能将新产品纳入自己的购买

选择集内，从而推迟购买。但应该警惕新产品预告的过早发布也会带来一系列负面的影响，过早的新产品预告会对竞争者产生预警作用，让他们有充分的时间准备反击，从而减少预告带来的潜在利益；还可能会让消费者延迟购买，而影响现有产品的销售。学者注意到了新产品预告会影响消费者的产品评论，消费者在看到产品预告后会发表对于产品的看法和意见，或者和周围人群讨论该产品，这就在无形中宣传了新产品，成为企业的营销宣传者和促销通道。互联网的发展无疑放大了新产品预告与消费者评论之间的关系。与传统环境相比，在互联网时代，消费者能够通过各种媒介更广泛地了解到新产品的预告内容，并通过各种社交平台将其对新产品的评论发表出来，这些内容会被更多的消费者阅读，从而对这部分消费者的产品态度甚至产品上市后的购买决策产生重要影响。鉴于新产品预告与消费者评论之间的紧密关系以及消费者评论对购买决策的重要影响，如果新产品发布时机的早晚会对消费者评论内容产生影响的话，从消费者视角探讨产品预告发布时机如何选择就变得十分迫切且富有意义。

2. 研究过程

龚艳萍教授团队根据建构水平理论及其他相关文献，提出了两个假设：①新产品预告与上市时间间隔长，关于主要属性的消费者在线评论显著多于关于次要属性的在线评论；新产品预告与上市时间间隔短，关于次要属性的消费者在线评论显著多于关于主要属性的在线评论。②当消费者是以产品浏览为目标时，关于产品核心属性的在线评论会对消费者购买意愿的影响更显著；而当消费者是以立即购买为目标时，关于产品次要属性的在线评论会对消费者购买意愿的影响更显著。为检验上述假设，研究团队设计了两个实验检验不同类型的新产品预告（早期 vs. 晚期）对消费者产品评价内容（主要属性 vs. 次要属性）的影响，以及消费者产品评价内容如何影响不同目标消费

者的购买意愿。

3. 研究结果

结果显示，新产品预告发布与上市的间隔时间长短会影响消费者对产品的评价。间隔时间越长，消费者感知与新产品的时间距离越远，越关注产品高水平信息，所做产品评价大都与主属性相关；间隔时间越短，消费者感知与新产品的时间距离越近，越关注产品低水平信息，所做产品评价大都与次要属性相关。不同属性内容的在线评价会对不同目标消费者的购买意愿产生影响：以产品浏览为目标时，关于产品核心属性的评价信息对消费者的购买意愿影响更大；当被试以立即购买为目标时，关于产品的次要属性的评价信息对消费者的购买意愿影响更大。

该结果的营销实践启示是：企业应该根据新产品的特点来确定预告和上市时间的时间区隔：当新产品在核心属性方面较同行业其他产品来说有较大优势时，企业就可以选择将间隔时间延长，这时消费者在接收到产品信息后，就会更多地关注产品的核心属性，所以消费者产生的产品评价更多是关于核心属性的积极评价；当新产品在次要属性方面相对于同行业的其他产品有较大优势时，企业就应当缩短时间间隔，这时消费者会更多关注产品的次要属性。通过以上措施，可以增加消费者对产品的积极评价。企业在确定产品预告时间时，也要考虑到目标消费者的影响。如果企业推广新产品的目标客群是那些有立即购买意愿的消费者，企业应该将预告发布与产品上市时间间隔缩短，同时在新产品预告发布产品信息和对产品进行宣传时，更多地强调产品次要属性的信息。如果企业推广新产品的目标客群是那些处于浏览信息阶段的消费者群，企业应该延长预告时间，同时在新产品预告宣传过程中，加强对产品核心属性信息的宣传。

资料来源：龚艳萍，黄凯，张琴，谷红平. 新产品预告的时间距离、消费者在线评论及其购买目标的关系研究 [J]. 研究与发展管理，2015,27(4):36-44.

▶本章小结

本章概括了在互联网营销中常见的广告类型，包括合约广告、搜索与竞价广告、程序化交易广告和原生广告，并详细介绍了以上四种广告类型的概念、特点、发展趋势和具体策略。通过本章的学习，学生能够了解不同的广告类型之间的异同点以及相应的营销策略，进一步提升互联网营销的知识水平和实践能力。

▶关键术语

竞价关键词（bid term）

查询（query）

地域定向（geo-targeting）

上下文定向（contextual targeting）

流量预测（traffic forecasting）

媒介采买（media buy）

广告放置（ad placement）

供应方平台（supply side platform）

数据管理平台（data management platform）

需求方平台（demand side platform）

实时竞价（real time bidding）

私有交易市场（private market place）

内容即广告（content as ad）

建构水平理论（construal level theory）

新产品预先发布（new product preannouncements，NPPA）

▶课后习题

1. 结合本章内容，分析比较合约广告和搜索与竞价广告的异同和优劣势。

2. Glispa 副总裁 Robert Wildner 认为："移动原生广告程序化交易正在成为'新常态'。"请结合本章内容并查阅相关资料，总结分析程序化交易广告和原生广告的发展趋势。

▶参考文献

[1] 刘鹏，王超. 计算广告：互联网商业变现的市场与技术 [M]. 北京：人民邮电出版社，2015.

[2] 李斌. 广告精准投放：移动互联网时代的广告投放策略 [M]. 北京：中国经济出版社，2017.

[3] 林宏伟，邵培基. 基于互联网环境下的企业网络广告投资策略研究 [J]. 中国管理科学，2014, 22(2):65-74.

[4] 皮梦珊. 基于相关性和商业价值的搜索广告关键词选择 [D]. 武汉：华中科技大学，2017.

[5] 王晓航. 大数据下互联网广告精准投放策略分析 [J]. 管理工程师，2017,22(1):70-73.

[6] 徐先海. 互联网广告策略分析 [J]. 现代商业，2007(4):35-36.

[7] 许正林，杨瑶. 基于大数据的移动互联网 RTB 广告精准投放模式及其营销策略探析 [J]. 上海大学学报：社会科学版，2015, 32(6):104-117.

▶拓展阅读

[1] Haque A, Mahmud S A, Tarofder A K, A Z H Ismail. Internet Advertisement in Malaysia: A Study of Attitudinal Differences[J] .Ejisdc the Electronic Journal on Information Systems in Developing Countries, 2007, 31(9):1-15 .

[2] Haque A, Tarofder A K, S A Mahmud. Internet Advertisement: Helps to Build brand[J]. .Information Technology Journal, 2006, 5(5):868-

875.

[3] Mookerjee R, V S Mookerjee .To Show or Not Show: Using User Profiling to Manage Internet Advertisement Campaigns at Chitika[J] .Interfaces , 2012 , 42(5):449-464 .

[4] Zhou N, Chen Y, H Zhang. Study on Personalized Recommendation Model of Internet Advertisement [M].Springer US, 2007.

第 13 章

互联网内容策略

互联网仅是媒体发展的载体，媒体发展应坚持内容为王。
——摘自网易公司创始人、网易首席执行官丁磊在中山大学的演讲

1. 了解包括 SUCCES 原则、ELM 经验法则、传统媒体与新媒体整合传播的模式以及 TEDI 原则在内的互联网内容创意策略和内容传播策略的基本原则。
2. 学会分析预测现实生活中互联网营销内容的原理及方法。
3. 掌握制定互联网内容营销策略的能力。

案例导入

有趣有料的杜蕾斯式营销广告

杜蕾斯是全球知名的性健康品牌。因其产品品牌的特有属性，杜蕾斯难以在线下进行推广活动。但杜蕾斯公司另辟蹊径，通过运营"杜蕾斯官方微博"这一社交媒体平台，将互联网推广做得淋漓尽致，塑造了个性鲜明的品牌形象。截至 2015 年 4 月，杜蕾斯官方微博粉丝数量超过 131 万人。

杜蕾斯官方微博广告内容主要有三个特点：①结合产品特性，突出内容的原创性，打造个性鲜明的品牌形象。②借助时事热点，制造话题。③重视与用户的互动，构建用户与品牌之间的归属感。如，杜蕾斯官方微博向用户征集话题，如"你经历过的最浪漫的事""你听过最好听的情话"等。

随着互联网时代的不断发展，杜蕾斯将营销中心由微博转移向更具社交属性的微信平台。这种自媒体生态融合说明杜蕾斯自媒体营销不仅仅停留在日常维护、事件营销的传播层面，还在不断探索杜蕾斯自媒体为品牌持续所创造的核心价值。

资料来源：作者综合整理。

互联网时代背景下，如何把握内容是营销实践活动中的重要环节。本章从内容创意和内容传播两个方面，介绍了互联网内容策略的主流原则和发展趋势。同时，作者结合新媒

体营销知识，提出三种传统媒体与新媒体整合传播的模式以及互联网内容传播 TEDI 原则。

13.1 内容创意策略

互联网文案的主要趋势有三个方面。

（1）零碎化：相比传统媒介的整合式、系统性传播，呈现出明显的"零碎化"特征。只要我们还在使用设备和媒介，广告就一定无处不在，但今天的人已经有越来越多的方式忽略和回避广告，所以一定要让广告出现在目标群体避无可避的地方，比如他们关注的社交媒体账号，他们经常逛的网站、经常留意的信息范围等，这是传播媒介和渠道"碎片化"趋势的表现。

（2）碎片化：比如一个自媒体账号发布的一条 140 字微博，或者推送的一篇微信文章、记录个人生活或零碎感想的一句话、一句针对社会时事的发言、一个段子，甚至一句骂人的话、一个表情、一个标点符号、一个企业账号的卖萌卖呆、来自客服的一个称呼、提供的一种服务，只要是为了塑造自媒体或品牌人格、营销个人品牌、维系"粉丝"、扩大社群、通过变现渠道实现商业化盈利，都可以视作文案的范畴。

（3）易碎化：在新媒体时代，文案变得无处不在、无所不能，因为界限也变得越来越模糊。这是一个自媒体躁动的时代，人人都可以成为优秀的文案写手，人人都可以创造出有传播价值的内容。但正因为如此，这种"去中心化""去权威化"的信息环境也就造就了一个文案"易碎"的时代。经典难以复现，再优秀的文案创作出来，实现再好的传播效果，不出数日，就会重新淹没在信息的汪洋大海之中，不再被人记起。

在罗振宇的跨年演讲中，他说了这样一句话：何须转型，只需生长。他针对的是互联网商业浪潮，但用来形容互联网时代的文案也恰到好处。文案也无须转型，只需生长，互联网改变的只是文案的传播方式和形式，并没有改变它的本质——简单粗暴地来讲，它的本质就是卖产品，过去是，现在也是。无论时代如何改变，都不要忘记回到文案的起点：用最精准的文字、最精准的策略和渠道，抵达最精准的受众（马楠，2016）。

1. 文案创意 SUCCES 法则

文案创意 SUCCES 法则主要包含六个元素，分别是简单（simplicity）、意外（unexpectedness）、具体（concreteness）、可信（credibility）、情感（emotion）、故事（story）。具体参见图 13-1。该法则强调简单、意外、具体、可信以及情感和故事。黏性创意六大原则的英文单词首字母可以缩写为 SUCCES。将 SUCCES 原则运用于文案内容写作，并以此检验文案本身，对于内容提升有极大的作用（马楠，2016）。

（1）简单。简单具有两个方面：①信息的简化即要寻找核心，同时尽量精炼；②有意义，具有传播价值。其根本思路是剔除掉外部无用的东西或者是繁杂的内容，直达核心思想理论，必须让表达既简短又深刻。

（2）意外。意外原则有两个重点：①惊讶，吸引他人注意；②兴趣，维持他人注意。其核心是打破人们的期待，违

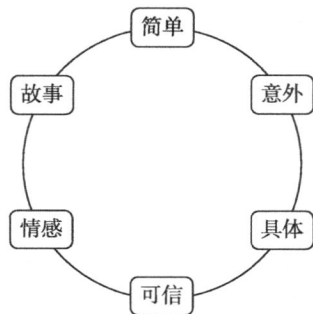

图 13-1　文案创意 SUCCES 法则
资料来源：马楠 . 尖叫感 [M]. 北京：北京理工大学出版社，2016.

反直觉，引起并保持他人的质疑。

（3）具体。将所传达的信息具体化，具体可以说是特定的人做特定的事，并借用身体行为和感官信息对信息来加以阐释。例如，"V8 发动机"是具体的，"高性能"则是抽象的。

（4）可信。让用户相信你的观点。其主要包含两个方面：①借助外来力量创造可信性，可以利用权威的力量，例如专家、名人或各个领域的红人；②建立内部可靠性，包括善用生动细节、利用统计数据等。

（5）情感。让用户对文案产生情感。其核心是创意与已有的情感联系起来，通过借景生情等手法，让创意"情感化"，让他人关心在乎。

（6）故事。让文案形象化。其核心包括两个层面：故事提供了模拟（有关如何行动的知识），故事还提供了启发（行动的动机）。模拟和启发都是以激发行为为最终目的的。故事的作用见图 13-2。

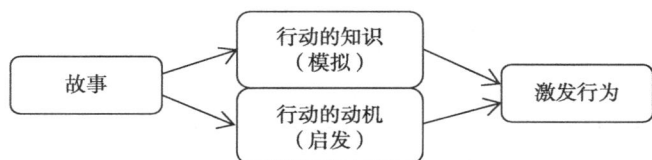

图 13-2　故事的作用

资料来源：马楠.尖叫感 [M].北京：北京理工大学出版社，2016.

2. ELM 经验法则

ELM 经验法则指推敲可能性模型（elaboration likelihood model, ELM）。这一法则认为，文案占据消费者心智有两条路径。①中央路径（central route），指利用逻辑、推理和深入思考来说服消费者，具体做法是灌输各种事实、数据、证据、证书、研究、报告，将它们融入你的文案中；②外围路径（peripheral route），指利用愉快的想法和积极的形象或"暗示"所产生的联想来说服消费者，具体做法是在广告文案中填满色彩缤纷、令人愉快的形象，幽默或受人欢迎的主题，或者名人代言、推荐等。如果说中央路径对应的是商品或服务的实际功能，即消费者的显性目标，广告文案专注于这一块，比较的是功能、价格，那么外围路径对应的就是"隐形目标"，即情感化、情绪化的诉求，文案在这个方面表现的是品牌形象或个性。从外围路径入手，在消费者心中建立起毋庸置疑的品牌形象，再以"中央路径"作为事实和数据支撑，有力地支撑起这一品牌的核心定位。这两种文案写作路径互为表里、相互补充，是在消费者心智中创造出品牌差异化的最有效的手法之一。基于此原则，马楠（2016）提出了七个文案创意原则。

（1）调研文案写作具备"用户思维"：就是不要用自己的脑子思考，要钻进用户脑子里，找到应该说的那句话。文案在介绍产品时，不要急于展示自己的优点，而应该首先告诉用户，他们需要这个产品，他们能够从这个产品中获益。从某种程度上讲，文案就是在利用消费者的喜好来卖产品，而且要体贴地为消费者将这种喜好包装得美好而温暖。具体方法包括：①讲一个用户身上发生的故事；②诉诸那些强烈的情感，比如理想、感情、情怀、奋斗等；③找到某个群体共同的记忆等。

（2）说话方式的选择：广告文案与文字语言密不可分。但语言的本质是抽象的，文案却是为了销售，重点在于让人记住，以实现传播效应，完成说服消费者购买的任务。所以，文案使用语言的重点在于去抽象化。例如，滴滴打车的用户份额高达74.1%。其更为具象的表达方式为"四个小伙伴，三个用滴滴。"选择语言的基本方式是向用户传达世界观。而文案要做的就是洞察目标群体的需求，包括他们的恐惧，面临的矛盾、困境，以及他们心底的渴求、信念、欲望，然后一语道破本质，而且要把本质说得浅显易懂、接地气。

（3）从标题到文字：信息泛滥的时代，一则文案吸引读者注意力的时间只有短短几秒，而在这短短的几秒钟时间里，如大卫·奥格威所说，"阅读标题的人数是阅读正文人数的5倍。除非你的标题能帮助你出售自己的产品，否则你就浪费了90%的金钱。"所以，要将产品最吸引人之处，也就是消费者最关注的内容体现在广告标题中，体现在最显眼的地方。就文案而言，最有效的是那些向读者承诺了利益的标题。这类标题可以参考公式来写——怎么做＋可以得到什么好处。在合适的情况下，标题中最好直接出现品牌名称。否则，80%不看正文的读者，即使认真看完标题，也没有对品牌留下印象。在标题中制造惊讶和意外，有几种方法——①利用逆向思维；②打破常规语言形式；③故意设置迷雾；④反用俗语，打破人们的惯常思维和心理预期。10种标题的写法举例见表13-1。

表13-1　10种标题的写法举例

类　　型	举　　例
疑问型	为什么请女朋友吃饭不能用团购券
	现代营销人进阶之路：如何从零开始成为营销技术专家
合集型	30页干货PPT，史上最深度电商行业分析报告
	小鸡蛋保健治病的4大功效、5种食疗法、6大禁忌
急迫型	必须看！iPhone保养不得不知的五个误区
	这样做陈列，圣诞节那天销量肯定增10倍
负面型	如果你的简历石沉大海，看看这8个秘籍
	关于故宫博物院你所不知道的那些事儿
独家型	内部员工工作指南
	程序员薪资探秘
专业型	HTML5工具篇：10个营销人也能轻松使用的在线编辑平台
	2016年互联网职场薪酬报告
趣味型	当《权力的游戏》遭遇"蠢蠢的死法"，连最悲催的"领便当"也变得萌萌哒
	Instagram上50位KOL晒同款女裙照片，裙子迅速售罄，但FTC说违规了
简单速成型	一篇文章读懂营销本质变迁：从广告到SDi
	七步教你玩转LOGO设计
福利型	2017年度礼物榜单：献给不会送礼物星人的福利帖
	高端职位专场：新媒体和营销类职位
具体型	除了toms鞋，你知道还有哪些one for one的品牌
	会跳舞的红绿灯：让等待的时光也美丽的6个创意场景

资料来源：作者综合整理。

（4）故事的选材：从文案传播角度来讲，最好传播的内容毫无疑问是故事。爱听故事，是人的天性。文案的"故事"，要讲消费者感兴趣的故事，讲他们想听的故事。故事选材的方法是，在故事中植入"热点"。这里的热点可以是名人符号或名人故事，也可以是让人意外的"爆点"，还可以是特定群体感兴趣的话题等。故事选材的要点如下。①故事植入的"题材"要视目标群体而定。对文案来说，故事的选材很重要，怎么讲故事，更重要；②利用悬念勾起消费者的兴趣和好奇心，激发认同和行动。

（5）互联网幽默：目前主流创作方法主要有两种。①预期违背。简单来说就是颠覆读者的惯性思维，让读者产生被戏耍的体验，由此产生阅读乐趣。其基本结构是铺垫＋包袱。②出人意料的类比。洞察并且找出不同事物之间的共同点，这样才能创造出神一样的"类比"，达到意味深长的逗乐效果。对广告保有戒心，这是大多数人的心理定式。能够突破这一心理定式的方法之一，就是幽默。幽默的文案，目的不是让人笑，而是为了销售产品。另外，要把握幽默的分寸，幽默的点要根据目标人群而定，不同文化背景、不同年龄段、不同社会阶层、不同民族、不同地域、不同审美习惯，甚至不同性别的人，对幽默都有着不同的心理接受度。目前，互联网幽默的主要方式有三种——努力自黑、保持机智、一玩到底。

（6）文字的力量：当今，文案如果能够抓住整个时代和人群的"痛点"，那就能够抓住今天的市场。首先要做的，就是找到目标用户，然后说出他们的困境。除了说出困境，文案还可以从目标群体的自我意识下手。这个过程包含的步骤见图 13-3。

图 13-3　文案如何抓住目标群体痛点

资料来源：作者综合整理。

（7）文案传达情感：文案需要表达对用户的理解，这种理解既包括价值观、精神、心理需求的层面，也包括细节体验的层面。文案是品牌用来和用户打交道的，除了那些正儿八经的产品文案或品牌宣传文案，更直接、更经常与用户"打交道"的文字，其实是页面文案、社交平台文案、公关文案、交互文案、服务文案等。所有用户会看到的文字，都应该向用户表达"理解"和"善意"。

13.2　新媒体传播策划 TEDI 原则

针对互联网时代消费者心理和行为的变化，本书作者提出了新媒体传播策划 TEDI 原则，具体包括教育（teaching）、娱乐（entertainment）、欲望（desire）以及互动（interaction）四个方面。

1. 教育原则

消费者教育是促使消费者产生需求的一种外部刺激（林艳，2011），具体指通过一定的手段，将公司、产品、服务、政策、策略等期望消费者了解的信息传播给消费者，并获得认同的过程。"消费者教育"的基本内涵是：营销企业仅仅"迎合"需求是远远不够的，由于消费者的需求与消费者的利益并不总是一致的，因此，营销企业还必须进一步分析消费需求，辨别消费需求的合理性，判断这种需求的满足对消费者个体的利益、整体的利益、眼前的利益、长远的利益的影响。在这样的基础之上运用企业的营销手段，引导消费者、教育消费者，增强消费者的理性程度，提高消费者的素质，通过企业的营销活动，实现消费者需要的满足。只有这样才能真正实现和增加消费者的利益，使市场营销观念倡导的"win-win game"得以实现。所以说，将引导消费者、教育消费者的思想纳入市场营销观念体系是对市场营销观念的发展和完善。不同类型产品市场的消费者教育策略、内容和实现途径如表 13-2 所示。

表 13-2　不同类型产品市场的消费者教育策略、内容和实现途径

市　　场	策　　略	内　　容	实　现　途　径
易识实用产品市场	媒体渗透式	培养良好的消费习惯，增加消费知识	家庭主妇座谈会，家庭聚会，商品包装，商品知识有奖问答，举办日常生活常识、心理和生理健康知识等内容的公益活动教育等
难识实用产品市场	合围式	消费技能和技巧（辨识力、评价力、挑选力）；商品的使用、维护、保养技能；增强消费者维权意识	聘请专家或技术人员开展专业知识讲座，举办假冒伪劣商品展览，开设消费者培训班或学校，免费派发企业杂志或书籍，开辟义务咨询点、义务维修点，深入民间群众团体、社区或学校开展消费者维权教育等
易识享乐产品市场	意见领袖引导	培养正确合理的消费观，提高购买决策能力	发挥广告明星、营销人员等的消费示范作用；电视、广播、报刊、互联网等大众媒介宣传普及；企业通过创造名牌产品和名牌服务，提高知名度
难识享乐产品市场	情理并重	增强鉴赏力，促进生活价值的探索，加强消费伦理教育	"高端顾客俱乐部"教育，专家讲授商品知识，顾客现身说法介绍商品的消费经验和优点功效，发行俱乐部通讯，企业联合相关政府部门，公益组织等进行消费者教育，如公益广告、在广播电视上开辟专题讲座、在专业杂志或权威杂志上开辟专栏等；人员推销中的消费者教育
未被考虑的产品市场	挖掘	推出新概念	专家的影响、学术的支持、媒体的广告、公关及宣传

资料来源：林艳.基于消费者需求与信息搜寻的消费者教育模型研究 [J].商业时代，2011(1):16-18.

2. 娱乐原则

娱乐营销是在社会流行文化趋势下，以大众娱乐心理为导向，在娱乐精神与品牌内涵一致的基础上，品牌通过恰当的娱乐主题塑造品牌形象，让消费者感知到快乐从而产生愉悦的体验，潜移默化地构建品牌与消费者之间的情感关联的营销方式。其主流层面的基本模式包括明星代言、大众体验营销、电影电视剧营销、音乐营销；互联网应用层面的娱乐营销基本模式主要有微博营销和微电影营销等（何浏等，2017）。具体实例见表 13-3。

表 13-3　近年来代表性的互联网娱乐营销活动实例

模　　式	年　　份	品牌—营销项目	成　　果
微博营销	2014	阿迪达斯—成王或败寇	销售足球类品牌 20 亿欧元
	2015	神州专车—乌伯	500 万单日 APP 下载量
微电影营销	2013	慕思—筑梦者·与梦想同行	5 天点击量达 7 000 万
	2014	乐事—谁是你的菜	截至第五集上线，总播放量突破 9 000 万

资料来源：何浏，沈凤，罗颖.娱乐营销基本模式研究综述 [J].品牌研究，2017(1):17-24.

3. 欲望原则

欲望即消费者个人在了解产品的效用后所产生的购买动机，是消费者购买的重要因素。欲望营销指企业针对消费者购买动机而进行的营销。产品和文案要达到最后一环节，

必须具备让消费者产生欲望的特质。研究表明，顾客购买习惯遵循 80:20 原则，即在人们的头脑中，感情的分量与理智的分量分别占 80% 和 20%。很多时候，顾客的购买行为往往会由于一时的感情冲动而影响到原来的购买计划。实施欲望营销应以消费者欲望为基本的细分变量来细分市场，这要求企业仔细甄别影响消费者购买的心理特征、生活方式、生活态度和行为模式，了解和识别出其中的关键因素，用这些关键因素对消费者进行逐次细分，选择与企业能力和目标相匹配的目标市场。通过对消费者欲望的深入分析与探究，能真正掌握影响消费者购买的关键要素，这将使企业因比竞争对手更加了解消费者而处于竞争的有利地位（付勇，2005）。

4. 互动原则

互动就是两个或多个沟通参与者之间、沟通者与沟通媒体之间、沟通参与者与信息之间相互作用和相互影响的程度以及这种相互作用与影响的同步性程度。互动的内容主要包括三个方面。①社会互动：社会互动是社会中人与人、人与群体、群体与群体之间通过信息传递而发生相互作用的社会活动，往往是线下背景中（与基于因特网的互动相对）传统的人与人之间的互动；②人机互动：以工具为中心的媒介支持的互动，此种互动能够为工具使用者创造出可以调控的环境，从而使用户能够控制环境，进而便于沟通与分享；③信息互动：以信息为中心的顾客互动，主要探讨沟通过程中的信息交换关系，其中，响应性是信息互动的关键要素。互动的类型主要包括以下几种。①任务导向类型：具有较高的目标导向和目的性，个体希望有效地、以最少的成本和时间来完成手头的任务；②互动导向类型：认为人际和社交是互动过程的本质，关注的不是手头的任务，而是同其他人建立起人际关系，然后进入具体的互动内容；③自我导向类型：强调个体在互动中过于关注自己的利益，很少关注别人，很少站在别人的角度考虑问题（张欣，2014）。

最近几年，服务主导逻辑（S-D Logic）在营销学术界得到前所未有的关注。在 10 个基本假设中，后 5 个假设都突出表达了以顾客为中心的理念。例如，消费者使用和整合自身资源，从而决定在价值共创中可以实现更加丰富的个性化体验。在以顾客为中心的体验中，最基础的、最核心的问题，就是顾客与顾客的互动。如图 13-4 所示，其中 1 表示一阶互动（顾客与顾客之间、顾客与使能者之间），2 表示二阶互动（体验使能者内部的互动），3 表示三阶互动（体验使能者之间的互动）。

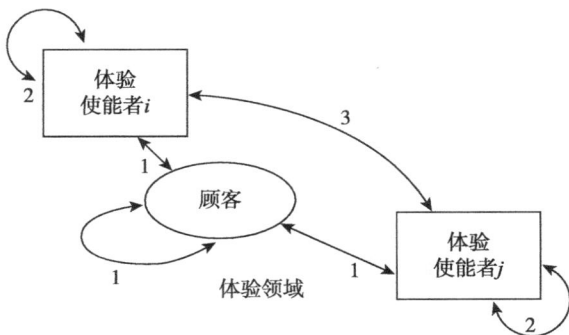

图 13-4　以顾客为中心的互动

资料来源：张欣，杨志勇，王永贵.顾客互动前沿研究：内涵、维度、测量与理论演进脉络述评 [J]. 国际商务（对外经济贸易大学学报），2014(4):86-94.

13.3 传统媒体与新媒体整合传播模式

结合新媒体营销特征，本书提出以下三种传统媒体与新媒体整合传播的模式。

1. 传统媒体引爆—传统媒体跟进—口碑扩散—现场高潮

传统媒体与新媒体整合传播的第一种模式是传统媒体引爆—传统媒体跟进—口碑扩散—现场高潮。具体指某一项目或活动被传统媒体报道后受到传统媒体的跟进采访，在大众范围实现了口碑扩散，进而在活动现场达到高潮。以下通过珠海"15.16"盒饭创业案例进行论述（《新快报》，2013）。

（1）传统媒体引爆。2013年3月27日，《新快报》A28版刊登了《小女生卖盒饭创出"大"事业》一文，讲述15.16餐饮配送的两位美女老板创业的故事。

（2）传统媒体跟进。此后，两位女老板接二连三被同城媒体追访。她们也受到鼓励，更坚定了做珠江新城午餐方案提供者的信心，近期推出了"夏季吃乜你做主"菜单征集活动，大受白领欢迎。

（3）口碑扩散。媒体的报道出街后，引起了各界关注，各订餐网和高校的学生会提供线上合作，实现网上订餐。还有一些化妆品、文具、手工礼品行业的供货商找到她们，希望借助这个平台合作推销。

（4）现场高潮。"随着各种机团包餐的增加，我们在质量、价格、服务方面都有更多的改善空间了。"彭慧莲介绍，近期她们推出"夏季吃乜你做主"的菜单征集活动，让白领们选出他们的"心水饭盒"，结果很受欢迎。

相关材料如下：

中午吃什么？在寸土寸金的珠江新城，这成为白领们十分纠结的问题。下馆子吃？人多又太贵。自带饭菜？排队热饭，难吃又费时。不过，最近白领们有了"搵食利器"——由大学生团队组建的午餐配送公司"15.16"。而两名女生为盒饭事业打拼的故事，也成为白领们茶余饭后津津乐道的传奇。

"15.16"现在由刚毕业的小林和小彭（化名）负责运营。小林告诉记者，她大四时在珠江新城一间公司实习，每天中午，同事们都为吃什么午餐发愁，怕贵又怕不卫生。"我何不将好吃的饭菜运到珠江新城卖？"她灵机一动，开始创业。在一周内，小林就和另一名同学完成了选定优质餐厅当供应商、准备餐盒、印发传单等工作。

"刚开始我们只卖两种饭，一款15元，一款16元。"即使这么少菜式，也把两名小老板折腾得够呛。每天11点前是接单时间，她们早早就攥着手机，耳机也一直挂着，还要一直催着餐厅供货。饭做好后，还要将盒饭整齐地码放在保温箱里，送上包车，奔向珠江新城，抢在12点前将盒饭送给顾客。"每天这个时候我们都像在打仗一样，说得最多的话就是'快快快'。"

创业道路一开始并不好走，她们试过连续几天都没有人订餐。为了扭转局面，她们做深入的市场调查，发现白领们追求"新、鲜、好"，对于准时和产品质量要求高。于是，"15.16"团队配备了专业的营养师，同时针对不同季节换餐单。比如现在提供的春季版餐单上就以清淡菜式为主，如"小清新番茄炒蛋饭"就受到很多白领的青睐。同时还有酸、甜、苦、辣等主题的特色菜品，以及三宝拼饭、潮汕菜、寿司等百来种菜式。因为白领们就餐时间有限，所以保证速度是团队的一大准则。小林自豪地告诉记者："我们送餐1年多，每次都尽力比客户预定时间提前送到。"

很快，她们的生意规模越做越大，同时市场上也出现了更多的竞争者，甚至还出现了"山寨版"的团队。由于"15.16"的坚持，也由于质量有保证，送饭快捷，她们最终赢得了胜利。

提及对未来的规划，小林表示她们的核心竞争力是"物流概念＋公益事业"。在送餐业务上，她们将以公司包餐为主，满足零散白领午餐需求为辅。在公益项目方面，她们将扩大团队成员，希望为更多大学生提供勤工俭学的机会。另一方面，她们将会积极参加公益活动，通过送饭带来文明和谐的能量。比如近期她们就跟"明希舍"合作，通过"卖出一盒饭，捐款 5 角钱"的方式，以自身微薄之力拯救流浪猫和流浪狗。

2. 传统媒体引爆—互联网跟进—传统媒体扩散—传统媒体揭秘

传统媒体与新媒体整合传播的第二种模式是传统媒体引爆—互联网跟进—传统媒体扩散—传统媒体揭秘。具体指某一项目或事件被传统媒体报道后受到互联网的关注，后传统媒体对事件进行了扩散，最后由传统媒体对事件进行揭秘。以下通过一个留学案例进行论述（由作者综合整理）。

（1）传统媒体引爆。2008 年 7 月 13 日，《楚天都市报》报道了《一个"非尖子生"的"传奇"故事》，这则文章引起了舆论热议，一个乐于助人的低分考生被国外大学录取且获 20 万元奖学金。报道内容如下：她的高考分数不高，在国内只能上个独立学院，却因为一个不经意的动作获得宝贵的机会，最终赢得国外大学 20 万元奖学金—— 大方、健谈，是东湖中学高三应届毕业生张 ×× 给人的第一印象，她的成熟与干练，更与 18 岁的年龄显得极不相符。张 ×× 今年高考考了 445 分（文科），只能读个独立学院，但新加坡一所大学却在一次面试之后预录了她，还给了 20 万元的奖学金。半个多小时，张 ×× 时而用英语口语，时而用普通话，向 5 名面试考官推销自己——全国青少年机器人大赛二等奖，全国网络英语综合技能三等奖，全省书信作文大赛一等奖，英语口语三级……得知张 ×× 综合素质如此全面，新加坡老师如获至宝，当即决定预录她为新加坡政府理工学院学生，并给她 4 年共 20 万元人民币的全额奖学金。

（2）互联网跟进。2008 年 7 月 13～14 日，全国报纸及网站纷纷转载及评论，九成网友支持国外大学做法。2008 年 7 月 15 日，新加坡 5 所理工学院否认录取。在内地从事新加坡政府理工学院招生中介工作的武汉剑桥教育公司相关负责人质疑张 ×× 被新加坡政府理工学院录取一事"是又一个周老虎事件"，称新加坡 5 所理工学院不可能低于 480 分（高考分）录取大陆学生，"如果录取张 ×× 是真的，那么新加坡政府理工学院录取采取了双重标准，我将起诉学院。"

（3）传统媒体扩散。记者随后与新加坡 5 所理工学院一一取得联系，对方均否认录取张 ×× 一事。2008 年 7 月 16 日，班主任称张 ×× 只是被预录，张称 10 天后证明被录取。7 月 16 日，当事人张 ×× 当年在东湖中学机器人兴趣小组的指导老师何卫星以及班主任再次站出，证明她"会在 10 多天后，让大家看到想看到的东西"，证明自己确实被录取了。"现在张 ×× 正在办理签证手续，准备 10 多天后从我国澳门到新加坡，自己现在不愿意接受媒体采访。"此言一出，公众立刻将何卫星与不久前因为假老虎案出名的周正龙相提并论，期待 10 天后张像假老虎一样真相大白。

（4）传统媒体揭秘。2008 年 7 月 17 日，警方证实张 ×× 是自费留学。湖北的《长江商报》报道，武汉警方证实，张确实办理了去新加坡的护照，期限是 10 年，于 6 月 27 日将护照领走。 警方称，张申请出国的理由是"自费留学"。2008 年 7 月 18 日，媒体称张被新加坡私立学院预录，《楚天都市报》再次发布新闻《"张 ×× 事件"调查——"乐于助人"真实存在，"预备班"不是"政府理工学院"》，解释张的低分高能破格录取真相。新闻引用新加坡圣杰管理学院驻湖北区总代表王达理先生的话说，他是在 6 月 10 日武汉大学招生咨询会上"发现"张 ×× 的，并邀请她与学院领导面谈。6 月 11 日下午，圣杰管理学院校长、中国区总监等与张 ×× 面谈，大家对她的综合素质感到很满意，遂建议其申请前往该校就读（在华机构仅是联络处），承诺免去其 4 万元学费，同时提供每月 400 新币（相当于人民币约 2 000 元）的生活补助费。

3. 新媒体引爆—新媒体跟进—传统媒体扩散—传统媒体揭秘

传统媒体与新媒体整合传播的第三种模式是新媒体引爆—新媒体跟进—传统媒体扩散—传统媒体揭秘。具体指某一项目或事件被新媒体报道后受到新媒体的持续关注，后传统媒体对事件进行了扩散，最后由传统媒体对事件进行揭秘。以下通过一个果本精华油案例进行论述（以下案例由作者综合整理）。

（1）新媒体引爆。2014 年 10 月 20 日上午，深圳东门老街步行街前，一对准新人当街争吵，仔细一看原是妙龄女性扮成了老妇惹得准新郎当街发飙，引来大批行人围观。现场一位女士反映，穿西装的男子很早便来婚纱店门口等候，还为女友准备了示爱条幅，看得出是一位非常懂得浪漫的男士。然而随后而来身着婚纱的女士却让男子大吃一惊，准女友竟将自己装扮成 70 岁老太，试问男友 70 岁是否还会爱她，并要求以老年妆与男子拍摄婚纱照。男子好言相劝要求重新装扮未果，当街怒吼。准女友也情绪失控，一番争执之后，男子愤然离开，留下准女友蹲街痛哭。

"这种做法就是无理取闹，好好的日子不过，就在折腾爱与不爱。""在爱情里面，男人终究还是关注外貌的，这是人的本性，但是男人也不能这么赤裸裸地嫌弃女友。""女性缺乏安全感可以理解，但是拍婚纱扮老试男友确实有点过。男人是爱面子的，如果婚房里挂着老年婚纱照，被朋友笑话妻管严之类的，男人的面子就挂不住了。""70 岁还有那么多幸福的小老头老太太，这么年轻，担心太早了。"直到目前为止，大家讨论纷纷，但试想如果有一天你爱的她，扮老出现在你面前问"70 岁时你还爱我吗"，你会怎样回答？

女孩闺蜜刘小姐介绍，俩人是 2013 年 3 月认识，十一国庆长假一起见了家长，定了年底结婚。计划是在结婚前把婚纱照拍了，但临近婚期女孩愈发紧张，疑似婚前恐惧症，才想着扮老拍婚纱照试探男友真心。刘小姐说，前几天女孩曾向男孩询问自己年老色衰之时是否还会爱自己，男孩信誓旦旦回答，不管多老都会爱。事发当天，两人争执之下，男子道出"你这样让我丢面子""你试了又能怎样，我就是爱年轻漂亮的姑娘，不年轻不好看，谁会要"之类的言辞，深深伤害到女孩。女孩闺蜜表示赞同好友此番举动，"女人年轻也就那么几年，终究会老。你现在爱的到底是年轻的容颜，还是真正的内心？"

（2）新媒体跟进、扩散。图片配上文字，仅仅几个小时就在微博客户端迅速转发，就连广州日报、财经网、环球日报、人民网等近 40 家全国主流媒体官方微博也纷纷跟进。10 月 23 日，该微博话题已经覆盖全国主流微媒体的同时，登上新加坡主流网站 singaporeseen 头条、雅虎英国的首页以及马来西亚第二大媒体 The Star。

（3）传统媒体揭秘。10 月 24 日，事件背后的策划护肤品牌方诗婷露雅在《南方都市》报整版刊登《果本精华油至全国人民的一封道歉信》，并解释了缘由：深入表面不如渗透其里。深入了解，才敢说爱。这是诗婷露雅 70 倍渗透果本精华油的广告语之一。除了 70 这个数字沾边，整个故事和品牌毫无关联。相关负责人解释，话题性是本次营销的首要要求，在当今各种新闻充斥的情况下，猎奇性的故事更能够引起爆炸式的关注。"可是我们也没有想过会轰动那么大，一些全国性媒体都争相报道，甚至在国外媒体曝光。"诗婷露雅方对此次事件影响力的估计与现实相差较大。所以这也改变了品牌方对于后来澄清的方式：由微博澄清改为在《南方都市报》进行整版澄清。

|案|例|分|享|
华为、HTC 和三星微信公众号的内容分析

对外经济贸易大学傅慧芬等 2016 年在《管理评论》期刊上发表了《消费电子品品牌社交媒体内容营销策略研究：基于联想、华为、HTC 和三星微信公众号的内容分析》一文，通过总结和比对广告策略组件的方法—目的概念化模型，研究搭建了品牌内容分类与社交货币理论分析框架，并借助 Atlas.ti 7 等软件对联想、华为、HTC 和三星的微信公众号进行内容分析（傅慧芬，赖元薇，2016）。其研究对象、研究方法和研究发现摘录如下。

1. 研究对象

本项研究选取了四个消费电子产品品牌的公众号（联想、华为终端、HTC 资讯、三星）发布于 2015 年 1 月 1 日到 2015 年 6 月 31 日期间的信息为样本（如表 13-4 所示）。在这 4 个品牌中，联想和华为都是来自中国大陆的全球电子产品品牌，同属海外民众熟悉度最高的中国品牌。选择 HTC 和三星是因为它们都是来自中国大陆以外的著名全球电子产品品牌。集中研究一类产品的品类有助于避免因为产品品类影响品牌的内容营销策略。选取有代表性的品牌作为研究样本，可以使研究发现具有"对总体的外部效度"的概率更高。

表 13-4　样本品牌与微信公众号相关信息

品　牌	账号主体	微信公众号	微　信　号	篇　数	总阅读量	总点赞数
联想	联想（北京）有限公司	联想	Lenovo1984	89	406 641	3 026
华为	华为终端有限公司	华为终端	Huaweizhongduan	391	425 408	66 079
三星	三星（中国）投资有限公司	三星 GALAXY	Samsungmobiles4	25	77 150	300
HTC	宏达通讯有限公司	HTC 资讯	Hi_htc	237	1 245 672	185 808

资料来源：傅慧芬，赖元薇. 消费电子品品牌社交媒体内容营销策略研究：基于联想、华为、HTC 和三星微信公众号的内容分析 [J]. 管理评论，2016,28(10):259-272.

2. 研究方法

综合所有样本的文本内容，本文统计出使用频率最高的 50 个特征词，得出 50 个高频特征词与对应使用频率。从结果可知，最终提取出的用于构建品牌社交媒体内容营销策略的高频特征词主要包括名词、动词和形容词。名词主要集中在产品描述（例如手机、设计等）以及营销宣传推广用词（例如，海报、小伙伴等）；动词主要反映产品的实用功能以及品牌互动活动（例如，拍摄、抽奖等）；形容词主要表现内容的特色以及差异性（例如，精彩、完美、极致等）。根据聚类分析树状图的展示，消费电子品品牌社交媒体内容营销的内容可被归纳为以下三个部分：①信

息，包括产品信息（包括功能、外观和服务等）和娱乐信息（包括抽奖活动以及节日祝福等）；②互动，包括社交互动信息（朋友、小伙伴、游戏等）和品牌互动信息（故事、总裁、官方等）；③自我实现和主观情感信息（精彩、青春、感受等）。

50个高频词的聚类分析树状图见图13-5。

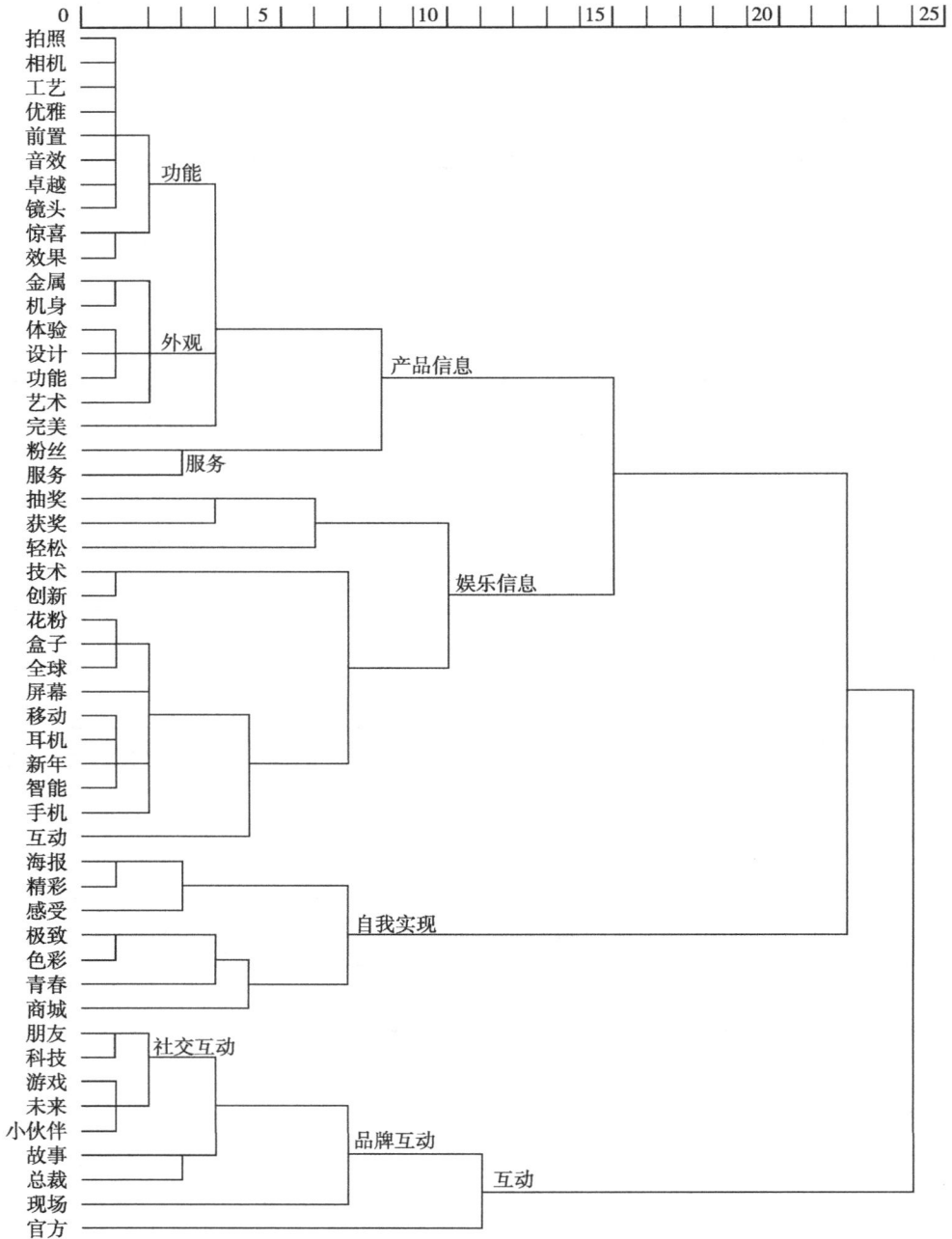

图 13-5　50个高频词的聚类分析树状图

资料来源：傅慧芬，赖元薇. 消费电子品品牌社交媒体内容营销策略研究：基于联想、华为、HTC和三星微信公众号的内容分析 [J]. 管理评论，2016,28(10):259-272.

3. 研究发现

（1）不同品牌采取的各异内容营销策略已经呈现了显然不同的营销效果。相对来说，以联想为代表的侧重于品牌互动和社交互动信息的内容营销策略和以 HTC 为代表的侧重产品信息宣传的内容营销策略效果更好。可见，消费者进行移动社交时，主要关注的还是社交互动以及产品信息相关的内容，且使用不同内容营销策略的各品牌头条的传播效果差别并不显著。值得指出的是，虽然品牌在利用社交媒体进行内容营销时，可以根据其个性鲜明的内容营销策略偏重于部分类型的内容，从而更好地凸显品牌传播的差异化定位，但是在充分考虑消费者需求的前提下，品牌微信公众号在编制内容时，应该对本项研究中验证的信息、社交以及自我实现等三方面信息都有所涉及。

（2）为满足消费者对功能性信息、娱乐性信息的需求，本文就品牌微信公众号内容营销的运营策略提出建议。具体包括：①明确界定目标受众，使用受众的语言，结合时下最新的热门话题，建立独特的发言编辑形象，以一致且轻松生动的形式与受众开展沟通；②在公众号文章的选题方面，尽量选用产品与生活相结合的题材，避免采用生硬的新闻公关稿，每期内容中头条信息的主题创意最为关键。为满足消费者对于社交（品牌互动、社交互动）的需求，本文建议采用图片、H5、视频、讨论、抽奖、促销、游戏等多种互动方式，与粉丝积极互动，并鼓励甚至合理诱导粉丝在其朋友圈分享传播，帮助他们显示成就。为满足消费者自我实现方面的需求，本文建议品牌微信公众号积极地与跨界品牌联合发起活动，通过限量或限时的方法制造商品或服务的稀缺性，强调内容的价值，采用"特供"的方式让消费者感受到专有归属感，从而提升品牌忠诚度并繁衍较多的口碑传播。

资料来源：傅慧芬，赖元薇 . 消费电子品牌社交媒体内容营销策略研究：基于联想、华为、HTC 和三星微信公众号的内容分析 [J]. 管理评论，2016,28(10):259-272.

▶本章小结

本章从内容创意和内容传播两个方面，介绍了互联网内容策略的主流原则和发展趋势。其中，互联网内容创意策略包括 SUCCES 原则和 ELM 经验法则；在互联网内容传播策略中，作者创新地提出了三种传统媒体与新媒体整合传播的模式以及互联网内容传播 TEDI 原则。通过本章的学习，学生可以了解针对互联网内容的营销策略，掌握互联网内容营销技巧，提升新媒体营销的理论知识和应用能力。

▶关键术语

简单（simplicity）
意外（unexpectedness）
具体（concreteness）
可信（credibility）
情感（emotion）
故事（story）
推敲可能性模型（elaboration likelihood model, ELM）

中央路径（central route）
外围路径（peripheral route）
服务主导逻辑（S-D Logic）
教育（teaching）
娱乐（entertainment）
欲望（desire）
互动（interaction）

▶课后习题

1. 请结合 SUCCES 原则，列举互联网内容写作的技巧并举例。
2. 请结合实际生活列举三个互联网创意案例，并用 TEDI 原则对其进行分析。
3. 结合本章内容分析开篇案例。

▶参考文献

[1] Hill D. "Why Lost Is Genuinely New Media" [EB/OL]. http://www.cityofsound.com/blog/2006/03/why_lost_is_gen.html, 2006-3-27.

[2] 操盘手"本来生活", 这样把"褚橙"卖成"励志橙" [EB/OL]. https://www.huxiu.com/article/8027/1.html, 2012.

[3] 傅慧芬, 赖元薇. 消费电子品品牌社交媒体内容营销策略研究: 基于联想、华为、HTC和三星微信公众号的内容分析 [J]. 管理评论, 2016,28(10): 259-272.

[4] 付勇, 刘秀兰, 刘德昌. 从"需求营销"到"欲望营销" [J]. 商业研究, 2005(22): 188-190.

[5] 胡泳. 互动性及网络化思维: 传统媒体向新媒体学习什么? [EB/OL]. https://www.huxiu.com/article/11905/1.html, 2013.

[6] 黑小指. 新媒体文案的精髓: 能激发欲望的文案, 营销才有效果 [EB/OL]. http://www.wangluoyingxiao8.com/726.html, 2016.

[7] 何浏, 沈凤, 罗颖. 娱乐营销基本模式研究综述 [J]. 品牌研究, 2017(1): 17-24.

[8] 匡文波, 邱水梅. 基于技术接受模型的传统媒体客户端用户使用行为研究 [J]. 现代传播 (中国传媒大学学报), 2017,39(1): 128-131.

[9] 林艳. 基于消费者需求与信息搜寻的消费者教育模型研究 [J]. 商业时代, 2011(1): 16-18.

[10] 马楠. 尖叫感 [M]. 北京: 北京理工大学出版社, 2016.

[11] 奇普·希思, 丹·希思. 让创意更有黏性 [M]. 北京: 中信出版社, 2014.

[12] 孙文静. 美国输出"娱乐化"文化产品的审视与思考 [J]. 南京政治学院学报. 2012, 28(6): 99-103.

[13] 新快报. 卖盒饭女生火了! [EB/OL]. http://news.21cn.com/caiji/roll1/a/2013/0424/10/21247267.shtml, 2013-04-24.

[14] 张邠. 浅谈体验经济时代的娱乐营销模式及应用 [J]. 经济问题探索, 2007(3): 141-145.

[15] 张欣, 杨志勇, 王永贵. 顾客互动前沿研究: 内涵、维度、测量与理论演进脉络述评 [J]. 国际商务 (对外经济贸易大学学报), 2014(4): 86-94.

▶拓展阅读

[1] Allen P, FitzSimmons M, Goodman M, K Warner. Shifting Plates in the Agrifood Landscape: The Tectonics of Alternative Agrifood Initiatives in California [J]. Journal of Rural Studies, 2003, 19(1): 61-75.

[2] Anglin R V. Promoting Sustainable Local and Community Economic Development[M]. London: CRC Press, 2010.

[3] Berman E. Creating a Community food System: The Intervale Center. [J]. Journal of Agricultural &Food Information, 2011, 12(1): 3-11.

[4] Brasier K J, Goetz S, Smith L A, Ames M, Green J, Kelsey T, W Whitmer. Small Farm Clusters and Pathways to Rural Community Sustainability [J]. Community Development, 2007, 38(3):8-22.

[5] Brennan M A, G D Israel. The Power of Community [J]. Community Development, 2008.

[6] 索尼娅·杰斐逊, 莎伦·坦顿. 内容营销: 有价值的内容才是社会化媒体时代网络营销成功的关键 [M]. 北京: 企业管理出版社, 2014.

[7] 吕勇. 网络内容营销的成功践行 [J]. 广告人, 2011(5): 38-38.

[8] 生俊. 社会化媒体背景下产品内容营销的内涵厘析与运用初探 [J]. 东南传播, 2015(4): 127-130.

[9] 周懿瑾, 陈嘉卉. 社会化媒体时代的内容营销概念初探与研究展望 [J]. 外国经济与管理, 2013, 35(6): 61-72.

第 14 章

互联网营销渠道策略

未来要么电子商务，要么无商可务。
——摘自 2012 年《财经》节目的访谈

▶ 学习目标

1. 了解主流的互联网营销电子商务模式的基本概念、模式要点及典型应用，对在市场中不占据主流地位的互联网营销电子商务模式有初步的了解。
2. 明晰各个互联网营销电子商务模式之间的区别及联系。
3. 在理解企业应用某些特定的互联网营销模式的情境及原因的基础上，尝试在未来的学习工作中将所学知识加以应用实践。

案例导入

天猫联合电视探索电商新模式

湖南卫视亲子节目《爸爸去哪儿》大热之后，天猫瞄准了节目里受追捧的明星父子装扮，正式在其天猫平台推出了五组潮爸萌娃的同款服装专栏，整合彪马、耐克等各大品牌商联合促销。还会根据节目播出进度，进行服装款式同步更新。他们不仅推出了边看边买的同款服装栏目，还在天猫母婴栏目推出了亲子玩具系列。此外，淘宝旅行也配合天猫这次活动，推出了《爸爸去哪儿》录制地点的旅行预订，每周根据节目所去的地点同步开售旅行预订。

上述"焦点事件+电子商务"的电商新模式（F2O 模式）特点是，热点事件借助电视等媒体形成扩散效应，电商平台迅速推出

相应产品（如美食、服饰等），满足瞬间激增的新需求，进一步推动热点事件的升温，形成媒体和电子商务的良性互动。

当然，业界对上述模式也有不用看法。例如，企业采用该模式虽然短期内可以带动线上产品的销售，但并不能达到长期的效果，需要在打开线上窗口的同时进行多渠道推广；企业要从目标消费者角度去看问题，研究其需求和购买心理，达到可持续的重复购买。又如，这种模式极易被跟风复制，最终还是要关注到品牌和商品本身的质量上来，撇开产品本身和产品的市场定位、市场需求谈营销只能是昙花一现。

资料来源：作者综合整理。

本章对目前所存在的大部分互联网营销渠道策略进行了介绍，并根据几个不同的视角（以个体或家庭为最终营销对象，以商家或企业为最终营销对象，线上线下相结合的互联网营销模式，其他类型模式）分类介绍。

14.1 以个体或家庭为最终对象的互联网营销渠道策略

14.1.1 B2C 模式（business to consumer）

1. B2C 模式基本概念

现有文献关于 B2C 模式的定义主要分为两类，如表 14-1 所示。①商务交易双方的关系。B2C 模式通过互联网连接企业与个体消费者，以进行商品和服务的零售，该模式主要体现在零售业。②商务交易方式与媒介。B2C 以互联网为基础进行在线营销与推广，从而实现线上销售。

表 14-1 现有文献对 B2C 模式的定义

视 角	代表性定义	来 源
商务交易双方的关系	B2C 商业模式就是个体消费者与企业之间的直接接触，一般来讲交易金额小，交易次数频繁，是不特定消费者与企业之间的交易	贾峰，2016
	B2C 是电子商务的一种模式，也就是通常所说的直接面向消费者销售产品和服务的商业零售模式	生晓云，2016
商务交易方式与媒介	B2C 电子商务主要是指通过网络直接面向消费者销售产品和服务的一种零售模式。这种模式的特点是以互联网为基础，通过互联网开展在线营销和推广活动，进而实现网络销售	张建华，2016
	B2C 电子商务是电子商务按交易对象分类中的一种，即表示商业机构对消费者的电子商务。这种形式的电子商务一般以网络零售业为主，主要借助于因特网开展在线销售活动	施国洪，2013

资料来源：作者综合整理。

综合上述学者定义，本书将其描述为：B2C 电子商务模式是指企业通过互联网直接面向消费者，在线实现多种商务活动、交易活动、金融活动和综合服务活动的商业模式。

2. B2C 模式要点

B2C 模式主要有四个流程：①商家通过网络商店平台向消费者提供商品或服务的信息并确认消费者的下单；②商家通过代售平台或物流配送系统将商品或服务运送给消费者；③消费者通过第三方支付平台进行付款；④消费者依据其消费体验对商家提供的商品或服务进行评价。图 14-1 是该流程的简化图。

3. 典型案例

目前 B2C 模式在市场被广泛地使用，表 14-2 为使用 B2C 模式的几大有代表性的主流平台。

表 14-2 B2C 模式的应用

	创 立 时 间	模式具体应用及其特点	局 限 性
天猫（淘宝商城）	2012 年	1. 用户评分从零到五，全面评价交易行为 2. 全部采用商城认证，保证交易的信用	冒牌商品较多，正品权益难得以保障

（续）

	创 立 时 间	模式具体应用及其特点	局 限 性
京东商城	2004 年	1. 有专业的物流配送，物流速度快 2. 售后服务较为完善	货物源不是非常充足，不能很好地满足消费者需求
苏宁易购	2009 年	1. 线上与线下结合紧密。支持门店自提，以旧换新 2. 支持本地化配送，大家电免邮费	以销售家电为主，其他商品给人留下的印象不深
唯品会	2008 年	开创"名牌折扣 + 限时抢购 + 正品保障"模式	没有自有品牌，未能很好地发挥品牌效应

资料来源：作者综合整理。

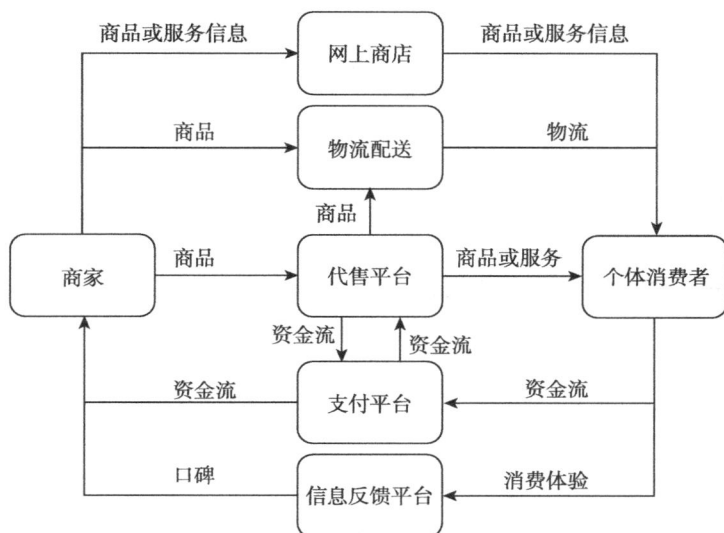

图 14-1　B2C 模式流程简化图

资料来源：作者综合整理。

14.1.2　B2F 模式（business to family）

1. B2F 模式基本概念

现有文献关于 B2F 模式的定义主要分为两类，如表 14-3 所示。①商务交易双方的关系。B2F 模式是商业机构对家庭消费的营销模式，商业机构与家庭消费之间通过互联网连接。②商务交易方式与媒介。B2F 模式以互联网广告为主要媒介实现精准广告投放与营销，商务交易方式以线上和线下结合为主。

表 14-3　现有文献对 B2F 模式的定义

视　角	代表性定义	来　源
商务交易双方的关系	所谓 B2F，或者可以称之为社区 O2O，其实是商业机构对家庭消费的营销商务，运营模式是由商业机构按交易对象分类，把各客户分类于家庭这个单位之中，并以便捷的购物方式来引导消费，利用一站式服务和高效免费的配送、安全可靠的现金交易来赢取顾客	岳远攀，2016
	B2F，商业机构对家庭消费的商务模式，它是相对 B2C 模式的一种渠道升级，目标由个体扩展到家庭，营销模式一般以目录销售（网购 + 邮购）为主	张勇，2009

（续）

视 角	代表性定义	来 源
商务交易方式与媒介	现今 B2F 并没有真正成型，但是当超市品牌进入白热化阶段、中小型超市互利合作的时候，B2F 就会发展壮大。随着网络虚拟社区的不断发展，B2F 可以通过精准的广告投放、个性服务及面向家庭的商品精准促销，通过线上和线下的结合实现利润最大化	杜美丽，2017
	B2F 的营销模式一般以"目录营销＋网络销售"为主，主要借助于 DM（direct mail，意为快讯商品广告）和 Internet 开展销售活动	杜美丽，2017

资料来源：作者综合整理。

综合上述学者定义，本书将其描述为：B2F 模式是以"目录营销＋网络销售"为主，借助于快讯商品广告和互联网开展销售活动的一种商业机构对家庭消费的营销商务模式。它可以通过精准的广告投放、个性服务及面向家庭的商品精准促销，通过线上和线下的结合实现利润最大化。

2. B2F 模式要点

与 B2C 模式相比，B2F 模式最显著的特征有：①最终消费者以家庭为单位而非独立的个人。②在 B2C 模式中主动的一方是电商，商品或服务的种类更多的是由商家决定的；而在 B2F 模式中主动的一方是消费者，商品或服务是根据消费者的消费意愿来进行定制的。③消费者更愿意在线下实体店中获取商品和享受服务。图 14-2 是 B2F 模式交易流程的简化图。

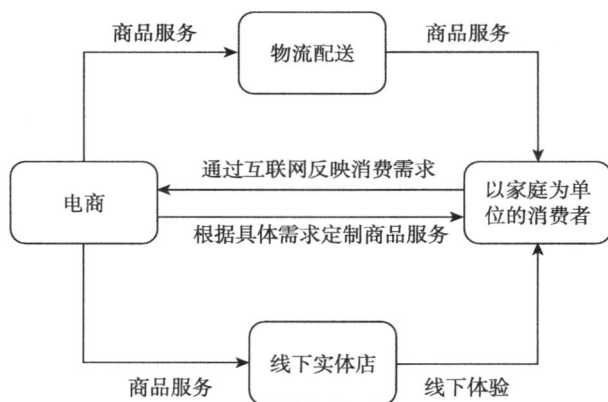

图 14-2　B2F 模式交易流程简化图

资料来源：作者综合整理。

3. 典型案例

以"红孩子商城"为例，具体见表 14-4。

表 14-4　B2F 模式应用

	创 立 时 间	模式具体应用及其特点	局 限 性
红孩子商城	2004 年	1. 红孩子网将目标受众群定位在 0～3 岁的新生儿家庭 2. 以目录＋网站的销售模式进行销售	母婴行业市场竞争激烈，优势难以保持

资料来源：作者综合整理。

14.1.3 C2C 模式 (consumer to consumer)

1. C2C 模式基本概念

现有文献对 C2C 模式的定义主要分为两类，如表 14-5 所示。①商务交易双方。C2C 模式是消费者与消费者之间通过网络购物平台进行商品服务交易与贸易的一种商业模式。②商务交易方式与媒介。在 C2C 模式中，消费者与消费者个人之间利用网络服务商提供的电子商务平台与交易程序进行线上交易。

表 14-5 现有文献对 C2C 模式的定义

视　　角	代表性定义	来　　源
商务交易双方	C2C 电子商务模式是消费者和消费者利用 C2C 购物平台进行交易的模式。C2C 中的卖家不是一个企业或公司，而是个人和个人之间的交易	王道霞，2015
	这个电子商务具有鲜明的特征，交易双方都由消费者构成，交易主体没有企业，也没有政府管理部门，消费者之间利用交易平台进行商品贸易	朱玉婷，2015
商务交易方式与媒介	C2C 电子商务模式，是指网络服务提供商利用计算机和网络技术，提供有偿或无偿使用的电子商务平台和交易程序，允许交易双方（主要为个人用户）在其平台上独立开展以竞价、议价为主的在线交易模式	王贤文、徐申萌，2011
	C2C 电子商务，即消费者对消费者的电子商务，指消费者个人之间借助互联网等现代通信技术，通过电子交易服务平台直接进行商品和服务贸易	王元媛，2014

资料来源：由作者搜集整理。

综合上述学者的定义，本书将其描述为：C2C 电子商务模式是指消费者之间运用电子交易服务平台等现代通信技术为平台载体，以正当的交易程序直接进行商品和服务贸易往来的商业模式。

2. C2C 模式要点

C2C 模式主要有四个特征：①买家和卖家都是个体而非企业；②通过互联网上的 C2C 购物平台实现卖家与买家之间交易信息的流通；③卖家通过第三方物流企业将商品运送给买家；④买家通过第三方支付平台向卖家付款。图 14-3 是 C2C 模式交易流程的简化图。

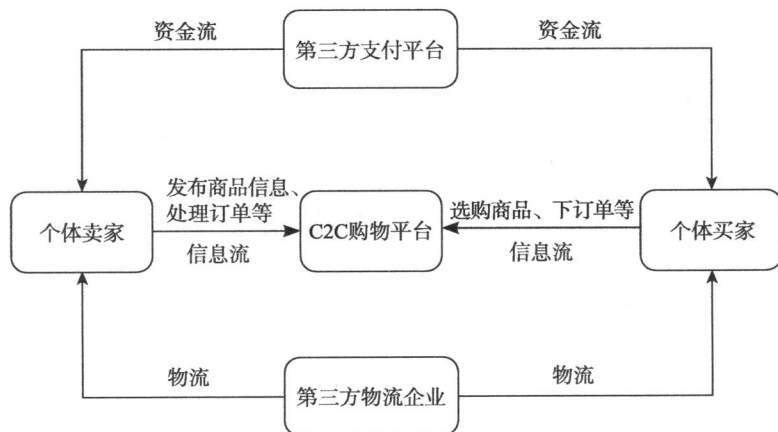

图 14-3 C2C 模式交易流程简化图

资料来源：王道霞 . C2C 电子商务物流服务质量对顾客忠诚度的影响研究 [D]. 济南：山东大学，2015.

3. 典型案例

目前 C2C 模式在市场被广泛地使用，表 14-6 为使用 C2C 模式的几大有代表性的主流平台。

表 14-6　C2C 模式的应用

	创立时间	模式具体应用及其特点	局限性
淘宝网	2003 年	1. 成本低，不需要铺租，卖一件就是赚一件 2. 淘宝网有着特有的沟通方式，"淘宝旺旺"和支付系统"支付宝"用户在淘宝网上的沟通和支付都比较方便	1. 推广难，不宣传，无人点击，新手做起来更难，见效慢 2. 假货问题比较严重
易趣网	1999 年	1. 大品牌，倾向于国际化，在全球范围内影响力大 2. 在易趣平台上，所有的交易将收取登录和交易服务费	1. 易趣全面收费制，包括商品登录费、交易佣金，这让大批的商家转向了现时还处于免费的淘宝网站 2. 易趣向卖家收取佣金、交易费用，这样卖家将价格转到商品上，商品价格提高了，买家也相应地流失了一部分

资料来源：作者综合整理。

14.1.4　BMC 模式（business-medium-consumer）

1. BMC 模式基本概念

现有文献关于 BMC 模式的定义主要分为两类，如表 14-7 所示。①商务交易双方的关系。在 BMC 模式中，中间人通过互联网购物平台将企业商品与顾客需求连接。②商务交易方式与媒介。BMC 模式通过中间人构建与目标消费群体之间的多对多的推销方式，将商家、中间人、顾客之间的关系有机结合。

表 14-7　现有文献对 BMC 模式的定义

视角	代表性定义	来源
商务交易双方的关系	BMC 模式是中间人在买卖双方之间通过购物平台促成交易。中间人是一群既了解商家的商品，又了解目标顾客所在位置的人，所以中间人能够精准地将商品推广到有需求的顾客手中。当商品交易成功后，中间人还会从商家获得一定的报酬	陈鹏，2016
	B 指企业，C 指消费者、终端，M 在这里指的是在企业与消费者之间搭建的一个空中的纽带与桥梁。它是一个多维的、可以无限转换的连接点，将网站与消费者、机构与终端、企业与加盟商，根据不同的需求有机、立体地结合，形成利益互动，打造共赢的一个大同平台	唐庆南，2011
商务交易方式与媒介	BMC 模式通过中间人推荐商品进行销售，可以快速找到需要的商品；通过提高推销力度，增加销量，获得利润；通过中间人进行多对多的推销方式，推销成本较低；通过为顾客和中间人提供赏金来促销商品	陈鹏，2016
	1. 商家负责设定赏金金额，并随商品信息共同发布 2. 顾客首次购买商品后获得赏金权利，再次购买此商品后获得赏金 3. 中间人通过平台向商家申请赏金权利，然后通过自己的推销渠道将商品推广至顾客，当交易成功后，赏金会交付给中间人	陈鹏，2016

资料来源：作者综合整理。

综合上述学者定义，本书将其描述为：BMC 电子商务模式即中间人通过互联网购物平台，将企业和商家的商品与服务较为准确地进行目标顾客的匹配推广与销售，以实现利益共赢与资源合理配置的商业模式。

2. BMC 模式要点

BMC 模式的主要特征有以下两方面：①创造性地融入 "M" 第三方媒介，将网站与消费者、机构和终端、产品供应商和渠道代理商等根据不同的需求有机地进行结合，形成利益互动，从而打造一个共赢的平台；②该平台提供独特的诚信监管体系，以规范该平台上的交易行为。图 14-4 为 BMC 模式交易流程的简化图。

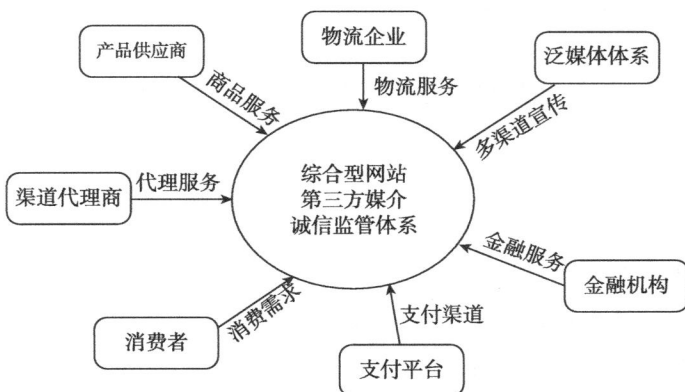

图 14-4　BMC 模式交易流程简化图

资料来源：作者综合整理。

3. 典型案例

目前 BMC 模式也在市场被广泛地使用，表 14-8 为使用 BMC 模式的大有代表性的主流平台。

表 14-8　BMC 模式的应用

	创立时间	模式具体应用及其特点	局　限　性
太平洋直购网	2008 年	1. 消费者既是消费者，又是经营者，还是中间商与诚信渠道 2. 代理商人、商品、企业的广泛参与性（省钱＋赚钱、就业＋创业）	经营理念不够清晰，网站在近几年陷入传销风波

资料来源：作者综合整理。

14.1.5　S2C 模式（service to consumption）

1. S2C 模式基本概念

现有文献关于 S2C 模式的定义主要分为两类，如表 14-9 所示。①商务交易双方的关系。S2C 模式通过互联网进行大数据分析，注重消费者体验与用户需求分析开发，从而引导顾客线下消费。②商务交易方式与媒介。S2C 以互联网为交易媒介，以线上或线下的方式完成交易。

表 14-9　现有文献对 S2C 模式的定义

视　　角	代表性定义	来　　源
商务交易双方的关系	S2C 是通过互联网为消费者提供优质的服务，这样互联网不但成为交易的平台，还是服务的连接者。它利用互联网和大数据了解用户的需求，为用户提供最适合的服务，真正做到了切实满足顾客个性化需求，然后引导用户线下消费	洪月英，2015

（续）

视　角	代表性定义	来　源
商务交易双方的关系	虽然 S2C 与 O2O 都侧重于服务型消费，都相当于"本地化的淘宝"，需要消费者亲身去体验服务，但 S2C 与 O2O 却有很大的不同，S2C 是服务在前，交易在后，O2O 是交易在前，服务在后；O2O 多是站在商家的角度卖产品和服务，S2C 是站在消费者的立场提供商品和服务；S2C 不仅可以网上支付，而且可以当面支付	洪月英，2015
商务交易方式与媒介	S2C 电子商务模式以消费者为出发点，提升消费者价值，以一整套的服务与解决方案而不是以单纯的产品来满足消费者的最终需求，并进一步革新传统商场、专业卖场、商店的商业模式	赖皓轩，2012
	运用 S2C 电子商务模式专业卖场达到的最理想效果是：消费者在商场看了产品可以直接订购，也可以网上订购；在网站上看了产品可以直接订购，也可以到商场再看一遍的商场订购。要做到这一点，前提是商场为消费者提供了很多的增值服务。各种类型的专业卖场应该是 S2C 电子商务模式发展的最大受益者	赖皓轩，2012

资料来源：作者综合整理。

综合上述学者定义，本书将其描述为：S2C 电子商务模式是指商家通过互联网进行用户消费倾向的大数据分析营销，以提升用户服务体验与价值创造的效率的商业模式。

2. S2C 模式要点

S2C 模式是由 O2O 模式衍生而来的，因此在整体上会有许多特征和 O2O 模式相似。相较之下，其最显著的特征主要有以下两个方面。① S2C 模式侧重于服务型消费，专注于为消费者提供切合个性化需求的优质服务；② S2C 模式是服务在前，交易在后，是站在消费者的立场提供服务，同时引导消费者到线下实体店消费。图 14-5 为 S2C 模式交易流程的简化图。

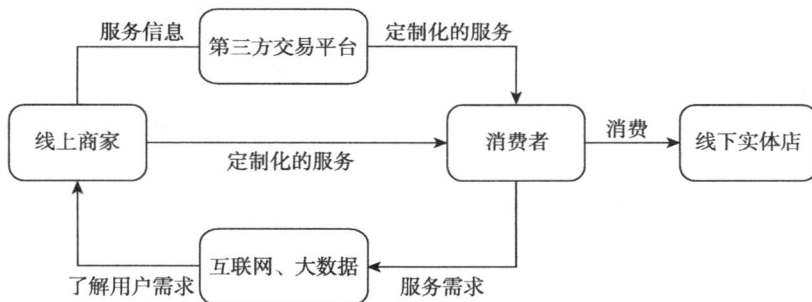

图 14-5　S2C 模式交易流程简化图

资料来源：作者综合整理。

3. 典型案例

小米公司目前使用的正是 S2C 模式，详见表 14-10。

表 14-10　S2C 模式的应用

	创立时间	模式具体应用及其特点	局　限　性
小米公司	2010 年	通过互联网收集用户相关数据，由用户需求设计出他们所需要的产品	产品链条综合成本较目前其他电商模式而言比较高

资料来源：作者综合整理。

14.2   以商家或企业为最终对象的互联网营销渠道策略

14.2.1   B2B 模式（business to business）

1. B2B 模式基本概念

现有文献对 B2B 模式的定义同样从两个视角出发，如表 14-11 所示。①视角一：商务交易双方。在 B2B 模式中，企业与企业之间通过互联网平台连接上游供应商与下游代理商，直接进行商业贸易，降低交易过程中的成本。②视角二：商务交易方式与媒介。B2B 模式中的企业与企业之间以内部信息系统平台和外部网站为媒介，以银行电子支付和结算为手段，进行产品、服务贸易与信息交流。

表 14-11   现有文献对 B2B 模式的定义

视　　　角	代表性定义	来　　　源
商务交易双方的关系	B2B 电子商务模式即企业间贸易的业务，是指企业通过内部信息系统平台和外部网站将面向上游的供应商和采购业务及下游代理商的销售业务有机地联系在一起，从而降低彼此之间的交易成本，提高客户满意度的商务模式	陈昌，2007
	企业对企业 (B2B) 模式，也称为商家对商家或商业机构对商业机构，是企业与企业之间进行的电子商务活动	詹文杰，杨颖，2004
商务交易方式与媒介	B2B 是电子商务的一种模式，是英文 business to business 的缩写，具体指企业与企业之间通过专用网络或因特网进行产品、服务、数据信息的交换，开展交易活动的商务模式	刘晓东，2013
	B2B 电子商务模式是一种基于因特网，以企业为交易主体，以银行电子支付和结算为手段，以企业数据为依托，企业与企业之间通过互联网进行产品、服务及信息交流的商务模式。企业与企业之间的交易规模大，一般是大宗交易	罗汉祥，2004

资料来源：作者综合整理。

综合上述学者定义，本书将其描述为：B2B 电子商务模式是指企业与企业之间通过专用网络如内部信息系统平台等，进行产品、服务、数据信息交换的商业模式。

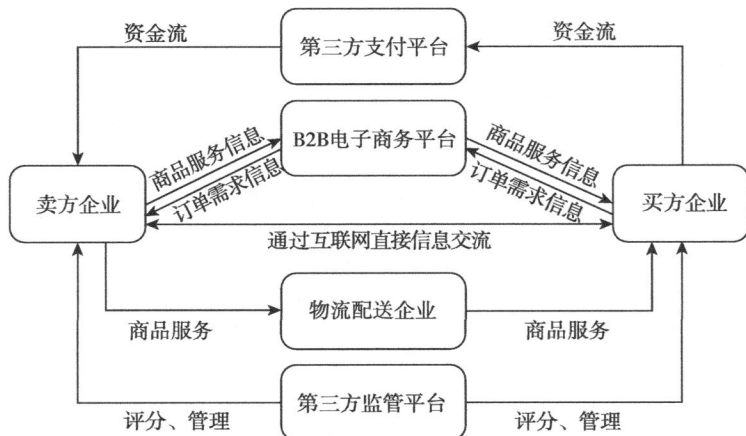

图 14-6   B2B 模式交易流程简化图

资料来源：作者综合整理。

2. B2B 模式要点

B2B 模式主要有以下三个特征：①卖家和买家都是中小企业而非个体；②卖家和买家既可以通过第三方 B2B 电子商务平台进行商品服务和订单需求信息的交流，也可以直接通过互联网进行信息交流；③设有专门的第三方监管平台，以对买卖双方的交易行为进行监督和管理，保证交易行为的顺利进行，防止不正当交易行为的发生。图 14-6 是 B2B 模式交易流程的简化图。

3. 典型案例

目前 B2B 模式在市场被广泛地使用，表 14-12 为使用 B2B 模式的几大有代表性的主流平台。

表 14-12　B2B 模式的应用

	创立时间	模式具体应用及其特点	局　限　性
阿里巴巴（现 1688 网）	1999 年	1. 专做信息流，汇聚大量的市场供求信息。信息更新快，信用度高，吸引了不少企业 2. 网站门槛低，企业在平台注册用户比较容易 3. 采用本土化的网站建设方式，很接地气	阿里巴巴因为转移了战略，将大量资金投放到 C2C 的淘宝网上，将会面临老客户减少，新客户补给不足的尴尬局面
慧聪网	1992 年	1. 以线下内贸服务为主的综合 B2B 模式 2. 专业 B2B 垂直化运营，线上线下渠道相结合	在外贸方面发展有所欠缺，业务较为单一地指向内贸
环球资源网	总公司于 20 世纪 70 年代成立	1. 在 B2B 领域定位于中高端客户，服务于全球，中国市场是其经营的一部分，在行业定位上专业性较强 2. 经营历史比较久，在市场上具有较高的品牌影响力	运营成本过高，而这些成本都变相地加到客户的身上，无形中加重了客户的负担，增加了客户的经营风险

资料来源：作者综合整理。

14.2.2　B2M 模式（business to marketing）

1. B2M 模式基本概念

现有文献关于 B2M 模式的定义主要分为两类，如表 14-13 所示。①商务交易双方的关系。B2M 模式通过网络建立企业与产品销售代理商及其销售人员的联系，再将产品或者服务信息提供给潜在用户群体。②商务交易方式与媒介。B2M 模式将线上线下的交易完整融合，企业通过网络向经纪人发布各种产品信息，经纪人在线下将企业的商品及服务提供给终端消费者。

表 14-13　现有文献对 B2M 模式的定义

视　　角	代表性定义	来　　源
商务交易双方的关系	B2M 模式能将互联网上的产品和服务信息完全地发展到互联网线下，企业发布产品或服务信息，职业经理人获得产品和服务信息，并且将产品或者服务信息提供给所有的潜在用户，不论是互联网线上还是互联网线下，究其本质，"B2M" 模式是一种 "代理" 模式	张军，2009
	B2M 的目标客户群不是 B2B、B2C、C2C 关注的消费者，其面对的客户群是该企业的产品销售代理商及其销售人员。B2M 通过网络建立企业与中间代理人、分销渠道的联系	徐杰，2013

（续）

视　　角	代表性定义	来　　源
商务交易方式与媒介	B2M 还具有线下发展的优势特征，它将纯粹的网络交易与线下的人与人交易间特有的社会沟通相结合。参与其他电子商务模式仅仅通过网络将买方和卖方相互联结以顺利完成交易，而 B2M 模式将线上线下的交易完整融合，网络主要面对的是经纪人，企业通过网络向经纪人发布各种产品信息，经纪人在线下将企业的商品及服务提供给终端消费者	徐杰，2013
	B2M 模式不仅提供一个网购平台，还要将网络上的商品和服务信息完全地走到线下，通过线上和线下多种渠道协助企业对站点进行广泛的推广和规范化的导购管理	张立鑫，2014

资料来源：作者综合整理。

综合上述学者的定义，本书将其描述为：B2M 电子商务模式是指通过互联网将线上企业与线下销售代理商融合，中间代理商和经纪人将商品和服务提供给终端消费者的商业模式。

2. B2M 模式要点

与 B2B 模式相比，B2M 模式的显著特征有以下三个方面：① B2M 模式的服务提供者是为企业提供网络营销托管的电子商务服务商；② B2M 模式更加注重的是企业网络营销渠道的建立；③通过线上和线下多种营销渠道对营销平台的推广，实现接触市场、选择市场、开放市场，从而扩大对目标市场影响力的目标。图 14-7 为 B2M 模式交易流程的简化图。

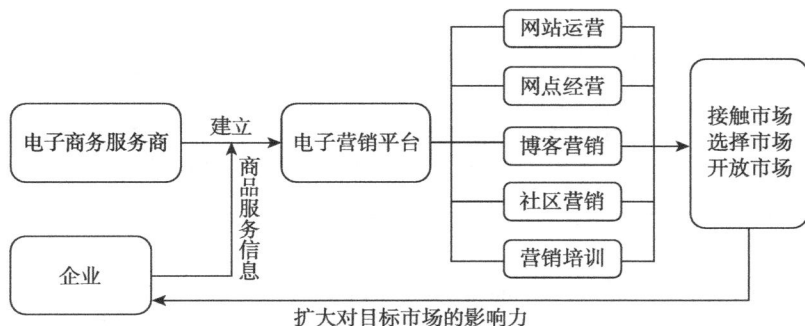

图 14-7　B2M 模式交易流程简化图

资料来源：作者综合整理。

3. 典型案例

以"贸易伙伴网"为例进行介绍，详见表 14-14。

表 14-14　B2M 模式的应用

	模式具体应用及其特点	局　限　性
Tradevv（贸易伙伴网）	建立引导客户需求为核心的站点，从而实现电子商务渠道对企业营销任务的贡献	对网站上货品的监管力度不够

资料来源：作者综合整理。

14.3 线上线下相结合的互联网营销渠道策略

14.3.1 O2O 模式（online to offline）

1. O2O 模式基本概念

现有文献关于 O2O 模式的定义主要依据两个视角，如表 14-15 所示。①视角一：商务交易双方的关系。O2O 模式通过互联网技术将线上虚拟渠道与线下实体店面经营相融合。O2O 营销模式就是将线上用户引导到线下消费，商家在线上拓展客户、营销推广、抓取更多用户来源，在线下努力为用户提供规模化、优质化服务。②视角二：商务交易方式与媒介。O2O 模式以互联网为交易方式，以方便线下服务企业在线上吸引客户，消费者在网络上筛选服务、在线支付，在实体店享受服务。

表 14-15 现有文献对 O2O 模式的定义

视　角	代表性定义	来　源
商务交易双方的关系	O2O 模式是一个将线上虚拟经济与线下实体店面经营相融合的商业模式。Online to offline，即从线上到线下，这一模式的核心就是把线上的消费者带到现实的商店中去——消费者可以在线上筛选线下的商品和服务、成交、在线支付、结算，然后自主去线下享受服务	张文明，2012
	O2O 是线上渠道和线下渠道有机结合的一种电子商务模式，通过将线下的商务机会与互联网技术结合在一起，让互联网成为线下交易的前台，消费者线上购买并支付线下的商品和服务，然后到线下去享受服务	尹明，2015
商务交易方式与媒介	O2O 模式在线上环节与传统电子商务相似，即消费者通过互联网，浏览商品和服务信息，甄选购买，并完成在线支付，但是获取商品和服务环节，则需要消费者到线下实体经济中去消费或者享受服务，需要一个亲临的线下的过程	孙悦，2013
	O2O 模式就是近年来兴起的一种将线下交易与互联网结合在一起的新的商务模式，即网上商城通过打折、提供信息、服务等方式，把线下商店的消息推送给线上用户，用户在获取相关信息之后可以在线完成下单、支付等流程，之后再凭借订单凭证等去线下商家提取商品或享受服务。O2O 只把信息流、资金流放在线上进行，而把物流和商流放在线下	卢益清，2013

资料来源：作者综合整理。

综合上述学者的定义，本书将其描述为：O2O 电子商务模式是将线下实体商家、顾客地理位置通过互联网结合起来，通过协同线上优势和线下优势，基于顾客本地市场给其带来更好的购物体验，以团购网站模式、二维码模式、线上和线下同步模式、营销推广模式为其主要表现形式的商业模式。

2. O2O 模式要点

O2O 模式的特征主要有以下三个方面：①商家一般由两个部分组成，一个是线上虚拟商店，主要是负责发布商品服务信息、接受并处理消费者的订单；另一个是线下实体商店，主要是负责根据订单为消费者提供商品或服务；②消费者既可以通过线上第三方支付平台进行付款，也可以直接到线下实体店进行付款；③商家可以通过大数据、云计算等手段对消费者反映的消费体验进行分析，对自身的营销效果做出评估，以优化自身的营销手段。图 14-8 为 O2O 模式交易流程的简化图。

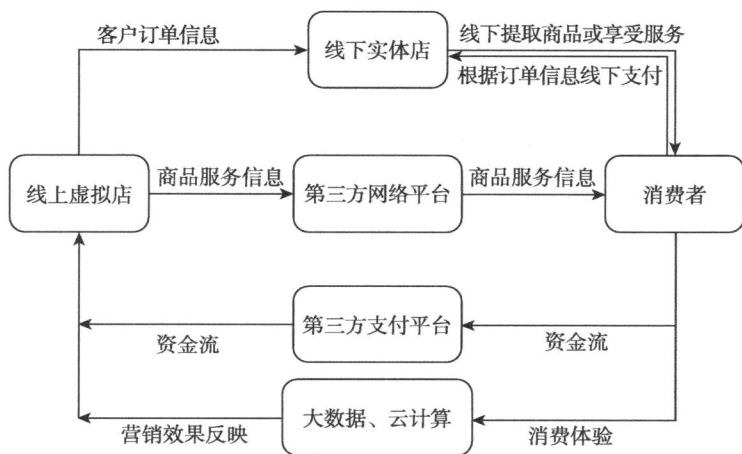

图 14-8　O2O 模式交易流程简化图

资料来源：作者综合整理。

3. 典型案例

目前 O2O 模式在市场被广泛地使用，表 14-16 为使用 O2O 模式的几大有代表性的主流平台。

表 14-16　O2O 模式的应用

	创 立 时 间	模式具体应用及其特点	局　限　性
饿了么	2009 年	整合线下餐饮品牌和线上网络资源，方便消费者进行选择	餐厅覆盖率低，小城市普及率也不高
去哪儿网	2005 年	可在网上进行搜索比价，用户自主选择性强	对下游供应商的控制力不够强
网易云课堂	2012 年	线上课程和各类学习资源配备齐全	知识评价体系不够完善，知识整体学习不够系统

资料来源：作者综合整理。

14.3.2　F2O 模式（focus to online）

1. F2O 模式基本概念

现有文献关于 F2O 模式的定义主要依据两个视角，如表 14-17 所示。①视角一：商务交易双方的关系。观看电视的过程和消费网上商品的过程实现了相互融合和渗透，使得网购消费更加顺畅，提升购买体验度与参与感。②视角二：商务交易方式与媒介。F2O 模式利用电视媒体对电子商务的推动作用，热点事件在电视等媒体形成扩散效应，电商平台迅速推出相关产品。

表 14-17　现有文献对 F2O 模式的定义

视　　角	代表性定义	来　　源
商务交易双方的关系	F2O 是 focus to online 的缩写，即为"焦点事件＋电子商务"的新型模式。网络营销作为一种创新的营销工具，其目的仍然是促进营销，获得顾客认知与购买，实现营销利润	姜平，2014

（续）

视　　角	代表性定义	来　　源
商务交易双方的关系	节目中的服装在播出的同时就能在天猫上边看边买（预售），对于商家而言，商品未上市前就通过节目获得了巨大的曝光率，刺激了销售。其次，利用明星效应刺激粉丝经济，有助于口碑传播，达到提升品牌的作用	王枫林，2014
商务交易方式与媒介	F2O，是指"焦点事件 + 电子商务"的内容形式，其作用机制是：热点事件在电视等媒体形成扩散效应，电商平台迅速推出相关产品，满足瞬间激增的新需求，从而进一步推动热点事件的升温，形成媒体和电子商务的良性互动	李瑾，2016
	这种模式的作用机制就是热点事件通过电视媒体扩散和传播，并在电商平台上迅速售卖相应产品，满足瞬间激增的新需求，形成电视与电商的实时互动	王枫林，2014

资料来源：作者综合整理。

综合上述学者的定义，本书将其描述为：F2O 电子商务模式是通过电子商务平台，将在电视等媒体上形成热点事件扩散效应的产品进行实时互动与售卖的商业模式。

2. F2O 模式要点

F2O 模式的特征主要有以下三个方面：①社会中部分焦点事件经过互联网新媒体的传播，能产生巨大的热点效应；②热点效应一方面激发消费者潜在消费需求的增长，另一方面促使电商改变自身的商品服务以满足瞬间激增的消费需求；③电商和消费者之间通过互联网平台实现商品和服务的交易。图 14-9 为 F2O 模式交易流程的简化图。

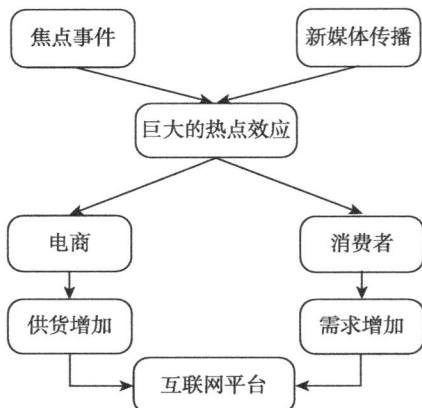

图 14-9　F2O 模式交易流程简化图
资料来源：作者综合整理。

3. 典型案例

以"舌尖上的中国"为例，详见表 14-18。

表 14-18　F2O 模式的应用

标志性事件	发 生 时 间	如何利用该事件	局　限　性
舌尖上的中国	第一季：2012 年 第二季：2016 年	利用"舌尖上的中国"这档节目在一定程度上对某地的特色食品进行推广，从而促进该产品的销售	比较依赖有一定影响力的热点事件

资料来源：作者综合整理。

14.3.3　T2O 模式（TV to online）

1. T2O 模式基本概念

现有文献关于 T2O 模式的定义主要分为两个方面，如表 14-19 所示。①商务交易双方的关系。传统媒体、电商平台和产业实体形成一条闭合的产业价值链条，通过电视这一载体与顾客的需求连接。②商务交易方式与媒介。在 T2O 模式中，T 端做推广，O 端做销售。其基本途径是在电视端传播商品，在网上同时出售，再到线下同时体验。

表 14-19 现有文献对 T2O 模式的定义

视角	代表性定义	来源
商务交易双方的关系	T2O，即在电商平台开通官方店，同步出售节目中相关或专属定制产品。这一模式将传统媒体、电商平台、产业实体三者串联成一个闭合的产业价值链条。TV 电视屏端所触发的"价值"需要通过一定的平台或渠道进行连接转化，在线下一端实现真正的价值转化	赵宇，2015
	T2O 指的是产品从电视端营销到线上销售。这个过程涉及的关键问题是如何促进产品从电视端转化到网上消费，电视传媒显然在"TV"端具有传统优势，而电商更熟悉网上销售渠道，两者创新合作，将有利于商品的跨界营销，促进销量	程蕾，2015
商务交易方式与媒介	从整体上看，T2O 模式利用技术把电视与电商串联成一个闭合的产业价值链，创新了电视的传统渠道与电商的销售渠道。在"内容实现"方面，T2O 模式则是通过"同款效应"来实现	周高琴，2015
	T2O 的工作机制是 T 端做推广，O 端做销售。其基本途径就是在电视端传播商品，在网上同时出售，再到线下同时体验。这一模式将传统媒体、电商平台、品牌商连成一个封闭的产业链，即电视端所触发的价值通过一定的渠道，在电商端实现转化	钟力钰，2016

资料来源：作者综合整理。

综合上述学者的定义，本书将其描述为：T2O 互联网商业模式即通过互联网与电视媒体的跨界协作融合，使传统媒体、电商平台和产业实体形成一个闭合产业链，并利用电视端优质的内容生产和丰富的互动形式连接消费者，最终将产品从电视端转移到线上贩卖，将消费者的线下观看行为引向线上消费行为的一种新型营销传播模式。

2. T2O 模式要点

与 F2O 模式相比，T2O 模式的显著特征主要有以下两个方面：①电商通过与电视媒体合作，将自身的商品服务信息以媒体节目作为媒介向大众进行传播；②通过媒体节目对商品服务信息的传播，能有效地引导线下消费者进行线上消费，同时也能将一部分潜在的消费者转变为现实的顾客。图 14-10 为 T2O 模式交易流程的简化图。

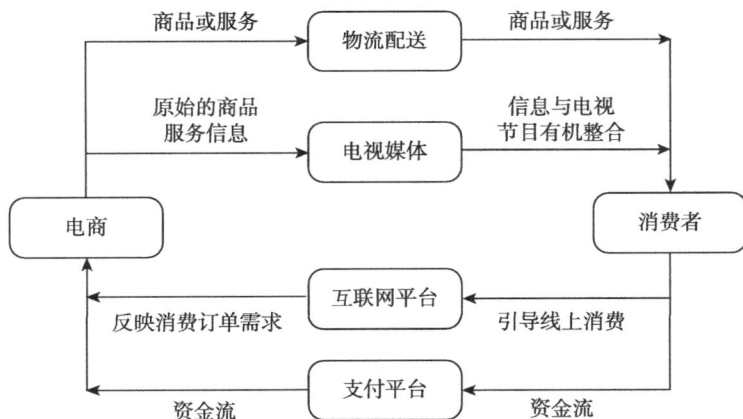

图 14-10 T2O 模式交易流程简化图

资料来源：作者综合整理。

3. 典型案例

以电视剧《何以笙箫默》和综艺节目《女神的新衣》为例，详见表 14-20。

表 14-20　T2O 模式的应用

标志性事件	发 生 时 间	模式具体应用及特点	局限性
电视剧《何以笙箫默》	2015 年	观众如果看上了剧中人物的饰品、衣服等商品，只需用天猫客户端扫一下东方卫视台标就能边看边买	1. 难度大，实用性不高 2. 在电子商务领域刚刚起步，国内还未形成成熟体系
综艺节目《女神的新衣》	2014 年	通过节目带动衣服销售，完全打通了设计、生产、推广和销售几大环节，达到了节目方、商家、电商的共赢	1. 社会舆论有着双面影响，可能会对品牌有着负面影响 2. 利益的分配成为一个棘手的问题

资料来源：作者综合整理。

14.4　其他常见的互联网营销渠道策略

1. C2B 模式

C2B 模式，即生产企业（company）按消费者（consumer）需求组织生产。通常情况为消费者根据自身需求定制产品和价格，或主动参与产品设计、生产和定价，产品、价格等彰显消费者的个性化需求，生产企业进行定制化生产。C2B 的显著特点是以消费者为中心，其产品具有以下特征：渠道不掌握定价权（消费者平等）、价格组成结构合理（拒绝暴利）、渠道透明（拒绝山寨）、供应链透明（品牌共享）。目前采用 C2B 模式的典型案例有淘宝预售模式的推出与广泛推广。

2. F2F 模式

F2F 电子商务模式是指商品生产厂家（factory）通过互联网直接面对家庭（family）或消费者个体的营销模式。F2F 的显著特征在于工厂到家庭或者个体的销售途径中免去企业或者商家的中间环节，从而免去大量的资源损耗，在价格和利润等方面存在巨大的优势。目前采用 F2F 模式的典型例子有广州的摩卡巴卡电子科技有限公司。

3. M2C 模式

M2C 模式指的是生产厂家（manufacturer）直接对消费者（consumer）提供自己生产的产品或服务的一种商业模式。其特点是减少流通环节，直接面对客户，销售成本降至最低。M2C 模式最大的特点就是点对点，向消费者提供最满意的商品和服务。目前采用 M2C 模式的典型例子为江苏黑牡丹集团到牛仔裤集团 ERQ 的转型成功之路。

4. B2B2C 模式

B2B2C 模式中的第一个 B 指广义的卖方（即成品、半成品、材料提供商等），第二个 B 指交易平台，即提供卖方与买方的联系平台，同时提供优质的附加服务，C 即指买方。比如美国的 AMAZON MARKETPLACE、日本的乐天平台，采用的都是该种模式。

5. ABC 模式

ABC 模式是新型电子商务模式的一种。商家通过 ABC 平台发布产品；消费者通过购买 ABC 平台上的产品而获得积分，积分累加到一定数额，即可提升为"代理商"，同时享受购买折扣；成为"代理商"的消费者可向其他消费者推销 ABC 平台上的产品，若达成交易，可从中获取提成。广州的淘众福公司是国内典型的 ABC 模式公司。

6. B2G 模式

B2G 模式指的是企业（business）与政府（government）之间各种商务活动关系的电子化形式，这种商务活动覆盖了企业与政府组织间的各项事项。其显著特征在于：通过 B2G 电子商务，不仅能提高政府和企业的工作效率，而且为政府本身树立了高效优质服务的良好形象。

目前采用 B2G 模式的典型例子有 SAP 公司为美国佛罗里达税收部门开发出的 SUNTAX（systems for unified taxation，统一税收系统）；新加坡开通的"我的许可证"专门网站（http://license.business.gov.sg），提供贸易项目登记服务；日本开办的 SgyoNavi（业务导航）网站（www.sogyonavi.jp/index.html），提供在获取买卖信息方面的一站式服务；挪威开通的 Norway's Altinn（http:www.altinn.no）；在丹麦管理公司事务的公共权威部门与一些私人经营机构合作创建为公司提供政府服务的网站（http:vir.dk）。

7. C2G 模式

C2G 模式即消费者个人（consumer）与政府行政机构（government）间的不以盈利为目的的电子商务模式，它是政府的电子商务行为，包括政府采购、网上报关、报税等，对整个电子商务行业影响较小，在中国该模式已经具备了消费者对行政机构电子商务的雏形，处于发展中阶段。其显著特征在于：政府随着商业机构对消费者、商业机构对行政机构的电子商务的发展，将会对社会的个人实施更为全面的电子方式服务。

该模式未来的发展前景广阔，政府各部门向社会纳税人提供的各种服务，例如社会福利金的支付等，将来都会在网上进行。目前采用 C2G 模式的典型例子是电子政务。政府信息网络化在社会信息网络化中具有重要的作用。在电子政务中，政府机关的各种数据、文件、档案、社会经济数据都以数字形式存贮于网络服务器中，可通过计算机检索机制快速查询、即用即调。

8. P2D 模式

P2D 是一种全新的、涵盖范围更广泛的电子商务模式，强调的是供应方和需求方的多重身份，即在特定的电子商务平台中，每个参与个体的供应面和需求面都能得到充分满足，充分体现特定环境下的供给端报酬递增和需求端报酬递增。

9. O2P 模式

O2P 营销模式是本地化的 O2O 营销模式。鉴于大型商品物流不便的情况，互联网业内人士对此进行探索，提出了 O2P 营销模式。利用移动终端，将网上商城"植入"门店，并且将经销商、厂家和门店串联起来，形成一个巨大的销售网络，每个门店都是该网络中的一个"配送终端"。

10. B2E 模式

B2E 模式中的"E"来源于希腊字母"ε"，代表的是全新商业模式的交易、物流、仓储、金融、信息五大系统平台的聚合体。B2E 模式是指通过互联网为买卖双方提供一个集金融、仓储、物流、交易、信息五位一体的新电子商务平台。B2E 模式的显著特征在于能借助这个五位一体的交易平台高效地解决电子商务中存在的金融、仓储、物流、交易、信息等问题，加快了整个供应链上的流动。目前采用 B2E 模式的典型例子有沧州临港化工品交易市场。

11. C2B2S 模式

C2B2S 模式是指消费者通过互联网以多种形式参与到购物、分享、经营、策划等环节中来进行群体协作和商业活动，让线下商务与互联网结合起来，实现消费者、商家和平台之间利益共享的商务模式。C2B2S 模式的显著特征在于以消费者价值为导向，突破了以往单一的 B2B、C2C、B2C、O2O 的传统电商模式。目前采用 C2B2S 模式的典型例子有晴天乐客。

|案|例|分|享|

"上门"型 O2O 模式构成要素及其关系

中国人民大学信息学院左美云教授团队提出，作为 O2O 模式的一种类型，"上门"型 O2O 模式指消费者在提交订单后，可以"足不出户"地消费订购的产品或服务。其中"上门"指由商家到消费者指定的地点提供产品或服务。虽然传统电商也能够通过物流实现"上门"服务，但"上门"型 O2O 关注的是本地消费市场。所以，第一，它不仅可以实现实物型产品的提供，还可以实现服务型产品的提供。第二，它可以实现快速送达，如半小时内。但在实践中，"上门"O2O 表现出了较戏剧性的现象：一方面，在目前"体验经济"和"懒人经济"的大背景下，"上门"型 O2O 表现出了强劲的发展势头，如外卖、打车等就是目前发展最迅猛的领域；另一方面，在 2015 年 O2O 项目死亡名单中，"上门型"项目占据了较大的比例。基于此，该研究团队拟通过对 3 家国内该领域的领先企业的探索性研究，来回答如下两个研究问题，即"上门型"O2O 商业模式的构成要素是什么，以及这些构成要素是如何相互联系的（孔栋，左美云，孙凯，2016）。研究内容摘录如下。

1. 研究对象

按照研究中对"上门"型 O2O 模式的界定，结合研究目标，本研究按照以下标准选择案例：①所选案例企业必须是"上门"型 O2O 企业；②所选企业是其所处领域的领先企业。之所以不选死亡企业，是因为一方面死亡企业数据在收集上存在一些困难，另一方面死亡企业不能很好地体现商业模式的持续性。样本库来自品途网（www.pintu360.com）的企业板块，该网站对 300 多个 O2O 企业资料进行收集与整理，且还在不断更新。研究团队根据这两个标准对大量二手数据进行收集和整理，最终研究人员选取了 3 个作为样本案例，分别是饿了么、泰迪洗涤和滴滴出行。首先，这 3 个样本案例所处的行业是我国目前"上门"O2O 发展较火的行业。并且这些样本案例都是其领域内的领先企业，如在外卖领域，2015 年年底饿了么在市场份额以及细分市场方面均居行业第一；在洗涤 O2O 领域，2015 年年底泰迪洗涤占据了 75% 的市场份额；在出行 O2O 领域，滴滴是毫无疑问的行业老大。其次，这 3 个案例企业能很好地实现逐项复制和差别复制。如在正式运营时间方面，2 家企业为 3 年，1 家企业为 7 年；在市场范围方面，2 家企业市场覆盖我国 300 个城市以上，1 家企业市场覆盖 10 个城市。

2. 数据收集

在具体资料收集过程中，首先收集二手资料，包括公开的企业资料、关于样本案例的公开报道（以互联网创业类网站为主，如虎嗅网、36 氪、品途网、亿欧网等)、行业分析及评论、企业高管的经验分享等。在二手资料收集过程中,研究组成员对收集到的资料进行交叉检验,以确保资料的可靠性。通过二手资料的整理和初步分析,在对样本案例有个大致了解的情况下,研究组进行一手资料的收集。一手资料主要包括对案例企业的实地考察和体验以及对案例相关人员的访谈,如业务部门工作人员、外部利益相关者等。

一手资料的收集主要集中在 2015 年的 8 月到 9 月。在整个收集过程中,研究组先进行案例企业业务的实际体验(多次),再结合二手资料的初步分析结果形成访谈提纲,然后对案例相关人员进行访谈,如对"饿了么",研究组多次体验了某城市分站的业务,并对其业务部门经理进行了 1 小时访谈,对加盟饿了么的两家餐馆店主进行了各 1 小时的访谈。为了保证餐馆店主有时间接受我们的访谈,研究组一般是下午 2 点到 4 点(这个时间段餐馆店主较空闲)进入餐馆,和店主接触。再如对"滴滴出行"的利益相关者的访谈是在体验业务的同时进行的,研究组访谈了 3 个加入滴滴的出租车司机共 2 个小时。

在案例资料的信度和效度方面,研究人员采用多种手段加以保证。首先,在资料收集方面,从多种来源,采用多种方式收集资料,如实地体验、相关人员访谈、二手资料等,并对这些多来源资料进行交叉验证;其次,对不同案例访谈时,关注相同的方面,并根据不同访谈者的回答进行追问,以保证资料在不同案例间的一致性;再次,在每个案例访谈中,针对同一问题,对多个对象进行重复提问,以保证资料的真实性和可靠性;最后,在资料理解和分析方面,每次体验和访谈都有两名及以上的团队成员共同进行,并对资料的理解和分析进行交叉验证,以尽可能消除个人主观因素的影响。

在数据分析过程中,研究组根据需要对访谈对象进行了再次沟通,如电话、E-Mail 等,以获取新的资料,直到达到数据饱和。经过整理,最终形成了近 15 万字的案例文档资料。

3. 研究结论

随后,研究人员借鉴扎根理论的程序化编码流程,把数据编码过程分为开放编码、轴心编码和选择编码。整个编码过程如图 14-11 所示。

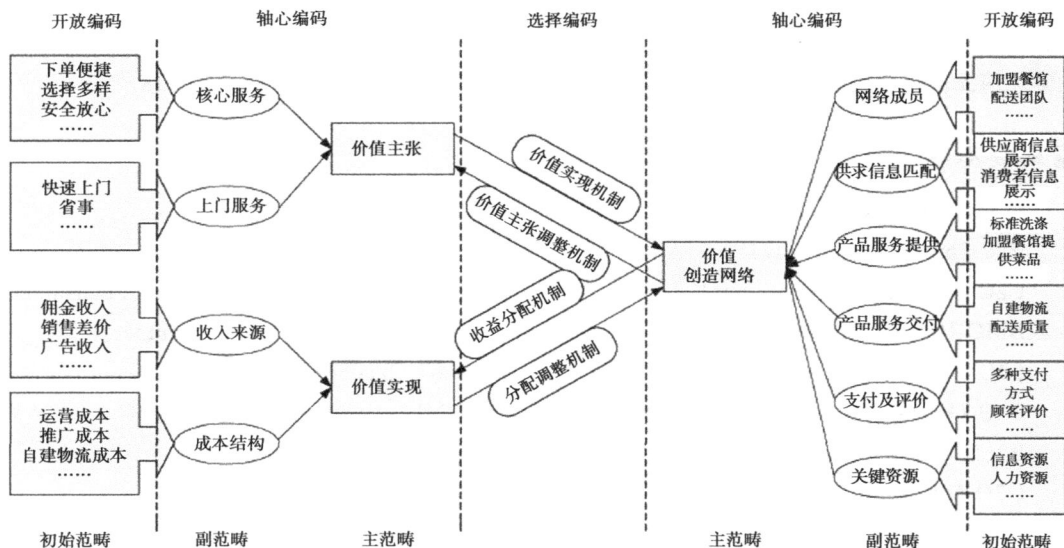

图 14-11 程序化编码过程

资料来源:孔栋,左美云,孙凯."上门"型 O2O 模式构成要素及其关系:一个探索性研究 [J]. 管理评论,2016(12):244-257.

通过以上的分析明确界定了"上门"型O2O模式的构成要素。价值主张反映了"上门"O2O企业给消费者提供的产品或服务，是企业一切行为的起点。价值创造网络概括了"上门"O2O企业及其合作伙伴为了实现价值主张而进行的业务活动和使用的资源，和传统企业商业模式以及一般电商显著不同的是，"上门"型O2O模式通过线上和线下协同的方式来组织价值创造网络中的成员关系、业务活动和关键资源，因此能给消费者带来更好的消费体验。价值实现概括了各个成员在价值创造过程中的投入和产出，是各个成员是否参与以及如何参与价值创造网络的判断依据。

为了建立各主范畴间的理论关系，研究人员重新梳理了案例数据（这里以二手数据为主），根据各案例企业创始人和高管的创业回忆和经验分享，组织数据进行选择编码，结果发现如下故事线：价值主张是价值创造网络的目标，即先有明确的价值主张，再围绕如何实现来建立价值创造网络；而随着价值创造网络中各成员分工的确定，各成员在价值创造过程中的投入和产出也基本确定。但这些要素不是一成不变的，而是随着经营情况的改变不断进行调整，三者之间存在互动反馈的过程。

这项研究通过对3个国内"上门"型O2O领域的领先企业进行分析，界定了"上门"型O2O模式的各个构成要素，并从动态的角度分析了这些构成要素间的相互关系。

资料来源：孔栋，左美云，孙凯．"上门"型O2O模式构成要素及其关系：一个探索性研究 [J]. 管理评论，2016(12):244-257.

▶本章小结

随着时代发展，电子商务模式不断地更新，为了跟上时代的潮流，我们必须学习和了解这些商业模式。本章主要介绍了以个体或家庭为最终营销对象的互联网营销模式、以商家或企业为最终营销对象的互联网营销模式、线上线下相结合的互联网营销模式以及其他常见的互联网营销模式。其中以个体或家庭为最终营销对象的互联网营销模式包括B2C、B2F、C2C、BMC和S2C，以商家或企业为最终营销对象的互联网营销模式包括B2B和B2M，线上线下相结合的互联网营销模式包括O2O、F2O和T2O。另外还有其他常见的，譬如C2B、F2F、M2C、B2B2C、ABC、B2G、C2G、P2D、O2P、B2E和C2B2S。

▶关键术语

B2C（business to consumer）

B2F（business to family）

C2C（consumer to consumer）

BMC（business medium consumer）

S2C（service to consumption）

B2B（business to business）

B2M（business to marketing）

O2O（online to offline）

F2O（focus to online）

T2O（TV to online）

C2B（consumer to business）

F2F（factory to family）

M2C（manufacturer to consumer）

B2B2C（business to business to consumer）

ABC（agents business consumer）

B2G（business to government）

C2G（consumer to government）

P2D（provide to demand）

O2P（online to place）

B2E（business to employee）

C2B2S（customer to business-share）

▶课后习题

1. 目前电商市场中普遍采用的是阿里巴巴和京东等知名电商企业开创的 B2B、B2C 的交易模式,其逐渐发展成为行业标准。在农村地区,人们对电商模式的接受程度有限、农户缺乏足够的计算机以及网络知识、电商的推广不够深入等多个方面因素,造成现在农产品成交量不大的局面。淘宝研发的"村淘"模式在 2015 年正式启动,当年 11 月 12 日零时的统计数据显示,在"双十一"当天,农村地区创造了两亿多元的交易数据。根据以上材料,谈谈对农村未来互联网销售及服务的商务模式发展前景的看法。

2. 外卖 O2O 形式是网上平台集合餐户信息,展示餐户菜品。用户通过网上平台下单,随后再由网上平台的专业配送人员取餐配送或者餐户自行配送。近来有人提出外卖 O2O 模式的产业链扩张的观点。请自行查阅相关资料,对外卖 O2O 模式的产业链扩张可行性进行分析。

3. 结合本章知识分析开篇案例。

▶参考文献

[1] 陈昌 . B2B 电子商务模式的探讨 [J]. 企业技术开发,2007,26(4):89-91.

[2] 程蕾 ."电视+电商"的"T2O"商业模式分析 [J]. 电子商务,2014(28):103-104.

[3] 陈鹏 . 创新电子商务 BMC 模式 [J]. 全国商情·理论研究,2016(28):9-10.

[4] 杜美丽 . 零售业电子商务 B2F 转型模式研究 [J]. 江苏商论,2017(1):35-36.

[5] 洪月英 . O2O 与 S2C 模式比较研究及其发展方向 [J]. 合作经济与科技,2015 (10):106-107.

[6] 姜平 .《舌尖上的中国》掀起的农产品网络营销 F2O 模式探析 [J]. 企业技术开发,2014(17):132-133.

[7] 贾峰 . B2C 电子商务平台下精准营销的策略选择 [J]. 岳阳职业技术学院学报,2016,31(6):109-112.

[8] 孔栋,左美云,孙凯 ."上门"型 O2O 模式构成要素及其关系:一个探索性研究 [J]. 管理评论,2016(12):244-257.

[9] 李瑾 . 融合构架创新产品实践 [EB/OL]. http://www.cio.com.cn/eyan/389147.html, 2014-06-19.

[10] 罗汉祥 .B2B 电子商务模式分析与思考 [J]. 商业研究,2004(15):150-153.

[11] 卢益清,李忱 .O2O 商业模式及发展前景研究 [J]. 企业经济,2013(11):98-101.

[12] 刘晓东 .B2B 电子商务模式在我国的研究现状及发展趋势 [J]. 商业经济,2013(19):91-93.

[13] 孙悦,郭醒,徐欣欣 .O2O 电子商务模式剖析 [J]. 电子商务,2013(11):5.

[14] 施国洪,施忠贤 .B2C 电子商务服务质量评价研究 [J]. 技术经济与管理研究,2013(12):52-56.

[15] 生晓云 . 社会化媒体环境下 B2C 微商的营销传统模式分析 [D]. 苏州:苏州大学,2016.

[16] 唐庆南 . 创新商业模式助推中国创造 [J]. 企业经济,2011,10(39):6-7.

[17] 王道霞 .C2C 电子商务物流服务质量对顾客忠诚度的影响研究 [D]. 济南:山东大学,2015.

[18] 王枫林 . 明星互动节目联手电商制造"F2O"模式 [EB/OL]. http://ec.zjol.com.cn/system/2014/09/23/020269369.shtml,2014-09-23.

[19] 王贤文,徐申萌 . 我国 C2C 电子商务的地理格局及其演化机制 [J]. 经济地理,2011,31(7):1064-1069.

[20] 王元媛 . 我国 C2C 电子商务税收征管法律问题研究 [D]. 重庆:西南大学,2014.

[21] 徐杰 . 基于快速响应的 B 集团 B2M 电子商务管理方法研究 [D]. 成都:电子科技大学,2012.

[22] 尹明 .O2O 电子商务模式的应用及发展 [J]. 商业经济，2015(1):87-87.

[23] 岳远攀 . 提前应对 B2F 拍马赶来：姜俊平建议打造智能化生活新业态 [N]. 联合日报，2016-01-28.

[24] 周高琴 .T2O 模式发展探析：特点、困境与路径选择 [J]. 新闻知识，2015(8):16-18.

[25] 钟力钰 . 服装电子商务的 T2O 商业模式探析：以《女神的新衣》为例 [J]. 新闻研究导刊，2016(8):312-312.

[26] 张军 .B2M 电子商务系统的分析与设计 [D]. 长春：吉林大学，2009.

[27] 张建华 .B2C 电子商务模式下的消费行为变化与改进措施 [J]. 商业时代，2016(24): 43-45.

[28] 张立鑫，王振铎，王英强 . 基于 O2O 模式的商城系统的设计 [J]. 电脑知识与技术，2016, 12(10):274-276.

[29] 詹文杰，杨颖 .B2B 电子商务模式的特征及其演变 [J]. 管理评论，2004,16(1):55-58.

[30] 张文明 .O2O 商业模式浅析 [J]. 中国电子商务，2012(3):2-3.

[31] 张勇 . 药店显现 B2F 雏形 [J]. 中国药店，2009(10):32-33.

[32] 赵宇 ."T2O"模式在我国的发展 [J]. 西部广播电视，2015(13):5-6.

[33] 朱玉婷 .C2C 模式下电子商务税收流失问题研究 [D]. 长沙：湖南农业大学，2015.

▶拓展阅读

[1] Drigas A, P Leliopoulos. Business to Consumer(B2C) E-Commerce Decade Evolution [J]. International Journal of Knowledge Society Research,2013,4(4):1-10.

[2] Hasan L, Morris A, S Probets. E-commerce Websites for Developing Countries: A Usability Evaluation Framework[J].Online Imformation Review, 2013 , 37(2):231-251.

[3] Kohtamäki M, R Rajala. Theory and Practice of Value Co-creation in B2B Systems[J]. Industrial Marketing Management, 2006(56):4-13.

[4] Pan H L, He H H, S Wang. Exploration of O2O Mode in the Retail Industry[J].Applied Mechanics and Materials, 2014.

[5] 曹磊，陈灿，郭勤贵，黄磺，卢彦 . 互联网 +:跨界与融合 [M]. 北京：机械工业出版社，2015.

[6] 韩布伟 . 颠覆式互联网营销 [M]. 北京：中国铁道出版社，2016.

[7] 简立明 ."互联网 +"与 O2O 布局之道 [M]. 北京：经济管理出版社，2016.

[8] 柯丽敏，洪方仁 . 跨境电商理论与实务 [M]. 北京：中国海关出版社，2016.

[9] 刘伟毅，张文 . 获利时代：移动互联网的新商业模式 [M]. 北京：人民邮电出版社，2014.

[10] 萨旺特·辛格 . 大未来：移动互联网时代的十大趋势 [M]. 李桐，译 . 北京：中国人民大学出版社，2014.

[11] 杨永亮 . 电子商务盈利模式研究 [M]. 北京：中国政法大学出版社，2015.

[12] 张帅 . 网红经济学：人格力量下的 C2B 商业逻辑 [M]. 北京：中国宇航出版社，2017.

[13] 张战伟 . 跨界思维：互联网 + 时代商业模式大创新 [M]. 北京：人民邮电出版社，2015.

第 15 章

互联网危机管理策略

碰到灾难第一个想到的是你的客户，第二想到你的员工，其他才是想对手。

——摘自某创业者语录

▶ 学习目标

1. 了解互联网危机生命周期及危机各个时期的应对策略。
2. 具备危机阶段识别及回应策略选择的能力。
3. 能够在互联网危机发生后制定相应危机回应策略。

案例导入

海底捞"后厨门"反应贬褒不一

2017 年 8 月 25 日，相关媒体在暗访北京海底捞劲松店 4 个月后，曝光了其后厨存在"老鼠爬进装食物柜子""清理地面和墙壁的扫帚、抹布与餐具一同清洗""洗碗机油污未清洁"和"火锅漏勺用于掏下水道垃圾"等卫生问题。

事件曝光后，不少网友留言表示无法接受。8 月 25 日下午，海底捞迅速发出《关于海底捞火锅北京劲松店、北京太阳宫店事件的致歉信》，承认媒体所披露问题属实，因此"向顾客朋友表示诚挚的歉意"，同时该公司已经布置所有门店进行整改，后续会发出整改方案。随后，海底捞在其官方微博再发《关于海底捞火锅北京劲松店、北京太阳宫店事件处理通报》，表明两家店已主动停业整改，并列明一系列卫生整改方案，同

时表示，该事件是公司深层次管理问题，公司董事会承担主要责任，致歉声明获得不少"粉丝"力挺。8 月 27 日下午，海底捞官网发布《关于积极落实整改，主动接受社会监督的声明》，表示对北京食药监局的约谈内容全部接受；同时将媒体和社会公众指出的问题和建议，全部纳入整改措施。

对于海底捞的上述危机反应，有部分公众给予了认可与原谅。但也有公众认为，即便公司回应再漂亮，公关再精彩，依然是一种"口彩"；食品安全的底线，不能降低到海底去捞，也就是说不能降低到一个认错、整改就可以获得点赞受到好评的地步。全社会对待公共卫生和食品安全问题，应该是零容忍的。

资料来源：作者综合整理。

本章主要介绍互联网危机的沟通策略。通过对文献的梳理，提出危机管理的定义和不同视角；按照危机的不同阶段，分别介绍对应的危机沟通策略，为企业实践提供参考。

15.1 危机管理概述

1. 危机管理的定义

在现有危机管理研究中，学者们从不同的视角对危机进行界定，常见的视角包括管理视角、战略视角、传播视角等（戴鑫，卢虹，董媛媛，2017）。①从管理视角出发，米特罗夫（Mitroff，2005）将危机管理视为动态变化的过程，包括预防、控制、减缓、消除危机以及后期从危机中获利等阶段。该视角通过危机管理研究，旨在探讨危机发生的原因、影响危机的因素以及危机响应策略等；②从战略视角出发，库姆斯和蒂莫西（2010）指出危机管理包括两类基础管理：危机知识管理和利益相关者反应管理；前者是指在危机管理过程中不断吸取经验教训，丰富危机知识，形成一套较为完善的危机管理体系，便于指导企业危机管理；后者是指企业要利用不同的策略对利益相关者的反应进行管理，缓和利益相关者情绪，便于更好地处理危机；③从传播视角出发，斯特奇斯（Sturges，1994）称危机管理是管理与危机相关的三类信息：指导性信息、调试性信息和内化性信息。尽管不同的学者基于研究情境从不同视角对危机管理进行定义，但从上述定义来看，米特罗夫（2005）是从过程视角定义危机管理，库姆斯和蒂莫西（2010）以及斯特奇斯（Stuges，1994）则是从事件视角界定危机管理。因此，正如前文所说，学者们对危机管理的界定通常可概括为两种视角：对危机事件的管理，对危机过程的管理。

2. 事件视角的危机管理

针对危机事件的管理，主要涉及以下两种应对方式（戴鑫，卢虹，董媛媛，2017）。

（1）根据危机类型选择不同的反应策略。以库姆斯（Coombs，2007）为代表的学者根据危机责任以及危机的严重程度和企业的历史背景将危机分为了 13 个类别，其中包含了 3 个大类：受害型危机（victim cluster）、事故型危机（accidental cluster）、错误型危机（preventable cluster）。在危机分类和责任归因的基础上，库姆斯进一步制定了相应的危机反应策略，即提出了情境危机沟通理论，包括以下 4 种类型的危机反应策略：①否认型策略（denial strategy），包括回击指控、直接否认和指明替罪羊；②淡化型策略（diminishment strategy），包括寻找借口、寻找合理性；③重塑型策略（rebuilding strategy），包括进行补偿、郑重道歉、改善行动；④支援型策略（bolstering strategy），包括提醒、迎合、共鸣。通过对危机类型的判断，企业可以选择合适的策略进行危机应对。

（2）企业进行危机后的形象修复。以伯努瓦（Benoit，1997）为代表的学者以"声誉是个人或组织最好的资产"为假设前提，提出了形象修复理论，其主要关注焦点是危机发生时企业说了些什么，即讨论企业的"危机话语"。该理论认为企业应该从战略高度去维护企业声誉或公众形象，并提出以下 5 类形象修复策略：①否认（denial），指企业否认做过或否认事件发生，将问题转移给他人，包含简单否认（simple denial）和转移指责（shift the blame）两种策略。②规避责任（evasion of responsibility），强调是为了回应他人侵犯行为时由于缺乏信息或控制能力所造成的危机，本意是善意的，包含合理回应（provocation）、无力控制（defeasibility）、意外（accident）、良好目的（good intentions）4 种策略。③降低事件的侵犯度（reducing offensiveness of event），强调问题并不严重，与伤害性更大的行为类别做区别等，包括支撑（bolstering）、淡化（minimization）、区别（differentiation）、超脱（transcendence）、反击（attack accuser）、补偿（compensation）6 种策略。④后悔道歉（mortification），强调道歉，表明悔意。⑤纠正行为（corrective action），强调计划解决问题或承诺防止问题再发生。

3. 过程视角的危机管理

危机管理是一个动态的过程，其结果虽具有未知性，但是在管理过程中的每个步骤和行动都会对结果产生重要影响。近些年来多将危机的过程分为不同的阶段来进行研究（戴鑫，卢虹，董媛媛，2017），如三阶段管理模型、四阶段管理模型、五阶段管理模型、六阶段管理模型。

以库姆斯为代表的学者将危机管理分为三阶段：危机前、危机中和危机后。危机前注重危机预防，包括信号检测、预防和准备；危机中注重危机程序和内容，涵盖识别触发事件和响应；危机后注重管理不同声音和把握机会，汲取教训，避免同类问题再次发生，包括为利益相关者提供后续信息、配合调查以及从危机事件中学习。

由于三阶段管理模型划分比较笼统，部分学者将危机管理过程细分为四阶段。如以西斯（Health，2001）为代表的学者将危机管理分为四阶段，即缩减（reduction）、准备（readiness）、反应（response）、修复（recovery）4R 管理模型，其中缩减阶段包括风险评估与管理，准备阶段包括预警、培训、演习，反应阶段包括确认、隔离、处理，修复阶段包括危机影响分析、修复计划、展开行动、转危为机等。

在危机管理四阶段模型中，学者关注到了危机修复的重要性，但缺乏对整个危机过程的反思总结和经验学习。以米特罗夫（Mitroff，1994）为代表的学者将危机管理分为五阶段：信号侦测（signal detection），即试图鉴定危机信号并采取预防措施；准备及预防（probing and prevention），即积极探索并减少风险因素；损害控制（damage containment），即危机发生时采取措施限制其传播；恢复（recovery），即努力回归正常运作；学习（learning），即回顾危机管理中所做的努力，并从中学习。米特罗夫（1994）将学习单独作为一个阶段，这是相比于一般的危机管理模型而言最大的不同。

六阶段危机管理模型与前面阶段模型的不同之处在于，它不再仅仅关注于危机本身的解决，而是更进一步地考察危机处理过程以及危机本身给企业带来的好处。以奥古斯汀（Augustine，1995）为代表的学者将危机管理分为六阶段，并结合每个阶段提出了具体的管理建议。六阶段分别是：避免危机（avoiding the crisis）、准备管理危机（preparing to manage the crisis）、确认危机（recognizing the crisis）、控制危机（containing the crisis）、解决危机（resolving the crisis）以及从危机中获利（profiting from the crisis）。

15.2　危机前的防范策略

1. 消除"责任扩散效应"

1964 年美国纽约发生了著名的吉诺维斯案件，一位叫作吉诺维斯的姑娘在回家途中遭歹徒持刀杀害。案发的 30 分钟内有 38 个邻居听到被害者的呼救声，许多人还走到窗前看了很长时间，但没有一个人去救援，甚至没有人行举手之劳，打电话及时报警（刘纯，2011）。

达利（Darley）和拉塔内（Latane）将上述现象称为"责任扩散"（diffusion of responsibility）。运用统计学的一种平均法则，简单的介绍就比如，一个路人遇到了困难，需要人们的帮助，有两种结果：①当时就你一个人在场，你会想去救助这个人，因为如果你没有救助他，而他出现任何意外，那自己就要承担 100% 的责任；②如果有许多人在场（例如 100 人在场），人们就会想自己不去救，总有别人去救，这样如果出现任何意外，自己承担的责任就是1%。这就导致了两种不同的行为。为了验证自己提出的"责任扩散"假设，达利和拉塔内（1968）设计了一个试验方案。他们在实验室中安排了一次看起来似乎是偶然发生的突发事件，并且每次在现场安排的旁观者人数不同，然后评估旁观者的数量对亲社会行为反应的影响。试验所取得的结果印证了他们的假设：当旁观者的数量增加时，任何一个旁观者提供帮助的可能性都减少了，即使他们采取反应，反应的时间也会延长。他们将由于责任扩散而导致的多数目击者不救助的现象称为旁观者效应（bystander effect）。

1975 年，马特斯和卡恩通过试验发现，被试在个人和群体两种条件下，被试行为和观点的极化量是不同的。当被试为一个人时，他对自己行为的责任感会更大，从而在行为和态度上表现出较少的极端性，而被试以 3 人为一个群体，并且他们都知觉自己有共同的行为标准时，他们会对自己行为有更小的责任感，他们的行为和态度也会表现出较少极化，试验证明了责任分散是去个性化和群体极化的影响因素。

2002 年，福赛斯等人让被试分别在 2 人、4 人、6 人和 8 人的条件下合作完成试验任务，并给予任务成功或失败的反馈，然后用问卷调查被试认为自己和同组成员在完成任务时所承担的责任，结果发现不论是在成功还是失败反馈的情景下，不论是被试自己还是同组成员所承担的责任都是随着群体的变大而变小。而且，从 2 人群体条件变化到 4 人群体条件时，个人和同组成员所承担的责任减小的幅度是最大的，之后就会变得平缓。但是在失败情景下，被试还是将更多的责任分担给同组成员。

2005 年，布莱尔等人通过试验验证了网络中的责任分散现象。试验中，400 名大学生收到了来自试验者伪造的求救信，内容是希望被试告知一篇英文文献的下载地址，同时，收件人一栏中会分别填上 1，2，15 或 50 个人的邮箱地址，也就是说分别会有 100 人相信只有他一个人收到了邮件，还有一个人收到了这封邮件，还有 14 个人收到了这封邮件和还有 49 个人收到了这封邮件。试验结果显示，被试回复求救信的可能性是随着收件人数的增加而递减的。

在组织危机中，同样存在着责任扩散效应，消除责任扩散效应，可以从以下三个方面进行预防。

（1）建制度强体系。战略计划是确定企业发展方向和奋斗目标的长远规划，是企业今后若干年生产经营活动的指导方针。战略计划的制订要与环境相适应，并且要采取合适的经营战略，这样才能首先从企业自身因素方面避免危机。同时，组织制度建设也不可或缺。

（2）组团队定责任。预防危机不但要求企业对可能诱发危机的薄弱环节直接进行预防，更要求企业员工一丝不苟地做好本职工作，这样才能防患于未然。组织要根据工作的不同性质，将成员划分为不同的团队，确定各自应承担的责任。一方面，责任落实到具体部门、具体人员头上后，目标清楚，责任明确，个人的责任意识也随之增强，可以避免危机发生后组织成员间互相推诿、拒不担责的情况发生；另一方面，承担的责任对应获得的奖惩，对完成的工作要奖励到具体人员，而不是奖励所在的集体，对未完成的工作要惩罚到具体人员，而不是大家均摊责任。唯有这样才能营造责任分明的工作氛围，培养团队真抓实干的良好作风，使上级制定的战略部署扎实落地。

（3）识信号做预警。危机监测主要是分析可能导致危机产生的各种诱因，依靠建立危机检测系统，利用现代化数据分析手段，采用科学定量或定性定量相结合的方式转化成可供分析的数据，通过网络通信平台动态传输到企业管理系统中心信息数据库中，为企业系统决策提供客观的状态依据。通过建立危机检测系统，能够敏锐地发现危机的征兆，监测危机的发展速度和影响程度，以规划危机应对的总体原则和可行步骤。同时研究利益相关者的态度和行为，以制定针对性策略。另外，可以收集和利用与危机密切相关的其他信息，为危机的应对策略制定提供帮助。危机监测系统建立后，通过广泛地收集相关信息，能够帮助企业评估其所面临的各种风险，针对不同的监测对象建立相应的预警指标，并对未来可能发生的危机类型及危害程度做出预计和评估。

2. 避免"蝴蝶效应"

20 世纪 60 年代，"气象学家洛伦茨在他的计算机上计算一个热力场中热对流问题的简化模型，"结果发现，初始条件的微小变化使"系统自任意初始状态出发的相轨线呈蝴蝶形态，既不重复也无规律"。为了形象地说明这种现象，洛伦茨打了个比方：南美洲亚马逊河流域热带雨林中的一只蝴蝶，偶尔扇动几下翅膀，可能在两周后引起美国得克萨斯州的一场龙卷风。这就是广为人知的"蝴蝶效应"比喻。而后它作为混沌理论的一个核心概念被引入经济学，构成了行为金融学的重要分支。

随着信息产业的飞速发展，"全球化"日益成为日常生活中的高频词。尹鸿和李彬于2002 年指出，"如果没有一个全球性的商业传媒系统来推进全球市场并鼓励消费价值，经济和文化全球化大概就不可能发生。"网络传播时代，人际互动在时间和成本上都能降到最低，几乎是零摩擦的互动环境，因此可以说，网络媒体自身具有多重媒介属性，集人际传播、群体传播、组织传播、大众传播甚至人内传播于一体，表达渠道畅通。网络传播时代如此高的信息依赖性和如此快的信息扩散率，注定了在当今风险社会中，网络新闻传播的蝴蝶效应将掀起狂暴的龙卷风。

蝴蝶扇动翅膀可能造成美国得克萨斯州的一场龙卷风，一则假消息能够造成一个国家的股市下跌，同样，一个小小的疏忽也可能给一个组织带来一场毁灭性的危机。那么，如何防止组织危机中的蝴蝶效应呢？可以从以下两个方面入手：

（1）做培训贯理念。通过各种宣传和培训手段，使全体员工建立起强烈的危机管理意识，制定必要的针对不同危机事件的处理程序、流程，加强对相关人员的培训，使各级管理人员在危机发生的非常时刻有章可循，自觉按照企业的危机管理制度，避免事件带来更大的损失。

（2）做预案常演练。组织危机管理预案的制定就是通过调查与情报分析，确定潜在的威胁，设计解决问题的可能性方法和选择，并在制定战略决策的基础上，进一步研究与确定危机发生时的行动计划等。预案的制定，关系到整个危机事件处理能否顺利和有效地进行。危机预案制定是否完善，选择是否合理，都需要通过实践来检验，但由于危机的不可预测性，且造成的结果可能是不可逆的，因此，应急预案更多地需要通过演练来进行检验，控制一切不确定的因素。

15.3 危机中的处理策略

1. 基于利益相关者理论的危机应对策略

"利益相关者"这一词最早被提出可以追溯到 1929 年通用电气公司一位经理的就职演说。此后的数十年，对利益相关者的研究并没有一个明确的概念。

潘罗斯在 1959 年出版的《企业成长理论》中提出了"企业是人力资产和人际关系的集合"的观念，从而为利益相关者理论构建奠定了基石。直到 1963 年，斯坦福大学研究所才明确地提出了利益相关者的定义："利益相关者是这样一些团体，没有其支持，组织就不可能生存。"这个定义在今天看来，是不全面的，它只考虑到利益相关者对企业单方面的影响，并且利益相关者的范围仅限于影响企业生存的一小部分。但是，它让人们认识到，除了股东以外，企业周围还存在其他的一些影响其生存的群体。随后，艾瑞克·瑞安曼（Eric Rhenman，1964）提出了比较全面的定义："利益相关者依靠企业来实现其个人目标，而企业也依靠他们来维持生存。"这一定义使得利益相关者理论成了一个独立的理论分支。

在此后的 30 年间，对利益相关者的定义达 30 多种，学者们从不同的角度对利益相关者进行定义。其中，以弗里曼（Freeman，1984）的观点最具代表性，他在《战略管理：一种利益相关者的方法》一书中提出："利益相关者是能够影响一个组织目标的实现，或者受到一个组织实现其目标过程影响的所有个体和群体。"弗里曼的定义，大大丰富了利益相关者的内容，使其更加完善。显然，弗里曼界定的是广义上的利益相关者，他笼统地将所有利益相关者放在同一层面进行整体研究，给后来的实证研究和实践操作带来了很大的局限性。

克拉克森（Clarkson，1995）认为："利益相关者在企业中投入了一些实物资本、人力资本、财务资本或一些有价值的东西，并由此而承担了某些形式的风险；或者说，他们因企业活动而承受风险。"克拉克森的定义引入了专用性投资的概念，使利益相关者的定义更加具体。国内学者综合了上述几种观点，认为"利益相关者是指那些在企业的生产活动中进行了一定的专用性投资，并承担了一定风险的个体和群体，其活动能够影响或者改变企业的目标，或者受到企业实现其目标过程的影响"。这一定义既强调了投资的专用性，又将企业与利益相关的相互影响包括进来，应该说是比较全面和具有代表性的。

罗伯特和希斯（2001）提出来公共危机的利益相关者分析模型，如图 15-1 所示。

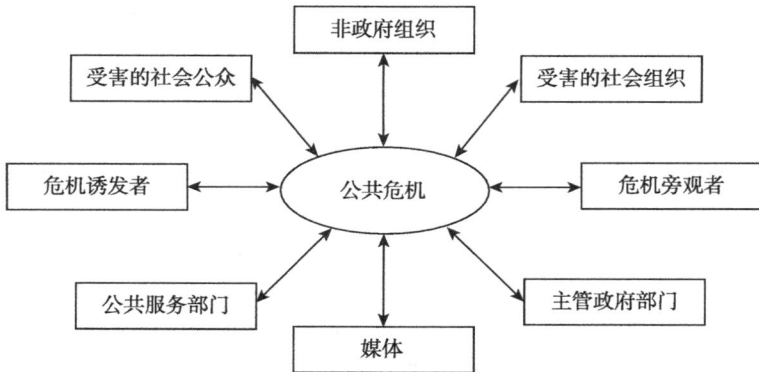

图 15-1 公共危机的利益相关者分析模型

资料来源：罗伯特·希斯.危机管理 [M].王成，宋炳辉，金瑛，译.北京：中信出版社，2001.

沙勇忠和刘红芹（2009）将公共危机中的利益相关者细分为三类，即核心的利益相关者、边缘的利益相关者和潜在的利益相关者。其中，核心的利益相关者又分为强势的核心利益相关者和弱势的核心利益相关者。强势和弱势利益相关者主要以影响力为判断依据。具体见表 15-1。

表 15-1　公共危机的利益相关者类型

利益相关者		相 关 度	紧 急 性	影 响 力
核心的利益相关者	主管政府部门	高	高	高
	受害的社会组织	高	高	中
	危机诱发者	高	中→高	中→高
边缘的利益相关者	媒体	中→高	低→中	中→高
	非政府组织	中→高	低→中	中→高
	公共服务部门	中→高	低→中	低→中
潜在的利益相关者	危机旁观者	低	低	低→中

资料来源：沙勇忠，刘红芹. 公共危机的利益相关者分析模型 [J]. 科学经济社会，2009(1):58-61.

英国管理学家约翰·普兰德指出："利益相关者管理问题确实是一个协调和平衡的问题。"公共危机中不同类型的利益相关者的责任和利益诉求是有差异甚至是冲突的，同一类型的利益相关者也有多种利益诉求，即使潜在的利益相关者也会引起重大的公共危机。因此，利益相关者利益诉求若得不到良好的协调，不仅无助于危机问题的解决，反而会形成危机的"多米诺骨牌"效应。为此，作为公共危机的管理者要采取利益协调策略以实现协同效应。

不同类型的利益相关者不能"等量齐观"，要高度重视核心利益相关者的利益。核心利益相关者对危机的处理和化解作用最强，核心的强势的利益相关者积极参与危机处理，发挥应尽职责，这样才能保护好弱势利益相关者的利益。同时，政府要建立或开放对弱势利益相关者的利益表达机制，允许受害的社会组织和公众形成自己的利益表达方式，因势利导可以将危机引导到一个有序的系统内，从而形成一个减压阀。

积极引导边缘的利益相关者主动参与公共危机的救助。调整边缘的利益相关者的理念和行为动机，避免使其成为危机管理的"短板"。

潜在的利益相关者会随着危机态势的发展而转化，因此危机处理者一方面要及时有效地对危机进行控制处理，另一方面要安抚和照顾好弱势利益相关者的利益。这样不仅有助于危机转危为安，而且避免使潜在的利益相关者不满政府的危机应对而使危机恶化。

2. 基于组织合法性理论的危机应对策略

企业社会责任领域兴起的合法性理论，解释了"企业为什么进行危机反应，采用何种反应策略，以及公众为何表现出不同的态度"。英文中的合法性（legitimacy）不同于中文中常见的法律意义上的合法性（legislation），其核心思想是：当一个实体（如企业）的价值系统与其赖以存在的大社会系统保持一致时，它的存在就是一种合法性；当两种价值系统存在不同时，该实体存在的合法性就会受到威胁。这两种价值系统之间的差异，就是合法性鸿沟。陈等人（Chen et al.，2008）的研究显示，企业合法性的失去可能会影响其生存，而经营绩效差的企业更倾向于采取保持其合法性的策略，因此，合法性理论能够较好地从社会价值认同的视角来分析企业的危机反应行为。

帕森等（戴鑫等，2010）提出的合法性理论，其核心是解释不同群体之间相互理解的关系，即组织的生存依赖于其经营行为在多大程度上符合社会准则。学者从不同角度对合法性进行定义，综合来看，组织合法性主要有三个维度：①公众所持有的一般社会价值，②感知的企业社会价值，③两者的一致程度。合法性理论认为，社会对组织如何表现的认知（抵触）变化可能性越大，组织试图管理这些社会认知变化的愿望就越强烈。为了保持合法化，组织可能会采取多种不同方法，试图改变社会认知、期望，或者作为合法化程序一部分的价值观。

沃提克（Wartick，1994）归纳合法性鸿沟的产生原因如下：企业绩效改变而社会对企业绩效的期望未改变；社会对企业绩效的期望改变而企业绩效未改变；企业绩效和社会对企业绩效的期望同时改变，改变的方向可一致也可相反。奥多诺凡（O'Donovan，2002）认为，即使是企业没有改变其行为，仍有可能失去合法性，产生合法性鸿沟，这是因为：①它所涉及的公众的组成改变；②它赋予公众价值的改变，影响公众价值改变的因素包括不断发展的社会意识、规章或体制的压力、媒体的影响、利益集团的压力、企业危机等。

阿什福思等人（Ashforth et al.，1990）认为，合法性是公众赋予企业的，但能由企业自己操控。在组织合法性理论中，齐默尔曼等人（Zimmerman et al.，2002）提出，企业至少通过两个途径来主动争取合法性：①改变自己，如创立新的组织架构、管理团队和操作流程等；②改变外部环境，如通过广告和公关活动来改变规制环境等。企业的合法性战略概括为以下三种形式：①适应环境，将企业各种活动限制在现有的制度框架内；②选择环境，选择对企业较为有利的经营环境；③控制环境，主动争取合法性（Suchmah，1995）。

针对企业危机所引发的合法性鸿沟，林德布卢姆（Lindblom，1994）认为可以采用4种策略恢复合法性：①通知公众有关其绩效和活动情况；②改变公众对其行为的感知，而不做实际的改变；③通过提升相关的活动，从有争议的问题方面转移注意力（如公司有污染方面的记录，可能会投资环境友好产业或向环保机构捐赠）；④改变公众对其绩效的期望。

针对石油公司海上漏油所引起的环境破坏危机，奥多诺凡提出类似策略：①规避，不参与石油溢出带来的影响和后果讨论，不公布可能出现负面感知的信息；②改变社会价值，如教育公众运输石油的危险和石油不可避免带来的问题；③改变公众感知，重申企业过去对社会和环境的贡献，指明企业并没有违反任何运输石油方面的行为准则；④顺应公众价值立刻对溢出的原因展开调查，而且向公众保证类似的事情再也不会发生。

3. 基于形象修复理论的新闻发言人选择策略

新闻发言人是危机期间组织与外部进行沟通的一道桥梁，新闻发言人的形象关系到组织的危机信息是否被外界所信任，以及组织能否顺利修复自己的形象。因此，如何选择新闻发言人也是危机处理过程中的一道关卡。

研究表明，如果参与者不了解或者不接受发言人所传递的信息，缓解危机的难度会增大，现代社会人与人价值观差异巨大，想要通过单一发言人来进行沟通越来越难。组织应该培养一批跨领域的发言人，制定多种情况下的应对方法，适应群众的多样性，使得信息能够更加迅速有效地传播到利益相关者。

在危机期间，利益相关者会对组织责任程度进行评估（Williams，Treadaway，1992），如果组织的公信力丧失，会使得这个组织很难与利益相关者进行沟通。因此，组织通过发言人提供消息，说明组织参与到了这次危机中（Benoit，1995），从而会影响公众对组织的感知（Coombs，1999）。其中，新闻发言人传递的信息来源可信度（source credibility）的一个重要方面是权威性或与主题相关的专业知识。当一个来源被观众认为是可信的，那个来源比视为不可信或在一开始信誉是不确定的来源要更有说服力。公共关系的专业人士应该依靠合适人选处理这个问题，在危机期间采用的发言人无论是组织的哪个层次，应该训练有素而且在这期间被视为一个可靠的来源。

如果两个参与者有不同的信仰和行为模式，他们对沟通信息会有不同的反应，因此可以认为公众越多样化，代言人在危机中沟通的效率越低。另外，如果代言人与公众之间的关系被认为是友善的，参与者更可能会积极响应，并按照说明应对危机；相反，如果该关系是敌对的，参与者不太可能按指示回应，所以发言人和不同公众间的关系越多样化，沟通故障的概率越大。

4. 基于情景危机沟通理论的危机应对策略

情景危机沟通理论提供了一个配对的方式，能够使得将危机情景与危机反应策略对应起来，并探索如何根据不同的危机情境选择合适的危机反应策略（汪臻真，褚建勋，2012）。

（1）危机类型划分。危机的分类有多种不同的方式。库姆斯和霍拉迪（Coombs，Holladay，2002）通过对前人文献的整理，归纳出来危机的 13 个条目，采用试验法进一步将其分为三类，按照企业所承担的责任从低到高依次是：受害者型危机（victim crisis）、意外型危机（accidental crisis）、可预防型危机（preventable crisis）。具体分类情况如表 15-2 所示。

表 15-2　危机类型及说明

危机类型	序号	名　称	解　释
受害者型	1	谣言（rumor）	以攻击企业为目的的虚假信息
	2	自然灾害（disaster）	自然发生的损害企业的突发事件
	3	产品破坏（product tampering）	企业外部因素针对企业的攻击
	4	工作场所暴力（workplace violence）	某些雇员或前雇员对现在雇员的攻击
意外型	5	挑战（challenge）	利益相关者指责企业的运营方式不当
	6	技术故障停产事故（technical breakdown accident）	技术或设备故障引起的工业事故
	7	技术故障产品召回（technical breakdown product recall）	技术或设备故障引起的缺陷产品召回
	8	环境污染（mega damage）	技术原因引起的环境污染

（续）

危机类型	序号	名　　称	解　　释
可预防型	9	人为原因停产事故（human breakdown accident）	人为错误造成的工业事故
	10	人为原因产品召回（human breakdown product recall）	人为错误造成的缺陷产品召回
	11	未造成伤害的组织犯罪（organizational misdeeds with no injuries）	企业有意欺瞒利益相关者，但没有造成伤害
	12	管理不当造成的企业犯罪行为（organizational misdeed management misconduct）	企业有意违反相关法规
	13	造成伤害的组织犯罪（organizational misdeeds with injuries）	企业有意地将利益相关者置于危险中，并导致其中一些人受到伤害

资料来源：Coombs W T, Holladay S J. Helping Crisis Managers Protect Reputational Assets: Initial Tests of the Situational Crisis Communication Theory[J]. Management Communication Quarterly, 2002, 16(2):165-186.

（2）危机反应策略分类。管理学和传播学的众多学者对危机反应策略的分类有不同的看法。而情景危机沟通理论提供了一种将反应策略与危机情景匹配的连接。当企业通过危机反应策略表现出更强烈的妥协性，对危机中的受害者表现得更关心的时候，公众会感觉到企业承担起了更多的危机责任。

库姆斯（Coombs，2006）对前人的文献进行了整理、总结与扩充，将危机反应策略分为 10 类。接下来通过试验法进一步分为 3 类，按照表现出的妥协性由弱变强依次是：否认型策略（denial strategy）、弱化型策略（diminish strategy）、重建型策略（rebuild strategy）。具体分类情况如表 15-3 所示。

表 15-3　反应策略类型及说明

		名　　称	解　　释
否认型	1	攻击指控者（attack the accuser）	正面指出那些攻击企业的人或群体的看法是错误的
	2	否认（denial）	声称危机根本不存在
	3	寻找替罪羊（scapegoat）	声称应当由企业之外的某人或某团体为危机负责
弱化型	4	借口（excuse）	声称危机的发生并非企业有意为之，或者是由于某些不可控的因素
	5	正当化（justification）	最大限度地减少人们感知到的危机造成的损害
重建型	6	逢迎（ingratiation）	向利益相关者表达赞扬，提醒他们企业过去好的行为
	7	关心（concern）	对危机受害者表示关心
	8	同情（compassion）	对危机受害者表示同情
	9	遗憾（regret）	表示企业为危机的发生感到遗憾
	10	道歉（apology）	请求利益相关者的原谅，承诺企业将承担全部责任

资料来源：Coombs W T. The Protective Powers of Crisis Response Strategies: Managing Reputational Assets During a Crisis[J]. Journal of Promotion Management, 2006, 12(3):241-259.

（3）危机情景与反应策略匹配。虽然重建型策略能够很容易被公众所接受，但并不是最优的，因为高妥协性的策略往往伴随高成本。菲茨帕特里克和鲁宾（Fitzpatrick，Rubin，

1995）指出，如果企业轻易地承担危机责任，很有可能会陷入更大的麻烦之中。此外，有时候过分妥协，过于积极地接受危机责任，这样会使得公众倾向于认为危机比他们所预期的要严重（Coombs，Holladay，2009）。

　　情景危机沟通理论认为，危机管理人员应当评估危机责任，以花费最低成本、最好保护组织名誉为目的，决定采用何种危机反应策略。表 15-4 节选自库姆斯（Coombs，1995）总结出的使用危机反应策略的建议列表。

表 15-4　情景危机沟通理论的危机反应策略使用建议

	企业无危机史	企业曾发生过类似危机
受害者型	校正不实信息（否认型策略）	弱化型策略
意外型	弱化型策略	重建型策略
可预防型	重建型策略	重建型策略
补充说明	如果情况许可，否认型策略应用于谣言和挑战类危机 企业应持续一致地使用危机反应策略 否认型策略不能与弱化或重建型策略叠加使用，否则将破坏危机回应的总体效果	

资料来源：Coombs,W T. Choosing the Right Words: The Development of Guidelines for the Selection of the "Appropriate" Crisis Response Strategies [J]. Management Communication Quarterly, 1995, 8(4):158-161.

5. 基于调节聚焦理论的危机应对策略

　　在危机沟通中还有一个重要的方面便是找到信息传递的对象，即"对谁说"，找准对象可使得危机处理的效果更加显著。这个过程正是基于调节聚焦理论实现的。

　　希金斯（Higgins，1997）提出调节聚焦理论之前，享乐原理一直主导着学者们对人类行为动机的理解，它是所有心理学研究领域在理论上对动机的基本假设，即认为人类行为的动机在于追求快乐和避免痛苦的天性。虽然享乐原理揭示了人类行为动机的来源及其本质，但不能解释这些动机是如何产生的，通过怎样的方式和途径来实现。此外，享乐原理没有将追求快乐和避免痛苦这两种不同的动机加以区分，并探索其背后不同的作用机制。希金斯认为数百年来，心理学家们过于依赖享乐原理来解释动机，以至于忽略了其他的进取—规避原理（approach-avoidance principle），而这些用于从不同角度阐释自我调节（self-regulation）行为的进取—规避原理能对人类行为动机及其作用机制进行更深入的阐释。基于此，他提出了调节聚焦理论。

　　调节聚焦理论以希金斯（Higgins，1987）提出的自我差异理论（self-discrepancy theory）为基础，他将自我划分为三个基本方面：真实自我、理想自我与责任自我，认为个体在追求理想自我和责任自我的过程中，存在两种不同的期望终极状态，即理想终极状态和责任终极状态。理想终极状态代表强烈的理想，是自身或重要他人对其的希望、愿望和渴望；而责任终极状态代表强烈的责任，是其对自身或重要他人的义务、责任和职责。希金斯认为对两种不同的期望终极状态的追求，产生了两种不同的个体自我调节倾向，促进聚焦（promotion focus）的自我调节与防御聚焦（prevention focus）的自我调节，这两种不同类型的自我调节在行为动机、追求的目标结果、采用的战略方式、对结果的反应及情感体验等方面都存在差异性。表 15-5 列出了这两类自我调节的主要差异。

表 15-5　促进聚焦与防御聚焦的差异比较

	促 进 聚 焦	防 御 聚 焦
动机导向	进取动机	防御动机
目标结果	努力实现个体的理想、希望和愿望，注重个人发展和自我实现	努力避免失败和错误，注重履行个人的责任和义务，满足他人的期望等
战略方式	积极追求达到目标的促进战略	防止错误而实现目标的防御战略
发生情境	收获或无收获情境	无损失或损失情境
结果反应	对正面的结果出现或不出现敏感	对负面的结果出现或不出现敏感
情感体验	快乐或沮丧，对快乐—沮丧情感维度评价敏感	平静或焦虑，对平静—焦虑情感维度评价敏感

资料来源：朱丽叶．调节聚焦理论及其在营销研究中的应用 [J]．经济经纬，2009(5): 120-123.

15.4　危机后的学习策略

格雷戈里·贝特森（Gregory Bateson，1972）将危机的学习分为三个阶段。第一阶段是行动学习（behavior learning），也称为纠错式学习，本质是就事论事地解决危机问题，例如消防队员从火灾中学会了如何在第一时间灭火。第二阶段是范式学习（paradigmatic learning），也称为适应性学习，本质是通过总结经验，掌握在不同环境下应对危机的能力。例如，火灾是废旧轮胎胡乱堆放造成的，范式学习就是要解决轮胎的胡乱堆放问题，而不是如何灭火问题。第三阶段是系统学习（systemic learning），也称为全面持久的学习，是在总结经验和内省基础上建立预防危机发生的文化氛围，例如，解决轮胎胡乱堆放的问题固然可以减少火灾发生的概率，但如果提高轮胎的生产质量和抗磨损、阻燃能力，那么就可以从更深层次预防火灾发生。通过表 15-6 来进行具体的阐述（Simon，Pauchant，2000）。

表 15-6　学习的三个阶段和实施程度

行 动 学 习	范 式 学 习	系 统 学 习
实施水平 **组织的**		
• 轮胎火灾发生 • 与当地的社区直接沟通并参与其中 • 应急响应的角色协调（联合反应小组委员会） • 寻求消防员的帮助，否则火灾可能持续好几天 • 就近的官员们出现，缓解财政政策 • 每个消防部门的专业顾问 • 优化内部和外部的沟通 • 轮胎存储的最低保险限额 • 关于轮胎储存、围墙和水箱设备的消防规范的变化	• 集体工作 • 将人员和环境问题放首位 • 建立公共反应委员会 • 考虑政治因素 • 不仅仅将回收作为经济因素考虑 • 研究回收的可能性 • 在环境威胁的情况下，允许政府采取行动，甚至违背一个废旧轮胎的所有者的意愿 • 为全体人员配备呼吸机 • 同意轮胎焚烧	• 发展工业生态学的概念（仍处于实验阶段）
个人的		
• 对社区精神更有信心 • 对自己处理关键事件的能力有信心	• 对潜在的毒性非常谨慎，例如在一个受保护的废物场所掩埋潜在的有害土壤 • 发展当地的专业知识并将其与其他组织的工作相结合	• 提高对汽车过度使用的意识和鼓励使用其他交通工具 • 承认每个选择都有它的优点和缺点 • 鼓起勇气去解决工业活动的负面影响

资料来源：Simon L, T C Pauchant. Developing the Three Levels of Learning in Crisis Management: A Case Study of the Hagersville Tire Fire [J]. Review of Business, 2000, 21(3).

案|例|分|享

企业如何从危机中挽回合法性

戴鑫等人（2010）发现，近年来危机事件屡屡发生，由于企业处理不当，造成了很大的负面影响。例如，三聚氰胺事件发生后，截至 2008 年 12 月底，蒙牛出现了 9 亿元的亏损；由于事态太严重，反应不及时，网络上一片骂帖，销售额曾经一度高达 103 亿元、有着十几亿元无形资产的中国奶粉业老大三鹿，在短时间内荡然无存；还有万科的地震捐款事件，从 15 日到 20 日，万科的股价下跌 12%，就算紧急宣布以 1 亿元参与灾后重建，网络的帖子也是对其严重不信任与质疑之声……这就提出了一些问题：当危机发生时，企业应当如何做出反应？在这些危机情景下，不同的策略使公众对企业形象、认知有哪些不同的影响？该研究团队搜集了从 2008 年 1 月 1 日到 2008 年 12 月 31 日共 8 个危机案例，试图解答上述问题。研究对象及研究结论摘录如下。

1. 研究对象

研究选择了 2008 年 2 月恒源祥 12 生肖广告事件、4 月东航事件、5 月万科捐款事件、8 月刘翔退赛危机、8 月康师傅"水源门"事件、9 月乳业危机、11 月百度勒索营销事件。8 个事件分为三种类型：一是个体事件，如 12 生肖广告、东航、莎朗·斯通事件、水源门、百度的勒索营销；二是群体事件，如刘翔退赛（涉及刘翔代言的 10 多个品牌）、地震捐款（万科、阿里巴巴）等；三是行业事件，如毒奶粉事件。所选企业一般是行业内较为知名的，有着较高声誉的，有关媒体对事件始末有详细的报道与追踪，并且有较多的社会公众对事件发表个人的看法和参与讨论。

（1）危机案例描述。①恒源祥。2 月 6 日，鼠年春节开始，"恒源祥"的广告在全国多家电视台的黄金时段播出，广告中低沉的男声反复 12 遍"恒源祥，北京奥运会赞助商"。童声念出的 12 生肖名称穿插其间，从"鼠鼠鼠""牛牛牛"，直到"猪猪猪"。广告画面以奥运中国印和恒源祥商标为底，12 生肖的卡通图案依次闪过。广告时长 1 分钟。单调的创意和高密度的播出遭到许多网友炮轰，网友认为此广告比脑白金更让人崩溃。②东方航空。3 月 31 日和 4 月 1 日两天，东航云南分公司云南省内的 18 个航班，飞到目的地后不降落，又折返回来，导致昆明机场更多的航班延误，上千名旅客滞留机场，机场一片混乱，东航一时间声誉受到严重的影响，此事件被怀疑是飞行员有组织的罢工行为。③万科。5 月 12 日，地震发生当天，万科集团总部决定向灾区捐款 200 万元，不足 2007 年其净利润的 4/10 000。15 日，王石在博客中写道："200 万元是个适当的数额……捐款不应成为企业负担……普通员工捐款以 10 元为限。"网民们纷纷指责他没良心，"做人不能太王石"。④迪奥。5 月 26 日，美国影星莎朗·斯通在戛纳电影节接受访问时，发表不当言论，中国人此时正沉浸于地震的悲恸之中，此番言论大大伤害了中国民众的感情，网络上各大论坛纷纷有热帖对其进行声讨，把矛盾转移到她代言的法国品牌迪奥，号召抵制迪奥。⑤康师傅。7 月 24 日，一篇发表在天涯论坛的帖子《康师傅，你的优质水源在哪里》，揭发康师傅用自来水冒充优质水源的内幕，康师傅遭遇了水源信任危机。⑥耐克。8 月 18 日，刘翔在北京奥运会 110 米栏预赛中因伤退出，因他的退赛，赞助商的巨额投入、可能遭受的损失成为网民的热门话题，赞助商的形象也因此蒙受阴影。刘翔退赛与国民心中的体育精神不符，更有网友调侃，是穿了耐克鞋才跑不动了。⑦蒙牛。三聚氰胺事件由三鹿奶粉扩大到整个乳制品行业，9 月 16 日，质检总局公布 22 家婴幼儿奶粉企业，蒙牛也在其中，三鹿奶粉的危机扩散到了整个乳制品行业，"每天一斤奶，强壮中国人"，也被网友恶搞成"每天一斤奶，喝死中国人"。⑧百度。11月15日、16日两天，央视《新闻30分》连续两天报道百度的竞价排名黑幕，百度竞价排名被指过多地人工干涉搜索结果，引发垃圾信息，涉及恶意屏蔽，被指为"勒索营销"，并引发了公众对其信息公平性与商业道德的质疑。

随后，以"恒源祥12生肖广告""东航事件""地震捐款""莎朗·斯通事件""刘翔退赛""三聚氰胺事件""康师傅矿泉水""百度竞价门"等为关键词，在新浪、百度、天涯、猫扑等网站上搜集企业的应对措施、消费者的评论、重要人物或媒体的观点等。并基于合法性理论，总结出一个2×2的价值—行为矩阵，包括四种实际企业对于危机的反应策略：增加企业价值表现—实际作为、降低社会期望价值—实际作为、增加企业价值表现—实际无作为、降低社会期望价值—实际无作为（见图15-2）。

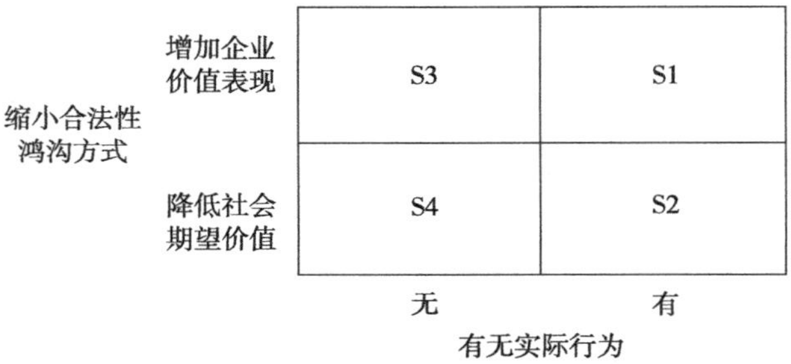

	无	有
增加企业价值表现	S3	S1
降低社会期望价值	S4	S2

缩小合法性鸿沟方式

有无实际行为

图 15-2　合法性策略的价值—行为分析矩阵

资料来源：戴鑫，荆美星，邓雪芬，田志龙. 企业危机情境下的合法性策略及其效应研究 [J]. 管理学报，2010(10):1520-1528.

（2）企业危机应对策略描述。①恒源祥。企业对广告做了改动，表明的态度是广告的目的是知名度、打开销售，而不考虑广告价值与美誉度，这是一种缩小社会价值、有实际作为的做法。②东方航空。对危机进行调查，而且表明会有行动，把如此重大的事故归因于天气，减小了服务价值，属于缩小社会价值、有实际作为的做法。③万科。追加捐款，顺应公众的价值，是一种扩大企业价值、有实际作为的做法。④迪奥。撤掉莎朗·斯通，表示对代言人的道德品行提出了更多的要求，扩大企业价值、有实际作为的做法。⑤耐克。它的新广告仅是表达一种价值观，喜欢运动就行了，不一定要赢，这是缩小社会价值、无实际作为的做法。⑥康师傅。指明其产品符合标准，行业内其他企业也这样做，表明自来水是可行的，不需要真的用矿泉水，这是缩小社会价值、无实际作为的做法。⑦蒙牛。通过召回等策略证明其有行为，检测全产品，对产品价值提出更高的要求，这是价值扩大、有实际作为的做法。⑧百度。将会加强内部审查行为的监管，指明做法无错误，搜索行业都是如此做，只是重视了企业的商业价值，而忽视了该尽的社会责任价值，这是缩小社会价值、有实际作为的做法。

2. 研究结论

（1）案例研究。在危机发生后和企业对危机事件做出回应后，在网络上网民都会以发帖和跟帖的方式，对事件发表自己的观点和看法，文章对危机发生后企业反应前的公众态度、企业反应后公众的态度进行统计，得出以下结论：①企业使用合法性策略后，公众对企业的合法性认知变高。②实际无作为型策略比实际作为型策略对公众态度的积极影响更大。③缩小社会价值—实际无作为策略对公众态度的积极作用应该最大。④反应快会对合法性策略的效果有积极的影响。

上述分析结果主要基于案例研究和网络论坛内容，在一定程度上识别了企业的实际合法性策略维度和公众的态度反应。有关危机管理的研究表明，影响公众对企业危机策略反应的因素众多，包括企业危机反应策略和反应时间。案例研究结果也表明，企业不同反应策略及反应时间的效果显著，但同时发现，存在同一策略效果不同或者不同策略结果无明显差异性的现象。这有可能是企业声誉、危机类型等其他因素导致的，而案例研究无法排除这些因素的影响而单独检验合法性策略的作用，因此，需要进一步用定量的方法来分析有关策略对公众的影响。

（2）实证研究。为了更好地控制其他因素的影响，下面采用试验法进一步展开研究，首先选择合法性策略和反应时间两个因素。根据前人研究，企业社会责任行为的时间因素对消费者态度影响显著，上述案例分析结论也支持此观点，因此，将危机反应速度列入试验模型。黄敏学等学者的研究表明，品牌个性、忠诚度等对消费者的态度产生重要影响。为避免上述因素的影响，作者使用虚拟品牌。此外，经典的消费者行为研究表明，消费者对企业的信任度和满意度也会对其行为意向产生重要影响。由此，研究人员提出如下概念模型（见图 15-3）。

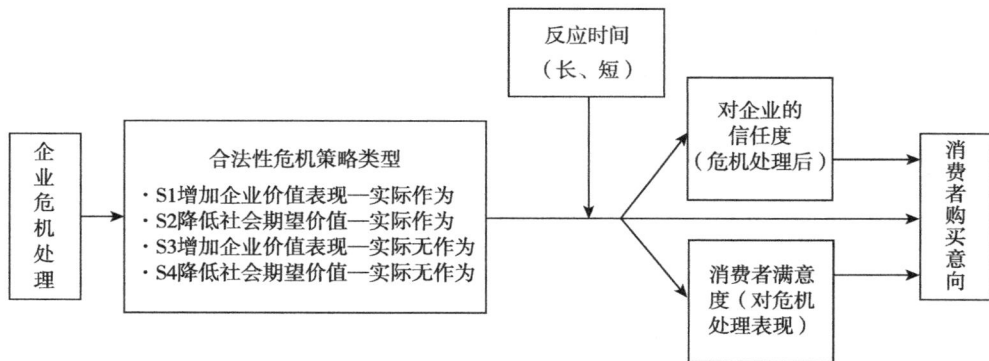

图 15-3　试验研究模型

资料来源：戴鑫，荆美星，邓雪芬，田志龙.企业危机情境下的合法性策略及其效应研究 [J]. 管理学报，2010(10):1520-1528.

经过试验数据的收集整理，得到了以下结论：①行为与价值交互作用对合法性认知有显著影响。数据结果显示，比起降低社会期望价值—实际作为和增加企业价值表现—实际无作为，降低社会价值—实际无作为和扩大企业价值—实际作为对态度影响的效果要好。这可能是因为缩小社会期望价值—实际无作为主要是获得归因无罪的好处，增加企业价值表现—实际作为是让公众看到企业改错的诚意。②价值对合法性认知有微弱的负向影响。数据结果显示，在价值与行为的交互下，相较于增加企业价值型策略，降低社会价值型策略对企业合法性认知稍高。从归因理论来解释，企业使用降低社会价值策略，公众更可能对企业做出无责任的归因，如果企业被判定是无责任的而且同情被唤起，态度反应就会积极。③行为对合法性认知有微弱的负向影响。数据结果显示，在价值与行为的交互下，相较于实际作为型的策略，实际无作为型的策略对企业合法性认知稍高。这可能是因为时间的因素，企业从做出实际的行为到行为产生效果这个阶段需要一定的时间，而无实际行为策略就没有了这个时间过程，是直接产生作用的，可能就造成了它对态度的修复作用较好。④时间能作为自变量对合法性认知有显著影响。反应时间越短，公众对企业合法性认知越高。本文在研究国外学者对危机的定义中，总结的一个维度是时间，一般危机的发生都是紧急的、突发的，公众都期盼在第一时间得到企业的合理解释，如果反应不够及时，危情会扩大化，而且公众可能就会认为是企业迫于各方压力才有此行为的。⑤公众的社会问题涉入度对合法性认知存在微弱的负向影响。公众对社会问题涉入度越高，那么其合法性认知就会越低。这主要是因为公众如果积极参与到社会问题的讨论与活动中，那么他持有的一般社会价值就高，合法性认知就相对较低。

资料来源：戴鑫，荆美星，邓雪芬，田志龙. 企业危机情境下的合法性策略及其效应研究 [J]. 管理学报，2010(10):1520-1528.

▶本章小结

随着人们网络使用时间的增加，在社交媒体中的危机管理对于企业生存而言越来越重要。本章节通过文献回顾，基于市场营销的产品生命周期模型，提出互联网危机生命周期模型。其中，关于危机期间媒体报道周期可分为侦测、准备、遏制、学习及恢复五个部分，了解这个模型，可为公共关系实践者提供指导，使他们有机会更好地预测媒体报道，并且有助于更好地控制大众媒体信息。同时，本章在危机生命周期模型的基础上，按照危机前、中、后三个阶段，分别提出对应的危机应对策略。危机前的防范策略包括消除"责任扩散效应"以及避免"蝴蝶效应"；危机期间的处理策略分别基于利益相关者理论、组织合法性理论、新闻发言人形象与形象修复理论、情景危机沟通理论和调节聚焦理论，告知理论的发展，提供一定的建议；危机后的学习策略是基于 Gregory Bateson 的研究分为行动学习、范式学习和系统学习，并进行举例说明。

▶关键术语

危机（crisis）

前驱期（prodromal）

急性期（acute）

慢性期（chronic）

危机解决期（crisis resolution）

危机管理（crisis management）

危机经营（operational crisis）

危机的合法化（crisis of legitimization）

信号检测（signal detection）

探索和预防（probing and prevention）

抑制损害（damage containment）

恢复（recovery）

学习（learning）

平静（mitigation）

准备（preparedness）

回应（response）

危机前（pre-crisis）

危机后（post-crisis）

识别触发事件（recognition of the trigger event）

责任扩散（diffusion of responsibility）

旁观者效应（bystander effect）

蝴蝶效应（the butterfly effect）

利益相关者理论（stakeholder theory）

合法性理论（the theory of legality）

合法性（legitimacy）

形象修复理论（image recovery theory）

来源可信度（source credibility）

情景危机沟通理论（situational crisis communication theory）

受害者型危机（victim crisis）

意外型危机（accidental crisis）

可预防型危机（preventable crisis）

否认型策略（denial strategies）

弱化型策略（diminish strategies）

重建型策略（rebuild strategies）

进取—规避原理（approach-avoidance principle）

自我调节（self-regulation）

自我差异理论（self-discrepancy theory）

促进聚焦（promotion focus）

防御聚焦（prevention focus）

行动学习（behavior learning）

范式学习（paradigmatic learning）

系统学习（systemic learning）

▶课后习题

1. 应用本章知识分析开篇案例。
2. 百度魏则西事件之后，网友们在网络上质疑百度并呼声一片，迅速把百度推上了风口浪尖，百度股票大跌。百度回应此事时避而不谈其广告模式问题，转而将问题核心指向医院的管理问题。针对百度的危机处理方式，谈谈你的想法。
3. 《我是歌手》第三季孙楠放弃晋级机会，汪涵机智救场，对此，请从危机的角度谈谈你的看法。

▶参考文献

[1] Ashforth B E, D W Gibbs. The Double-edge of Organizational Legitimation [J]. Organization Science, 1990, 1(2):177-194.

[2] Augustine N R. Managing the Crisis You Tried to Prevent [J]. Harvard Business Review, 1995, 73(6):147.

[3] Barton L. Crisis in Organizations: Managing and Communicating in the Heat of Chaos [M]. Bulletin of the Association for Business Communication, 1993.

[4] Bateson G. Steps to an Ecology of the Mind [M]. New York: Ballantine, 1972.

[5] Benoit W L. Accounts, Excuses and Apologies: A Theory of Image Restoration [M]. Albany: State University of New York Press, 1995.

[6] Benoit W L. Image Repair Discourse and Crisis Communication[J]. Public Relations Review, 1997, 23(2):177-186.

[7] Blair C A, Thompson L F, K L Wuensch. Electronic Helping Behavior: The Virtual Presence of Others Makes a Difference [J]. Basic and Applied Social Psychology, 2005(27):171-178.

[8] Chen J C, Patten D M, R W Roberts. Corporate Charitable Contributions: A Corporate Social Performance or Legitimacy Strategy [J]. Journal of Business Ethics, 2008, 82(1):131-144.

[9] Clarkson M B E. A Stakeholder Model Framework for Analyzing and Evaluating Corporate Social Performance [J]. Academy of Management Review, 1995, 20(1): 92-117.

[10] Coombs W T. Choosing the Right Words: The Development of Guidelines for the Selection of the "Appropriate" Crisis Response Strategies [J]. Management Communication Quarterly, 1995, 8(4):158-161.

[11] Coombs W T. Ongoing Crisis Communication: Planning, Managing, and Responding [M]. Los Angeles: Sage, 2007.

[12] Coombs W T. The Protective Powers of Crisis Response Strategies: Managing Reputational Assets during a Crisis [J]. Journal of Promotion Management, 2006, 12(3): 241-259.

[13] Coombs W T. Ongoing Crisis Communication: Planning, Managing, and Responding [M]. Thousand Oaks: Sage, 1999.

[14] Coombs W T, S J Holladay. Helping Crisis Managers Protect Reputational Assets: Initial Tests of the Situational Crisis Communication Theory [J]. Management Communication Quarterly, 2002, 16(2): 165–186.

[15] Coombs W T, W Timothy. Parameters for Crisis Communication: The Handbook of Crisis Communication[M]. Oxford: Wiley-Blackwell, 2010.

[16] Darley J M, B Latane. Bystander Intervention in Emergencies: Diffusion of Responsibility [J]. Journal of Personality and Social Psychology, 1968(8): 377-383.

[17] Fitzpatrick K R, M S Rubin. Public Relations vs. Legal Strategies on Organizational

Crisis Decision [J]. Public Relations Review, 1995, 26(4):48-497.

[18] Forsyth D R, Zyzniewski L E, C A Giammanco. Responsibility Diffusion in Cooperative Collectives [J]. Personality and Social Psychology Bulletin, 2002(28): 54-65.

[19] Freeman R E. Strategic Management: A Stakeholder Approach [M]. Boston: Pitman, 1984.

[20] Friedman A. Developing Stakeholder Theory [J].Journal of Studies,2002(1):1-21.

[21] Higgins E T. Beyond Pleasure and Pain [J]. American Psychologist, 1997(52): 1280 -1300.

[22] Higgins E T. Self-discrepancy: A Theory Relating Self and Affect [J]. Psychological Review, 1987(94): 319 -340.

[23] Kotler P. Principles of Marketing [M]. Prentice Hall, 1991.

[24] Lindblom C K. The Implications of Organizational Legitimacy for Corporate Social Performance and Disclosure [C]. Critical Perspectives on Accounting Conference, New York, 1994.

[25] Mathes E W, A Kahn. Diffusion of Responsibility and Extreme Behavior [J]. Journal of Personality and Social Psychology, 1975(31): 881-886.

[26] Mitroff I I. Crisis Management and Environmentalism: A Natural Fit [J]. California Management Review, 1994, 36(2): 101–113.

[27] Mitroff I. Why Some Companies Emerge Stronger and Better from a Crisis: 7 Essential Lessons for Surviving Disaster [J]. Public Relations Quarterly, 2005, 31(3):447-448.

[28] O' Donovan G. Environmental Disclosures in the Annual Report: Extending the Applicability and Predictive Power of Legitimacy Theory [J]. Accounting, Auditing & Accountability Journal, 2002, 15(3):344-371.

[29] Simon L, T C Pauchant. Developing the Three Levels of Learning in Crisis Management: A Case Study of the Hagersville Tire Fire [J]. Review of Business, 2000, 21(3).

[30] Sturges D L. Communicating through Crisis: A Strategy for Organizational Survival [J]. Management Communication Quarterly, 1994, 7(3): 297–316.

[31] Suchman M C. Managing Legitimacy: Strategic and Institutional Approaches [J]. The Academy of Management Review, 1995, 20(3):571-611.

[32] Wartick M L. Legislative Justification and the Perceived Fairness of Tax Law Changes: A Referent Cognitions Theory Approach [J]. Journal of the American Taxation Association, 1994, 16(2):106-136 .

[33] Williams D E, G Treadaway. Exxon and the Valdez accident: A Failure in Crisis Communication [J]. Communication Studies, 1964(43): 56-64.

[34] Zimmerman M A, G J Zeitz. Beyond Survival: Achieving New Venture Growth by Building Legitimacy[J]. Academy of Management Review, 2002, 27(3):414-431.

[35] 戴鑫，卢虹，董媛媛. 危机管理：案例研究 [M]. 北京：科学出版社，2017.

[36] 戴鑫，荆美星，邓雪芬，田志龙. 企业危机情境下的合法性策略及其效应研究 [J]. 管理学报，2010(10):1520-1528.

[37] 刘纯. 心理学中的责任扩散 [J]. 法制与社会，2011(22):297.

[38] 罗伯特·希斯. 危机管理 [M]. 王成，宋炳辉，金瑛，译. 北京：中信出版社，2001.

[39] 沙勇忠，刘红芹. 公共危机的利益相关者分析模型 [J]. 科学经济社会，2009(1): 58-61.

[40] 史周青. 蝴蝶效应在网络传播过程中的成因与防范 [A]. 中国传媒大学第二届全国新闻学与传播学博士生学术研讨会论文集 [C]. 中国传媒大学，2008.

[41] 汪臻真，褚建勋.情境危机传播理论：危机传播研究的新视角 [J].华东经济管理，2012, 26(1):98-101.

[42] 伊迪丝·彭罗斯.企业成长理论 [M].上海：上海人民出版社出版,2007.

[43] 尹鸿，李彬.全球化与大众传媒：冲突·融合·互动 [M].北京：清华大学出版社，2002.

▶拓展阅读

[1] Gangone A D, M C Gǎnescu. Corporate Social Responsibility in Emerging and Developing Economies in Central and Eastern Europe: A Measurement Model from the Stakeholder Theory Perspective[J]. Economic Research-Ekonomska Istraživanja, 2014, 27(1): 539-558.

[2] Park H. Exploring Effective Post-crisis Response Strategies[J]. Public Relations Rev-iew, 2016.

[3] Tse T. Shareholder and Stakeholder Theory: After the Financial Crisis[J]. Qualitative Research in Financial Markets, 2011, 3(1).

[4] 储召红.群体性事件的社会心理学分析 [J].公安研究，2010(9):31-35.

[5] 韩立新.霍江河.“蝴蝶效应”与网络舆论生成机制 [J].当代传播，2008(6):64-67.

[6] 覃超.社会认同，匿名性和责任分散对网络群体极化的影响 [D].长沙：湖南师范大学，2013.

[7] 孙晓.利益相关者理论综述 [J].经济研究导刊，2009(2):10-11.

[8] 朱丽叶.调节聚焦理论及其在营销研究中的应用 [J].经济经纬，2009(5):120-123.

第五部分

互联网营销方法与技巧

第 16 章

信息发布类互联网营销方法与技巧

移动互联网打碎了巨人垄断的瓶子，带来了新鲜的空气和机遇。
——摘自金山办公软件 CEO 葛珂 2014 年在极客公园创新大会的演讲

▶ 学习目标

1. 了解信息发布平台的基本分类及特点。
2. 掌握门户网站、社交平台、信息查询平台以及信息接收平台四类平台的营销推广方法。
3. 能够结合各类信息发布平台特点，展开企业互联网营销活动。

案例导入

樱花地铁打造浪漫之城

樱花地铁，是由武汉地铁集团与新浪湖北共同打造的武汉首列以樱花作为主题的地铁列车，在 2015 年 3 月 8 日至 3 月 14 日运行。武汉，中国最负盛名的樱花之城，每年春季都会吸引全国各地的游客来武汉赏樱。樱花永远和浪漫爱情紧密联系在一起，为了契合白色情人节主题，武汉地铁与新浪湖北共同将 3 月 14 日的武汉打造成为浪漫之城。

在这段时间，#樱花地铁#话题，阅读量达到 578.6 万，讨论量达到 5 799 次；#下一站爱情#话题，阅读量达到 618.1 万，讨论量达到 6 296 次；#随手拍樱花地铁#话题阅读量达到 291 万，讨论量达到 3 421 次。武汉樱花地铁上线当天微博热搜排行前

三，并同时登上微博热门话题排行榜和微博搜索框上热门微博推荐。话题在百度和微博上内容量巨大，远超新浪湖北历年来举办的各类大型活动。活动影响力之大，内容支持之全面，得到了各方声音的深度报道。

湖北省内甚至全国的微信公众号对樱花地铁活动进行了报道和点评，获得了很高的阅读量。网络知名大 V 引发了一场樱花地铁美哭 or 丑爆的口水仗，有网友调侃这是"捕鱼达人"号，此语一出引起很多网友的共鸣，进一步助推樱花地铁的热度。新浪湖北自黑式的接地气的回应方式，收获网友的点赞，为这场口水战画上了圆满的句号。

任何一个成功的营销事件都离不开一场有创意的线下互动，地铁站内的爱情站点

连线与爱情告白便笺纸贴被贴满整面墙，如此好的创意为整个营销事件增色不少。在活动初期组织一场快闪表演势必会吸引更多人的关注，于是新浪湖北与艺歌文化传播合作在樱花地铁上和洪山广场换乘站内均进行了"百人爱情快闪"表演，引起一时轰动。

资料来源：作者根据新浪湖北公司提供的材料编写。

信息传递是由信息发布者发布，经过一定的媒介，传递给信息接受者。本章主要介绍在门户网站、社交平台、信息查询平台、信息接收平台这四种平台上的操作方法和运营技巧，为企业如何发布信息提供借鉴与参考。

16.1　信息发布平台营销方法与技巧

信息发布平台是信息传递的基础。本书将信息发布平台整理为门户网站、社交平台、信息查询平台以及信息接收平台等几个方面（见图 16-1）。其中，门户网站包括企业自营和第三方门户网站，社交平台包括博客、微信公众号以及微博等，信息查询平台包括搜索引擎竞价排名、问答推广、百科推广以及分类信息推广，信息接收平台包括电子邮箱推广、LBS 信息推送，其他平台包括漂流瓶等。

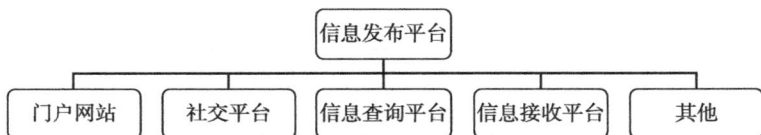

图 16-1　信息发布平台

资料来源：作者综合整理。

16.2　门户网站营销方法与技巧

门户网站（portal site）是指那些将网络上庞大的各种信息资源加以分类、整理并提供搜索引擎，让不同的使用者能够快速查询信息的网站。它是一种综合性的信息提供网站，提供一个范围广泛的服务，如新闻资讯浏览、搜索、电子邮件、论坛、信息商情以及拍卖、在线购物等，吸引网民注意力。人们对门户网站熟悉已久，从目前门户网站的发展现状来看，按照主体性质的不同，可分为政府网站、商业网站、企业网站、教育科研机构网站、个人网站和其他非营利机构网站等数种类型，这里主要介绍企业网站和综合门户网站。

1. 企业网站

企业网站是企业在互联网上进行网络营销和形象宣传的平台，相当于企业的网络名片，主要向公众介绍企业文化、大事记、企业新闻动态和产品介绍等。企业网站建设包括企业网站需求分析、企业网站设计、企业网站后期维护、企业网站内容填充以及网站模式功能更新等部分的内容。建设企业官方网站的目的在于：品牌形象推广、产品/服务展示、信息发布平台、顾客服务、进行网上调查、实现网上销售等。一般来说，网站网页设计流程如图 16-2 所示。

内容分析 ⇒ 结构设计 ⇒ 方案设计 ⇒ 表现设计

图 16-2 网站网页设计流程

资料来源：周波. 基于 Web 标准的企业网站网页设计与实现 [J]. 电子技术与软件工程，2016(3): 18.

在内容上，主要以企业建设网站的意义和所需要的效果为主。一般来说，企业设计网站是为了宣传和营销，所以，在内容选择上，需要先分析企业的运营方向和主营商品。然后针对主打商品进行介绍和宣传，从而加深访问者对于商品的了解度，引起访问者的购买欲望，从而实现营销目的。在网页所需要展示的内容上，需要对其各种逻辑关系进行梳理，分清主次目标，同时，对企业所需要达到的效果的重要程度进行把握，从而在内容的嵌入上，进行适当布局。在结构设计上，需要以内容分析的结果为主。就如同报纸一般，需要有头条，也需要有次要内容，在整个结构的设计上，需要保证合理与丰满两个要素。合理是指网页布局与内容分析的一致性，丰满则是指对企业所需要表达内容的完备性进行保证。在方案设计上，主要是对其布局进行美化，从而产生一定的视觉效果，可以在一定程度上保障访问的满意度。在表现设计上，只需将方案设计中美化好的图片进行分割，然后使用文档进行样式添加，从而实现页面布局的合理化，展现出应有的美观性，见表 16-1。

表 16-1 网站网页设计技巧

事 项	技 巧
设计理念	注重色彩的搭配，网页内容便于阅读，站点内容要精、专、及时更新，提供交互性
确定网站栏目	参考同类网站的栏目设置；设立最近更新或网站指南栏目；设立可以双向交流的栏目，比如论坛、留言本等；设立下载或常见问题回答栏目
网站设计的整体风格	确定整体风格，注重网页色彩的鲜明性、独特性、合适性、联想性

资料来源：江小云. WEB 设计理念 [J]. 上海微型计算机，2000(35): 38.

企业官方网站的运营工作主要包括网站优化和维护，时刻更新内容。主要体现在网站管理、网站内容和网站沟通三个方面。企业官方网站的运营见表 16-2。

表 16-2 企业官方网站的运营

事 项	方 法
网站管理	企业网站建议指定人员来负责这项工作，并且定期做检查监督，确保工作到位
网站内容	设置好关键词，以增加网站流量；产品描述注意细节
网站沟通	增加和客户之间的互动，通过设置特惠等方式吸引客户来主动咨询，设置 400 电话等来增强对客户的吸引力

资料来源：http://www.enkj.com/idcnews/Article/20140709/5590.

在企业官网正常运营的前提下，企业可以做一系列推广工作，包括线上、线下推广两个方面。其中，线上推广包括搜索引擎推广、链接推广和信息发布；线下推广包括标识推广（在出现企业标识的地方同时出现网址，比如名片）、广告附带和产品推广等。

2. 综合门户网站

综合门户网站是通向某类综合性互联网信息资源并提供有关信息服务的应用系统，其主要提供新闻、搜索引擎、聊天室、免费邮箱、影音资讯、电子商务、网络社区、网络游戏、免费网页等服务。在中国，典型的综合门户网站有新浪、网易、腾讯和搜狐等。四大综合门户网站的对比见表 16-3。

表 16-3　四大综合门户网站的对比

综合门户	目标人群	定位	主打产品和服务
新浪	全球华人社群	领先在线媒体及增值资讯服务提供商	新闻资讯、微博
网易	白领阶层和年轻人	中国领先的互联网技术公司	网络游戏、邮箱
搜狐	中文世界的社群	中国最领先的新媒体、通信及移动增值服务公司	新闻资讯、视频
腾讯	在线生活的人群	中国领先的互联网服务和移动及电信增值服务供应商	即时通信软件、游戏

资料来源：作者综合整理。

以新浪为例，综合门户的推广方式可以分为网页端、微博端、移动端和跨平台资源四类，见表 16-4。

表 16-4　新浪综合门户网站推广方式

方　式	具体内容
网页端	全流量（指的是包括富媒体、通栏、画中画、Buttone 文字链接、客户端广告、Wap 广告在内的全流量广告）、IP 定向（利用先进语义分析技术，指定用户类型投放广告）、视频广告、地方站优质硬广、频道专栏、视频访谈、招商项目
微博端	启动画面、预定公告、活动推荐、下拉广告、微博大 V
移动端	手机新浪网、新闻客户端、全屏广告、流媒体广告（以流媒体技术在网络上传播产品、服务或品牌信息的广告活动，方式有视频、音频等）、焦点图广告、通栏广告、文字链广告、原生／品牌信息流广告（一种让广告作为内容的一部分植入到实际页面设计中的广告形式）、H5 专题（利用 html5 的编码技术来实现的一种数字广告，形式包含动画、音乐、视频等，互动性好，主要面向移动端）
跨平台资源	App 移动广告联盟、扶翼、苹果推

资料来源：作者综合整理。

16.3　社交平台营销方法与技巧

社交媒体（也称社群媒体，social media）是一个平台和工具，人们用它来分享观点、经验、见解等。社会化媒体平台具有高度交互性和扩展性，它以 Web2.0 和移动应用技术为基础，制造媒体与用户之间的双向对话，鼓励新用户产生内容。这里主要介绍企业官方博客、企业官方微博、企业微信公众号。

1. 企业官方博客

博客就是网络日志，英文单词为 blog（web log 的缩写）。本质上，博客是一个综合了个人网站、社区、网上刊物、微型门户、新闻网页等多种原有网络表现方式的网站形式的传播平台，是一种简易的信息发布方法。通过博客的开设者（企业以及企业员工、企业外部）和博客的读者（企业员工、企业外部）两个属性，可以将企业博客分成三类。官方博客的分类见表 16-5。

表 16-5　官方博客的分类

博客类型	开 设 者	受 众	功　能
内部学习交流	企业以及企业员工	企业员工	有助于员工了解企业的动向、变革，促进员工学习，分享知识
文化产品宣传	企业以及企业员工	企业外部	帮助企业宣扬企业文化，让产品的相关细节更为清晰
广告营销公关	企业外部	企业外部	涉及企业的广告/营销，甚至可以包括部分公关活动，也可能成为企业产品互联网销售的渠道

资料来源：http://baike.baidu.com/item/%E4%BC%81%E4%B8%9A%E5%8D%9A%E5%AE%A2.

在运营博客之前，首先要注册一个博客账号，见图 16-3。

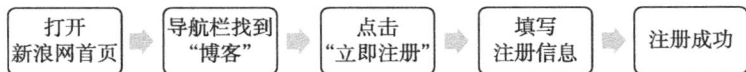

打开新浪网首页 ➡ 导航栏找到"博客" ➡ 点击"立即注册" ➡ 填写注册信息 ➡ 注册成功

图 16-3　注册博客步骤

资料来源：作者根据新浪博客官网整理。

企业博客开通之后，需要进行实时的运营和维护，这样才能让博客有更多的访问量，从而达到博客推广的目的，见表 16-6。

表 16-6　管理企业博客

项　目	要　求	具体内容
人员管理	确定专人负责	对于博客内容应明确责任分工，确定专人管理、专人编辑，确定写作人员
	企业博客宜全员参与	提高内容的丰富性，极大地提升企业知识积累和专业研究；通过各自的社交平台使得扩散范围更广
	组织好由爱好者形成的企业博客	企业博客也可以完全由爱好者组成，成为一个讨论企业及其产品的兴趣博客群，这需要企业的媒介部门妥善组织并推荐
内容管理	文章要形成吸引力	避免商业味太浓，传递企业的一些重要信息，具备个人博客特色
	做好沟通与反馈	对于一些负面评论，应采取谨慎的态度，采取正确的方式进行分析、回复、澄清、解答等工作，慎用删除手段

资料来源：作者综合整理。

2. 企业官方微博

企业微博是基于博客出现的又一商业化的网络工具，它是一个基于客户关系的信息分享、传播以及获取平台，实现即时商业分享。每条微博的内容包括文字、贴发图片、截取视频、网页链接等。开通企业微博的目的在于：低成本做营销、推广新产品和新服务、用微博跟踪和整合品牌传播活动、舆情监测、危机公关服务、提升网站品牌知名度、客户服务等。

微博注册的流程分为五个环节，见图 16-4。

在完成微博注册后，可以开启微博企业认证，以便享受广告、营销、运营、数据四大特权服务。进行企业认证，有以下步骤。①申请准备：准备各项申请材料［营业执照（副本、原件的拍照或扫描件）、认证公函（加盖企业彩色公章）］；②在线提交认证申请：填写企业信息、上传相关认证材料；③微博审核：等待工作人员审核（企业认证审核周期 24 小时内）；④审核完成：收到认证通过的通知，同时获得认证标识，自动升级为企业版，若因未知原因未通过审核，会有专属客服联系企业并帮企业通过审核。

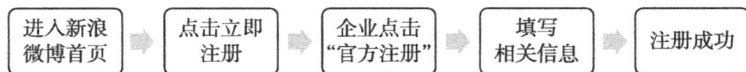

进入新浪微博首页 ➡ 点击立即注册 ➡ 企业点击"官方注册" ➡ 填写相关信息 ➡ 注册成功

图 16-4　新浪微博注册步骤

资料来源：作者根据资料整理。

微博运营工具助力企业高效营销，完善商业工具体系，实现企业、粉丝互动零距离，常见的微博运营工具见表 16-7。

表 16-7　微博运营工具

工具种类	运营工具	作用
基础运营	我的文章、我的视频、我的直播、主页设置、微博作答	提供多种基础工具，让企业微博内容、形式、互动更具多样化
粉丝运营	抽奖平台、微活动、微卡券、私信互动、千人粉丝群、粉丝红包	搭建企业和粉丝之间的桥梁，实现企业、粉丝的零距离接触和互动
营销工具	微博橱窗、微博众筹、为微热线、地理位置认领	线上售卖、产品众筹、销售转化、引导到店，满足不同行业营销需求
数据分析	数据助手、信息监测、传播分析	官微运营数据、全网舆情监测、单条微博传播路径分析，帮助企业实现数据化运营

资料来源：作者根据新浪微博官网整理。

微博推广具有海量触达、精准投放扩散传播的优势，其主要有以下几种类型的推广形式，见表 16-8。

表 16-8　微博推广形式

类型	作用
粉丝通	①博文推广：基于性别、年龄、地域、兴趣、终端、关注关系等多维度定向，将企业的博文精准地推送给目标用户，快速提升曝光量并带来效果转化。利用微博的社交传播优势，形成涟漪式传播互动，实现品效合一 ②账号推广：基于微博海量用户，把企业的微博账号根据用户属性和社交关系精准地推荐给潜在粉丝，将目标人群转化为自己的粉丝，快速积累社交资产 ③应用家：将企业的 App 以九宫格多图、大卡片等最抢眼的形式展现在微博信息流内，用户点击图片即可引导下载安装，并支持精准的定向条件设置和曝光、互动、激活的数据全跟踪
粉丝头条	①博文头条：将企业的微博置顶到粉丝信息流的第一位，提升微博的曝光和互动。还可通过人群定向、兴趣定向、指定账号相似粉丝等精准投放给除自己粉丝外的更多潜在用户，提升转化效果并增长粉丝 ②账号头条：基于微博海量用户，把企业的微博账号根据用户属性和社交关系精准地推荐给潜在粉丝，将目标人群转化为自己的粉丝，快速积累社交资产 ③帮上头条：帮上头条可将他人博文置顶至其粉丝微博的第一位，借助明星、大 V 的影响力进行品牌曝光和营销宣传。同时，帮上头条独有的冠名功能，能增加自己的账号和品牌露出机会。借助博主的粉丝影响力，将其转化为自己的忠实粉丝
搜索类	①搜索推广：基于对各类热点的兴趣，微博用户采取搜索方式了解和关注相关用户、微博、兴趣主页等多方面信息。微博搜索推广产品通过搜索行为触发广告，使客户账号、博文、兴趣主页等信息精准呈现于特定搜索用户人群，引导舆论直击要点 ②热搜榜：微博热搜榜致力于打造最实时最权威的热点排行榜，第一时间发现用户关心的内容。热搜榜可将你的信息推荐到榜单前列，提升品牌曝光，并定制落地页信息，实现效果转化

（续）

类　型	作　用
搜索类	③热搜包：热搜包通过定制微博顶部搜索框内默认搜索词，以及聚合结果落地页，主动引导用户转入搜索结果页品牌专区，让品牌传播覆盖更广更精准，提升品牌展现概率
信息流类	①品牌速递：品牌速递以最抢眼的图文及视频大卡片方式，搭配参与、购买、下载等多种模板，以定价保量方式将你的营销信息推广给目标客户，在强势品牌曝光同时，直接转化活动参与、视频播放、APP下载、电商售卖等效果 ②推荐视频：推荐视频将你的品牌宣传以视频方式推荐到微博视频流，当用户观看视频时自动推荐和播放，以原生形态带给用户浸入式体验，从而达成品牌宣传效果
强势曝光	开机报头：微博最强曝光类产品，覆盖海量当日活跃用户。帮助企业在用户打开微博客户端的第一时间以全屏画面形式展现，快速实现品牌曝光，最大程度提升品牌记忆度。支持互动效果转化，支持视频等丰富展现方式，支持地域定向等精准营销需求

资料来源：作者根据新浪微博官网整理。

3. 企业微信公众号

微信公众号是开发者或商家在微信公众平台上申请的应用账号。通过公众号，商家可在微信平台上实现和特定群体的文字、图片、语音、视频的全方位沟通、互动，形成了一种主流的线上线下微信互动营销方式。开通微信公众号的目的在于：零距离与顾客沟通和互动、获取新顾客、品牌宣传、多元化营销、精准营销、利于后期维护及反馈。

目前，微信公众号分别有服务号、订阅号、企业号和微信小程序四种类型。其中，企业号可以帮助企业、政府机关、学校、医院等事业单位和非政府组织建立与员工、上下游合作伙伴及内部IT系统间的连接，可以有效地简化管理流程、提高信息的沟通和协同效率、提升对一线员工的服务及管理能力。

企业微信公众号注册线上流程共七个部分，见图16-5。

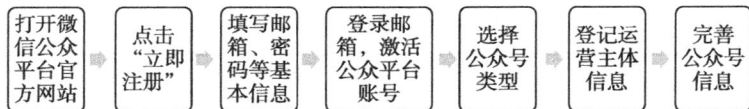

图16-5　企业官方微信公众号注册流程

资料来源：作者根据微信公众平台资料整理。

微信公众号主要有四种定位，分别是自媒体、纯粹卖货销售、做品牌和新老客户关系维持。其中，自媒体指私人化、平民化、普泛化、自主化的传播者，以现代化、电子化的手段，向不特定的大多数或者特定的单个人传递规范性及非规范性信息的新媒体的总称；纯粹卖货销售指利用公众号经营微店，吸引粉丝，卖货销售；做品牌是一些大公司使用的策略，微信公众号成为其品牌宣传的一个窗口，不主打销售，很少做客户维护，仅是跟企业挂钩，成为一个宣传触点，比如可口可乐、麦当劳等；新老客户关系维护，微信承担了CRM（客户关系管理）角色，这个思路应用在一些带有实体性质的企业尤为突出，如餐馆、酒店、KTV、美容场所等，以会员形式结合微信公众号运营来操作，所有广告投放，最终通过二维码或者微信号形式进入公众平台。

微信公众号在建立后，会经历种子用户期、初始用户期以及用户增长期三个时期。其中，种子用户是值得信赖的、影响力大的、活跃度高的粉丝，可以从合作伙伴等方面入手；过了种子用户期后积累的一定粉丝量是初始用户；用户增长期是大力发展粉丝阶段，此阶段需要进行大量的推广工作。

微信公众号运营，内容是关键。要清楚定位目标用户，针对性地推送并做好内容规划，内容有用或者能产生共鸣，无论是原创还是转发，做出差异化的内容运营策略（见表 16-9）。

表 16-9　微信公众号内容运营

事　项	技　巧
内容产生	非原创的内容应关注博客、百科、社交化媒体、新闻客户端以及竞争对手的公众号，原创的内容要每天搜集素材、思考所搜集素材、保证坚持每天一篇原创文章、回顾总结
内容运营	做好内容规划；内容形式差异化，表现在语音推送、视频推送、互动游戏等；内容整合；招募投稿者，从中选取一些优秀的稿件推送，或与写原创文章内容的作者相互合作、相互推广；每天按时推送，读者形成习惯，内容分批推送，让用户产生时间和内容的依赖

资料来源：http://www.sohu.com/a/123951276_118540.

在不断提高公众号内容质量的同时，还应关注与粉丝之间的互动。在这个过程中，公众号要首先确立自己沟通的调性，如严肃型、幽默型等。这样利于公众号形成自己特有的个性、有差异化，进而让粉丝们感到亲切而有力量。同时，公众号可以设置关键词回复、内容推荐、人工智能自动回复以及策划活动等。粉丝互动使公众号留住粉丝，让公众号更有黏性，提高运营价值。

16.4　信息查询平台营销方法与技巧

1. 搜索引擎竞价

搜索引擎竞价是由全球最大的互联网服务商雅虎在全球首创的网络营销推广方式。可以让企业的产品和服务出现在众多搜索引擎中，让正在互联网上寻找产品和服务的潜在客户主动找到企业，向客户免费展示企业的产品和服务，仅按实际的"潜在客户访问"数量支付推广费用。搜索引擎竞价的操作方法见图 16-6。

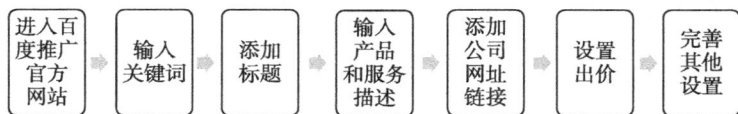

图 16-6　搜索引擎竞价的操作方法

资料来源：作者综合整理。

搜索竞价在搜索引擎竞价推广的展现位置主要分为两类。①左侧推广位：搜索结果首页左侧上方无底色的"推广"位置，此处最多展现 10 条不同的推广结果；搜索结果首页左侧下方带有底色的"推广链接"位置，此处最多展现 4 条不同的推广结果，且与左侧上方前几条的推广展现的结果一致。②右侧推广位：搜索结果首页及翻页后的页面右侧，每页最多展现 8 条不同的推广结果，推广费用比左侧推广位的费用便宜。

2. 问答推广

问答推广，是一种以提问题和回答问题来做网站乃至产品推广行之有效的方法。目前最具有人气的问答社区主要包括百度知道和腾讯问问。问答推广的目的在于：提高流量，开发潜在顾客。其实施步骤主要分为注册 ID、选取关键词、设置问题、回答问题和结束问答五部分。问答推广方法和技巧见表 16-10。

表 16-10　问答推广方法和技巧

事　　项	技　　巧
提问方式	提问最好使用祈使句或疑问句
关键词使用	避免直接使用关键词
	提问标题里，可增加关键词密度
	回答问题里，可增加关键词密度
ID 使用	同一个 IP 不要在同一天注册多个 ID
	注册多个 ID 自问自答
	用多个 ID 轮流提问和回答
链接使用	发链接尽量不要发首页的网址
	每天发链接的个数最好只有一两个
	利用百度知道留自己的网站链接地址

资料来源：作者根据资料整理。

3. 百科推广

百科推广是利用百科网站这种网络应用平台，以建立词条的形式进行宣传，从而达到提升品牌知名度和企业形象等目的的活动。主流的有百度百科、互动百科、搜搜百科等，其中以百度百科的市场占有率最高。百科推广的目的在于：辅助 SEM，提升权威性，提升企业形象。百科推广的注意事项包括：①巧用编辑助手；②词条内容要有可读性；③内容中不能有广告信息；④培养账号的等级和通过率；⑤不能添加相关网站的链接和电话等链接方式，编辑内容要客观；⑥注意排版等。

4. 分类信息推广

人们主动去查询招聘、租房、旅游等方面的信息，对这些信息，我们称它为主动广告，也称分类信息、分类广告。分类信息推广是利用分类信息这种网络应用平台，以发布东西为主要宣传手段，从而达到提升品牌知名度和企业形象等目的的活动。分类信息推广的目的在于：直接帮助企业带来客户，提升产品销量，提升企业品牌知名度，提升信息的覆盖面，辅助 SEM 推广以及网站外链建设。分类信息推广的分类见表 16-11。

表 16-11　分类信息推广的分类

类　　别	举　　例
电子商务类	阿里巴巴、中国供销商、慧聪网等
网址导航类	hao123、雅虎、265、2345 等
分类目录类	站长目录、站长分类目录、云目录分、YY 分类目录等
企业黄页类	信息 114、中国黄页网、电信黄页、网络 114、全球黄页等
行业门户类	中国工业信息网、中国工业电器网等大型行业门户
生活信息类	分类信息站点：信息 114、百姓网、58 同城、赶集网等
同城小区类	中国小区网、17365 户邻网、口碑网、登道网、就爱分类网等
校园分类	零点校园网、国内资料网、阿里分分、同一校园网等

资料来源：http://baike.sogou.com/h88362.htm?sp=Sprev&sp=l60204813.

在利用分类网站进行推广时，应注意选择人气高、百度排名好、相关性强、流量大的平台和板块进行推广。同时，编写分类信息时应在标题、图片以及内容等方面注意从用户的角度出发。其次，在发布执行时，应区分自己发布、威客发布和群发软件之间的规则，并选择适合的方式。最后，在执行完推广后一定要通过曝光量、点击量、内容和费用等方面进行跟踪。分类推广步骤和相关技巧见表 16-12。

表 16-12　分类信息推广步骤和相关技巧

步　骤		注 意 事 项
选择合适的平台和板块	选择人气高以及百度排名好的网站发布信息	人气高的网站的访问量较高，百度排名好的网站也就是在搜索引擎中表现良好的网站。网友可以轻易地从搜索引擎上看到发布的信息，同时提高了宣传力度
	找相关性强、流量大的平台	平台相关，客户精准，效果才有保障。同时，找有品牌的全国平台，这些平台每天的信息发布数量很大，每天的用户搜索数量很大
	辅助网站优化、SEM 推广	找权重高的平台
分类信息的编写	准备标题	标题要符合用户搜索习惯。题目中要蕴含要推广的关键词。考虑客户的搜寻习性和关切点，最好将其融入题目中，标题字数 6 个较为合适
	准备图片	站在客户的角度，根据不同种类的客户，来准备相对应的图片。排版格式要清晰整齐，如果可以添加图片，会更有真实感
	准备内容	做到吸引客户电话咨询。内容也要有可信度，描述的内容要准确且有利于用户，并且信息要原创
	准备其他	准备用于推广的账户、电话号码、认证的资料等。留下 QQ、联系电话和官方网站等联系方式，方便用户咨询、沟通、求证并产生信任
发布执行	企业自己发布	需要注意每个平台的发布规则。适合少量发布。大量发布的话，需要一个专业的团队来执行或者委托威客发布
	威客发布	委托威客发布，需要自己提前做好准备，还需要表述清楚发布要求
	群发软件发布	群发软件的产出太低，软件只能辅助执行
跟踪效果	曝光量分析	无论是收费还是免费，首先要保证信息的曝光量。如果曝光量有保障，但是无询盘，我们需要分析点击量
	点击量分析	分析标题的写法，是否能吸引客户。如果点击量都高于同行平均水平，但是询盘还是太差，需要分析内容
	内容分析	内容表述是否跟标题相差很大，图片是否有明显的错误，电话是否有写错误，内容本身是否有问题，内容的核心要素是否都做到位
	收费服务分析	收费服务可以最快达到让目标客户看到我们广告的目的

资料来源：作者综合整理。

16.5 信息接收平台营销方法与技巧

1. 电子邮件推广

电子邮件推广常用的方法包括邮件列表、电子刊物、新闻邮件、会员通讯、专业服务商的电子邮件广告等。电子邮件营销 EDM（email direct marketing），是在用户事先许可的前提下，通过电子邮件的方式向目标用户传递价值信息的一种网络营销手段。电子邮件营销根据客户的业务情况，进行目标受众数据的筛选，设计策划有针对性的电子邮件方案，达到推广品牌、产品或服务的目的。

实现电子邮件营销有五个基本步骤：①让潜在顾客有兴趣并感觉可以获得某些价值或服务，从而加深印象和注意力，直到按照营销人员的期望，自愿加入到许可的行列中去；②当前在顾客投入注意力之后，应该利用潜在顾客的注意，比如可以为潜在顾客提供一套演示教材或流程，让消费者充分了解公司的产品和服务；③继续提供激励措施，以保证潜在顾客维持在许可名单中；④为顾客提供更多的激励从而获得更大范围的许可，如给予会员更多优惠，邀请会员参与调查，提供更加个性化的服务等；⑤经过一段时间后，营销人员可以利用获得的许可改变消费者的行为，也就是让潜在的顾客承认愿意购买其产品，只有这样才可以把许可转化为利润。

通过电子邮箱进行推广的技巧见表 16-13。

表 16-13　电子邮件推广的技巧

事　　项	技　　巧
邮箱收集	加入与推广产品相关的 QQ 群；会员招募；在进行会员招募时，要求会员填写邮箱等信息，即可对会员进行有针对性的推送
邮件内容	邮件的标题要简洁明了，用简洁的语言概括内容；邮件的内容要新颖，能够吸引眼球，但不要为了吸引眼球而生搬硬套，写一些与产品或是服务无关的信息；图片是必不可少的，图文并茂更有吸引力；最好不用附件的形式
邮件发布	时间、频率上要根据邮件的内容和面向的意向客户来定，发布方式上可以选择手动发或者软件发
邮件互动	当发布出去的邮件有人回复时，一定要注意互动，及时解答用户邮件中的疑惑。对于老客户，还可以在节日的时候发布邮件进行节日的问候，增加用户忠诚度，获得良好的口碑，从而达到邮件推广的效果

资料来源：作者综合整理。

2.LBS 信息推送

LBS 信息推送包括两层含义：首先是确定移动设备或用户所在的地理位置，其次是提供与位置相关的各类信息服务。意指与定位相关的各类服务系统，简称"定位服务"，另外一种叫法为"移动定位服务"系统。如找到手机用户的当前地理位置，然后在范围内寻找手机用户当前位置的宾馆、影院、图书馆、加油站等的名称和地址。所以说，LBS 就是要借助互联网或无线网络，在固定用户或移动用户之间，完成定位和服务两大功能。其目的在于协助地区商家推广，实体商家与社交网站结合，加强忠诚度。LBS 的推送模式可以分为休闲娱乐模式、生活服务模式、社交模式以及商业型模式四类。

|案|例|分|享|

提醒式信息对消费者网购意愿的影响

华东理工大学商学院景奉杰教授、重庆工商大学商务策划学院熊素红副教授等组成的研究团队，通过试验法检验在网上价格与实体店价格相差不大的临界情况下，提醒式信息如何影响消费者的网购意愿以及上述影响怎样受到性别、消费者调节聚焦的调节作用（熊素红，景奉杰，邱晗光，2014）。现将研究背景、过程及结果摘录如下。

1. 研究背景

在某款产品的网上价格与实体店价格相差不大的临界情况下，提醒式信息如何影响消费者的网购意愿以及上述影响怎样受到性别、消费者调节点的调节作用？①普通信息的情境。假定消费者考虑购买一款 iPad2（3G 版），通过仔细全面搜索、比较、看评价，选中了一家网上商店，售价是 4 388 元（包邮），同时了解实体店（苹果专卖店）中的价格是 4 688 元。现在请决定是在实体店（苹果专卖店）购买还是在这家网上商店购买（普通信息）。②提醒式信息情境。假定消费者考虑购买一款 iPad2（3G 版），通过仔细全面搜索、比较、看评价，选中了一家网上商店，售价是 4 388 元（包邮），同时了解实体店（苹果专卖店）中的价格是 4 688 元。如果在网上购买，用节约下来的钱还可以再买一个 iPad2 苹果原装保护套（286 元）。现在请消费者决定是在实体店（苹果专卖店）购买，还是在这家网上商店购买（提醒式信息）。

2. 研究过程

该论文在文献回顾基础上，提出三个假设：①在网店价格与实体店价格相差不大时，与普通信息相比，由于提醒式信息强调了从实体店购买可能遭受的损失，因此提醒式信息能提高中国消费者的网购意愿。②在网店与实体店价格相差不大时，性别会调节提醒式信息与网购意愿间的关系，即提醒式信息对女性消费者网

购意愿的影响强于男性。③在网店价格与实体店价格相差不大时，消费者的调节点会调节提醒式信息对网购意愿的影响，即对于提升调节点个体，面对普通信息与提醒式信息时，网购意愿相差不大，而对于防御调节点个体，相比于普通信息，提醒式信息会显著提高其网购意愿。同时，我们提出，在普通信息情况下，提升调节点个体的网购意愿强于防御调节点个体。

为了检验上述 3 个假设，作者团队设计了 2 个试验：试验 1 采用 2（信息：普通信息 vs. 提醒式信息）×2（性别：男 vs. 女）被试间试验设计。检验在网店与实体店价格相差不大的情况下，相对于普通信息，提醒式信息如何影响消费者的网购意向以及性别对以上影响的调节作用。试验 2 采用 2（信息：普通信息 vs. 提醒式信息）×2（调节点：提升调节点 vs. 防御调节点）被试间试验设计。再次检验在网店与实体店价格相差不大的情况下，提醒式信息如何影响消费者的网购意向，同时还会检验调节点对以上影响的调节作用。

3. 研究结果

针对防御调节点占主导的中国消费者，在网店价格与实体店价格相差不大的情况下，提醒式信息能增强消费者的网购意愿，但以上效果会受到性别与调节点的调节作用。即提醒式信息对女性的影响大于男性，提醒式信息对防御调节点个体影响更大。该研究对网店的营销实践启示在于：网店商家在信息设计或与顾客进行交互时，对消费者进行适时的提醒，可以利用提醒式信息提高网上购买的成交率，尤其以女性消费者为主要目标群体的网站，比如化妆品、女性服饰等网站可以大量使用类似于研究中所用到的提醒式信息。对于一些销售能带来防御好处产品的网站，由于浏览这些网站的消费者会自动处于防御调节点状态，此时，消费者对从网上购买的风险非常敏感，如果能

充分利用提醒式信息，可降低他们对风险的担忧，提高成交率。

资料来源：熊素红，景奉杰，邱晗光. 提醒式信息对消费者网购意愿的影响：扩展引力模型的面板数据实证检验 [J]. 经济经纬，2014，31(5): 103-108.

▶本章小结

　　本章中，作者通过整理新媒体营销相关知识，将信息发布平台大致分为门户网站、社交平台、信息查询平台以及信息接收平台四类，并针对其特点、操作方法和技巧进行了详细介绍。其中，门户网站主要介绍了企业官方网站、综合门户网站、电商网站的特点以及运营推广方式，社交平台主要介绍了官方博客、官方微博、微信公众号的注册、认证步骤以及其运营推广工具和技巧；信息查询和接收平台分别介绍了搜索引擎、问答、百科、分类信息网站和电子邮件、LBS 推送的操作技巧。通过本章的学习，学习者可了解信息发布平台的分类和异同，掌握一定的信息发布平台操作方法和技巧，并利用这些知识更好地开展新媒体营销。

▶课后习题

1. 请结合本章所学知识，列举每类平台特点，并找出对应的案例进行分析。
2. 星巴克企业发展战略向来注重数字媒体与社交媒体，并一直走在科技与时尚的前沿，身体力行打造新鲜时尚空间。请了解相关资料并用本章所学知识，判断星巴克采用了哪种或哪些信息发布平台操作技巧。
3. 2015 年 8 月，百度与康师傅带来了一次基于 LBS 技术的营销实验，实现了康师傅绿茶 4 亿次的品牌活动曝光，超过 1 087 万人参与其中。请了解相关背景并结合本章知识，总结康师傅营销技巧。

▶参考文献

[1] 黄橙. 企业微信公众平台"人格化"运营思路研究：以"夕又米"微信公众号为例 [J]. 新闻研究导刊，2016(11): 351.

[2] 贾莉，张光辉，林显颖. 基于 4C 理论的企业博客营销应用 [J]. 商业研究，2010(3): 57-61.

[3] 连枫. 中国门户网站的发展现状分析 [J]. 山西财经大学学报，2008, 11(1): 94-96.

[4] 赛迪网. 百度 + 康师傅绿茶引爆一场 LBS 技术营销的实验 [DB/OL]. http://www.ccidnet.com/2015/0819/10014152.shtml, 2015-08-19.

[5] 塞思·戈丁. 许可行销 [M]. 罗美惠，马勤，译. 北京：企业管理出版社，2000.

[6] 王建民. 网页设计 [M]. 长沙：湖南大学出版社，2006.

[7] 熊素红，景奉杰，邱晗光. 提醒式信息对消费者网购意愿的影响：扩展引力模型的面板数据实证检验 [J]. 经济经纬，2014, 31(5): 103-108.

[8] 杨隽，胡尧. 网页设计中企业网站信息的交互流程体验的引导功能分析：以"上海故事"为代表的家纺网站设计为例 [J]. 艺术科技，2013(12): 47-48.

[9] 曾小亮. 试析企业网站建设模式 [J]. 科技创新及应用，2016(31): 94.

[10] 周波. 基于 Web 标准的企业网站网页设计与实现 [J]. 电子技术与软件工程，2016(3): 18.

▶拓展阅读

[1] Ashley C, T Tuten. Creative Strategies in Social Media Marketing: An Exploratory Study of Branded Social Content and Consumer Engagement [J]. Psychology & Marketing, 2015, 32(1): 15-27.

[2] Cimbaljevié M. Social Media Marketing in Tourism and Hospitality [J]. Annals of Tourism Research, 2015, 15(2): 181-183.

[3] McCorkle D E, McCorkle. Using Linkedin in the Marketing Classroom: Exploratory Insights and Recommendations for Teaching Social Media/Networking [J]. Marketing Education Review, 2012, 22(2): 157-166.

[4] Zhu Y Q, H Chen. Social Media and Human Need Satisfaction: Implications for Social Media Marketing [J]. Business Horizons, 2015, 58(3): 335-345.

[5] 郭海礁 . 企业网站内容设计与艺术效果 [J]. 信息与电脑：理论版，2015(24): 9.

[6] 郭亦非 . 浅析微信公众平台的营销策略 [J]. 新闻世界，2014(8): 210-211.

[7] 刘念 . 星巴克中国的社会化媒体营销之路 [J]. 品牌，2015(9): 21-22.

[8] 李坦 . 自媒体微信公众号品牌营销策略分析：以"罗辑思维"为例 [J]. 濮阳职业技术学院学报，2016(6): 82-84.

第17章

社交沟通类互联网营销方法与技巧

今天开始，腾讯专心做社交，不碰其他平台。

——摘自 2016 年马化腾在贵州数博会开幕式的演讲

▶ 学习目标

1. 了解社交沟通平台的发展现状以及几种常用社交沟通平台的特点，学习 IM 推广、论坛推广、圈层推广以及链接推广方法。
2. 掌握利用多种社交沟通平台进行营销推广的操作步骤和技巧。
3. 具备利用多种社交沟通平台进行营销推广的能力。

案例导入

冰桶挑战风靡全球

2014 年，美国波士顿学院发起的 ALS 冰桶挑战（以下简称冰桶挑战）风靡全球。该活动主要以 Facebook、微博等网络社交平台扩散，要求参与者在网络上视频发布自己被冰水浇遍全身的内容，完成挑战后该参与者可以在网络平台上邀请其他人来参与此活动。同时，该活动规定，被邀请者可以选择在 24 小时内完成冰桶挑战，也可以选择为对抗"ALS"（肌肉萎缩性侧索硬化症，俗称"渐冻人症"，是一种因上运动神经元和下运动神经元损伤而导致包括头部、四肢、躯干、胸部、腹部的肌肉逐渐无力和萎缩的罕见疾病，被世界卫生组织定为世界五大绝症之一）捐出 100 美元。

数据显示，活动仅仅开始两周，冰桶挑战为美国 ALS 协会增加 20 多万名新捐赠者，

共计收到善款 1 560 万美元。2014 年 8 月，"冰桶挑战"活动蔓延到中国，"助力罕见病，一起'冻'起来"公益项目在新浪微博微公益平台上线，各界意见领袖纷纷参与。截至 2014 年 8 月 31 日，冰桶挑战的微博话题阅读量达到 44.8 亿，瓷娃娃罕见病关爱基金在微博公益平台上筹集善款达 730 多万元，达到去年该基金接受社会捐款额的近 5 倍。

冰桶挑战在全球范围内的风靡进一步彰显了互联网社交沟通平台的强大营销潜力。一方面，ALS 属于公众并不熟知的罕见病，因此其公益慈善活动对大众具有很强的吸引力；另一方面，将 ALS 这一严肃主题与"泼冰水"这一轻松主题相结合，满足了大众的猎奇心。

资料来源：作者综合整理。

本章首先介绍了社交沟通平台的现状及几种常用的社交沟通平台的特点，总结出不同种类的社交平台的使用技巧以及注意事项，为互联网营销实践提供帮助。

17.1 社交沟通平台营销方法与技巧

在互联网和网络社会的新时代，在线社交网络迅速成为一种流行的虚拟交流方式，它从根本上改变了人们之间的互动方式。个人越来越倾向于通过流行的虚拟社交网站或应用程序开发社交关系。总的趋势是，各类社交平台应用持续稳定发展，互联网平台实现泛社交化。一方面，综合性社交应用引入直播等服务带来用户和流量的增长；另一方面，针对不同场景、不同垂直人群、不同信息承载方式的细分平台进一步丰富，向创新、小众化方向发展（张志安，2016）。

1. 社交应用

目前，国内排名前三的典型社交应用（微信朋友圈、QQ 空间以及微博）均属于综合类社交应用。微信朋友圈、QQ 空间作为即时通信工具所衍生出来的社交服务，用户使用率分别为 85.8%，67.8%。微博作为社交媒体，得益于名人明星、网红及媒体内容生态的建立与不断强化，以及短视频和移动直播上的深入布局，用户使用率持续回升，达 37.1%，与 2016 年 6 月相比上升 3.1 个百分点。应用中，豆瓣作为兴趣社交应用的代表，用户使用率为 8.1%（张志安，2016）。具体参见表 17-1。

表 17-1 微信朋友圈、QQ 空间、微博交流属性与用户特征对比

	微信朋友圈	QQ 空间	微 博
交流属性	相对封闭的个人社区，分享的信息偏向朋友间的交互	介于两者之间	基于社交关系来进行信息传播的公开平台，用户关注内容倾向于基于兴趣的垂直细分领域
用户特征	用户渗透率高，除低龄（6~9 岁）、低学历人群（小学及以下学历）外，各群体网民对微信朋友圈的使用率无显著差异	五线城市网民、10~19 岁网民对 QQ 空间的使用率明显较高，产品用户下沉效果明显，更受年轻用户青睐	微博用户特征更为明显，一线城市网民、女性网民、20~29 岁网民、本科及以上学历网民、城镇网民对微博的使用率明显高于其他群体

资料来源：张志安. 互联网与国家治理年度报告（2016）[M]. 北京：商务印书馆，2016.

2016 年典型社交应用用户使用频率见图 17-1。

2. 意见领袖

意见领袖是指活跃在人际传播网络中，经常为他人提供信息、观点或建议，并对他人施加个人影响的人物。而社交沟通平台上的意见领袖，比普通网民拥有更多的信息资源和更优越的文化资本，在网络舆论中无疑拥有更大的权力。

（1）总体特征：调查显示，在意见领袖的用户分类中，名人认证占了 86.37%，说明话语权依旧掌握在具有现实社会资本的名人认证用户手中，话语权分配上呈现结构性不均。在地域分布上，北上广这类经济发达的城市占了意见领袖的一半以上，北京占比最多，为 39.31%，其次是广东 10.13%，上海则有 8.97% 的意见领袖。在性别分布上，男性占比 79.36%，远高于女性的 20.64%（张志安，2016）。具体参见表 17-2。

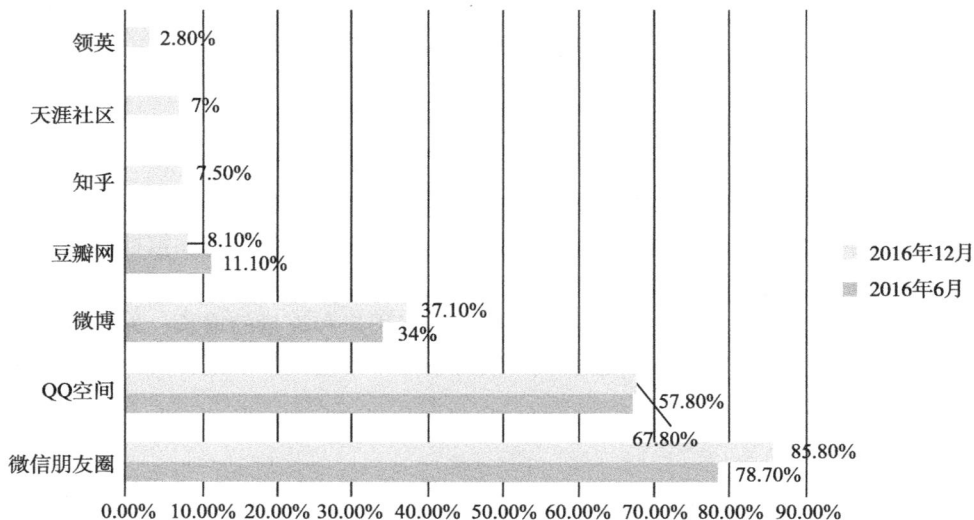

图 17-1 2016 年典型社交应用用户使用频率

资料来源：中国互联网信息中心．中国互联网络发展统计报告 [R]．北京，2017．

表 17-2 意见领袖总体特征

意见领袖认证类型		地 域 分 布		性 别 分 布	
名人认证	86.37%	北京	39.31%	男性	79.36%
达人用户	4.13%	广东	10.13%		
普通用户	9.50%	上海	8.97%	女性	20.64%
		其他	41.59%		

资料来源：张志安．互联网与国家治理年度报告（2016）[M]．北京：商务印书馆，2016．

（2）参与的话题和影响力特征：通过抓取 2015 年的热点事件，提取前 150 个热点事件并计算 1 886 名意见领袖对此的评价和转发量，统计后发现，意见领袖关注的前 150 个话题中首要的是国家和社会重大事件（时政类），特别是带"灾难"标签的事件影响，占 37%，其次是文化娱乐，占 23%，第三位是社会民生，占 17%。意见领袖参与最多的事件前十名的意见领袖参与数均在 500 以上，平均下来每个事件参与的人数为 780，而且少数的事件吸引了大量的注意力，意见领袖的参与对于事件的参与度呈现降幂的幂律特征（张志安，2016）。

（3）社会关系：意见领袖社会关系主要通过其群落来体现。目前，国内意见领袖群落呈现三大特征：①专业性认识是意见领袖的中坚力量；②商界人士、财经专家具备资本转化优势；③明星群体热度高但影响力弱，政治倾向明显的群体逐步扩大（张志安，2016）。

3. 营销技巧：以 QQ 为例

利用 QQ 社交平台做推广具有诸多优势。①精准、有针对性：不是所有的 QQ 用户都值得添加，"物以类聚，人以群分"，QQ 群更值得关注，在添加 QQ 群时需要搜索特定的关键字。例如，客户主要是大学生，那么班级群就是首要的搜索目标。②简单、易操作：

不需要学习什么新技术，一般年轻人都会操作；③低成本：基本上就是人工成本，不需要什么额外的投资；④适用范围广，几乎所有的产品和服务都可以通过 QQ 进行销售。利用 QQ 进行推广的步骤大致分为三步。①账号注册：QQ 昵称尽量使用真实姓名，这样能更容易让他人对此账号产生信任感。QQ 头像可以使用真人的照片，也可以使用企业的 LOGO，增加用户对品牌的印象。个人资料越丰富越好，这样能增加用户的信任感。②空间推送：QQ 空间的推送前提是好友足够多，能够把消息传播开来。可以用一些生动形象的图片来吸引用户的眼球，图片可以用九宫格的形式。也可以采用新奇的标题来提高顾客的关注。③加入 QQ 群：可以根据自己品牌的定位来用 QQ 群的查找功能精准营销，也可以任意加入 QQ 群进行广泛群发，这样保证覆盖面广，尽量避免了没有覆盖到潜在消费者的问题。

17.2　IM 推广方法与技巧

即时通信（instant messaging，IM）是一个终端服务，允许两人或多人使用网络即时地传递文字讯息、档案、语音与视频交流。常见的 IM 工具根据即时通信属性不同，按使用用途分为企业即时通信和网站即时通信；根据装载的对象又可分为手机即时通信和 PC 即时通信。利用 IM 进行推广具备一定的优势。

（1）互动性强：无论哪一种 IM，都会有各自庞大的用户群，即时的在线交流方式可以让企业掌握主动权，摆脱以往等待关注的被动局面，将品牌信息主动地展示给消费者。当然这种主动不是让人厌烦的广告轰炸，而是巧妙利用 IM 的各种互动应用，可以借用 IM 的虚拟形象服务秀，也可以尝试 IM 聊天表情，将品牌不露痕迹地融入进去，这样的隐形广告很少会遭到抗拒，用户也乐于参与这样的互动，并在好友间广为传播，在愉快的氛围下加深对品牌的印象，促成日后的购买意愿。

（2）营销效率高：一方面，通过分析用户的注册信息，如年龄、职业、性别、地区、爱好等，以及兴趣相似的人组成的各类群组，针对特定人群专门发送用户感兴趣的品牌信息，能够诱导用户在日常沟通时主动参与信息的传播，使营销效果达到最佳。另一方面，IM 传播不受空间、地域的限制，类似促销活动这种消费者感兴趣的实用信息，通过 IM 能在第一时间告诉消费者。

（3）传播范围广：大部分人上班后，第一件事就是打开自己的 IM 工具，随时与外界保持联络。任何一款 IM 工具都聚集有大量的人气，并且以高品质和高消费的白领阶层为主。IM 有无数庞大的关系网，其好友之间有着很强的信任关系，企业的任何有价值的信息，都能在 IM 开展扩散传播，产生的口碑远非传统媒体可比。

常见 IM 工具介绍见表 17-3。

表 17-3　常见 IM 工具介绍

分　类	介　绍
个人 IM	常见的如 QQ、微信、MSN 等。个人 IM 主要使用者为个人用户，具有非盈利性，通常以聊天、交友、娱乐为目的使用即时通信软件
商务 IM	以阿里巴巴贸易通、阿里巴巴淘宝版为代表。商务 IM 是为商用设计，以帮助企业、个人实现买卖目的，外企也可以利用它方便地实现跨地域交流。商务 IM 主要作用是便于商务联系或寻找客户资源，从而以低成本实现商务交流或工作交流

（续）

分　类	介　绍
企业 IM	企业 IM 一共有两种，一种是以企业内部办公用途为主，旨在建立员工交流平台；另一种是以即时通信为基础，系统整合各种实用功能，如企业通
行业 IM	行业 IM 主要局限于某些行业或领域使用的 IM 软件，不被大众所知，例如盛大圈圈，主要在游戏圈内盛行。行业 IM 也包括行业网站所推出的 IM 软件，如化工类网站推出的 IM 软件。行业软件，主要依赖于单位购买或定制

资料来源：张志千，肖杰，高昊，宋瑞芳．互联网营销 [M]．北京：知识产权出版社，2016.

1. 基本特征

IM 营销是网络营销的重要手段，是进行商机挖掘、在线客服、病毒营销的有效利器，是继电子邮件营销、搜索引擎营销后的又一重要营销方式，它克服了其他非即时通信工具信息传递滞后的不足，实现了企业与客户无延迟沟通。IM 最基本的特征就是即时信息传递，具有高效、快速的特点，无论是品牌推广还是常规广告活动，通过 IM 都可以取得巨大的营销效果。其特点可归纳为三类：①在线咨询及时解决问题，提高交易的可能性；②充当最优接触点和最综合营销平台角色；③病毒营销的助推器（刘亚，2014）。

2. 手机即时通信

手机即时通信主要经历从短信到彩信到飞信，最后到微信的变化过程，每一次改变都是人类交流沟通方式的重大变革，都有自己的价值。①短信：短信服务的问世，使得短信抽奖等手机营销手段逐步流行，企业在发展会员的同时会建立用户数据库，了解用户的习惯，准确有效地对用户进行短信的精准营销。当第一条短信息的提示音在手机上响起时，这条信息会成为一场移动即时通信界革命的开端。②彩信：2002 年，彩信的诞生同样也是一个飞跃性的变革，从静态到动态，从黑白到彩色，从抽象到具体，通过图片、视频等更加直观的展示方式，传达更大的信息量，吸引用户的目光，能全面传达企业形象和产品信息。在数字技术、网络技术迅速普及带来的媒介融合趋势下，成为传统媒体向新闻内容提供商转型的一次尝试。③飞信：随着移动通信智能终端的普及和移动通信技术的进步，2006 年年底面世的飞信，是中国移动进军移动互联网业务的开端，成为通信网和互联网融合的一个标志性产品。飞信保证了用户永不离线，实现无缝链接的多端信息接收，可随时随地为用户提供"移动通信＋互联网＋客户端"的综合性体验。④微信：2011 年 1 月，腾讯推出了一款通过网络快速发送语音短信、视频、图片和文字，支持多人群聊的微信。2017 年，微信用户达 8.89 亿，而且仍在加速普及中。企业通过 LBS、手机二维码、手机支付等一系列多媒体功能，与用户一对一地互动交流，并在任何时刻将信息最及时地传递给他们。微信的发展从传播级到交互级到平台级，已经不再仅仅是一个社交工具（刘亚，2014）。

3. 视频即时通信

目前国内流行的主要视频即时通信工具主要有 QQ、微信、新浪微博和陌陌等平台。例如，陌陌是北京陌陌科技有限公司于 2011 年 8 月推出的一款基于地理位置服务的社交应用程序。通过陌陌免费的智能手机客户端，用户可以向附近的其他用户发送免费的文字、图片和声音，以及当前的地理位置消息，也可以参与组群讨论或在当前位置签到。2017 年第一季度，陌陌净营收为 2.652 亿美元。

17.3　论坛推广方法与技巧

论坛推广是指企业利用网络交流的论坛平台，通过文字、图片、视频等方式发布企业产品和服务的信息，从而让目标客户更加深刻地了解企业的产品和服务。根据论坛百科描述，论坛推广主要具有以下优势：①利用论坛的超高人气，可以有效为企业提供营销传播服务；②专业的论坛帖子策划、撰写、投放、监测、汇报流程，在论坛空间提供高效传播，包括各种置顶帖、普通帖、连环帖、论战帖、多图帖、视频帖等；③论坛活动具有强大的聚众能力；④事件炒作通过炮制网民感兴趣的活动，将客户的品牌、产品、活动内容植入传播内容，并展开持续的传播效应，引发新闻事件，导致传播的连锁反应；⑤适用于商业企业的论坛推广分析，对长期网络投资项目组合应用，精确地预估未来企业投资回报率以及资本价值。

1. 推广步骤

论坛作为一种有效的推广阵地，其推广步骤分为 6 步。①收集整理论坛：对所收集的论坛进行分类整理，了解该论坛的人气以及主要用户的相关特点，为以后精准营销做准备。②账号注册：首先要保证账号真实可信，尽量保证账号资料的完整性，在用户名的使用上尽量用中文，少用英文和符号，以增强账号的可信度。另外，还需要注册部分马甲，利用马甲顶贴制造气氛，以吸引用户前来观看。③文章发布：找准论坛中所对应的板块，不需要在每个板块都进行推广，板块要与文章内容相对应，文章标题可以采用一些修辞手法使得其更能引发读者兴趣。④跟踪回访：主要是两项任务——发帖整理，将发帖的主题 URL 整理成文档存放；定期回访，回访主要是看帖子是否被删除、是否被加精等，如果有提问还需及时回复。⑤账号维护：培养高级账号，成为网络社区的舆论领袖，与论坛成员建立良好的互动关系，就有一定的知名度、信誉度、美誉度。⑥效果评估：评估以下数据——发布论坛数、发布主题数、删帖率、置顶率等。

2. 推广技巧

论坛百科中对利用论坛推广介绍了具体技巧。

（1）找准企业网站的目标论坛。论坛发帖不是哪个论坛都可以，目标论坛一定集中了大量的企业潜在客户，人气也相对比较旺，具备个人签名功能，提供链接功能，并且发帖后能够做修改。

（2）选择的帖子内容要存在争议性。发帖要注意选择具备争议性的内容，一面倒的帖子，不会让帖子受众产生回复和点击的兴趣。只有话题有争议、有看点、有热点，才会引发关注和点击。注意不要一味为了争议而争议，要与自己的产品和网站相关，不然再热的话题不能给网站增加半点流量也是枉然。

（3）从他人的热帖中为自己的帖子借力。想要自己的帖子很快赢得大量关注，并不是一件容易的事情。可以在论坛中，寻找一些回帖率很高的帖子，再拿到其他论坛进行转帖，并在帖子末尾加上自己的签名进行宣传或加上自己的广告进行宣传。其效果也非常不错。

（4）帖子内容分开发。在这个浮躁的社会，没有太多人有耐性去看一个长长的帖子，不论帖子内容多么有吸引力，都很难会有人耐下心去看一个长长的帖子。所以要学会把帖子进行拆解，把一个帖子的内容分成多个帖子，以跟帖的形式发，并且不要一次发完，分多次发，这样不仅让人们心存期待，同时也会为帖子增加人气。

（5）不管是在论坛进行发帖还是顶帖，都需要进行论坛信息的编写。在编写信息的时候，一般除了广告区或者灌水区，其他的板块是不允许发布广告的。这就需要企业在进行论坛信息发布的时候发布高质量的软文。同时，在论坛软文编写的时候也要注意一些技巧，首先是文章的标题，论坛中发布文章标题有字数限制。所以文章的标题不宜过长，而且应该一眼就能吸引用户关注。其次是文章的内容，应该围绕文章的标题展开，论坛里最好发布短篇幅的文章，如果是长篇大论也要分成多个短小的段落，这样用户在阅读的时候才不会感觉到视觉疲劳。

（6）利用好个性签名和图片。论坛推广的过程中，发帖和顶帖是主要的操作，但是除了发帖和顶帖，论坛推广要达到好的效果，还应该利用一切可以利用的因素，如个性签名。现在每个论坛都可以设置自己的个性签名，个性签名可以很好地利用，将企业的产品介绍编辑成一句简单的信息，设置成个性签名，也可以达到很好的推广效果。还可以加入利用的是论坛的头像，现在论坛都可以设置自己的头像，可以将企业的产品图片PS上企业的网站设置成论坛的图片，推广效果也是不错的。

（7）每天坚持发布信息并去顶帖。这需要企业用大量的人力和花费大量的时间去完成。企业在进行论坛推广的过程中，可以选择网络营销软件来辅助，SKYCC组合营销软件的论坛推广功能就很不错，可以实现自动发帖顶帖，效果也比较好。

（8）注重论坛互动。在进行论坛推广时，要主动互动，论坛本就是一个互动性极强的平台，在论坛中发帖，有人回复，可以及时进行引导，也可以经常去回复别人的帖子，这样才能达到更好的效果。

17.4　圈层推广方法与技巧

圈层推广就是在项目营销过程中，把目标客户当作一个圈层，通过针对他们的一些信息传递、体验互动，进行所谓的精准化营销。而在操作手法上，最普遍的就是做个品质鉴赏酒会、高尔夫球比赛、网球比赛之类的活动等。而现在时期圈层的文化生活，是能让业主获得精神归属感与内心荣耀感的活动。

1. 推广原则

圈层推广的操作原则主要包含三个方面：①目标客户圈层可分为内圈层与外圈层，而要通过圈层推广实现营销成长，必须内外联动；②推广应该延伸到产品价值构造阶段，准确地说也就是项目规划设计阶段，它应该协助完成价值构造，能够为目标圈层提供最适合其需求的产品；③方法应该更趋于整合，手段与资源更丰富，周期更长久，真正从引导客户需求的角度去发现契机，才能形成"圈层"的自我扩容、逐步升级和再复制能力，从而为未来积累更多的忠诚客户。

2. 推广步骤

①划准圈子。圈层营销讲究细分原则，企业会以受众本身的消费动机、消费心理、消费习惯、兴趣爱好、购买行为等为突破口，在多元性的人群中将他们的生活形态区分开来，从细节上将受众划分成不同的群体，寻找到符合自己企业和产品定位的目标人群。②寻找"代言人"。每个圈层中总会有具有影响力、好口碑、有知名度的人物，我们可称之为圈层

"代言人"。在营销过程中，首先可以邀请圈层"代言人"体验产品，令他们产生认知度；紧接着在圈层内部开展活动，请他们发表评论。"代言人"在这一环节所产生的影响和力量是不可估量的。③挖掘专属渠道。每个圈层获取信息的媒介和渠道都是不一样的，找出他们获得必要信息的来源渠道，然后针对核心渠道进行营销推广。企业利用这些渠道进行针对性传播，可以有效避免资源浪费，扩大宣传力度和影响力。充分利用圈层"代言人"，希望他们起到强化信息的传递作用，将他们对产品的评价和想法告诉圈层里的其他目标客户，从而起到扩大影响力和知名度的作用。④通过活动激发品牌效应。不同阶段目标圈层的生活模式、心理需求都是不同的，企业可以组织开展具有针对性的活动，聚集人气，激发品牌效应。在活动开展过程中，企业可以树立起自身的品牌文化，圈层内的消费人群容易产生品牌联想，从而让目标圈层产生认同感（张彬彬，2015）。

17.5 链接推广方法与技巧

链接推广是指通过收费或免费，将自己的链接发到别人的网站上去进行推广。一般来讲，链接推广主要包括和别人交换友情链接、广告链接和购买链接三种类型。例如，当网民在百度上搜索信息时，百度会在搜索结果页上返回 3 大类信息：①百度蜘蛛程序从互联网上收集来的相关信息，称为自然搜索结果；②付费的推广信息，网民每点一次推广信息，推广者就要支付百度一定的费用，以"推广"或加底色的"推广链接"标示；③阿拉丁平台作为百度开放平台的一部分，站长可以通过提交结构化优质数据，获得百度搜索结果页"即搜即得"的搜索展现，检索结果会以更加友好的方式进行展示。

1. 链接分类

目前，链接推广分为内部链接和外部链接两个方面：①内部链接指网站内部页面间的链接关系，反映了网站内部页面间的信任关系。网站所有者不但可以控制网站内部链接的对象，还能随意调整每个页面的导入、链接数量，从而控制页面的权重与相关性。②外部链接指本网站以外的链接，表达的是网站间的链接关系，反映了网站间的信任关系。

2. 推广步骤

在考虑使用内外部链接的时候应注意：①增加外链不是越多越好，每天一两条就够了，让搜索蜘蛛程序觉得正规自然。②跟别人交换链接时一定要用 Site，即对方网站网址，检查对方网站是否被谷歌和百度等搜索引擎收录，若未收录，请不要添加它的友情链接，因为也许这个站是被封杀过的，而且之后可能会带来不必要的麻烦。③交换友情链接时链接锚文字一定要用你网站的关键词。④一个页面上最多放 20 个友情链接，如果有更多，可制作一个更多的友情链接页面。⑤如果对方把你的友情链接页面放在 IFRAME 框架里，不要与它交换链接，因为搜索引擎根本抓不到 IFRAME 里的内容。⑥一定要定期检查你网站的友情链接，防止外链和作弊的外链。⑦外链最好放置于对方网站的头区（主导航区）、主区（正文内容里）、尾区（友情链接、次导航），其中主区正文内容效果最佳，其次是主区，最后是尾区。⑧做友情链接的时候一定要用文字链接，不要用图片链接，因为搜索引擎抓对方网站时根本抓不到图片链接（张志千，肖杰等，2016；百度研究院，2013）。

消费咨询网络中意见领袖的演化机制

武汉大学经济与管理学院黄敏学教授团队 2015 年在《管理世界》上发表了《消费咨询网络中意见领袖的演化机制研究：预期线索与网络结构》一文，分析了网络节点的信息创造和网络结构对于网络关系构建以及意见领袖形成的影响（黄敏学，王琦缘，肖邦明，王殿文，2015）。现将其研究背景和研究发现摘录如下。

1. 研究背景

以往针对意见领袖的大部分研究都是以社交网络为基础，其中意见领袖的形成往往依赖于其原有的社会资源和社会地位。但是在互联网虚拟环境下，还存在着与社交网络有着巨大差异的网络，在这里我们将其定义为消费咨询网络（advice network）。与传统社交网络相比，消费咨询网络最大的特点在于其网络关系是与现实生活相分离的，网络成员具有匿名性，之间互不认识，是一种生人关系（见表 17-4）。目前已经存在很多这样的网络，有线下企业自主打造的在线社区，如小米论坛；还有在线消费平台自创的社交网络，如淘宝中的来往、淘宝帮派；还有独立的第三方购物分享网站，如美丽说、蘑菇街等。

表 17-4　两种网络的比较

	社 交 网 络	消费咨询网络
连接类型	社会关系，如朋友、血缘等	流关系，关系代表了信息的流动
关系双方	相互认识，熟人关系	互不认识，生人关系
关系稳定性	关系较为稳定，变化较小	关系变动较大
网络活动	社会交互，信息分享	信息分享
成员需求	满足社交需要，获得情感支持	满足信息需求
产生的影响	规范性影响，信息性影响	信息性影响
例子	微信、QQ、Facebook 等	美丽说、蘑菇街、来往等

资料来源：黄敏学，王琦缘，肖邦明，王殿文. 消费咨询网络中意见领袖的演化机制研究：预期线索与网络结构 [J]. 管理世界，2015(7): 109-121.

在消费咨询网络中，信息的创造和供给是意见领袖的价值所在，也是其形成的核心要素；只有当意见领袖能够提供大量有用的信息时，其他节点才会对其关注，成为意见领袖的"粉丝"，由此而产生了意见领袖和信息之间的循环（见图 17-2）。

2. 研究发现

（1）创造和提供信息能够显著地提升关系构建的概率和关系数量的累积，从而推动意见领袖的形成。 在消费咨询网络中，从关注节点的角度看，他们之所以选择关注其他节点，是因为他们可以从自己所关注的节点那里获得所需要的有价值的信息。而从被关注节点的角度看，他们之所以获得了其他人的关注，是因

为他们成了一个有价值的信息源，有足够有质量的信息来吸引这些"粉丝"。这种信息贡献和网络关系构建的互动已经得到了一些实证研究的验证，一般而言用户发布的内容越多，与之建立关系的其他用户也越多；并且反过来，更多的关系也会激励网络内容的创造。更进一步来说，一些网络用户之所以会主动地无偿地向网络社区中贡献信息，一方面是因为有些人可以从这种信息分享行为本身获得乐趣；另一方面，信息分享也是网络用户在社区中进行自我形象构建的重要手段，这些信息往往会增加他们在社区中的声誉和影响力。例如某些新浪微博草根用户在成为"大 V"之前，他们并不具有知名度，但是通过提供大量的有价值的原

创性内容，他们成功地积累了属于自己的粉丝群体，成为这个群体的意见领袖。

（2）网络结构变量能够影响潜在关系的建立，进而影响意见领袖水平。 网络结构主要变量和其对领袖水平的影响主要包括：①偏好连接（preferential attachment）网络用户的已有关系越多，与之建立新的关系的就越多，意见领袖水平也越高。②相似性（similarity）。网络用户之间的相似性越高，建立关系的可能性也越大。③结构等价（structural equivalence）。网络节点间的结构等价会推动网络关系的建立，从而带来更高的意见领袖水平。④互惠性（reciprocity）。网络节点间的互惠性会推动网络关系的建立，从而带来

更高的意见领袖水平（见图 17-3）。

图 17-2　意见领袖与信息分享

资料来源：黄敏学，王琦缘，肖邦明，王殿文. 消费咨询网络中意见领袖的演化机制研究：预期线索与网络结构 [J]. 管理世界，2015(7): 109-121.

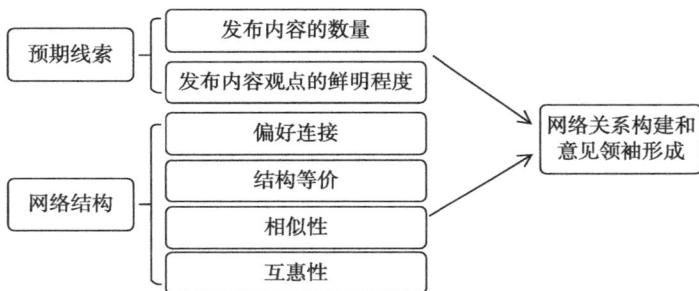

图 17-3　意见领袖形成模型

资料来源：黄敏学，王琦缘，肖邦明，王殿文. 消费咨询网络中意见领袖的演化机制研究：预期线索与网络结构 [J]. 管理世界，2015(7): 109-121.

▶本章小结

社交沟通平台的崛起是互联网技术发展的一个必然趋势，本章主要介绍了社交沟通平台的定义、发展现状及各个平台的比较，另外还普及了 IM、论坛、圈层、链接、资源等常见的社交沟通平台的推广方式和技巧，为企业或个人推广自己的产品、服务与品牌提供借鉴。

▶关键术语

IM 营销（instant messaging）

意见领袖（opinion leader）

论坛推广（BBS promotion）

链接推广（to promote links）

消费咨询网络（advice network）

偏好连接（preferential attachment）

相似性（similarity）

结构等价（structural equivalence）

互惠性（reciprocity）

▶课后习题

1. 结合本章知识，分析开篇案例。

2. 结合本章知识，论述意见领袖对社交沟通平台的影响。

3. 结合本章知识并查阅相关资料，归纳圈层推广的特点并举例说明。

▶参考文献

[1] So J C H, S Y Lam. Using Social Networks Communication Platform for Promoting Student-initiated Holistic Development among Students [J]. International Journal of Information Systems in the Service Sector, 2014, 6(1): 1-23.

[2] 百度研究院. 百度推广：搜索营销新视角 [M]. 北京：电子工业出版社，2013.

[3] 何梦婷. 新媒体时代下"微博围观"的力量：以"冰桶挑战"为例 [J]. 科技传播，2014(20): 134-142.

[4] 红米火爆的真相：非凡营销才是王道 [EB/OL]. http://www.admin5.com/article/20130812/519387.shtml, 2013-08-12.

[5] 侯远. 社交媒体助力公益营销：以新浪微博"冰桶挑战"为例 [J]. 新闻世界，2014(12): 122-124.

[6] 黄敏学，王琦缘，肖邦明，王殿文. 消费咨询网络中意见领袖的演化机制研究：预期线索与网络结构 [J]. 管理世界，2015(7): 109-121.

[7] 李洁. 国内不同社交媒体间的市场竞争研究：以 QQ 空间、新浪微博以及微信为例 [D]. 成都：电子科技大学，2015.

[8] 刘亚，王苑丞. 短信、彩信、飞信、微信四重奏：论手机即时通讯的演变及广告发展趋势 [J]. 新闻世界，2014(1): 103-104.

[9] 张彬彬，段嵘. 探讨圈层营销在"泛90后"群体中的实践应用 [J]. 现代装饰：理论，2015(9): 289-290.

[10] 张志安. 互联网与国家治理年度报告（2016）[M]. 北京：商务印书馆，2016.

[11] 张志千，肖杰，高昊，宋瑞芳. 互联网营销 [M]. 北京：知识产权出版社，2016.

▶拓展阅读

[1] Haas T. Avoid the Social Networks: A Mobile Communication Platform Should Provide a Secure, Efficient Workflow. [J]. J Miss State Med Assoc, 2015, 56(1): 19-20.

[2] Han G, J Zhang. New Communication Platform, Message Valence, and Health Risk: Does Social Networking Media Matter in Understanding Painkiller Use [J]. Journal of Consumer Health on the Internet, 2015, 19(3-4): 161-183.

[3] Karyagin M. Russian Large Cities Authorities' Pages in Social Media: A Platform for Expert Communication? [M]. Springer International Publishing, 2016.

[4] 陈娟，钟雨露，邓胜利. 移动社交平台用户体验的影响因素分析与实证：以微信为例 [J]. 情报理论与实践，2016, 39(1): 95-99.

[5] 王斌，戴梦瑜. 社交平台以用户为导向的对外传播模式：中国日报 Facebook 新闻生产分析 [J]. 新闻与写作，2017(3): 31-36.

[6] 赵文兵. Web2.0 环境下在线社交网络信息传播仿真研究 [D]. 南京：南京大学，2013.

第 18 章

在线娱乐类互联网营销方法与技巧

未来中国娱乐生活将进一步向线上化、沉浸化、IP 化方向发展。线上娱乐和交互体验将不断提升，人们将不再只是旁观者，而是参与者。

——摘自爱奇艺创始人兼 CEO 龚宇在 2016 年《南方周末》年度人物颁奖典礼上的发言

▶ 学习目标

1. 了解各类在线娱乐平台的特点及运作方式。
2. 能够运用网络视频、网络游戏、电子书、图像、软文、直播平台等媒介实现营销目标。
3. 在实际中能够为企业制定基于网络娱乐平台的营销策略。

案例导入

金龙鱼联合名人试水直播营销

2017 春节前夕，金龙鱼公司邀请沈腾、马丽，策划了一档年夜饭直播。整个活动以"沈腾、马丽升级年夜 FUN"为线索。沈腾、马丽小品话剧的功底扎实，大段毫无违和感的广告植入，不仅没有被网友嫌弃，而且在赢得网友哈哈大笑的同时，也让金龙鱼品牌显得更可靠更亲切。

这场年夜 FUN 直播在取得视频累计播放量 3 221 万成绩的同时，也同步成为社交热门话题。在这场直播活动中，金龙鱼天猫店 15 分钟内售罄 3 万瓶产品，推广前后一周对比 2016 年同期销量有明显增长。累计视频播放量 3 221 万，视频点赞 5 739 万，在线峰值 276 万，微博话题量 #沈腾马丽给你买单 #1 866 万，分众传媒播放曝光量 5 000 万 +。

明星直播带来的商业效果显而易见，但也出现了质疑的声音。例如，有人质疑电商直播，将其评价为"网络版的电视购物"；也有人认为，直播的转化率有限，所以不会成为主流；再有人提出，内容的产出和传播是一种比较有效的营销手段，但并不能彻底改变电商的销售模式。

资料来源：作者综合整理。

本章内容主要介绍基于互联网娱乐平台的营销，包括网络视频营销、视频游戏营销、电子书及电子杂志营销、图像营销、软文推广以及时下最火的直播平台及网红营销。通过对本章的学习，能够了解如何根据不同的网络娱乐平台，选择合适的工具及策略，制定相应的营销策略，最终达成预期的营销目的。[⊖]

18.1 网络视频营销方法与技巧

1. 定义

网络视频是视频网站提供的在线视频播放服务，主要利用流媒体格式的视频文件、可以在线直播或点播的声像文件。目前主要的文件格式是 flv。YouTube 是全球著名的视频网站，可供用户上载观看及分享短片，并造就网上名人，激发了网上创作，目前已经成为世界上访问量最大的视频博客类网站。

网络视频营销是指通过数码技术将产品营销现场实时视频图像信号和企业形象视频信号传输至 Internet 网上，企业将各种视频短片以各种形式放到互联网上，达到一定宣传目的的营销手段。网络视频广告的形式类似于电视视频短片，平台却在互联网上。"视频"与"互联网"的结合，让这种创新营销形式具备了两者的优点。视频营销发展三趋势：品牌视频化（品牌广告通过视频展现出来）、视频网络化、广告内容化（一个广告成为一个电视节目或电视节目的一个重要组成元素的时候，或者成为一个剧情纽带的时候，大家就愿意去看了。它的一种主要方式是植入式广告）。

2. 网络视频营销的模式

网络视频营销包括以下模式：①制作企业宣传片和产品宣传片，传播品牌，促进产品营销；②在电影、电视剧中植入企业产品信息等，达到宣传效果；③视频贴片广告，在视频片头、片尾或插片播放的广告，以及背景广告等；④视频病毒营销，借助好的视频广告进行无成本的互联网广泛传播；⑤UGC 模式，即用户产生内容；⑥视频互动模式，类似于早期的 FLASH 动画游戏；⑦视频互动线上游戏，例如，利用"听话的小鸡"来推广新的鸡块快餐。

关于网络视频营销，需要注意以下几点。

（1）网络视频兼具视频的感染力强、形式内容多样以及互联网的互动性、传播性等优势，传达企业信息更加清晰直观。网络视频广告营销，不是盲目地选择受众广的视频网站，而是要多方媒介相结合，这样才能达到既定的营销目标。

（2）门户网站首页位置的广告位价格相对较高，因此选择平台时一定要选择与行业相关的或是地域性的门户网站，最大限度地将流量转化为咨询量。而网站首页视频广告最好采用弹出广告模式，并且广告时间要精短，控制在 5 秒以内，最快最直接地表达出广告诉求。

（3）在视频加载之初播放的视频广告，通常 10 秒到 30 秒之间，跳出率最低，并且可以完整地播放企业视频广告，这期间的广告要更加注意趣味性，完整表达广告诉求。

（4）行业视频企业软广告，这是成本最高也是效果最明显的视频广告，跟行业专家或是相关团队结合，制作行业相关视频，将企业广告植入视频中。也可以推广行业知识为前提，将企业软广告传达给用户。相对于硬性的视频广告，此类软性行业视频广告目标客户

⊖　根据章末参考文献综合整理。

更加精准，营销效果也更突出。

3. 网络视频的制作

网络视频的制作分为如下步骤：视频内容构思—剧本创作和故事板设计—角色派定—特定外景或内景拍摄—拍摄—图形—剪辑—压缩和格式转换—上传。

对视频的编辑是整个流程中重要的一环，需要注意以下两点：①选择自己所擅长的视频编辑软件，或者在网上快速下载一个。找到保存好的视频直接拖入或者利用导入功能导入到编辑器当中进行处理。②根据自己喜欢的片段或者效果来调试，直到自己满意后点击完成即可。在本地找到编辑后的视频上传到自己的社交平台。

4. 网络视频的传播

网络视频的传播有两种渠道，分别是视频网站传播和自媒体传播。

视频网站传播分为两大类，即以优酷、土豆、酷6等为代表的 UGC（社区网络、视频分享、博客和播客等形式）视频网站；另一类则是以悠视网、PPLive、PPS 为代表的 P2P（点对点的下载、观看方式）视频网站。

自媒体传播平台包括 Facebook 、Twitter 、微信、新浪微博、腾讯微博、人人网等。

5. 网络视频营销的反馈表现形式

（1）点击率。"点击率"来自于英文"click-through rate"（点进率）以及"clicks ratio"（点击率），是指网站页面上某一内容被点击的次数与被显示次数之比，即 clicks/views。它是一个百分比，反映了网页上某一内容的受关注程度，经常用来衡量广告的吸引程度。

点击率的计算方法为：点击率＝视频点击数÷网站访问数。例如，如果该网页被打开了 1 000 次，而该网页上某一视频被点击了 10 次，那么该视频的点击率为 1%。

（2）转发量。转发量是指一个视频在各种平台上被再传播的次数。对于转发量的统计，一般的平台上都会直接有显示，较容易掌握。

6. 网络视频营销经典案例

在中国，第一个利用网络视频做营销的案例似乎已经不可考，但百度的"我知道你不知道我知道你不知道我知道你不知道"的"唐伯虎"视频宣传片，则应该属于早期非常有名的视频营销案例之一。

这个视频的完成和开始传播的时间大致是在 2005 年的第三季度，此时 YouTube 刚成立一年不到，更遑论中文的视频网站。但这段视频流传得很广，当时主要的传播渠道是通过 BBS。

"唐伯虎"是一段非常草根的视频短片，主角看上去是一个周星驰版的唐伯虎，利用中国经典断句难题"我知道你不知道我知道你不知道我知道你不知道"，狠狠地嘲弄了那个只晓得"我知道"的老外。最终老外吐血倒地，一行大字打出：百度，更懂中文。

稍微接触过两大搜索引擎的人都可以看出这段视频是对 Google 的嘲弄。这个通常无法在电视渠道播放，而且画面模糊的短片，它所产生的病毒化绝对是传统的电视广告无法想象和做到的事情：百度"唐伯虎"系列没有花费一分钱媒介费，没有发过一篇新闻稿，从一些百度员工发电子邮件给朋友和一些小网站挂出链接开始，只用了一个月，就在网络上至少超过 10 万个下载或观赏点。至 2005 年 12 月，已经有近 2 000 万人观看并传播了此片（还不包括邮件及 QQ、MSN 的传播），而且，这种沟通不像传统的电视广告投放那样是夹杂在众多的广告片中的，所有的观看者都是在不受任何其他广告的干扰下观看的，观看次数不受限制，其深度传播程度亦远非传统电视广告可比。

18.2 游戏化营销方法与技巧

1. 定义

游戏化指的就是利用从视频游戏中借鉴的科技手段来吸引顾客。把在游戏中机械的娱乐应用在非游戏应用中，特别是在对消费者具有导向作用的网站中，促使人们接受并激励他们使用这些应用，同时争取激励使用者沉浸于与此应用相关的行为当中。游戏化的目的就是使使用者更多地沉浸于上述行为中，利用游戏本身的这个特点，使人们主观地沉浸于此。游戏化作品借助技术使其更吸引人，并通过鼓励期望的行为，利用人类心理上的倾向使人们参与到游戏中。

游戏化营销是指在电子游戏和网络游戏发布品牌信息，把游戏作为产品和品牌推广的平台。品牌嵌入到电子游戏中时，消费者在娱乐中和品牌不停地互动，游戏里的广告却经常被游戏玩家"主动地"看很多次，因而消费者和品牌联系更为紧密。比如很多汽车公司把品牌标志放到赛车游戏中，使游戏玩家虚拟地开着这些公司的车。

2. 游戏化营销的基本分类

（1）按植入游戏广告载体分类：①一般网游植入。包括多人在线网游植入，例如《街头篮球》中的围场赞助牌，李宁与《梦幻西游》的合作，Nike 与《街头篮球》的合作；游戏平台植入，例如三九感冒灵在 QQ 游戏平台的植入；网页游戏植入，例如卡夫饼干在《奥比岛》中的植入。②社交游戏植入，例如马自达植入《宝石迷阵》，可口可乐植入 Restaurant City。③ APP 游戏植入，例如手机淘宝、乐淘网等在《愤怒的小鸟》中植入。

（2）按定制游戏广告方式分类：①自建带有社交功能的迷你网页游戏，例如奔驰 smart "玩转圣诞岛"游戏、雅诗兰黛"邂逅 NO.1"游戏。②与其他媒体平台合作开发社区游戏，例如中粮与 MSN 合作定制的"中粮生产队"。③手机等移动终端游戏定制，例如宝马 MINI 推出 Getaway。

3. 游戏化营销的基本方式

游戏化营销的方式多种多样：①品牌联合，强强联手。②刺激品牌神经的促销。③形象化的品牌植入。通过游戏中的游戏元素，如道具、场景来对品牌进行曝光。如耐克在游戏《超级跑跑》中的路牌展示。④有趣好玩的道具植入。⑤有竞技娱乐感的非玩家角色与任务植入。通过任务的发布，以及奖励的促进，促使游戏内的玩家对品牌以及产品从不了解到完全了解，如李宁在《梦幻西游》中植入了相关的提问。⑥利用人际传播的定制化游戏社区。在游戏中为品牌定制如会员俱乐部、游戏公会等玩家社团，非常适合快消品牌的社区化营销。⑦不仅要自己玩，还要大家一起玩。品牌通过冠名赞助游戏中的竞技赛事，从而达到推广的目的，并且可以将线上的游戏赛事拓展到线下的特定场所。⑧为玩家量身裁衣的定制化游戏。完全为品牌度身定制，是深入的营销合作方式，但该方式同样风险较高，大多数品牌并不具备运营游戏的经验，需要专业的公司帮助其运营和推广。

18.3　电子书营销方法与技巧

1. 定义

电子书又称 e-book，是指以数字代码方式将图、文、声、像等信息存储在磁、光、电介质上，通过计算机或类似设备使用，并可复制发行的大众传播体。主要类型有电子图书、电子期刊、电子报纸和软件读物等。

电子书营销是指某一主体（个人或企业）以电子信息技术为基础，借助电子书这种媒介和手段进行营销活动的一种网络营销形式。企业或者站长、网店主可以通过制作实用电子书并嵌入广告内容，然后发布供人免费下载这种方式来传递产品或者网站信息。电子书营销主要分为以下两类：①企业制作电子书。电子书的内容，一般以企业产品、企业服务为核心制作。例如札萨狼酒制作的电子书，电子书中的内容包括了酒文化、狼人文化、我和酒的故事、札萨狼酒介绍等。②通过电子书发布公司产品或服务广告。例如，家装企业业之峰在新浪电子杂志《精品阅读》的封面和封底做广告。

2. 电子书营销的步骤

电子书营销的前提是学会制作电子书，而常用的电子书制作软件包括以下几种：①软景 HTML 制造机；② WebExe1.55；③ eBook Workshop1.4；④ eBook Edit Pro 3.31；⑤ Web-Compiler 2000；⑥ eBook Pack Express。电子书的制作流程分为五步，分别是选题—资料的收集与校对—设计—制作—打包。电子书营销可以委托专业公司制作电子书，或委托专业公司发布并推广电子书。

3. 电子书营销的优势

（1）比平面广告（包括传统和网络）更自由更便宜。平面广告尤其是网络平面广告一般只能显示一行字或一张图，能展示的内容相当有限，而且大型网站动辄一天上万的价格；而电子书则对广告的内容和形式基本没有限制，可以完全自由定制文字内容和配图，同时加强了读者的阅读体验，电子书营销的投资费用远低于其他宣传费用，只需一次性投入几千元就能带来非常稳定的有效客流量，如果与搜索引擎营销相结合效果更好。

（2）比电子邮件营销更精准。电子邮件营销漫无目的群发邮件往往造成客户厌恶，如今邮箱服务商对付垃圾邮件的技术已经越来越强，邮件营销的效率也越来越低。电子书都是被目标客户主动下载的，而且企业产品信息和电子书内容高度融合，目标客户很容易自然接受，因此目标客户的转化率高于邮件营销。

（3）比广告联盟更有效。广告联盟很多，但 CPC（按关键字点击效果付费）模式存在问题，客户容易被误导，不但没有获得实际的营销效果，还容易招致客户把受骗的原因认定到企业网站。而电子书营销是以传播知识为主体，告诉客户他们最需要的企业信息，因此客户在接受了企业信息之后会感激企业。

18.4　电子杂志营销方法与技巧

1. 定义

电子杂志营销是指利用电子杂志为载体的一种营销方式。

电子杂志又称网络杂志、互动杂志。可以呈现出丰富的多媒体影音互动效果，是传统平面杂志功能增强与数位化的替代品，通常为数位格式的档案，使用者可以透过网页浏览器，进行线上阅读或是下载观看。目前已经进入第三代，以 flash 为主要载体独立于网站存在。电子杂志是一种非常好的媒体表现形式，它兼具了平面与互联网两者的特点，且融入了图像、文字、声音、视频、游戏等互动结合来呈现给读者。此外，还有超链接、及时互动等网络元素，是一种很享受的阅读方式。电子杂志延展性强，可移植到 PDA、MOBILE、MP4、PSP 及 TV（数字电视、机顶盒）平板电脑等多种个人终端进行阅读。

2. 电子杂志营销的步骤

常用的电子杂志制作软件包括：①名编辑电子杂志大师；② Zmaker 杂志制作大师；③ PocoMaker；④ PChome 电子杂志制作工具；⑤ poco 电子杂志生成器。电子杂志的制作流程分为：策划—收集并整理材料—制作—生产杂志、修改、保留源文件。电子杂志营销可以委托专业公司制作电子杂志，或委托专业公司发布并推广电子杂志。

3. 电子杂志营销的发展趋势

随着社会的发展和科技的进步，电子杂志的形式和内容将进一步丰富和完善，电子杂志的发展将呈现以下几个方面的趋势。

（1）与计算机技术、网络和通信技术的联系更加紧密。随着电子杂志数量的增加，势必要提高搜索能力，以满足用户快捷获得全面信息的需求。减少阅读麻烦、培养阅读习惯、实现内容增值，这一切需求的实现都有赖于技术的不断发展与改进。因此，加强与计算机技术、网络和通信技术的联系，将是电子杂志发展趋势的一个重要方面。

（2）与传统媒体呈融合态势。电子杂志虽然对传统媒体的广告和主流受众进行了分流，但也为传统媒体增加了新的发行渠道。一方面，传统媒体可以利用电子杂志进行原有资源和品牌的延伸；另一方面，电子杂志也可以利用传统媒体强大的品牌优势及内容资源，带动电子杂志对目标人群和广告商的吸引力。

（3）盈利模式向多元化方向发展。目前，对电子杂志的收入来源，普遍认为有广告和收费阅读两种方式。作为一种新媒体，电子杂志需要有自己独特的盈利模式。电子杂志与传统媒体相比，有着众多的差异点：①传统媒体是大众媒体，具有公共产品的性质；而电子杂志的针对性较强，它可以通过技术手段、传播模式等方式实现向特定受众的信息传播。②在传播内容上，传统媒体主要以平面文字、图片、广播声音、电视节目等有限的内容形式对受众进行传播；而电子杂志不仅吸收了传统媒体大部分的内容表达形式，还根据互联网、无线通信网络的特点融合了多媒体、动画、互动技术、数字内容等多种创新形式。③在传播方式上，传统媒体是链式、拼接式、有分工、有惰性的渠道，信息反馈过程比较复杂；电子杂志则是网式一体化、全能的、活性的渠道，信息反馈及时便捷。④传统媒体是典型的"一点到多点"的单向信息传播模式，电子杂志则可以实现 P2P"多点到多点"的信息传播。正是由于电子杂志有着与传统媒体如此多的不同，所以应该积极拓展电子杂志的多元盈利模式。

18.5　图像营销方法与技巧

1. 定义

图像是具有视觉效果的画面，它包括纸介质上的、底片或照片上的，以及电视、投影仪或计算机屏幕等载体形式，其存储格式包括 BMP、GIF、JPEG、PSD、PDF 等。利用图像进行营销，主要方式包括：以企业或者产品为核心制作宣传图像，进行推广；在其他图像中植入企业或产品信息。

2. 图像营销方法

常用的图像处理软件包括：① CorelDraw；② Photoshop；③光影魔术手；④ Ulead GIF Animator。图像处理基本流程包括：图像压缩—增强复原—匹配、描述、识别。图像营销可以委托专业公司制作图像，或委托专业公司发布并推广图像。

18.6　软文推广方法与技巧

1. 软文推广概述

软文推广是指以文字形式对所要营销的产品进行推广，来促进产品的销售。软文推广分为狭义与广义两种，狭义的是指企业花钱在报纸或杂志等宣传载体上刊登的纯文字性的广告。这是早期的一种定义，也就是所谓的付费文字广告。广义的是指企业通过策划在报纸、杂志、DM、网络、手机短信等宣传载体上刊登的可以提升企业品牌形象和知名度，或可以促进企业销售的一些宣传性、阐释性文章，包括特定的新闻报道、深度文章、付费短文广告、案例分析等。

2. 软文分类

软文分类有以下几种方法：①按体裁分类，可分为文章体裁和文学体裁。②按软文内容特点分类，可分为新闻类、故事类和科普类。③按软文的主要行动目标分类，可分为产品类软文、服务类软文、品牌类软文和公关类软文。

3. 软文撰写技巧

（1）软文开头的常用写法包括：开门见山、情境导入、应用名句或自创经典话语、巧用修饰。

（2）软文正文布局的技巧包括：悬念式、抑扬式、穿插回放式、片段组合式、并列式、正反对比式、层递式、总分总式。

（3）软文结尾的常用方法包括：自然收尾、首尾呼应式、点题式、名言警句式、抒情议论式、余味无穷式、请求号召法、结尾展开联想、祝福式。

（4）软文推广平台包括：问答平台软文发布、论坛软文发布、博客软文发布、微博软文发布、微信软文发布、新闻发布、分类信息软文发布。

4. 以淘宝为例的软文写作

淘宝网是当下亚洲最大的购物网站，它的创立和发展极大地增加了网上购物的人数。数据显示，每天有将近 900 万人上淘宝网"逛街"。随着淘宝网不断丰富营销手段、增加营销额度、扩展经营项目，极大数量的淘宝网用户变得越来越离不开它，而淘宝网也成为很多人生活的基本要素之一。淘宝网的发展和目前的状态吸引个体、企业、商圈等争相加入其中，各类商家为使产品得到良好的宣传，除了普通的广告推广以外，软文也成为各种商家宣传其产品的重要途径。

（1）标题直接明确有吸引力，让受众一目了然。在淘宝网中，一个好的标题往往能获得更多的点击量。例如，淘宝网中同是针对男性受众的两篇软文《帅即是正义，长外套打造最强男友力》和《男士生活方式顾问：那些E想不到的时尚故事》。这两篇都是试图通过指导男性受众穿衣搭配和提升男性生活品质的方式，从而宣传其中提到的产品。这两篇软文出现在同一个页面之中并且位置挨着，但这二者取得的效果完全不同。前者获得5.5万的阅读量，277的点赞量。而后者仅仅有4 433的阅读量，只有26个人点赞。分析原因，前者运用了"帅"和"最强男友"这两个关键词，这恰好与男性受众想通过外貌衣着的改变来吸引女性注意的想法不谋而合，因此这就是该标题成功之处。相比较之下，第二篇文章的标题取得平平无奇，没有吸引受众注意力的关键词，也没有直接表现出文章重点。因此，从软文的标题可以看出，一个好的标题是软文成功的关键所在。

（2）内容简洁引人入胜，逐步引导受众的购买欲。如果说标题是吸引受众阅读软文的关键，那么内容就是吸引受众购买产品的决定因素。淘宝网中传播的软文篇幅往往不会太长，毕竟淘宝是一个购物网站，受众不会花太多时间在阅读文章上。因此，软文内容的质量就显得极其重要。通过分析发现，在淘宝网中，软文的内容大多都很简洁，没有过多的解释和赘述，很直接地表达中心思想。同时，软文内容有很强的引导性，通过简洁的文字一步一步增强读者的欲望，直到促使受众想要购买软文中潜在宣传的产品。软文作者懂得利用读者的心理，通过文字激起读者的感性理念，让读者先喜欢上软文宣传的产品，最后成功购买。

（3）图片真实特点明确，突出产品特点和优势。淘宝网软文中的图片，是为了让受众对文章想表达的意思有更直观的理解而专门设置的。适当地添加图片，会为文章锦上添花。一般软文中附带的图片都是真实的图片，其产品也都是可以通过淘宝店铺购买到的真实产品，而且大部分都是店铺的主打产品。在大多数软文中，图片都是与文字紧密相关的，而这相互呼应，文字为图片做了良好的解说，而图片更直观地展示出文字的内容，能够更好地突出产品的特点和优势，让受众一目了然。图片上展示出的商品如果符合受众的审美和需求，能够扩大交易量，从而更好地发挥软文传播的效果。

18.7 "直播 + 网红"营销方法与技巧

1.定义

（1）直播，确切说是UGC直播，即主播通过录屏工具或手机在互联网平台上实时进行表演、玩游戏、与观众互动等。其以普通用户自发产生内容为基础，引发人与价值内容的关联、人与人的关联、人与商业的关联，最终为UGC供应商产生商业价值。

2016年中国大陆提供互联网直播平台服务的企业超过200家。另据Credit Suisse估计，2016年中国直播市场的总量超过了250亿元。这无疑是一个庞大的市场，也因此吸引了资本的疯狂进入。仅在2016年下半年，就有包括熊猫直播、触手TV、斗鱼直播等视频直播平台宣布获得过亿元融资，估值更是纷纷达到数十亿元人民币，资本中不乏腾讯、阿里、360、小米、新浪、网易等互联网巨头。

（2）直播 + 营销。网红直播的经济价值成功吸引品牌关注，很多品牌、平台以"网红直播"为突破口对直播营销进行新一轮探索，开启直播变现的新模式。直播有以下几点优势：①在互联网媒体基础上，融入了"传统媒体"的特色，分散在各处的注意力，通过各种造势手段，被吸引到某一个平台，于某一个时段聚焦，营销效果不言而喻。②让品牌、营销、用户、交易和社区更加连贯。例如，在直播平台开发布会，面向海量用户传播品牌特性，且边看边买，社交也不存在任何问题。

"直播 + 网红"的根源得追溯到 YouTube、Facebook 和 Instagram 这些平台。YouTube 在 2007 年时推出了 YouTube partners，针对内容产生的广告收益，YouTube 拿走 45%，而剩余的归内容创造者所有，很多人开始在 YouTube 上建立自己的频道，凭借曝光建立知名度并因此获得其他的变现机会。美国网红很快如雨后春笋般冒出，目前变现能力最强的网红基本都是从 YouTube 起步。从这个角度来看，网红和直播天然共生。

2. "直播 + 网红"的营销类型及应用实例

（1）品牌 + 直播 + 明星。明星向来自带流量，品牌要想增加试水直播的安全系数，当然首选明星站台。在第 69 届戛纳国际电影节中，欧莱雅在美拍的 #零时差追戛纳# 系列直播，全程记录下了巩俐、李冰冰、李宇春、井柏然等明星在戛纳现场的台前幕后，创下 311 万总观看数，1.639 亿总点赞数、72 万总评论数的各项数据。带来的直接市场效应就是，直播 4 小时之后，李宇春同款色系 701 号 CC 轻唇膏，欧莱雅天猫旗舰店售罄。当然不只是欧莱雅，媒体方也看中了直播的粉丝效应，包括 ELLE 杂志、PCLADY 等时尚媒体也纷纷同步跟进直播现场。

（2）品牌 + 直播 + 发布。不论是乔布斯时代的苹果发布，还是罗永浩的锤子发布，直播品牌发布都足够让众多粉丝守候在屏幕前。而直播平台上的发布大不相同，地点不再局限于会场，互动方式也更多样和有趣。2016 年 5 月，小米抛弃御用的发布会场地——国家会议中心、新云南皇冠假日酒店，第一次举办了一场纯在线直播的新品发布会。在五彩城的某个小米办公室里，雷军通过十几家视频网站和手机直播 App，发布了其传闻已久的无人机。当天 19 点 32 分，雷军正式上线，小米直播 App 中，同时在线人数一路飙升，到发布会临近结束时，已经超过 50 万。新浪一直播更是火爆，同时在线人数一度超过 100 万。

（3）品牌 + 直播 + 企业日常。就像素颜照与 PS 之间的微妙关系一样，相比于包装出来的各种宣传大片，消费者有时反而对企业日常更感兴趣。直播可以让企业暂时放下对成本的顾虑，多角度向消费者展示企业、展示品牌，以剑走偏锋的方式调动消费者兴趣。2015 年万达集团整体进驻花椒直播，开通直播万达账号，向网友全方位展示万达的企业文化，不仅将自己的一系列的战略发布会全部在花椒上进行直播，而且向网友展示万达的员工食堂、宿舍等。

（4）品牌 + 平台 + 直播。2016 年 5 月 15～17 日，为了宣传新一代 Mini Clubman，宝马 MINI 联手《时尚先生 Esquire》杂志在映客上直播了连续 3 天的时尚大片拍摄现场。直播的主角就是宝马 MINI 经过重重严格筛选过后的四位男神——井柏然、阮经天、秦昊、杨祐宁。宝马是首个将拍摄片场进行视频直播的品牌，四位男神在颜值上已经足够吸引一大波年轻受众，最终的直播中，映客上有 530 多万人次的在线观看。

（5）直播 + 电商。相比各种组合形式，直播 + 电商的组合来得更为直接和实际。直播的出现为传统电商提供了锋利的新武器，促使其从产品导购向内容导购转型。若电商平台再别出心裁，融入一些营销创意，必将使这一武器更加锋利，为平台找到新的流量大入口。2016 年京东生鲜在 618 品质狂欢节期间与斗鱼合作的 "龙虾激战之夜" 网红直播活动，直接促使其订单量达 2015 年同期 6 倍，移动端占比高达 88%。电商能快速变现，直播能快速引流。"直播 + 电商"，正在成为各电商平台争夺的突破口。

（6）品牌 + 直播 + 活动。吃饭可以直播，睡觉可以直播，对于品牌来说也是一样，一切皆有可能，可以附着的是任何能够引起受众兴趣的事情，这也给品牌直播带来更多可能性。2016年7月22日开始的淘宝"造物节"将直播用到了极致。造物节在上海世博展览馆开幕，除了到场的数万名观众外，拥有1.5亿日活用户的淘宝直播还发起了一场"海陆空"直播大战。无人机航拍直播、VR游戏直播、会场VR实时直播……淘宝造物节"史无前例"的直播秀，不仅将黑科技进行到底，还由著名主持人汪涵牵头，发起"天天兄弟"与"奇葩天团"现场真人秀PK。韩国偶像Winner组合与粉丝开启一场从化妆间直到演出结束的"零距离"互动，与此同时，手机淘宝上百名网红对造物节进行72小时全程不间断直播，让造物节"大片"精彩不断。

（7）品牌＋直播＋深互动。直播最大的优势在于带给用户更直接更亲近的使用体验，甚至可以做到零距离互动，这是其他平台无法企及的。评论、打赏、送礼物等这些互动方式，还都只停留在表面，并没有将直播的实时互动性榨取得淋漓尽致。国内目前各品牌的运作模式，大多限于明星、老板站台，直播现场以及低价吸引等手法，缺少了一些思维转换，营销策略相对较弱，对消费者的吸引也不够具有黏性。

深入互动的直播营销可以参考以下两个例子：① 2015年4月，以搞怪著称的男性护理品牌Old Spice在游戏直播平台Twitch上进行了一个奇怪的直播——他们找了一个人到野外丛林中生活三天，而且他的行为完全由观众控制。所有观众都可以通过聊天输入上下左右等按键来控制人物的下一步行动，然后统计所有玩家的选择，票数最高的动作就作为当事人的下一步行动。②宜家英国和Skype合作的一个现场直播，先是部分用户的Skype上会弹出活动广告，邀请他们参加宜家的"护照挑战"。倒计时开始后，参与者有30秒的时间迅速找到护照，并回到摄像头前拿着护照合影，成功的人将获得一份大礼。

3. 企业"直播＋网红"营销技巧

（1）网红直播低门槛，高技术。直播技术保障、前期策划、网红主播的选择、直播平台的推介与直播过程的互动非常关键。直播过程中，如果因信号问题出现卡顿、黑屏，将给用户带来非常不好的观看体验，容易造成观众的流失；前期策划的直播内容如果能够保证过程中内容充实、连贯、有趣，对节目的宣传效果大有裨益；网红主播的选择，主要参照主播目前的粉丝量和主播的技能水平，善于宣传推介的主播能带来更好的传播效果；如果直播平台能够在关键位置推介直播活动，就会导入更多的观众流量；直播过程除了对弹幕信息的解答互动，安排抽奖、赠送小礼品等互动形式也会增加观众的黏性。

（2）选择适合的网红。每个网红都有自己的特点，企业在选择网红进行直播营销的时候，首先要根据产品的特点和目标客户来选择不同的网红。对于空白的直播行业领域，企业可以通过内部的专家学者开通直播平台，借力自身的意见领袖影响力，迅速占领市场；已经存在的直播行业领域，企业可以完全借力网红直播的标准，选择网红，通过塑造直播内容而不是硬广的方式合作。

（3）定制化营销。后现代营销理论认为消费者对个性化产品和服务的需求越来越高，消费者不再满足于被动地接受企业的诱导和操纵，而是主动地参与产品的设计与制造。定制化营销的关键就是信息收集和成本控制，通过网红社区，可以利用互联网的低成本优势有效地进行信息收集，有效应对市场变化，并进行准确的市场定位。网红店铺大多集中于女性消费群体，以服装和化妆品为主。网红店铺从设计到推广多采用"预售"的方式，根据订购情况来进行投产，大大降低了库存成本，使得经营效率大幅提升。在这一过程中，还通过与粉丝互动来收集反馈信息，并进行个性化设计，提升了用户的满意度。

|案|例|分|享|

7喜系列视频的病毒营销传播

中山大学传播与设计学院张宁教授团队认为，社会化媒体的出现与发展为病毒营销传播开辟了一片新的蓝海，目前网络视频作为病毒营销传播的载体的比例最大。他们研究团队采用案例分析和内容分析，选取百事可乐公司的7喜饮料于2010~2012年在国内的社会化媒体平台上投放的一系列病毒营销视频为一个整体案例，分析该案例中的病毒营销的传播信息、传受双方、传播渠道和传播效果（张宁，郑雁询，2014）。研究对象及研究结论摘录如下。

1. 研究对象

7喜饮料在更换logo进行重新定位后，于2010~2012年在中国的社会化媒体上投放了一系列病毒营销视频，从视频网站到微博，从恶搞短片到微电影，形式各异，主题内容涵盖了时事热点、重要节日、品牌促销活动不同方面，3年间共投放了9个病毒视频，这些视频的制作班底主要来自于曾制作出《一个馒头引发的血案》的胡戈团队，一经推出都得到受众的疯狂点击与转发。视频信息详见表18-1。

表18-1 "7喜"系列视频传播信息指标

	史上最温馨浪漫的情侣（2010.8）	史上最给力的许愿（2010.12）	史上最爽的7件事（2011.5）	史上最绝的蝴蝶效应（2011.6）	白雪公主（2011.8）	圣诞遇见未来（2011.12）	"为爱加7"之白色情人节（2012.3）	"为爱加7"之赢在起跑线上（2012.4）	圣诞许愿寄（2012.12）
主要角色	高富帅、丑女"小月月"	穿越前后不同年代的帅哥	宅男球迷	要"拯救地球"的宇航员	白雪公主、胖王子、帅哥反派	人生8个阶段的"许愿者"	单身男与机器人女友	"007"号精子	卖火柴的小女孩
主题	"小月月"丑女与帅哥的悲剧婚姻	帅哥多次通过7喜许愿活动穿越到古代	宅男与球迷庆祝"中国夺得世界杯"，后来发现是做梦	宇航员欲阻止因为7喜而引发的蝴蝶效应	丑王子拯救白雪公主，被帅哥反派陷害，而后复仇成功	许愿者与未来的7个自己通过许愿感悟人生真谛	机器人女友牺牲自己帮助单身男找到真女友	"007"号精子战胜其他精子，取得"生命的胜利"	卖火柴的小女孩许愿一一实现
叙事手法	倒叙式、悬念设置	多次穿越循序渐进	"梦境"与现实对比	蝴蝶效应环环倒叙	"史诗"片叙事	穿越、同一人物不同时期的对话	温情的生活纪录片叙事	旁白式记录	一般故事叙事
病毒元素	"小月月"	穿越、小月月、上集故事的延续	国足、李刚、抢盐风波	外星人、精神病人	单车当骏马、舞龙当巨龙的山寨感	穿越时空的对话、穿越剧、映射社会焦虑	男女生与机器人的"三角恋"	受精过程、性暗示	尔康"你幸福吗"、火车售票系统不给力
参考范本	周星驰式喜剧	穿越古装喜剧	"意淫"式短剧	"蝴蝶效应"式短剧	童话片、史诗片	温情公益广告	韩国苦情偶像剧	科教纪录片、励志片	温情影视片

资料来源：张宁，郑雁询. 人际传播、参照群体与受众部落：以7喜系列视频为例解析病毒营销传播[J]. 现代传播（中国传媒大学学报），2014,36(4): 109-113.

2. 研究结论

（1）传播信息：网络青年亚文化的内容建构。 传统的人际传播主要通过传播者的语言、姿态、外观形象与自我表达实现"多媒体传播"，而社会化媒体上的人际传播更多是通过传播者对于信息的自主判断和二次加工，并且依靠网络上的关系网进行扩散传播，在这个过程中，传播者需要通过相应的兴趣爱好和价值取向来判别关系网中可能的受众，而媒介信息是建立起两者联系的一个桥梁。维亚康姆（Viacom）公司总裁萨默·雷石东提出的"内容为王"在社会化媒体时代依旧具有重要的参考价值，以7喜系列视频为例，研究人员在其传播内容的建构上发现两个特点：①传播核心体现网络青年亚文化的镜像。该系列视频在内容的建构上，契合了网络青年亚文化群体在人际传播中反映出来的心理需求。该系列视频在角色选定上可以归纳为两类，一类是"高富帅""小月月"等符号化人物，另一类是社会底层，比如宅男球迷、"007号精子"背后代表的草根青年，这两类角色的选定功能各异，前者主要为病毒视频的传播提供角色载体，后者更希望通过角色设定与目标受众产生心理共鸣；其在故事情节、叙事手法上并非全都是天马行空，反而是融合了"国足""抢盐风波""春节买不到火车票"等社会热点事件，在叙事手法上反映出一种快节奏的、连锁效应式的情节推进，符合当下网络快餐式消费的心理。同时，网络热点人物、重大新闻事件元素、社会民生话题等一连串病毒元素的交叉呈现，满足了青年受众观看此类视频最基本的娱乐需求，同时其引发的深层次思考，又可能促使受众在社交网络中向自己熟知的圈子进行二次传播。②受众选择"3S"的进阶演变。广告学中认为受众在接触媒介和接收信息时有很大的选择性，这个过程表现为选择性注意、选择性理解到选择性记忆（selective attention，selective perception，selective retention，3S）。该系列前5个视频，其传播信息更多是为促销广告信息服务的，基本上都是采取无厘头式的幽默元素在短时间内获得受众的选择性注意，切合了这个群体在网络上寻求娱乐刺激的心理需求，但仅仅是单纯地将病毒元素通过故事情节进行拼接，很难进一步促使受众对于传播信息的理解乃至记忆，也就很可能只停留在"自我注意"的阶段，没有进行下一步与社交圈子分享的欲望；该系列从第6个视频开始，显然已经跳出了单纯的恶搞线路，从以"许愿"为核心探讨了人生不同阶段的理想追求，到用"精子"的一路奋战隐喻现实社会中的残酷竞争，这些信息背后反映了当下社会人们情感困扰多、竞争压力大、幸福感低的现状，在获取受众注意之后，也将广告信息与视频信息联动起来进行了一定的升华，推进了受众在观看视频后，理解其背后所要传达的价值导向，从而对广告信息进行有效记忆，实现受众选择"3S"的层层递进。

（2）传者与受众：人际传播在社会化媒体影响下的强化。 网络视频的病毒传播来源于口碑传播，其最大特点就是社会化媒体的应用使之可以依靠传者的社交网络进行裂变式的传播。此外，人际传播的特点就是双向性强、反馈及时、互动频度高，尤其在说服和沟通感情方面，其效果要好于其他形式的传播，通过社会化媒体的互动与社交属性，传受两者的界线在某种程度上已经被打破，一个受众通过社会化媒体的使用使得自己的角色定位突破了传统人际传播单一的模式。

社会化媒体使得病毒营销在传播过程中传者和受众的界限被模糊甚至交融，前一分钟某个受众可能是观看视频的受众，下一分钟一个点击就使得他在自己的网络社交圈中成为一个传播病毒信息的传者。7喜饮料的主要消费群体是学生和年轻白领等青年人群，这与社会化媒体的活跃用户群体重合度很高，同时社会化媒体强化了人际传播所体现的社会关系网络，该系列病毒视频击中病毒传播的"易感人群"，聚集了众多的受众，进一步促使其作为主动传播视频的传者，形成不同范围内的群体影响效应。此外，这其中还充分考虑了意见领袖的作用，其视频由微博发布后，通过如"@生活小常识"等粉丝量庞大的草根微博"用户"转发后，马上获得了更高的关注度，同时，微博上一些重量级的加V用户如陈欧、清华大学某教授、香港某房地产公司的董事长等都在主动传播这些视频，受众范围的外扩增强了群体效应。

（3）传播渠道：从网状传播的媒介到整合营销传播的环节。 同样是投放于社会化媒体的病毒视频，它们的传播渠道及其功能定位也是有所不同的。2010年最先推出的两个视频和2011年8月推出的《白雪公主》的发布平台、传播渠道主要在优酷、土豆等视频分享网站和天涯、百度贴吧等论坛社区，这种传播渠道实际上是一种网状传播的介质，借助互联网的技术实现受众到其社交影响群体的点对面的传播，实际上是机器辅助的人际传播经由媒介的传播的一种形式。这几个视频在传播渠道的选择上较为单一，主要依靠内容取胜，并没有很好地利用社会化媒体的属性。

2011年5～6月、2012年3～4月的4个视频则都搭配着相应的7喜官方微博活动，其主要的传播渠道也从视频网站、社区论坛转移到了微博上来，同时也更注重意见领袖资源的整合、传播节奏的把握。比如2012年4月"赢在起跑线上"就有相应的微博活动——"转发并@三个好友，有机会获得50元话费"相配合，转发了这条微博的受众实际上自己也变成了传播渠道中的一环。

2011年"圣诞遇见未来"和2012年"圣诞许愿寄"的两个视频同样以微博为主要的传播渠道，不过其功能定位已经有所提升，成为7喜在圣诞节进行整合营销传播活动其中的一环，视频携带着活动官方网站的链接、分享到其他社会化媒体平台的按钮、网络互动视频等一系列整合营销传播的工具，受众们对视频进

行观看、点评，绝大部分人明知其实质是7喜的广告却仍旧愿意在微博、人人网等社会化媒体中与自己的好友分享交流，同时参与其一系列在线活动，进入到7喜为其搭建的消费者部落。一环扣一环的传播渠道的运用，考虑到了社会化媒体用户接受和传递信息的习惯，从而涟漪式地将传播渠道外扩。

（4）传播效果：形成阶段性关注高峰且提升品牌认知。 以往关于病毒营销传播的研究较少出现对其传播效果的研究，研究人员试图利用一部分量化数据以及外部参考数据进行评估。数据显示，7喜系列视频主要经由视频网站和以微博为代表的社交网站进行传播，通过检索以优酷为代表的视频网站最高点击率的视频，发现其中有3个视频的单个视频最高点击率均超过1 600万次，有2个在100万次左右，最低的单个视频点击率也在1.3万次上下；同时，这一系列视频通过不同时期官方微博的相应推广，附带视频的相关微博单条最高评论量达到了66 694次，最高转发量达到了61 932次，这些在官方微博上附带了病毒视频的微博，平均的评论量和转发量，都远远高于7喜官方微博日常发布的微博，可以说在社会化媒体上，这一系列视频的传播效果都在推出的特定阶段达到高潮。

研究人员在百度指数以"7喜"进行用户关注度搜索，发现在2010年12月，2011年5、6、8、12四个月，以及2012年3月和4月都出现过用户关注度的峰值，这与7喜系列视频的投放时间段是吻合的，可见其在社会化媒体上的病毒营销对于提升品牌关注度也产生了积极的影响。

资料来源：张宁，郑雁询.人际传播、参照群体与受众部落：以7喜系列视频为例解析病毒营销传播[J].现代传播（中国传媒大学学报），2014，36(4)：109-113.

▶**本章小结**

本章介绍了网络视频营销、视频游戏营销、电子书及电子杂志营销、图像营销、软文

推广以及"直播＋网红"营销等。具体来说，介绍了网络视频营销的多种营销模式，常用的视频制作工具以及制作网络视频的步骤；介绍了游戏化营销不同的分类方式以及游戏化营销的不同方式；介绍了电子书及电子杂志的制作过程、本身的优势以及未来的发展趋势；介绍了图像处理的工具以及图像处理的过程；按照不同的类型对软文进行分类，并且介绍了软文写作的技巧，以淘宝软文为例，强调了软文推广中所要注意的事项；介绍了"直播＋网红"营销的多种类型及应用实例，并给企业的"直播＋网红"提供方法技巧。

▶关键术语

网络视频（online video）

网络游戏（online game）

电子书（e-book）

电子杂志（e-magazine）

图像营销（image marketing）

软文推广（advertorial promotion）

直播（live streaming）

网红（internet celebrity）

▶课后习题

1. 图像营销是相对于软文营销而言的，它的载体并不是文字，而是图片或图文结合，但是它和软文营销有相同之处，那就是它也要求被转载。根据本章内容，对图像营销和软文营销进行比较，分析两者的优劣势。

2. 2016 年是直播平台爆发元年。一种全新的娱乐社交方式——"直播"开始无处不在地出现在大众视野。直播满足了当下新一代社会主力 90 后、00 后"求关注""渴望""想火"的社交诉求，火爆的发展态势也成功吸引了各大品牌主的目光。不过，当一夜之间"直播＋营销"成为各大品牌营销模式新"标配"时，下一步品牌应该如何利用直播做营销？当品牌在直播平台上争得一席之地时，又如何使营销落地？

3. 结合本章知识分析开篇案例。

▶参考文献

[1] 陈刚，信浩然．网络游戏《英雄联盟》中虚拟产品营销策略分析 [J]．现代商业，2016．

[2] 李雨虹．"网红＋直播"开启精准营销新时代 [J]．现代营销，2016(8)：52-52．

[3] 郦瞻．网络营销 [M]．北京：清华大学出版社，2013．

[4] 苏落．直播营销，我们只猜中了开头 [J]．成功营销，2016(8)．

[5] 吴哗．对当下媒体"软文"的思考 [J]．新闻战线，2008(2)：69-70．

[6] 肖兰．PS 图像处理的规范流程和技巧 [EB/OL]．http://edu.yjbys.com/PS/40796.html，2016-03-21．

[7] 谢爱平．软文营销：企业网络营销的又一利器 [J]．电子商务，2011(3)：46-47．

[8] 徐贝勒．试论淘宝网软文传播 [J]．传播与版权，2016(5)：78-79．

[9] 张宁，郑雁询．人际传播、参照群体与受众部落：以 7 喜系列视频为例解析病毒营销传播 [J]．现代传播（中国传媒大学学报），2014，36(4)：109-113．

▶拓展阅读

[1] Aspray W, D B Beaver. Marketing the Monster: Advertising Computer Technology [J].

IEEE Annals of the History of Computing, 1986, 8(2) :127-143.

[2] Boddy W. New Media and Popular Imagination: Launching Radio, Television, and Digital Media in the United States [M]. New York: Oxford University Press. 2004.

[3] Burnham V. Supercade: A Visual History of the Videogame Age 1971-1984 [M]. Cambridge: The MIT Press, 2003.

[4] Dyer-Witheford N, G De Peuter. Games of Empire: Global Capitalism and Video Games [J]. University of Minnesota Press, 2009.

[5] Gaudreault A, P Marion. La Fin Du Cinéma? [M]. Paris: Armand Collin, 2013.

[6] Halter E. From Sun Tzu to XBox: War and Video Games [M]. New York: Thunder's Mouth Press, 2006.

[7] Harris B J. Console Wars: Sega, Nintendo, and the Battle that Defined a Generation [M]. New York: HarperCollins, 2014.

[8] Harris S. Next Generation Gaming [J]. Electronic Gaming Monthly, 1989(2): 32-46.

[9] Järvinen A. Gran Stylissimo: The Audio-visual Elements and Styles in Computer and Video Games [J]. Computer Games & Digital Cultures Conference, 1991(4): 1070-1084.

[10] Kent S L. The Ultimate History of Video Games [M]. New York: Three Rivers Press, 2001.

[11] Kline S, Dyer-Whiteford N, G De Peuter. Digital Play: The Interaction of Technology, Culture, and Marketing [M]. Montreal: McGill-Queen's University Press, 2003.

[12] 常远. 关于"网红"营销模式的新思考 [J]. 经营管理者，2016(17): 261.

[13] 姜海洋，曾剑秋. 基于 LBS 的移动电子商务营销模式及趋势 [J]. 北京邮电大学学报：社会科学版，2015(2): 34-39.

[14] 刘建华. 直播：品牌营销新宠 [J]. 小康（财智），2016(7): 72-73.

[15] 孟欣欣. 移动互联时代体育类 O2O 产品的应用及发展前景研究 [A]. 2015 第十届全国体育科学大会论文摘要汇编（二）[C]. 中国体育科学学会，2015.

[16] 于岚，殷淑娥. 浅谈移动电子商务在旅游中的应用模式与营销创新 [J]. 牡丹江教育学院学报，2015(3): 124-125.

第 19 章
互联网店铺运营方法与技巧

如果一个公司能服务 20 亿的客户，覆盖世界人口的三分之一，如果一个公司能提供 1 亿工作岗位，那就比世界上大多数政府更厉害。如果能提供 10 亿元生意，那这就叫"经济体"。

——摘自 2017 年 6 月 9 日投资者大会

▶ 学习目标

1. 熟悉网络店铺开设、美工、物流、交易等相关的方法与流程。
2. 具备独立开店的基本知识与能力。
3. 能够在本章内容基础上进一步学习了解其他网络店铺的运营管理方法与技巧。

案例导入
网店叁陌绽放无客服打造零差评

叁陌绽放（现更名"绽放"）定位于"旅行时穿的休闲时装"，特点是不设客户服务人员，全场自助购物，最终做到四皇冠，收藏人气 236 503 个。更加令人惊异的是，2008 年开店到 2014 年一直是 100% 好评，没有一个差评，并保持 50% 的回购率。

取得如此成果的原因有三：①店主把"旅行"融入产品，建立一种店铺的风格，也成为衣服的定位，即把衣服打造成一个旅行范儿的服装品牌。②不开旺旺，没有客服的鼓动和推荐，全凭买家对卖家的信任而自助购物，最终留下来一批认同自己、素质很高的买家。③和客户分享美丽的故事，向买家征询店铺调整意见，提高客户忠诚度；并且可以从交流中了解客户需求，不断开发新产品。

将店主的生活融进店铺运营当中，吸引高度同质的粉丝聚合，让更多客户认同店铺价值，让简单的买卖家关系成为一种信任感和忠诚感超强的粉丝关系，最终促成较高的转化率，这是在社交电商时代值得关注的一个核心点。但是对于社交电商来说，无论是新晋红人还是早期淘宝店铺转型，都是在社交平台或淘宝平台的红利期完成了初始用户的积累。初始的规模增长会很快，但是很快会进入缓慢的平台期，粉丝的自然增长会是一个绕不过去的难关，如何克服这一难关也是社交电商时代亟待解决的问题。

资料来源：作者综合整理。

　　目前在中国，每天大约有几十万，甚至上百万人在互联网上进行着交易。这些不见面的卖家和买家，在网上看货、选择、购买，他们所创造的销售量并不亚于国内诸多有名的大商场。网上商城对中小企业商家和个人来说，成本低，目标消费群体明确。随着网络交易的日趋成熟，也出现了很多职业卖家。

　　网上开店需要一个好的平台，一般创业者通过大型网站注册会员，然后依靠其网站开设店铺，随后使用店铺布置等技巧进行推广。新手开店前，应该进行一些市场调研的工作，了解哪些产品比较适合开网店，自己对哪个方面感兴趣、比较熟悉、有足够的资源等。

　　常见的网上开店电商平台有淘宝、京东、亚马逊、1号店、当当网。根据流量对比，淘宝网目前是亚洲第一大网络零售商圈，其目标是致力于创造全球首选网络零售圈，各大电商平台开店步骤存在相似性，所以我们以淘宝开店为实例说明步骤。[⊖]本章将根据淘宝大学提供的相关资料，从基础开始，教读者怎样在淘宝上开出一家店铺，以及如何去装饰、维护这家店铺。

19.1　网上店铺申请

1. 个人店铺开店步骤

　　淘宝开店步骤为：①注册淘宝账户。②开店类型选择，有两个选择，一个是个人店铺，另一个是企业店铺。③支付宝实名认证。④淘宝开店认证。⑤开店成功后进入"卖家中心"，在左侧菜单栏"店铺管理"处即可看到"查看我的店铺"。详细流程如下：

　　（1）注册淘宝账户。步骤一是账户未登录情况下，点击淘宝网首页左上角【免费注册】；步骤二是根据页面提示输入手机号，接收验证码验证（温馨提示：如果需要注册企业账户，请选择页面下方【切换成企业账户注册】）。

　　（2）开店类型选择（个人店铺/企业店铺）。分为以下步骤：①点击页面右上角"卖家中心""免费开店"。②选择开店类型。

　　（3）支付宝实名认证。分为以下步骤：①从淘宝网首页进入【卖家中心】—【店铺管理】，点击"我要开店"。未进行过支付宝实名认证的，请进行支付宝认证的操作。②在支付宝实名认证的条件项，点击"继续认证"后，会进入"支付宝实名认证"页面，点击"立即认证"。③点击"立即认证"后，点击"下一步"，请填写与你支付宝账户注册时相同身份证号码开户的，并可正常使用的银行卡信息，并按页面提示操作。④请仔细阅读跳转页面上的信息，并在等待银行打款的过程中先返回淘宝开店页面，同步做淘宝开店认证。⑤进行中的支付宝实名认证如需继续完成的，请在支付宝向银行卡打款的1～2天之后进入淘宝开店页面继续支付宝实名认证的操作。⑥点击"继续认证"后，进入支付宝银行卡打款信息页面，请将银行卡中查询到的支付宝打款金额准确输入，并按提示操作。⑦点击"输入查询到的金额"后，进入实际输入金额页面，将金额输入后，点击"确定"。⑧输入正确金额后，系统确认完成，支付宝实名认证即也完成。关掉页面后，继续返回淘宝卖家中心免费开店页面。

[⊖]　本章内容根据淘宝大学官方网站整理，涉及大量图片，由于篇幅原因，本章并未展示，如果读者需要，可自行登录淘宝大学官方网站查阅。

（4）淘宝开店认证。

①电脑认证。点击【免费开店】按钮。①当完成支付宝实名认证操作之后，点击返回【免费开店】页面时，可以进行【淘宝开店认证】的操作。②点击【立即认证】后，会进入【淘宝网身份认证】的页面，请点击该页面中的【立即认证】。③点击【立即认证】后，进入【淘宝身份认证资料】页面，请根据页面提示进行操作（系统会根据网络安全做出推荐）。④若选择或系统推荐为【电脑认证】，请按所示要求提供凭证（温馨提醒：请务必如实填写并认真检查身份证信息、真实联系地址或经营地址、有效联系手机，以免因信息不符或虚假信息等原因导致认证无法通过）。⑤若提示需要提供补充资料，请清晰拍摄后上传，检查无误后提交。⑥资料审核时间为 48 小时，请耐心等待，无须催促。

②手机淘宝客户端认证。认证流程：①前期步骤与【电脑认证】操作步骤相同，当进入【淘宝身份认证资料】页面，且页面提示为【手机认证】—【手机淘宝】客户端认证时，通过手机淘宝客户端"扫一扫"功能扫描二维码；若未下载【手机淘宝】客户端，点击二维码中的"下载淘宝客户端"进行下载，下载安装完成后使用【手机淘宝】客户端中的扫码功能进行认证。②请根据手机页面提示依次进行操作。③请填写有效联系手机号码，接收并填写验证码后，完成手机号码验证（温馨提醒：若之前填写过支付宝绑定手机，则系统会自动显示该号码；若未填写过，可以输入你目前使用的有效手机号码进行验证）。④填写真实联系地址（经营地址）（温馨提醒：可使用淘宝默认收货地址）。⑤根据要求完成拍照（手机淘宝客户端认证只需上传手势照片＋身份证正面照片）。⑥凭证提交成功后审核时间为 48 小时，请耐心等待，其间无须催促。

③阿里钱盾认证。这里不做介绍。

以上三种方式认证，认证通过后页面均会提示【认证通过】，可在【认证通过】后进行开店操作。如认证方式为阿里钱盾或手机淘宝，且认证未通过，请根据页面提示进入电脑端【淘宝网】—【卖家中心】—【免费开店】中查看具体原因。如使用的认证方式为电脑端认证，且认证未通过，则在收到通知后可在【卖家中心】—【免费开店】中查看详细原因。

2. 企业店铺开店步骤

企业开店详细流程分为六步：①进入"卖家中心"页面，选择企业开店。②进行支付宝企业认证。③进行店铺责任人认证。④填写工商注册信息。⑤签署开店相关协议。⑥创建店铺成功。

19.2 电脑端店铺设置

1. 店铺基本设置

店铺基本设置分为四步：①先进入卖家中心。可以看到店标和店铺名称都是初始状态。②然后看页面上方的导航栏，进入店铺的基本设置。③在类目栏中填入相应的信息即可，注意店标要求：80×80（像素），大小低于 80K。④在店铺介绍中正确填写店铺的相关信息，确认即可。

2. 淘宝宝贝分类管理

宝贝分类管理前期分为五步：①登录淘宝，点击卖家中心。②进入卖家中心后点击界面右侧的"店铺管理"—"宝贝分类管理"。③点击分类管理，然后点击"添加手工分类"，即可按照自己的要求填写分类栏目名称。④点击"添加手工分类"之后，会出现一个空白框，填写要设置的分类栏目名称即可，例如"靓丽女装"或者"精致箱包"等这些能明确表示商品分类的词。⑤添加分类栏目之后，切记一定要点击右上角的"保存更改"。

接下来是宝贝分类环节，分类步骤如下：①点击"未分类宝贝"。②勾选需要分类的商品（商品性质一样的可以点击"全选"，例如全部都是连衣裙或者其他的同种类型，否则选择"在下面勾选需要分类的商品"）。③点击批量分类。④勾选分类商品对应的分类栏目（例如之前勾选的商品是"雪纺衫"，那么这里就选择"雪纺衫"这个分类栏目）。⑤商品分类完毕后，点击相应的应用即可。

3. 淘宝子账号开通及使用方法

按照卖家所属的信用等级，赠送相应个数的子账号。赠送账号有使用期限。

如获赠的子账号数量不够，可以通过购买获得子账号。资费标准：2元/个/月，5个起订。

子账号管理有以下步骤：①登录我的淘宝—我是卖家—店铺管理—子账号管理—员工账号管理—员工授权—组织管理—新建员工（没有单独新建子账号的入口，只能通过新建员工的方式来建子账号）。②点击"新建员工"，开始设置新员工账号名及其他相关信息。③角色管理，可以对子账号进行权限设置，让每个子账号都有一定的权限。具体设置可以根据自己的需求灵活应对。④接下来，设置旺旺分流方式，分流方式有两种，可以根据自己的需求进行选择，可以对分流比例进行修改。⑤在首页选择添加模块，然后选择客服中心模块添加。这样添加的模块已经自动承担了分流的任务。在接待买家的时候，会按照设置的分流比例分给不同的客服。

19.3 手机端店铺设置

1. 进入手机店铺设置入口

进入后，看到了手机店铺的所有内容，中间一栏是手机店铺基础功能设置。在卖家中心，选择店铺管理—手机淘宝店铺—手机旺铺，然后选择马上去设置。

2. 手动创建手机店铺活动

点击"马上创建活动"可进入创建手机店铺活动参数页面。需要注意的是，上传的活动宣传图片尺寸是有限制的，必须为660px×220px，而且大小要在100K以内。

3. 设置好店铺优惠券

在营销中心—店铺营销工具里进行设置。选择宝贝的界面都比较简单，找到要参加活动的宝贝，在右边选择操作就好了，全部设置选择正确之后别忘记点确认，弹出成功创建的页面，即创建活动成功了。

4. 快速创建活动

点击"马上创建活动"旁边的小三角按键，即出现下拉菜单，根据限时打折创建，根据优惠券创建，根据人气 TOP10 创建。第一项是需要开通官方服务限时打折的，第二项是需要开通优惠券的服务的。上一步已经提前设置了优惠券，所以进行第二项的选择进行设置活动。其他的两项也是采用同样的方法一键操作，即点即创建成功。还有可能已经创建活动成功，但未设置活动图片，这时必须用修改活动的方式设置。

5. 更改设置

在活动列，可以找到刚刚创建的活动，选择右下角的"编辑"，回到了修改手机店铺活动的页面，在这里可以添加活动图片，还可以更改其他的活动参数等。

有以下两个需注意的事项：①进行中的活动暂停后，才能进行编辑和删除的操作。②进行中的活动才可以选择在首页展示。

19.4　橱窗推荐

若卖家善于利用橱窗推荐位的话，当买家选择搜索或者点击"我要买"时，根据类目来搜索，橱窗推荐宝贝就会出现在页面中，这时卖家的宝贝也将有更多的浏览量及点击率，对店铺客户流量的增加是大有好处的。

新的橱窗推荐设置有两种界面，一种是系统自动更新的界面，另一种则是没有更新的界面。这两种界面的设置是截然不同的。

在系统自动更新的界面操作分为以下步骤：①先关闭原来的橱窗推荐软件。②点击出售中的宝贝。③点击橱窗推荐宝贝，就会出现系统自动更新界面，操作起来十分简单，勾选要设为橱窗推荐的宝贝，然后点击设为橱窗推荐就可以了。若宝贝设置成功的话，系统会有自动提醒。

19.5　物流选择

主要快递公司包括申通快递、顺丰速运、EMS、宅急送、圆通快递、天天快递、韵达快递、中通速递、汇通和 DDS 勤诚。以上是做淘宝的几家主流快递，先看看自己地区有哪些快递。

在淘宝查询快递价格有以下三种方法：①阿里旺旺主界面左侧最下面有个小汽车，点击进去。②我的淘宝—我是卖家—交易管理—物流工具—运费 / 时效查看器。③快递公司客服。

19.6　发布宝贝

1. 发布规则正文

会员账户绑定通过实名认证的支付宝账户，方可发布商品。

已发布商品的数量可能受到以下限制：①未创建店铺的卖家，可发布商品的数量不得超过 100 件。②已创建店铺的卖家，淘宝有权根据其所经营的类目、信用等级调整其商品发布数量上限，但被调整后的可发布商品数量不少于 100 件。③卖家发布闲置书籍类商品不得超过 50 件，且同款闲置书籍不得超过 1 件。

2. PC 端卖家中心发布宝贝流程

打开淘宝卖家中心后台进入后台管理页面，会看到左侧有一个菜单栏，找到宝贝管理，点击发布宝贝。

3. 类目搜索框

我们需要将发布产品的一个主要类目输入到搜索框中。比如，输入"卫衣男"，点击快速找到类目，下方会跳出许多需要选择以及勾选的类目，根据实际情况勾选，完成后点击【我已阅读以下规则，现在发布宝贝】。

4. 宝贝发布页面

进入宝贝编辑页面，这里又有个编辑类目，这个编辑类目是对于前面的选择进行修改或是编辑的一个按钮，如果在前面选择类目时，没有选择仔细，也可以在这里补充。其中，"红心"是必填选项。

接着往下看，就是一个宝贝标题以及价格的设定，宝贝标题能够输入 30 个字，所以在填写标题时，一定不要浪费这 30 个字的位置，要利用好，这样才能够尽可能让买家搜索到我们的宝贝。

关于宝贝规格，按要求填写。

再往下看，就是宝贝主图的编辑以及上传了，如果宝贝有主图视频，还可以把视频上传，这样对于卖家的宝贝就有一个加分权重的操作。

接下来再看下宝贝描述，需要对宝贝详情页进行编辑，可以看到，淘宝有自带工具栏，可以进行字体选择以及字体输入等。另外这里还有生成手机版详情，电脑端做好之后，点击生成手机版详情，系统就会自动生成。

再来就是在店铺中所属分类管理，这就是宝贝在店铺中的一个分类管理，如果卖家在淘宝卖家中心后台对宝贝进行了分类管理，这边就会显示所添加的一些分类，那么就可以针对宝贝做一个分类勾选。

宝贝物流及安装服务，可以选择宝贝运费的模板，如果没有运费模板，可点击新建运费模板，对运费进行设置。

到最后就是售后保障信息，以及其他信息的填写。关于售后保障信息，如果有发票或是保修功能以及退换货服务，都可以对其勾选。

关于其他信息，这里着重介绍一下【开始时间】的概念，宝贝有个 7 天上下架的周期，越接近下架时间，宝贝的权重会越高，所以我们在上架产品的时候要选择好时间点，如需立即上架，点击立即；如需安排在流量高峰期上架，也可以点击设定，安排在指定的时间点上架；如无须上架宝贝，也可以点击放入仓库。

关于【橱窗推荐】，如果我们想把宝贝进行橱窗位的展示，也可以在这里点击勾选。

以上操作完成后，点击发布按钮，宝贝发布就完成了。

19.7　基础美工

1. 店招设置

店铺招牌的作用主要是指示和引导，店招是店铺第一屏内容，是买家进入店铺看到的第一个模块，是打造店铺品牌，让买家瞬间记住店铺的最好阵地。

店招设置分为以下步骤：①进入店铺后台点击店招"编辑"按钮。②可以使用默认的店铺招牌，"店铺名称"虽然是默认店铺基本设置，但也可以修改。③选择图片进行默认店招背景设置。④点击选定的图片插入即可，最后点击保存。⑤如果不喜欢店招默认显示，可以选择"自定义招牌"，自由装修。⑥自定义招牌可以自由输入代码，如果店招自定义区内什么都没有，店招就会"消失不见"。⑦可以在右下方恢复历史记录。⑧最后进行保存即可。

2. 店铺（店招页头、页面）背景设置

淘宝店铺背景分页头背景图＋页面背景图。

（1）页头背景图，位于店铺顶部店铺招牌的位置，高度 0～150px 区域内，也称淘宝店招背景图。页头背景图的尺寸各种各样，有 1 920×150 这样完整的全屏淘宝店招页头背景图，也有适合横向平铺的小图，还有可以用来直接平铺的小图。具体以自己的店招设计为准。

页头背景图设置很简单，在淘宝装修后台首页，点左侧"页头"，进去设置即可。如果需要显示设置的背景色，记得在"页头背景色"点颜色正方形小图标，设置背景色。然后勾选后面的"显示"。如果背景色设置不成功，或者没显示，要么没勾选"显示"，要么在下面上传设置了"店招背景图"。一般情况下，背景色和背景图片是二选一，且背景图片优先级最高。

如果页头背景有背景图，单击"页头背景图"，点更换图片，上传图片后，按需要设置好"背景显示"和"背景对齐"（提示：①如果你在使用鱼摆摆网或者其他网站的淘宝全套背景图，特别含全屏店招的模板，一般需要上传或者更换页头背景图，然后根据需要，将"背景显示"设置为"平铺"或者"横向平铺"或者"不平铺"。"背景对齐"，一般设置为"居中"。②店招导航条与下面的模块，默认有个 10px 间隔，如果不需要，点关闭。③页头背景设置后，记得在右下角，点一下"应用到所有页面"）。

（2）页面背景，即淘宝店铺整体背景。目前常见的淘宝店铺页面背景图有淘宝悬浮固定背景图、纵向平铺长图、平铺小图。另外，也可以不设置页面背景图，单独只设置页面的背景色。

页面背景设置简单，淘宝装修后台首页，点左侧"页面"，进去设置淘宝页面背景。如果没上传淘宝页面背景图，直接在"页面背景色"后面的正方形颜色框设置背景色，然后勾选"显示"。

当点击了"页面背景图"中的"更换图片"后，上传自己的页面背景图。然后根据需要，设置"背景显示"为平铺、纵向平铺、不平铺即可。最后，将背景对齐设置为"居中"。

（3）淘宝悬浮固定背景设置方法。当前很流行淘宝背景用一张大图，固定显示。左右两侧，分别显示"新品上市，下来更精彩""扫描二维码图，手机下单更优惠"这样的淘宝悬浮固定背景。

3. 新旺铺装修设置

店铺导航是买家访问店铺的快速通道，可以增加买家对店铺的访问深度，方便查看店铺的各类商品及信息。因此，清晰而具有个性化的导航功能，对提高转化和销量十分重要。

店铺装修设置步骤如下：①登录"卖家中心"，点击"店铺装修"，选择导航处的"编

辑"一项。②在打开的弹窗里面选择"添加"。③添加宝贝分类至导航。④添加自定义页面（基础页面）至导航。⑤添加自定义链接至导航。⑥可将设置好的内容调整位置或删除。

19.8　交易管理

1. 发货管理

发货管理步骤如下：①登录淘宝网页版界面。②在界面对应框里输入自己的会员名和密码，进入个人中心（下载旺旺软件的也可直接在软件上登录）。③点击右上角的卖家中心，从而进入卖家管理后台。先点击左侧的交易管理，在右侧就会呈现交易订单信息等内容。④查看交易，在这一步就可看到所有交易订单了，发货前要仔细查看商品信息及买家留言，切勿发错商品，以免造成不必要的麻烦，确认无误后就可以点击蓝色字体发货了。⑤在发货操作平台选择自己联系的物流，然后根据自己发货的快递把快递单号填写到对应公司的框内，填好后点击确定，确定好后就会提示发货成功。⑥返回看已经发货的订单，上面会显示卖家已发货。

注意事项：在发货时需要正确输入单号，乱输、错输会导致发货不成功，无追踪记录等。

2. 评价管理

评价管理是每个卖家在完成订单交易之后，需要对交易进行相关评价。

管理评价的步骤如下：①打开卖家中心后台，在左侧交易管理下方，找到评价管理功能。②点击进去，会看到页面包括个人信息和店铺半年动态评分，有卖家累积信用，包括订单好评、中评、差评等。③滑动鼠标往下看，可以看到有五栏，第一栏是"来自买家的评价"，这里的评论都是最近 30 天订单收到的评价。第二栏是"来自卖家的评价"，这里是淘宝上卖家对买家的评价，有很多购买记录。第三栏"给他人的评价"，这里是指淘宝上购物时给他人的评价，比如，有人在我店铺购买东西后，我们对买家评论的回复，在这里就能看到。第四栏是"售后评价"，如果卖家申请了售后服务功能，则在这里可以看到买家对我们售后进行的评价。第五栏是"删除评价"，因为有很多差评师，淘宝为了监测这种情况，可以把它定位差评师的评价号放在这里面，然后卖家可以进行删除。④回复订单，在评论最右方，点击评价后回复按钮，可以对买家的评论进行回复说明。

3. 退款管理

退款在淘宝中是十分重要的，它牵扯到售后服务的质量。售后服务质量可以理解为一个服务权重，如果没有处理好退款，淘宝会判定服务有问题，从而会进行一个服务权重的扣分，然后店铺以及宝贝权重就会有一定的扣分，这样排名就会降低。所以，处理好退款对店铺以及宝贝权重有很大的必要性。

退款管理的步骤如下：①登录淘宝中心后台，找到左侧菜单栏中客户服务管理，点击客户服务中的退款管理。②点击"退款管理"进入页面，包括退款订单编号查询以及我申请到的退款。若退款订单过多，可在订单编号搜索框中查询，也可按范围查找，比如退款申请时间、退款状态等。"我收到的退款申请"意思是指卖家收到的关于买家的退款申请，这时卖家就需要在这界面进行查看。买家退货退款的过程：首先申请退款，然后卖家同意，买家寄回宝贝，当卖家收到宝贝后，就会在这边点击同意退款。

案|例|分|享

网店专业性对消费者情感和行为的影响

武瑞娟等人（2014）经过对文献的梳理发现，虽然文献中对网店质量的关注有利于理解消费者行为，但忽视了消费者对网店特性的感知。然而，了解消费者对网店特性的感知对零售商至关重要，因为这不仅有助于零售商进行网店设计，还能够吸引消费者长时间在网店停留。基于此，该研究团队创新性地提出网店的一个具体特性——专业性，即消费者在浏览网店或网店购物时，对网店外观设计、信息和服务三个要素专业性的感知。以这种特性为切入点，依据环境心理学中的刺激—有机体—反应（stimulus-organism-response，SOR）框架，来解释该特性对消费者情感状态和行为的影响效应。在此基础上，进一步探讨了专业性与消费者情感关系中的边界条件，包括卷入、环境反应性、实用价值和享乐价值。现将研究要点整理如下。

1. 研究方法

研究人员首先进行了焦点小组访谈，主要针对博士研究生和12位市场营销领域学者，目的是探索所提出理论框架的合理性和修改本研究所需要的量表。在焦点小组访谈和文献基础上，搭建出理论框架，具体如图19-1所示。

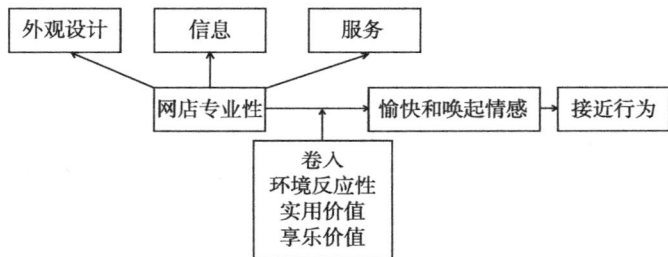

图 19-1　理论框架图

为了验证变量之间的关系，研究人员进行了预测试和正式研究。出于排除之前的购买经历对消费者影响的考虑，在预测试和正式研究中设计虚拟网店"珺珺服饰"，被试被告知该网店主营各种男女服饰。通过外观、信息和服务方面的设计和描述来操纵网店专业性高低。除本文操纵的这三个方面，别的线索完全相同。

2. 研究结论

研究结果表明，专业性对愉快和唤起情感有显著正向影响。愉快和唤起情感对消费者接近行为有显著正面影响。在专业性与接近行为关系中，愉快和唤起情感起完全中介作用。

（1）卷入的调节作用：①卷入在专业性与唤起关系中的调节作用被证实。②卷入在专业性与愉快关系中的调节作用未被证实。调节作用未被证实的原因可能在于卷入本身对愉快有显著的负向影响，卷入越高，愉快越低，高卷入意味着与购买目标有关，在这种购买过程中，消费者很难获得愉快的体验。因此，对于高卷入者，专业性对愉快的增强效应无法体现，所以调节作用不显著。

（2）环境反应性的调节作用：①环境反应性会调节专业性与唤起之间的关系。②环境反应性在专业性与愉快关系中的调节作用未被证实。调节作用未被证实的可能原因在于专业性包括外观设计专业性、信息专业性和服务专业性。对于环境反应性较强的消费者，他们对专业性的理解可能集中于店铺外观和信息方面，服务方面的专业性未被考虑，因此造成环境反应性在专业性与愉快之间的调节作用不显著。

（3）实用价值的调节作用：①实用价值调节专业性与唤起之间的关系。②实用价值在专业性与愉快之间的调节作用不显著。实用价值在专业性与愉快关系中不起调节作用可能的原因在于，不论消费者是否在购物中主要追求实用价值，专业性对愉快的影响稳定不变，追求实用价值与否并不会增强专业性对愉快的影

响作用。

（4）享乐价值的调节作用表现为，享乐价值调节了专业性与愉快以及专业性与唤起之间的关系。

资料来源：武瑞娟，王承璐．网店专业性对消费者情感和行为影响效应研究：一项基于大学生群体的实证研究 [J]．管理评论，2014, 26(1)：109-119.

▶本章小结

开淘宝店铺的流程大致分为网上店铺申请、电脑端店铺设置、手机端店铺设置、橱窗推荐设置、物流选择、商品发布、基础美工以及交易管理八大类。其中，电脑端店铺设置包括商品分类管理和淘宝子账号管理，手机端店铺设置包括创建手机店铺活动和设置店铺优惠券，基础美工包括店招设置、店铺（店招页头、页面）背景设置和新旺铺装修设置，交易管理包括发货管理、评价管理和退款管理。本章针对以上内容详细介绍了开铺以及管理的流程和步骤，同时对需要注意的事项进行说明，以期能够为有开设网络店铺想法的读者提供帮助与指导。

▶关键术语

淘宝大学（daxue.taobao.com）
橱窗推荐（gallery featured）

刺激—有机体—反应（stimulus-organism-response，SOR）

▶课后习题

1. 登录淘宝网站，找到两家及以上同类型商品的店铺，分析它们之间的经营模式、店铺装修风格等有什么不同。
2. 分析比较淘宝与亚马逊等平台的店铺运营管

理模式有何异同。
3. 分析本章开篇案例，总结其店铺运营的经验及启示。

▶参考资料

[1] 淘宝大学官方网站，daxue. taobao. com.

[2] 武瑞娟，王承璐．网店专业性对消费者情感和行为影响效应研究：一项基于大学生群体的实证研究 [J]．管理评论，2014, 26(1)：109-119.

▶拓展阅读

[1] 亚历山大·奥斯特瓦德，伊夫·皮尼厄．商业模式新生代 [M]．北京：机械工业出版社，2015.

[2] 查克·布莱恩．互联网营销的本质：点亮社群 [M]．北京：东方出版社，2010.
[3] 罗宾·蔡斯．共享经济：重构未来商

业新模式 [M]. 杭州：浙江人民出版社，2015.

[4] 陈光锋. 互联网思维：商业颠覆与重构 [M]. 北京：机械工业出版社，2015.

[5] 波特·埃里斯曼. 阿里传：这是阿里巴巴的世界 [M]. 北京：中信出版社，2015.

[6] 黄海林. 转化率：电商运营核心思维与实操案例 [M]. 北京：电子工业出版社，2015.

[7] 江礼坤. 网络营销推广宝典 [M]. 北京：电子工业出版社，2014.

[8] 刘涛. 深度解析淘宝运营 [M]. 北京：电子工业出版社，2015.

[9] 伟雅俱乐部. 韩都衣舍：一个网商的成长回顾及未来展望 [M]. 北京：机械工业出版社，2014.

[10] 张志千，肖杰，高昊，宋瑞芳. 互联网营销 [M]. 北京：知识产权出版社，2016.

第六部分

互联网营销绩效管理

第 20 章

互联网营销绩效测量与评价

如果在我奉行的价值观里，要找出一个真正对企业经营成功有推动力的，那就是有鉴别力的考评，也就是绩效考核。

——通用电气前 CEO 杰克·韦尔奇《杰克·韦尔奇自传》

▶ 学习目标

1. 了解网络营销效果评测的步骤和指标、流量分析和转化指标以及常用的三种互联网评价工具。
2. 熟练掌握互联网营销绩效评价的工具和方法，并灵活运用。
3. 能够利用本章介绍的方法及工具为互联网企业的营销绩效评价提供指导。

案例导入

汪峰求婚上头条带火无人机

2015 年 2 月 7 日，汪峰在章子怡 36 岁生日晚宴上当众求婚。为了制造惊喜，汪峰特意用了一架白色无人机让一颗 9.15 克拉的钻戒空降在章子怡面前。汪峰求婚成功上头条后，这部售价 7 499 元的大疆 Phantom2Vision+ 无人机也成为外界关注的焦点。

2015 年 7 月底，淘宝指数搜索显示，"无人机"最近一周内搜索指数环比增长 13.6%，与 2014 年同期相比增长 365.5%；最近一个月的搜索指数环比增长 15.1%，与 2014 年同期相比增长 334.3%。结果就是，汪峰使用的深圳大疆航拍无人机，在新一轮融资中，估值达到了 100 亿元人民币。

无人机火了，但摆在面前的问题却越来越多。对于无人机的飞行监管，在目前低空尚未开放的国内还处于较为模糊的阶段。根据中国民航局 2009 年 6 月 26 日下发的《民用无人机空中交通管理办法》，"组织实施民用无人机活动的单位和个人应当按照《通用航空飞行管制条例》等规定申请划设和使用空域，接受飞行活动管理和空中交通服务"，这也意味着，民用无人机飞行应该划入通用航空的范畴，但无人机要进行日常飞行，到底需要经过什么审批流程并不明确。

资料来源：作者综合整理。

互联网营销绩效评价与传统营销绩效评价有很大区别，但绩效评价的作用仍然不可小觑。本章从营销传播指标的评测方式和流量转化出发，明确互联网营销效果的评测步骤，在引流之后，指出具体的流量及转化指标，并分析现有互联网上评价工具，为网络绩效评价提供具体可操作的路径。

20.1　营销传播指标

新媒体营销的渠道，或称新媒体营销的平台，主要包括但不限于门户、搜索引擎、微博、SNS、博客、播客、BBS、RSS、WIKI、手机、移动设备、APP 等。新媒体营销并不是单一地通过上面的渠道中的一种进行营销，而是需要多种渠道整合营销，甚至在营销资金充裕的情况下，可以与传统媒介营销相结合，形成全方位立体营销。

网络营销与线下营销相比，最大的优势之一就是营销效果，投入产出都可以正常统计和测量，而大部分线下营销方式很难准确评测营销效果。网络营销方法及目标千变万化，有的时候网络营销活动的终极目标与销售没有直接关系，难以将销售金额作为衡量指标（Ambler，2008）。

1. 效果评测步骤

（1）确定营销目标。一个网站必须明确定义网站目标。这个目标是单一的，可以测量的。比如，如果是直接销售产品的电子商务网站，当然网站营销目标就是产生销售额。但网站的类型多种多样，很多网站并不直接销售产品。网站运营者需要根据情况，制定出可测量的网站目标。如果网站是吸引用户订阅电子邮件，然后进行后续销售，那么用户留下 E-mail 地址，订阅电子杂志，就是网站的目标。网站目标也可能是吸引用户填写联系表格，或者打电话给网站运营者，可能是以某种形式索要免费样品，也可能是下载白皮书或产品目录。

（2）计算网站目标的价值。明确了网站目标后，还要计算出网站目标达成时对网站的价值。如果是电子商务网站，计算非常简单，目标价值也就是销售产品所产生的利润。

（3）记录网站目标达成次数。这个部分就是网站流量分析软件发挥功能的地方。沿用上面的例子，一个电子商务网站，每当有用户来到付款确认网页，流量分析系统都会记录，网站目标达成一次。有用户访问到电子杂志订阅确认页面或感谢页面，流量系统也会相应记录网站目标达成一次。有用户打电话联系客服人员，客服人员应该询问用户，是怎样知道电话号码的。如果是来自网站，也应该做相应记录。

（4）计算网站目标达成的成本。计算网站目标达成成本，最容易的是使用竞价排名 PPC 的情况下。这时候每个点击的价格、某一段时间的点击费用总额、点击次数，都在竞价排名后台有显示，成本非常容易计算。

2. 效果评测指标

在官方给出的标准中，美国消费者联盟发布了几大评估因子：日均 IP、日均 PV、点击量、利润率、网站安全、受众满意度等。美国 BizRate 公司研发了 BizRate 评价法，研究因子有：消费者评分和评价、高峰服务器负荷量、页面设计、产品线丰富程度、支付安全性、物流便捷程度、客户满意度、比价功能等。

网络广告的收费方式直接关系着网络营销的效果，网络媒体应结合广告主的需求和媒体积累的经验来选择适合的收费模式。网络广告收费标准一直都是网络广告主与网络广告发布商关注的焦点问题。目前在国际上最常采用的网络广告收费模式主要有以下几种。

（1）CPM（cost per thousand impression），译成每千人印象成本，是按照网络媒体访问人次计费的标准，指在广告投放过程中，按每1 000人看到某广告作为单价标准，依次向上类推的计费方式。广告的图形或文字在计算机上显示，每1 000次为一个收费单位。例如，一个网幅广告（banner）单位是50元/CPM，那么，广告投入如果是5 000元，则可以获得100×1 000次播放机会。

（2）CPC（cost per thousand click-through），每千人点击成本的收费模式则是以实际点击的人数为标准来计算费用的。它仍然以1 000次点击为单位。比如，一则广告的单价是40/CPC，则表示400元可以买到10×1 000次点击。与CPM相比，CPC是更科学和更细致的广告收费方式，它以实际点击次数而不是页面浏览量为标准，这就排除了有些网民只浏览页面，而根本不看广告的虚量。当然，CPC相应的成本与收费比CPM要高。尽管如此，CPC仍然比CPM更受欢迎，它能直接明确地反映出网民是否对广告内容产生兴趣。能点击广告的网民肯定是有这种产品兴趣或购买欲望的人。

（3）CPR（cost per response），每回应成本以广告受众的回应作为收费标准。利用网络访客的回应次数来衡量网络广告的效果。回应越多，表明网络广告的效果越好。

（4）CPA（cost per action），每行动成本，CPA计价方式是指按广告投放实际效果，即按回应的有效问卷或订单来计费，而不限广告投放量。CPA完全区别于传统媒体，是一种基于互联网互动性特征的广告收费形式。

（5）CPT（cost per time），按时长计费的广告。

20.2 流量及转化指标

在完成引流的工作后，下一步需要考虑的就是转化了。一个崭新的用户一路走来到完成交易，中间需要经历浏览页面（下载App）→注册成为用户→登录→添加购物车→下单→付款→完成交易（这段过程，在不同的公司中可能不同，例如家装互联网公司完成交易的过程就会分为交定、签约、开工、竣工等）。每一环节中都会有用户流失，提高各个环节的转化率，一直是互联网公司运营的最核心的工作之一。转化率的提升，意味着更低的成本，更高的利润。因此要从源头出发，学会用分析工具了解用户的行为路径，找到提高流量转化的方法，从而提高企业网络营销的绩效。

1. 原始日志文件分析

网络营销人员重要的工作之一就是分析用户行为。一部分网站流量统计分析软件是以服务器日志文件为基础的。网站服务器会把每一个访客来访时的一些信息自动记录下来，存在服务器原始日志文件中。原始日志文件就是一个纯文字形式的文件，只要用文字编辑软件如WordPad或Notepad打开即可。主要包括以下几点。

（1）用户IP地址。可以查看来访的人来自什么地理位置。

（2）日期/时间。与IP地址结合起来，就可以跟踪某一个用户从一个网页到另一个网页的访问顺序。

（3）时区。这个数字是相对格林尼治时间的时区差多少。

（4）服务器动作。服务器要做的动作要么是 GET，要么是 POSP。除了一些 CGI 脚本外，通常都应该是 GET，即从服务器上获取某个网页或图片文件。

（5）返回状态码。这一行是服务器返回的状态。200 就是说成功获取了文件，一切正常。如果返回了 404，就是文件没有找到。其他常见状态码包括以下几种。① 301：永久转向。② 302：暂时转向。③ 304：文件未改变，客户端缓冲版本还可以继续使用。④ 400：非法请求。⑤ 401：访问被拒绝，需要用户名、密码。⑥ 403：禁止访问。⑦ 500：服务器内部错误，通常是程序有问题。

（6）文件大小。这一行指的是所获取文件的大小。

2. 流量分析基础

流量统计和分析软件一般分为两种。

（1）基于在页面上插入统计代码。SEO 站长在需要统计的所有网页上（通常是整个网站所有页面）插进一段统计代码，一般是 JavaScript 代码，这段代码会自动检测访问信息，并把信息写入流量分析软件服务商数据库中。统计、分析软件运行在服务商的服务器端，SEO 站长在服务商提供的线上界面查看网站流量统计和分析。

属于这类最值得推荐的是 Google Analytics（谷歌分析，GA）。Google Analytics 前身是 Urchin，是一款付费统计服务。2005 年 4 月，Urchin 公司被 Google 收购，然后 Google 基于自己一贯的做法，将 Urchin 改名为 Google Analytics，免费提供给 SEO 站长使用。站长只要把 GA 统计代码放在每个页面的 HTML 中，比如全站所有页面都会调用的页脚文件中，用户访问包含有统计代码的页面时，Google Analytics 就开始收集数据。其他类似于 GA 的服务网站见表 20-1。

表 20-1　其他类似于 GA 的服务网站

网站名称	网址
百度统计	https://tongji.baidu.com
量子恒道（原雅虎统计）	https://www.linezing.com
51yes	http://www.51yes.com
我要啦	https://www.51.la
阿江统计	http://www.ajstat.com

资料来源：作者综合整理。

（2）基于对原始日志文件进行分析。这类软件把日志文件作为输入，直接统计其中信息。这种统计软件既有装在服务器上的，也有运行在自己计算机上的。装在服务器上的常见的包括 Webalizer、AWStats、Analog、Azure 等。

3. 从流量统计发掘机会

网络营销主要还是以网站为基础。网站流量、销售和转化的变化，最集中地表现出网络营销活动的效果，很多网络营销活动的细节却不能从单一的终极指标来判断。对营销者来说，不仅需要统计跟踪网络营销效果，更重要的是看到成绩或不足时，需要知道为什么。这就需要仔细研究网站流量及用户在网站上的活动。通过对流量的仔细分析才能发现网络营销活动是怎样在网站的各个细节上对用户起作用的，最终达到网络营销的总体效果。

以 Google Analytics 为统计工具，介绍最常见的流量分析指标，以及对网站营销的意义。具体参见表 20-2。

表 20-2　网站流量分析指标

指　标	定　义	方　法
访问量 visits	某一段时间内网站被访问的总人次，体现了网站推广的总体效果	流量分析软件都可以按时间，比如按每天或每星期，显示出访问数。很多软件还可以以图形方式显示，更加直观
绝对唯一访问数 absolute unique visitors	在某一段时间内访问网站的来自不同 IP 地址的人数。每一个 IP 地址通常对应的就是一个独特的用户	这个数字通常都低于访问数，因为有一些人会多次访问一个网站，虽然访问数可能是每天 2～3 次，但还是一个绝对唯一访问者
平均页面访问数 average pageviews	平均页面访问数就是用户每次访问网站时平均看了多少个页面。平均页面访问数代表了网站的黏度。黏度越高，用户看的网页越多，平均页面访问数越高	改善网站易用性，撰写吸引目光、符合用户心理的网站方案，引导用户完成销售流量，以及良好的导航系统，这些都有助于提高网站的黏度
网站停留时间 time on site	用户每次访问在网站上所花的时间	网站易用性高，内容吸引人，用户自然停留的时间长，打开的页面多
文件访问数 hits	在一段时间内所有调用文件的次数，包括网页文件、图像、JS、flash 等所有文件	用户打开一个网页，通常浏览器都会访问多个文件，如果文件访问数过大，说明网站页面构成太复杂。从营销角度考虑，应减少文件数目，降低页面打开时间
弹出率 bounce rate	浏览者来到网站，只看了一个网页就离开的比例	如果用户来到网站，大部分打开第一个页面后，再也没有点击其他链接看其他网页就离开，说明用户在网页上没有找到他想要的信息，网站或者易用性很差，或者内容很不相关，无法吸引用户继续看其他页面
最热门着陆页面 top landing pages	用户来到网站首先访问的那个页面	最热门着陆页面也列出了弹出率，也就是用户从这个页面进入网站，却只看到了这一个页面就离开了。这个指标清楚地显示了这个特定页面是否满足了用户的需求
最热门退出页面 top exit pages	用户离开网站前所访问的最后一个网页	页面本身访问次数不多，却使浏览者看完后立即离开网站比例比较高的网页，就很可能是网站上没有能满足用户需求的那些页面。可能是文章内容用户不感兴趣，可能是页面没有明确指示浏览者下面该怎么做
转化率 goal conversion	用户到达特定页面后完成商业转化的比例	通过流量分析可以轻易地找出哪些关键词带来的最终销售和利润最高

资料来源：作者综合整理。

4. 线下效果的测量

网站上的访问信息甚至注册用户账号信息都无法与商场中的购买者联系在一起（Grewal et al., 2016）。下面讨论几种可能的方式，帮助企业跟踪由网站引起的线下转化和销售。

（1）实体店地址信息页面。如果企业有线下实体商店，同时在网上展示产品，用户在网站上浏览产品并做出购买决定后，可能在网上直接生成订单，也很有可能在网站上寻找实体店地址，然后亲自去实体店完成购买。所以，列有实体店地址的网页访问次数在某种程度上可以作为线下效果的依据之一。实体店地址被显示了多次，从而可以测量哪些城市的用户对实体店地址更感兴趣，哪些城市的用户在网站上被转化的效率更高。

（2）专用电话号码。在网站上列出电话号码是必需的。对一些企业来说，提醒或促使用户拿起电话询问详情就是网站目标之一。

（3）网站专用购物礼券。这对有实体商店的网站最为有效。用户在网站上浏览商品后决定去离自己家不远的实体店购买。这个在网站上供打印的优惠券必须明显标注为网站专用，在其他地方得不到。

（4）会员卡等联系用户的资料。如果企业在线下为用户提供某种形式的会员卡，如VIP 卡、积分卡等，也可以在网站上鼓励用户使用这类会员卡登录网站，得到更多促销信息或积累一定的点数。这样企业就可以将持有会员卡的顾客在网上的浏览记录与线下的购物活动联系起来，从而计算网上浏览活动与真实线下购买的关联度。

（5）受控条件下的测试。改变与网站相关的某些变量，然后观察线下销售的变化，从而将网站与线下销售效果联系起来。例如，选择某几个城市投放 PPC 竞价广告，而其他城市则没有使用，也不要进行可能引起网站流量特殊变化的活动。然后记录所有城市实体店人流及销售数字的变化，从而找出网站流量与实体店销售之间的数量关系。

随着技术的发展，可以找到某种手段（例如大数据技术）将线上活动与线下销售的数据联系起来，如线上用户 ID 与实体店信用卡号码，或与会员号码联系起来，从而实现精准测量。

20.3　第三方互联网评价工具

1. 百度搜索引擎

由于生活中各种信息的获取依然会更多地诉求于移动互联网和搜索引擎，因此搜索引擎的用户规模仍将持续增长。基于目前这种情况，各大企业也早已洞察，并纷纷开展搜索引擎营销传播活动，百度搜索作为国内最大的搜索引擎营销工具之一，也有其自身的评价指标体系，可供企业参考营销绩效的考核。如百度搜索风云榜以数亿网民的每日搜索行为作为数据基础，建立权威全面的各类关键词排行榜，引领热词阅读时代。百度搜索中的评价指标见表 20-3。

表 20-3　百度搜索中的评价指标

序　号	指　标	含　义
1	关键词	用户搜索所用关键词，点击可以在新窗口中打开该关键词搜索结果页
2	搜索指数	以品牌或产品的一类关键词作为研究对象，计算得出该类关键词在百度上的搜索频次加权和后得到的数据
3	排名	该关键词搜索量在该分类中的当天排名
4	关注度	亦称搜索份额，表示某一信息的检索量在同类信息中所占的比例
5	变化率	最近 24 小时检索量与昨日同期检索量相比的变化率

资料来源：作者综合整理。

另外，百度还推出了实时热点榜单，按照关键词检索量的变化率自动生成，具体排名规则为：①关键词在最新24小时内的检索量，相对于前24小时检索量的变化率；②在"7日关注""热门搜索""世说新词""网页游戏""网页游戏平台""旅游""团购""奢侈品""美食""化妆品""宠物"11个榜单以及"娱乐""事件""人物""小说"4个一级榜单类别中，搜索指数来源于网友在前一天内通过百度网页搜索对该关键词的检索次数，按搜索量排名，准确权威地呈现广大网民搜索欲望；③在"网游""网游运营商""3C商城""奶粉""家电"5个榜单，以及"汽车""科技""金融"3个一级榜单类别中，搜索指数来源于百度指数专业版（在榜单右下角均有标注），按不同厂商品类的检索量汇总后排名。

2.Google 分析工具

Google Analytics 是著名互联网公司 Google 为网站提供的数据统计服务（Plaza，2011）。可以对目标网站进行访问数据统计和分析，并提供多种参数供网站拥有者使用。其功能非常强大，只要在网站的页面上加入一段代码，就可以提供丰富详尽的图表式报告，可以显示人们找到和浏览网站的方式，从而让开发者改善用户体验，提高网站投资回报率，增加转换。

Google Analytics 可轻松地与其他 Google 资源，例如 AdWords、Search Console、Double-Click 以及最近的 Firebase 整合。虽然 Google Analytics 免费版有一些限制，但功能强大，足以满足中小型企业的需求。

对于基本报告，Google Analytics 开箱即用。可以在添加资源（网站或应用）的几小时内访问分析数据，以及相关跟踪代码。对于 Google Analytics（分析）生成的数据而言，绝不是基本报告就可以拥有的配置。默认情况下，可以访问很多重要指标，如跳出率、流量的地理细分、流量来源、使用设备、行为流、效果最佳的网页和内容等，这些数据足以突出网站的运营情况。主要注册步骤如下：①用 Gmail 账号注册 Google Analytics。建议将默认语言设置成英语。②到主界面点击 Add Website Profile 添加网站信息。③选中 Add a new domain，在 URL 框中填上网站地址，根据网站语言选择时区 Time Zone。④再次确认网站信息，并复制跟踪代码。其中的网络资源 ID（Web property ID）只是一个标志号，其中前7位是唯一的，属于 Google Analytics 账户的标示，后面的数字是该账户下的网站数量，并没有太多意义。新网站的话，选择新的跟踪代码，然后复制代码到所有需要使用 Google Analytics 的网页中，一定要放在 </body> 标记前，如 WordPress 可以加入模板主题文件中。

2016年，Google 推出这套整合数据分析、视觉化工具、A/B 测试以及标记管理的企业级服务，被称为 Google Analytics 360 Suite，让数字营销变得更加简单。Google Analytics 360 Suite 很强大，因为它包含了原来的 Google Analytics Premium 和 Adometry，现分别称为 Analytics 360 和 Attribution 360，还将作为开发者工具 Tag MAnager 收入其中。具体见表20-4。

3."两微"绩效分析

微博作为一种新兴的移动互联网营销传播方式已在各行业得到普遍认可，同时也已广泛应用于企业的各种营销传播活动。自2011年腾讯公司基于智能手机推出微信到现在短短的几年内，其自身功能在不断完善，用户群体也迅速暴增，因此为企业开展营销传播活动又辟了一片新天地。微博、微信营销传播比较见表 20-5。

表 20-4　Google Analytics 360 Suite 包含的 6 款工具

序　号	名　称	功　能
1	Analytics 360	Google Analytics Premium 将更新为 Analytics 360，仍然用于监测流量，分析消费者对于不同管道、产品的 touch-pionts（接触点），整合 Google 广告工具，进行更有效的营销策划
2	Tag Manager 360	一款为开发者设计的标签管理工具，便于管理和追踪带外挂代码，简化工作流程，加快网站速度，获取更精准的数据
3	Optimize 360	用来进行多个版本的网页 A/B 测试，然后调整为不同的客户提供个性化体验
4	Attribution 360	基于原来的 Adometry，帮助广告商分析不同管道、设备或者系统平台上的分发状况，更有效地进行广告资源的分配
5	Audience Center 360	分析消费者对于不同管道、产品的 touch-pionts（接触点），整合 Google 广告工具，进行更有效的营销策划
6	Data Studio 360	一款为开发者设计的标签管理工具，便于管理和追踪带外挂代码，简化工作流程，加速网站速度，获取更精准的数据

资料来源：作者综合整理。

表 20-5　微博、微信营销传播比较

方　面	微　博	微　信
媒体属性	自媒体和大众媒体	自媒体和用户管理
传播特点	一对多	一对一
曝光度	容易淹没	容易曝光
传播方式	扩散式开放性	圈子式交流
用户关系	弱关系	强关系和弱关系结合
所用工具	展示工具	联络工具
广告沟通	偏传统展示广告	更偏向于对话

资料来源：作者综合整理。

（1）微博营销衡量标准。一般来讲，将微博上的企业分为三类，网站媒体类、品牌企业类和电商类，这三类企业关注与考核的指标各有不同的侧重点。三种类型详细情况如下：①网站媒体类，主要是指一些资讯媒体类网站和传统媒体类企业微博。这类型企业微博的效果型指标主要会有网站流量、曝光量、订阅量。运营型通用指标主要包括微博转发数、粉丝数、博文阅读数。②品牌企业类微博，主要是指一些大型的传统品牌的企业，不以销售为导向，更多是品牌传播和客户服务为主，它们的效果型指标包括品牌声量（品牌提及数）、正负面情感指数、互动回复数、微博响应时间等，运营中通常关注粉丝数、转发数、互动评论、搜索结果数。③电商类企业微博，是指一些主要依托网络销售产品和服务的企业，其要求比较实际，更多希望微博承担流量引导的功能，最好可以直接带来销售和客户。所以他们的效果指标很明显，订单销售、流量。运营中更多关注粉丝数量、微博数量、转发量、粉丝活跃度等。

（2）微信营销衡量标准。图文阅读分析主要包含 7 个指标：图文页阅读人数、图文页阅读次数、原文页阅读人数、原文页阅读次数、分享转发人数、分享转发次数、微信收藏人数。每个指标的数据都来源于 5 个渠道：会话、好友转发、朋友圈、腾讯微博、历史消息。

文章标题决定打开量，文章内容质量决定转发量（包括好友转发和朋友圈转发），而且标题和内容互相影响。除了公众号直接推送的界面之外，朋友圈成了非常重要的用户来源渠道。可见一个吸睛的内容和质量超高的内容，对文章阅读量的影响力极其重要。这也是为什么很多大号的文章阅读量远高于粉丝数。主要衡量指标如下：①粉丝数，粉丝数是第一指标，这决定了传播的直接效果，粉丝数越多，消息到达数会越高，受众人群就会越广，但是必须要获取精准粉丝。

$$粉丝数（累计关注人数）＝原有关注人数＋净加关注人数$$
$$（＝新关注人数－取消关注人数）\qquad（20\text{-}1）$$

②流失率。微信公众账号不能主动添加好友，而公众账号的好友却可以随时取消关注，这种掉粉的状况就是流失率。营销理论认为吸引 1 个新客户的成本是留住 1 个老客户的 15 倍。精准客户流失 1 个都是极大损失，所以考评微信运营的重要指标是看流失率，绝不能因为好友增长大于流失而忽略对流失好友的关注。③传播率。理论上微信传播的到达率为 100%，但是，要实现传播效果的放大，需要打破第一个闭环，通过定位精准的内容诱发爆发性传播，发生不亚于微博的开放传播。但这一点极难实现，所以微信的传播率更难实现，而一旦实现，回报便会呈指数级增长。④转化率。从在线的关注到线下的消费，或是从线上的关注到线上的消费，每一次好友到客户的转化，以及好友转化的比例，都是最终考评营销效果的关键。这是营销的终极目的，必须关注。⑤好评率、分享率、反馈率等。这几个指标也可以作为参照，针对公众账号实际营销行业、内容的区别，选择适合的KPI 指标，用以评估营销行为是否有效。

|案|例|分|享|

网络环境下第三方评论对冲动购买意愿的影响

华中科技大学管理学院常亚平、阎俊教授团队一直致力于数字化营销及消费者行为研究。该团队 2012 年发表于《心理学报》上的一项研究，采用问卷调查和实验研究的方法，研究网络环境下第三方评论对消费者冲动购买意愿的影响机制，得到若干发现（常亚平，肖万福，覃伍，阎俊，2012）。现将研究背景、过程及结果摘录如下。

1. 研究背景

前人研究虽然提出大部分网络消费者曾经有过冲动购买，但缺乏对网络购物情境下冲动性购买行为的深入探讨。另外，在线评论是在线口碑传播的重要形式之一，根据发布平台的不同，在线评论可以分为：第一方评论和第三方评论，前者即是由企业自建的以促进自身产品或服务的销售为目的的网站上所发布的评论，而后者是独立于企业之外的不以促进自身产品或服务销售为目的的网站上（如大众点评网、口碑网、豆瓣网、团点评、美国的 Zagat等）所发布的评论。后者对消费者的影响更大。本研究旨在研究第三方正面评论对网络消费者冲动购买意愿的影响：在对网络环境下第三方评论进行界定的基础上，研究第三方正面评论的主要特征的构成因素有哪些，哪些特征对冲动购买意愿产生影响，这种影响的内在机制和边界条件是什么。

2. 研究过程

论文采用问卷调查和试验相结合的方法，以心理学的认知主义学习理论 SOR 模型和消费者行为学的科特勒模型为理论基础，构建了第三方正面评论对冲动购买意愿的影响机制，揭示出冲动购买传统的刺激理论和情感理论对解释这一现象的不足；以信息学的相关理论为指导开发了第三方正面评论由好评度、好评数、可信度和时效性四个维度构成的量表；以精细化加工模型 ELM 理论和霍夫兰德说服模型为理论基础分别验证了不同涉入度的产品类别和评论员级别对第三方正面评论与冲动购买意愿影响关系的调节作用。

3. 研究结果

结果表明：第三方正面评论的好评度、好评数、时效性直接正向影响冲动购买意愿；好评度以快乐和唤起情感为中介，好评数以快乐情感为中介间接正向影响冲动购买意愿；消费者在购买低涉入度（VS. 高涉入度）产品和阅读高级评论员（VS. 初级评论员）发布的评论时，第三方正面评论对冲动购买意愿的影响更强。发现第三方正面评论的可信度对冲动购买意愿的影响不显著，快乐情感对时效性，唤起情感对好评度和时效性的中介作用均不显著，这些结论对传统的理论提出了挑战。

该结果的营销实践启示是：①促进消费者积极参与第三方评论。一方面，企业或者网络零售商开展营销应该重视利用反馈论坛，采取各种激励措施鼓励消费者对其购买的产品发表评论。另一方面，由于第三方评论的可信度较高，在网络口碑已经鱼龙混杂的现实情况下，独立于企业的第三方评论平台显得特别重要。②营造快乐情感和唤起情感以促进消费者的冲动购买。企业可以通过提高产品性价比，提高消费体验，和客户多沟通、了解顾客的真正需要，从总体上提高顾客的价值，从而得到更好和更多的好评，进一步产生网络口碑的扩散效应。③加强第三方评论平台建设。在技术方面，关注信息技术发展趋势，积极应用先进的移动技术、在线交互技术、信誉管理技术，不断提升评论的时效性。在制度方面，一方面要规范评论内容，引导评论者尽量用直观、简洁的语言定量地从好评度、好评数、可信度和时效性方面进行评论。另一方面，应该健全评论者的信誉指标，如建立评论员的级别，加强评论者的信誉管理。对于评论者的严重欺诈行为和恶意报复行为，则应该恰当运用法律手段。④不同产品使用不同的营销策略。经营低涉入度产品和感性产品的企业应更注重从以上营销方式中刺激消费者的冲动购买，反之，则要通过其他营销方式刺激消费者的非冲动购买行为，对企业营销策略的选择进行优化能够提高经营者效益。

资料来源：常亚平，肖万福，覃伍，阎俊. 网络环境下第三方评论对冲动购买意愿的影响机制：以产品类别和评论员级别为调节变量 [J]. 心理学报，2012, 44(9): 1244-1264.

▶本章小结

本章内容主要分为三部分：网络营销效果评测的步骤和指标、流量及转化指标、现有互联网评价工具。网络营销效果评测的步骤包括确定营销目标、计算网站目标的价值、记录网站目标达成次数和计算网站目标达成的成本。而关于网络营销效果评测的指标，不同的机构有不同的指标，美国消费者联盟发布的因子包括日均 IP、日均 PV、点击量、利润率、网站安全、受众满意度等。美国 BizRate 公司研发了 BizRate 评价法，包含的因子有消费者评分和评价、高峰服务器负荷量、页面设计、产品线丰富程度、支付安全性、物流便捷程度、客户满意度、比价功能等。而直接关系着网络营销的效果的网络广告收费方式包括 CPM、CPC、CPR、CPA 和 CPT。提高流量转化需要学会用分析工具了解用户的行为路径，从而提高企业网络营销的绩效。首先需要进行原始日志文件分析，然后是流量统计与分析，接下来从流量统计发掘机会，最后进行线下效果的测量。至于现有的互联网评价工具，本章主要介绍了三种，分别是百度搜索引擎、Google 分析工具和"两微"传播绩效，其中的"两微"是指微博和微信。通过对这些方法及指标的介绍，能够为互联网企业的营销绩效评价工作提供帮助。

▶关键术语

每千人印象成本（cost per thousand impression）

每千人点击成本（cost per thousand click-through）

每回应成本（cost per response）

每行动成本（cost per action）

每广告位时间成本（cost per time）

谷歌分析（Google Analytics）

绝对唯一访问数（absolute unique visitors）

平均页面访问数（average page views）

网站停留时间（time on site）

文件访问数（hits）

弹出率（bounce rate）

最热门着陆页面（top landing pages）

最热门退出页面（top exit pages）

转化率（goal conversion）

▶课后习题

1. 李彦宏曾经在百度内部大会上说，"因为 KPI，公司离破产只有 30 天！"请结合本章知识，谈谈你对互联网营销绩效评价的理解。

2. 互联网大数据分析工具近年来发展火热，企业应该如何利用大数据设定自身的互联网营销绩效？数据对于营销绩效和转化有哪些作用？

3. 网络营销与线下营销相比最大的优势之一就是网络营销的投入产出都可以相对精确统计和测量，而大部分线下营销方式很难准确评测营销效果。请自行查阅相关文献，谈一谈你对网络营销与传统营销发展前景的看法。

▶参考文献

[1] Ambler T. Marketing and the Bottom Line: Assessing Marketing Performance [M]. Palgrave Macmillan UK, 2008.

[2] Grewal D, Iyer G R, Kamakura W A, et al. Evaluation of Subsidiary Marketing Perfor-mance: Combining Process and Outcome Perfor-mance Metrics [M]. Springer US, 2016.

[3] Plaza B. Google Analytics for Measuring Website Performance [J]. Tourism Management, 2011, 32(3): 477-481.

[4] 常亚平，肖万福，覃伍，阎俊. 网络环境下第三方评论对冲动购买意愿的影响机制：以产品类别和评论员级别为调节变量 [J]. 心理学报，2012, 44(9): 1244-1264.

▶拓展阅读

[1] 2016 年 10 大年度营销案例盘点 [EB/OL]. http://www.shichangbu.com/article-28638-1.html, 2016-12-27.

[2] 2016 年最值得思考的十大营销热点 [EB/OL]. http://www.madisonboom.com/2016/12/27/2016-top-10-marketing-concept/, 2016-12-27.

[3] 2017 互联网女皇报告中文完整版 [EB/OL]. http://tech.qq.com/a/20170601/00-9038.htm#p=1, 2017-06-01.

[4] Yoon E, Burchman S, B Sullivan. Why Companies Should Measure "Share of Growth," Not Just Market Share [J]. Harvard Business Review Digital Articles, 2017(6): 1-4.

[5] Gierl H, T Schneider. Put It on the Right Side: The Effect of Print Advertisement Location on Product Evaluation [M]. Springer Fachmedien Wiesbaden, 2017.

[6] Michaelidou N, C Moraes. Internet Users' Attidutes Towards Advertising on Facebook [M]. Springer International Publishing, 2016.

[7] Shaouf A, Lu K, X Li. The Effect of Web Advertising Visual Design on Online Purchase Intention [J]. Computers in Human Behavior, 2016(60): 622-634.

[8] Vukanovic Z. Converging Technologies and Diverging Market Trends of Internet/Web and Traditional Media [M]. Springer Berlin Heidelberg, 2016.

[9] Wirtz J. Uber: Competing as Market Leader in the US versus Being a Distant Second in China [J]. Services Marketing: People, Technology, Strategy, 2016.

第七部分

适应互联网生态演进的
企业营销战略转型与变革

第 21 章

企业互联网营销转型升级平台：红圈营销案例

企业级 SaaS 始于 20 世纪 90 年代末，最早在美国出现。1999 年，Salesforce 的创始人马克·贝尼奥夫提出 SaaS（software as a service，软件即服务）的概念。作为云计算的一种，SaaS 服务通过互联网为用户提供各种应用程序，直接面向最终用户。SaaS 服务供应商负责对应用程序进行安装、管理和运营，用户无须考虑底层的基础架构和开发部署等问题，通过网络访问所需的应用服务。随着移动互联网、云计算等技术的爆发式增长以及市场需求的不断扩大，近几年中国的企业级 SaaS 也迎来了发展的黄金时期。2009 年和创科技公司的成立意味着企业级移动 SaaS 领域的诞生，和创科技聚焦移动销售管理领域，积极推进不同行业销售管理的移动互联网化进程，通过服务推动和引导，初步形成了众多垂直行业支持的良好生态，并凭借优良的业绩和高成长性率先挂牌新三板，成为企业级移动 SaaS 的佼佼者。[⊖]

21.1　关于和创科技

和创（北京）科技股份有限公司（原图搜天下）于 2009 年成立，是一家注册于北京市中关村科技园区的高新技术企业，致力于为中国企业提供基于 SaaS 模式的移动销售管理云服务。目前，公司员工近 1 000 人，在全国拥有 30 多个运营中心和 500 多家渠道合作伙伴。

和创科技于 2015 年 11 月 13 日正式挂牌新三板（NEEQ834218），目前市值近 50 亿元人民币，并连续两年入选创新层，是我国企业级 SaaS 移动销售管理第一股。

和创科技自 2014 年以来先后与新希望集团合资成立新云和创公司，专门服务于农村互联网市场；与复星医药合资成立星云和创公司，专门服务于医药领域；于 2016 年并购新三板基础层企业福建金科信息公司，专门服务于金融领域；此外，还与东方富海共同出资成立一个 10 亿元人民币的产业基金，主要面向企业级服务领域的战略投资与并购整合，同时兼顾 TMT 领域相关投资机会，用于在品牌、资源、募资、投资、投后管理和投资退出等方面进行深度合作。

⊖　本案例根据章末参考文献综合整理，感谢和创（北京）科技股份有限公司（红圈营销）刘豪中副总经理兼 CMO、张静公关总监为本案例提供资料。

和创科技基于中国企业所面临的最重要的销售管理问题研发出了"红圈营销"移动销售云服务系列软件产品，创造性地融合了移动互联网、社交、云计算、大数据、人工智能等技术，全面解决了企业销售团队的客户管理、销售全流程管理、沟通协同与数据报表等方面的管理需求，并基于快消、农牧、医药、服装与建材等行业特点成功开发了行业标准化模块解决方案，已经为 40 余行业包括新希望六和、复星医药、三元食品、惠普、德国汉高、公牛集团、晨光集团、拉卡拉、中粮米业和燕京啤酒等众多知名企业在内的 60 000 多家企业提供服务。

和创科技具备国家双软认证、国家高新技术、地图测绘等资质，且拥有 20 多项核心专利技术。公司核心团队由来自北大、北师大、南大、北邮与新国大等国内外著名大学的同学校友组成，核心成员曾服务过阿里巴巴、三星、中软国际、中国五矿、百度、复星与中国电信等公司。

和创科技自 2010 年以来先后获得雷军先生、李汉生先生和中关村管委会等个人和机构的天使投资，以及湖北高投、复星锐正（原复星昆仲）、东方富海、新希望集团、中信金石、正和磁系、海通开元、王亚伟先生、陈发树先生等知名机构和个人的巨额股权投资。

和创科技的使命是通过移动智能终端帮助国内几千万家中小企业的销售管理移动起来，让销售业绩增长飞起来！

21.2 运营模式

和创科技处于新兴的软件运营服务行业，主要业务是为企业提供基于 SaaS 模式的移动销售管理云服务，并在此基础上针对所获取的企业层面的销售数据进行大数据开发及商业应用。作为企业移动销售管理的方案提供商，和创科技拥有八年企业级管理软件的开发和技术服务经验，通过自主研发，公司不断推出新产品，并在服务实践中不断总结客户需求，提升产品开发和运营维护等服务的质量，在企业级移动营销管理领域积累了丰富的经验。

公司主要产品和服务是"红圈外勤""红圈通""红圈营销""红圈 OMS""红圈 CRM""红圈 CSM"——通过自主开发的 SaaS 平台，以 B2B 模式为国内广大企业提供移动营销管理服务，服务涵盖考勤管理、客户管理、订单管理、促销管理、进销存管理、巡店管理、工作日报等功能模块，帮助企业彻底改变员工原有的低效工作模式，同时也为决策者实时呈现动态销售数据、提供智能数据分析。公司按照服务终端用户数或以企业为单位每年收取服务费。

获取细分行业的数据并进行挖掘分析、洞察价值、动态决策，正在成为企业提升竞争力的重要手段。公司通过 SaaS 云服务获得的海量、真实的中小企业经营数据将具有可观的商业价值，为公司通过数据挖掘开拓创新应用打下良好基础。

公司主要客户类型为涉及销售和外勤业务需求的各类企业。客户涵盖行业广泛，包括快消、农牧、医药、服装、建材装饰等各个行业，服务重点客户包括新希望六和股份有限公司、北京三元食品股份有限公司等。

和创科技的经营立足于研发和销售两大支点，以运营为持续保障。

21.2.1 研发模式

和创科技的研发模式主要为标准化产品的自主开发。公司基于对企业移动营销需求的深入了解和不断研究，结合最新的科技成就和发展趋势，总结提炼出代表行业共性需求、行业实践的业务与数据模型，并按照标准的软件产品开发流程，完成标准化产品的开发，形成公司销售的软件产品。这种研发模式使公司能够紧贴市场需求，不断创新，推出新的产品和行业解决方案，并因此保持技术和产品的进步与更新。

围绕 ISO90001 和 ISO27001 质量规范，与互联网信息技术行业产品研发管理现状，和创科技不断优化公司已有的 SCRUM 敏捷研发体系，从而实现红圈系列产品的全线演进。根据不同的产品线设置需求池，每次产品迭代会从需求池中选择优先级较高的需求点作为实现目标，完成产品设计后，交由对应的研发团队匹配资源，实现相关需求。

研发流程

流程流程主要包括以下六个部分：

（1）由产品经理进行需求维护和梳理。产品经理会不定时对需求池中的产品需求进行优先级排序；根据每次产品演进的具体目标，确定需要演进的需求范围。

（2）召开产品迭代计划会议。对研发团队发布产品迭代的任务目标；根据任务量的大小、难易程度、开发平台的不同将任务分解，分配至各个研发小组，估算时间并制定研发时间表；开发过程中，定期由产品经理组织需求答疑。

（3）开发过程中每日召开例会，讨论进展，集中解决问题。当日由团队技术总监负责进行代码评审，由团队人员对问题代码进行修改直至确认无误。

（4）对每日完成的任务进行测试。

（5）结果评审和验收。

（6）总结回顾。

21.2.2　产品矩阵

8 年深耕销售管理领域，红圈营销目前已经形成了以红圈通、红圈外勤、红圈营销、红圈 CRM、红圈 OMS、红圈 CSM 为核心的产品矩阵，成为覆盖企业多层次管理需求的一站式信息化平台。红圈营销创造性地将移动互联网、社交、云计算、大数据以及人工智能等技术融入 CRM，将企业的销售全流程数字化、智能化，帮助企业降低成本、提升效率和业绩。

1. 红圈通：企业级移动协同首选

红圈通是一款面向企业沟通协同执行的创新移动应用，主要功能包括企业通讯录、即时通信（IM）、必达消息、小秘书消息、客户管理、客户跟进、项目管理、产品管理、拜访路线、拜访计划、日程、会议、培训、日程备忘、客户分布、工作轨迹、拜访排行、工作统计、考勤、公告、日志、审批、角色权限、企业管理、自定义业务模板配置等。

红圈通以沟通协同为基础，围绕人、事、团队实现沟通协作，打通组织中人与人、人与事的协同执行与交互，助力企业实现全员日程、任务、拜访、会议以及培训的高效协同，减少中间成本，提高管理与工作执行效率，连接企业所有信息。其主要特点包括：

（1）沟通内外消息必达。通过手机通讯录，几秒时间即可轻松触达企业任一员工，还可通过 IM 在弹指之间与团队快捷沟通，打破地域限制，实现密切协作；重要事项通过信息"必达"，应用内部短信、外部短信、电话三种方式确保使命"必达"，已读未读即刻呈现，不会错过重要消息。

（2）掌控客户聚焦业务。通过快速查看和更新客户信息，实时掌握客户动态及安排，甚至可以轻松获知客户最新新闻，拜访前做足准备，轻松应对；还可以随时创建"以客户为中心"的工作安排，更高效有序地维系与企业的客情关系。

（3）日程备忘高效协同。凭借日程管理，可以更快速、更高效、更智能地跟踪自己和下属每天的工作事务；系统会智能推荐参与人的时间空当，让每一次工作安排更精准。

（4）移动办公轻量高效。公告、考勤、审批、日志等，借助轻量级的移动办公，无论是在公司还是外勤，都可以随时进行考勤；更高效的审批，让每一个流程更加快捷、透明、精准，不因流程原因而错失良机；轻松填写日报，让工作的所有记录都能被有效记录，及时汇报。

2. 红圈外勤：企业外勤管理精细化专家

红圈外勤是一款面向外勤执行管理的移动应用，主要功能包括考勤管理、轨迹定位、电子围栏、数据分析、客户管理、拜访计划、客户拜访、拍照信息等。

企业的外勤人员可以通过红圈外勤，更好地完成拜访执行过程的记录，实时汇报外勤工作的最新进展。企业的业务管理者可以通过数据化的分析和直观的汇报，更好地对外勤人员的日常工作进行管理，并依据数据更加精准地进行业务决策。其主要特点包括：

（1）轻松管理外勤销售工作。全程记录外勤人员在外的行为轨迹和拜访过程，地图查看人员在线情况，并可以通过时间轴、状态列表等全局了解下属工作情况；通过实时定位，随时获知员工位置就近安排工作；灵活的电子围栏报表，可以更加直观地管理销售人员的外勤工作，提高外勤销售的规范性。

（2）高效把控外勤拜访过程。高效拜访是与客户建立稳定关系的关键工作，通过拜访计划管理更高效地量化外勤人员的拜访工作，通过拜访定位、拜访拍照、拜访汇报等多种方式确保外勤真实有效，方便业务管理层轻松把控拜访过程。

（3）灵活考勤，手机打卡更方便。灵活设置考勤分组及考勤范围，手机打卡更方便，自动生成多维度考勤分析报表，让业务管理层轻松掌控团队出勤情况；融合定位位置、拍照记录等方式，让考勤打卡突破地域限制。

（4）高效沟通，连接工作内容。团队沟通、"小秘书"提醒、工作消息应有尽有；重要消息一键必达，确保信息传递到位；公告、日志、审批等均可在手机上轻松完成，轻松管理，让企业日常事务移动互联化。

3. 红圈营销：零售终端与销售管理专家

红圈营销是零售终端以及行业销售管理的解决方案，主要功能包括客户管理、促销管理、业绩管理、拜访计划与执行、任务管理、日程备忘、客户分布、工作轨迹、工作统计等。

红圈营销以客户为中心，以移动为载体，融合各个行业（快消、农牧、服装、医药、建材等）最佳销售和管理实践，并通过流程配置，灵活匹配不同行业的特性需求。其主要特点包括：

（1）更全面掌握客户信息。聚合客户信息、历史动态、围绕客户的工作计划以及客户新闻资讯，让管理者和团队随时随地掌握客户动态，追溯客户信息，管理客户跟进，新人上手也更加方便。

（2）建立标准化操作流程。通过手机端，实时记录和反馈一线终端信息，精准定位、拍照、打分，实现作业流程标准化，规范人员的工作执行，提升巡店效率和店面工作质量，保证人员出勤的同时又出工。

（3）管控店面销售及促销。管控终端促销行为，让终端投入一目了然，实时收集促销过程信息，优化促销活动执行，降低无效投入；快速提交汇总订单信息，快速审核通过，提升终端客户体验。

（4）数据分析精准决策。通过关键指标，一览无余团队、客户、人员的情况，准确定位问题，给予警示和指导，甚至通过趋势变化、横向对比、占比结构等多种方式，分层查看详细情况，让业务分析成为指导企业分析决策的核心依据。

4. 红圈 CRM：企业级移动销售管理利器

红圈 CRM 是一款面向大客户和项目制销售团队的移动 CRM 软件，主要功能包括线索池、客户公海、商机、合同、订单、回款、拜访、培训、会议、任务、线路拜访、销售目标、销售漏斗、销售预测、销售理单等。

红圈 CRM 帮助企业对所有的客户信息以及销售人员和客户的互动情况进行跟踪，打通从销售线索到客户、商机、合同、订单直至回款的全流程，帮助企业缩减销售周期、提升业绩。其主要特点包括：

（1）多拓商机，不丢商机。随时随地录入销售线索，拓展商业机会，高效管理从各个渠道而来的线索信息，实现客户信息的沉淀，让销售资源企业化，并分配给最合适的销售人员，从而产生更多订单。

（2）流程自动化，轻松洞悉。通过销售过程和销售阶段漏斗，轻松分析查看不同阶段的商机转化，实时进行理单和指导，及时调整销售策略，帮助管理者与业务员准确把握每个客户当前的销售状态，提供最优策略和判断，提高赢单概率。

（3）数据可视化，业务更透明。首页实时滚动核心销售数据指标，多维度报表清晰展现最新业绩、业绩对比、销售执行、销售阶梯、团队执行等信息，一目了然掌握团队整体情况，及时有效配置团队人力资源。

（4）工作更高效，协作更紧密。高效的沟通、日程、协同等功能，帮助企业突破时间和地域的限制，实现紧密协作。

5. 红圈 OMS：冠军级直销团队管理利器

红圈 OMS 是一款面向直接销售业务模式的销售管理解决方案，主要功能包括客户公私海、新增客户、检索客户、客户开放池、客户导入、销售目标、客户跟进、销售预测、销售理单、合同、订单、发票、产品、门店、商务、驾驶舱、报表统计等。

红圈 OMS 以客户为中心，以业绩经营为目标，以销售过程为驱动。从客户的获取、过程跟进、销售理单、业绩预测，到合同、订单、回款、商务流程的管理，所有工作都可以在红圈 OMS 中完成，让销售打单更精准，让企业的直销团队运作更高效，帮企业提升销售业绩。其主要特点包括：

（1）客户资产企业化。随时随地录入客户信息，沉淀优质客户资源，避免因业务人员流失而带走客户；公海、私海、保护池多种方式提升客户整体翻动率，实现客户高效管理，实现业绩提升。

（2）销售过程高效化。灵活设定销售目标，按照团队和组织进行分解；无论是在公司还是外出，均可完成客户的跟进及状态更新；业务经理随时可以进行理单和预测，并实时进行指导和督促，确保业绩目标的达成。

（3）业务过程可视化。通过销售漏斗、销售阶梯等数十种业务报表，从核心指标、趋势变化、数量对比、占比构成等不同维度，清晰了解团队、业绩、工作执行等多种信息，更有效地进行管理，从而提升整体作业效率。

（4）灵活配置柔性化。通过灵活可变的配置能力，可以对组织架构、角色权限、模板信息、数据字典、关键业务流程等进行灵活配置，即配即生效，让快速柔性 IT 变革成为企业的核心能力。

6. 红圈 CSM：客户成功管理专家

红圈 CSM 是一款面向企业客户成功管理的解决方案，主要功能包括客户管理、客户留存、客户翻动、流失管理、客户活跃度、客户健康度、流失管理、续费业绩分析、二次激活分析、客户增值分析、合同管理、开户管理、售后管理等。

红圈 CSM 帮助售后、客服、客户成功等团队管理成单客户，定期管理和维护客户关系，并通过多种统计报表，更好地了解和分析客户现状，帮助企业提高客户忠诚度和满意度，从而在更好地服务客户的基础之上，实现客户生命周期的增值。其主要特点包括：

（1）沉淀所有服务过程。全面记录客户服务过程中的所有信息，关联至销售人员、客户跟进人、合同信息、合同期限等，定期预警提醒，确保客户全生命周期的记录沉淀，为服务水平和质量提升提供有力支撑。

（2）标准化客服流程。通过标准化的服务过程管理，提升客户经理的工作效率，从而更精确地掌控客户服务的质量，避免问题的低效沟通、重复沟通，提升客户服务的满意度。

（3）可视化报表更聚焦。从产品、客户分布、合作方式等多角度以可视化的数据报表呈现统计分析结果，定性、定量地反馈和评估服务支持的质量，方便客户经理以及业务管理者更精准地管理和定位问题，及时进行反馈及调整。

（4）整合红圈服务高效便捷。红圈 CSM 整合红圈通、红圈 CRM，通过协同支撑、业务数据流转、工单派转等，让服务支持工作更有效率，真正实现以客户为中心的客户服务。

21.2.3 销售模式

软件运营服务行业具有技术升级快、客户需求差异大、产品对技术支持和服务要求高等特点。因此，公司在销售模式上采取直销为主、渠道销售为辅的营销模式，同时，公司组建了大客户销售团队，成为直销的重要补充。

直销模式的优势主要体现在减少中间环节、可以构建更紧密的客户关系、深入了解客户需求、创造更高的客户价值、提升公司盈利能力等方面；大客户销售主要针对销售额过亿或利润在千万级以上的大型企业、集团公司，为它们提供定制化的、更优质的产品和服务。渠道销售模式的优势在于可以迅速扩大市场占有率和市场影响力，和创科技目前已经拥有 500 多家渠道合作伙伴，并在与国内更多优质代理商开展合作，为客户提供优质的 SaaS 移动营销管理服务。公司自成立以来就逐步设立了全国营销中心、渠道部、销售管理部等销售部门。

1. 直销模式

和创科技目前的销售收入主要靠直销的方式产生，公司设立直销中心，从 2009 年 6 月开始建设直销队伍，至今已经发展了一支人数超过 500 人，遍布全国 30 个大中城市的直销团队。公司建设直销团队主要是遵循"以需求为导向"和"以客户为中心"的营销理念。

和创科技采取以直销模式为主的销售模式，主要基于以下考虑：

（1）直销模式对客户的服务路径较短，对核心客户的管理能力较强，能够迅速增加客户对公司的认知度。

（2）直销模式是典型的"以客户为中心"的销售模式，通过直销模式，公司可以及时充分地了解客户的需求以及对产品的意见，经整理归纳后，可将之应用于公司新产品的研发和对现有产品与服务的改进和升级，对于今后产品研发策略的制定和产品线的拓展有非常重要的意义。

（3）直销模式可以为不同类别的客户建立个性化的服务体系，以更好地满足客户需求，逐渐与客户建立起相互信赖的关系，为客户的持续消费奠定基础。

（4）直销队伍对于公司营销政策的贯彻更为坚决，能够最大限度地将公司产品的优点以及相关政策传达给客户，从而开发客户需求。

（5）直销模式直接建立起了客户与供应商的关系，公司品牌可以直达客户，从而加强客户的忠诚度与满意度。

和创科技线下直销模式为：通过积累及新拓客户资源、建立客户数据库等方式建立客户信息池，并通过对客户数据库资料的大数据分析，较为精准地获取优质客户资源，进而有针对性地与潜在优质客户进行接洽，同时也减少传统模式的获客成本。

线上直接销售的具体流程如下：

（1）下载安装。红圈系列产品目前在各大安卓应用市场和苹果 AppStore 上线，并支持随时下载安装。

（2）注册体验。通过手机短信激活在线体验版，可以使用预置的体验数据，体验使用单机版本的红圈系列产品，销售团队跟进开发潜在客户。

（3）在线付费。同时支持体验用户的正式版本购买和商用客户的在线续费，都可以通过手机，采用支付宝支付交易自动开通。

（4）自动开通。交易完成后，系统支持全自动的线上开通和商用过程，公司运营中心提供明确的指引辅助完成后续开户事项，从缴费到开通最短只要 3 分钟即可完成。

2. 渠道销售模式

除了直销的方式，和创科技还有渠道销售的方式，渠道销售是对直销方式的一种辅助和补充。和创科技的渠道销售模式，销售合同由公司、渠道销售商、终端客户三方共同签订，渠道销售商按照公司统一市场价格销售，销售成功后公司按业绩返还给渠道销售商不同比例的业绩款。经过多年经营，和创科技已经在全国范围内建立起一套相对完善的、具备一定忠诚度的"直销+渠道"的销售网络，公司采用全国 30 个核心城市以直销业务为主、30 个核心城市之外以渠道为主的销售策略，通过产品差异化和区域差异化，全面推动产品在全国范围内的快速扩张，基本覆盖了全国所有的大中城市。通过"直销+渠道"的模式，公司以较低的成本快速、大范围地进行产品销售和市场覆盖，获得较为稳定的现金流，有力提速公司发展。

21.2.4 运营模式

和创科技自成立之初就设立了运营中心，目前共有运营人员近 200 人，分布在北京总部和全国各地的运营中心。运营中心主要负责从客户签完销售合同之后，一直到期满续费的全过程，主要包括开户、系统平台建设、客户培训、售后维护、到期续费等工作。

1. 运营中心的架构及职能

运营中心主要由以下 5 个部门构成：

（1）客服中心。公司总部设立呼叫中心，目前有员工 10 余人，主要职责为面向已实施客户提供售后技术支持及热线服务，服务时间从早 8 点到晚 18 点，每周 10×7 小时，每天接听约 350～400 通电话，接通率 97% 以上。

（2）支持中心。因为公司产品采取根据客户需要而自由搭配功能模块的性质，在基本功能相同的情况下，每一家企业客户都会有不同的额外功能需求，在客户提出要求后，运营中心负责搭建平台以满足客户的个性化需求，并完成客户数据汇总及分析的职能。

（3）咨询服务部。专门服务 VIP 客户，提供高质量的一对一服务，在此基础上深入大客户业务流程，针对客户产品使用过程中出现的问题进行诊断咨询，提出解决方案，协助客户落地、优化，挖掘客户附加价值。

（4）客户成功中心（分散在全国各地的运营中心），负责上门培训、落地实施、售后服务并维护客户关系，协助客户将红圈系列产品与其业务模式进行深度融合，最大程度发挥红圈系列产品的功能价值，同时根据客户的业务特点，在客户使用红圈系列产品的过程中，不断帮助客户实现产品升级，提升红圈的客户价值。在老客户即将到期之前，客户成功中心的客户经理负责联系客户并征询续费意向；对没有续费意向的客户进行二次开发，争取完成再销售。客户成功中心的各地分支机构就近提供实施培训、售后服务、续费及技术支持等，受总部垂直管理。

（5）渠道支持部。负责公司渠道团队开拓客户的运营支持——实施、培训、售后服务等远程支持，渠道代理商客户运营支持，渠道客户运营经理、渠道代理商运营经理培训及相关工作支持。

2. 运营服务的主要流程及内容

运营服务的主要流程包括：

（1）开户。销售部与客户签订销售合同，财务部确认收款后，运营中心负责为客户开户。

（2）平台建设。在客户提出要求后，运营中心负责搭建平台以满足客户的个性化需求。

（3）培训实施。对客户公司产品的使用者进行必要的培训，使其具备相应使用能力。

（4）售后维护。客户在产品的使用过程中会产生各种各样的问题，运营中心为客户提供技术支持；除此之外，运营中心还负责收集客户数据，进行数据的汇总与分析。

（5）客户价值挖掘。

（6）到期续费。

研发、销售、运营是企业级移动应用三个方面的基本维度。公司通过不断优化完善产品、销售、运营三方面模式，打造研发敏捷优质、销售执行有力、运营全面细致的综合竞争能力。

21.3　运营效果

深耕移动销售管理领域八年，红圈营销被业界誉为最懂中国垂直行业销售流程、最适合中国现阶段企业需求的移动销售管理云服务，多次荣获互联网周刊、中国软件网、易观、艾瑞等组织颁发的"移动 CRM 最具影响力品牌"等奖项。

目前，红圈营销市场占有率第一，收费企业客户数超过 27 000 多家，续费率高达 90% 以上，每日在线终端 100 多万人，是当之无愧的行业第一。

红圈系列产品已经为 40 多个行业包括新希望六和、三元食品、德国汉高、中粮米业、惠普、晨光集团、公牛集团、燕京啤酒、复星医药等众多知名企业在内的 60 000 多家企业提供服务（其中收费企业客户 27 000 多家），帮助它们降低销售管理成本，提升销售工作效率，推动销售业绩增长。

21.3.1 红圈营销助力新希望六和实现从传统营销到技术营销的转型

1. 关于新希望六和

新希望六和是中国农业产业化国家级重点龙头企业，中国最大的饲料生产企业，中国最大的农牧企业之一，拥有中国最大的农牧产业集群。

2. 管理痛点

管理痛点包括：

（1）多链条沟通，团队协作困难。业务员在一线，专家团队在总部，跨地域沟通周期长，无法高效响应养殖户的业务和技术需求。

（2）业务分散，数据收集困难。业务分散在全国各地，基层数据收集和汇总慢，无法高效支撑决策参考。

（3）基层养殖户亟须提升养殖能力。养殖户分散在全国各地，大小有异且能力不同，如何为养殖户提供高质量的服务是核心业务诉求。

3. 解决方案

解决方案包括：

（1）提供技术服务，增强养殖户黏性。将被动服务变成主动服务 / 诊断，将服务营销变成技术营销，帮助养殖户提升能力，增强养殖户对企业的黏性。

（2）随时录入数据，及时诊断支持。减少业务人员的繁重工作，通过移动终端轻松提交和汇报业务现场数据，后台专家团队随时进行诊断支持，有效提升养殖户的满意度和忠诚度。

（3）一线市场数据更加真实详尽。所有进入系统的数据真实、可靠，帮助新希望六和建立全面的养殖数据库，方便企业根据市场变化及时调整商业策略。

4. 客户评价

新希望六和首席科学家曹宏博士：和创科技以红圈营销为模板为新希望六和打造的福达在线平台，对于新希望六和来说具有非常重要的战略意义，移动营销提高了团队内部的沟通效率，拉近了我们与客户之间的距离，帮助我们实现了从传统营销到技术营销的转型。

21.3.2 红圈营销助力中粮食品营销公司构建精细化管理模式

1. 关于中粮食品营销公司

中粮食品营销有限公司成立于 2007 年 1 月，其前身是上海福临门食品有限公司。中粮食品营销有限公司是中国粮油食品（集团）有限公司旗下的全资子公司，旗下品牌"福临门"系列食用油产品的销量位居行业前茅，是国内食用油行业的顶尖品牌之一。中粮食品营销有限公司在 2015 年 12 月开始使用红圈钉钉，2016 年年初进行系统升级，红圈营销为其打造了针对"福临门"系列食用油产品的定制化移动销售管理系统。

2. 管理痛点

管理痛点包括：

（1）中粮的粮油副食产品种类繁多、覆盖面广，全国终端售点数万家，且包括直营商、经销商和第三方等不同类型的客户，由于售点的地域分散、数量庞大，导致档案信息冗杂、不完善，难以及时了解售点需求。

（2）业务人员的服务状态、服务频次无法准确统计，从而缺少考核衡量的重要依据，销售部门对不同产品的销售规划与执行也缺少客户信息支持。

（3）业务人员对市场反馈的信息数据，难以由各部门和级别人员分类审核管理，难以根据对市场反馈的数据对产出进行优化管理，需要升级数据采集系统。

3. 解决方案

解决方案包括：

（1）利用客户管理功能，将终端售点信息在地图上进行标注，明确分布，完善档案信息。

（2）利用拜访管理功能，将业务人员在销售过程中产生的信息真实上报，表格汇总，及时给出服务支持。

（3）针对中粮厨房食品的移动工作场景，升级定制化模块，对反馈信息进行分级审核和管理，方便各个部门提取重要信息，提高业务人员的服务效率以及计划执行的准确率。

4. 使用效果

使用效果如下：

（1）对售点的全采集工作完成，全部客户成功标注在地图上。

（2）业务人员的服务效率、计划执行准确率有所提升，团队的工作效率有所提升。

（3）中粮（厨房食品）在销售管理上形成典型的部署模式。

5. 用户评价

和创服务团队的服务态度满分，双方在沟通时，中粮从快消品的角度提出了诸多专业问题，面对繁杂的问题和创能够做到及时解决、及时反馈。另外，和创培训负责、开发的人员比较专业，对企业的需求很敏感，对定制化业务架构的建设上能够提出有水平的建设意见，对企业业务层级及信息化上的问题也有比较深入的了解。

21.3.3 红圈 CRM 助力品牌联盟提升客户转化率

1. 关于品牌联盟

品牌联盟（北京）咨询股份公司（以下简称"品牌联盟"）成立于 2005 年，是一家致力于推进中国自主品牌群体崛起的专业咨询机构，也是中国第一个致力于推进"产业品牌化，品牌产业化"的活动性、学术性、联谊性的品牌活动与传播平台。2016 年 8 月，品牌联盟登陆新三板，股票代码为 837940。

2. 管理痛点

品牌联盟每年会举办中国品牌节、品牌女性高峰论坛等活动，邀请企业家参会，并向重点企业客户提供专业的品牌咨询、公关传播与品牌教育等服务。对品牌联盟来说，如何在持续服务好老客户，不断挖掘客户价值的同时，有效地跟踪维护潜在客户，提高转化率，是销售工作的关键。但是在客户管理上，品牌联盟一直困扰于以下问题。

（1）客户跟进情况不明朗：客户跟进情况都是使用传统方式来记录，翻看比较麻烦，而且不便于统计分析，公司对销售人员努力程度的判断缺乏数据支撑。

（2）部分客户资源长期闲置：暂时无进展客户可能被销售人员丢弃，造成客户资源浪费。

（3）客户转化率不高：公司海量客户资料的转化率不高，出现问题无法分析原因。

（4）销售团队整体工作效率提升困难，经验、能力、资源固定在某几个人身上。

3. 解决方案

红圈营销的客户服务团队帮助品牌联盟梳理并建立了他们的销售漏斗：获取线索、电话沟通需求、拜访约见、方案沟通、签约、付款开票、服务交付、运营维护。通过对整个销售流程（漏斗不同阶段）的精细化管理，红圈 CRM 帮助中国品牌联盟实现了：

（1）完善客户档案。整合碎片化的客户资料，在云端建立完整的客户档案，再也不用担心老员工离职而造成客户资料流失，并对客户进行分层分级管理，做到重点客户重点跟进。

（2）客户跟进全程可追溯。客户的历史跟进记录清晰可查，一方面便于销售人员更好地推动工作进展，另一方面使客户资源不再闲置。

（3）工作流程标准化。通过总结分析销售人员的客户跟进标准动作，形成一套可复制的标准话术、销售流程和销售方法，提高整个销售团队的成单率。

（4）提高客户转化率。合理的商机分配、有效的进度管理，配合领导跟进指导，提高客户转化率。

4. 使用效果

使用红圈 CRM 近一年，中国品牌联盟的感受是：

（1）销售人员能够规范管理自己的客户，科学安排客户跟进计划，多拓商机，增加收入。

（2）企业的客户信息变得数据化、可衡量、可追溯，销售全流程可视化，销售人员不丢商机、多拓商机，赢单率提升，公司销售业绩增长。

（3）客户来源分析、市场活动优势分析、销售人员工作量统计分析、客户类型分析等多维度的数据分析报表，使公司的销售策略有精准的数据支撑，提高潜在客户的转化率和老客户的续费率。

21.4　企业级 SaaS 面临的挑战与机遇

大数据、云计算等领域利好政策的出台、愈发普及的移动互联网、人口红利消退和企业经营成本上涨等因素，推动了企业级 SaaS 的发展，而移动 SaaS 将成为未来软件服务行业的趋势，也已成为业内共识。虽然发展前景良好，但企业级 SaaS 是一个长、宽且陡的赛道，挑战与机遇并存。

21.4.1　面临的机遇

1. 中国企业级 SaaS 市场发展潜力巨大

相较于美国企业级 SaaS 市场，中国企业级服务市场相差欧美 30 多倍。欧美有 2 700 多万家企业，最好的企业级服务公司——甲骨文、SAP、Salesforce，市值总额近 4 000 亿美元，中国有 3 000 多万家企业，服务于中国企业的企业级服务公司，市值最高的是东华、用友和东软，加起来不到 110 亿美元，相差欧美 30 多倍。中国拥有 3 000 多万家企业，但企业信息化率和 SaaS 化率都远低于美国。目前，我国尚不存在百亿美元市值的企业级软件服务公司，也不存在超 10 亿美元市值的企业级 SaaS 公司。

2. 中国企业级 SaaS 市场的发展机遇

利好政策持续颁出。为鼓励软件和信息技术服务进一步创新发展，国务院及相关部门陆续颁布了一系列关于大数据、云计算、云服务、网络安全发展的政策文件，从财政、税收、投融资、研究开发、人才、知识产权等方面给予软件产业全方位的政策支持，为企业级 SaaS 的发展提供了优良的政策环境。企业级服务市场需求扩大，人口红利消退，企业经营成本上涨。引入外部企业级服务，提升经营管理效率，降低经营管理成本，成为很多企业的选择。云计算行业的成熟为 SaaS 模式提供完善的支撑基础，移动互联网的发展则为 SaaS 服务带来新机遇。移动互联网的发展也给企业级 SaaS 带来新的机遇。除了以上因素外，资本的推动也成为企业级 SaaS 发展的又一动因。国内多层次资本市场的发展，为 SaaS 公司借力资本加速发展提供了良好的环境。

21.4.2　面临的挑战

1. 获客成本高

企业用户对于移动 SaaS 模式的软件应用认识还不够深入，教育成本高。这里的用户包括两个层面，一个是决策者——企业管理层，另一个是使用者——员工。企业管理层对软件的价值、价格以及安全性等问题考虑较多，员工则会对工作习惯发生变化产生一定的抵触情绪，厂商对企业用户的教育成本比较高。

2. 运营经验不足

欧美企业级服务经历了三个发展阶段：第一波是 30 年前的企业信息化，Oracle、SAP 和微软等公司兴起；第二波是十几年前开始的云计算，Salesforce、Workday、Servicenow、Netsuite 等 SaaS 公司兴起；第三波是现在刚刚起步的机器学习、人工智能技术在企业端的应用。

欧美经过了整个信息化的过程，但中国企业的信息化水平很低，改革开放 30 多年，中国完成了工业化进程，但是企业的信息化建设没有得到重视。所以，中国的企业级服务是三波浪潮叠加在了一起，呈现出跨越式发展的特点，不管是产品研发还是客户服务都需要不断优化完善。

3. 投资力度不够

数据显示，美国投资机构有 40% 的钱投在企业级服务领域，中国目前只有不到 10%。虽然近几年来，国内企业级 SaaS 领域的整体投资情况相对乐观，但与消费级领域的投资相比，投资数量和投资金额仍然太小。

4.厂商自身能力有待提升

由于 2014～2015 年资本的大量涌入，企业级 SaaS 市场规模迅速扩大，但同时也带来了产品同质化、客户流失率高等问题。企业级服务对产品专业能力及业务匹配性的要求相对较高，这就要求厂商平衡好企业发展与产品研发之间的关系，不断加深对行业的理解、对企业业务流程的理解，提升自己在产品研发、客户服务等方面的能力，增加客户黏性。

▶课后习题

1. 红圈营销在助力企业移动销售管理方面，帮助解决了企业销售管理中的哪些问题？
2. 红圈营销自身的运营模式如何支持公司的营销？
3. 红圈营销未来将如何适应更加丰富的移动互联网发展？谈谈你的看法。

▶参考文献

[1] 和创科技.2016 年年度报告 [EB/OL]. http://pdf.dfcfw.com/pdf/H2_AN2017-04210521650904_01.pdf, 2017-04-21.

[2] 商满霞.2016 年企业级服务行业创投报告 [EB/OL]. http://www.jiemian.com/article/1019415.html, 2016-12-16.

[3] 易观智库.2017 中国企业级 SaaS 移动销售管理白皮书 [EB/OL]. https://www.analysys.cn/analysis/8/detail/1000615/, 2017-03-15.

[4] 易观智库.中国企业级 SaaS 市场年度综合报告 2016 [EB/OL]. https://www.analysys.cn/analysis/8/detail/1000217/, 2016-08-16.

▶拓展阅读

[1] 刘学臣.15 年内移动智能终端将取代 PC 85% 的功能 [EB/OL]. http://finance.sina.com.cn/meeting/2017-06-11/doc-ifyfzhac1283794.shtml, 2017-06-11.

[2] 刘学臣.智能移动终端终将取代 PC，成为最有影响力工具 [EB/OL]. http://www.iyiou.com/p/47817, 2017-06-15.

[3] 刘学臣.未来企业级服务市场的三个关键词 [EB/OL]. http://news.china.com.cn/2017-07/25/content_41290286.htm, 2017-07-25.

[4] "内生＋外延" 双轮驱动红圈营销从独角兽长成 SaaS 巨头 [EB/OL]. http://tech.ifeng.com/a/20170608/44635958_0.shtml, 2017-06-08.

[5] 如何让连接产生价值？红圈营销 CTO 金晨首谈红圈产品逻辑 [EB/OL]. http://www.sootoo.com/content/672154.shtml, 2017-07-25.

第 22 章

工业企业与车联网融合：康明斯天远案例

车联网作为物联网在交通领域的应用以及下一代智能交通的发展方向，受到了国内外社会的广泛关注。

第一代汽车互联网是触网时代（电子化），以安全需求为核心的简单联网业务，同时实现了车内一些设备的互联。第二代汽车互联网是联网时代（联网化），以在线娱乐和咨询服务等多媒体为核心的互联网叠加。第三代汽车互联网是互联时代／智能时代（云端化、智能化），在第二代的基础上，将物联网与移动互联网相结合，依靠云计算、大数据等技术支持，将汽车作为信息节点，与车、路、人、组织以及其他的一切网络节点互联，实现丰富的信息交互，提供个性化、极致的人机交互和客户体验。同时，与智慧城市的各个环节进行互动，彻底突破汽车作为信息孤岛或简单下载终端的雏形，真正融入互动互联生活，成为智能结点，改变人们的生活。⊖

22.1 车联网介绍

1. 车联网定义

车联网概念引申自物联网（Internet of Things），根据行业背景不同，对车联网的定义也不尽相同。传统的车联网是指装载在车辆上的电子标签通过无线射频等识别技术，在信息网络平台上对所有车辆的属性信息和静、动态信息进行提取和有效利用，并根据不同的功能需求对所有车辆的运行状态进行有效的监管和提供综合服务。

2. 车联网是什么

（1）汽车电子化＋智能化。伴随着汽车电子技术的飞速发展，驾驶者对安全、便利、娱乐等方面的需求日益提升，电子产品的应用将逐渐从功能性汽车电子开始转向信息服务交互型汽车电子。

（2）汽车网络化。汽车网络化是建立在汽车电子化和智能化之上的第二个应用层级，指借助装载在车辆上的传感设备，收集车辆和车内成员的信息，通过网络共享，实现驾驶员、车、行人、车联网平台、城市网络互联，从而实现智能、安全驾驶，以及享受技术和

⊖ 本案例根据章末参考文献综合整理。

生活服务等。

（3）智能交通。在可用于拓展道路用地有限的情况下，智能交通是解决大城市交通拥堵的一剂良方，也是车联网向智能城市路网延伸的产物。但操作层面，由于智能交通需要较大的政府投资，并牵扯多部门协作，实际推广进程可能需要更长的时间，并需要协作机制的进一步理顺。

3. 车联网产业的分类

车联网产业的分类见表 22-1。

表 22-1　车联网产业的分类

	前装车联网	后装车联网
乘用车	OEM 主导 T-Box、IHU、TSP 多方参与 安防、娱乐资讯、导航功能 前期 B2B、后期 B2C	以智能互联终端为载体提供服务 硬件厂商 TSP 娱乐咨询功能、导航功能 数据运营服务 B2C 模式
商用车	OEM 主导 T-Box、IHU、TSP 共同参与 车队管理功能 B2B 模式	后装硬件厂商主导 物流公司、公司车队与硬件厂商共同参与 数据运营服务 B2B 模式

资料来源：作者综合整理。

以通用安吉星车联网服务为例。通用的安吉星（OnStar）平台是称霸美国许久的一款车联网产品，是通用汽车研发的一套汽车安全信息服务系统，2008 年年底北美上市的 95% 的通用汽车产品都安装了该系统。中国是北美之外首个导入安吉星系统的市场，自 2009 年 12 月在中国推出业务，最早搭载于凯迪拉克赛威车型，如今在上海通用的多个车型中均搭载了安吉星系统，包括凯迪拉克 XTS、SRS、CTS 等，别克新君威、新君越、昂科雷，以及雪佛兰科鲁兹、爱唯欧等多种车型。

4. 车联网用户需求特征

"安防服务"，以及"紧急救援"和"失窃车辆跟踪"的需要程度较高。在导航服务方面，16% 的消费者表示最需要"导航服务"。重要性排序仅次于"安防服务"，另外，"全程语音"及"彩屏导航"的需要程度较高。在通信服务方面，"通信服务"的重要性程度排序第三，且"蓝牙免提功能"颇受青睐。在信息服务方面，11% 的消费者认为"信息服务"最重要。对中低端车主而言，15% 的消费者认为信息服务的重要性仅次于"安防服务"，位于第二。男性（13%）相对女性（5%）更偏爱信息服务。在娱乐服务方面，娱乐服务"的重要性程度在 6 大类服务中最低。相对而言，DVD 功能更受欢迎。

5. 车联网与 OEM

从对企业形象的影响来说，引入车联网首先会更具有人性化，为汽车用户着想，并且更国际化，与国际接轨。另外，企业实力雄厚，有强大的财力与技术研发能力支持，可以提供优质的售后服务，完善服务体系，此外厂家宣称硬件免费，但是仍然有部分的消费者（25%）认为实际的硬件成本包含在车价内。这不会对消费者的购买行为产生消极的影响。而对品牌形象的影响，首先会提高品牌差异化竞争力以及提高品牌知名度，使自己的品牌更高档，具备豪华车的硬件，科技含量高，可以引领潮流，更先进，树立勇于创新的品牌形象。另外，从对产品销售的影响来看，可以在同级别车中提高性价比，增加产品的卖点，同时也增加了利润；同时，配备了这套系统可以增加消费者对车辆的购买可能性。

6. 车联网价值

（1）车联网给 OEM 带来什么。对 OEM 来说，从车辆性能方面，汽车作为一种交通工具，其核心价值是出众的安全性与动力性、燃油的经济性以及舒适的驾乘体验，因此，需要在动力控制、底盘控制及车身等方面做研究，这也是终端厂商无法实现的。影响汽车核心价值的并非是车联网，而是最基础的设计和制造技术，因此，对于车厂而言，通过车联网技术，一方面不断地优化发动机、底盘及波箱技术，给车主带来更好的驾乘体验，另一方面在互联网＋时代，通过车联网技术，优化车辆性能的同时也提高自身对汽车的整体设计及制造水平，这就是车联网的价值所在。

（2）车联网给客户带来什么。车联网主要从以下两个方面给用户带来非比寻常的感受。从用户行为方面来说，目前，车联网产品已经进入了越来越多不同的平台，用户未来将在不同平台之间自由转换使用，包括 HMI、手机、Pad，以及作为未来发展趋势的智能穿戴设备。同时，随着技术发展，人—机交互方式也变得越来越多样化，包括视觉、听觉、语言、触觉等。从服务效率方面来说，车联网推动智能交通发展。作为智慧城市的重要组成部分，智能交通可以有效缓解道路拥堵，提高出行效率，并改善由于尾气排放造成的空气污染，受到政府和民众的高度重视。另外，当汽车出现问题时，车辆能够及时给予信号，方便汽车维修。

22.2 公司介绍

1. 公司简介

东风康明斯发动机有限公司成立于 1996 年，位于湖北省襄阳市高新技术产业开发区，是由东风汽车股份有限公司和美国康明斯公司各占 50% 的股权，以柴油发动机制造为主要经营业务的公司。公司的主要产品包括康明斯 B、C、L 系列机械式和 ISDe、ISLe、ISZ 系列全电控柴油机，B 系列天然气发动机，发动机排量为 3.9L、4.5L、5.9L、6.7L、8.3L、8.9L、13L，功率覆盖范围为 125～545HP。公司产品满足国Ⅱ、国Ⅲ、国Ⅳ排放法规要求，可广泛应用于轻、中、重型载重汽车、中高级城际客车、大中型公交客车、工程机械、船用主辅机、发电机组等领域。其先进的经济性、动力性、可靠性、耐久性和环境安全性受到国内外用户的普遍好评。公司产品主供东风市场；近年来，公司积极开拓东风外部市场，安徽华菱、郑州宇通、厦门金龙、柳工机器等国内著名汽车和工程机械制造厂纷纷选用了东风康明斯发动机。

在消费者自我意识逐渐提高的今天，东风康明斯秉承积极、创新、协作、诚信、进取、激励的核心价值观，在打造世界级先进产品的同时，把全心全意为客户服务放在了首位。同时，通过滚动式技术引进和自行开发战略，在产品开发上逐步实现与美国康明斯公司同步发展，在行业内率先通过 ISO/TS16949：2002 汽车行业质量管理体系、ISO/14001：2004 环境管理体系和 OHSAS18001：1999 职业健康安全管理体系第三方认证，产品质量不断提高，市场份额逐渐扩大，公司的综合实力不断增强。

2. 历史沿革

康明斯与东风汽车公司的合作开始于 20 世纪 80 年代，当时国家提出卡车发动机项目要更新，要引进世界主流产品。康明斯敏锐地捕捉到这一讯息，并且成功地发展成为东风汽车公司的前身——第二汽车制造厂的合作伙伴。1986 年，东风公司柴油发动机厂开始许可证生产康明斯中马力 B 系列发动机。在两公司的生产技术许可证协议到期后，1996 年 6 月，东风汽车公司和美国康明斯公司以 50∶50 的股权比例，设立东风康明斯发动机有限公司。1999 年 12 月，东风汽车公司将所持公司的 50% 股份转入已于当年 7 月在上海证券交易所挂牌上市的东风汽车股份有限公司。2003 年 2 月，东风康明斯发动机有限公司进行了增资扩股，注册资本达到 1 亿美元，公司成为集东风汽车股份有限公司柴油发动机分公司、原康明斯独资拥有的康明斯（襄阳）机加工公司以及东风与康明斯的 C 系列发动机合资公司的资产和管理于一体的一家新的合资公司。

22.3 案例描述

22.3.1 康明斯天远简介（CTY）

康明斯完全拥有发动机控制技术以及全球技术资源优化发动机和整车表现。而天远科技有限公司作为商用设备领域的远程管理行业领先者，其拥有 16 年经验，跟踪 24 万多台设备，是第一家实现成功锁车服务的公司，也是拥有全球最先进的基于车联网的售后服务模式的公司。二者强强联合所成立的康明斯天远（CTY）成立于 2012 年，定位于"主打智慧动力，拥有智能设备管理（载重分析、智能油耗分析和管理等）"，实现了康明斯和天远科技有限公司两者优势的结合，对客户提供业内最领先、有价值的车联网支持，并且针对不同用户提供灵活的合作模式。

22.3.2 康明斯天远系统的服务

该系统主要提供四种服务。第一种是油耗率评价，它首先会将路况、司机行为、称重、整车及发动机配置进行实时汇报，并通过 APP 进行分析，并报告给车主。第二种是司机行为管理，它首先会综合评价每个司机的行为，发现司机的不良开车行为，然后对司机进行培训，使得司机形成良好的开车行为规范。第三种是发动机健康，首先要评价司机维保行为，然后对已经发生的故障进行故障分析，如果还未发生故障，则要进行故障预防，并提供远程诊断及技术支持。第四种是高价值咨询服务。首先会按路线分析制定新的运营管理标准并为客户业务提供咨询支持，同时也提供车辆配置管理。

基于以上四种服务，油耗可以节省 5%～10%，客户可得到更好的服务体验，有助于客户提升当前的运营管理模式，以更加积极主动的服务模式，提高服务效率，然后实现良性循环，提高客户满意度。

22.3.3 应用功能举例

1. 智能油耗分析

智能油耗分析会对不同路段的载重进行后台运算和分段展示，并且会对环境因素进行分析，也会考虑到车辆配置的影响，另外驾驶行为的分析也是必不可少的。

2. 车队管理版本 APP

主要分为以下四个板块对车队实行智能管理。

（1）智能油耗管理。除了一些客观因素所造成的高油耗之外，司机的行为对于油耗的影响也是非常大的，当运行路径的车位档速处于车辆经济区（转速在 2 000 左右）最为省油，很多司机没能意识到或者了解这个情况，智能油耗管理会收集司机行为的数据对实际行为进行纠正。

（2）远程服务工具、维护管理。当整车出现问题时，会通过后台提醒，在整车上显示故障代码，不同故障代码有不同含义；会远程识别故障等级，通过故障等级区分什么时候维修，合理安排维修时间，提升车队营运能力。同时，后台有服务人员打电话给出建议进行维修。

（3）出勤率及载重管理。

（4）司机行为管理及远程锁车功能。通过 APP 可以看到司机在何处，在进行什么行为，方便对司机进行管理。

22.3.4 项目评估

1. C-LINK 项目所带来的价值

（1）C-LINK 为客户带来的价值。在车队管理方面，该项目能够帮助客户提高运营效率。C-LINK 通过精确的油耗统计，结合智能系统中的线路管理、时效性统计分析、载重负载率统计等功能可为车队日常运输管理提供时效的数据支持，间接指导车队管理者未雨绸缪，提前准备调度，而且能降低成本，年度省油高达 3.88 万元。而对于维保管理，则能够做到及时维保提醒，防止漏保和超时保养，降低故障发生率。另外，对于出勤保障来说，可以远程识别故障等级，合理安排维修时间，提高车队运营能力，最后节约成本。C-LINK 可以通过分析采集到的数据，为用户提供良好的驾驶习惯的建议，如平稳驾驶，减少全油门、急加速、急刹车等行为。当路况条件比较好时，应该稳定车速，保持车辆行驶在最佳经济区，较高车速会不利于燃油经济性。通过油门的控制，使发动机转速保持在经济转速区间，遇到坡路或载荷增加时，应当及时降低档位，这样会更利于降低油耗。最后，C-LINK 可根据用户的实际运营线路、行业特点、货物性质、载重、车速等，帮助用户找到最优化的车辆配置，满足实际工况的需求，为首次选车的配置提供建议依据，做到帮助客户选好车、用好车，优化司机驾驶行为，降低车辆运营成本。

（2）C-LINK 为产品带来的价值。首先是在集中、大批量跟踪方面对于整车来说，C-LINK 会对车的运营情况进行跟踪，能够实时了解车辆的数据并及时判断是否出现问题，同时也会对人员进行跟踪管理，卡车司机可能会出现一些不道德的行为，比如偷油，C-LINK 使得车队对司机有所监控，可以规范司机的行为。其次，对于发动机来说，在没有 C-LINK 之前，发动机的数据全部需要人工来测，而现在则可以随时了解发动机的数据，得知发动机目前的情况。再次是数据连续易采集，相较于人工间断性采集数据，C-LINK 可以自动采集数据并实时不断向车主回报，较为智能。同时，人力投入少，不需要人工费时费力地采集，不需要在这一方面投入人力资源。最后是专注于数据分析，时间可控。人采集数据取决于人的时间，并且汽车发动之后才能采集，另外人的精力有限，不能够一直集中在数据监控和采集上，而 C-LINK 可以自动采集，能够专注于监控。

（3）C-LINK 为销售带来的价值。首先，增强 OEM 销售推广信心，新车型投放跟踪，累计更新月报 20 余份，确保市场导入期快速建立市场正面口碑。其次，在市场宣传推广方面，协同 OEM 举办天龙旗舰品鉴师活动两场，分析梳理细分市场标杆案例 25 件。另外还建立标杆客户，用于累计提供单车分析报告 150 份、RPN（故障分析）报告 50 份，协同经销商开发并维护重点客户。其增加产品卖点，累计为前进牧业、黑豹物流等大客户车队开通车队账号 28 个，通过车队管理功能及 APP 为大客户提供增值服务，提升整车竞争力。最后则进行市场动态分析，通过车辆开工率，判断细分市场动态，为产品营销提供数据支持。

2. 价值拓展

（1）销售价值方面。首先对行业、细分市场分析，从确认不同行业、细分市场车辆运行数据及使用习惯开始，通过市场数据、开工率，判断行业、市场动态，为精准化营销提供数据支持。另外，通过跟踪重点大客户线路运力变化，寻找销售机会，并提供运力管理建议。通过服务流程优化，结合 C-LINK 远程诊断，缩短客户维修时间，另外通过 C-LINK 故障报警信息分析，按 RPN 和故障车辆，评审确定影响客户的重要故障，进行立项改进，还通过 C-LINK 故障信息，进行主动服务。第一，减少抱怨，通过主动服务，降低客户抱怨及投诉。第二，规避风险，通过提前采取措施，达到规避风险的目的。第三，节省费用，节省发动机大修及更换新发动机的费用。第四，提高销售，通过增加服务机会，提高零部件销售额。第五，确认车辆路线分布及主要停靠城市，为服务网络布局及资源匹配提供依据，提升服务在终端的满意度。

（2）保养方面。C-LINK 首先会提醒客户及时进行保养并根据不同车型，预先导入保养标准，通过客户保养记录与保养件库存，及时调配资源。录入保养有两种方式，第一种是在保养记录页面直接新增保养记录，第二种是通过保养提示页面的链接录入保养。在保养记录功能的部分，可以手动直接添加的保养记录不能关联到提示，在保养提示与实际中不能对比展示。在保养提示功能部分，点击链接添加的保养记录可以关联到提示，在保养提示与实际中可以对比展示。

（3）服务价值拓展方面。C-LINK 采取的是把司机变成粉丝的方法。通过 APP 与客户之间的互动和交流，使客户之间建立一定的感情，使客户更喜欢也更愿意使用。将司机发展培养成 DCEC 的粉丝＋维修工，通过微信发红包等方式鼓励客户处理一般故障，DCEC 通过远程诊断功能进行专家电话指导。这样做首先可以节省服务资源，通过把维修方法和经验在 APP 上分享，可以让司机从中学到维修的知识，同时有些问题不必非要去服务站修，司机自己便可以解决问题。其次，可以降低派工时间及费用，不需要在一些简单维修（司机自己可以解决）上派出人力和物力，可以做到节约时间和费用。然后可以通过让 C-LINK 故障与 CRM 对接，实现系统智能派工与主动服务。当出现了故障，CRM 后台会有服务人员收到这个故障信号并对接客户，通知他们到就近服务站进行维修，或者通过呼叫中心直接派人去维修。APP 可以让客户随时了解整车信息，该车的保修情况，在购买配件方面，有些客户其实不知道自己要购买什么，找谁去购买，APP 可以帮助客户正确判断需要购买什么样的合适零件。同时，DCEC 通过 APP 向代理商、服务站进行派工，APP 可以管理整个服务过程，让客户放心。通过维保数据、客户评价，对服务商资质进行评级。厂家由于不是本公司员工服务，而是通过代理或授权的方式交由他人负责，所以对于服务商的资质以及信誉、态度等方面不是很了解。但通过 APP 可以进行客户评分，另外服务商在 APP 上有自己的销售记录、维修记录，可以通过这些数据来使客户了解该服务商的水平，以及对服务商起到一个监管作用。另外，还进行服务商服务资质等级、库存零部件品种、数量信息的实时更新，这些数据进行及时更新可以让客户更快更准地了解自己想要的信息。最后则采用电子作战室，通过 C-LINK 系统实时了解车辆分布、故障车位置。通过车辆位置，可实时掌握维修进展并且过程透明。服务站如果维修不及时，后台便可以监控到，会及时敦促并给予支持。

3. 服务产品的四个基本要求

（1）使用纯正的备件进行保养和维修。发动机和整车的配件都必须配套才能够使其性能得到最好的发挥，否则对于发动机和整车来说都会有负面影响。

（2）按照东风康明斯规范实施保养。一些代理商在进行保养时专业性不够，可能会保养得不够到位甚至对整车造成一定的损害，所以要按照东风康明斯的规范来实施。

（3）由东风康明斯服务授权保养和维修。要对保养的代理商进行挑选和培训，符合东风康明斯的保养规范之后进行授权，保证保养的专业性。

（4）配装车载无线终端 C-LINK。因为前文所提到的实时监控等功能都是基于车载 C-LINK 才能够实现。

22.3.5　成功案例

1. 西安用户发动机水温高报警处理事件

某日，康明斯天远服务人员收到了系统自动发送的信息，提醒车辆水温高，同时给客户打电话，通知他们立即停车检查。服务工程师登录 IEMS 系统查询此发动机实时报警信息，发现此车有现行水温高报警，通过查询并导出此车的历史发动机数据，分析水温变化情况，最终经过系统远程诊断确认是有风扇开关未打开导致。

查明具体原因之后，服务人员首先查询车辆当前位置，了解到目前该车行驶在陕西省西安市蓝田县 G40 沪陕高速附近，其次查询该车故障码报警信息，并发现存在故障，调取故障快照信息远程数据诊断，最终将此结果告知服务人员，提醒带好 Insite 标定修改工具抵达现场进行修改，最终成功帮助客户排除故障。

2. 高油耗原因分析与改进案例

某银川个体户于 2014 年 11 月购买了 2 台搭载康明斯 ISG 发动机的福田戴姆勒超能版重型卡车，用于宁夏境内的煤炭运输业务。随后，客户抱怨卡车油耗过高，希望公司能帮助分析高油耗的原因，并找到降低油耗的解决方案，以提高经济效益。

康明斯天远首先对车辆智能终端进行数据分析：①载重方面，确定高油耗发生在满载状态；②路况方面，发现车辆主要运行在不利于燃油经济性的高海拔省道上；③发动机转速方面，发现车辆在经济转速区运行的时间百分比较低。

首先通过独特的数据采集分析，准确定位了高油耗的原因：车辆处于满载状态且行驶在高海拔的省道上是较为耗油的，当运行路径的车位档速处于车辆经济区时（转速在 2 000 左右）最为省油。很多司机不够清楚了解转速与油耗之间的关系或者他们开车时存在一些不良行为（比如喜欢飙车），对于司机的行为，通过系统监控，清楚展示出在行程中主要不良行为发生的路段，可以更好地对司机行为进行监控，更加有针对性地对驾驶行为进行培训，使车辆行驶在省道，满载状态下油耗从 46.94L/100km 降到 36.64L/100km，最终使得往返油耗率由 37.66L/100km 降到 31.47L/100km。

基于以上分析，公司为客户提供了以下解决方案：①降低发动机转速，提高发动机经济区占比；②减少超速和低档高速行为。以上项目对油耗影响较大，尤其是第一趟运输过程中司机车速稳定后没有及时切入最高档，导致多数时间停留在次高档，影响油耗经济性。

对后期效果分析发现，通过对司机行为进行监控和培训，使得司机将车辆速度保持在经济区的比例大幅上升，低档高速和超速区的比例大大下降，车辆油耗经济性得到明显提高，月度省油 0.32 万元，年度省油 3.88 万元。

22.4　目前存在的问题及解决方案

康明斯天远现在仍存在一些问题，针对这些问题需要进行进一步的改进。

（1）与现有销售、服务流程没有紧密结合，需要连接各个独立系统。车辆发动机和C-LINK 系统并不属于同一家公司生产开发，由于两家公司不是一个销售体，因而两者资源无法完美整合。

（2）用于决策的 C-LINK 数据挖掘深度不足。C-LINK 数据挖掘需要开发数据自动处理工具，实现数据快速处理和报告自动输出；同时建立信息数据库，实现产品竞争力评价；并且还建立产品投放跟踪项目执行流程，实现项目进程管理。但 C-LINK 进行数据挖掘的前提是数据的提供，而这些数据是由整车厂和车队掌握的。

（3）大车队客户价值认识不足。部分客户对 C-LINK 的价值不了解，故而对此产生排斥，导致 C-LINK 的普及遭到阻碍。

针对以上问题，康明斯天远仍需继续挖掘现有车辆数据价值，同时在新平台及新产品早期投放安装 C-LINK。销售模式也需进行创新，采取锁车 + 数据增值服务，来通过锁车销售平衡终端成本，搭配数据增值业务销售。

▶ 课后习题

1. 通过对本章的阅读理解，你认为车联网是什么，最终能给车企和顾客带来什么？
2. 针对 C-LINK 遇到的困难，你是否有更好的办法去解决？谈谈你的观点。
3. 自动驾驶汽车的快速发展直接推动了车联网市场的发展。预计自动驾驶有望改变车联网的市场格局，而车联网市场发展的主要驱动因素是消费者对高级辅助驾驶和自动驾驶的需求不断增加、各国政府对信息通信技术的要求提高以及智能手机在车内的功能需求。根据以上材料，以及你的理解及判断，对车联网未来的发展进行一个预测。

▶ 参考文献

[1] Huang W, Fan T, X Kang. The Overview of Car Networking Communication Mechanism [J]. Information & Communications, 2016.

[2] 2010 年东风康明斯发动机服务至上，国内外市场成就非凡 [EB/OL]. http://www.qipei-ren.com/News/news-20930.htm, 2010-12-23.

[3] 东风康明斯官网—公司简介. http://www.dcec.com.cn/about.aspx?cid=10101, 2014.

[4] 东风康明斯发动机有限公司 360 百科 [EB/OL]. https://baike.so.com/doc/5703961-5916678.html?from=180138&sid=5916678&redirect=search, 2013-06-13/2015-11-12.

[5] 康明斯公司俄罗斯及独联体地区管理总监访问东风康明斯 [N]. http://www.qipeiren.com/News/news-20809.htm, 2010-12-23.

[6] 李兆荣. 车联网的发展及其价值回归 [J]. 音响改装技术，2015.

[7] 章如峰，宋婷，吴昊旻，杨永耀. 车联网产业发展与市场前景分析 [C]. 北京：中国学术期刊电子出版社，2013.

▶拓展阅读

[1] Correa A, Boquet G, Morell A, V J Lopez. Autonomous Car Parking System through a Cooperative Vehicular Positioning Network [J]. Sensors, 2017, 17(4).

[2] Li B, Wang H, Qian G, Tang X, X. Gao. Research on CAR Technology of Network Flow Monitoring [J]. Wireless Internet Technology, 2016.

[3] 孙丽娟. 车联网产业现状及对运营商的几点建议 [J]. 广东通信技术，2017, 37(3): 5-9.

[4] 宿峰荣，管继富，张天一，武贵实，冯文江. 车联网关键技术及发展趋势 [J]. 信息技术与信息化，2017(4): 43-46.

第 23 章

农产品借助互联网营销模式转型：果果绿案例

果果绿成立于 2014 年 6 月，将"互联网＋"与家乡特色农产品结合。但与一般商业创业不同的是，公司除了创建自有品牌实现盈利目标之外，也为当地电商产业的发展提供了标杆，更带动麻阳县形成了一股电商热潮。⊖

23.1 行业背景及公司简介

果果绿公司，下设北京、麻阳子公司，营销运营公司在北京，基地在麻阳，仓储建在长沙。通过整合水果及其他精选农副产品实现产销供一体化，利用互联网手段实现 O2O 服务，实现基于大湘西为产品供应加工基地，互联网为主要销售营销渠道的一体化现代化农副产品企业。

北京果果绿电子商务有限公司（以下简称果果绿电商），以构建覆盖全国的一体化原产地农副产品直销平台为使命，通过互联网技术及电子商务应用实现 O2O 服务（即线上预订，线下配送），依托麻阳果果绿生态农业产业基地，负责果果绿系列产品销售、在线运营、品牌建设、对外拓展及合作。麻阳果果绿生态农业科技有限公司（以下简称麻阳果果绿），以构建以湖南麻阳为核心辐射大湘西的农副产品产供基地为使命，根植于"中国长寿之乡"湘西麻阳，与凤凰古镇接壤，拥有"中国最美养生栖息地"之美誉，是全国盛名的中国冰糖橙之乡。通过整合当地资源及生产要素，实现产品生产、包装成型为一体，力争三年内成为当地龙头品牌企业。

公司使命——围绕果果绿电商，打造农副产品直销平台；立足自有品牌发展，打造湘西农副产品高端品牌。

公司价值观——品质、品牌、品德。

公司定位——立足以果果绿自有电商平台（含微店）为中心的销售平台，适当依托其他渠道代理商。立足以冰糖橙为主打核心产品，立足以麻阳为核心的产品生产加工基地。

目标消费者——北、上、广、深等一二线城市白领高端消费群体，有商务往来、送礼、福利发放需求的企业群体，互联网消费群体，高端社区。

⊖ 本案例根据中国管理案例共享中心案例《制度创业：付文华如何带动麻阳冰糖橙电商行业兴起》改编整理，原案例由戴鑫、周颖、龚婧媛、谢卓亭撰写。

23.1.1　行业背景

1. 国家农业互联网的政策

从 2014 年开始，国家就鼓励发展农村电商，颁布多项政策条例扶持农业互联网 +（见表 23-1）。

表 23-1　2014～2015 年部分"互联网 + 农业"政策一览表

日　　期	名　　称	部　门	主　要　内　容
2014 年 2 月	《特色农产品区域布局规划（2013—2020 年)》	农业部	充分发挥资源比较优势，加快培育区域特色产业，实现农业增效、农民增收
2014 年 7 月	《关于开展电子商务进农村综合示范的通知》	商务部	开展电子商务进农村综合示范，建立适应农村电子商务发展需要的支撑服务体系
2014 年 9 月	《关于国家农业科技创新与集成示范基地建设的意见》	农业部	推动农业科技创新、新型职业农民培育和美丽乡村创建三大工程的有效实施
2014 年 9 月	《物流业发展中长期规划（2014—2020 年)》	农业部	加强农村物流发展，加强鲜活农产品冷链物流设施建设
2014 年 12 月	《加强农产品电子商务平台建设》	国务院	进一步推进涉农电子商务的高速发展
2015 年 2 月	《关于加大改革创新力度加快农业现代化建设的若干意见》	国务院	深入推进新农村建设，围绕增添农村发展活力，支持电商平台的建设
2015 年 5 月	《关于大力发展电子商务加快培育经济新动力的意见》	国务院	推动传统商贸流通企业发展电子商务，积极发展农村电子商务
2015 年 8 月	《关于加快发展农村电子商务的意见》	国务院	争取到 2020 年在全国培育一批具有典型带动作用的农村电子商务示范县
2015 年 9 月	《推进农业电子商务发展行动计划》	农业部、发改委、商务部	改善农业电子商务基础设施条件，培育出一批具有重要影响力的农业电子商务企业和品牌
2015 年 10 月	《关于开展农村青年创业富民行动的通知》	农业部、共青团、人社部	支持农村青年创办电子商务等服务农村的一二三产业，加强政策扶持、产业指导和创业服务
2015 年 12 月	《关于推进农村一二三产业融合发展的指导意见》	国务院	推进农业产业化布局，加快发展第三产业，特别是农产品的电子商务领域

资料来源：作者综合整理。

2. 中国农业电子商务的发展

中国农业电子商务发展主要有以下几个特点：①农产品电商交易规模增长。截至 2014 年，全国农产品电子商务零售交易额首次突破 1 500 亿元，在电子商务网络零售交易总额中占比增至 3.8%，各类涉农电商有 3.1 万家，其中涉农交易类电商有近 4 000 家。②农产品电商初步形成产业链。按照农业电商在产业链上的布局划分，上游主要包括土地与农资，中游主要是农产品制造或生产，下游主要是指电商平台和物流配送（如图 23-1 所示）。③农产品生鲜电商的发展。易观智库（https://www.analysys.cn）数据显示，2010～2016 年中国生鲜电商市场规模由 4.2 亿元发展到 913.9 亿元，几乎所有的生鲜品类都有所涉及，农产品电商的配送区域也由一线城市向部分二三线城市扩展。

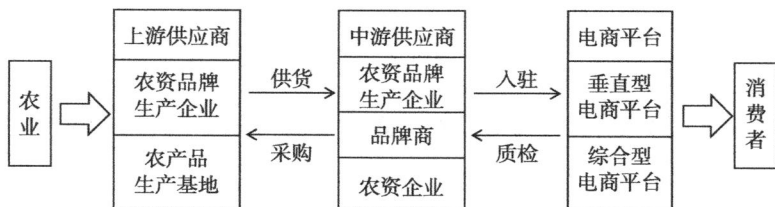

图 23-1 "互联网 +"农业商品流通产业链条

资料来源：作者综合整理。

3. 农产品生鲜电商的典型模式

农产品电商大致分为七种模式（见表 23-2）。

表 23-2 农产品电商典型模式划分

模式类型	典型代表	优　点	缺　点
综合电商	天猫、京东、1 号店、苏宁、亚马逊等	强大的流量入口 良好的用户习惯	商品质量难以保证 送货物流需要完善 成本较高
物流电商	顺丰优选等	物流和仓储优势 依托强大的城市布局	前期推广需投入大量资金 供应链管理需要完善
垂直电商	本来生活网、莆田网、优菜网等	专注于细分领域 拥有价格优势 明确用户需求 赢得消费者信任	物流配送成本高 损耗成本高
食品供应商	中粮我买网、光明菜管家等	强大的仓储能力 食品供应商的议价优势	物流配送成本高
农场直销	沱沱工社等	自产自销质量保证 近距离供应配送保证	远距离运输困难
线下超市	华润万家、麦德隆、永辉超市，等等	配送点距离近 拥有冷仓储能力 供应链管理完善	增加配送成本、人工成本，以及增设电商平台及其运营成本
社区 O2O	微商等	送货上门方便 支付方便 降低仓储的成本	推广成本高 扩张速度慢

资料来源：作者综合整理。

农产品生鲜电商的发展经历了三个时期：①探索期（2005～2009 年）。2005 年易果生鲜成立，紧接着 2008 年乐康及沱沱公社相继诞生，定位为关注有机食品的小众群体。同时国内出现了多例食品安全事件，这使得人们更加关注食品安全与健康，大批企业纷纷涌入农业电商行列。②摸索期（2009～2012 年）。消费者对网购逐渐接受认可并产生依赖，但市场份额有限，消费市场还不成熟，电商环境不稳定。这一阶段以北京"优菜网"和"天鲜配"的倒闭而告终。③爆发期（2012 年至今）。从 2012 年年底开始，"本来生活"凭借"褚橙进京"事件营销引起热议，吸引大量资本和大型平台涉入并开始寻求模式创新。伴随着一系列扩张和并购，包括顺丰优选、沱沱公社的全国扩张和海博收购菜管家，电商巨头如天猫、京东、1 号店、苏宁易购等纷纷发力生鲜领域，市场规模迅速扩张，农产品电商迎来了第二波热潮并持续至今。

4. 农产品生鲜消费市场背景

农产品生鲜消费市场背景主要有以下特征：

（1）居民消费支出增加。随着市场经济的快速发展，我国居民收入连年增长，城镇居民家庭用于食品的消费支出占比增加（见图23-2）。

（2）我国居民水果摄入量增加。随着人们生活水平提高，居民饮食结构发生了变化，水果消费在家庭总支出中所占的比例越来越高。我国水果消费以鲜食为主，苹果、梨、柑橘、桃和油桃等占我国水果生产和消费的绝大部分。截至2011年，果蔬在日常食物中仍占主要部分，占每日摄取总量的56%。其中，蔬菜占总摄入量的39%，而水果占比则增加到9%。《中国居民膳食指南》也建议成年人按照膳食指南推荐，每天吃300~500克蔬菜、200~350克水果。

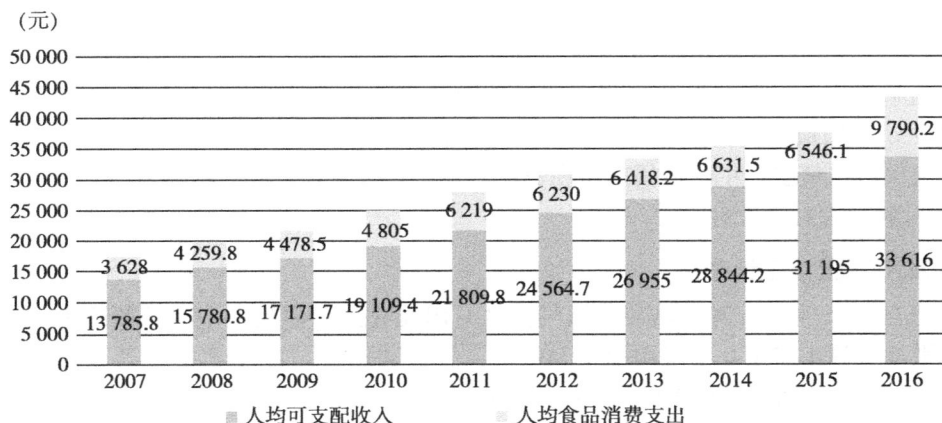

图23-2 我国城镇居民家庭人均可支配收入和食品消费支出（2007~2016年）

资料来源：国家统计局。

5. 柑橘电商发展背景

柑橘类水果是世界第一大水果品类，主要包括了柳橙、锦橙、脐橙、血橙、椪柑、红橘、蜜橘、柚子、柠檬等。全球种植柑橘的国家已超过100个，我国是柑橘的原产国之一、世界上栽培柑橘最早的国家。世界柑橘主要分布在北纬35°以南的区域，性喜温暖湿润，有大水体增温的地域可向北推进到北纬45°。我国种植柑橘的省（区、市）有20多个，但主要集中在湖南、江西、四川、福建、浙江、广西、湖北、广东和重庆等9个省（自治区、市），常年产量占全国的95%以上。

我国柑橘产业近年来持续快速发展，60多年间，柑橘栽培面积增长近80倍，柑橘产量则从21万吨增长至3 660.1万吨，产量增长了170多倍，种植面积与产量均居世界第一（如表23-3所示）。

23.1.2 麻阳冰糖橙发展背景

1. 麻阳县概况

麻阳苗族自治县，位于湖南省西部、怀化市西北部，东与辰溪县相连，南与鹤城区、芷江县接壤，西与贵州省铜仁市交界，北与湘西土家族苗族自治州凤凰县、泸溪县毗邻。

东西长 66 公里[⊖]，南北宽 55 公里，总面积 1 568.19 平方公里。截至 2014 年，全县辖 17 个乡、6 个镇、1 个管理处、305 个行政村、17 个社区，总人口 40.3 万人。

表 23-3　中国柑橘种植情况（2010～2015 年）

年　份	栽培面积（万公顷[⊜]）	产量（万吨）	平均亩产（千克）
2010	221.1	2 645.2	797.7
2011	228.8	2 944.0	857.6
2012	230.3	3 167.8	916.9
2013	242.2	3 320.9	886.5
2014	252.1	3 492.7	923.5
2015	260.0	3 660.1	923.1

资料来源：国家统计局。

麻阳是全国 5 个苗族自治县之一，有"中国冰糖橙之乡""中国长寿之乡""中国民间艺术之乡""中国最美养生栖居地""全国休闲农业与乡村旅游示范县"等美誉，全县种植冰糖橙已久，以冰糖橙为主的柑橘产业在农业产业中优势突出，先后被评为"湖南省水果之乡""全国晒红烟生产基地县"。

2. 麻阳冰糖橙生长条件

麻阳自然条件好，属亚热带季风气候区，阳光充足，雨量适中，日照适中，无霜期长，年平均气温 17.2℃，年降雨量 1 340mm，年活动积温 5 400～5 600℃，无霜期达 303 天。同时，麻阳县适宜栽种柑橘的 18 个乡镇均位于沅麻盆地的沉积构造中，其成土母质为紫色砂页岩，为砂壤和壤土，而砂壤土通透性好，且富含钾、磷等多种微量元素，尤其是微量元素硒的含量为全国第一；这种在省内甚至国内相对独特的砂壤土及盆地构造形成的积温效应，成就了该县柑橘色艳肉脆和味浓多汁的上乘品质，形成了该县柑橘鲜明的地方特色。

3. 麻阳冰糖橙种植规模

全县总户数为 11.62 万户，其中，农业户 9.8 万户，非农业户 1.82 万户，总人口达到 40.3 万人，农业人口 35.35 万人，非农业人口 4.95 万人。麻阳县 1980 年中后期引进后开始大面积发展，现栽面积已达 6 万余亩[⊜]，年产量 4 万余吨。

截至 2014 年年底，麻阳成立了 13 家冰糖橙专营企业、5 个麻橙专业农民合作社、29 个柑橘合作社，冰糖橙种植面积达到 18 万亩，年总产量达到 26 万吨，占全国总产量的 1/4 以上，冰糖橙种植已成为麻阳带动农民增收的支柱产业。

4. 麻阳冰糖橙品种特征

麻阳于 19 世纪 60 年代引入种植冰糖橙，从普通甜橙实生变异中选出的地方优良种，因其含糖量高而得名，俗称冰糖泡或冰糖柑。经不断地提纯选优和高品质栽培研究，外观

⊖　1 公里＝1 千米。

⊜　1 公顷＝10 000 平方米。

⊜　1 亩≈666.667 平方米。

更艳丽、品质更优良。麻阳冰糖橙果实圆球形，果形端正整齐，果面光滑呈黄红色，单果重 156.5 克，纵、横径 6.51×6.83 厘米，果形指数 0.95；可溶性固形物 12.3%，最高达 15.8%，每 100 毫升果汁中含还原糖 7.04 克，转化糖 11.08 克，总糖 10.88 克，总酸 0.26 克，维生素 C 36.36 毫克，糖酸比 41.1∶1，固酸比 47.3∶1，果汁率 59.4%，可食率 70.6%，均为无核或少核，且富含钙、硼、铁、锌等微量元素，11 月中下旬成熟、肉质细嫩、风味浓甜、清香爽口。

5. 麻阳冰糖橙的效益及特点

在麻阳流行一种说法，"娶新娘，上学堂，盖新房，全靠冰糖橙"，几乎每家每户一年收入的主要来源就是冰糖橙。柑橘产业也是政府精准扶贫的产业。麻阳开展精准扶贫、移民开发、新农村建设庭院经济、一村一品等政策活动都是以当地最具规模、特色的冰糖橙产业为重要载体，从而带动大批农民参与种植，形成了很好的社会影响。

在当地，冰糖橙的发展主要有如下特点：①散户种植个体经营。最大的产户仅年产 1 万多斤⊖，其余全是几千斤的零散小户。全县八成以上的柑橘园为家庭几代传承经营，家族式的发展导致规模小、组织化程度不高的局限，都是靠第一代创业的人在继续经营，其家庭第二代往往都从事与柑橘不相关的其他行业或者出门打工，导致家庭经营的方式也后继无人。②基础设施建设不足。持续投入比较少，果园道路、灌溉、育肥等设施十分落后，不少果园还没水没电，冰糖橙基本生产条件差，农户看天吃饭，难以保障高产稳产。政府在标准化基地建设上的扶持政策不明显，前期建设的引导性、扶持性措施和后期推动机制的缺乏，导致全县标准化建设的基地不多。③没有形成统一品牌。冰糖橙的售卖分为包装和散装，受限于采摘和贮藏物流技术，产品保鲜时间不长，销售时效性很强，只能在麻阳县和怀化市当地售卖。

上述特点都让麻阳县的冰糖橙种植处于"看天吃饭"的状态，且自主分散式分片式种植，不能保证果品的好品质，市场上的麻阳冰糖橙鱼龙混杂，没有形成统一品牌形象，经济效益不高，果农收入有限。

23.2 果果绿发展历程

1. 发现创业之光

付文华的老家是麻阳，在北京互联网行业的发展让他在老家也有了一定知名度。2014 年年初有老家的朋友找到付文华，想与他一起创业做电商平台，在网上销售家乡冰糖橙。

付文华一回想，仿佛就能看到绿水青山，仿佛舌尖还流淌着醇甜的汁水，令人回味无穷。

2013 年，褚橙在网上火爆异常，互联网上的橙子一斤已经差不多卖到 16.8 元，而家里却常年只卖 1 元钱。想到父老乡亲辛辛苦苦守着果树却没有回报，付文华想，通过互联网平台把家乡特产售卖出去也是为乡亲们办实事，为近几年政府一直在做的"扶贫"事业分担一些，不愁没人支持。

虽然从内心深处种下了创业种子，但还需要前期调研市场。付文华特意让老家朋友寄过来几箱冰糖橙，四处送人邀人品尝，吃过的人没有不说甜的。同时，将麻阳冰糖橙送到

⊖ 1 斤＝500 克。

农产品专门检测机构进行样本检测，发现其酸甜比是41.1∶1，是普通脐橙酸甜比（18∶1）的2倍多，且果品的甜度达到15.6以上，而褚橙只有13。这极大地鼓舞了付文华。

至此，付文华终于下定决心——成立电商平台售卖家乡特产。付文华的老乡兼合伙人年纪稍长一些，认为付文华头脑灵活又有互联网创业的经验，于是让他牵头做总指挥。付文华本来只想投资合伙，没想到竟升级成了"付总"，骑虎难下也只能不负众望。最初的想法很简单，付文华在北京负责整体规划和电商体系的建设，合伙人在麻阳负责基地管理和发货，两地联动开启创业之旅。

2014年6月初，北京地区开始了紧张筹备。付文华在北京最好的地段租了最贵的写字楼办公，迅速召集了一帮互联网热血青年。专业的互联网人打造电商平台自然轻车熟路，果果绿公司一开始就强调系统化管理：电商平台的搭建、开设微店、打造企业资源计划（enterprise resource planning，ERP）系统和客户关系管理（customer relationship management，CRM）系统，以及内部信息化管理，包括财务系统、礼品卡系统等。从商标注册开始到公司内部管理系统开发设计、买办公家具设备、设计包装盒以及宣传册等物料样品，短短20天时间，"果果绿电商商务平台"正式成立。

这20天的时间内有一个星期用来讨论企业及产品定位。付文华与合伙人有两种不同的思路。合伙人认为可以学习"本来生活网"，通过与褚橙合作一炮走红，最后成为全国性水果电商平台。但付文华认为只做当地特色水果的电商平台即可，既可以将当地供过于求的农产品卖出去，又可以打造爆款品牌并持续控制货源。最后，在进行资本考量和风险分析，以及农产品本身的特性分析之后，他们决定将"果果绿"定位成湘西第一家特色水果电商平台，让湘西原生态鲜果走向全国，并采用"电商＋基地＋农户"的经营模式。

品牌定位总结出一个字——甜！冰糖橙属于甜橙类，虽然已有的农产品纷纷推出"原生态""绿色食品""有机无添加"等，但是作为"中国冰糖橙之乡"的特产，除了天然和健康之外，其甜度比褚橙还高20%，这是极其有识别度的，于是推出"甜，你懂的"品牌口号。

2. 点燃星星之火

公司在7月份搭建完成之后，距离11月冰糖橙的收获季节还有几个月。付文华琢磨着用当地的另一款特色水果——黄桃作为第一款产品推向平台。没想到2014年7月14日刚注册完企业微信公众号，7月15日就收到了麻阳全县被大雨淹没的消息。付文华急忙将朋友圈中的实时信息整合，在公众号上以图文的形式发布抗洪救灾的正能量文章，一天之内公众号涨粉5 000多人，都是关心家乡局势、关注当地民生的人。在官方消息都还没有出台之前，果果绿的图文报道传遍了朋友圈，"果果绿"这个新鲜的名字也进入公众视野。

7月20日，果果绿公司的黄桃产品正式上线。设计包装别出心裁，礼盒中间采取单个隔断，包装上还手绘了湘西特色风土，盒内附上产品介绍，盒外印制二维码溯源，并与顺丰快递合作。这种充满互联网气息的产品得到了市场认可。5斤一盒的黄桃售价是135元，短短十几天卖了6万多斤，果果绿名声大噪，顺利吹响了传统农产品进军互联网市场的号角，也引起了麻阳县领导的关注。

9月，果果绿迎来了县领导的带队考察。经过付文华精美又详细的PPT展示之后，县领导认为这个团队"既有想法又很专业"，商议之下约定把即将举办的第一届网上冰糖橙采摘节交付给果果绿承办，使之顺利进入了麻阳当地冰糖橙的流通渠道，并得到了政府合法化的支持。

首先，网上采摘节预热。付文华借助北京传媒圈人脉资源，邀请了 13 家媒体（新浪、央视、人民网、经济报等）朋友去麻阳县考察旅游采访报道，观摩线下采摘活动。在主流媒体参与的同时，全网"大 V"也帮推采摘节活动。果果绿公司为家乡采摘节做宣传的同时，带动了企业名气。

其次，触达主流电商平台。2014 年第一届冰糖橙网上采摘节几个关键活动如下。①四万件免费送：天猫 1 万件、京东 1 万件、微博和微信平台 2 万件（政府支持 30 万元，果果绿承担 20 万元发货采购，一盒成本 10 元钱）；②微博大号转发抽奖：找 10 个拥有百万粉丝的大 V 参与转发，每人拥有 500 份冰糖橙赠送名额，平均每篇博文转发约为 30 万，阅读量约 400 万，影响力较强；③果果绿企业微信公众号传播，约有 4 万转发量；④相关主流电商平台（如天猫水果生鲜类、母婴类排名前十的店铺）各赠送 500 件，以产品置换头条广告，产品相关度很高的品牌更是互惠互利、一举两得。

最后，联动线下采摘节活动。12 月 6 日，由中共怀化市委、市人民政府主办，中共麻阳苗族自治县委、麻阳苗族自治县人民政府、怀化市旅游局承办的 2014 年麻阳冰糖橙采摘节在中国冰糖橙之乡——麻阳隆重举行。中国工程院院士、杂交水稻之父袁隆平，以及中国柑橘学会副会长邓子牛等专家出席了活动开幕式。线下冰糖橙采摘节活动的落地，让更多的朋友走进麻阳、了解麻阳、投资麻阳，也让果果绿等新兴电商企业看到了曙光。

12 月 6 日活动当天，京东商城因流量太大导致果果绿专营店入口瘫痪，火爆的现象让果果绿差点被误认为恶意刷单引流遭下架。天猫商城的果果绿专营店也在同时售卖，不到 10 分钟 1 万件冰糖橙全部售罄。线上采摘节推出的"4 万件免费送活动"带来超乎预期的人气，之后每天都有几千订单增量，而且京东商城发起了"用积分兑换麻阳冰糖橙"的活动，一天的兑换量超过 1 万件。

麻阳冰糖橙在网上的热销让果果绿迅速打响名气，线上采摘节的圆满落幕也让政府更加信任果果绿的实力，果果绿企业和付文华这个名字开始家喻户晓。

3. 克服艰难险阻

采摘节之后，"麻橙"品牌全面走红。公司电商平台订单量猛增，在各个合作电商平台上也异常火爆，果果绿的员工们热情满满，仿佛成功已经近在眼前。可没想到，这并不是一个机会而是巨大的挑战。营销把量做起来了，品控的问题一下子暴露出来。一边是爆炸式订单的压力，一边是粗放式管理下高达 30% 的产品损耗率，借用了几乎所有的人脉，铺开了全部的渠道，到处都是瞩目和期待，美好的愿景被现实残酷打击，付文华感到从未有过的"难受"。多次反思后，付文华认为，果果绿想要长远发展，必须停一停，思考问题究竟出在哪里。

一是订单猛增，供应不足。随着订单量的巨额增加，一天要发一两万订单，但还处于起步阶段的公司一天仅有一两千的接单水平，分拣包装全靠手工，一两百号麻阳当地的农妇挤在仓库里打包，订单越多，压货越多，当初的那份"甜蜜"现在成了"重负"，压得果果绿喘不过气来。随着后续每天还有几千单的增量，加上之前积压未交付的几万单，又遇上断网、停电等各种问题，打不出快递单，导致无法跟其他大型电商平台交货。

二是标准不一，品质下降。第一批收购的冰糖橙品相不好，表皮麻点太多、个头大小不一，客户投诉多。不得已付文华只能亲自下乡查看，发现当地最大的产户才产一万多斤，其余全是零散的小户，有的2 000斤，有的3 000斤，导致大小不一、良莠不齐。果果绿公司只好把已经设计好的包装盒重新设计，改成大小不一的三种形态，增加了不小的物料成本。

三是农民出现不诚信现象。果果绿刚开始在麻阳收购的时候，大多数人都是不接受的。因为有很多农户都上了年纪，观念旧，不愿接受新事物。之前没有规模化种植的情况下，他们每年都卖给前来收购的合作社，对于种植果树本身没有抱多大希望，也没有工作积极性。但麻橙火爆之后，虽然果果绿已经和果农签订了收购合同，但遇到收购价格更高的采购商这些农民就毁约，果果绿只能提高收购价格，农民高兴之余却"蒙混过关"，明明只有五六亩地一两万斤产量，却在交货时活生生交了四万斤。因为果果绿收购价更高，这些农民就让朋友把自家的冰糖橙拿过来一起卖，不考虑果果绿的售卖标准。为此，果果绿还需要专门安排人过去监督采摘过程，看果农一车车从自家果园采摘完成之后再包装。

此次失控之后，电商平台陷于被动地位，对公司发展极为不利。运营和渠道都没有问题，但是在源头的供货商出现了问题。为此，付文华对公司内部管理和外部市场做了分析总结：①农产品的标准化难题。冰糖橙果品品质低，这也是生鲜农产品行业的通病，加上运输达到百分之二三十的损耗，成本巨大且市场反响不好。②电商平台和产地发货的管理难题。麻阳种植基地管理团队较为粗放，又因农村缺乏合适的劳动力，导致果农的生产效率和质量都不高，影响品牌品质和消费者满意度。③发货慢，物流跟不上。订单火爆随之出现的是快递公司爆仓，果果绿公司内部购车运输也难以满足市场需求。

这几点因素导致果果绿公司订单量巨大，平台应接不暇，成本猛增，在北京的电商平台难以为继。付文华与合伙人商议之后，决定暂时缩小北京电商平台规模，从源头上解决供货问题。无奈之下，北京果果绿电商平台从国贸繁华之地搬到北京西郊的一处矮房子里。

通过走访农户、加入果品流通协会进行交流，付文华看清了行业问题，也进行了重新规划。他没有丧失信心，坚信这是一件既能为农民谋福利也能为家乡做宣传的事，还是很有希望大有可为的。于是，2015年果果绿重新出发，主要采取了如下解决办法。

首先，重新定位。果果绿花了几百万，懂得了一个道理——农产品销售中，互联网营销是一方面，最主要还是产品本身。这个行业缺的不是互联网人才，而是高质量的产品，身份转变为"标准化产品供应商"后，果果绿主要通过自有电商平台和合作平台（如京东、天猫等）、微商代理、第三方垂直电商平台（如本来生活、一米鲜等）和传统渠道进行售卖，身份的转变意味着果果绿的首要任务就是深入产区进行产品的标准化。为此，果果绿进行产区优选，改变采购策略。①精选优质产区。果果绿从麻阳当地20多万亩的产区中选出一两百家符合公司产品要求的果园，员工直接去果园进行挑选和收购；果子进场之后再经过人工和机器分拣，经过层层筛选之后的果品得到了有效提升，整体口感和外观高于市场平均水平。②产品生产标准化。2015年6月扩大麻阳生产工厂，上线新生产设备和包装流水线，2016年又购买了包装生产线，开始规模化供应，由此实施双品牌策略，既可以售卖自己的品牌，也可以为其他品牌供货，提高规模化效益。③改善物流条件，实现原产地直发。虽然麻阳当地有 13 家物流公司，但都不能满足果果绿的物流需求，因此 2015 年果果绿与怀化中通、怀化圆通、怀化邮政合作，扩大直发规模。

23.3 运营模式

1. 数字化运营

互联网时代，强调对业务和资源统一的协调管理和调度，实现各种能力的一体化拉通，才能让企业的运营更加和谐统一，形成可持续化发展的数字化生态系统。果果绿的订单流程见图 23-3。

2. 规范化管理

改变采购策略，实行产区优选。果果绿从麻阳当地 20 多万亩的产区中，选出一两百家符合公司产品要求的果园列入采购名单。公司只针对这些重点果园展开价值链合作。经过人工和机器分拣，层层筛选之后的果品质量得到有效提升，整体口感和外观高于市场平均水平。一系列的措施将果果绿打造为"标准化农产品供应商"。当地逐渐将果果绿的采购、包装标准作为行业标准进行推广。果果绿的采购流程见图 23-4。

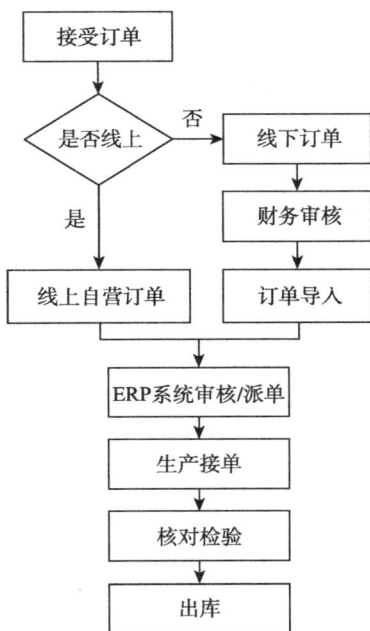

图 23-3 果果绿的订单流程

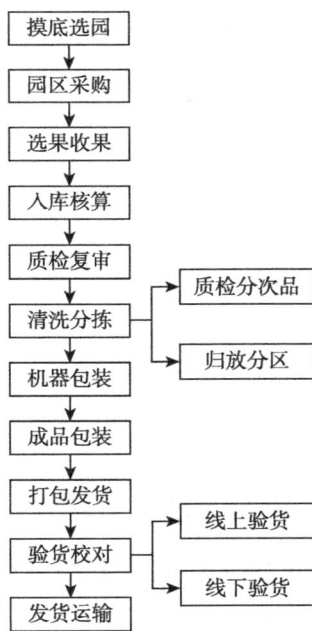

图 23-4 果果绿的采购流程

3. 打造果园基地

现代果树生产趋向高度集约栽培。矮化、密植、早期丰产的集约型果园日益受重视，经营规模正向大中型发展。果果绿通过麻阳果园基地的建设，打造新型电商带动生产的特色农业科技示范园区。其聚合麻阳及大湘西特色资源，通过标准化生产管理、大规模采购及二次加工，实现产品品质跨越式提升。果果绿云果园电商新模式见表 23-4。

表 23-4　果果绿云果园电商新模式

类　别	传 统 模 式	新　模　式
产权所有	独有	共有
销售方式	正常销售	预售
管理模式	农户管理	公司化管理
投资方式	自筹	众筹
风险	高	低
信息化	无	科技化、信息化
参与度	无	高
单位投入	高	低

资料来源：作者综合整理。

果果绿产业果园基地模式见图 23-5。

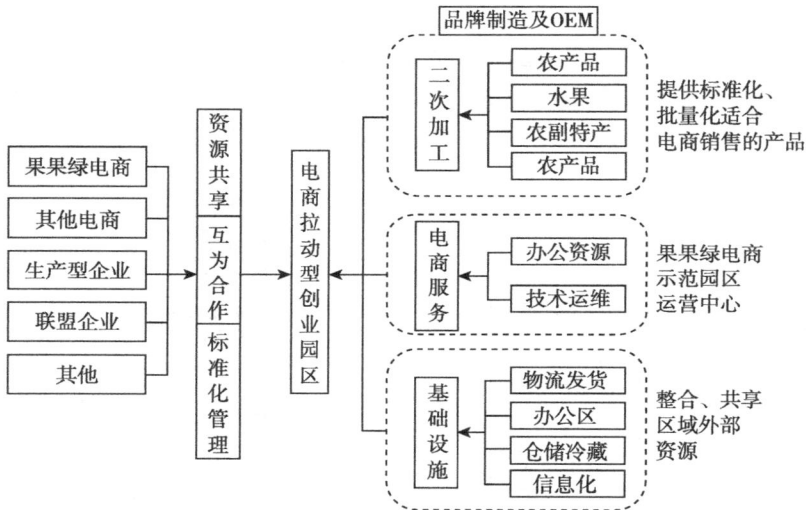

图 23-5　果果绿产业果园基地模式

资料来源：作者综合整理。

23.4　运营效果

1. 带动全县形成冰糖橙电商行业联盟

2014 年至今，麻阳县冰糖橙电商行业的发展从"一穷二白"到"全民电商"，全县电商从业人员超过 2 万人，年交易额近亿元。电商行业的发展离不开果果绿公司创始人付文华的带头示范作用。出身于麻阳，在北京、上海工作多年的他熟悉电商运作模式。他的电商新观念和新模式对全县传统冰糖橙的种植加工销售模式产生了较大冲击，经过他两年多的经营探索和示范带动，推动了麻阳县冰糖橙电商产业链、行业规则、政策环境基本建立，促成了区域新兴产业的制度创业。

果果绿电商平台成立已经 2 年多，通过电商渠道和产品重塑，建立了基于品牌的农副特产标准，同时通过整合标准化果园提高产品品质，力争实现销售收入翻番，农民收入翻番，通过信息化、标准化、集约化管理，提升产品整体竞争力。未来三年，果果绿将通过冰糖橙＋互联网，快速打通"基地＋产业园＋电商"，通过与基地联盟合作、规模化标准种植、集中现代化加工处理、多方渠道合作定向生产、电商式品牌运营的方式快速推进麻阳冰糖橙产业发展。

2. 探索果园电商发展的新模式

2016 年，付文华带领果果绿团队通过几个月的市场调研，选了 20 个地方合作社，计划建立 500 亩高标准生态冰糖橙示范园。通过示范园带领合作社及农户建立集约型公司化经营，即农民转变为工人，公司化管理果园，力争发展 10 000 亩高标准果园，采用农业开发新模式，提高水果整体品质，实现水果出厂价由 1 元／斤增长至 3 元／斤。通过果园电商众筹模式实现水果预售及新果园联合开发，降低因自然灾害及价格波动带来的风险，减少因为供货不足和供货质量参差不齐对品牌和电商平台带来的损失。

3. 整合行业上下游资源发展生态圈

为进一步解决物流问题，果果绿联合电商协会与物流公司谈判，要求越过市级进行原产地直发，保证物流畅通。在他们努力下，中国邮政麻阳分公司建立了"邮乐购"县级电商服务中心，并在乡镇建"邮乐购"电商服务站，使得市场信息及时传达，柑橘园里的果子下树就能直接邮寄卖出。此外，果果绿也在积极寻求一体化的仓储中心和冷链物流。农业电商不再是一个新鲜的名词，也和农民创收、政府扶持紧紧联系在一起。果果绿从种植到售卖各环节见表 23-5。

表 23-5 果果绿从种植到售卖各环节

环 节	涉及对象	详 细 情 况
种植	种植	果农	特供产区：麻阳县一共有 20 多个乡镇，其中 19 个乡镇拥有适合种植冰糖橙的紫色砂岩土质，果果绿精选了其中 3 个贡品产区，精心挑选优质冰糖橙
生产	采购	果果绿	原产地采购：麻阳果果绿公司设有绿色基地，果果绿拥有 2 000 亩贡品级冰糖橙可控产区，建立了五大专业合作社，合作产区超 2 万亩，通过合作社标准化、规范化的管理流程，100% 当地水果原产地直发
			采购原则：第一准则——采购好果，好果标准为好吃（甜、水分多），果面好，果型大；第二原则——重要程度依次为口感、果面、大小
	库存	果果绿	库存数量：果果绿严格控制库存数量不高于 10 万斤，特别好的果子可以不限量收购
	标准化	果果绿	包装分拣：果果绿拥有 3 条自动化生产线，实现了冰糖橙大小自动分拣及重量自动检测
			质量控制：果果绿建立了 6 道质量控制关口，21 项质量考核标准，同时选果高达 40% 的淘汰率
销售	市场宣传	果果绿	产地品牌：麻阳苗族自治县的"麻橙"牌冰糖橙，梵净山水灌溉、武陵山脉生长、富硒土壤培育、长寿之乡出品
			品牌口号：甜，你懂的
			营销推广：网媒投放搜索信息超过 1 万条，在新浪、红网等主流网络媒体报道；在麻阳、怀化地区全面集中推广果果绿品牌；选择北京中高端大型社区（中高端指每个社区户型销售单价在 4 万元／平方米以上，大型社区指户数超过 1 500 户以上）进行地面营销，覆盖人群达到 50 万人；通过微信、微博、QQ 等社交媒体，扩大果果绿品牌营销

（续）

环　节		涉及对象	详细情况
销售	平台建设	果果绿	自有平台包括：果果绿电商官网、果果绿天猫水果专营店、果果绿京东旗舰店等
			数据信息支持：营销、订单、采购、生产、库存、出货、客服、财务、客户等环节全面数据化管理
	文化创意	果果绿	特点：塑造高端品质品牌属性，突出"甜，你懂的"的标语
			包装：鲜果装箱，注重个性化的网络语言；5斤装用5层纸箱，10斤装用7层纸箱，单果套膜并在外箱贴水果标识
	物流配送	果果绿	物流合作：选择麻阳当地快递公司合作，包括圆通、韵达、邮政等
			物流原则：挑选个头均匀、无损坏的鲜果装箱；保质保量、原产地直发；无意外将于当日或次日发货；有坏果现象，24小时内拍照联系客服解决
其他	政府公关	果果绿与政府	参与采摘节：由中共怀化市委、市人民政府主办，中共麻阳苗族自治县委、麻阳苗族自治县人民政府、怀化市旅游局承办，果果绿全面负责网上采摘节
			参与行业会议：中国果业品牌大会由中国果品流通协会主办，由中华全国供销合作总社和陕西省人民政府担任指导单位，果果绿获得"中国果品百强品牌"的称号
	渠道合作	果果绿与合作平台	前期合作平台：几乎覆盖全国主流的网站及平台，B2B/B2C/C2C/O2O/M2C等多种电商模式复合经营，并拥有通过主流网媒、微信、微博等互联网及移动社交媒体覆盖2 000多万客户的影响力
			后期销售渠道：贴牌产品销售或不贴牌直接供货，既可以保留自有品牌，又可以退居后方做供应商

资料来源：作者综合整理。

23.5　面临挑战

品牌没有完全统一。麻阳冰糖橙虽然有了一定知名度，但市场上的标签和产地不一，导致市场品质参差不齐、鱼龙混杂，虽然行业协会成立很大程度上解决了这些问题，但地方品牌建设还需要加强。

组织化水平有待提升。付文华虽然建立电商协会、成立产业联盟，但麻阳冰糖橙整体生产组织化的水平仍然不高，许多个体户依然采取小农经济的模式，见机卖给收购价格更高的采购商，这种现象很容易打击果园基地农户的生产积极性，扰乱现有的交易市场秩序。

行业生态体系较为粗放。付文华提倡统一果园种植标准，提高果农的积极性，以"优质高价"的形象上市，但目前种植基地还有待提高规模效应，上下游的产业链资源还有待进一步整合，农产品储存条件和物流条件还需进一步改善。由此可见，共同打造一体化的行业生态体系还有很长的路要走。

▶课后习题

1. 果果绿电商发展过程是怎么样的？与一般农产品电商的发展模式有什么不同？

2. 为什么果果绿的发展能够得到当地政府的支持和消费者的认可？

3. 从制度创业的角度，分析果果绿对当地电商行业发展的作用。

▶参考文献

[1] Brännback M, A Carsrud. Cognitive Maps in Entrepreneurship: Understanding Contexts [M]. Springer International Publishing, 2017.

[2] Chandra Y. Social Entrepreneurship in the Greater China: Policy and Cases [M]. Routledge, 2016.

[3] Davidsson P. What Is Entrepreneurship? [M]. Springer International Publishing, 2016.

[4] 果果绿：柑橘线上、线下皆旺销 [EB/OL]. http://www.0745news.cn/2016/ 0926/975153.shtml, 2016-09-26.

[5] 果果绿官方网站，http://www.guoguolv.com.

[6] 果果绿生态农业董事长兼 CEO 付文华."互联网＋"时代的新农人 [EB/OL]. http://www.1cnmedia.com/chuongye/company/26490.html, 2017-03-31.

▶拓展阅读

[1] Clarke J, R Holt. Reflective Judgement: Understanding Entrepreneurship as Ethical Practice [J]. Journal of Business Ethics, 2010, 94(3):317-331.

[2] Lazear E P. Entrepreneurship [J]. Journal of Labor Economics, 2005, 23(4): 649-680.

[3] Seo M, W Creed. Institutional Contradictions, Praxis, and Institutional Change: A Dialectical Perspective [J]. Academy of Management Review, 2002, 27(2): 222-247.

[4] Suddaby R, R. Greenwood. Partnership Versus Corporation: Implications of Alternative Forms of Governance in Professional Service Firms [J]. Research in the Sociology of Organizations, 2006, 24(6): 139-170.

第 24 章

食品企业的互联网促销：良品铺子案例

湖北良品铺子食品有限公司（以下简称良品铺子）成立于 2006 年 8 月，是一家典型的传统零食销售企业，在全国多个省市开设了 1 000 多家线下实体门店，凭借优良的品质和快乐的文化在相关区域消费者心目中树立了良好的形象，也获得了优异的销售业绩。在互联网浪潮的推动下，公司于 2012 年 10 月成立良品铺子电商分公司，正式开始推动电子商务的发展。

电商分公司成立后，先后入驻天猫、1 号店、京东商城等线上销售平台，同时也建立了自有的 B2C 商城。2013 年，公司参与了电商平台开展的双十一促销活动，当年获得了传统企业认为比较可观的销售业绩（双十一当天销售 500 万元，全年电商渠道销售接近 1 亿元）。但在公司自己看来，与同行相比还有较大差距，例如，2013 年排名第一的三只松鼠全网销售已经突破 3 亿元，而良品铺子的销售额却还在前 20 名之外。

与此同时，线下实体门店依旧增长强势。2013 年为公司贡献了 90% 以上的销售收入。线上线下在品牌影响和销售上的差距不断扩大，呈现出逐渐偏离公司 2014 年年初提出的"一个品牌，两线发展"战略目标的趋势。

凡事预则立，不预则废。每年的双十一对于电商企业来讲都是重要的营销机会，如果 2014 年双十一不做充分的计划准备，公司可能会错失良机，继续被竞争对手拉开差距。但是，对于良品铺子这样线下销售业绩优异的传统零食企业来说，是否有必要大力发展电商业务？如果有必要，如何布局线上销售渠道？如何进行创意策划与品牌推广？如何吸引消费者的关注，增加线上购买？这些问题必须尽快给出答案。⊖

24.1 休闲食品行业简介

休闲食品是以果蔬、谷物、肉、鱼类等为原料，采用合理生产工艺加工制成的快速消费品，是人们在闲暇、休息时食用的食品（中国产业研究报告网，2014）。主要分类有：烘焙类休闲食品、膨化类休闲食品、坚果类休闲食品、果蔬类休闲食品、食用菌类肉类休闲食品和糖类休闲食品等（刘晓娟，刘森，陈树俊，2014）。主要卖点是美味、美型或者其他

⊖ 本案例根据中国管理案例共享中心案例《良品铺子：如何在电商"双十一"冲进线上零食销售 TOP 榜》改编整理，原案例由戴鑫、熊英、赵刚、姚少腾联合撰写。

独特性以及由特性赋予消费者的美好休闲享受。经济发展和消费水平的提高使休闲食品越来越受广大人民群众喜爱并逐渐升格成为百姓日常的必需消费品，消费者对休闲食品数量和品质的需求不断增长。

24.1.1　我国休闲食品的发展状况

我国休闲食品的生产起步于 20 世纪 70 年代。进入 80 年代，人民生活水平的提高使食品结构由原来温饱型为主的格局逐渐向风味型、营养型、享受型甚至是功能型方向转化，休闲食品的生机由此萌生。

随着经济的快速发展，我国居民收入连年增长。近十年来，城镇居民家庭人均可支配收入由 2004 年的 9 421.6 元增长至 2013 年的 26 955.1 元，涨幅达到 286.10%（见表 24-1）。在消费支出方面，我国居民也表现出强大的消费能力增长趋势。就食品而言，自 2004 年以来，我国城镇居民家庭用于食品的消费支出呈快速上升态势，人均食品消费支出由 2 709.6 元增长到 2013 年的 6 311.9 元，涨幅达到 232.95%（见表 24-2）。虽然休闲食品消费在食品消费中所占比重较小，但我国居民对休闲食品的消费支出也呈现逐年增加趋势，行业市场规模逐年扩大。

表 24-1　我国城镇居民家庭人均可支配收入（2004～2013 年）

年　份	人均可支配收入（元）	年　份	人均可支配收入（元）
2004	9 421.6	2009	17 174.7
2005	10 493.0	2010	19 109.4
2006	11 759.5	2011	21 809.8
2007	13 785.8	2012	24 564.7
2008	15 780.8	2013	26 955.1

资料来源：国家统计局 2004～2013 年《中国统计年鉴》。

表 24-2　我国城镇居民家庭人均食品消费支出（2004～2013 年）

年　份	人均食品消费支出（元）	年　份	人均食品消费支出（元）
2004	2 709.6	2009	4 478.5
2005	2 914.4	2010	4 805.0
2006	3 111.9	2011	5 506.3
2007	3 628.0	2012	6 040.9
2008	4 259.8	2013	6 311.9

资料来源：国家统计局 2004～2013 年《中国统计年鉴》。

根据中国食品工业协会数据统计结果（中国食品安全报，2014），2004 年到 2014 年 10 年间，全国休闲食品行业年产值净增长 7 118.80 亿元，年均复合增长为 16.70%。预计全国休闲食品行业产值在 2015 年将达到 10 589.62 亿元，到 2019 年将增至 19 925.28 亿元。小品类休闲食品的产值将从 4 719.75 亿元发展到 10 472.98 亿元。

以坚果炒货、熟制休闲豆制品、休闲素食蔬果、果脯蜜饯等为代表的小品类休闲食品全行业产能从 2004 年的 248.18 万吨增长到 2014 年的 897.07 万吨，净增长 648.89 万吨，年复合增长率 13.71%；全行业产量从 2004 年的 193.58 万吨增长到 2014 年的 645.89

万吨，净增长 452.31 万多吨，年复合增长率 12.81%；全行业产值从 2004 年的约 540.08 亿元增长到 2014 年的约 3 875.32 亿元，净增长约 3 335.24 亿元，年复合增长率 21.78%。2004～2014 年小品类休闲食品行业基本经济指标见图 24-1。

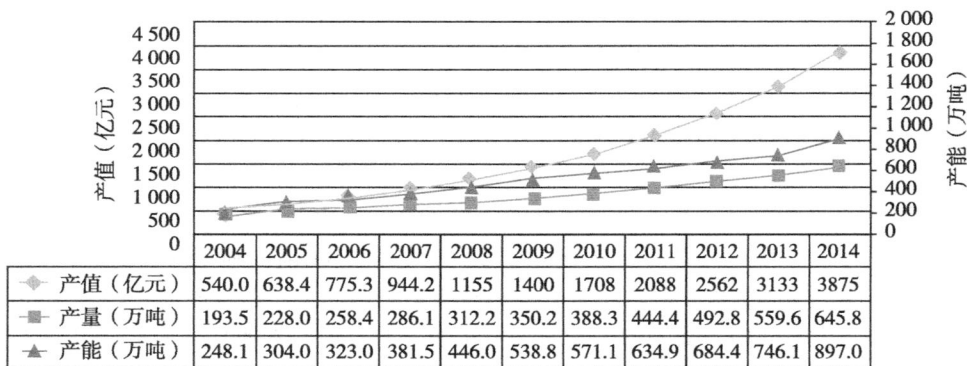

	2004	2005	2006	2007	2008	2009	2010	2011	2012	2013	2014
产值（亿元）	540.0	638.4	775.3	944.2	1155	1400	1708	2088	2562	3133	3875
产量（万吨）	193.5	228.0	258.4	286.1	312.2	350.2	388.3	444.4	492.8	559.6	645.8
产能（万吨）	248.1	304.0	323.0	381.5	446.0	538.8	571.1	634.9	684.4	746.1	897.0

图 24-1　2004～2014 年小品类休闲食品行业基本经济指标

资料来源：中国食品工业协会《中国传统特色小品类休闲食品行业发展现状及趋势研究》（2014）。

国家统计数据显示：截至 2013 年年底，全国共有规模以上休闲食品企业 1 917 家，休闲食品行业资产总额为 2 057.40 亿元，同比增长 18.33%。2013 年，我国休闲食品行业累计实现销售收入 3 760.20 亿元，同比增长 18.12%；行业共计实现利润总额 342.98 亿元，同比增长 15.00%。我国休闲食品市场每年需求额超过千亿元，市场规模正在以几何级的速度增长，高出食品市场平均增长率 20%，消费市场也在快速增长，年增幅在 25% 左右。

由于中国人消费观念和习惯的转变，休闲食品已经从人们传统观念中的"零食"转变为一种时尚消费，成为一种生活方式的象征。休闲食品因而也进入了不断创新和发展的新阶段。

24.1.2　我国休闲食品市场消费特征

消费者对休闲食品的消费可从时尚认知、健康诉求、口感偏好、品牌形象、目标市场、消费体验等六个方面来归纳（刘亦琼，2009）。

时尚认知：根据某机构针对城市居民的最新调查显示，成人尤其是年轻女性已有成为休闲食品主流消费人群的趋势；追求品味独特、外形美观、感觉新鲜而特立于寻常大众之中则成为他们在选择休闲食品时的重要影响因素。"休闲的就是时尚的"已成为人们对食品时尚性的共识。

健康诉求：通常来说，食用休闲食品并非为补充营养和寻求保健，但随着人们对日常饮食结构的逐渐重视，具有一定健康诉求的休闲食品开始受到更多消费者的青睐。例如，在一定程度上具备平衡膳食功能的休闲食品，强调低热量、低脂肪、低糖的休闲食品，或者贴上"运动""健康"等时尚标签的休闲食品。

口感偏好：口味和口感，是消费者选择休闲食品的重要参考因素。一个产品口味独特、加工精细、贴近消费者的偏好，才有可能较快地占领市场。除此之外，其形态、包装也会对消费者的购买产生影响。例如，食品包装要考虑不油腻、不脏手、方便取食、食后方便处理。

品牌形象：有报告表明，男性和女性都更信任知名度高、有信誉的大品牌；相比于男性而言，女性更青睐广告播放率高的品牌。从休闲食品品牌形象塑造过程来讲，品牌可以分成两个层面——一是内在层面，即品牌核心价值、品牌个性、品牌个性形象等，这些要素是品牌外在形象的内在支撑，它们决定着消费者对品牌或产品的印象或评价；二是外在层面，即直观的视听觉线索，包括品牌名字、品牌口号、品牌标志、品牌象征物等。整合营销传播过程也就是把各种品牌信息整合成一个独特、统一的声音传递给消费者，从而使其留下深刻的品牌印象。

目标市场：少年儿童和年轻女性是目前休闲食品的主流消费人群。按消费需求细分，休闲食品可以分为基本型、风味型、营养型、价值型、享受型等。不同品类和价位的产品所针对的目标消费人群会存在明显的差异。如薯片、坚果、膨化食品的目标消费群体虽然有交集，但差异更明显：开心果的目标消费者更多是年轻女性中的白领，薯片的目标消费者更多是少年儿童和学生群体。

消费体验：简单便捷的购买过程将成为消费者未来的追求。随着生活质量提升，人们对于不同终端之间的价格差异承受能力已明显增强。同时，随着互联网等现代技术的发展，网络购物、电视购物等形式已经广泛运用至食品行业，成为消费者购买的一种手段。如何使消费者最便捷地购买到偏好的休闲食品，并在购买过程中更深刻地体会到该产品或品牌的优点，成为休闲食品企业与消费者接触过程中的重要一环。

24.2 中国互联网发展概况

当前互联网已经成为影响我国经济社会发展、改变人民生活形态的关键行业。互联网与传统经济结合愈加紧密，如购物、物流、支付乃至金融等方面均有良好应用，目前正逐步改变人们的生活形态，对人们日常生活中的衣食住行均有较大影响。

24.2.1 网民规模与结构

根据中国互联网信息中心的统计，截至 2013 年 12 月，中国网民规模达 6.18 亿，互联网普及率为 45.8%。中国手机网民规模达 5 亿，网民中使用手机上网的人群占比提升至 81.0%。中国网民规模和互联网普及率见图 24-2。

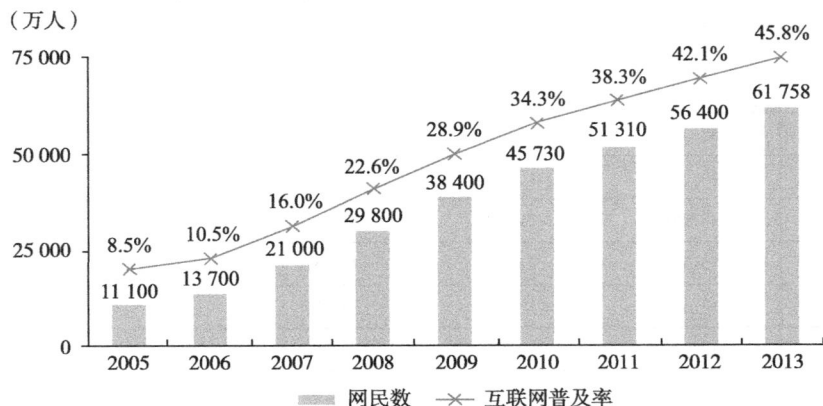

图 24-2 中国网民规模和互联网普及率

资料来源：中国互联网络信息中心，2013 年 12 月。

网民的快速增长与国家加强基础网络建设、运营商和厂商积极推动互联网在社会生活中的应用、新媒体联动的加强、社会整体对互联网认知提升、网络应用的社交性和即时沟通的便捷性等因素分不开。

互联网在网民年龄结构上也存在一定的特点。截至 2013 年 12 月，我国 20～29 岁年龄段网民的比例为 31.2%，在整体网民中占比最大。2013 年中国网民年龄结构见图 24-3。

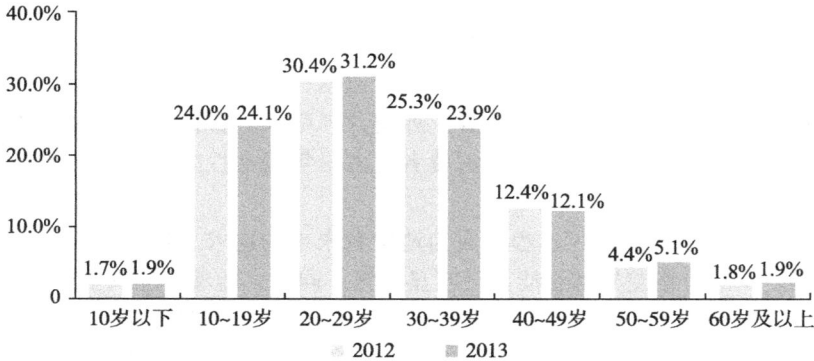

图 24-3 中国网民年龄结构

资料来源：中国互联网络信息中心，2013 年 12 月。

24.2.2 网民互联网应用情况

2013 年，在移动互联网的推动下，契合手机使用特性的网络应用使用率进一步增长。即时通信作为第一大上网应用，其用户使用率继续上升，主要是因为在社交关系基础上的即时通信增加了信息分享、交流沟通，甚至支付、金融等应用，极大限度地提升了用户黏性。电子商务类应用继续保持快速发展，网络购物用户规模大量增长。2013 年，中国网络购物用户规模达 3.02 亿人，使用率达到 48.9%，相比 2012 年增长 6.0 个百分点。网络购物用户的快速增长得益于企业向互联网的战略转型，更加注重体验和服务；网络环境的优化，为网购创造了便利的体验和网购法规的进一步完善。2012～2013 年中国网民对各类网络应用的使用率见表 24-3。

表 24-3 2012～2013 年中国网民对各类网络应用的使用率

应　　用	2013 年		2012 年		年 增 长 率
	用户规模（万）		用户规模（万）		
即时通信	53 215	86.2%	46 775	82.9%	13.8%
网络新闻	49 132	79.6%	46 092	78.0%	6.6%
搜索引擎	48 966	79.3%	45 110	80.0%	8.5%
网络音乐	45 312	73.4%	43 586	77.3%	4.0%
博客 / 个人空间	43 658	70.7%	37 299	66.1%	17.0%
网络视频	42 820	69.3%	37 183	65.9%	15.2%
网络游戏	33 803	54.7%	33 569	59.5%	0.7%
网络购物	30 189	48.9%	24 202	42.9%	24.7%
微博	28 078	45.5%	30 861	54.7%	−9.0%

（续）

应　　用	2013 年		2012 年		年 增 长 率
	用户规模（万）		用户规模（万）		
社交网络	27 769	45.0%	27 505	48.8%	1.0%
网络文字	27 441	44.4%	23 344	41.4%	17.6%
网上支付	26 020	42.1%	22 065	39.1%	17.9%

资料来源：中国互联网络信息中心，2013 年 12 月。

在手机网民方面，2013 年中国移动互联网移动终端的特性进一步体现，行业内应用发展呈现新特点。其中，交流沟通类应用依然是手机主流应用，在所有应用中的用户规模和使用率均第一，但用户主要集中于手机即时通信；休闲类娱乐应用发展迅速，手机游戏、手机视频和手机音乐等应用的用户规模大幅上升，增长态势良好；手机电子商务类应用渗透率虽然相对较低，但领域内所有应用的使用率全部呈现快速增长。2012～2013 年手机网民各类手机应用使用率见图 24-4。

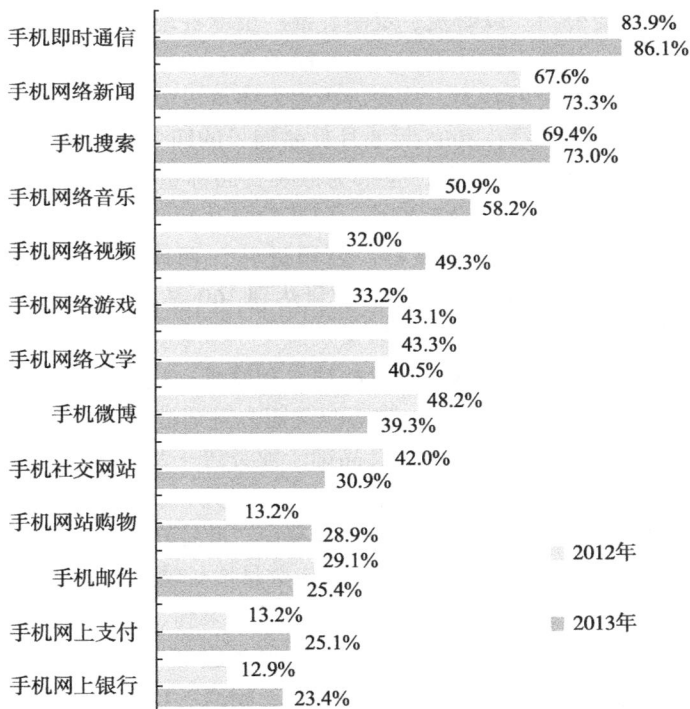

图 24-4　2012～2013 年手机网民各类手机应用使用率

资料来源：中国互联网络信息中心，2013 年 12 月。

24.2.3　电商双十一介绍

双十一指每年的 11 月 11 日。由于日期特殊，因此又被称为光棍节。从 2009 年开始，以天猫、淘宝、京东为代表的大型电子商务网站一般会利用这天进行大规模的打折促销活动，以提高销售额度。目前，双十一已经成为中国互联网最大规模的商业活动，且取得的效果越来越好：

2009 年，天猫商城双十一销售额为 0.5 亿元。

2010 年，天猫商城双十一销售额提高到 9.36 亿元。

2011 年，天猫商城双十一销售额已跃升到 33.6 亿元。

2012 年，天猫商城双十一当日支付宝交易额实现飞速增长，达到 191 亿元，其中包括天猫商城 132 亿元，淘宝 59 亿元。

2013 年双十一，淘宝交易额突破 1 亿元只用了 55 秒，达到 10 亿元用了 6 分 7 秒，50 亿元用了 38 分钟，11 月 11 日总交易额 350.19 亿元。全网电商销量突破 500 亿元！

从 2009 年开始，双十一电商特卖已经成为一个标志性节点，受到越来越多消费者、企业和平台供应商的重视。

24.3 良品铺子公司介绍

24.3.1 良品铺子基本情况

良品铺子诞生于 2006 年 8 月 28 日，是一家集休闲食品研发、加工分装、零售服务于一体的专业品牌连锁运营公司，以研发、定制、推广全球各地好吃的零食为企业目标。"良品铺子"名称的由来——"良心的品质，大家的铺子"。

公司成立 8 年来，不断发展壮大，其发展历程大体可以分为如下几个阶段。

创业阶段（2006～2008 年）：2006 年 8 月良品铺子的四个创始人在湖北武汉广场对面开了第一家门店，上柜商品只有 60 种，全部为散装食品称重销售。2007 年门店发展到 30 家，遍布武汉。2008 年，公司进驻湖南长沙，门店数量达到 90 家。

腾飞阶段（2009～2012 年）：2009 年，公司进驻江西南昌，门店数量增至 180 家。2010 年，公司线下门店业务继续发力，门店数量达到 360 家，实现年销售 2.8 亿元。2011 荣获"武汉民生十大贡献品牌"奖，门店数量发展至 716 家，年销售额突破 6 亿元。2012 年成立电商分公司，专门负责公司网上平台的销售和管理；进驻四川成都，门店数量扩展到 972 家；分装加工物流中心正式投产，物流配送能力得到进一步加强。

提升阶段（2013 年至今）：2013 年，良品铺子业务进一步拓展，全国连锁门店数量超过 1 200 家，员工数量近 4 000 人，年销量额接近 16 亿元，获得"第六届中国高成长连锁企业 50 强"的荣誉称号。2014 年年初，公司正式提出"良品五年，百亿有我"的战略目标，公司进入战略发展新时期。良品铺子成立以来门店数量增长情况见图 24-5。

良品铺子产品主要分为坚果、炒货、话梅类、果干果脯、肉类零食、海味零食、素食山珍、饼干糕点、糖果布丁、饮料饮品等类别，品种多达 870 个。主要销售渠道包括线下实体门店和线上电子商务两大类。门店分布于湖北、湖南、江西、四川等省份，数量超过 1 400 家（截至 2014 年 3 月）。线上销售平台主要包括淘宝、一号店、京东商城、当当网等第三方平台和公司自营商城。线下门店发展势头良好，销售额不断增加。销售时间有淡旺季之分，每年 10 月至次年 2 月为销售旺季，月均销售额达到 1.5 亿元左右；每年 6 月至 9 月处于销售淡季，月均销售额在 1 亿元左右；每年 3 月至 5 月销售较为平稳，每月销售收入可达 1.3 亿元。2013 年，良品铺子销售收入突破 15 亿元，线上收入接近 1 亿元。经过几年的业务发展，良品铺子初步形成具备加工分装、物流配送能力的休闲食品连锁公司，成为湖北省著名商标。公司 2010～2013 年销售业绩增长情况见图 24-6。

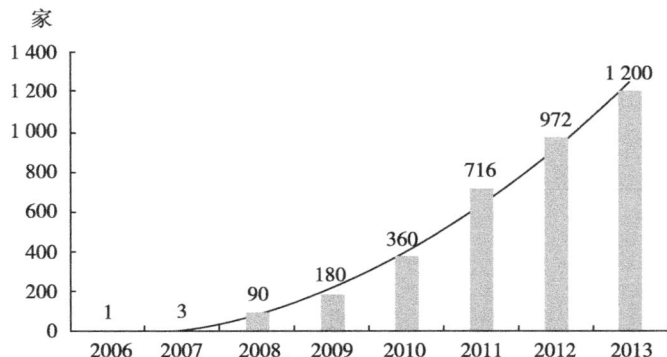

图 24-5　2006～2013 年良品铺子实体门店数量增长图

资料来源：通过对湖北良品铺子食品有限公司调研获得。

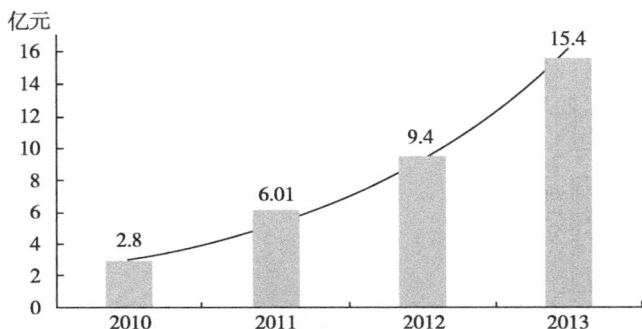

图 24-6　良品铺子销售业绩增长情况（2010～2013 年）

资料来源：通过对湖北良品铺子食品有限公司调研获得。

在 8 年的迅速发展中，经过不断的探索，良品铺子逐渐形成了富有特色的企业文化和组织架构，对企业价值观、企业目标、管理结构等方面进行了高度的概括与诠释。

企业文化本源——品质·快乐·家。

企业使命——提供高品质食品，传递快乐，为提高全球华人健康幸福生活而努力奋斗。

企业愿景——成为全球休闲食品零售服务业的领导品牌。

企业精神——激情共创，快乐分享。

团队作风——没有借口，马上行动！

用人理念——尊重人，培养人，成就人。

商品理念——品质第一，贴近顾客！

市场理念——超越顾客期望，引领行业方向。

食品安全理念——食品安全是企业的生命线。

服务理念——真心、热心、细心、贴心、爱心。

营销理念——以顾客为中心，考虑问题以顾客感受为起点，遇到问题以顾客体验为焦点，解决问题以顾客满意为终点。

竞争理念——狭义竞争是争夺，广义竞争是合作，真正对手是自己，有效法则是创新。

决策理念——集思广益，实事求是，科学分析，果断决策。

学习理念——居点连线，日积成面，乐学一世，修己助人。

组织架构——良品铺子的组织架构见图 24-7。

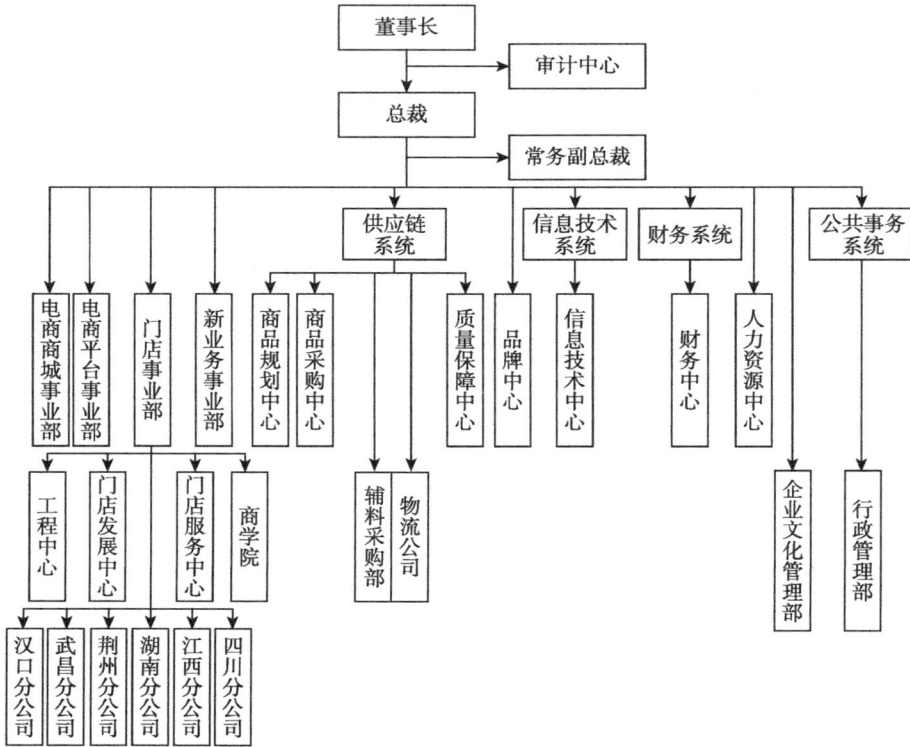

图 24-7 良品铺子公司组织架构（截至 2014 年 3 月）

资料来源：通过对湖北良品铺子食品有限公司调研获得。

24.3.2 主要同行企业

良品铺子所属的休闲零食行业市场容量大，技术含量相对较低，进入壁垒较小，因而有很多企业参与竞争。在业务范围、经营模式与市场规模上与之较为相似的企业和品牌包括：安徽三只松鼠电子商务有限公司、杭州百草味食品有限公司（以下简称"百草味"）、上海来伊份股份有限公司（以下简称"来伊份"）、上海至多食品销售有限公司（以下简称"零食多"）、上海百味林实业有限公司（以下简称"百味林"）等。相应品牌介绍见表 24-4。

表 24-4 良品铺子主要同行品牌情况一览表

品 牌	成立地点、年份	主营业务	经营模式	规模（2013 年）	公司诉求或目标
三只松鼠	安徽 2012	坚果、干果、茶叶等森林食品，以坚果为主	电子商务模式，没有实体店	全网销量额突破 3.26 亿元，双十一当天 3 562 万元（第一）	新鲜、健康、好吃的森林食品，多品类的纯互联网森林食品品牌
百草味	杭州 2003	坚果炒货、蜜饯话梅、糕点饼干、肉干肉脯、花茶等 5 大系列 300 多个单品	线下门店连锁，线上平台销售	双十一当天 2 169 万元，线上销售前三	快乐、健康，中国休闲零食第一品牌

（续）

品　牌	成立地点、年份	主营业务	经营模式	规模（2013 年）	公司诉求或目标
来伊份	上海 1999	炒货、蜜饯、肉制品等九大系列，700 多个单品	线下门店连锁，线上平台销售	年销售额过 30 亿元，门店超过 2 000 家	品质好、味道好、服务好、价格公道，中国休闲食品连锁第一品牌
零食多	上海 2010	蜜饯、鱼鲜、肉珍、香卤、糕点、糖果、冲饮、杂粮等多品类，500 多个单品	线下门店连锁，有线上销售平台	年销售额过 3 亿元，门店超过 600 家	健康、美味、安心
百味林	上海 1995	炒货为主，糕点、豆干、蜜饯、肉制品等多品类	线下门店连锁，有线上销售平台	年销售额过 15 亿元，门店超过 600 家	真诚、自然、美味，创造快乐与休闲生活

资料来源：作者综合整理。

24.4　公司面临的问题

在互联网经济的冲击下，越来越多的企业借助电商平台进行渠道扩张，良品铺子也不例外。2012 年 10 月，良品铺子成立电子商务分公司，专门负责线上品牌推广和产品销售。分公司成立以来，陆续拥有 B2C 官方商城、良品铺子微信商城等自营电商平台，以及天猫旗舰店、天猫专营店、淘宝 C 店、京东商城、当当网、亚马逊、拍拍、1 号店、苏宁易购、易迅、交行、建行等众多第三方平台。公司积极扩展线上销售平台，建立和丰富产品销售渠道，在 O2O 的发展上积极探索，取得了一定的成绩。2013 年双十一线上销售达到 500 万元，这个数字对公司来说是一个里程碑式的突破，但线上发展依然面临严峻挑战。

首先，品牌在电商平台的影响力不足。良品铺子线下门店截至 2014 年 3 月数量超 1 400 家，在相关区域市场具有良好的品牌影响力和顾客口碑。但在门店没有覆盖的广域市场几乎没有影响力，在互联网上也因为初涉电商不久，品牌知晓度和认知度有限，线上品牌影响力排名在全国休闲食品榜单 20 名开外。公司认为，既然商品品质好、种类全、口感佳，那么就具备了获得消费者认可与信赖的基础，希望借 2014 年双十一实现广域市场的线上突破。

其次，和迅猛发展的竞争对手相比，良品铺子线上销售仍有较大提升空间。与电商分公司同期成立的三只松鼠，上线 65 天后就在天猫商城同类销售中排到了第一，并连续获得 2013 年双十一、双十二零食销售冠军，2013 年双十一当天产生 3 562 多万元销售额，2013 全年销售收入更是超过 3 亿元，差距一目了然。

最后，三只松鼠的示范效应导致电商竞争对手骤增。据不完全统计，在淘宝、天猫等电商平台上类似休闲食品商家数量超过万家。公司面临的电商竞争环境日趋激烈，脱颖而出的难度也越来越大。

面对新的市场环境，如何抓住机会提高品牌认知度？如何针对线上消费者策划新奇有趣的营销活动？如何增加公司电商渠道访问流量、提升销售转化率？这些成为公司迫切需要面对的问题。

24.5 公司的实际执行

24.5.1 网店流量吸引

1. 门店引流

（1）时间：2014 年 10 月 25 日～11 月 10 日（预热期）。

（2）目标：充分整合线下实体门店资源，利用线下平台进行双十一活动宣传，不断扩大活动影响范围，为活动预热。

（3）方式：①印制特别门店手袋。双十一期间的门店手提袋图案都是经过特别设计的，上面印有双十一活动宣传及 10 元优惠券二维码。②门店宣传单。随顾客手提袋附送双十一线上宣传单，宣传双十一活动攻略；提示双十一畅销单品；扫码领取双十一 10 元优惠券。③门店活动海报。将爆款产品低价抢购信息公布在线下门店，促进购买。④门店发放供线上使用优惠券。用支付宝支付送天猫双十一有门槛优惠券 5 元、10 元、20 元，为线上平台引流。⑤线下会员短信通知。筛选线下 100 万会员系统群发短信预热双十一活动，会员收到短信，附带优惠券领取链接。⑥门店店员宣传。以激励方式促使全国 1 400 家门店超过 4 000 名店员（2014 年 11 月数据）推荐顾客关注双十一活动。

（4）影响范围：全国门店 1 400 多家，约 350 万人次直接获知双十一活动讯息，覆盖人群高达 3 500 万。

2. 社交平台互动引流

（1）时间：2014 年 10 月 17 日～11 月 10 日（预热期）。

（2）目标：利用新媒体与粉丝交流，加强企业与消费者之间的互动，不断增强粉丝黏性，利用粉丝口碑和社交分享扩大活动宣传效果。

（3）方式：①微博转发优惠券。良品铺子官方微博不断推送最新活动信息并发放活动优惠券，粉丝可参与讨论并转发优惠券。②微博话题征集。良品铺子官方微博在活动预热期间发起微博话题征集活动，分别发起话题＃日常爽点征集＃、＃随手拍·门店爽十一＃、＃最爽的礼物＃等，不断保持粉丝活跃度，预热双十一。③微信互动预热。良品铺子官方微信粉丝超过 120 万（截至 2014 年 10 月）。预热期间保持高频率更新双十一活动最新动态，派发优惠券，发布节日攻略和促销信息，不断创新活动玩法。④线上游戏互动。良品铺子针对目标消费群体年轻、好奇心强、爱娱乐等特征，在活动期间推出首款互动小游戏"爽啪啪"，在 PC 端和手机端同步上线，不仅有积分换奖品，还可参加抽奖，增强了活动期间用户黏性和参与度。

（4）影响范围：官方平台粉丝人数，排除重叠粉丝，人数超过 200 万。

3. 广告媒体引流

（1）时间：2014 年 10 月 17 日～11 月 10 日（预热期）。

（2）目标：选择与良品铺子品牌形象契合的明星作为公司代言人为活动进行宣传，提升品牌形象；同时辅以网络广告和媒体宣传，扩大品牌在全国范围内的影响力，保持品牌曝光率，持续为活动预热。

（3）方式：①明星代言。在高收视率电视娱乐节目《奔跑吧》武汉取景期间，公司邀请深受年轻消费者喜爱的"跑男"陈赫担任良品铺子形象大使——"爽食达人"，并以微电影男主角的形式出镜"良品铺子双 11"广告视频的拍摄。代言期间，陈赫为公司活动拍摄多组平面广告和宣传视频，公司在全国范围内进行网络广告投放和宣传，不断将活动推向高潮。②媒体邀请。公司管理人员积极与媒体沟通，在双十一活动预热期间邀请网络媒体代表采访良品铺子门店，宣传主打产品，预告双十一活动内容。

（4）活动效果：拍摄的平面广告用做宣传资料在全国超过 1 400 家门店投放；视频广告在腾讯、新浪、京东、良品铺子天猫旗舰店等平台上播出，并获得了良粉们的一致好评，极大程度扩大了良品铺子品牌在华东市场的认知度和影响力；媒体宣传给予良品铺子以正面肯定，较高频率的媒体曝光不断扩大活动影响。

4. 商家联盟引流

（1）时间：2014 年 10 月中旬～11 月 11 日。

（2）目标：利用其他知名线上品牌资源，充分合作，相互引流，为活动预热的同时促进销售转化。

（3）方式：与周黑鸭、楼兰蜜语、西域美农等 100 个食品商家（不包括三只松鼠、百草味等直接竞争对手）组成线上联盟，进行战略合作。活动前夕联盟商家在各自店铺首页相互轮流分批展示联盟商家的优惠券，消费者可以提前领取优惠券，在双十一当天购物时进行消费。

（4）活动意义：良品铺子最大限度利用 100 家食品商家的预热资源，在天猫食品类目以点及面，集结成引流互通网，实现多赢，发挥出 1 大于 100 的效应，最大限度提高店铺曝光量。

24.5.2　销售转化

在成功将消费者引入电商销售平台之后，良品铺子针对消费者进店以后的购买流程在每个环节上下工夫，促进销售转化。

1. 进店

进入门店首页，会蹦出可爱又实在（可以领取优惠券）的"爽啪啪"互动游戏，消费者可以参与游戏互动，根据游戏结果赢取不同金额的优惠券，别具一格的游戏设计，赢得目标消费人群的好感，吸引更多的停留时间。此外，"吃爽、玩爽、购爽"的主题活动贯穿全程：提供多种特价美食供消费者挑选满足"吃爽"，提供互动游戏和明星代言微电影让消费者"玩爽"，提供全程良好的购物体验让消费者感到"购爽"。区别于其他仅以低价促销为主题的商家，"爽够"主题活动的设计卖点更多，受到消费者的欢迎。

2. 浏览

针对双十一促销活动，公司品牌中心对显示页面进行专门设计并对网站页面布局重新装修，增加高清商品图片信息、详细的商品说明并将畅销产品放在显眼位置，消费者一目了然；根据对线上目标消费人群的年龄和性别分析发现，线上顾客主要为 18～28 岁女性，针对此类人群特点，公司对电商特卖产品进行专门的包装设计，呆萌可爱的包装风格迎合了目标消费者的时尚需求，让人眼前一亮，打造了良好的视觉享受。

3. 咨询

双十一当天安排客服人员 243 名，其中正常接待客服 226 人、催付客服 6 人，审单客服、改地址客服 4 人和应急客服 7 人，全天待命，并提前 10 天开始系列培训，包括第三方平台的基本操作、接待流程、产品知识、店铺活动等。争取第一时间高效解答消费者的困惑和问题，减少顾客等待，提高网购体验，为下一步下单购买积累流量，减少因为咨询等待造成的流量损失。客服培训计划参见表 24-5。

表 24-5　客服培训计划安排表

培训项目	培训内容	培训时长	完成时间
基本操作	淘宝后台、客服 ERP 系统的操作培训	90 分钟	11 月 3 日
接待流程	活动期间客服的快速接待流程	40 分钟	11 月 7 日
产品知识	产品规格、包装、发货单等顾客常见问题	60 分钟	11 月 3 日
店铺活动	当天店铺活动详解、平台规则等	60 分钟	11 月 8 日
激励方案	活动前动员大会	40 分钟	11 月 8 日

资料来源：作者综合整理。

4. 购买

双十一当天，良品铺子各大电商平台加大折扣力度，做到价低质好，让利消费者，促进购买行为。使用的手段包括：①全场包邮；②优惠券发放；③定制周边礼品满送；④每个整点时间段，前 5 名免单；⑤转盘抽奖；⑥满 300 参加砸金蛋活动，赢取 iPhone6；⑦全天四场买一送一，每场 2 款；⑧全场 5 折封顶；⑨会员满额升级；⑩所有会员积分换礼品。同时对公司服务器等硬件设备进行升级换代，准备备用发电机和备用网络预防意外情况发生，减少因为并发流量太大造成服务器响应慢甚至崩溃的问题，保障成功下单。

5. 发货配送

在双十一前期，公司安排 500 人自有物流团队以及外协物流人员做好配送保障；双十一接到订单第一时间，全国华中仓、华北仓、华东仓、华南仓四大仓库同时发货，日均发货量接近 6 万单；顾客下单之后做到及时处理，快速配送，减少消费者的等待，获得顾客的好评和口碑。此外，在双十一预热期，公司通过对消费者产品偏好的把握，有计划地向不同区域仓库贮备迎合当地市场需求的产品；同时，宣传"爆款"产品，有意识地引导消费者的偏好和需求，减小产品数量预估误差。对线上产品种类的预测和引导一定程度上减轻了公司物流配送压力，为下单商品快速送至消费者手中提供了帮助。

24.5.3　活动效果

2014 年双十一，良品铺子电商全渠道销售额突破 4 200 万元，其中天猫旗舰店当天的销售额达到 3 590 万元，22 分钟平了上一年"双十一"全渠道一天 500 万元的销售纪录，以 119% 的速度超额完成既定 3 000 万元的目标，增幅是上一年的 10 倍，冲进全国食品类目销量 TOP 榜单并且排名第三，华中地区食品类目销量第一，是食品类目下实实在在的黑马。

此外，良品铺子天猫旗舰店当天的访客数量超过了 100 万人次，其中共有 30 多万人购买了良品铺子的商品。在网购全球化以及支付方式移动化的情形下，良品铺子移动端和 PC 端同价，良品铺子移动端（手机、平板电脑等移动设备）订单占比超过 62%，良品铺子移动端流量占比达到 55.3%，位居品类第一。2014 年良品铺子双十一销售表现见表 24-6。

表 24-6　2014 年良品铺子双十一销售表现

指　　标	表　　现
销售额	全网突破 4 200 万元（2013 年双十一 500 万元）
食品类销量排名	全国第三，华中第一（2013 年 20 名开外）
网站访问量	超过 100 万次
网站购买量	超过 30 万
移动端流量	品类第一

资料来源：作者综合整理。

24.5.4　费用支出

良品铺子 2014 年双十一活动费用开支明细见表 24-7。由于企业保密的要求，此数据进行了部分掩饰性处理。

表 24-7　项目费用支出明细

支 出 项 目	说　　明	支 出 金 额
门店物料支出	手提袋、宣传单、门店海报	略
游戏设计投放费用	"爽啪啪"游戏设计	略
明星代言费用	"跑男"陈赫拍摄广告、微电影等	略
广告投放费用	视频网站、区域门户网站等（不包括报纸、户外广告等传统媒体广告）	略
商品折扣让利费用	折让、抽奖、礼品等	略
媒体联络费用	邀请媒体进店参观、报道	略
外包物流和客服费用	外协物流和客服人员	略
人员激励费用	线下门店、电商分公司	略
其他费用	员工加班、后勤保障等	略
总计		略

资料来源：作者综合整理。

▶课后习题

1. 社会临场感是指主体物理空间并不在那个位置或环境中，通过媒体技术使主体对那个位置或环境有身临其境的感觉，是沟通媒介的一种属性。主要包含社会丰富性、真实感、沉浸感、媒介社交性等几个特性。请从社会临场感理论出发，分析良品铺子的促销活动。

2. 搜索引擎营销漏斗模型是根据用户使用搜索引擎的方式和习惯，控制网站搜索结果的展现，将营销信息传递给目标用户，引导用户点击，从而达到宣传和促进销售目的的一种营销手段。请根据此模型，分析良品铺子的促销活动。

3. 目标启动理论证明，公司可以有意识地展示文字、图片或者其他的环境线索唤醒消费者某种情感、行为或者是认知上的反应，引导消费，实现一定的营销目标。根据此理论，分析良品铺子的促销活动。

4. 消费者—品牌关系认为，企业与消费者良好的互动能使企业有关产品和品牌的信息准确、全面地传递给消费者，使企业的品牌形象宣传获得最佳效果，而且可以有效地提高消费者的品牌取向和品牌价值认同，最大程度获得忠诚。请从此理论出发，分析良品铺子的促销活动。

▶参考文献

[1] Chartrand T L, Bargh J A. Automatic Activation of Impression Formation and Memorization Goals: Nonconscious Goal Priming Reproduces Effects of Explicit Task Instructions [J]. Journal of Personality and Social Psychology, 1996, 71(9): 464-478.

[2] Fournier S. Consumers and Their Brands: Developing Relationship Theory in Consumer Research [J]. Journal of consumer research, 1998, 24(4): 343-353.

[3] Hassanein K, Head M. Manipulating Perceived Social Presence through the Web Interface and Its Impact on Attitude Towards Online Shopping [J]. International Journal of Human Computer Studies, 2007, 65(8): 689-708.

[4] Ritsuya O. Media Innovation and Changes in Consumer Behavior Both Key to Future of Advertising Industry [J]. Economy, Culture & History: Japan Spotlight, 2008, 27(1): 12-13.

[5] 刘晓娟，刘森，陈树俊，等．我国休闲食品现状及发展趋势 [J]．农产品加工（学刊），2014(7): 73-75.

[6] 刘奕琼．中国休闲食品行业的联合营销策略研究 [D]．上海：复旦大学，2009.

[7] 中国产业研究报告网．2015~2020 年中国休闲食品行业市场分析与发展前景研究报告 [EB/OL]．http://www.chinairr.org/report/R07/R0704/201412/09-172700.html, 2014-12-09.

[8] 中国食品安全报．中国传统特色小品类休闲食品发展现状及趋势研究（2014）[EB/OL]．http://paper.cfsn.cn/content/2014-12/18/node_2.html, 2014-12-18.

[9] 邹佳君．基于数据挖掘的 SEM 投放模型研究 [D]．上海：华东师范大学，2011.

▶拓展阅读

[1] Gao F, Su X. Online and Offline Information for Omnichannel Retailing [J]. M&Som-Manufacturing & Service Operations Management, 2017, 19(1): 84-98.

[2] Hsu C L, Chen M C, Kikuchi K, Machida I. Elucidating the Determinants of Purchase Intention toward Social Shopping Sites: A Comparative Study of Taiwan and Japan [J]. Telematics and Informatics, 2017, 34(4): 326-338.

[3] Kuoppamaki S M, Taipale, S, Wilska T A. The Use of Mobile Technology for Online Shopping and Entertainment among Older Adults in Finland [J]. Telematics and Informatics, 2017, 34(4): 110-117.

[4] Vendemia M A. When Do Consumers Buy the Company? Perceptions of Interactivity in Company-consumer Interactions on Social Networking Sites [J]. Computers in Human Behavior, 2017(71): 99-109.

[5] Zhang L, Wang J. Coordination of the Traditional and the Online Channels for a Short-life-cycle Product [J]. European Journal of Operational Research, 2017, 258(2): 639-651.

[6] 罗彪，虞文姣．只为与你更亲近：三只松鼠的 STP 策略 [EB/OL]．http://www.cmcc-dut.cn/Cases/Detail/2243，2016-01.

[7] 王雪莲，李嫄，等．互联网坚果第一淘品牌"三只松鼠"的有"谋"之道 [EB/OL]．http://www.cmcc-dut.cn/Cases/Detail/1650, 2014-09.

第 25 章

食品企业利用互联网危机管理：周黑鸭案例

  湖北周黑鸭管理有限公司（以下简称周黑鸭）成立于 2006 年，其前身为"武汉世纪周黑鸭食品有限公司"。2012 年 5 月 22 日周黑鸭在微博上遭遇"抹黑门"事件，到 2013 年 5 月，10 多起与产品相关的负面新闻先后在网络上传播。虽然这些事件最后经过核实，证明周黑鸭是无辜的，监管机构及相关单位或个人也进行了澄清申明，但"山寨"店泛滥、"细菌超标""门店被砸"等字眼还是强烈地刺激着人们的神经，特别是在微博等新媒体沟通平台日益发达的今天，"好事不出门，坏事传千里"效应更强烈。这让一直秉承"质量第一，信誉至上，保持特色，持续发展"经营理念、"健康、安全"质量理念和"会娱乐更快乐"品牌理念的周黑鸭蒙上"质量不佳"的阴影，产品乃至企业形象受到质疑。同时，也对公司希望凭借不久前完成的第二轮 1.5 亿元融资来加快拓展全国市场的战略意图造成重要影响。产品是船，质量是帆，品牌是舵，口碑是风。一个稳健发展、积极向上的企业形象离不开上述四个要素的组合。如何才能消除这些事件的负面影响，如何让消费者了解最真实的周黑鸭，如何在消费者心目中塑造良好的口碑和品牌印象，让企业之船扬帆起航，继续在全国市场乘风破浪？⊖

25.1　公司简介及发展历程

25.1.1　周黑鸭公司介绍

  湖北周黑鸭管理有限公司位于湖北省武汉市，成立于 2006 年，是一家专业从事鸭类、鹅类、鸭副产品和素食产品等熟卤制品深加工的品牌企业。周黑鸭从一个菜场的家庭作坊式小店发展为今天湖北省的一张城市名片，周黑鸭创始人周富裕先生伴随着企业经历了快速而艰辛的发展之路。

  1995 年，周黑鸭创始人周富裕先生在武汉开启了他的卤味人生，将自己卤制的酱板鸭售往各大酒店；1997 年，周富裕先生自行研发出"周黑鸭"的配方，同年第一家"周记怪味鸭"专卖店在武汉航空路电业集贸市场开业；2004 年，周富裕先生正式确定"周记黑鸭"品牌并进行了商标注册申请，在武汉最繁华的武汉广场开了第一家"周记黑鸭"店面，

⊖　本案例根据中国管理案例共享中心案例《周黑鸭：如何利用新浪微博进行危机后形象修复》改编整理，原案例由戴鑫、文豹堂、刘涛、陈雷联合撰写。

设计形成了周黑鸭的统一标识；2005 年，周富裕先生向国家商标总局申请了"周黑鸭"35 类的注册商标；2006 年，周富裕先生注册成立武汉世纪周黑鸭食品有限公司，并完成了从作坊式生产到工业化生产的转变；2007 年，周黑鸭开始迅速扩张之路，门店达 20 多家；2008 年，公司更名为湖北周黑鸭管理有限公司，员工人数增长到 400 多人，销售收入突破亿元；2011 年，"周黑鸭"被认定为"中国驰名商标"，为当时武汉市唯一一家荣获中国驰名商标的食品加工类商标品牌；2012 年，周黑鸭完成第二轮融资，两轮融资共计 2.1 亿元，公司突破了全国 400 家直营店的规模，销售额达到近 10 亿元。

周黑鸭的产品类别主要涵盖了鸭类、鸭副产品及素食产品，目前所经营的产品包括鸭脖、鸭翅、鸭腿、鸭锁骨、鸡翅尖、鸭肫、鸭头、鸭舌、鸭肝、鸭掌、香干、藕等；产品包装类型包括散装、锁鲜装、礼盒装、简装 / 彩装等；主要的销售渠道包括门店和电子商务两大类。目前，周黑鸭的门店主要覆盖于湖北、广东、江西、北京、河南、湖南、上海等省或直辖市，门店总数在 2013 年上半年达到 449 家，其具体城市分布见表 25-1。周黑鸭当前的电子商务主要通过网店和商城展开，包括天猫旗舰店、淘宝专卖店、京东商城、1 号店商城、拍拍商城及周黑鸭官方商城等。在产品销售方面，2011 年至 2013 年 6 月份，公司的销售额逐年增长，季度销售情况见表 25-2。

表 25-1 周黑鸭门店分布情况

城　　市	2013 年门店数（家）	城　　市	2013 年门店数（家）
郑州	10	宜昌	10
北京	48	襄阳	6
深圳	46	鄂州	1
东莞	7	荆州	8
广州	31	孝感	6
上海	21	咸宁	3
南昌	41	随州	1
长沙	32	黄冈	3
株洲	3	仙桃	4
武汉	158	潜江	2
黄石	4	十堰	4

资料来源：周黑鸭管理有限公司官方网站。

表 25-2 周黑鸭 2011 年～2013 年 6 月季度销售额　　　　单位：亿元

季度	2011 年	2012 年	2013 年
第一季度	1.73	2.34	3.05
第二季度	1.85	2.43	3.17
第三季度	1.81	2.40	
第四季度	2.11	2.63	
总计	7.5	9.8	6.22

注：表中数据经过掩饰性处理，仅供研究使用。
资料来源：作者综合整理。

在近十年的发展经营中，伴随着不断的摸索与尝试，周黑鸭结合企业现实状况及创始人的经营理念，形成了该公司独一无二的企业文化（如下），对企业价值观、企业目标、企业使命、企业经营理念等方面都进行了高度的概括与诠释。

企业价值观——顾客第一，团队第二，股东第三。

企业目标——百年品牌，走向世界。

企业使命——有人类的地方都能品尝到周黑鸭的美味。

品牌理念——会娱乐，更快乐！

经营理念——质量第一，信誉至上，保持特色，持续发展。

服务理念——关注细节，用心服务；为顾客创造快乐的体验。

质量理念——健康，安全。

成本理念——一分一厘来之不易。

人才理念——能者上，平者让，庸者下，不拘一格，培养人才。

学习理念——做到老，学到老。

安全理念——安全就是生产力。

25.1.2　主要同行企业

在周黑鸭所属的酱卤肉制品行业里，还有一些在业务范围、运营模式以及市场规模上与之都较为相似的企业和品牌共同发展着。这些同行企业及相应品牌包括：长沙绝味轩企业管理有限公司、煌上煌集团有限公司、成都廖记连锁餐饮有限责任公司、汉口精武食品工业园有限公司、久久丫公司等。相应品牌介绍见表 25-3。

表 25-3　周黑鸭主要同行品牌情况一览表

品　牌	成立年份	门店数及主要分布	经营模式	公司定位
绝味	2004	3 600 多家，覆盖 20 多个地区，重点在湖南、江苏、上海、广东	直营店与加盟店相结合	定位于年轻的时尚消费人群，口味偏辣
煌上煌	1993	近 2 000 家，重点地区为江西、广东、福建	直营店与加盟店相结合	定位于家庭消费，大多数门店在居民小区附近，产品口味适中
汉口精武	2004	1 500 家左右，重点地区为武汉、湖南、北京、上海、深圳	直营店与加盟店相结合	定位于地方特色小吃，属于鸭脖的始祖品牌，口味适中
廖记棒棒鸡	1993	300 家左右，重点地区为成都、重庆、武汉、南京	直营店	定位于家庭消费与休闲食品之间，产品类别多样
久久丫	2002	1 000 家左右，重点地区为上海、广州、成都、北京、浙江、江苏	直营店与加盟店相结合，主要做直营	定位于创意闲情美食，在店面突破 1 000 家后，严格控制加盟商数量

资料来源：作者综合整理。

25.1.3　新浪及湖北新浪公司介绍

新浪公司是一家服务于中国及全球华人社群的网络媒体公司，成立于 1998 年，并于 2000 年在美国纳斯达克上市。新浪总部设在北京，公司在上海、广州、我国香港和台北地区、北美等地均设有分部,并在黑龙江、辽宁、河北、河南、陕西、四川、湖南、湖北、江西、重庆、云南、安徽、江苏、上海、浙江、福建、广东等 17 个省市开辟了地方站,使其成为覆盖全球华人社区的最大中文门户网站。截至 2012 年年底,新浪的注册用户突破 4亿,日均浏览量超过 20 亿。

新浪主要为两个群体服务,一方面为全国网民提供新闻资讯平台、生活服务平台和互动交流社区,以新浪网和新浪微博为主要平台;另一方面为各类企业、组织提供搜索、广告、企业推广等解决方案。

1. 新浪网

在全球范围内,新浪网的门户网络由服务于不同华人群体的四个网站组成:中国大陆(www.sina.com.cn)、中国台湾(www.sina.com.tw)、中国香港(www.sina.com.hk)和北美(www.sina.com)。每个网站均包含分频道的中文新闻和内容、网络社区和社交服务以及基于新浪搜索和目录服务的网络导航。通过与国内外千余家内容供应商达成合作关系,新浪设在中国大陆的各家网站提供了 30 多个在线内容频道。新浪门户网部分在线内容频道介绍见表 25-4。

2. 新浪微博

新浪微博是一个由新浪网推出,提供微型博客的服务类网站,微博用户可以通过网页、WAP 页面、手机客户端等多种方式实现微博功能。新浪微博功能模块主要包含发布、转发、关注、评论、搜索、私信等。

微博发布功能:用户可以在输入框中输入一条字数在 140 字以内的文字信息,并进行发布。

表 25-4 新浪门户网部分在线内容频道介绍

频 道	简 介
新浪新闻	与国内外媒体合作,对国内外最新资讯进行报道;并在 2012 年联合其他有影响力的媒体推出爆料平台,网友可直接爆料
新浪体育	又名"竞技风暴",包含国内足球、国际足球、NBA、综合体育等重点栏目,是全球最大的中文体育资讯频道
新浪娱乐	下设明星、电影、电视、音乐、综艺等栏目,以文字、图片、音频、视频等形式对娱乐圈重大新闻事件及国内外明星动态展开报道
新浪科技	跟踪全球 IT 资讯信息和前沿技术动态,报道科技业最新政策及重大新闻
新浪财经	与数十家财经媒体合作,传达资本市场最新资讯
新浪汽车	更新汽车新闻和服务资讯,提供购车、用车指南
新浪房产	报道中国房地产业新闻资讯,下设新房、二手房、房价、家居等子栏目,提供购房、租房、家居装修指南
新浪时尚	设置时装、美容、美体、时尚品牌、婚嫁等子栏目,提供相关资讯
新浪旅游	报道旅游资讯和景点信息,提供游记攻略分享平台
新浪视频	依托视频点播和 P2P 流媒体技术,提供互动网络视频平台
新浪读书	为读者提供图书资讯,设置作者专栏,打造好书榜单

资料来源:作者综合整理。

　　转发功能：用户可以把其他用户所发布的微博信息转发到自己的微博，同时可以附加个人评论。

　　关注功能：用户可以对其他用户进行关注，成为这个用户的关注者（即"粉丝"），之后被关注对象所更新的信息将会在关注者首页实时更新。

　　评论功能：用户可以对任何一条微博进行评论。

　　搜索功能：用户可以在发布微博信息时，在两个 # 号之间插入某一话题，此后点击该话题将自动搜索微博上所有包含该话题的相关微博。

　　私信功能：用户可以点击私信，给新浪微博上任意的一个开放了私信端口的用户发送私信，这条私信将只被对方看到。

　　新浪微博自 2009 年推出以来获得了巨大成功，其间经历了一个飞速的发展历程。

　　2009 年 5 月，新浪 CEO 曹国伟第一次提出做微博产品的想法；8 月 14 日，新浪微博开始内测；8 月 28 日，新浪微博正式上线，开始公测；11 月 2 日，新浪微博迎来第 100 万个用户。

　　2010 年 4 月 28 日，新浪微博注册用户首次突破千万；10 月底，新浪微博注册用户超过 5 000 万。

　　2011 年 3 月 2 日，新浪微博注册用户超过 1 亿；4 月 7 日，正式启用新域名 weibo.com，更换全新标识；5 月 13 日，加 V 认证在线系统正式上线；7 月 27 日，女星姚晨成为微博首位"粉丝"突破 1 000 万的微博用户；8 月 24 日，新浪微博公益版正式启动公测，迎来首批 24 位机构用户。

　　2012 年 3 月 1 日，百度整合微博内容实时搜索服务上线；4 月，新浪微博推出广告平台，全面启动商业化；5 月 9 日，新浪微博发布企业微博 2.0 版本，主推数据中心和应用中心两大功能；6 月 8 日，新浪微博官方游戏平台微游戏启动；12 月，开始测试基于微博信息流的自助广告系统"粉丝通"；12 月 21 日，小米手机在微博平台启动开放购买，首次试水社会化电商。

　　2013 年 4 月，新浪微博推出品牌信息流产品，主要面向商业品牌客户；4 月 29 日，阿里收购 18% 股份；2013 年第一季度，营业收入近 3 000 万美元。

　　截至 2013 年 5 月，新浪微博注册用户数超过 5 亿，拥有近 1.2 亿月活跃用户数，用户遍及 190 多个国家及地区。月发布总信息数达到 28 亿，其中 70% 用户通过移动设备访问微博。新浪微博用户包含普通用户和认证用户（即加 V 用户），认证用户包括政府、企业、机构、媒体、名人等，现拥有超过 300 万认证用户。新浪微博用户中，男性占比 50.1%，女性占比 49.9%；在年龄上，"90 后"占比 53%，"80 后"占比 37%，"70 后"占比"8%"，"70 前"占比 2%；在学历上，"大专及以上"学历占比 70.8%，"高中及中专技校"学历占比 17.3%，"初中及小学"学历占比 11.9%。

3. 新浪企业服务

　　新浪网作为互联网技术、服务以及产品的提供商，凭借其自身的品牌力量，加之对现有各种技术和互联网媒体资源的整合，它能够为企业及政府提供一系列个性化的网络信息化解决方案，如搜索引擎、企业黄页、企业邮箱、分类信息、产业资讯以及城市门户网站等强势产品。除此之外，新浪网提供的另一个产品是网络品牌广告。公司的广告产品包括新浪网页上的横幅、按钮、文字链接和流媒体内置广告，以及频道内容合作和赞助、广告活动设计和管理服务等。公司主要的广告和赞助客户包括谋求全球品牌拓展、开展全球营销和公关活动的巨型公司，锁定特定人群和地域的大中型企业以及集中于地方市场的小型企业。

新浪湖北是新浪在湖北的地方站，其主要依托新浪网及新浪微博平台，向湖北网民提供新闻资讯平台、生活服务平台和互动交流社区平台。新浪湖北门户网主要包含湖北资讯、湖北美食、湖北旅游、湖北时尚、湖北健康、湖北汽车等频道。此外，新浪湖北在新浪微博平台上打造了新浪湖北微博频道，该频道由主账号新浪湖北以及湖北新闻、湖北美食、湖北旅游、湖北玩乐购等多个子账号共同构成。湖北拥有近 3 000 万网民，其中 70% 以上的用户通过新浪浏览资讯、分享微博。新浪湖北与新浪其他地方站点及总站在业务范围、运营操作上均保持着较高的一致性，同时各总站、地方站之间也保持着良好的合作互补关系。

25.2　危机背景及应对

25.2.1　危机事件描述

在 2012 年 5 月至 2013 年 5 月间的一年时间里，周黑鸭遭遇了十多起影响声誉的事件，主要包括全国各地"山寨"店鱼目混珠、产品质量被误报严重不达标以及门店被砸等，而其中大多直接或间接与公司产品相关。虽然这些事件被证实并非周黑鸭的责任，同时监管机构及相关单位或个人也进行了澄清，但依然引起了广泛的报道与讨论。以下摘取数则相关且具代表性的新闻，简要展示事件过程中部分媒体报道及消费者的反应态度。

新闻一：2012 年 5 月 25 日，人民网，《湖北周黑鸭陷入"食品安全门"》

新闻概要：5 月 22 日，一位名叫"深圳喉哥"的网友在其博客上发表了一篇名为《周黑鸭上市：危险食品也可以如此正大光明》的博文。文章称周黑鸭不仅存在添加剂问题，而且鸭脖子存在大量淋巴腺体，食用过量可以导致人体内分泌紊乱，希望有关方面对周黑鸭的成分做出化验并公之于众，随文配有一张写有"周黑鸭香膏"字样的图片。当天下午，财经中国网全文转载了这篇博文，并在其官方微博发布了相关链接。次日凌晨，财经中国官方微博又发布了一则《周黑鸭，毒鸭为何如此牛气冲天？》的评论。短短几个小时后，上述博文及评论即被转发上万次。

消费者反应：网友翔鹭 fieg 留言，又黑我大武汉鸭脖！我们周黑鸭能保证百分之百没有问题；郑州一网友表示，我以后再也不吃周黑鸭了，这跟吃毒鸭有什么区别，真让人恶心；武汉一网友留言，不会吧，我最喜欢吃的周黑鸭居然是添加剂做成的，我居然还吃了这么多年！真是丧尽天良，良心被狗吃了吧！

新闻二：2012 年 8 月 23 日，湖北日报，《"黄金周黑鸭"仿冒"周黑鸭"被查》

新闻概要：武汉佳美公司使用"黄金周"注册商标，将其用于板鸭卤制品，并由此产生了"黄金周黑鸭"。该公司先注册"黄金周"商标，然后以"黄金周黑鸭"对外宣传和发展特许经营客户。"黄金周黑鸭"商品名称及商品装潢，与注册商标"周黑鸭"近似，其行为侵犯了周黑鸭的注册商标专用权。

消费者反应：网友 bobo 表示，这山寨得也太明显了吧，也就骗骗那些外地人啦！网友"仍在它乡"表示，一直还以为黄金周黑鸭是周黑鸭的升级版，我说怎么感觉不太一样呢，被骗了！

新闻三：2012 年 9 月 3 日，快讯网，《昔日加盟店如今大打擦边球卤西西山寨周黑鸭》

新闻概要：鸭脖子大佬周黑鸭最近很发愁。一家名为"卤西西"的竞争对手近日迅速占领各大超市柜台，抢走了不少生意。明明是山寨版，以"改名说"成功上位的"卤西西"，在消费者眼中却是周黑鸭的"亲兄弟"。周黑鸭对"卤西西"颇为无奈。

消费者反应：大众点评网上的网友们发帖，"卤西西就是以前的周黑鸭。经品尝，味道没变。改后的名字太雷人了，怀念以前的周黑鸭。"

新闻四：2012 年 12 月 8 日，武汉晨报，《山寨鸭脖店玩"易容术"忽悠人》

新闻概要：在武昌火车站进站口大门左边有一个卖假冒周黑鸭的摊点，其售假方式很特别，采用"鸳鸯招牌"迷惑人。售货摊采用可以自动翻转的双面招牌，在客流量大的时候招牌上显示为"周黑鸭"，闲时及有人来查的时候售货员操作一下按钮，招牌翻个面就是"好味周黑鸭"。

消费者反应：网友"小丑gary"在微博上称其上过一次当，多名网友回复称同样上过当；有网友调侃道，现在山寨也用起了高科技，真假不分啊！被记者采访的多名顾客大多表示并不知道这家店不是周黑鸭，只知道武汉周黑鸭比较有名，想给家人尝个鲜，就买了一些；一位来自湖南的王先生听说手里的鸭脖有可能是山寨的，立马烦躁起来，随手就将鸭脖丢进了垃圾桶里。

新闻五：2013 年 3 月 8 日，深圳晚报，《周黑鸭被人"黑"了》

新闻概要：近年来，周黑鸭等卤制休闲食品越来越受市民欢迎，品牌也众所周知，同时市面上也出现了许多山寨店面，不少消费者受骗。有市民向本报报料，称网上有不少培训机构的广告，打着"周黑鸭"等品牌的大旗，收费传授配方及做法，还提供装修服务。

消费者反应：一位消费者表示，"我挺喜欢吃周黑鸭的，但是经常无法判断是否是正宗的，每次购买都会有所怀疑，毕竟这年头造假太猖獗了。"

新闻六：2013 年 3 月 14 日，深圳商报，《深圳周黑鸭半数是山寨店 机构培训三五天即开店》

新闻概要：3·15 前夕，本报记者接到多宗投诉，称遍布深圳各繁华商圈、大型住宅区、城中村的"周黑鸭"，不少是山寨店铺，其提供的食品在口味、保鲜、安全等方面，与正规店铺相差甚远。总体而言，深圳周黑鸭半数是山寨店，机构培训三五天即开店。

消费者反应：老家在湖北的夏小姐表示，"在深圳看到老家的特产小吃很激动，一次买了两斤呢。可是味道并没有在湖北吃的好，这样不是砸招牌吗？"

新闻七：2013 年 4 月 16 日，云南网，《湖北周黑鸭证实：昆明"周黑鸭"全是假的》

新闻概要：家住航空小区的张女士反映，昆明出现的"周黑鸭"连锁店可能都是不正规的，她和朋友向"周黑鸭"客服了解过，在昆明，周黑鸭并未授权过任何加盟店和直营店。随后，记者向周黑鸭食品有限公司核实，在昆明确实没有任何授权的加盟店和直营店。

消费者反应：张女士表示，发现昆明也有"周黑鸭"专卖店，跟在湖北买到的没有什么差别，但是吃完后觉得味道跟湖北原产的差别不小。微博网友"人生如何才能豪迈"表示，无言了，这都有山寨的！微博网友"原味－萤火虫"表示，啊呀，真的吗？我们学校旁边就有一家，味道还好。

新闻八：2013 年 4 月 25 日，龙虎网，《广州多家超市周黑鸭、绝味鸭脖检测出细菌超标》

新闻概要：广州市工商局网站公布的 2013 年第一季度"流通环节糕点、散装熟食食品"以及"超市散装熟食食品"两份抽检报告结果显示，周黑鸭、绝味等品牌的鸭脖以及华润万家、百佳等超市销售的多种散装熟食都存在微生物超标的问题。

消费者反应：网友"Jeff 李妍"表示，我最爱的周黑鸭都出了这样的问题，这叫我情何以堪呀！网友"hinamobile"表示，企业的社会道德意识低，注定了其发展受阻。

新闻九：2013 年 5 月 31 日，武汉晚报，《武昌两家周黑鸭店凌晨被人砸碎玻璃》

新闻概要：5 月 30 日，周黑鸭位于武昌火车站西出站口和千家街的两家门店，先后遭遇一伙不明男子的打砸。这两家门店均位于闹市，生意红火。这突如其来的袭击，令其昨天暂停营业。

消费者反应：来自山东淄博张店的一位先生说，"本来想在转火车时来买周黑鸭带回家，却遇到这样的事，令人遗憾。"微博网友"Islandlover-"表示，火车站周围基本都是假的，坑了多少外地人！微博网友"武昌理工生科护理 1204 班"表示，我们手里有多少真货？

25.2.2　危机处理过程

面对此次周黑鸭公司的问题，公司需要解决以下问题：①为什么周黑鸭公司会频繁地遭遇"山寨"？②周黑鸭公司遇到的问题到底是不是危机，需不需要进行形象修复？为什么？③若周黑鸭公司决定展开形象修复工作，在媒介选择方面，哪种更好？是传统大众媒体（权威的电视、报纸、大型网站等）还是新兴自媒体（微博等）？④若选择利用自媒体（微博）平台进行宣传，在宣传内容选择方面，哪种更好？是纯粹的线上软文，还是传统线下活动？⑤在考虑开展线下活动时，在活动类型选择方面，哪种更好？是产品推广活动（参观企业工厂、免费试吃企业产品等），还是社会公益活动？⑥若公司决定结合自媒体平台开展线下活动，会如何选择活动参与者？是选择粉丝量巨大的微博"大 V"用户还是粉丝量适中的普通"达人"用户？⑦若公司最终决定以邀请微博"达人"用户参与线下产品推广活动的方式进行形象修复工作，那么具体的方案如何设计？例如，通过什么方式征集活动参与者？根据何种标准在众多"达人"用户中挑选参与者？活动时间和地点如何确定？如何设计活动环节从而传达活动意图？预计活动环节包括哪些费用支出项目，预算规模多大？最后能够采用哪些方式对活动效果进行评价？

最终公司的决策方案如表 25-5 所示。

表 25-5　危机应对实际决策方案

决　策　点	决　策　结　果
是否开展危机应对	开展，并与新浪湖北合作，方案在一周内开始执行
选择何种传播媒介	新浪网（若干新浪地方站门户网），新浪微博
选择何种推广形式	选择线下活动宣传，放弃纯粹的线上软文宣传
选择何种线下活动	产品推广（参观周黑鸭工厂），品牌理念推广（免费提供湖北最正宗最本土的美食小吃，体验美食文化，传播"会娱乐，更快乐"理念）
选择哪些参与人员	新浪微博"达人"用户

资料来源：作者综合整理。

在具体的方案执行过程中，主要包括以下细节。

1. 新浪地方站门户网硬广宣传

在全国共 17 个新浪地方站中选择与周黑鸭的 6 个主要省市市场相对应的 6 个站点，包括新浪湖北、新浪湖南、新浪广东、新浪河南、新浪江西、新浪北京总站，全面覆盖到湖北、广东、江西、湖南、河南、北京 6 个省市的目标受众。在这 6 个地方站首页大篇幅、显眼靠上的广告位上以多种广告形式来投放广告，同时依托用户高关注度的新闻频道，借助热点新闻事件来带动活动宣传的高曝光。此项宣传从 2013 年 6 月 7 日开始，持续近 10 天。

2. 活动人员征集

2013 年 6 月 9 日开始，通过前期利用新浪矩阵微博账号 @ 新浪湖北主发活动征集，新浪 6 个地方站主账号，以及美食、旅游账号联动传播，在线上征集全国 6 地网友。截至 2013 年 6 月 21 日，共征集 6 个地共计 60 名网友参与；这些网友平均粉丝量达到 10 000 以上，粉丝量 5 000 以上的网友为 41 个，其中加 V 认证用户为 10 个，且 60 名达人均为高质量活跃用户。

3. 线下活动开展

正式的线下活动在 2013 年 6 月 29 日至 6 月 30 日两天进行，由新浪湖北全程执行。在此之前，工作人员为 6 地网友提前安排往返车票、酒店及市内行程所需物资。新浪湖北安排视频编辑全程进行视频跟拍，展现网友在活动过程中的所见、所闻、所感，记录下大家的心得、感悟。新浪湖北带领 60 名网友参观了周黑鸭透明化的生产车间，并试吃了周黑鸭产品，之后又带领他们游归元寺、坐游轮、吃美食等。

4. 线上微博配合宣传

网友在游玩的过程中会随时更新微博原创信息，新浪湖北矩阵微博账号及其他几个地方站主账号，以及美食、旅游账号进行转发。此外，新浪湖北会在此次活动中搭建 Minisite，对活动图片及视频进行更新。活动期间周黑鸭官方微博也持续关注活动动态，共发布约 30 条话题微博，及时转发网友趣味微博并和网友密切互动。

5. 活动费用支出

项目费用支出明细见表 25-6。

表 25-6　项目费用支出明细

支 出 项 目	说　　明	支 出 金 额
新浪湖北门户网广告支出	新浪湖北首页顶部通栏	略
新浪河南门户网广告支出	新浪河南导航条下通栏	略
新浪湖南门户网广告支出	新浪湖南导航条下通栏	略
新浪江西门户网广告支出	新浪江西导航条下通栏	略
新浪网北京 IP 定向广告	新浪网首页	略
新浪网广州 IP 定向广告	新浪网首页	略
网友往返车票	60 位网友往返火车票	略
游玩门票	网友及工作人员武汉市内景点游玩	略
网友房费	活动期间网友酒店住宿（2～3 晚）	略
其他费用	吃饭、导游、市内交通、保险等	略
总计		略

资料来源：作者综合整理。

25.3　危机处理结果

活动征集过程中，新浪湖北发布征集活动的种子微博截至 2013 年 6 月 15 日即达到 9 261 次转发，覆盖人数超过 3 000 万人。新浪湖北官方微博矩阵共计发布 40 余条活动微博，新浪各地方站主账号、美食、旅游官方微博矩阵共计发布百余条活动微博，累计曝光量超过 7 800 万次。2013 年 6 月 7 日～6 月 30 日活动期间，周黑鸭官方微博影响力为 389.59，被评论数 4 015，被转发数 4 235。经过新浪微博后台数据统计，2013 年 6 月 7 日～7 月 1 日，粉丝变化数量增长 1 033 个，平均每天粉丝增长 41.32 个。

参加此次活动的 60 位网友，全程积极性极高，微博直播力度强劲，原创微博为 19 300 多条，共 @ 周黑鸭官方微博达 26 400 多次，提及周黑鸭品牌高达 32 700 多次；活动单条微博的平均覆盖人次达到了 501.3 万；活动结束后 10 余天，网友仍然持续关注此活动，在微博上积极讨论，回顾整个活动并发表对本次活动以及周黑鸭的正面评价。从百度搜索来看，关键词"快乐鸭粉 high 游江城"的搜索量达到 819 条，并且内容多以网友发表的游玩博客为主。

▶课后习题

1. 请集合本书介绍的危机生命周期理论，结合危机管理阶段模型，试分析周黑鸭公司在危机的每个阶段都采取了什么策略。

2. 议题设置理论是指虽然大众传播媒介不能直接决定人们的思维，但是它可以引导人们确定哪些问题是重要的。大众媒介只要对某些问题予以重视，为受众设置议题，那么就能影响公众舆论。两级传播理论指信息从大众媒介到受众经过了两个阶段，第一阶段是从大众传播到舆论领袖，完成了信息传达的过程，第二阶段是通过意见领袖把信息传播到普通受众那里，从而完成人际影响的扩散。根据本章案例，分析周黑鸭在此次危机中采取了什么策略去引导公众舆论。

3. 远程临场感是指通过一种传播媒介产生亲临某一另外环境的感受。即在真实的物理环境下，通过一定的媒介传播技术，让当事人能够同时对另外一个远程环境产生身临其境的感觉。根据本章案例，分析周黑鸭公司在此次危机中是如何利用远程临场感的。

▶参考文献

[1] Carroll A B, K M Shabana. The Business Case for Corporate Social Responsibility: A Review of Concepts, Research and Practice [J]. International Journal of Management Reviews, 2010, 12(1): 85-105.

[2] Coombs W T. The Protective Powers of Crisis Response Strategies [J]. Journal of Promotion Management, 2006, 12 (3-4): 241-260.

[3] Fink S. Crisis Management: Planning for the Inevitable [M]. New York: AMACOM, 1986.

[4] Lazarsfeld P F, Berelson B, H Gaudet. The People's Choice: How the Voter Makes Up His Mind In a Presidential Campaign [M]. Columbia University Press, 1944.

[5] McCombs M, A Reynolds. News Influence on Our Pictures of the world [J]. Media Effects: Advances in Theory and Research, 2002.

[6] McQuail D, S Windahl. Communication Models for the Study of Mass Communications [M]. Longman, 1993.

[7] Pearson C M, I I Mitroff. From Crisis Prone to Crisis Prepared: A Framework for Crisis Management [J]. Executive, 1993, 7(1): 48-59.

[8] Scherer A G, G Palazzo. The New Political Role of Business in a Globalized World: A Review of a New Perspective on CSR and Its Implications for the Firm, Governance, and Democracy [J]. Journal of Management Studies, 2011, 48 (4): 117-118.

[9] Shari R V, F Ojeda. Establishing Media Partnerships in Crisis Response [J]. Communication Studies, 2010, 61 (4): 412-429.

[10] Steuer J. Defining Virtual Reality: Dimensions Determining Telepresence [J]. Journal of Communication, 1992, 42(4): 73-93.

[11] Walgrave S, V P Aelst. The Contingency of the Mass Media's Political Agenda-setting Power: Toward a Preliminary View [J]. Journal of Communication, 2006, 56(1): 88-109.

[12] Zabin J, G. Brebach. Precision Marketing: The New Rules for Attracting, Retaining and Leveraging Profitable Customers [M]. Hoboken: John Wiley & Sons, Inc., 2004.

[13] 刘林青，甘锦锋. 会娱乐的周黑鸭：卖的是文化吗？ [EB/OL]. http://www.cmcc-dut.cn/Cases/Detail/1621，2014-08.

[14] 田志龙，龙晓枫，等. 湖北周黑鸭食品公司：为走向全国做准备 [EB/OL]. http://www.cmcc-dut.cn/Cases/Detail/405, 2010-10.

[15] 熊琪，韩岚星，等. 周黑鸭的武汉市场调查 [EB/OL]. http://www.cmcc-dut.cn/Cases/Detail/256, 2011-02.

▶拓展阅读

[1] Amerini I, Becarelli R, Brancati F, Caldelli R, Giunta M, L Itria. Media Trustworthiness Verification and Event Assessment through an Integrated Framework: A Case-study [J]. Multimedia Tools and Applications, 2017, 76(5): 7197-7212.

[2] Cheng Y, Huang Y H C, C M Chan. Public Relations, Media Coverage, and Public Opinion in Contemporary China: Testing Agenda Building Theory in a Social Mediated Crisis [J]. Telematics and Informatics, 2017, 34(3): 765-773.

[3] Taekke J. Crisis Communication and Social Media: A Systems and Medium Theoretical Perspective [J]. Systems Research and Behavioral

Science, 2017, 34(2): 182-194.

[4] Xie Y, Qiao R, Shao G, H Chen. Research on Chinese Social Media Users' Communication Behaviors during Public Emergency Events [J]. Telematics and Informatics, 2017, 34(3): 740-754.

[5] Yu L, Li L, L Tang. What Can Mass Media Do to Control Public Panic in Accidents of Hazardous Chemical Leakage into Rivers? A Multi-agent-based Online Opinion Dissemination Model [J]. Journal of Cleaner Production, 2017, 143: 1203-1214.

[6] Yuksel H, Karantininis K, S. Hess Reconsidering Media Discourses on Food Crisis from a Quantitative Perspective [J]. Journal of Food Products Marketing, 2017, 23(4): 398-415.

第八部分

利用互联网生态进行创业营销

第 26 章

个人创业营销平台模式：万色城案例

万色城成立于 2009 年，既是一个新型互联网创业平台，又是一个大型 B2B2C 精品购物商城。面对传统电商无外乎以阿里为代表的平台电商和以京东为代表的自营电商两种商业模式，万色城成功破解"无广告无流量""卖产品无利润""客户没有忠诚度"的传统电商三大痛点，开辟了中国电商的"第三条道路"。万色城打造独有的六大基础设施支持系统，并在此基础上开创六大综合服务支持系统。这些系统的建立让个体创业者创业更加简单便捷。基于六大系统，万色城建立了万色城 PC 端平台、卡乐猫移动互联网购物平台和万色城商学院。[⊖]

26.1 公司简介

万色城创立于 2009 年，经营多元化的互联网业务，并聚焦微电商平台基础设施建设和品牌产品的研发销售。其采用全产业链的商业模式运营，为普通创业者营造良好的创业环境，为传统企业＋互联网提供精准的移动互联网渠道、自建互联网渠道、打造品牌等综合服务，并为各类社群和终端用户提供安全、优质、性价比高的商品以及专业便捷的服务。万色城是一家"移动社交电商平台＋品牌"集团企业，既是一个新型互联网创业平台，又是一个大型 B2B2C 精品购物商城。

万色城秉承"生意更简单，生活更精彩"的理念，确定了三个目标：①为 10 万个草根互联网创业者，打造一个优质的电商创业平台；②为国内中、高端网购客户，提供一个安全、高品质的全球精品购物平台；③为万色城所有会员，成就一个能回馈社会、推动社会持续发展的公益平台。

作为互联网创业孵化平台，从 2009 年上线至今，已经为 15 000 多名普通人提供了互联网创业机会。万色城的一切创新和突破，是为了改变传统开实体店、开网店的创业模式。本着开放、公平、竞争的互联网精神，降低创业风险，通过高竞争力的产品、全球采购优势，以及强大的市场营销体系，让创业者迅速盈利，让创业变得更加轻松。万色城集团自创立以来，已经为数以万计的普通创业者建立了：①六大基础设施支持系统——产品采购系统、品牌营销系统、客户服务系统、物流配送系统、技术支撑系统、网店支持系统；

⊖ 本案例根据章末参考文献综合整理，感谢万色城战略副总裁居平先生提供的支持。

②六大综合服务支持系统——创投基金、量子管理、金融服务、品牌创意营销、全球供应链、品牌输出；③ HC 万色水母、万色益＋、HC 万色颜如、妃兰、伊芙西、成诺、芙肌泉、卡乐猫等自主知识产权品牌，并坚持"只与世界一流企业合作研发产品，只销售世界一流品质品牌产品"的原则，引进了全球 200 多个品牌 6 000 多款产品入驻万色城。

26.2 商业模式

说到电商，我们很容易就想到阿里巴巴、淘宝、天猫和京东。阿里巴巴的模式是B2B，B 代表的是企业，所以阿里巴巴是搭建了一个企业与企业交易的平台；淘宝的模式是 C2C，C 代表个体与个人，所以淘宝是搭建了一个个体与消费者进行交易的平台；天猫和京东的模式是 B2C，也就是企业把产品放到平台上卖给消费者。

万色城的模式是 B2B2C，第一个 B 代表的是万色城这个企业，第二个 B 就是在万色城平台的创业者，最后一个 C 是消费者。在万色城创业，创业者不是个体户，而是一个在平台上能够得到授权，来组建自己企业架构的企业老板，所以创业者是 B，创业者可以组建自己的团队，建立自己的企业规模，而万色城的目标正是培养 10 万普通创业者成为电商企业家。

概括而言，传统电商无外乎两种模式：一是以阿里为代表的平台电商模式，二是以京东为代表的自营电商模式。两种模式甚至越来越接近，京东已开放平台，其"自营"也只是提供物流，没有自己的产品。万色城区别于阿里和京东的电商模式，成功破解"无广告无流量""卖产品无利润""客户没有忠诚度"的传统电商三大痛点，开辟了中国电商的"第三条道路"。

许多年轻人会选择在 B2C、C2C 的电商平台上开网店创业，但看似低成本的网络销售已经不复存在。随着商家越来越多，流量被稀释得越来越少，后期随着退货运费险的入场，亏损越来越厉害，商家陷入两难境地。如果不花钱推广，大量商品会失去展示和成交机会。如果花费巨额推广费，则极有可能稀释利润或没有盈利。

根据公开报道，某平台集市店有 600 多万个卖家，真正赚钱的不足 30 万个，仅占 5%；另一平台，6 万多个卖家，不亏本的，不足 10%。"普通网商创业难，主要在于不能规避传统电商的三大痛点。"万色城董事长朱海滨指出，万色城从创立之初，每一项改革和创新都是围绕破解这三大痛点展开的。

首先，缺乏"造血"功能，无广告无流量。目前电商最大的瓶颈就是流量来源问题。单靠广告推广增加流量，成本高昂。朱海滨说，"现在互联网的用户获取成本已经高到100 元甚至几百元，最低的也要 74 元。"万色城则引入"流量去中心化"的概念，将平台变成碎片化流量入口。平台上所有消费商在线上线下一切形式上的分享，都会带来碎片化流量。

其次，缺乏核心产品，电商没有定价权，保障不了价格体系。在低价竞争和假货遍地的生态下网商难以盈利，用户利益也不能保障。"商业的本质还是产品，而独家优质的产品是我们制胜的核心。"朱海滨认为，万色城除了打造出一个高效率的交易平台，同时又是一个瞄准前沿生物技术的生产平台。

万色城的产品之一——HC 万色水母的核心技术，曾获得 2013 年国家技术发明二等奖。万色城还联合全球顶级研发生产机构，研发出 HC 万色颜如、妃兰、伊芙西、成诺等自主知识产权品牌。这些品牌拥有产品定价权、独家经营权，从技术研发，到产品设计、产品包装、销售推广，采用全产业链的商业模式运营，确保了开店创业者初期的收益。

最后，客户没有忠诚度。不少企业利用参与感来锁定客户，但在朱海滨眼中，这种模式不够长久有效，客户还是会流失到更优惠的地方。"我们是物质加精神双重锁定，客户通过参与获得实实在在的利益，黏性自然就有保障。"

理念如此，要落地并惠及万色城上万个普通网商却并不容易。在无数电商企业、电商平台很快倒在滚滚红海之中的时候，万色城完成了从 1.0 到 2.0 的迭代式创新。

1. 六大基础设施支持系统

在万色城 1.0 时代，系统驱动是其核心竞争优势。万色城打造了独有的产品采购系统、品牌营销系统、客户服务系统、物流配送系统、技术支撑系统、网店支持系统。六大系统解决了普通开网店创业者的痛点，帮助万色城平台上的创业者轻松经营、迅速创富（见图 26-1）。

（1）产品采购系统：万色城具有独一无二的产品和品牌，万色水母、万色颜如、妃兰，以及即将上线的母婴产品，并将在已有的专利技术和配方的基础上，开发更多拥有自主知识产权的优质产品。万色城负责研发或引进产品和品牌，不断升级产品货源的质量和数量，为平台提供符合安全健康理念的优质产品。

（2）品牌营销系统：万色城负责策划组织和实施各种营销推广，不断扩大、提升平台和产品的知名度和美誉度，扩大影响，促进销售。

（3）顾客服务系统：万色城负责处理售前、售中、售后各种问题，公司有完整的以消费者为中心的服务政策，以解决问题为导向，以创造和谐关系为宗旨。

（4）物流配送系统：万色城与国内优秀的仓储公司合作，打造"智能仓库""虚拟仓库"等电商仓储体系；与多家物流快递达成战略合作伙伴关系，快速接单发货，满足安全快速送货需求。

（5）技术支持系统：公司负责保障网站的顺利运营和维护，不断升级平台，同时研发更多不同功能的新平台。例如，2015 年 4 月推出的"卡乐猫"移动社交电商平台，以及"万色城商学院"教育培训平台、万色城 O2O 医疗连锁平台等。

（6）网店支持系统：万色负责设计制作各种宣传推广资料，实施定期的、系统化的线上、线下综合培训，以及和全球大学合作的万色网商海外短期培训。

通过这些系统支持，万色城模式最终帮助创业者克服创业障碍，同时给予高于投资额的独一无二的优质产品，把风险降到最低。在此基础上，把创业变得简单容易，把开始的流程彻底简化，就好比用一个漏斗把所有流程过滤到只剩一个环节，把所有流程简化到一个动作，就是推广和销售，而其他所有的事情由万色城集约化、高效率地完成。

2. 六大综合服务支持系统

万色城 2.0 时代，全面开启技术升级、科技升级、资金升级。在六大基础设施支持系统上，开

图 26-1　六大基础设施支持系统

资料来源：作者根据公司提供的资料综合整理。

创六大综合服务支持系统——创投基金、自主品牌输出系统、全球供应链、金融系统、产品—商品研发系统、量子管理输出（见图 26-2）。

图 26-2 轻创业基础设施综合服务平台

资料来源：作者根据公司提供资料综合整理。

这些系统的建立让个体创业者创业更加简单便捷，同时与消费者、研发生产商、投资金融机构及有互联网＋需求的企业产生深度交互，全方位完善万色城独特的"平台＋品牌"移动社交电商创业平台，缔造万色城互动共生新业态，扛起全球移动轻创业大旗！

3.商业模式

万色城为消费者、消费商、研发生产商、投资金融机构以及有互联网＋需求的企业，创立一个基于移动互联网的互动共生体系，致力于建立一个开放、协同、分享、多赢、深度交互的社群电商生态系统（见图 26-3）。

（1）消费者：万色城为终端用户提供安全、优质、性价比高的商品以及专业便捷的服务。

（2）创业者：万色城采用全产业链的商业模式运营，为普通创业者营造良好的创业环境。

（3）企业机构：万色城为传统企业＋互联网提供精准的移动互联网渠道、自建互联网渠道、打造品牌等综合服务。

（4）消费商：万色城为消费商提供平台、品牌、产品支持，在消费的过程中通过分享来获取收益。

26.3 万色城的三大平台

基于六大系统，万色城目前已经建立了三大平台：①集新型互联网创业平台和大型 B2C 精品购物商城于一体的 B2B2C 万色城 PC 端平台；②为普通草根创业者打造的移动端"创业、购物、社交、生活"的卡乐猫移动互联网购物平台；③供创业者相互学习、交流、分享、互动的网上创业大学——万色城商学院。

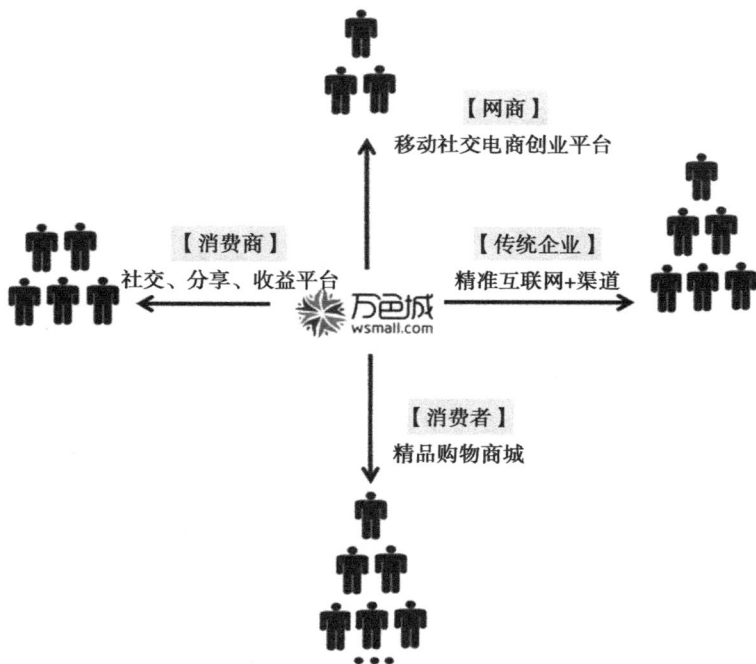

图 26-3 万色城的商业模式：社群电商生态系统

资料来源：作者根据公司提供资料综合整理。

1. PC 端平台

经过多年打造，万色城已经成为中国首屈一指的用户创业平台。创业者缴纳平台服务费之后，可在万色城注册一个属于自己的实名制网上商城，并通过推广自己的商城，销售商城的商品创造收益。每个网商拥有一个属于自己的独立域名。万色城是国内唯一全部实行"实名制"的网上商城，每一个网商，以自己真实的姓名、照片和信誉，作为诚信经营的保障。

万色城为创业者提供产权式的网络店铺，创业者购买店铺后可自主经营，也可转售出租。更重要的是，万色城同时提供仓储、物流、支付、售后、市场营销、电子商务培训等集约化服务，解决个人创业过程中普遍面临的"缺资金、没技术、经验少、无团队"四大瓶颈。这可最大限度降低个人创业风险，最终让平台 70% 的网商盈利。

2. 卡乐猫移动互联网购物平台

卡乐猫是万色城 2015 年推出的"移动互联网购物平台"，同时也是为普通草根创业者打造的移动端"创业、购物、社交、生活"的平台。卡乐猫要打造一个轻奢平台，轻奢属于梦想，平民的价格属于对梦想有追求的人。卡乐猫的目标是：①让更多的消费者享受高性价比的全球化优质产品；②让更多的创业者获得可增值的商业化社交网络；③让更多的供应商拥有超高黏度的碎片化移动渠道。

让广大创业者实现盈利，一直是卡乐猫社群经济的核心任务。普通创业者受出身、教育、机遇、个人能力等因素所限，目前在传统电商领域盈利十分困难，大部分店主都处在亏损状态。因此，卡乐猫致力于提供适合大众创业的平台服务，通过社交吸引碎片化流量，让普通人也可以在互联网创业的浪潮中实现创业梦想。而随着移动社群的升级与革新，卡乐猫致力于将社交与电商融为一体，不断完善社群制度，扩大社群生态圈，帮助毫无创业经验的大学生、年轻宝妈或者兼职创业的人获得创业机会，让更多商业机会进入社群经济。

3. 万色城商学院

万色城商学院是万色城集团旗下供创业者相互学习、交流、分享、互动的网上创业大学。平台以帮助创业者学习成长为己任，整合国内外教育资源，为创业者提供"生意更简单，生活更精彩"的网络化、全方位、系统化的教育服务。万色城创始投资人、董事长朱海滨先生要求管理团队：以办大学的心态经营万色城，像一座大学一样，持续不断地为社会提供优秀人才，让全民创业成为可能，同时为社会创造更多就业岗位。

他们发现，制约网商长远发展的瓶颈，并不是资金、产品、仓储或者客服之类的硬件问题，而是软件问题，他们缺少学习的机会。正所谓授人以鱼，不如授人以渔。网商如果不具备经营的技巧、能力、知识，以及较高的素质，他就无法管理好那么大的店铺，更无法管理好财富。现有的绝大部分电商平台，都是一个你来我往的交易平台，上面是生意人，而万色城希望培养企业家。于是万色城决定：大投入搭建一个可以终生免费接受教育和培训的平台。万色城用办大学的心态来办企业，一年企业规模快速成长近 50 倍，商学院将来可能会成为万色城集团里最具价值的平台。

26.4　万色城的创新

当今社会，是大众创业的时代，除了大众创业就是万众创新。创新是最不容易的，复制很简单，创新却很难，而万色城一直在创新的道路上，模式见图 26-4。

1. 模式创新

传统的网络交易平台，包括各大电商巨头在内，给创业者提供的网络店铺都是"租赁式"的，租金不断上涨，店主需要自己完成进货、拍照、推广、营销、发货、客服等一系列工作，盈利非常困难。而从中心化平台购买流量，更让网店经营者不堪重负。产品价格的恶性竞争，以低价格占据市场份额，对网商来说更是雪上加霜。日益减少的利润，不断增加的成本，让越来越多的创业者败下阵来。

万色城打破传统，为创业者提供"产权式"的网络店铺。创业者购买店铺以后，成为万色网商，可自主经营，也可转售、出租。每个网商都是万色城的"老板"，万色城是实名制网络交易平台，每个网商以自己的信誉作为诚信经营的保障，销售货品，并为客户提供一对一的专业化服务。网商负责高效地销售和服务，而万色城，则集约化地负责从采购、发货到培训的全流程后台管理运营，把平台优势发挥到极致，解决创业者的一切后顾之忧。特别是解决了个人卖家无法实现的"近万个 SKU 大规模选品，独家垄断货源的大资金进货，集中大力度营销"的问题。全产业链的模式最大程度地降低了个人卖家的风险，让他们集中精力做推广和销售。而 B2B2C 的产权店铺模式，更让卖家安心，不必担心平台水涨船高地收取租金。

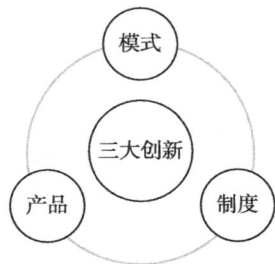

图 26-4　万色城的三大创新
资料来源：作者综合整理。

2. 产品创新

万色城拥有自主品牌的核心产品，这一点再次打破传统电商瓶颈。其他平台只能"卖别人的货"，而万色网商可以"卖自己品牌的产品"。万色城斥巨资，着力打造一款又一款让客户尖叫的产品。

2013年5月，万色城推出"万色水母"系列护肤品。品质过硬的产品、万色网商专业化的服务、万色城的立体营销战略以及移动互联网带来的客户口碑，不到一年的时间，"万色水母"就成为国内日化领域高端医学护肤品的重量级产品，为万色城带来了良好的口碑和信誉。

2015年3月，万色城与韩国大邱医科大学合作，万色水母的姐妹品牌——"万色颜如"诞生。"万色颜如"从专业医学角度出发，着重于肌肤稳态平衡的修复，开辟了护肤领域中一扇全新的大门，为万色城的核心产品带来了强有力的新生力量。

2015年4月，"妃兰"诞生。由国际知名研发机构——瑞士CRB倾力研发，妃兰同时注重产品品质调性与价格两方面，打造了"亲民轻奢"的全新概念，实现了每个女孩心中的"公主梦"。

2015年8月，万色城步入彩妆领域，万色城旗下第一款彩妆品牌"伊芙西"应运而生，年轻、时尚、叛逆的产品调性将万色城的受众人群拓展到了全新的高度，与其配套的线上、线下彩妆培训也获得了相当不错的口碑。"伊芙西"不仅仅给万色城的用户带来了全新体验，也让万色城本身成长为一个更加坚实的品牌形象。

2015年12月，万色城再次剑指全新领域，健康食品系列品牌"万色益＋"诞生。"万色益＋"采用全球顶尖研发机构——美国杜邦食品的专利，经过多年市场调研，专为中国家庭量身打造。"万色益＋"引进杜邦经过临床验证的四大菌种，成功打造出一款"一家人都可以吃"的益生菌，让健康食品不再有年龄、性别的跨界。

除了核心产品外，万色城目前还拥有来自全球200多个品牌，近6 000款精品。其中大部分进口产品都通过了FDA（美国食品药品监督管理局）的认证。非核心产品包括八大品类（见图26-5），200多个品牌。万色城的全球采购团队，以"健康、高品质、安全"为宗旨，负责对供货商资质、产品性能进行严格审核。

万色城将一直保持着高效率、高质量的推新速度，未来，万色城将会不断推出安全、健康、高价值的核心产品，保障经营者获利，并为消费者创造价值。

3. 制度创新

在万色城内部，卖家之间不存在互相打压与恶性竞争，创业伙伴之间，更多的是像同学一样互助与合作。卖家被赋予"推荐权"可以介绍新的卖家入驻，新卖家要参与入学考试，成绩优异者才能成为合格网商。而推荐者，必须对新卖家的经营业绩给予督促和指导，万色城集团根据每个卖家的绩效考核分数，给予额外奖励。这样就能在内部形成一个良性循环，卖家间互助合作共

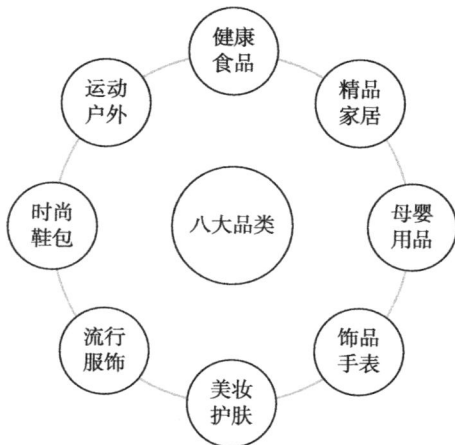

图26-5　非核心产品：八大品类

资料来源：作者根据公司提供的资料综合整理。

同提升业绩。不难看出，万色城的整个体系无论是从结构、形式还是宗旨上都更像是一所学校。

与众不同的是，新卖家的成绩必须在 70 分以上才拥有完整的店主资格。考试不过补考，补考还不过，万色城就"拒签"。其他平台基本都是 1 元开店、0 元开店，越多越好，来者不拒。敢向商户 say no 的互联网平台，放眼全国，没有先例。这条规定，保证了万色城创业网商的优质性和可塑性，从而在无形之中，增加了整个网商群体的核心竞争力。万色城要的不是井喷式的规模扩张，而是小而美、小而精。才华煜说，"万色城永远无法和淘宝、京东、苏宁等电商大咖比规模，但我希望，我们可以比质量、比幸福感、比平台的归属感。这个'考试拒签'政策推出以后，我们网商的数量和质量反而更加快速增长。"

26.5　万色城的合作伙伴

1. 网商

万色城的网商，来自全国各地，有的甚至是海外华侨，他们来自各行各业。在这里，他们不分身份，不分阶层，他们都是万色人。在加入万色城之前，他们或是遭遇生意失败，欠债无数的老板；或是只能相夫教子、仰老公鼻息生活的小女人；或是刚走出大山，孤身踏入冰冷的城市，毫无生活阅历的小女孩儿；或是极度自卑，没有学历在工厂打工的小女孩儿；抑或是退伍军人……

万色城商学院对所有的网商终生免费，有规划详细的学习体系——从大学一年级到四年级详细的网络课程。网商们有闯关任务，有学习任务，有获得积分的任务，考试完成学业，也是通过打游戏的方式一层层通关，寓教于乐。这是一个巨大的工程，万色城现在仅专业课程就已经上传了 119 门。另外，万色城用 O2O 的模式做商学院。线上可供 10 万人同时在线学习，在线下，万色城的目标是与全球十所大学联合，完成大学校园里的培训。他们第一所合作的是上海同济大学，2015 年 5 月 25 日，万色城商学院——同济大学领导力专题培训班在同济大学四平校区隆重举行。阔别校园数年之久的 80 位万色网商怀揣着梦想，来到这座拥有百年历史的名校。此次培训，同济大学为他们量身打造了团队管理课程，帮助各位网商提升领导力。才华煜说："'工欲善其事，必先利其器'，万色城商学院，是我们在未来电商大战中取得胜利的利器。"

2. 合作企业

万色城坚持与世界一流企业合作，汇聚全球顶尖科学家团队，缔造匠心品牌。

（1）互联网 + 医美（Internet + Medicosmetic）。

万色城牵手颜术，开启中国 O2O 高端医疗美容云时代。2015 年 5 月 23 日，万色城董事长朱海滨先生与颜术医美 CEO 兼医学总监宋为民医生、颜术医美创始人周玲女士在杭州举行了签约仪式，从此万色城与颜术达成了战略合作协议。所谓"O2O 云护肤解决方案"，是指通过大量科学采集的皮肤问题的数据，给出精准的皮肤问题解决方案和配方。只需要连接手机 APP，即可通过手机，实时上传皮肤状态，以便于医师和系统实时跟踪治疗皮肤问题。在互联网高度发达的当下，"O2O 云护肤解决方案"将成为美容行业里一个划时代的产品。

（2）互联网 + 动漫（Internet + Cartoon）。

万色城倾力打造大制作动画片《卡乐猫》。第十一届中国国际动漫节于 2015 年 4 月 28

日～5月3日在杭州滨江白马湖动漫广场火热进行，万色城集团斥资2 000万元为旗下的移动社交电商平台——卡乐猫，倾力打造同名大制作动画片《卡乐猫》。万色城董事长、卡乐猫项目负责人参与发布会并与杭州悦喜文化传媒有限公司举行项目合作签约仪式。

（3）国际合作。

万色城与意大利莹特丽签署十年战略合作协议。2015年7月，万色城董事长携研发团队远赴意大利米兰，参观访问以尖端专利护肤科技著称的莹特丽公司，并与其签订十年战略合作协议。

万色城与世界500强百年企业美国杜邦，达成友好合作，携手打造绿色、安全的健康食品——万色益＋益生菌粉。其独家进口4大黄金菌种（NCFM、HN001、Bl-04、Bi-07）和专利冷冻干燥稳定技术，为中国家庭提供优质的益生菌产品。

万色城和韩医大学签约合作。韩医大学一直以来为万色城核心品牌——"万色颜如"舒敏修护系列护肤品提供独家长期研发技术的支持。2016年6月17日，万色城与韩医大学签订合作协议——万色城核心产品"万色颜如"修护凝胶的生产将全部在韩国完成，成品直接从韩国进口中国，这标志着其进入了全面由韩国原装进口的新时代。

万色城与韩国科丝美诗签署战略合作协议。2016年6月20日，万色城与韩国科丝美诗签署战略合作协议。万色城核心产品将由万色城提供核心技术成分，由韩国Cosmax负责完成产品全方位的新品研发。这一协同创新的新模式意味着万色城在转型升级方面又跃上了一个新台阶。

万色城与华平投资友好往来。朱海滨董事长携高管赴美访问美国华平投资，友好交流共议国内外电商行业发展情况。美国前财长盖特纳高度评价万色城，表示非常看好万色城的发展趋势。

美国华平、中金前海1亿美元投资万色城。华平中国区总裁魏臻说："以社交电商为主打模式的万色城涌现了出来，给了这些中小商家很多支持，让他们能够有新的发展，这一景象让我们很激动。"中金前海董事总经理胡祺昊说："我们看中的是万色城所处的市场非常大，虽然同台竞技的对手很强大，有阿里、京东、唯品会，但是也有空间，有机会，有弯道超车的可能。"

万色城将承载所有万色人"用公益回馈社会，做有社会责任感的企业公民"这一公益梦想和公益使命，组织更多有意义、有价值的公益活动，与万色网商们一起，用行动，为社会进步做出贡献。

2011年，陕西新池乡第一所"万色希望小学"成立。

2013年9月，宁夏中卫市，第二所5层楼的"万色希望小学"拔地而起，430个孩子在崭新的校舍里朗朗读书；雅安地震，万色城第一时间为灾区送去了300多件风雨衣以及捐款。

2014年4月，第三所"万色希望小学"在四川阆中县开始建设。

2015年4月，第四所"万色希望小学"——云南省盈江县铜壁关缅华小学顺利落成。壁关缅华小学是一所寄宿制小学，成立于2005年，全校178名学生，辐射周边多个村落，景颇族占比69%，有相当一部分当地留守儿童，共有教师12名。在万色城的资助下，目前学校师资力量已配置完善，现有设施包括主教学楼、学生宿舍、在建的学生食堂，经过万色城多次发起捐助，学校也逐步解决了围墙、场地、多媒体教室等现代化的教学设施的问题，更多当地儿童感受到了前所未有的关爱，成长环境得到极大改善。

未来，"万色希望操场""万色爱心食堂""万色图书室"将会遍布大江南北，伴随着万色城的成长，遍地开花，这属于万色网商自己的公益平台。

从PC互联时代进入移动互联时代，万色城不仅搭建了一个庞大的网络交易平台，更是构架一个强关联的网络社交平台，极致专注，单点爆发，几何增长，B2C+C2C+C2B+SNS。万色城，重塑了人与人的社交消费关系网。永葆创新思维的万色城，永远绽放活力的万色城，"让生意更简单，生活更精彩"的万色城，必将成为一座拥有强烈创新DNA的梦想之城，一座重塑电商模式的轻创业之城，一座装满了未来世界的财富之城，一座拥有无限可能的奇迹之城。

▶课后习题

1. Alexander Osterwalder 和 Yves Pigneur 认为，商业模式包含九种必备要素：价值主张、客户细分、分销渠道、客户关系、收入来源、核心资源及能力、关键业务、重要伙伴以及成本结构。请根据这九大要素，分析万色城的商业模式。

2. 根据本书介绍的由产品服务、沟通交换、消费使用、成本收益、效率支持、环境制度六大子系统组成的6S模型，分析万色城未来的营销创新路径。

3. 比较万色城与淘宝、京东的商业模式有何不同，指出各自的优缺点以及未来的发展趋势。

▶参考文献

[1] 万色城导师团.万色城为什么能成为一座奇迹之城?[EB/OL]. https://mp. weixin. qq.com/s/QEQ0Z0SO13Db5gjXz8U5xQ, 2017-3-23.

[2] Erin.万色城：像办大学一样做企业.南方人物周刊 [EB/OL]. http://view. inews. qq. com/a/20150821A01CJX00, 2015-08-21.

[3] 微商4.0时代：万色城10亿美金估值，神话赢在模式 [EB/OL]. http://mp.weixin. qq.com/s/XnzwRMeOn9omMtftiurgqQ, 2015-05-12.

[4] 喵小编.卡乐猫简介 [EB/OL]. https:// mp.weixin.qq.com/s/SKpeIXAMsYWgybTlorm-Ygg, 2017-05-04.

[5] 万色城订阅号.万色城是什么？全面解读你所不知道的创业平台![EB/OL]. http://mp. weixin.qq.com/s/ZIYE6ZDmqQGmkOlKWvt3-mA, 2017-02-16.

[6] 张曙霞.电商"第三条道路".财经国家周刊 [EB/OL], 2015-06-24.

[7] 万色城官网.关于我们 [EB/OL]. http:// www.ewanse.com/.

[8] 王瑜琨.才华煜一个才女和这个世界的精彩对话 [J].市场瞭望，2015(7): 26-30.

[9] 郝智伟.移动电商如何狂欢?[J]. IT经理世界，2015(5): 23-25.

▶拓展阅读

[1] Felix R, Rauschnabel P, C Hinsch. Elements of Strategic Social Media Marketing: A Holistic Framework [J]. Journal of Business Research, 2017(70): 118-126.

[2] Godey B, Manthiou A, Pederzoli, D, et al. Social Media Marketing Efforts of Luxury Brands: Influence on Brand Eequity and Consumer Behavior [J]. Journal of Business Research, 2016, 69(12): 5833-5841.

[3] Yadav M, Joshi Y, Z Rahman. Mobile

Social Media: A New Hybrid Element of Digital Marketing Communications [J]. Procedia-Social and Behavioral Sciences, 2015(189): 335-343.

[4] Adegbuyi O A, Akinyele F, S Akinyele. Effect of Social Media Marketing on Small Scale Business Performance in Ota-metropolis, Nigeria [J]. International Journal of Management & Social Sciences, 2015, 2(3): 275-283.

[5] Carlson A, C Lee. Followership and Social Media Marketing [J]. Academy of Marketing Studies Journal, 2015, 19(1): 80-101.

[6] Orzan G, Platon O E, Stefǎnescu, C D, Orzan, M. Conceptual Model Regarding the Influence of Social Media Marketing Communication on Brand Trust, Brand Affect and Brand Loyalty [J]. Economic Computation & Economic Cybernetics Studies & Research, 2016, 50.

[7] Crittenden V, W Crittenden. Digital and Social Media Marketing in Business Education: Implications for Student Engagement [J]. Journal of Marketing Education, 2015, 37(9): 577-84.

[8] Bianchi C, L Andrews. Investigating Marketing Managers' Perspectives on Social Media in Chile [J]. Journal of Business Research, 2015, 68(12): 2552-2559.

电子商务相关法律法规名录

　　附录共分为四个板块，分别为"法律""法规、部门规章""地方法规、规章"和"行业规范"。主要资料来源详见参考文献。

法律

　　《中华人民共和国民法通则》
　　《中华人民共和国消费者权益保护法》
　　《中华人民共和国反垄断法》
　　《中华人民共和国反不正当竞争法》
　　《中华人民共和国广告法》
　　《中华人民共和国合同法》
　　《中华人民共和国刑法修正案（七）》
　　《中华人民共和国侵权责任法》
　　《中华人民共和国网络安全法》
　　《中华人民共和国电子签名法》
　　《中华人民共和国电影产业促进法》
　　《中华人民共和国食品安全法》
　　《中华人民共和国邮政法》
　　《中华人民共和国旅游法》
　　……

法规、部门规章

　　《非金融机构支付服务管理办法实施细则》
　　《商务部关于促进网络购物健康发展的指导意见》
　　《网络交易管理办法》
　　《非金融机构支付服务管理办法》

《非银行支付机构网络支付业务管理办法》

《电子商业汇票业务管理办法》

《网络游戏管理暂行办法》

《网络商品交易及有关服务行为管理暂行办法》

《网络预约出租车经营服务管理暂行办法》

《商务部关于促进电子商务规范发展的意见》

《商务部关于加快流通领域电子商务发展的意见》

《关于严厉打击涉及公共安全的违禁品网上非法交易的通知》

《信息产业部关于做好互联网站实名管理工作的通告》

《关于网上交易的指导意见》

《国务院办公厅关于加强电子口岸建设的通知》

《互联网电子邮件服务管理办法》

《电子支付指引（第一号）》

《网络零售第三方平台交易规则制定程序规定（试行）》

《网络商品和服务集中促销活动管理暂行规定》

《互联网视听节目服务管理规定》

《互联网药品交易服务审批暂行规定》

《互联网新闻信息服务管理规定》

《网络出版服务管理规定》

《电子出版物出版管理规定》

《互联网危险物品信息发布管理规定》

《关于网络游戏发展和管理的若干意见》

《计算机信息系统安全专用产品检测和销售许可证管理办法》

《网络发票管理办法》

《非经营性互联网信息服务备案管理办法》

《互联网 IP 地址备案管理办法》

《中国互联网络域名管理办法》

《计算机软件著作权登记办法》

《互联网信息服务管理办法》

《互联网著作权行政保护办法》

《公开募捐平台服务管理办法》

《国务院办公厅关于加快电子商务发展的若干意见》

《关于进一步加强高等学校校园网络管理工作的意见》

《关于促进我国现代物流业发展的意见》

《互联网药品信息管理办法》

《网络食品安全违法行为查处办法》

《互联网文化管理暂行办法》

《互联网广告管理暂行办法》

《互联网保险业务监管暂行办法》

《互联网信息搜索服务管理办法》

《网上证券委托暂行管理办法》

《电子银行业务管理办法》

《网络借贷信息中介机构业务活动管理暂行办法》

《互联网电子公告服务管理规定》

《即时通信工具公众信息服务发展管理暂行规定》

《移动互联网应用程序信息服务管理规定》

《互联网直播服务管理规定》

《证券投资基金销售机构通过第三方电子商务平台开展业务管理暂行规定》

《互联网上网服务营业场所管理条例》

《中华人民共和国电信条例》

……

地方法规、规章

北京市：

《北京市信息化促进条例》

《北京市工商行政管理局关于贯彻落实＜北京市信息化促进条例＞加强电子商务监督管理的意见》

《北京市网络广告管理暂行办法》

《关于规范网络销售信息发布行为的通告》

上海市：

《上海市促进电子商务发展规定》

天津市：

《天津市信息化促进条例》

《天津市电子出版物管理条例》

重庆市：

《重庆市新闻媒体广告管理条例》

浙江省：

《浙江省信息化促进条例》

《浙江省网络广告登记管理暂行办法》

《关于大力推进网上市场快速健康发展的若干意见》

《杭州市网络交易管理暂行办法》

江苏省：

《江苏省信息化条例》

《无锡市网络商品交易及有关服务行为管理》

福建省：

《福建省信息系统工程建设市场监督管理办法》

《厦门市软件和信息服务业个人信息保护管理办法》

广东省：

《广东省信息化促进条例》

《广东省电子交易条例》

《深圳市互联网软件知识产权保护若干规定》

《关于开展网络公共信息服务场所清理整治工作的通知》

《汕头经济特区电子商务促进办法》

山东省：

《山东省信息化促进条例》

《山东省电子出版物管理办法》

湖北省：

《湖北省信息化条例》

湖南省：

《湖南省信息化条例》

河北省

《河北省信息化条例》

河南省：

《河南省信息化条例》

江西省：

《江西省互联网上经营主体登记后备案办法》

安徽省：

《安徽省消费者权益保护条例》

四川省：

《成都市信息化建设管理暂行办法》

贵州省：

《贵州省信息化条例》

《贵州省大数据发展应用促进条例》

《贵阳市互联网上网服务营业场所管理办法》

云南省：

《云南省信息化促进条例》

青海省：

《西宁市互联网上网服务营业场所管理办法》

海南省：

《海南省信息化条例》

黑龙江省：

《黑龙江省信息技术标准化监督管理办法》

吉林省：

《吉林省信息化促进条例》

《吉林市网络新闻监督管理条例》

辽宁省：

《辽宁省信息技术标准化监督管理条例》

内蒙古自治区：

《内蒙古自治区信息化促进办法》

《呼和浩特市互联网上网服务营业场所管理办法》
西藏自治区：
《西藏自治区互联网用户真实身份登记管理暂行办法》
新疆维吾尔自治区：
《新疆维吾尔自治区信息化促进条例》
……

行业规范

《网络交易平台服务规范》(中国电子商务协会)
……

▶参考文献

[1] 北京邮电大学互联网治理与法律研究中心.中国网络信息法律汇编[M].北京：中国法制出版社，2017.

[2] 国家工商行政管理总局市场规范管理司，中国工商行政管理学会，德国国际合作机构，等.中德网络商品交易监管[M].北京：中国工商出版社，2011.

营销教材译丛系列

课程名称	书号	书名、作者及出版时间	定价
网络营销	即将出版	网络营销：战略、实施与实践（第4版）（查菲）（2014年）	65
销售管理	978-7-111-32794-3	现代销售学：创造客户价值（第11版）（曼宁）（2011年）	45
市场调研与预测	978-7-111-36422-1	当代市场调研（第8版）（麦克丹尼尔）（2011年）	78
国际市场营销学	978-7-111-38840-1	国际市场营销学（第15版）（凯特奥拉）（2012年）	69
国际市场营销学	978-7-111-29888-5	国际市场营销学（第3版）（拉斯库）（2010年）	45
服务营销学	978-7-111-44625-5	服务营销（第7版）（洛夫洛克）（2013年）	79

市场营销学

课程名称	书号	书名、作者及出版时间	版别	定价
市场营销学（营销管理）	978-7-111-43017-9	市场营销学（第11版）（阿姆斯特朗、科特勒）（2013年）	外版	75
市场营销学（营销管理）	978-7-111-31520-9	市场营销学（第3版）（拉姆）（2010年）	外版	49
市场营销学（营销管理）	978-7-111-38252-2	市场营销原理（亚洲版·英文版·第2版）（科特勒）（2012年）	外版	79
市场营销学（营销管理）	978-7-111-43202-9	市场营销原理（亚洲版·第3版）（科特勒）（2013年）	外版	79
国际市场营销学	978-7-111-38840-1	国际市场营销学（第15版）（凯特奥拉）（2012年）	外版	69
服务营销学	978-7-111-48495-0	服务营销（第6版）（泽丝曼尔）（2014年）	外版	75
服务营销学	978-7-111-44625-5	服务营销（全球版·第7版）（洛夫洛克）（2013年）	外版	79
服务营销学	978-7-111-35736-0	服务营销（英文版·第5版）（泽丝曼尔）（2011年）	外版	85
市场营销专业英语	978-7-111-22485-3	市场营销专业英语（沈铖）（2007年）	本版	25
市场营销学（营销管理）	即将出版	市场营销：超越竞争，为顾客创造价值（第2版）（精品课）（杨洪涛）（2015年）	本版	39
市场营销学（营销管理）	978-7-111-42983-8	市场营销管理：需求的创造与传递（第3版）（精品课）（钱旭潮）（"十二五"普通高等教育本科国家级规划教材）（2013年）	本版	39
市场营销学（营销管理）	978-7-111-36268-5	市场营销基础与实务（第2版）（高凤荣）（2011年）	本版	35
市场营销学（营销管理）	978-7-111-37474-9	市场营销基础与实务（精品课）（肖红）（2012年）	本版	36
市场营销学（营销管理）	978-7-111-32795-0	市场营销实务（李海琼）（2011年）	本版	34
市场营销学（营销管理）	978-7-111-29816-8	市场营销实训教程（郝黎明）（2010年）	本版	32
市场营销学（营销管理）	978-7-111-42825-1	市场营销学（曹垣）（2013年）	本版	39
市场营销学（营销管理）	978-7-111-24623-7	市场营销学（兰苓）（2008年）	本版	32
市场营销学（营销管理）	978-7-111-46806-6	市场营销学（李海廷）（2014年）	本版	35
市场营销学（营销管理）	978-7-111-48755-5	市场营销学（肖志雄）（2015年）	本版	35
市场营销学（营销管理）	978-7-111-28089-7	现代市场营销学：超越竞争，为顾客创造价值（精品课）（杨洪涛）（2009年）	本版	35
市场营销学（营销管理）	978-7-111-39589-8	营销管理（第2版）（王方华）（2012年）	本版	39
国际市场营销学	978-7-111-44117-5	国际市场营销（刘宝成）（2013年）	本版	39
国际市场营销学	978-7-111-39277-4	国际市场营销学（第2版）（精品课）（李威）（2012年）	本版	38
国际市场营销学	即将出版	国际市场营销学（第3版）（精品课）（李威）（2015年）	本版	39
服务营销学	978-7-111-48247-5	服务营销：理论、方法与案例（郑锐洪）（2014年）	本版	35
服务营销学	978-7-111-39417-4	服务营销学（聂元昆）（2012年）	本版	35

市场营销学

课程名称	书号	书名、作者及出版时间	版别	定价
市场营销学（营销管理）	978-7-111-43017-9	市场营销学（第11版）（阿姆斯特朗、科特勒）（2013年）	外版	75
市场营销学（营销管理）	978-7-111-31520-9	市场营销学（第3版）（拉姆）（2010年）	外版	49
市场营销学（营销管理）	978-7-111-38252-2	市场营销原理（亚洲版·英文版·第2版）（科特勒）（2012年）	外版	79
市场营销学（营销管理）	978-7-111-43202-9	市场营销原理（亚洲版·第3版）（科特勒）（2013年）	外版	79
国际市场营销学	978-7-111-38840-1	国际市场营销学（第15版）（凯特奥拉）（2012年）	外版	69
服务营销学	978-7-111-48495-0	服务营销（第6版）（泽丝曼尔）（2014年）	外版	75
服务营销学	978-7-111-44625-5	服务营销（全球版·第7版）（洛夫洛克）（2013年）	外版	79
服务营销学	978-7-111-35736-0	服务营销（英文版·第5版）（泽丝曼尔）（2011年）	外版	85
市场营销专业英语	978-7-111-22485-3	市场营销专业英语（沈铖）（2007年）	本版	25
市场营销学（营销管理）	即将出版	市场营销：超越竞争，为顾客创造价值（第2版）（精品课）（杨洪涛）（2015年）	本版	39
市场营销学（营销管理）	978-7-111-42983-8	市场营销管理：需求的创造与传递（第3版）（精品课）（钱旭潮）（"十二五"普通高等教育本科国家级规划教材）（2013年）	本版	39
市场营销学（营销管理）	978-7-111-36268-5	市场营销基础与实务（第2版）（高凤荣）（2011年）	本版	35
市场营销学（营销管理）	978-7-111-37474-9	市场营销基础与实务（精品课）（肖红）（2012年）	本版	36
市场营销学（营销管理）	978-7-111-32795-0	市场营销实务（李海琼）（2011年）	本版	34
市场营销学（营销管理）	978-7-111-29816-8	市场营销实训教程（郝黎明）（2010年）	本版	32
市场营销学（营销管理）	978-7-111-42825-1	市场营销学（曹垣）（2013年）	本版	39
市场营销学（营销管理）	978-7-111-24623-7	市场营销学（兰苓）（2008年）	本版	32
市场营销学（营销管理）	978-7-111-46806-6	市场营销学（李海廷）（2014年）	本版	35
市场营销学（营销管理）	978-7-111-48755-5	市场营销学（肖志雄）（2015年）	本版	35
市场营销学（营销管理）	978-7-111-28089-7	现代市场营销学：超越竞争，为顾客创造价值（精品课）（杨洪涛）（2009年）	本版	35
市场营销学（营销管理）	978-7-111-39589-8	营销管理（第2版）（王方华）（2012年）	本版	39
国际市场营销学	978-7-111-44117-5	国际市场营销（刘宝成）（2013年）	本版	39
国际市场营销学	978-7-111-39277-4	国际市场营销学（第2版）（精品课）（李威）（2012年）	本版	38
国际市场营销学	即将出版	国际市场营销学（第3版）（精品课）（李威）（2015年）	本版	39
服务营销学	978-7-111-48247-5	服务营销：理论、方法与案例（郑锐洪）（2014年）	本版	35
服务营销学	978-7-111-39417-4	服务营销学（聂元昆）（2012年）	本版	35